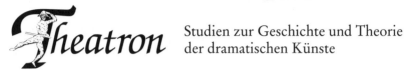 Studien zur Geschichte und Theorie
der dramatischen Künste

Herausgegeben von Christopher Balme, Hans-Peter Bayerdörfer,
Dieter Borchmeyer und Andreas Höfele

Band 54

Anke Detken

Im Nebenraum des Textes

Regiebemerkungen in Dramen
des 18. Jahrhunderts

Max Niemeyer Verlag
Tübingen

Bibliografische Information der Deutschen Nationalbibliothek

Die Deutsche Nationalbibliothek verzeichnet diese Publikation in der Deutschen Nationalbibliografie; detaillierte bibliografische Daten sind im Internet über *http://dnb.d-nb.de* abrufbar.

ISBN 978-3-11-023002-4   ISSN 0934-6252

© Max Niemeyer Verlag, Tübingen 2009
Ein Imprint der Walter de Gruyter GmbH & Co. KG
http://www.niemeyer.de
Das Werk einschließlich aller seiner Teile ist urheberrechtlich geschützt. Jede Verwertung außerhalb der engen Grenzen des Urheberrechtsgesetzes ist ohne Zustimmung des Verlages unzulässig und strafbar. Das gilt insbesondere für Vervielfältigungen, Übersetzungen, Mikroverfilmungen und die Einspeicherung und Verarbeitung in elektronischen Systemen.
Printed in Germany.
Gedruckt auf alterungsbeständigem Papier.
Satz: PTP-Berlin GmbH
Druck und Einband: AZ Druck und Datentechnik GmbH, Kempten

Dank

Die vorliegende Studie wurde im Sommersemester 2005 von der Philosophischen Fakultät der Georg-August-Universität Göttingen als Habilitationsschrift angenommen. Für die Veröffentlichung wurde sie leicht überarbeitet. Ich danke Wilfried Barner für die Betreuung meiner Arbeit, die vielfältige Unterstützung und dafür, dass er für meine Fragen und Probleme immer ein offenes Ohr hatte. Horst Turk (†) half mir durch konstruktive Anregungen und durch seine Begeisterung für Drama und Theater, die ich schon während des Studiums schätzen lernte. Für die weiteren Gutachten und die aufmerksame Lektüre dieser Arbeit sowie nützliche Hinweise und Kritik danke ich Gabriele Rippl, Hans-Günter Funke und Gerhard Lauer.

Neben dem anregenden Ideenaustausch im Freundes- und Kollegenkreis, namentlich mit Alain Durand, Ralf Ebrecht, Gesa Dane, Gesa von Essen, Gilbert Heß, Fabian Lampart, Burkhard Moennighoff und Thorsten Unger, waren die Doktorandenkolloquien von Wilfried Barner ein produktiver Ort, an dem ich einzelne Aspekte der Arbeit zur Diskussion stellen konnte. Aus diesem Kreis haben kritische Gegenleser einzelner Kapitel wichtige Hilfestellung geleistet: Ich danke Annabel Falkenhagen, Wiebke Hoheisel, Dirk Niefanger, Jörg Wesche und in besonderem Maß Claudius Sittig für kluge Ideen, die in die vorliegende Arbeit eingegangen sind. Rahel Rami und Christopher Schwartz danke ich für ihr gewissenhaftes Korrekturlesen.

Ohne meine Eltern und meinen Mann hätte ich auch diese Arbeit nicht fertig stellen können. Ihnen gebührt mein ausdrücklicher Dank.

Meine Tochter Julika hat meinen Blick immer wieder auf das Wesentliche gelenkt. Ihr widme ich dieses Buch.

Göttingen 2009   Anke Detken

Inhalt

1 Einleitung 1
  Fragestellung 1
  Methodisches Vorgehen 20
  Das Drama als Lesetext 22
  Zur Genese von Dramentexten 26
  Funktion der Regiebemerkungen bei konkurrierenden
  Bühnenkonventionen 30
  Eloquentia corporis und der ›ganze Mensch‹ auf der Bühne: zum
  Verhältnis von Schauspielpraxis und Bezugstexten für Schauspieler.. 32

2 Zwischen *doctrine classique* und expliziten Regiebemerkungen: Dramen
  zur Zeit der Frühaufklärung 41
  2.1 Regiebemerkungen in Stücken von Johann Elias Schlegel, Luise
      Adelgunde Victorie Gottsched und Gotthold Ephraim Lessing 41
      Eine Prosakomödie ohne Regiebemerkungen: Schlegels
      Geschäfftiger Müßiggänger 42
      Zur Orientierung an französischen Bezugstexten: Aubignac und
      Corneille 47
      Eine Verskomödie mit Regiebemerkungen: Schlegels *Die stumme
      Schönheit* 52
      ›Lacher‹ zur Rezeptionslenkung: Luise Gottscheds *Herr Witzling* ... 55
      Gelehrsamkeit als Attitüde: Lessings *Der junge Gelehrte* 62
      Ablehnung von Regiebemerkungen in französischen Bezugstexten –
      fehlende Normierung in deutschen Poetiken 71
  2.2 Vom Huldigungsstück zum programmatischen Vorspiel: Friederike
      Caroline Neubers Festspiele 74
      Neubers *Schäferfest*: zwischen Schäferspiel und Festspiel 75
      Zum elaborierten Charakter des Bühnenbildes in Vor- und
      Festspielen 80
      Zur textlichen Fixierung von anlassgebundenen Stücken 87
      Konventionelle Regiebemerkungen im Leipziger Vorspiel 92
      Von der Huldigung zur Programmatik im Straßburger Vorspiel.... 97
      Der leere Thron – zur subversiven Funktion der Regiebemerkungen 101

3 Darstellung der Empfindungen in Regiebemerkungen:
Dramen um 1750 107
   3.1 Das Aufbrechen des Empfindsamkeitsdiskurses:
       Gellerts *Die zärtlichen Schwestern* 107
       Regiebemerkungen in Schäferspiel, Rührstück und Typenkomödie .. 109
       Das ›Bereden‹ der Gefühle 111
       »*Damis sieht sie zärtlich an*«: zum empfindsamen Liebesdiskurs 114
       Regiebemerkungen zur Proxemik und zum Weinen 120
       Variationen des Liebesdiskurses – *ethos* und *pathos* 122
       Zur gegenläufigen Bewegung von Figurenrede und
       Regiebemerkungen 126
   3.2 Die ›natürliche‹ Schauspielkunst im Dramentext?
       Lessings *Miß Sara Sampson* 130
       Unterschiedliche Gewichtung der Regiebemerkungen in der
       Forschung 133
       Tugend und Verstellung – das »zärtliche Mädchen« und die »böse
       Marwood« 135
       Exkurs: Moores *The Gamester* und Lillos *The London Merchant* 144
       Das Nichtaussprechbare: Tränen und Schweigen 146
       Tränen in *Emilia Galotti* 150
       Hierarchisierung von Regiebemerkungen und Figurenrede bei
       Marwood 151
       Miß Sara Sampson – ein Stück für die Bühne? 154
       Das Sterben Saras: Diskrepanz zwischen Regiebemerkungen und
       Schauspieleraktionen 157
   3.3 Der enttäuschte Theatergänger:
       Diderots *Le Père de famille*/Lessings *Der Hausvater* 163
       Explizite Normierungen für Regiebemerkungen:
       Diderots *De la poésie dramatique* 166
       Zur Expositionsszene des *Père de famille* 168
       Tableaus und zusammengesetzte Auftritte (*scènes composées*) 172
       Aus dem Dramentext ›ausgelagerte‹ Regiebemerkungen 182
       Lessing und Engel als Leser von Diderots *De la poésie dramatique* .. 184
       Zur verspäteten Kommunikation Diderots mit Bühnen und
       Schauspielern 188
       Le Père de famille und seine theaterpraktische Umsetzung 189

4 Konjunktur von Regiebemerkungen bei gleichzeitig fehlender
  Aufführungspraxis: Dramen des Sturm und Drang 200
   4.1 Kannibalismus auf der Bühne? Zur Funktion der impliziten
       Regiebemerkungen in Gerstenbergs *Ugolino* 200
       Vom epischen zum dramatischen Text: Dante und Gerstenberg 202
       Radikalisierung der Regiebemerkungen zur Proxemik 205

      Zur geschlossenen Form und zur Einheit des Raumes in *Ugolino* ... 207
      Hierarchisierung von Figurenrede und Regiebemerkungen 209
      Zum Verhältnis von Fiktion, Wahnsinn und Realität: die
      ›Kannibalismusszene‹ 212
      Die Kombination von Musik und Sprechtext als Mittel der
      Affektsteigerung 220
      Erzähltheoretische Termini als Ergänzung des
      Drameninstrumentariums 222
4.2 Regiebemerkungen eines Genies: Lenz' *Der neue Menoza* und
      Die Soldaten 226
      Stereotype und Innovation in *Der Hofmeister*,
      Plautusbearbeitungen und *Der neue Menoza* 229
      Exkurs: Christian Felix Weißes *Der Aerntekranz* 232
      »*Es herrscht eine minutenlange Stille*«: empfindsames Schweigen im
      Menoza.. 234
      Echte und fingierte Ohnmachten bei Lenz 237
      »*Der Schauplatz ist hie und da*«: zum imaginierten Raum 243
      Eingeschränkte Informationsvergabe: Regiebemerkungen in *Die*
      Soldaten 249
      Lesedrama oder intendierte Aufführung? 255
      Die Regiebemerkung »*totenbleich*« bei Lenz, Schiller und um 1900.. 263
4.3 Dreieckskonstellationen im Drama: Goethes *Stella* und Christiane
      Karoline Schlegels *Düval und Charmille* 268
      Ein Theaterstück für die Aufführung: *Stella*................... 269
      »*An seinem Halse*«: stereotype Regiebemerkungen bei den
      Frauenfiguren 272
      Stürmer und Dränger oder empfindsamer Held?
      Regiebemerkungen als Entscheidungskriterium 275
      Der theaterpraktische Bezug: Goethes Inszenierungshinweise 281
      Stella – kein »Männertraum«: Relektüre im Lichte der
      Regiebemerkungen 284
      Kodifizierte Gestik in Gebärdenbüchern und in Goethes *Regeln für*
      Schauspieler.. 288
      Ein Theaterstück zum Lesen: *Düval und Charmille* 293
      Funktionalisierung auf der Dienerebene: bühnentechnische
      Regiebemerkungen 295
      Differenzierung bei den Hauptfiguren: stilisierte Regiebemerkungen. 296
      Unterschiedliche Figurenzeichnung der weiblichen dramatis personae 300
      Exkurs: Sophie Albrechts *Theresgen* und Eleonore Thons
      Adelheit von Rastenberg 303

5 Regiebemerkungen in niedrig- und hochkanonisierten Texten gegen
  Ende des 18. Jahrhunderts 308
  5.1 Intertextuelle Verweise in Regiebemerkungen: die ›schöne Seele‹ in
      Kotzebues *Menschenhaß und Reue* 308
      Die reale Theatersituation im Dramentext: *Das Liebhaber-Theater
      vor dem Parlament* 312
      Regiebemerkungen zum Kostüm 313
      Ausweitung der Gestik im Rührstück 315
      Stellenwert familialer Begriffe in Wiedererkennungsszenen 318
      Zum Verhältnis von Schauspieler und Figur in Kotzebues Dramen . 324
      Die ›schöne Seele‹: intertextuelle Verweise in *Menschenhaß und Reue* 329
      Von »Unbekannter *schweigt*« zu »Ich schweige«:
      zwei Fassungen von *Menschenhaß und Reue* 335
  5.2 Unterschiedliche Rezeptionslenkung durch Regiebemerkungen:
      Schillers *Maria Stuart* zwischen klassischer Tragödie und
      Rührstück 341
      Analyse und Bewertung der beiden Königinnen in der Forschung .. 344
      Regiebemerkungen im Versdrama 347
      Das Personenverzeichnis im klassischen und im bürgerlichen Drama 349
      Charakterisierung durch Blicke und Berührungen 350
      »*Von Zorn glühend*« – »*für Zorn sprachlos*«: die Begegnungsszene
      der Königinnen 355
      Maria Stuart – klassische Tragödie oder Rührstück? 360
      Formen echter und falscher ›Fassung‹ 365
      Bewertung der Regiebemerkungen in Forschung und Theaterpraxis
      Die Forschung: Maria – eine ›schöne‹ oder eine ›erhabene Seele‹? .. 367
      Die Theaterpraxis: Maria als rührende Figur auf der Bühne 373

6 Schluss 385

7 Literaturverzeichnis 396

1 Einleitung

Fragestellung

»Stage directions, quite literally, don't count.«[1] Diese Aussage benennt das Problem, das den Ausgangspunkt der vorliegenden Arbeit bildet, und zwar in weit größerem Maße, als es zunächst scheint. Die Feststellung, dass Regiebemerkungen, also »Bemerkungen vor, in, zwischen oder nach den direkten Reden im Drama«[2] – so die Minimaldefinition von Klaus Weimar –, bisher kaum eingehender untersucht worden sind, trifft selbst auf neuere Forschungsarbeiten zu, die in Beziehung zur Theatersemiotik stehen. Dort wie auch in anderen Forschungskontexten[3] spielen sie eine untergeordnete Rolle.

So bezieht sich Erika Fischer-Lichte in ihrer immer noch grundlegenden semiotischen Darstellung des Theaters, die die Entwicklung von den künstlichen zu den natürlichen Zeichen verfolgt, auf den von Roman Ingarden geprägten Begriff des Nebentextes,[4] obwohl sie sonst von der Semiotik her motivierte Begriffe verwendet.[5] Auf die Frage nach den Regiebemerkungen kommt sie dort nicht wieder zu sprechen, vermutlich auch, weil bei ihr nicht das Drama als literarische Gattung, sondern die Theateraufführung im Vordergrund steht. Weitergeführt wird dieser Ansatz in ihren neueren Arbeiten zur *performance*, bei denen der Text gänzlich in den Hintergrund

---

[1] Eric Rasmussen: Afterword. In: Hardin L. Aasand (Hg.): Stage Directions in *Hamlet*. New essays and new directions. Madison u.a. 2003, S. 226f., hier S. 226.
[2] Klaus Weimar: Artikel ›Regieanweisung‹. In: Reallexikon der deutschen Literaturwissenschaft. Band 3. Hg. von Jan-Dirk Müller u.a. Berlin, New York ³2003, S. 251–253, hier S. 251.
[3] Dieser Befund bildet auch den Ausgangspunkt des Sammelbandes zu Shakespeare: Hardin L. Aasand (Hg.): Stage Directions; s. auch Michael Issacharoff: Texte théâtral et didascalecture. In: Ders.: Le spectacle du discours. Paris 1985, S. 25–40, hier S. 25.
[4] Ingarden unterscheidet den Haupt- vom Nebentext und beschreibt das Theaterstück als »Grenzfall des literarischen Kunstwerks«: »Den Haupttext des Theaterstückes bilden die von den dargestellten Personen ausgesprochenen Worte, den Nebentext dagegen die vom Verfasser gegebenen Informationen für die Spielleitung. Bei der Aufführung des Werkes auf der Bühne fallen sie überhaupt fort und werden nur beim Lesen des Theaterstücks wirklich gelesen und üben ihre Darstellungsfunktion aus.« Roman Ingarden: Das literarische Kunstwerk. Tübingen ⁴1972, S. 403.
[5] Vgl. Erika Fischer-Lichte: Semiotik des Theaters. Band 3. Tübingen ⁴1998, S. 36. Fischer-Lichte spricht – wenn sie Regiebemerkungen zitiert und zur Aufführung ins Verhältnis setzt – von den »eigentlichen sprachlichen Zeichen«, die sie zu den »konkreten theatralischen Zeichen« ins Verhältnis setzt, vgl. S. 50.

tritt und allein die Aufführung als Resultat des Transformationsprozesses analysiert wird.[6]

In den wenigen deutschsprachigen Forschungsarbeiten, die sich explizit mit Regiebemerkungen beschäftigen,[7] werden diese Textsegmente erstaunlicherweise gleichfalls ›unterbelichtet‹, wenn auch aus anderen Gründen. Dort werden sie meist – selbst wenn sie im Zentrum der Analysen stehen – auf ihren »Theaterwert«[8] reduziert. Die Arbeiten betonen deutlich wertend, dass »gute Stücke szenische Bemerkungen nicht nötig haben«[9] und dass – so die vage These in einer anderen Studie – »die Bühnenanweisungen im Gegensatz zum dramatischen Text kaum dichterischen Wert« besitzen.[10] Gerade diejenigen Autoren und Texte, die in der vorliegenden Arbeit im Zentrum stehen, werden in dieser Hinsicht etwa mit folgendem Pauschalurteil versehen: »Von Lessing über Goethe und Schiller, Grillparzer, bis Hebbel sind Szenenanweisungen im wesentlichen gleich.«[11] Das steht u.a. mit der weit verbreiteten Ansicht in Verbindung, dass erst die Regiebemerkungen von naturalistischen Dramen aussagekräftig seien.[12] Szondi setzt den Dialog als »Träger des Dramas«[13] an und macht an ihm die Transformation von der Neuzeit zur Moderne fest. »Nach

---

[6] So in einem Band der Reihe *Theatralität*, der u.a. die »Inszenierung von Tätowierung als Medienereignis« und die »Konstitution des popkulturellen Feldes HipHop« untersucht: Erika Fischer-Lichte u.a. (Hg.): Performativität und Ereignis. Tübingen, Basel 2003 (Theatralität 4); vgl. auch Dies. (Hg.): Theatralität und die Krisen der Repräsentation. Stuttgart, Weimar 2001, und Dies.: Ästhetische Erfahrung: Das Semiotische und das Performative. Tübingen 2001. Für Fischer-Lichte stellen Text und Inszenierung »jeweils ein Werk sui generis« dar (Fischer-Lichte: Semiotik des Theaters. Band 3, S. 53).

[7] Victoria Pfeil: Lessing und die Schauspielkunst. Ein Beitrag zur Geschichte der unmittelbaren Bühnenanweisung. Diss. masch. Darmstadt 1924; Gustave Schiffer: Die szenische Bemerkung in den Dramen Johann Wolfgang Goethes. Diss. masch. München 1945; Wilhelm Meincke: Die Szenenanweisungen im deutschen naturalistischen Drama. Diss. Rostock 1924; Gundel Westphal: Das Verhältnis von Sprechtext und Regianweisung bei Frisch, Dürrenmatt, Ionesco und Beckett. Diss. Würzburg 1965; Jacob Steiner: Die Bühnenanweisung. Göttingen 1969. Die wenigen neueren Arbeiten nehmen vor allem Dramen des 20. Jahrhunderts in den Blick, so Harweg, der minutiös und kleinschrittig ein Stück Dürrenmatts analysiert; vgl. Roland Harweg: Situation und Text im Drama. Eine textlinguistisch-fiktionalistische Studie am Beispiel von Friedrich Dürrenmatts tragischer Komödie *Der Besuch der alten Dame*. Heidelberg 2001.

[8] Bei Sterz ist dies, wie schon der Titel der Arbeit betont, die dominierende Perspektive: Erika Sterz: Der Theaterwert der szenischen Bemerkungen im deutschen Drama von Kleist bis zur Gegenwart. Berlin 1963.

[9] Erika Sterz: Theaterwert der szenischen Bemerkungen, S. 203.

[10] Peter Küp: Bühnenanweisungen im Drama des Sturm und Drang. Diss. masch. München 1956, S. 5f.

[11] Wilhelm Meincke: Szenenanweisungen im deutschen naturalistischen Drama, S. 9.

[12] Das naturalistische Drama wird in fast allen Lexikoneinträgen zum Stichwort ›Regiebemerkung‹ u.ä. erwähnt und zu Recht besonders hervorgehoben; vgl. etwa Elke Platz-Waury: Artikel ›Nebentext‹. In: Reallexikon der deutschen Literaturwissenschaft. Band 2. Hg. von Harald Fricke u.a. Berlin, New York ³2000, S. 693–695, hier S. 694; Gero von Wilpert: Stichwort ›Bühnenanweisung‹. In: Ders.: Sachwörterbuch der Literatur. Stuttgart ⁸2001, S. 113.

[13] Peter Szondi: Theorie des modernen Dramas: 1880–1950. Frankfurt/M. ⁹1973, S. 19.

Ausschaltung von Prolog, Chor und Epilog wurde«, so Szondi, der Dialog »zum alleiniger Bestandteil des dramatischen Gewebes«.[14] Er beschäftigt sich erst wieder mit Episierungstendenzen bei Ibsen, Strindberg, dann programmatisch bei Brecht; die Zeit bis dahin bleibt ausgeblendet.[15]

Insgesamt werden Regiebemerkungen weder von der Forschung noch von Editoren ernst genommen. Bayerdörfer stellt fest: »Meistens erscheinen sie in Petitsatz, allenfalls kursiv: die Nebentexte.«[16] Wenn Herausgeber sie berücksichtigen, dann häufig, ohne auf ihre Verfasstheit als Text näher einzugehen. Das zeigt auch eine Beobachtung Rasmussens zu Stücken Shakespeares:

> Editors traditionally treat the text of Shakespeare's dialogue as more or less sacrosanct, but feel no such compulsion about the original stage directions, which are often silently omitted, rewritten, rearranged, round-bracketed, square-bracketed, and even broken-bracketed.[17]

Von Konkordanzen werden die Regiebemerkungen häufig ganz selbstverständlich außer Acht gelassen.[18] Auch fremdsprachige Interpretationen machen eine unterschiedliche Einschätzung der beiden Texträume deutlich, wenn die Figurenrede immer im Original zitiert wird – sozusagen der literarische, zu würdigende Text des Autors[19] –, während die Regiebemerkungen fraglos und ohne nähere Begründung übersetzt in den Fließtext eingebaut werden; vor ihnen scheint Respekt bzw. Buchstabentreue nicht nötig zu sein.[20] Dabei ist für die gattungstheoretische Bestim-

---

[14] Ebd., S. 15.
[15] Szondis eingeschränkter Blickwinkel auf das 18. Jahrhundert hängt auch damit zusammen, dass ihn in diesem Fall primär die Entwicklung des Dramas in der Zeit von 1880 bis 1950 interessiert. In anderen Arbeiten berücksichtigt Szondi die Regiebemerkungen in seinen Dramenanalysen, nimmt sie aber nicht systematisch in den Blick. Vgl. Peter Szondi: Die Theorie des bürgerlichen Trauerspiels im 18. Jahrhundert. Der Kaufmann, der Hausvater, der Hofmeister. Hg. von Gert Mattenklott. Frankfurt/M. 1973.
[16] Hans-Peter Bayerdörfer: Nebentexte, groß geschrieben: Zu Marlene Streeruwitz' Drama *New York. New York*. In: Gegenwartsliteratur 1 (2002), S. 289–309, hier S. 289. Bayerdörfer fährt fort: »Zweitrangiges erscheint verkleinert, die szenischen Anweisungen, die allenfalls dem Haupttext der Rollenreden Selbstverständliches oder leicht Imaginierbares hinzufügen, setzen sich schon im Schriftbild ab.«
[17] Eric Rasmussen: Afterword, S. 226.
[18] Vgl. etwa eine Konkordanz zu *Kabale und Liebe*, die die Regiebemerkungen bei minutiöser Aufschlüsselung verschiedener Bühnenvarianten völlig unberücksichtigt lässt. Im Vorwort steht der lakonische Vermerk: »Die Regieangaben wurden ausgelassen, die Sprechernamen abgekürzt. Ansonsten folgt der hier wiedergegebene Text der Vorlage buchstabengetreu«; vgl. Peter M. Daly/Claus O. Lappe: Text- und Variantenkonkordanz zu Schillers *Kabale und Liebe*. Berlin, New York 1976, S. V. Eine Begründung für die bewusste ›Unterschlagung‹ der Regiebemerkungen geben die Bearbeiter nicht; »Buchstabentreue« beziehen sie allein auf die Figurenrede.
[19] Auf die angeblich fehlende literarische Qualität der Regiebemerkungen weist auch Carlson hin: »From a literary point of view, most stage directions seem at best rather stark and unadorned simplications of such matters as physical description, expression, and mouvement, all handled in far more elaborate and richly coded ways in other literary genres.« Marvin Carlson: The Status of Stage Directions, S. 37.
[20] Vgl. etwa in der Schiller-Forschung Claude David: Le personnage de la reine Elisabeth dans la »Marie Stuart« de Schiller. In: Matthijs Jolles (Hg.): Deutsche Beiträge zur geis-

mung des Dramas gerade die Zweiteilung in Dialogpartien und diejenigen »Textpassagen (als Minimum: ein Symbol für den Sprecherwechsel), welche diese Rede(n) in nichtnarrativer Weise arrangieren, situieren, kommentieren«,[21] konstitutiv. Ob diese Textsegmente tatsächlich als ›nichtnarrativ‹ einzustufen sind, wird zu untersuchen sein.

Die Schwierigkeiten der Zuordnung von Regiebemerkungen, die sich immer irgendwo zwischen Text und Aufführung zu bewegen scheinen, führen meist dazu, sie jeweils gerade zu dem Teil zu rechnen, der für den eigenen Ansatz nicht relevant ist – also zum Dramentext, wenn die Aufführung zentral gesetzt wird, und als »technische Hilfen für eine Aufführung und nicht als Bestandteil der Dichtung selbst«,[22] wenn es um die Dramen als Texte geht. Wenn in letzter Zeit nach dem *missing link* zwischen Text und Aufführung gesucht wird, dann werden neue oder bisher vernachlässigte Bezugstexte herangezogen, um die Lücke zu füllen.[23] Diese externen Bezugstexte, in denen Schauspieler, Deklamation und Gebärdensprache im Zentrum stehen, werden zur Aufführung ins Verhältnis gesetzt: so Engels *Ideen zu einer Mimik*, aber auch Lessings geplantes, aber Fragment gebliebenes Handbuch *Der Schauspieler* oder Goethes *Regeln für Schauspieler*. Dass dies seine Berechtigung hat und auf diesem Feld wegweisende Arbeiten zur systematischen Rekonstruktion des Übergangs von einer explizit rhetorisch bestimmten Schauspielkunst zu einer sich als ›natürlich‹ verstehenden entstanden sind,[24] steht außer Zweifel. Wiederum aber bleiben die Regiebemerkungen im Grunde ausgeklammert.[25]

---

tigen Überlieferung. Bd. 4: Friedrich Schiller 1759–1959. Bern, München 1961, S. 9–22, hier S. 20, und Harry Loewen: The End as the Beginning: The Nature of Maria Stuart's Transformation. In: Seminar. A Journal of Germanic Studies 15 (1979), S. 165–180, hier S. 167 u.ö. (vgl. auch Kap. 5.2).

[21] Martin Ottmers: Artikel ›Drama‹. In: Reallexikon der deutschen Literaturwissenschaft. Band 1. Hg. von Klaus Weimar u.a. Berlin, New York ³1997, S. 392–396, hier S. 392.

[22] Peter Küp: Bühnenanweisungen im Drama des Sturm und Drang, S. 208.

[23] Vgl. etwa folgende Sammelbände: Wolfgang F. Bender (Hg.): Schauspielkunst im 18. Jahrhundert. Stuttgart 1992; Erika Fischer-Lichte (Hg.): Theatralität und die Krisen der Repräsentation. Stuttgart, Wiemar 2001 und Erika Fischer-Lichte/Jörg Schönert (Hg.): Theater im Kulturwandel des 18. Jahrhunderts. Inszenierung und Wahrnehmung von Körper – Musik – Sprache. Göttingen 1999. Niefanger spricht in seiner Rezension des zuletzt genannten Bandes von einem für das Theater des 18. Jahrhunderts neuen Kanon anthropologisch relevanter Texte und stellt kritisch die Frage: »Vollzieht sich hier etwa nur ein Wandel der Bezugstexte?« Dirk Niefanger: Rezension in: Arbitrium 19 (2001), S. 68–72, hier S. 70.

[24] Etwa Günther Heeg: Das Phantasma der natürlichen Gestalt. Frankfurt/M., Basel 2000; Alexander Košenina: Anthropologie und Schauspielkunst. Tübingen 1995; Ursula Geitner: Die Sprache der Verstellung. Studien zum rhetorischen und anthropologischen Wissen im 17. und 18. Jahrhundert. Tübingen 1992; anders Campe, der eine bruchlose Kontinuität der rhetorischen Tradition der *actio* annimmt: »Und so kann auch am Jahrhundertende die Rhetorik sich als System der natürlichen Zeichensprache scheinbar problemlos reformulieren.« Rüdiger Campe: Affekt und Ausdruck. Zur Umwandlung der literarischen Rede im 17. und 18. Jahrhundert. Tübingen 1990, S. 206.

[25] Unter den theatersemiotisch motivierten Arbeiten sind Erika Fischer-Lichte: Semiotik des Theaters. Band 1–3, und Guido Hiß: Der theatralische Blick. Einführung in die Aufführungsanalyse. Berlin 1993 maßgeblich. Bei Fischer-Lichte steht die Aufführung im Zentrum,

In anderen Bereichen der Germanistik, etwa in der Erzähltheorie, werden Verwendungsmöglichkeiten der Terminologie fachwissenschaftlich reflektiert. Von der Erzähltheorie her wird auch das Drama in einen neuen Kontext gestellt, indem der kategoriale Unterschied in der Sprechsituation dramatischer und episch-narrativer Texte infrage gestellt wird und ein weites Konzept von Narrativität die Grundlage bildet. So legen Nünning/Sommer auch für Dramentexte eine Kommunikationsebene der erzählerischen Vermittlung zugrunde, die Pfister nur in Ausnahmefällen zulässt,[26] und fordern im Zusammenhang mit der ›transgenerischen Narratologie‹ eine sich über bisherige Gattungsgrenzen hinwegsetzende ›Narratologie des Dramas‹.[27] Gleichzeitig legen sie den Fokus auf die Dramentexte, während Aufführungs- und Inszenierungsaspekte zunächst ausgeblendet bleiben.[28] Allerdings spielen Regiebemerkungen in diesem Ansatz eine untergeordnete Rolle. Die Verfasser fordern zwar eine stärkere Berücksichtigung dieser dramenspezifischen Aspekte,[29] müssen sich aber bisher vor allem auf Ansätze beziehen, die die Regiebemerkungen außen vor lassen, und sprechen selbst im Anschluss an Pfister ohne weitere Differenzierungen vom »auktorialen Nebentext«.[30] Für die Entwicklung eines theoretischen Bezugsrahmens werden außerdem vor allem Beispiele aus dem 20. Jahrhundert herangezogen,[31] so dass diese Ansätze für Texte des 18. Jahrhunderts keine ausreichende Grundlage bilden. So wird der gerade für diesen Zeitraum relevante Unterschied zwischen impliziten und expliziten Regiebemerkungen, von dem weiter unten noch die Rede sein wird, terminologisch nicht berücksichtigt, so dass sich kaum Anschlussmöglichkeiten ergeben, obwohl die Ausgangsfrage der transgenerischen Narratologie nach der Nähe von dramatischen und narrativen Texten einen Bezugspunkt zur vorliegenden Arbeit bildet.[32]

auch wenn sie ausdrücklich auf den »ästhetischen Eigenwert« des Dramentextes hinweist; vgl. Erika Fischer-Lichte: Semiotik des Theaters. Band 3, S. 193. Anders als Pfister wendet sie sich hier gegen die Vorstellung, »daß das Drama nur als ›Partitur‹ für die Aufführung und in diesem Sinne andererseits selbst schon als plurimedialer Text anzusehen ist.« Vgl. Manfred Pfister: Das Drama. Theorie und Analyse. München ¹¹2001, S. 24.

[26] Vgl. Manfred Pfister: Das Drama, S. 21. Die Abwesenheit einer vermittelnden Erzählfunktion im Drama stellt nach Pfister eine »idealisierte Norm« dar (S. 103).
[27] Ansgar Nünning/Roy Sommer: Drama und Narratologie: Die Entwicklung erzähltheoretischer Modelle und Kategorien für die Dramenanalyse. In: Ansgar Nünning/Vera Nünning (Hg.): Erzähltheorie transgenerisch, intermedial, interdisziplinär. Trier 2002, S. 105–128.
[28] Ansgar Nünning/Roy Sommer: Drama und Narratologie, S. 108.
[29] So werfen sie Richardson vor, dass in seinem Modell als episch bezeichnete Nebentexte wie Inquit-Formeln und Bühnenanweisungen« fehlten. Ebd., S. 121; vgl. Brian Richardson: Point of View in Drama. Diegetic Monologue, Unreliable Narrators, and the Author's Voice on Stage. In: Comparative Drama 22/3 (1988), S. 193–214, hier S. 210.
[30] Ansgar Nünning/Roy Sommer: Drama und Narratologie, S. 114, vgl. Manfred Pfister: Das Drama, S. 107.
[31] So bezieht sich Richardson auf Dramentexte von Marguerite Duras, Harold Pinter und Samuel Beckett; vgl. Brian Richardson: Voice and Narration in Postmodern Drama. In: New Literary History 32/3 (2001), S. 681–694.
[32] Im Anschluss an die transgenerische Narratologie verfolgt auch Muny einen gattungsübergreifenden Ansatz und sieht das Drama als ›narrative Gattung‹ an; vgl. Eike Muny:

Während in der Erzähltheorie im Anschluss an die Arbeiten Gérard Genettes terminologische Fragestellungen auch international diskutiert werden, steht man bei Dramentexten insbesondere bei der Benennung der Regiebemerkungen immer noch vor einem kaum analysierten terminologischen Problem,[33] das von Sprache zu Sprache wie auch innerhalb des deutschsprachigen Feldes von Disziplin zu Disziplin erstaunlich disparat behandelt wird.[34] Die inhomogene Verwendung hängt mit jeweils unterschiedlichen Akzentuierungen des Forschungsinteresses zusammen, je nachdem, ob die Regiebemerkungen zum Autor, zum Regisseur oder zum Rezipienten – als Zuschauer oder Leser – in Beziehung gesetzt werden. Die Theaterwissenschaft berücksichtigt diesen Textraum meist nur von der Aufführung her, da aus ihrer Sicht Ziel- und Endpunkt nicht das *Lesen* des Dramentextes, sondern eben die *Aufführung* ist. Anders profiliert wird der Begriff von der Literaturwissenschaft, die – neben den gebräuchlichen Bezeichnungen ›Regieanweisung‹ und ›Regiebemerkung‹ – im Anschluss an Ingardens Terminologie konkurrierend und weiter gefasst auch von ›Nebentext‹ spricht.[35] Allerdings gibt es eine Vielzahl weiterer Begriffe, die die Unbestimmtheit dieses Feldes zeigen und die meist nicht differenzierend

    Erzählperspektive im Drama. Ein Beitrag zur transgenerischen Narratologie. München 2008, S. 187. Die Arbeit nimmt zwar für sich in Anspruch, »für sämtliche Dramen zu gelten« (S. 192), wählt als Hauptbeispiele der Analyse mit Wolfgang Borchert, Heiner Müller und Albert Ostermaier allerdings ausschließlich Dramen aus dem 20. Jahrhundert, so dass die generelle Tragfähigkeit zu prüfen wäre. Goethes *Iphigenie* hingegen dient als »typisches Beispiel für einen Dramentyp impliziter Vermittlung, der die Historie dramatischer Literatur prägt und die Forschung für die dramatische Verbindung von discours und histoire«, die die Arbeit dann an Texten des 20. Jahrhunderts belegt, »blind gemacht hat.« (S. 77). Für die Analyse der Perspektivenstruktur der Dramen, die bei Muny im Zentrum steht, bilden die gewählten Dramen einen passenden Untersuchungsgegenstand, da jeweils eine »subjektive Perspektive« nachgewiesen werden kann (S. 187). Zur Relevanz narrativer Elemente in Dramentexten von Heiner Müller und Peter Handke vgl. auch Anke Detken/Claudius Sittig: Le spectacle du texte: *Actes sans paroles* de Peter Handke et Heiner Müller. In: Florence Fix/Frédérique Toudoire-Surlapierre (Hg.): La didascalie dans le théâtre du XXe siècle. Regarder l'impossible. Dijon 2007, S. 129–141.

[33] Savona stellt schon 1985 fest: »Alors que la recherche portant sur le discours romanesque bénéfice de multiples travaux sur les notions de temps verbaux, de personnes, de voix et de points de vue, le discours théâtral nous est encore très mal connu.« Dennoch hat sich daran bisher wenig geändert. Jeannette Laillou Savona: La didascalie comme acte de parole. In: Josette Féral u.a. (Hg.): Théâtralité, écriture et mise en scène. Québec 1985, S. 231–245, hier S. 231.

[34] So stellt Weimar mit Blick auf Systematisierungsversuche von Regiebemerkungen fest: »Die germanistische Literaturwissenschaft ist bislang an all dem (so gut wie) unbeteiligt.« Klaus Weimar: Artikel ›Regieanweisung‹, S. 253.

[35] Weimar beschäftigt sich mit der unterschiedlichen Qualität der beiden Textsegmente. Er fragt, an wen sie sich jeweils richten: an die an der fiktiven Handlung Beteiligten (= Nebentext) bzw. an die »Nichtbeteiligten«, die Zuschauer (= Haupttext). Weimar führt anhand von Lessings *Minna von Barnhelm* aus, dass Gattungs-, Akt- und Szenenangaben sich nicht an die dramatis personae richten, da nicht etwa Just wissen solle, dass er sich »im ersten Aufzug« eines »Lustspiels« befinde. Als gattungskonstituierend für das Drama sieht Weimar nicht den Dialog, sondern »die Kombination von Haupt- und Nebentext« an. Klaus Weimar: Enzyklopädie der Literaturwissenschaft. München 1980, S. 57–69.

gebraucht werden. Ohne definitorische Abgrenzung werden sie häufig nebeneinander synonym verwendet.[36]

Schon die Uneinigkeit in der Begrifflichkeit zeigt, dass diese Textsegmente bisher zwar unzureichend erforscht sind,[37] gleichzeitig aber zur Begriffsbildung anregen, da man sie unter so verschiedenen Bezeichnungen wie Bühnenanweisung,[38] Regieanweisung, Nebentext, Szenenangabe, Didaskalie[39] oder Begleitangabe[40] zu fassen sucht. Dies kann zugleich als Indiz dafür gelten, dass diese Textsegmente unterschiedlichen Funktionen und Adressaten zugeordnet werden. Unter terminologischen Gesichtspunkten erweist sich die Problemlage im deutschsprachigen Raum durch die Vielzahl von Begriffen ungleich schwieriger als etwa im romanischen Bereich. Im französischen, italienischen und spanischen Sprachraum hat sich der

---

[36] So Klaus Weimar: Vom Leben in Texten. Zu Schillers »Räubern«. In: Merkur 42 (1988), S. 461–471. Weimar verwendet, wie viele andere, unterschiedliche Begriffe nebeneinander – so ist auf derselben Seite, S. 469, von »Szenenanweisung« und »Regieanweisung« die Rede, ohne dass diesen Begriffen unterschiedliche Bedeutungen zugeordnet wären.

[37] Kein spektakuläres, aber ein sprechendes Indiz für die unzureichende Erforschung der Regiebemerkungen und Unsicherheiten in der Terminologie ist auch darin zu sehen, dass das Reallexikon in der dritten Auflage zwei Artikel – ›Nebentext‹ und ›Regieanweisung‹ – enthält, während in der ersten und zweiten Auflage der Eintrag ›Bühnenanweisung‹ steht; vgl. Reallexikon der deutschen Literaturgeschichte. Hg. von Paul Merker/Wolfgang Stammler. Berlin 1925. Band 1, S. 159; Reallexikon der deutschen Literaturgeschichte. Hg. von Werner Kohlschmidt/Wolfgang Mohr. Band 1. Berlin ²1958, S. 198; Elke Platz-Waury: Artikel ›Nebentext‹ und Klaus Weimar: Artikel ›Regieanweisung‹ in der dritten Auflage des Reallexikons. Dieser Wechsel in der Terminologie beschreibt eine Tendenz, die zwar in Arbeiten zu Regiebemerkungen zu verzeichnen ist – auch dort ist von »Bühnenanweisungen« in neueren Arbeiten kaum noch die Rede –, die aber von anderen Lexika nicht übernommen wird: So verwendet Gero von Wilpert in seiner Neuauflage weiterhin das Stichwort ›Bühnenanweisung‹, ebenso die Brockhaus Enzyklopädie in 24 Bänden. Leipzig, Mannheim ²⁰2001. Band 4, S. 106. Bei ›Regieanweisungen‹ findet sich in der Brockhaus Enzyklopädie ein Verweis auf das Stichwort ›Bühnenanweisungen‹; Nebentext ist nicht vermerkt. Das Metzler Lexikon Literatur verzeichnet ›Bühnenanweisung‹ und ›Nebentext‹; vgl. Andrea Heinz: Stichwort ›Bühnenanweisung‹. In: Metzler Lexikon Literatur. Begriffe und Definitionen. Hg. von Dieter Burdorf u.a. Stuttgart, Weimar ³2007, S. 108, und Anke Detken: Stichwort ›Nebentext‹, in: ebd., S. 536f.

[38] Vgl. etwa Victoria Pfeil: Lessing und die Schauspielkunst, die wenig trennscharf zwischen »allgemeinen« und »besonderen« Bühnenanweisungen unterscheidet.

[39] Dieser Begriff, den Ubersfeld als Alternative zum Nebentext vorschlägt, hat sich inzwischen in Frankreich und von dort aus im romanischen Raum etabliert; vgl. Anne Ubersfeld: Der lückenhafte Text und die imaginäre Bühne. In: Klaus Lazarowicz/Christopher Balme (Hg.): Texte zur Theorie des Theaters. Stuttgart ²2000, S. 394–400, hier S. 395. Im deutschsprachigen Raum ist der Begriff weiterhin fest mit antiken Aufführungspraktiken verbunden, so dass eine verallgemeinernde Anwendung auf den Bereich der Regiebemerkungen unangemessen erscheint. Er findet sich vereinzelt auch im anglo-amerikanischen Raum, stellt allerdings keine Konkurrenz zum allgemein akzeptierten Begriff der *stage directions* dar; vgl. etwa Marvin Carlson: The Status of Stage Directions. In: Studies in the Literary Imagination 24/2 (1991), S. 37–47, hier S. 37.

[40] Vgl. Christian Wagenknecht: Bühnenanweisung? Privatdruck 1997.

Begriff »didascalie«, den Anne Ubersfeld aus der klassischen Philologie[41] entlehnt und anstelle von »indication scénique« eingeführt hat,[42] inzwischen weitgehend etabliert.[43] Im Anschluss daran wurden besonders in Frankreich Zuordnungen und Systematisierungsmöglichkeiten der Regiebemerkungen diskutiert, und es entstanden dort wie im angloamerikanischen Raum Arbeiten, die vor allem der Bestandsaufnahme der Regiebemerkungen dienen.[44] In Deutschland hingegen haben zunächst textphilologische, später dominierende kulturanthropologische Perspektiven den Blick auf diese Textsegmente eher verstellt.

In der vorliegenden Arbeit wird der Begriff Regiebemerkung verwendet. Wenngleich diese Terminologie insbesondere wegen der vom heutigen Sprachgebrauch erheblich differierenden Vorstellung des Regisseurs – eines Berufes, den es zur Zeit des 18. Jahrhunderts noch gar nicht gab[45] – anachronistisch erscheinen mag, bietet

---

[41] In der klassischen Philologie versteht man unter Didaskalien die überlieferten ursprünglichen amtlichen Dokumente, die Aufführungsjahr (datiert nach dem Archon), Dichter, Titel, Fest, Chorege und Schauspieler festhalten und die vor allem zur älteren römischen Komödie von Plautus und Terenz erhalten sind.

[42] Vgl. Anne Ubersfeld: Lire le théâtre. Paris 1977, S. 21. Ubersfeld verwendete in ihrer Arbeit über Hugo noch den Begriff »régie« für Regiebemerkungen; vgl. Anne Ubersfeld: Le Roi et le Bouffon. Paris 1974. Der Titel *Lire le théâtre* weist allerdings in eine falsche Richtung, denn als Theaterwissenschaftlerin und Leiterin des *Institut théâtral* in Paris steht für sie nicht der Dramentext im Zentrum, sondern der Aufführungsaspekt. So spielen auch in *Lire le théâtre* die Regiebemerkungen eine untergeordnete Rolle. Obwohl die Einführung des Begriffs »didascalie« gemeinhin Ubersfeld zugeschrieben wird, ist eine parallele Entwicklung in Italien ablesbar, allerdings ohne Auswirkungen auf die Forschung – vermutlich weil der Begriff dort zwar verwendet, aber nicht fachwissenschaftlich etabliert wird; vgl. etwa Giuseppe Bartolucci: La didascalia drammaturgica. Neapel 1973.

[43] Vgl. etwa den Sammelband zu Vorkommen und Funktion von Regiebemerkungen im 20. Jahrhundert: Florence Fix/Frédérique Toudoire-Surlapierre (Hg.): La didascalie dans le théâtre du XXe siècle. Regarder l'impossible. Dijon 2007.

[44] So die Arbeiten von Sanda Golopentia/Monique Martinez Thomas: Voir les didascalies. Paris 1994; Thierry Gallèpe: Didascalies. Les mots de la mise en scène. Paris 1998; Alan C. Dessen/Leslie Thomson: A Dictionary of Stage Directions in English Drama, 1580–1642. Cambridge, New York 1999; Dene Barnett with the assistance of Jeanette Massy-Westropp: The Art of Gesture: The practices and principles of 18th century acting. Heidelberg 1987. Außer Gallèpe, der systematisch vorgeht, sich allerdings auf ein Korpus von nur vier Dramentexten bezieht, haben die Studien vor allem kompilatorischen Wert. Für das englische Theater der elisabethanischen Bühne ist die Arbeit von Linda McJannet: The Voice of Elisabethan Stage Directions: The Evolution of a Theatrical Code. Newark 1999, einschlägig.

[45] Vgl. Gösta M. Bergman: Der Eintritt des Berufsregisseurs in das französische Theater. In: Maske und Kothurn 10 (1964), S. 431–454, hier S. 435: »Die Vorgänger des Berufsregisseurs sind also die Verfasser, die Theaterleiter und die denkenden, einsichtsvollen Schauspieler, ›les comédiens intelligents‹«; die Regie war demnach »kollektiver Art«. Vgl. André Veinstein: La Mise en scène théâtrale et sa condition esthétique. Paris 1955. Corvin beschreibt ebenfalls die späte autonome Stellung des *metteur en scène*, des Regisseurs, in Frankreich. Vgl. Michel Corvin: Artikel ›metteur en scène‹. In: Ders. (Hg.): Dictionnaire encyclopédique du théâtre. Paris ²1995. Band 2, S. 597f. Klug und vorausschauend ist diesbezüglich schon eine Beobachtung des Zeitgenossen Mercier, die im Grunde einen Regisseur im heutigen Sinne einfordert, wenn von einer »Mittelmacht« die Rede ist: »Man muß also eine Mittelmacht (sollte dieses Wort hier auch Lachen erwecken) ausfindig machen, die weder

sie erhebliches heuristisches Potential, das es nutzbar zu machen gilt. In ähnlicher Weise wie der Begriff des Paratextes, den Gérard Genette[46] geprägt hat, vermag der Begriff Regiebemerkung disparate, jedoch demselben funktionalen Zusammenhang zuzuordnende Phänomene zu bezeichnen. Auf Genettes Begriff wird nur punktuell zurückgegriffen, da er wegen seiner textpragmatischen Ausrichtung zwar die Rahmung und intertextuelle Bezugnahme zum Text betont, aber auch stets eine deutliche Distanz zu diesem als Zentrum verstandenen Text markiert. Während unter dem Begriff Paratext Rahmenstücke eines Textes erfasst werden, die sich in erster Linie materiell, z.b. im Layout, von ihm unterscheiden und somit auch Titel sowie Akt- und Szeneneinteilung umfassen,[47] bezeichnet der Begriff Regiebemerkung ein davon unterschiedenes semantisches Feld, das stärker dem durch Aufführung, aber auch durch die Lektüre erfolgenden Rezeptionsakt zuzuordnen ist. Muny stößt sich an der Vorrangstellung der Aufführungsanalysen und versteht die Lektüre eines Dramas wie Vortrag und Inszenierung als »Performanzform«,[48] wobei die Textlektüre sich zwischen den Polen Text und Leser bewege. Um den Blick von der Aufführung auf den Dramentext zu lenken, führt schon Turk den Begriff der »implizierten« bzw. »eingeschriebenen Inszenierung« ein, die den Dramentext von einem narrativen Text unterscheide.[49]

das Interesse des Dichters noch des Schauspielers erwägend, zu dem einen sagen könnte: die Eigenliebe hat euch verblendet, und zum andern: seht, das verdient vor dem Publikum ausgeführt zu werden.« [Mercier – Wagner]: Neuer Versuch über die Schauspielkunst. Aus dem Französischen mit einem Anhang aus Goethes Brieftasche. Faksimiledruck nach der Ausgabe von 1776. Mit einem Nachwort von Peter Pfaff. Heidelberg 1967, S. 472f. Im Original ist von »puissance intermédiaire« die Rede; vgl. Louis Sébastien Mercier: Mon bonnet de nuit. Suivi de: Du théâtre. Hg. von Jean-Claude Bonnet. Paris 1999, S. 1470. Zur Geschichte des Regisseurs vgl. auch Elisabeth Christine Kuhn: Die Bühneninszenierung als komplexes Werk. Baden-Baden 2005, S. 66–82.

[46] Vgl. Jean-Marie Thomasseau: Pour une analyse du para-texte théâtral. In: Littérature 53 (1984), S. 79–103. Anders als Genette verwendet Thomasseau den Begriff ›para-texte‹ anstelle von ›didascalie‹ bzw. ›indication scénique‹ und stellt ihn dem ›texte dialogué‹ gegenüber, also mit direktem Bezug auf die Regiebemerkungen. Dass diese Terminologie hier abweichend von Genettes Begriff des Paratextes verwendet wird, geht aus einer Anmerkung Thomasseaus hervor, in der ein Gespräch mit Genette zusammengefasst wird: »Dans une conversation que nous avons eue avec lui [Genette] à la suite de sa communication, Genette a convenu du bien-fondé de l'emploi du terme para-texte dans le sens que nous lui donnons tout en nous faisant part de l'insatisfaction qu'il avait, de son côté, à employer ce même terme qui, disait-il, ne recouvrait qu'imparfaitement le concept en question dans son propos«, S. 79.

[47] Vgl. Gérard Genette: Paratexte. Das Buch vom Beiwerk des Buches. Übers. von Dieter Hornig. Frankfurt/M. 2001; Burkhard Moennighoff: Paratexte. In: Heinz Ludwig Arnold/Heinrich Detering (Hg.): Grundzüge der Literaturwissenschaft. München [7]2005, S. 349–356.

[48] Vgl. Eike Muny: Erzählperspektive im Drama, S. 30–34 und S. 188.

[49] Vgl. Horst Turk: Soziale und theatralische Konventionen als Problem des Dramas und der Übersetzung. In: Erika Fischer-Lichte u.a. (Hg.): Soziale und theatralische Konventionen als Problem der Dramenübersetzung. Tübingen 1988, S. 9–53, S. 10f. Turk führt aus, der

Neu eingeführt wird in der vorliegenden Arbeit der Begriff des Textraums, der gleichermaßen auf die Regiebemerkungen wie auch auf die Figurenrede bezogen werden kann und so zunächst ein nicht-hierarchisches Verhältnis beider Textbereiche abbildet. Während bei den Regiebemerkungen meist der transitorische Charakter betont wird, da sie in der Aufführung »potentiell verschwinden«,[50] soll so für die Untersuchung der Dramentexte die Möglichkeit betont werden, beiden Bereichen zunächst gleiches analytisches Interesse entgegenzubringen.[51] Zudem können mit diesem Terminus gängige Kategorien verbunden werden, die als Untergliederung fungieren – etwa Abgrenzungen nach inhaltlichen Kriterien (Angaben zu Person, Raum, Zeit, Gestik, Mimik, Sprechweise etc.) oder nach Adressaten (Bühnenbildner, Regisseur, Schauspieler, Zuschauer und/oder Leser).

Neben den expliziten Regiebemerkungen sind komplementär Vorkommen und Art impliziter Anmerkungen zu untersuchen, d.h. neben den Regiebemerkungen mit eigenem Textraum auch die in die Figurenrede einmontierten Hinweise zur Inszenierung,[52] wie sie sich schon in antiken Texten finden. Sie bilden eine Folie für die Neuzeit,[53] da gerade zu Beginn des 18. Jahrhunderts – mit seiner Ausrichtung am französischen Klassizismus und so indirekt an der Antike – in zahlreichen Stücken explizite Regiebemerkungen vermieden werden.[54] Platz-Waury spricht von »intradialogischen Bühnenanweisungen«, die von der Antike bis zum 19. Jahrhundert häufig zu finden seien, da man »auf Anweisungen im Nebentext« weitgehend verzichtete,[55] mit Ausnahme der Kennzeichnung der äußeren Einteilung in Akte, Szenen, Auftritte und Abgänge.

---

dramatische Text setze »Darstellungsmittel voraus, die er nicht besitzt, über die er verfügt, indem er sie in Rechnung stellt«.

[50] Vgl. Frank Zipfel: Fiktion, Fiktivität, Fiktionalität. Berlin 2001, S. 311: »Vielleicht liegt es an diesem potentiellen Verschwinden des Neben- bzw. Autor-Textes, dass dieser Textebene in literaturtheoretischen Überlegungen über das Drama zumeist so wenig Aufmerksamkeit geschenkt wird.«

[51] Korthals spricht statt von Haupt- und Nebentext von gleichwertigen ›Tonspuren‹, worunter er die Rede der Geschehensteilnehmer und die Rede des Geschehensvermittlers versteht; vgl. Holger Korthals: Zwischen Drama und Erzählung. Ein Beitrag zur Theorie geschehensdarstellender Literatur. Berlin 2003, S. 457.

[52] Im Englischen *texte directions* im Unterschied zu den *stage directions*, im Französischen *didascalies internes*; vgl. Michel Corvin (Hg): Dictionnaire encyclopédique du théâtre. Paris ²1995. Band 1, S. 277; Reingard M. Nischik: Körpersprache im Drama. Ein Beitrag zur Semiotik des Dramas. In: Germanisch-Romanische Monatsschrift 41 (1991), S. 257–269.

[53] Vgl. hierzu in dem von Walter Jens herausgegebenen Sammelband: Die Bauformen der griechischen Tragödie. München 1971, u.a. den Beitrag von Joachim Dingel: Requisit und szenisches Bild in der griechischen Tragödie, S. 347–367, der zahlreiche Beispiele enthält.

[54] So etwa in Johann Elias Schlegels Stück *Der geschäfftige Müßiggänger*, in dem keine expliziten Regiebemerkungen vorkommen. Gottscheds *Critische Dichtkunst* hingegen berücksichtigt Regiebemerkungen nicht, und auch die in seiner Dramensammlung *Die deutsche Schaubühne* veröffentlichten Texte unterliegen diesbezüglich keinen einheitlichen Restriktionen oder Normierungen; vgl. Kap. 2.1.

[55] Elke Platz-Waury: Drama und Theater. Eine Einführung. Tübingen ⁵1999, S. 35f.

Methodisch erweist es sich als schwierig, implizite Regiebemerkungen in der Figurenrede nachzuweisen – vermutlich ein Grund, warum Thierry Gallèpe in seiner umfangreichen Arbeit implizite Regiebemerkungen von vornherein ausschließt.[56] Eine Analyse dieser in die Figurenrede integrierten Anmerkungen erscheint jedoch wegen der engen Verzahnung zwischen dem Text der Handlung und paratextuellen Komponenten unerlässlich.[57] Formen und Funktionen dieser Textform werden erst durch eine vergleichende, synchron wie diachron erfolgende Untersuchung ersichtlich. Während im Anschluss an die Antike und die französische Klassik das implizite Anmerkungssystem eine tragende Rolle spielt,[58] nimmt im 18. Jahrhundert der Anteil an expliziten Regiebemerkungen deutlich zu, so dass Übergänge von dem einen zum anderen Anmerkungssystem zu verfolgen sind.

Auch die Unterscheidung der impliziten Regiebemerkungen von der ›Wortkulisse‹ oder dem ›gesprochenen Raum‹ bereitet Schwierigkeiten:[59] Während implizite wie explizite Regiebemerkungen in einer Aufführung echte Kulissen und Requisiten voraussetzen oder bewirken, gibt es Stücke, bei denen der Bühnenraum allein in den gesprochenen Raumangaben innerhalb der Figurenrede evoziert wird und für die Requisiten keine reale Theaterumsetzung intendiert ist. Diese Textpassagen in der Figurenrede, die einen imaginären Raum schaffen und so die Möglichkeiten der Bühne ergänzen, hängen mit den jeweils vorherrschenden Theaterkonventionen und realen Bühnenverhältnissen zusammen; so greift die Forschung bei der Bestimmung der Wortkulisse bei Shakespeare auf das Wissen um die elisabethanische Bühne zurück,[60] bei der kaum Kulissen zur Konkretisierung des Schauplatzes verwendet wurden.[61] Die Textpassagen können aber auch – im Sinne der »Deixis am Phantas-

---

[56] Gallèpe lehnt die impliziten Regiebemerkungen, die »didascalies internes«, aus kategorialen Gründen ab, vgl. Thierry Gallèpe: Didascalies, S. 81f.

[57] Von einer Verbindung impliziter – hier wie häufig in Form von Deiktika – und expliziter Regiebemerkungen kann man etwa sprechen, wenn es in *Emilia Galotti* heißt: »DER PRINZ: So möcht' ich es bald – lieber gar nicht sehen. Denn dem Ideal hier (*mit dem Finger auf die Stirne*) – oder vielmehr hier (*mit dem Finger auf das Herz*), kömmt es doch nicht bei« (I, 4). Der Maler Conti zeigt dem Prinzen hier nicht nur, wie vereinbart, das Bild Orsinas, sondern außerdem das von Emilia Galotti.

[58] Vgl. Sabine Chaouche: L'art du comédien. Déclamation et jeu scénique en France à l'âge classique (1629–1680). Paris 2001, S. 158ff. In dem von Chaouche untersuchten Zeitabschnitt – dem »siècle classique français« – finden sich diese besonders häufig, da explizite Regiebemerkungen zumindest in der Tragödie so gut wie ausgeschlossen waren.

[59] Während etwa Schulz den ersten Vers aus Goethes *Tasso* – »Du siehst mich lächelnd an, Eleonore« – als »implizit im Haupttext mitgelieferten Hinweis für die Darstellerin der Leonore von Este [...] zur Mimik« ansieht, könnte man dem entgegenhalten, dass – zumindest nach der damaligen Aufführungspraxis – dieser für die Schauspielerin deutlich zu spät kommt: Lächeln müsste sie schon, ehe Tasso dies an ihr beobachtet; vgl. Georg-Michael Schulz: »Läuffer läuft fort.« Lenz und die Bühnenanweisung im Drama des 18. Jahrhunderts. In: David Hill (Hg.): J.M.R. Lenz. Opladen 1994, S. 190.

[60] Vgl. Elke Platz-Waury: Drama und Theater, S. 26.

[61] Vgl. Sophia Totzeva: Das theatrale Potential (PT) und andere systematische Konzepte zur Theatralität des dramatischen Textes. In: Andreas Kotte (Hg.): Theater der Region – Theater Europas. Basel 1995, S. 337–354, hier S. 343. In antiken Stücken nimmt die Wortkulisse

ma«[62] – abwesende Personen, Gedanken und Erinnerungen betreffen, die sich beim Sprechen vergegenwärtigen. So wird auf Bühnenaktionen hingewiesen, die ganz im Bereich der Phantasie des Zuschauers realisiert werden.[63]

Dass sich im 18. Jahrhundert, verbunden mit der Bedeutung des Lesens von Dramentexten, ein Paradigmenwechsel von dominant impliziten zu dominant expliziten Regiebemerkungen abzeichnet, darauf deuten Editionen aus dem 18. Jahrhundert hin, so in dem kanonischen Fall Shakespeares. Aasand stellt zur Totengräberszene des *Hamlet* fest, dass Interjektionen als implizite Regiebemerkungen aufgefasst und durch explizite Regiebemerkungen komplettiert werden:

> Following from the direction-less quarto ›Pah‹ and folio ›Puh‹, we have three distinct kinetic supplements for Hamlet's ‹Pah/Puh›: *smelling to the skull*; *throwing down the skull*; *puts down the skull*.[64]

Die expliziten Regiebemerkungen scheinen hier in erster Linie als Verständnishilfen für den lesenden Rezipienten zu fungieren.[65]

Andererseits lässt sich das Verhältnis von impliziten und expliziten Regiebemerkungen nicht als geradliniger Prozess einer zunehmenden Aussonderung jener Textelemente aus der Figurenrede verstehen. Es gibt auch den umgekehrten Fall, in dem Verschiebungen hin zu impliziten Regiebemerkungen zu konstatieren sind,

---

häufig noch größeren Raum ein und bleibt nicht auf den Bühnenraum beschränkt, da das Wort »innerhalb der Hierarchie der Mittel [...] seine Vormachtstellung [behielt].« Bühnenexternes Geschehen wird durch das Mittel der Teichoskopie in das Bühnengeschehen integriert: »So wie Euripides auf das hinweist, was *nicht* am Schauspieler *ist*, so weist z.B. Aischylos auf das hin, was *nicht* auf der Bühne *ist* und was dennoch in der Vorstellung des Zuschauers, der von den Worten des Dichters ergriffen wird, gegenwärtig ist.« Jindřich Honzl: Die Hierarchie der Theatermittel. In: Aloysius van Kesteren/Herta Schmid (Hg.): Moderne Dramentheorie. Kronberg/Ts. 1975, S. 133–142, hier S. 138f.

[62] Den Begriff »Deixis am Phantasma« hat Bühler geprägt. Er versteht darunter die Vergegenwärtigung von abwesenden Personen, Gedanken, Gefühlen und Erinnerungen. Damit wird das »Zeigfeld des Sprechers und Spielers (sein vom Hier – Jetzt – Ich aus bestimmtes Rechts – Links, Vorn – Hinten, Oben – Unten, Früher – Später, Du – Er)« beim Reden erneut vor Augen gestellt. Vgl. Karl Bühler: Ausdruckstheorie. Das System an der Geschichte aufgezeigt. Jena 1933, S. 45.

[63] Zum Vorkommen im 18. Jahrhundert vgl. Günther Heeg: Phantasma, S. 321–329.

[64] Hardin L. Aasand: »Pah! Puh!«: Hamlet, Yorick, and the Chopless Stage Direction. In: Ders. (Hg.): Stage Directions in *Hamlet*, S. 214–225, hier S. 220. An folgender Stelle findet sich in der Quarto-Ausgabe keine explizite Regiebemerkung, wohl aber in Ausgaben des 18. Jahrhunderts und auch in den sich an diese anschließenden Übersetzungen ins Deutsche, vgl. William Shakespeare: Hamlet, Prinz von Dänemark. Übersetzt von August Wilhelm Schlegel, revidiert und eingeleitet von Max Koch. In: Shakespeares dramatische Werke nach der Übersetzung von August Wilhelm Schlegel/Philipp Kaufmann/Heinrich Voß. Herausgegeben von Max Koch. Band 8: Tragödien I. Stuttgart [1883], S. 9–156, hier S. 139: »Dieser? (*Hebt den Schädel auf.*) [...] Und so roch? pah! (*wirft den Schädel weg*)« (V, 1).

[65] »Capell is responsible for providing a reader with a detailed stage direction of the exchange in his 1768 edition, as he is for so many stage and gestic directions. Capell's elaboration on stage directions and gestural language is a signature of his 1768 edition.« Hardin L. Aasand: »Pah! Puh!«, S. 217.

so in der Kerkerszene von Goethes *Faust*. Explizite Regiebemerkungen des *Urfaust* bzw. der ›*Frühen Fassung*‹ formt Goethe im *Faust I* in implizite Regiebemerkungen bzw. Wortkulisse um. Während es in der ›*Frühen Fassung*‹ heißt:

> FAUST *zittert, wankt, ermannt sich und schließt auf, er hört die Ketten klirren und das Stroh rauschen,*

wird die lange explizite Regiebemerkung in *Faust I* in die Figurenrede integriert:

> FAUST *aufschließend* Sie ahnet nicht, daß der Geliebte lauscht,
> Die Ketten klirren hört, das Stroh das rauscht.[66]

Das, was gemeinhin mit einer Aufführung in Verbindung gebracht wird – die expliziten Regiebemerkungen –, wird hier gerade in diesem Zusammenhang reduziert. Während es sich in der ›*Frühen Fassung*‹ um eine lesedramatische, episierende Regiebemerkung handelt, wird die Information in *Faust I* in die Figurenrede verlegt und nur derjenige Teil, der bühnentechnisch leicht umsetzbar ist – das Aufschließen –, bleibt explizit erhalten. Ob die Regiebemerkungen über diese Leser-Zuschauer-Achse hinaus als Indikator für die Epochenzugehörigkeit eines Textes angesehen werden können, wird zu prüfen sein. In ähnlicher Weise wurde eine explizite Regiebemerkung der ›*Frühen Fassung*‹, die eine heftige Bewegung und das, zumindest potentiell, gewaltvolle Auftreten Fausts charakterisiert – »*ergreift sie und will sie wegtragen*« –, durch die Verlagerung in die Figurenrede in *Faust I* erheblich gemildert: »So wag' ich's, dich hinweg zu tragen.«[67] Solche Umstrukturierungen des Textes verdeutlichen zugleich, welches Akzentuierungspotential Regiebemerkungen bereithalten.

Auch an den relativ unbedeutend erscheinenden Textsegmenten, die die Figurenrede im Dramentext einleiten – den Sprecherbezeichnungen –,[68] kann eine Entwicklung nachgezeichnet werden, die zeigt, wie sich auf diesem Gebiet zunächst ein fester Dramencode etabliert hat, der später allerdings in einem wichtigen Punkt wieder aufgegeben wird. Während die griechischen Dramen der Antike als reine Rede-Kontinua überliefert sind ohne Angabe, wer jeweils spricht, enthalten Spieltexte der Wanderbühne wie auch Fastnachtsspiele häufig neben dem Namen der Figur, die zu sprechen beginnt, einen Zusatz wie »*dicat*«, »*dicit*«, »*und sagt*«, »*und sprach*« oder »*und spricht*«,[69] etwa in »*Fellet auff die Knie nieder und spricht*«.[70] Es fällt auf, dass die einfache Nennung der Figur vor einer Äußerung den zunächst ausführlichen

---

[66] Johann Wolfgang Goethe: Faust. Texte. Frankfurt/M. 1994. Hg. von Albrecht Schöne (Johann Wolfgang Goethe. Sämtliche Werke, Briefe, Tagebücher und Gespräche. Hg. von Friedmar Apel u.a. Band 7/1), S. 192, Vers 4421f., und S. 536.
[67] Johann Wolfgang Goethe: Faust, S. 198, Vers 4575, und S. 539.
[68] Vgl. Roman Ingarden: Das literarische Kunstwerk, S. 220: durch »die Angabe der jeweils sprechenden Person gewinnen die zu dem Haupttext gehörenden Sätze gewissermaßen ein ›Anführungszeichen‹«.
[69] Vgl. Willi Flemming (Hg.): Das Schauspiel der Wanderbühne. Darmstadt ²1965, S. 99, 105 u.ö.
[70] Manfred Brauneck (Hg.): Spieltexte der Wanderbühne. Band 1. Berlin, New York 1970, S. 133; ähnlich »*Fähret mit seinem Haupte auff und spricht:*« u.ö.; vgl.: Manfred Brauneck

syntaktischen Formen nach und nach vorgezogen wird. Die Ausführlichkeit, gleichzeitig die fehlende Normierung der Textsegmente zwischen den Dialogpartien, wird im 17. Jahrhundert reduziert,[71] so dass außer der Sprecherbezeichnung die dramatis personae zu Beginn einer Szene prädikatlos aufgezählt werden; Ausnahmen bilden weiterhin Texte der Wanderbühne. Dort finden sich Zusätze, die dem an heutige Konventionen gewohnten Blick auf Dramentexte überflüssig, zumindest redundant erscheinen: »*Darauff sagt der Printz*: PRINTZ: [...]«; »*Entlich wincket die Frau [...] ihm zu sich / und spricht*. DINA: [...]«; »JOHAN BOUSET. (*Kömt lachende heraus / und spricht.*)«.[72] In den Komödien stehen ebenfalls noch verbindende Redeeinleitungen, etwa bei Gryphius: »[...] *endlich fraget er P. Squentzen*. PIRAMUS: Was sol ich mehr sagen?«.[73]

Hinzu kommt ein weiterer Punkt, der die Einbindung der Sprecherbezeichnung in die Fiktion betrifft. Während bis zum Ende des 17. Jahrhunderts in den Sprecherbezeichnungen konsequent am einmal gewählten Begriff festgehalten wird, der mit dem Personenverzeichnis übereinstimmt, werden sie im Verlauf des 18. Jahrhunderts flexibel und in die fiktive Situation eingebunden: An signifikanten Stellen wird die meist im Personenverzeichnis als Orientierungspunkt gegebene Bezeichnung durch eine eingeschränkte Sicht auf die Figur ersetzt. So werden in Schillers *Räubern* die Dialogpartien des im Hungerturm eingesperrten Vater Moor zunächst mit der Sprecherbezeichnung »EINE STIMME«, dann »DIE STIMME« versehen und erst als »DER ALTE MOOR« kenntlich gemacht, wenn auch das innerfiktionale Gegenüber – sein eigener Sohn – ihn erkannt hat.[74] Diese unterschiedlichen Bezeichnungen dienen demjenigen Leser des Dramas, der den Dramentext insgesamt liest, denn auf diesen wirken sie spannungssteigernd; sie sind weder für den Schauspieler noch für den Regisseur funktional, für die eine rasche Zuordnung der Schauspieler zu bestimmten Sprech- und Handlungssequenzen im Vordergrund steht.

Eine starre Behandlung der Sprecherbezeichnungen hingegen, die konsequent beibehalten werden und nicht spannungssteigernd und einen der Figurenperspektive entsprechend eingeschränkten Wissensstand wiedergeben, wird in klassischen französischen Stücken erkennbar – so in Corneilles *Héraclius*. In der folgenden Szene geht es um eine Art Versteckspiel, in der zwei Figuren, Héraclius und Martian, verkleidet auf der Bühne erscheinen. Die Regiebemerkung ist hier einer zukunftsgewissen Vorausdeutung bzw. Prolepse[75] vergleichbar, wie sie in Erzähltexten durch

---

(Hg.): Spieltexte der Wanderbühne. Band 3. Berlin 1970, »*und spricht*«, »*mit diesen Worten*« (S. 560, 595 u.ö.).

[71] Vgl. Klaus Weimar: Artikel ›Regieanweisung‹.
[72] Die Beispiele aus den Texten der Wanderbühne stammen aus: Willi Flemming (Hg.): Das Schauspiel der Wanderbühne, S. 206, 296, 302.
[73] Andreas Gryphius: Absurda Comica oder Herr Peter Squentz. In: Ders. Lustspiele. Hg. von Hermann Palm. Darmstadt 1961, S. 33.
[74] Friedrich Schiller: Die Räuber. In: Ders.: Werke. Nationalausgabe. Band 3. Hg. von Herbert Stubenrauch. Weimar 1953, IV, 5, S. 110.
[75] Vgl. Matias Martinez/Michael Scheffel: Einführung in die Erzähltheorie. München [7]2007, S. 36f.

den auktorialen Erzähler im Sinne einer Nullfokalisierung möglich ist, die über dem Wissensstand der einzelnen Figurenperspektiven steht:

> *Dans les deux scènes suivantes, Héraclius passe pour Martian, et Martian pour Léonce.*[76]
> (In den beiden folgenden Szenen gibt sich Héraclius als Martian und Martian als Léonce aus.)

So wird vor der entsprechenden Verkleidungsszene der weitere Verlauf des Stücks im Vorhinein erklärt. Der Leser wird in den Wissensstand versetzt, den, selbstverständlich, die Schauspieler haben müssen, damit sie in die entsprechenden Rollen schlüpfen können: Später wird Phocas Héraclius als »Martian« ansprechen.[77] Ebenso wird Pulchérie Martian aufgrund der Verkleidung als »Léonce« wahrnehmen.[78] Während der reale Schauspieler nicht in die Täuschungssituation eingebunden ist, sondern wissen muss, wann er an der Reihe ist und welche Rolle er spielen muss, um die fiktive Situation allererst herzustellen, befindet sich der Leser hier nicht in der eingeschränkten Position des Zuschauers, sondern erhält durch die an den Beginn der Szene gesetzte Regiebemerkung von vornherein die Informationen über die hinter den Verkleidungen befindlichen dramatis personae.[79] Die Sprecherbezeichnungen zeigen durchgehend die ›tatsächliche‹ Identität des Sprechers an und lassen den Verkleidungszustand unberücksichtigt – eine beim Lesen eher störende Methode, da die als »HÉRACLIUS« kenntlich gemachte Figur vom Gegenüber ganz selbstverständlich als »Martian« angesprochen wird.

Aufschlussreich ist in diesem Zusammenhang die unterschiedliche Behandlung der Sprecherbezeichnungen in Shakespeares *King Richard II*: Einen heutigen Leser, der die Sprecherbezeichnungen als relevante, veränderbare Textsegmente mit semantischem Gehalt auffasst, wird die konstante Bezeichnung Richards als »KÖNIG RICHARD« im gesamten Dramentext verwundern. Diese wird etwa in der Schlegel-Übersetzung selbst dann beibehalten, wenn der König gar nicht mehr König ist.[80] Der Status der Sprecherbezeichnung bleibt gewissermaßen unangetastet, ist ein konstanter Markierungspunkt für den Sprecher und sagt nichts über den momentanen Zustand der Figur aus. Vor dem Hintergrund der Notations-Konventionen des

---

[76] Pierre Corneille: Héraclius. Tragédie. In: Théâtre complet de Corneille. Band 2. Hg. von Maurice Rat. Paris 1972, S. 455–527, hier S. 472. Die Verkleidungsszenen werden außerdem schon im Personenverzeichnis erwähnt: »HÉRACLIUS, fils de l'empereur Maurice, cru Martian fils de Phocas, amant d'Eudoxe«; »MARTIAN, fils de Phocas, cru Léonce fils de Léontine, amant de Pulchérie«.

[77] »PHOCAS […] *à Héraclius.* Approche, Martian, que je te le répète […]«, I, 3, S. 472.

[78] »PULCHÉRIE […]: Mais allons, cher Léonce, admirant son courage […]«, I, 4, S. 476.

[79] So auch in Spieltexten der Wanderbühne; vgl. Die Comœdie ohne Comœdie. In: Manfred Brauneck (Hg.): Spieltexte der Wanderbühne. Berlin 1970. Band 3, S. 51–151, hier S. 127: »TANCREDO. HERMINE in der CLORINDE Harnisch.« In den Sprecherbezeichnungen heißt es konstant »HERMINE«.

[80] Vgl. William Shakespeare: König Richard II. Übersetzt von August Wilhelm Schlegel, revidiert und eingeleitet von Max Koch. In: Shakespeares dramatische Werke nach der Übersetzung von August Wilhelm Schlegel/Philipp Kaufmann/Heinrich Voß. Herausgegeben von Max Koch. Band 4: Königsdramen I. Stuttgart [1883], S. 109–208.

16. und 17. Jahrhunderts ist der Bereich der Sprecherbezeichnungen relativ feststehend und besitzt kaum semantische Aussagekraft. Anders verfährt allerdings schon, soweit ich sehe ist das eine Ausnahme für diesen Zeitraum, die Folio-Ausgabe. Sie wechselt von »KING RICHARD« zu »RICHARD«,[81] und zwar bereits in dem Moment, in dem die Entmachtung entschieden ist und ehe der König selbst davon erfahren hat, denn noch kurz nach dem Wechsel der Sprecherbezeichnung sagt er: »Alack, why am I sent for to a king / Before I have shook off the regal thoughts / Wherewith I reigned?«

Die Beispiele zeigen, dass selbst der unscheinbare Bereich der Sprecherbezeichnungen zum einen historischen Entwicklungsprozessen unterliegt und mit Theater- und Lesekonventionen in Verbindung gebracht werden kann, zum anderen Optionen bereithält, die in bestimmten Fällen schon früh genutzt werden.[82] Wenn in der Sprecherbezeichnung zunächst von »STIMME« oder einem »UNBEKANNTEN«[83] die Rede ist und Letzterer erst dann vom Leser identifiziert wird, wenn auch das jeweilige (Bühnen)Gegenüber ihn erkennt, wird die Fiktion auf Sprecherbezeichnungen und Regiebemerkungen ausgedehnt. Diese bieten dann nicht in erster Linie Orientierungspunkte für den Theaterpraktiker, sondern implizieren einen Leser, der nur eingeschränkt informiert und in Spannung gehalten wird, also einen Leser, der das Stück nicht sofort bühnentechnisch umsetzen wird wie Schauspieler und Regisseur. Gleichzeitig erlangen die Figuren durch Veränderungen der hochkonventionalisierten Teile der Regiebemerkungen wie der Sprecherbezeichnungen einen anderen Status und ähneln Figuren in Erzähltexten.

Während die impliziten Regiebemerkungen, da sie in die Figurenrede integriert sind, nur schwer bestimmt und vom übrigen Text abgegrenzt werden können, wer-

---

[81] Den Hinweis verdanke ich Claudius Sittig. Vgl. William Shakespeare: King Richard II. Hg. v. Andrew Gurr. Cambridge ²1988, S. 144: »From here on F [First Folio 1623] stops using *King* for Richard in speech headings and stage directions.« Die Meinung, dass die Folio-Ausgabe auf einem promptbook (Soufflierbuch) basiere, »da die Bühnenanweisungen sehr detailliert sind« – so Ina Habermann: King Richard the Second. In: Ina Schabert (Hg.): Shakespeare-Handbuch. Stuttgart ⁴2000, S. 355–359, hier S. 355, wäre von hier aus neu zu überdenken, denn der Wechsel der Sprecherbezeichnung ist kaum funktional für eine Bühnenfassung und wird auch in anderen Fällen – so bei Schillers *Räubern* – in erklärten Bühnenexemplaren gerade vermieden bzw. gestrichen. Vermutlich liegt hier wiederum die weitverbreitete Annahme zugrunde, dass Regiebemerkungen ausschließlich zur Aufführung im Verhältnis stehen. Anders inzwischen Lukas Erne: Shakespeare as Literary Dramatist. Cambridge 2003, der einen Hinweis auf den Stellenwert der Regiebemerkungen für den Leser gibt: »These are descriptive stage directions that seem directed at readers rather than at the bookkeeper. In sum, the textual make-up of the First Folio corroborates the contention that Shakespeare was not unmindful of a future readership of his plays«, S. 113.

[82] Auch Jackson erkennt die Sprecherbezeichnungen als signifikante Textsegmente. Er prüft anhand der Sprecherbezeichnungen, ob der erste Akt von *Titus Andronicus* von Shakespeare, von Peele oder von beiden gemeinsam verfasst wurde; vgl. Macd. P. Jackson: Stage Directions and Speech Headings in Act 1 of *Titus Andronicus* Q (1594): Shakespeare or Peele? In: Studies in Bibliography 49 (1996), S. 134–148.

[83] Vgl. Kap. 5.1.

den die expliziten Regiebemerkungen und die Sprecherbezeichnungen meist fraglos dem Autor zugeordnet, der sich damit direkt an Regisseur und Schauspieler richte: »Didascalia are addressed by a *real person* (the author) to other *real people* (director and actors), and [...] are intended to be taken non-fictively.«[84] Diese gängige Vorstellung erweist sich allerdings als problematisch, da diese Textsegmente so auf einer außerfiktionalen Ebene angesiedelt werden. In Lexika werden sie als »die in den Text eines Stücks eingefügten Bemerkungen des Autors«[85] eingestuft, und auch dramenspezifische Arbeiten nehmen diese Zuordnung vor, wenn sie etwa von »Autoranmerkungen« sprechen.[86] Die prominente Definition Ingardens, der sich schon früh mit dem Textstatus der Regiebemerkungen beschäftigt hat, ist auch heute noch maßgeblich.[87] Er beschreibt den »Nebentext« – d.h. diejenigen Textteile eines Dramas, die auf der Bühne nicht gesprochen werden – als »die vom *Verfasser* gegebenen Informationen für die *Spielleitung*«.[88] Durch den transitorischen Status, der den Regiebemerkungen hier zugeschrieben wird, entfallen diese in der Theateraufführung,[89] in der sie durch andere Zeichen ersetzt werden. Im Dramentext bilden sie insofern eine vorübergehende Lösung,[90] da optische Signale, Bühnenrequisiten und Körpersprache dort einer anderen Notation unterworfen werden müssen als auf der Bühne. Bayerdörfer spricht von der »Konvertibilität«, also der Frage, »wie der Nebentext für die Bühnenrealisierung einerseits und für die Lese-Imagination ande-

---

[84] Michael Issacharoff: How Playscripts Refer. Some Preliminary Considerations. In: Anna Whiteside/Michael Issacharoff (Hg.): On Referring in Literature. Bloomington 1987, S. 84–94, hier S. 88.
[85] Stichwort ›Bühnenanweisungen‹. In: Brockhaus Enzyklopädie. Band 4, S. 106.
[86] Herta Schmid: Strukturalistische Dramentheorie. Semantische Analyse von Čechows ›Ivanov‹ und ›Der Kirschgarten‹. Kronberg/Ts. 1973, S. 64. Ähnlich schon Mauermann: »[...] und doch hebt sich der Dichter gerade im Drama an bestimmten Stellen ganz unmittelbar aus seinem Werke hervor: nämlich in den direkten Bühnenanweisungen.« Siegfried Mauermann: Die Bühnenanweisungen im deutschen Drama bis 1700. Berlin 1911, S. 1.
[87] Vgl. u.a. Elke Platz-Waury: Drama und Theater, und Erika Fischer-Lichte: Semiotik des Theaters, die sich auf Ingarden beziehen. Balme weist darauf hin, dass die von Ingarden eingeführte Begrifflichkeit aufgrund ihrer Fixierung auf den Dramentext als zu eng kritisiert worden sei; vgl. Christopher Balme: Einführung in die Theaterwissenschaft. Berlin [4]2008, S. 82.
[88] Roman Ingarden: Das literarische Kunstwerk, S. 403 (Hervorhebungen A.D.).
[89] Auch Asmuth räumt dem aufgeführten Text Priorität ein, da er »seine wahre Bestimmung [...] erst auf der Bühne« finde; Bernhard Asmuth: Einführung in die Dramenanalyse. Stuttgart [6]2004, S. 10.
[90] Schon der sprechende Titel eines Aufsatzes von Patrice Pavis: Du texte à la scène: un enfantement difficile. In: Forum Modernes Theater 1/2 (1986), S. 115–127, macht die Prioritäten des Verfassers deutlich, für den im Vordergrund steht, dass aus dem Dramentext wie bei einer ›schweren Geburt‹ das Eigentliche – in diesem Fall die Aufführung – erst hervorgehen soll. Diese Bildlichkeit wird im Text fortgeführt: »[...] un petit être souriant ou éploré, à savoir: un spectacle plus ou moins réussi«, S. 115.

rerseits übersetzbar bleibt und ob dies zu vergleichbaren Lösungen führt«.[91] Zwar gibt es durchaus kritische Stimmen, die sich gegen eine einfache Gleichsetzung von Autoräußerungen und Regiebemerkungen wenden, diese blieben aber bisher ohne weitere Konsequenzen und haben kaum zur vertieften Erforschung des Textstatus geführt. Entschieden gegen eine solch eindimensionale Einschätzung[92] wendet sich schon Veltruský. Während die Regiebemerkungen meistens als ein Segment angesehen werden, das »von außen in das Drama hereinkommt und damit nicht zu seiner sprachlichen Struktur gehört«,[93] sind sie nach Veltruský »grundlegende Mittel zur Bedeutungsvereinigung«.[94] Wenn man den Regiebemerkungen einen Anspruch auf »textual authority«[95] zugesteht, erweisen sie sich als vielseitig und sind keineswegs auf eine rein pragmatische Funktion zu beschränken.

Searle betont den direktiven Charakter der Regiebemerkungen. Neben einigen Scheinbehauptungen – also der Figurenrede, die aufgrund ihres fiktionalen Status keine behauptende Kraft hat – bestehe der Dramentext aus ernsthaften, nicht-fiktionalen Anweisungen für die Schauspieler. Die Regiebemerkungen schreiben demnach vor, wie der Schauspieler sich zu verhalten habe und wie er seine Äußerungen hervorbringen müsse. Searle stellt fest: »the text [...] will for the most part consist of a series of serious directions to the actors«[96] und »[...] it seems to me the illocutionary force of the text of a play is like the illocutionary force of a recipe for baking a cake.«[97] Wenn Searle die illokutionäre Kraft eines Dramentextes mit der eines Rezepts zum Kuchenbacken vergleicht, sieht er im Grunde nicht nur die Regiebemerkungen, sondern auch die Dialogteile als ›Regieanweisung‹ an. Diese

---

[91] Hans-Peter Bayerdörfer: Vom Drama zum Theatertext? Unmaßgebliches zur Einführung. In: Ders. (Hg.): Vom Drama zum Theatertext? Zur Situation der Dramatik in Ländern Mitteleuropas. Tübingen 2007, S. 1–25, hier S. 7.

[92] Genauer beschreibt auch Herta Schmid, wem die Regiebemerkungen zuzuordnen sind. Sie spricht von einem »Urheber-Subjekt«, das im literarischen Werk die »Situation mit allen ihren Bestandteilen« erst herstelle. Es hat »eine eigene Artikulationsebene, von der aus es spürbar in den dialogischen Bedeutungsaufbau eingreift«. Diese Ebene bilden die »Anmerkungen im Text des Dramas, deren Ausdehnung zwischen der bloßen Namensangabe vor den direkten Reden der Personen und ausgedehnten Beschreibungspassagen schwanken kann.« Herta Schmid: Strukturalistische Dramentheorie, S. 55.

[93] Jiří Veltruský: Das Drama als literarisches Werk. In: Aloysius van Kesteren/Herta Schmid (Hg.): Moderne Dramentheorie. Kronberg/Ts. 1975, S. 96–132, hier S. 126.

[94] Ebd. Veltruský weiter: »Diese Auffassung ist typisch für die Konzeption, die das Drama als eine bloße literarische Komponente des Theaters ansieht, also eines Werks, dessen adäquate Realisation nicht das bloße lautlose Lesen ist, sondern erst die Realisation auf dem Theater.«

[95] Eric Rasmussen: Afterword, S. 227.

[96] John R. Searle: The logical status of fictional discourse. In: Ders.: Expression and Meaning. Studies in the Theory of Speech Acts. Cambridge 1979, S. 58–75, hier S. 69; vgl. John R. Searle: Der logische Status fiktionaler Rede. Übers. von Andreas Kemmerling u. Oliver R. Scholz, revidiert von Marie E. Reicher. In: Maria E. Reicher (Hg.): Fiktion, Wahrheit, Wirklichkeit. Philosophische Grundlagen der Literaturtheorie. Paderborn 2007, S. 21–36, hier S. 30f. Vgl. zu Searle Jeannette Laillou Savona: La didascalie comme acte de parole, S. 238f.

[97] John R. Searle: The logical status of fictional discourse, S. 70.

Anweisung wendet sich an spezialisierte Leser – die Schauspieler und Bühnenpraktiker – und sie muss, im Rahmen des gewählten Bildes, genauestens befolgt werden, um zum Gelingen beizutragen.[98] Die Beobachtungen Searles werfen ein ganz neues Licht auf Dramentexte, haben sich aber in der Forschung kaum durchgesetzt. Im Rahmen einer literaturwissenschaftlichen Analyse der Regiebemerkungen ist damit außerdem wenig gewonnen, da wiederum die Aufführung absolut gesetzt wird und die textliche Verfasstheit unberücksichtigt bleibt.[99] Auch zieht Searle implizite Regiebemerkungen nicht in Betracht, da diese innerhalb der Figurenrede geäußert werden, die keine illokutionäre Kraft habe.

Einige neuere Ansätze der Zuordnung setzen sich mit der textlichen Verfasstheit der Regiebemerkungen auseinander, indem sie die Kommunikationssituation eines Dramas genauer in den Blick nehmen. Produktiv gemacht werden kann die Typologie von Feng/Shen: Die Autoren erkennen in Dramentexten »a double-purpose communication« – »a first level communication *in* the play« und »a higher level of communication *of* the play« –, die allerdings auch schon von Pfister in Anschlag gebracht wurde.[100] Außerdem berücksichtigen sie in ihrem Ansatz Multifunktionalität und Multidirektionalität der Regiebemerkungen, die bisher meist nur unzureichend zum Tragen kamen:

> [...] the reader of a play is a collective concept covering various kinds of readers: the director, the editor, the publisher, the stage producer, the setting designer, actors/actresses, etc. in theatrical situations and ordinary readers in their armchairs.[101]

Tschauder weist ebenfalls darauf hin, dass die strikte Trennung zweier Perspektiven eine Grundlage fiktionaler Texte bilde, deren Negierung zwangsläufig zu problematischen Analyseergebnissen führe.[102] Die Doppelperspektive besteht aus einer Innen-

---

[98] Tschauder betont ebenfalls den direktiven Status der Regiebemerkungen, wenn er feststellt, dass »die Zuordnung zu diesem Sprechakttypus konsequenterweise auch auf den Haupttext ausgedehnt werden [müßte], denn einmal angenommen, eine Ortsbeschreibung wie ›Der königliche Garten von Aranjuez‹ (Don Carlos, 1. Akt) wäre wie eine Regieanweisung zu lesen als *Die Bühne soll den königlichen Garten von Aranjuez darstellen*, dann müßte dies doch analog auch für den z.B. von Domingo gesprochenen Haupttext gelten: Dessen Äußerung ›Die schönen Tage von Aranjuez / Sind nun zu Ende ...‹ (Don Carlos 1.1) wäre somit zu interpretieren als: *Domingo soll sagen:* ›*Die schönen Tage von Aranjuez sind nun zu Ende*‹. Mit anderen Worten, der Haupttext im abgedruckten Drama und damit der gesamte Text ist, so verstanden, *in toto* eine Regieanweisung.« Gerhard Tschauder: Wer »erzählt« das Drama? Versuch einer Typologie des Nebentexts. In: Sprache und Literatur in Wissenschaft und Unterricht 22 (1991). Heft 2, S. 50–67, hier S. 52f.

[99] Zu weiteren Kritikpunkten an Searles Ansatz vgl. Manfred Jahn: Narrative Voice and Agency in Drama. Aspects of a Narratology of Drama. In: New Literary History 32/3 (2001), S. 659–679, hier S. 663–665.

[100] Vgl. Manfred Pfister: Das Drama, S. 20–22. Pfister unterscheidet zwischen einem inneren und einem äußeren Kommunikationssystem.

[101] Zongxin Feng/Dan Shen: The play off the stage: the writer-reader relationship in drama. In: Language and Literature 10 (2001), S. 79–93, hier S. 82.

[102] Vgl. Gerhard Tschauder: Wer »erzählt« das Drama?, S. 51. Die Verwendung der Begriffe ›Innenperspektive‹, wenn der fiktive Adressat gemeint ist, und ›Außenperspektive‹ für die

perspektive des fiktiven Adressaten und einer Außenperspektive des nicht-fiktiven Rezipienten, die fiktionstheoretisch auf der Ebene des Autors liegt. In diesem Punkt argumentiert Tschauder anders als Searle. Während Searle den Anweisungsstatus auf den gesamten Text ausdehnt, stellt Tschauder diesen eher in Frage, da auch die als ›Regieanweisung‹ bezeichneten Textteile »in aller Regel die syntaktische Form von Aussagen, nicht aber von Anweisungen haben«.[103] Wie Klaus Weimar reduziert somit auch schon Gerhard Tschauder den Stellenwert der Aufführung, indem er die Textsegmente der Regiebemerkungen nicht vornehmlich zu dieser in Beziehung setzt.

Methodisches Vorgehen

Die Arbeit ist textanalytisch in historischer Perspektive angelegt. Regiebemerkungen sollen in ihrer textuellen Funktion bestimmt werden, und zwar unter Berücksichtigung historischer, autorspezifischer und epochenspezifischer Kontexte. Einen Schwerpunkt bildet die Bestimmung der Regiebemerkungen[104] unter Rückgriff auf erzähltheoretische Terminologie an exemplarischen historischen Beispielen des 18. Jahrhunderts.

Zugrunde gelegt wird ein an semiotischen Kategorien orientiertes Untersuchungsraster, das eine möglichst genaue und vollständige, gleichzeitig übersichtliche Einordnung der Regiebemerkungen in den Dramentexten des veranschlagten Zeitraums erlaubt. Ergänzend soll auf strukturalistische und textlinguistische Ansätze zurückgegriffen werden, um die Bedeutung des Textstatus zu klären; ferner wird nach dem Theaterbezug dieser Texträume zu fragen sein.

Das Untersuchungsraster schließt an das zunächst von Tadeusz Kowzan[105] entworfene Modell an, das nach Inhalten der Regiebemerkungen und implizit nach den Adressaten unterscheidet. Dieser Beschreibungsansatz theatraler Zeichen wurde u.a. von Erika Fischer-Lichte und Keir Elam[106] modifiziert, aber nicht grundlegend verändert. Prinzipiell kann man demnach zwischen schauspielerbezogenen und nicht-schauspielerbezogenen Regiebemerkungen unterscheiden: Dabei lassen sich die schauspielerbezogenen Regiebemerkungen, die den körperlichen Ausdruck betreffen – Fischer-Lichte spricht von kinesischen Zeichen –, weiter differenzieren

---

nicht-fiktiven Rezipienten, die sich fiktionstheoretisch auf der Ebene des Autors befinden, ist wegen der Überschneidung mit Stanzels Kategorien der Innen- und Außenperspektive allerdings irreführend.

[103] Gerhard Tschauder: Wer »erzählt« das Drama?, S. 52.
[104] Regiebemerkungen werden in den Dramenausgaben meist durch Kursivdruck, Sprecherbezeichnungen durch Kapitälchen markiert. In der vorliegenden Arbeit verwende ich diese Markierungsweise durchgehend, weise aber auf signifikante Abweichungen in Dramentexten und unterschiedlichen Ausgaben hin.
[105] Tadeusz Kowzan: ›The Sign of Theatre‹. In: Diogenes 61 (1968), S. 52–80.
[106] Keir Elam: The Semiotics of Theatre and Drama. London, New York 1980, S. 46–51; S. 69–87.

in mimische, gestische und proxemische,[107] neben Angaben zur Stimmlage und zum Aussehen; bei Letzteren kann zwischen Kostüm und Maske betreffenden Angaben unterschieden werden. Ob bei der Gestik weitere Unterscheidungskriterien notwendig sind, wird im Einzelfall zu prüfen sein – etwa wenn eine auf die Hand bezogene Gestik, mit Blick auf die im 18. Jahrhundert immer noch virulente Ausrichtung an der Chiromantie,[108] überwiegt. Die nicht-schauspielerbezogenen Regiebemerkungen betreffen neben den auditiven Zeichen – also Musik und Geräusch – vor allem das Bühnenbild, das sich auf Requisiten, Dekoration und Beleuchtung bezieht. Außerdem ist die Unterscheidung zwischen »transitorischen« und »länger andauernden« Zeichen[109] zu berücksichtigen, je nachdem, ob eine Regiebemerkung punktuellen Wert hat oder eine Umsetzung bzw. Imaginierung auslöst, die über einen längeren Zeitraum realisiert werden soll.

Andere Aspekte der semiotischen Herangehensweise sind im vorliegenden Zusammenhang wenig hilfreich. Wenn Fischer-Lichte darlegt, dass Theaterzeichen im Regelfall »Zeichen von Zeichen« sind, da sie Zeichen verdoppeln, die in der Lebenswelt bereits existieren oder als solche erkannt werden,[110] dann untersucht sie vornehmlich die Transformation der Zeichen von einer außertheatralischen Bedeutungsbildung in eine theatralische. Bei Fragen nach Mobilität und Funktionalität hat sie wiederum die Aufführung im Blick, wenn sie feststellt, dass Zeichen auf der Bühne die Funktion anderer Zeichensysteme übernehmen können: »Dekoration durch Worte, Requisiten durch Gesten, Gesten durch Geräusche, Beleuchtung durch Requisiten etc.«[111] Die von der Semiotik beanspruchte Leitfunktion für die Theaterwissenschaft erscheint plausibel, kann aber das Erkenntnisinteresse an den Regiebemerkungen als Text nicht befriedigen.[112]

---

[107] Die Proxemik umfasst Körperbewegungen, die einen Positionswechsel bewirken.
[108] So nehmen die Gesten der Hände in Lessings *Der Schauspieler* breiten Raum ein (vgl. Kap. 3.2).
[109] Erika Fischer-Lichte: Die Zeichensprache des Theaters: Zum Problem theatralischer Bedeutungsgenerierung. In: Renate Möhrmann (Hg.): Theaterwissenschaft heute. Berlin 1990, S. 233–260, hier S. 237. Das Klassifikationsmerkmal der ›länger andauernden‹ bzw. ›fortdauernden‹ Zeichen wird sich in den Kapiteln 4.2, 5.1 und 5.2 für die Analyse als entscheidend erweisen.
[110] Erika Fischer-Lichte: Semiotik des Theaters. Band 1, S. 19: »Die theatralischen Zeichen sind daher stets Zeichen von Zeichen, die dadurch charakterisiert sind, dass sie dieselbe materielle Beschaffenheit haben können wie die primären Zeichen, die sie bedeuten – eine Krone kann eine Krone, ein Kopfnicken ein Kopfnicken, ein Schreien ein Schreien bedeuten usf. Daraus folgt, dass ein besonders enger Zusammenhang zwischen Theater und Kultur bestehen muss – die Zeichen des Theaters kann nur verstehen, wer die von den kulturellen Systemen der es umgebenden Kultur produzierten Zeichen kennt und zu deuten vermag.«
[111] Erika Fischer-Lichte: Zeichensprache des Theaters, S. 238.
[112] Kritisch zu Fischer-Lichtes semiotischem Ansatz äußert sich Knut Hickethier: Theatersemiotik. Ihr Ende oder ein Anfang oder etwas ganz Anderes? Zu Erika Fischer-Lichtes »Semiotik des Theaters«. In: TheaterZeitSchrift 12 (1985), S. 123–128.

Neben der überwiegend semiotisch ausgerichteten Theaterwissenschaft (Fischer-Lichte; Elam; Aston/Savona[113]) sind strukturalistische (Herta Schmid; Paul Levitt[114]) und textlinguistische Ansätze (Gerhard Tschauder; Ursula Jung) zu berücksichtigen, da diese dem Textstatus mehr Aufmerksamkeit schenken. Denn neben dem hier vorgeschlagenen Untersuchungsraster, das vor allem thematische Einordnungsmöglichkeiten bereithält, soll der Status des Textraums ›Regiebemerkung‹ untersucht werden. Hierbei wird insbesondere zu diskutieren sein, ob sich dieser im 18. Jahrhundert ändert und inwiefern er zur Disposition steht.

Das Drama als Lesetext

Der Frage, ob eine Regiebemerkung primär der Aufführung dient oder in erster Linie notwendige Verständnishilfen für die Textlektüre bietet, kommt erhebliches Gewicht zu. Je nachdem, ob sie dem Lesetext oder der szenischen Umsetzung zugeordnet wird, kann ihr Aussagegehalt auf den im Leser imaginierten Raum oder den auf der Bühne präsenten realen Raum bezogen werden. Diese Frage soll ebenso wie die bislang in gleicher Weise nicht oder nur unzureichend von der Forschung berücksichtigte Frage nach der ›Erzählfunktion‹ von Regiebemerkungen im Mittelpunkt der vorliegenden Untersuchung stehen. Während die Erzählfunktion nach Käte Hamburger im Drama völlig verschwindet, da »die Gestalten dialogisch gebildet«[115] sind, meint Zipfel, »daß von der Erzählfunktion nur der Dialog«[116] übrig bleibe. Auf die Regiebemerkungen kommen beide in diesem Zusammenhang nicht zu sprechen. Zwar macht Zipfel den Nebentext an anderer Stelle für die Struktur des Dramentextes verantwortlich, bindet die Regiebemerkungen allerdings generell und unterschiedslos an die reale Autorebene zurück, da sie »als Sprachhandlungen des Autors« zu interpretieren seien. Er unterscheidet zwischen Autor- und Sprecher-Text, um so die ingardenschen Begriffe abzulösen, und kommt zu dem Schluss: »Sprachhandlungstheoretisch kann man deshalb sagen, dass der Dramentext die Struktur eines direktiven Sprechaktes hat.«[117] Im vorliegenden Zusammenhang wird es sich als sinnvoll erweisen, zwischen unterschiedlichen Formen von Regiebemerkungen zu differenzieren.

Im Anschluss an Dessen[118] unterscheidet Michaela Calore bei den Regiebemerkungen zwischen »theatrical« und »fictional«, je nachdem, ob das dort Beschriebene

---

[113] Vgl. Elaine Aston/George Savona: Theatre as sign-system. A semiotics of text and performance. London, New York 1991.
[114] Paul M. Levitt: A structural approach to the analysis of drama. Den Haag, Paris 1971.
[115] Käte Hamburger: Die Logik der Dichtung. Stuttgart ³1977, S. 174.
[116] Frank Zipfel: Fiktion, S. 306.
[117] Ebd., S. 310.
[118] Vgl. Alan Dessen: Recovering Shakespeare's Theatrical Vocabulary. Cambridge 1995, S. 59. Wie Dessen versucht Calore, den Unterschied mit der jeweiligen realen Theatersituation zu begründen.

auf der Bühne realisierbar ist oder nur erzählt wird.[119] Ursula Jung, die die Regiebemerkungen nach einer »instance théâtralisante«[120] untersucht, spricht dann von einer sich manifestierenden Theaterinstanz, wenn die Perspektive von außen auf die Bühne erkennbar wird. Im hier abgehandelten Zeitraum ist dies häufig bei nichtschauspielerbezogenen Regiebemerkungen zum Bühnenbild der Fall: »*Noch innerhalb der Szene*« (*Minna von Barnhelm*, IV, 2); »*Das Theater ist von vorn nach dem Fond zu getheilt in Stube und Alkoven*« (*Die Mitschuldigen*, II, 1). Der Ort der fiktionalen Handlung wird mit Theaterbegriffen beschrieben, die auf die Bühnenrealität verweisen:

> *Die Scene ist eine geräumige Säulenhalle, auf beiden Seiten sind Eingänge, eine große Flügelthüre in der Tiefe führt zu einer Kapelle.* (*Die Braut von Messina*, I)
>
> *In der Mitte des Hintergrunds eine große Glasthüre, die den Prospekt über das Meer und Genua öffnet.* (*Die Verschwörung des Fiesco zu Genua*, III, 2)

Die auf nicht-fiktionale Denotate verweisenden Ausdrücke wie »*Szene*«, »*in der Tiefe*«, »*Schauplatz*«, »*Prospekt*« beschreiben die Orte aus Sicht der Zuschauer – bei »*in der Mitte des Hintergrunds*«; »*von vorn nach dem Fond zu*« ausdrücklich aus deren Perspektive. Zu untersuchen ist, inwiefern sie das Theater als realen Bühnenraum thematisieren oder eben nicht thematisieren und stattdessen fiktionsbildend wirken und Fiktionssignale enthalten.[121] Denn Regiebemerkungen müssen nicht zwingend als Handreichungen für die (Theater)Praxis verstanden werden, sondern werden – wie zu zeigen sein wird – häufig mit Blick auf den Leser gesetzt. So sehen Balme/von Brincken die »ausführlichen Szenenanweisungen« in Dramen Diderots im Zusammenhang mit dem »Bewusstsein des Autors gegenüber einem gestiegenen gesellschaftlichen Interesse am Drama als Lesestoff.«[122] Allerdings gibt es für den Leserbezug keine ebenso deutlichen Signale wie die eben angeführten Bühnendenotate. In diesem Zusammenhang ist zu bedenken, wie problematisch eine metho-

---

[119] Vgl. Michaela Calore: *Enter out*: Perplexing Signals in Some Elizabethan Stage Directions. In: Medieval & Renaissance Drama in England 13 (2001), S. 117–135, hier S. 118. Calore kategorisiert die Regiebemerkungen in elisabethanischen Stücken auf diese Weise, indem sie etwa »*above*« und »*aloft*« der ersten, »*upon the walls*« der zweiten Kategorie zuordnet. Sie kommt allerdings zu dem Schluss, dass die fehlende Kenntnis der praktischen Bühnenrealität eine genaue Zuordnung erschwert.

[120] Vgl. Ursula Jung: L'énonciation au théâtre. Une approche pragmatique de l'autotexte théâtral. Tübingen 1994, S. 17.

[121] Zur Frage der Fiktion und zum Fiktionsbegriff vgl. Frank Zipfel: Fiktion. Die Definition von Fiktionssignalen stellt die Forschung immer noch vor erhebliche Probleme; vgl. ebd., S. 232–247. Zipfel kommt zu dem Schluss, dass Fiktionssignale in erster Linie Rezeptionssignale seien (S. 243). Für Dramentexte und hier vor allem für die Regiebemerkungen stellt sich zunächst die Frage, welcher Leser impliziert ist und um welche Art der Lektüre es sich handelt.

[122] Christopher Balme/Jörg von Brincken: Institutionen der Literaturvermittlung: Theater. In: Thomas Anz (Hg.): Handbuch Literaturwissenschaft. Band 1: Gegenstände und Grundbegriffe. Stuttgart 2007, S. 265–290, hier S. 275f.

dische Abgrenzung von Lesedramen sich in historischer Perspektive[123] wie auch unter systematischen Aspekten gestaltet. Selbst neuere Arbeiten definieren Lesedramen meist nur negativ: Demnach sind diese »*nicht* für eine Inszenierung bestimmt oder geeignet«,[124] es handelt sich um den »gattungssystematischen Grenzfall einer *völligen Abwesenheit* außersprachlicher Codes«[125] bzw. lediglich um den *un*aufgeführten Text.[126] Nach Ottmers lässt sich »eine Differenz zwischen Lesedrama und Bühnendrama als medienspezifisch unterschiedenen Gattungsvarianten«[127] nicht feststellen. Stefanek zeigt, dass auch die jüngere Dramentheorie keine stabilen Kriterien zur Abgrenzung von Lesedramen und Dramen für die Aufführung hat entwickeln können.[128]

Nach Boyle hat das Lesedrama »seine eigene formale Berechtigung«, allerdings gibt auch er keine klaren Abgrenzungsmöglichkeiten an die Hand:

> Formal unterscheidet es sich wohl dadurch vom Drama, daß es von einer unbestimmten Subjektivität durchzogen wird, die nicht so deutlich, nicht so klar umrissen ist wie die des (oft natürlich anonymen) Erzählers im Roman, die aber ein anderes organisatorisches Prinzip darstellt als das dialektische Gegeneinander der Agonisten im eigentlichen Drama.[129]

---

[123] Horst Turk weist auf die Problematik des Begriffs ›Lesedrama‹ hin: »Fast alle so bezeichneten Texte tragen den Namen zu unrecht, weil sie entweder nur aufgrund nicht mehr gegebener Aufführungsbedingungen oder aufgrund noch nicht bestehender Aufführungsbedingungen zu Lesedramen werden.« Horst Turk: Konventionen und Traditionen. Zum Bedingungsrahmen der Übersetzung für das Theater oder für die Literatur. In: Brigitte Schultze u.a. (Hg.): Literatur und Theater. Traditionen und Konventionen als Problem der Dramenübersetzung. Tübingen 1990, S. 63–93, hier S. 71f.

[124] So die Definition von Martin Ottmers: Artikel ›Lesedrama‹. In: Reallexikon der deutschen Literaturwissenschaft. Band 2. Hg. von Harald Fricke u.a. Berlin, New York ³2000, S. 404–406, hier S. 406 (Hervorhebung A.D.). Im 18. Jahrhundert übernimmt Sulzer *pièce à tiroirs* (Schubladenstück) aus dem Französischen. Vgl. Johann Georg Sulzer: Allgemeine Theorie der Schönen Künste. Vierter Theil. Neue vermehrte Auflage. Leipzig 1787, S. 191. Im Englischen wird *closet drama* im Unterschied zu *theatrical drama* gebraucht; vgl. Karen Raber: Dramatic Difference. Gender, Class, and Genre in the Early Modern Closet Drama. Newark, London 2001, S. 16–24. Beim *closet drama* wird weiter zwischen »freiwilligem« und »unfreiwilligem« Lesedrama unterschieden; vgl. Heinz Kosok: Drama und Theater im 19. Jahrhundert. In: Josefa Nünning (Hg.): Das englische Drama. Darmstadt 1973, S. 349–402, hier S. 374.

[125] Manfred Pfister: Das Drama, S. 39 (Hervorhebung A.D).

[126] Jürgen Link: Literaturwissenschaftliche Grundbegriffe. Eine programmierte Einführung auf strukturalistischer Basis. München ³1985, S. 311 (Hervorhebung A.D.). Link unterscheidet das »sog. Lesedrama«, die »rein literarische Form«, von der »zu realisierenden Form«.

[127] Martin Ottmers: Artikel ›Lesedrama‹, S. 405.

[128] Stefanek spricht von der »Unmöglichkeit der normativen Bestimmung dessen, was Lesedrama denn sei«. Paul Stefanek: Lesedrama? Überlegungen zur szenischen Transformation ›bühnenfremder‹ Dramaturgie. In: Erika Fischer-Lichte (Hg.): Das Drama und seine Inszenierung. Tübingen 1985, S. 133–145, hier S. 137.

[129] Nicholas Boyle: Das Lesedrama: Versuch einer Ehrenrettung. In: Albrecht Schöne (Hg.): Kontroversen, alte und neue. Akten des VII. Internationalen Germanisten-Kongresses, Göttingen 1985. 7. Band. Hg. von Klaus Grubmüller/Günter Hess. Tübingen 1986, S. 59–68, hier S. 68.

Die »unbestimmte Subjektivität«, von der hier die Rede ist, soll im Folgenden näher gefasst werden. Sie kann zur zweiten Leitfrage nach der Erzählfunktion im Drama in Beziehung gesetzt werden, die eine bisher für Dramentexte unterschätzte Kategorie ins Feld führt. Als eine der wenigen Arbeiten, die Bezüge zur Erzähltextforschung herstellen, ist Ursula Jungs *Énonciation au théâtre* zu nennen. Sie erkennt neben dem Theaterbezug in den Regiebemerkungen eine Erzählinstanz, lässt bei der »instance narrative«[130] allerdings nur einen »discours du narrateur«[131] zu, dem sie Titel, Personenverzeichnis, Angaben zu Auftritten und Abgängen und die Regiebemerkungen zuschreibt. Nach Jung ist diese Ebene immer durch einen informierten Erzähler besetzt, der den Handlungsablauf (*la diégèse*) und das Innere der Figuren kennt und dem das gesamte Material zur Verfügung steht. Ob für den Bereich der Regiebemerkungen auch eingeschränkte Blickwinkel – im Sinne einer personalen Erzählhaltung – möglich sind, soll in der vorliegenden Arbeit ergänzend untersucht werden. Wie sich zeigen wird, nehmen die Regiebemerkungen zwar meist, aber nicht immer einen übergeordneten Wissensstatus ein. Selbst wenn diese Fälle Ausnahmen darstellen, spricht das nicht gegen eine systematische Erfassung, denn auch bei Erzähltexten trifft dies nur auf eine kleinere Anzahl von Texten bzw. Textpassagen zu.

Eine narrative Instanz, die das Innere der Figur kennt, ist etwa in Bertuchs *Elfride* und Diderots *Der natürliche Sohn* erkennbar:

Indeß Ardulph durch unfreiwillige Gebärden seine innere Unruhe verräth, schweigt sie noch einige Augenblicke mit gesenkten Augen und erhebt sie dann mit einem tiefen Seufzer gen Himmel.[132]

Clairville ist seines Schmerzes nicht länger Meister.[133]

Beide Male enthält die Regiebemerkung keine konkrete Angabe zu auszuführenden Gesten, zumindest nicht für die Figur Ardulphs bzw. Clairvilles. Stattdessen wird mitgeteilt, was im Inneren der Figur vorgeht. Bei dem Beispiel aus Bertuchs *Elfride* könnten sich Fragen nach der unterschiedlichen Figurencharakterisierung anschließen, da nur das Innere Ardulphs, nicht aber das seines Gegenübers offengelegt wird:

---

[130] Weimar schreibt die Regiebemerkungen generell einem Erzähler, nicht dem Autor zu, wenn er feststellt, dass im Drama, im Unterschied zum Roman, »der Erzähler aus[fällt] beziehungsweise limitiert [ist] auf die Regieanweisungen und auf die Nennung des Namens vor jeder Rede«, führt diesen Ansatz aber nicht weiter aus; vgl. Klaus Weimar: Vom Leben in Texten, S. 462.

[131] Ursula Jung: L'énonciation au théâtre, S. 17–19. Ähnlich schon Jeannette Laillou Savona: La didascalie comme acte de parole, S. 233f.: »La voix de la didascalie ressemble donc en partie à celle du narrateur romanesque, dans la mesure où elle nomme, décrit ou situe l'espace et le temps diégétiques et c'est souvent elle qui signale les actes variés qui s'inscrivent dans la chaîne narrative: départ, retour, duel, meurtre, suicide, etc.«

[132] [Friedrich Justin] Bertuch: Elfride, ein Trauerspiel in drey Aufzügen. Wien 1776, S. 451.

[133] Diderot/Lessing: Der natürliche Sohn. In: Das Theater des Herrn Diderot, S. 47. Vgl. Denis Diderot: Le fils naturel. In: Ders.: Œuvres complètes. Hg. von Jacques Chouillet/Anne-Marie Chouillet. Band 10. Paris 1980, S. 50: »*Clairville ne peut plus contenir la sienne* [sa douleur].«

Dort werden die Verhaltensweisen rein körpersprachlich – »*mit gesenkten Augen*«, »*mit einem Seufzer gen Himmel*« – aus einer Außenperspektive beschrieben.

Regiebemerkungen können in Form rein mechanischer und prägnanter Angaben zur Gestik gesetzt werden und dabei einen überlieferten Gebärdenkodex aufrufen – »MARINELLI *kalt*«, »DER PRINZ *drohend*«, »MARWOOD *mit gerungenen Händen*« –; sie können sich in Umfang, Syntax und hinsichtlich der Fiktionsbildung aber auch deutlich von diesen ›konventionellen‹ Formen unterscheiden:

> *Dorval springt von dem Tische, an welchem er geschrieben, auf, läßt seinen Brief halb fertig liegen, rennet nach seinem Degen, den er auf einem Lehnstuhl findet, und eilet seinem Freunde zu Hilfe. Unter diesen Bewegungen kömmt* THERESIA *dazu und ist nicht wenig betroffen, da sie sich sowohl von dem Herrn als von dem Bedienten allein gelassen siehet.*[134]

In Diderots *Der natürliche Sohn* werden an dieser Stelle keine konkreten oder gar kodifizierten Gesten (*mit gerungenen Händen*), Partizipialkonstruktionen (*drohend*) bzw. kurze Affektbeschreibungen (*kalt*) gegeben, sondern stilistisch ausgeformte Sätze. Die Länge der Satzteile sowie die Verbindung durch Konjunktionen und Relativsätze, die die Handlung der Figur motivieren, sind Erzähltexten vergleichbar; die doppelte Verneinung wird als Stilmittel eingesetzt: »*nicht wenig betroffen*«. Die Figuren werden außerdem nicht von außen beschrieben und nicht immer mit derselben Sprecherbezeichnung versehen. Stattdessen finden sich personale Zuordnungen, so wenn Karl einmal aus Sicht Thereses der »*Diener*«, einmal aus der Perspektive Dorvals »*sein Freund*« ist – beide Male nicht mit der Bezeichnung im Personenverzeichnis übereinstimmend. Neben dem erzählenden Duktus, der hier dominiert, ist also die Theatergeste nicht primäres Ziel dieser Passagen. Tschauder weist darauf hin, dass »die vieldiskutierte Instanz des epischen Erzählers im Drama durchaus seine vielschichtige Entsprechung hat, ein Pendant, dessen genauere Analyse erst noch zu leisten ist.«[135] Die zitierten Beispiele lassen erkennen, wie berechtigt Tschauders Beobachtung ist.

Zur Genese von Dramentexten

Die Hinweise auf den Theater- oder Leserbezug der Regiebemerkungen können durch den Vergleich unterschiedlicher Fassungen beleuchtet werden. Generell wäre zu prüfen, ob unterschiedliche Stadien und von hier aus hierarchische Abgrenzungen der einzelnen Texträume voneinander auszumachen sind. Wilfried Barner weist auf einen interessanten Aspekt von Gryphius' Arbeitsweise hin. Aufgrund einer im Nachlass befindlichen Tragödie, zu der »nur noch die Chöre und Anmerkungen fehlten«, fragt er: »Hat Gryphius vielleicht auch sonst die Chöre erst nachträglich

---

[134] Ebd., S. 35. Vgl. Denis Diderot: Le fils naturel, S. 39: »*Dorval quitte la table où il écrit, laisse sa lettre à moitié, se jette sur son épée qu'il trouve sur un fauteuil, et vole au secours de son ami. Dans ses mouvements, Constance survient, et demeure fort surprise de se voir laisser seule par le maître et par le valet.*«

[135] Gerhard Tschauder: Wer »erzählt« das Drama?, S. 67.

verfaßt?«[136] Dramentexte Shakespeares werden in der ersten Folio-Ausgabe ohne Regiebemerkungen gedruckt, enthalten aber im Manuskript Leerstellen – »leave a blank for the direction«[137] –, so dass diese nachträglich gefüllt werden können, wenn die Schauspieler das Stück geprobt haben. In späteren Shakespeare-Ausgaben wurden explizite Regiebemerkungen vornehmlich für den Leser hinzugefügt (s.o.). Die Leerstellen im Druck stellen einen Extrempunkt dar, an dem nicht gesetzte Regiebemerkungen aufs engste mit der Theatererprobung zusammenhängen. Das kann so weit führen, dass der gesamte Textraum der Regiebemerkungen an Schauspieler respektive Spielleitung abgetreten wird. Hier zeigt sich, dass dieser Textraum in beiden Fällen genutzt wird, sowohl bei Dramentexten, die primär eine Aufführung anvisieren, als auch bei dezidierten Lesetexten: ein weiterer Beleg für die Polyfunktionalität der Regiebemerkungen.[138]

Goethes *Götz von Berlichingen* bzw. *Die Geschichte Gottfriedens von Berlichingen* wurde anfangs ausschließlich als Lesedrama diskutiert.[139] In der älteren Forschung überwiegen wertende Urteile, die die Regiebemerkungen allein im Hinblick auf ihren Theaterwert in den Blick nehmen und die die von Goethe zunächst gesetzten Regiebemerkungen als »gestaltarme, theaterferne« und »unechte« Anweisungen abtun, die »oft der Triebkraft zum Theater« entbehren.[140] Angemessener erscheint es, Unterschiede in Wortwahl, Syntax und Formulierungen genauer zu prüfen, um Regiebemerkungen für den Leser von solchen für die Bühne unterscheiden zu können, sofern dies möglich ist. Im ersten Akt von Goethes *Götz von Berlichingen* wurde

---

[136] Wilfried Barner: Gryphius und die Macht der Rede. Zum ersten Reyen des Trauerspiels ›Leo Armenius‹. In: Deutsche Vierteljahrsschrift für Literaturwissenschaft und Geistesgeschichte 42 (1968), S. 325–358, hier S. 327, Anmerkung 13.

[137] Sir Walter Greg: The Shakespeare First Folio. Oxford 1955, S. 400. Vgl. Eric Rasmussen: Afterword, S. 226, der sich auf die Arbeit Gregs bezieht und feststellt: »[...] the playwright usually would not provide stage directions in his manuscript but would ›leave a blank for the direction‹ to be later filled in after the actors had worked out the mechanics of the action in rehearsal.«

[138] Wenn Polyfunktionalität und Polyperspektivität in den Blick genommen werden, dann wird meist die Aufführung dominant gesetzt, so auch bei Hess-Lüttich, dessen Ziel bei der Analyse von dramatischem und theatralem Text die genauere Erfassung des theatralen Textes ist, um die »strukturelle Paradoxie der polyperspektivischen Adressatenorientierung« erfassen zu können; Ernest W. B. Hess-Lüttich: Der dramatische und der theatrale Text. In: Erika Fischer-Lichte (Hg.): Das Drama und seine Inszenierung. Tübingen 1985, S. 65–82, hier S. 71.

[139] Goethe selbst nennt den *Götz* wegen seiner Ablehnung wirkungsorientierter und bühnenbezogener Normen »antitheatralisch«; vgl. Brief an Humboldt vom 30.7.1804. In: Ders.: Werke. Weimarer Ausgabe. IV. Abt. Band 17: Goethes Briefe. Weimar 1895, S. 171–175, hier S. 171f.: »Ich habe mich zu einem Versuch verführen lassen, meinen Götz von Berlichingen aufführbar zu machen. Dieß war ein fast unmögliches Unternehmen, in dem seine Grundrichtung antitheatralisch ist.«

[140] Vgl. Gustave Schiffer: Szenische Bemerkung, S. 55f., und Helmut Schanze: Götz: Lesedrama oder Bühnenstück? In: Ders.: Goethes Dramatik der Erinnerung. Tübingen 1989, S. 37. Auch Schanzes Unterscheidung zwischen ›Lesedrama‹ und ›Volldrama‹ wertet beide Formen unterschiedlich, zu Ungunsten des Ersteren.

die Regiebemerkung »*zum Buben heimlich*« zunächst durch »*zu Georg heimlich*«, schließlich durch »*zieht ihn an die Seite*« ersetzt.[141] Während in der ältesten Fassung der Inhalt des gewünschten Ausdrucks also in der Bemerkung selbst evoziert wurde, wird in der letzten Fassung eine konkrete Gebärde benannt, die Heimlichkeit durch gestische Umsetzung verwirklichen soll. Die Regiebemerkungen erschöpfen sich hier keineswegs in ihrer Funktion als bühnentechnische Anweisungen. Sie erfüllen vielmehr unterschiedliche Funktionen.

Die gewählten Beispiele, Goethes *Faust* und *Götz von Berlichingen*, verdeutlichen, dass die »Theatertauglichkeit«, die man bei Regiebemerkungen sofort im Sinn hat, nur eine unter mehreren möglichen Funktionen ist. In beiden Texten finden sich nämlich erst in späteren Versionen Regiebemerkungen, die eindeutig auf die bühnentechnische Realisation zu beziehen sind, während sie zuvor Regiebemerkungen enthalten, die unabhängig von Aufführungskontexten gesetzt wurden.

Eine Auffälligkeit, die die Notation betrifft, ist bei Klopstock zu bemerken: Während die Regiebemerkungen in den meisten Ausgaben, wie dies gewöhnlich der Fall ist, im fortlaufenden Text enthalten sind, werden diese im Erstdruck von *Hermanns Tod* auf einer separaten Ebene notiert. Sie befinden sich in Form von Anmerkungen jeweils am Ende der Seite, als ob der Dialog, der für die Gattung Drama konstitutiv ist, durch diese nicht gestört werden solle:

HERMANN.[1)]
    Lasset mich durch! Ich will ihn sehn![2)]
EIN KRIEGSGEFÄRT.
    Die Todten sind weg.[3)]
CAMBRIO.
    Ein Horn! Er ist fürchterlich dieser Bund! Das Horn![4)] Kann ein Deutscher einen Bund brechen, Horst?

1) Nachdem er Lanze und Schwert weggegeben hat. 2) Er springt unter sie, stürzt sich auf Theude, und küßt ihn. Er geht zurück, und nimt seine Waffen wieder. Thusnelda will niedersinken, Katwald hält sie. 3) Die Wegtragenden hatten Theude Hand, Gesicht, Brust mit Heftigkeit geküßt. 4) Er weist es eben so lebhaft zurück, als er es gefordert hat.[142]

Obwohl die Regiebemerkungen am Seitenende aufgelistet werden, handelt es sich nicht um fakultative Zusätze. Häufig sind Äußerungen der dramatis personae nur

---

[141] Vgl. Johann Wolfgang Goethe: Geschichte Gottfriedens von Berlichingen; Götz von Berlichingen mit der eisernen Hand. Ein Schauspiel; Götz von Berlichingen. Für die Bühne bearbeitet. In: Ders.: Werke. Weimarer Ausgabe. Nachdruck der Ausgabe Weimar 1887–1919. München 1987, Abt. I, Band 13, 1, S. 198 und Abt. I, Band 39, S. 10f.; vgl. auch die Unterschiede von »DER BUB (*mit Wasser und Wein*)« über »GEORG (*mit Wasser*)« zu »GEORG (*mit einem Becher* […])«.

[142] [Friedrich Gottlob Klopstock]: Hermanns Tod. Ein Bardiet für die Schaubühne. Hamburg [1787], S. 155. Den Hinweis verdanke ich Dirk Niefanger. Vgl. Klopstock: Ausgewählte Werke. Hg. von Karl August Schleiden. München 1962, S. 801–872, hier S. 867. Im gesamten Stück finden sich dort dieselben Regiebemerkungen wie im Erstdruck, jetzt allerdings fortlaufend in die Figurenrede eingebunden.

verständlich, wenn man die Regiebemerkungen mitliest, weil die Gesten nicht redebegleitend sind, sondern eine eigene Ebene besetzen.

Wieso wählen Autoren die Textgattung Drama – so Klopstock mit *Der Tod des Adam*[143] –, obwohl sie deren Bühnenimplikation nicht einzuhalten gedenken? Kann man an den Regiebemerkungen die Funktion dieser Dramentexte ablesen – etwa im Sinne der textuellen Analogbildung oder der Einflussnahme auf das Theater? Zu fragen ist außerdem, ob die entsprechenden Stücke sich allgemein gegen jede Art von Aufführung oder nur gegen eine bestimmte Aufführungspraxis wenden so wie Schillers *Die Räuber* gegen die »allzuenge[n] Pallisaden des Aristoteles«.[144] Von hier aus wird umgekehrt zu prüfen sein, ob die Regiebemerkungen selbst in erklärten Bühnenstücken den Schauspieler oder Spielleiter als eigentlichen Adressaten haben. Die unterschiedlichen Fassungen von Schillers *Räubern* lassen einen anderen Eindruck entstehen: Während in der Buchausgabe[145] auf die Worte Karl Moors »Glaubt ihr, ich werde zittern? Geister meiner Erwürgten! Ich werde nicht zittern« die zum Sprechtext im Widerspruch stehenden Regiebemerkungen »*Heftig zitternd*«[146] und »*Von Schauer geschüttelt*« folgen (IV, 5), fehlen beide gerade in der Bühnenfassung. Wer ist der Adressat dieser Regiebemerkungen, wenn sie in der für die Aufführung bestimmten Fassung gestrichen werden, obwohl sie dem Schauspieler einen Hinweis auf seine Art des Spiels geben könnten, das jedoch auch ihm oder den Theaterkonventionen überlassen bleiben kann? Festzuhalten ist schon jetzt, dass der Textraum der Regiebemerkungen in verschiedenen Stadien und mit Blick auf unterschiedliche Rezeptionsweisen genutzt wird.

---

[143] Klopstock wählt die Gattung des Trauerspiels und setzt Regiebemerkungen, ohne eine Aufführung für möglich zu halten: »[...] die nothwendige äusserste Einfalt bey der Vorstellung dieses Stückes, wird auch dann noch, wenn wir gute Schauspieler haben werden, verursachen, dass es niemahls wird aufgeführt werden können. Ich habe es auch nicht zu diesem Endzwecke gemacht. Wenn ein Scribent seine guten Gründe haben kann, zu einer Begebenheit die Art vorzustellen, die dem Trauerspiele eigen ist, bequemer, als eine andere zu finden: so begreife ich nicht, warum es ihm nicht erlaubt seyn sollte, sie zu wählen, ob er gleich einsieht, dass ein Stück, wegen gewisser Nebenumstände, nicht aufs Theater gehöret«; Friedrich Gottlob Klopstock: Ein Vorbericht. In: Ders.: Der Tod Adams. Ein Trauerspiel. Wien 1817, S. 153f.

[144] Friedrich Schiller: Die Räuber. Vorrede zur ersten Auflage. In: Ders.: Nationalausgabe. Band 3, S. 5.

[145] Schiller hat die erste Fassung der *Räuber* in der Vorrede als »dramatischen Roman« bezeichnet und explizit von dem zur Aufführung bestimmten Theaterstück, der späteren Trauerspielfassung, abgesetzt.

[146] Nur Kluge weist darauf hin, dass die Regiebemerkung »*heftig zitternd*« von Schiller in der zweiten Ausgabe getilgt wurde; vgl. Friedrich Schiller: Dramen I. Hg. von Gerhard Kluge (Werke und Briefe in zwölf Bänden. Hg. von Klaus Harro Hilzinger u.a.) Frankfurt/M. 1988, S. 1097.

Funktion der Regiebemerkungen bei konkurrierenden Bühnenkonventionen

Obwohl das Untersuchungsinteresse nicht auf das Spartenhafte der Theater, sondern auf das Texthafte zielt, werden auch Überlegungen zu unterschiedlichen Bühnenformen und Gattungsfragen zu stellen sein, denn, so Ubersfeld, der Theatertext wäre »ohne eine bereits bestehende Theater-Konvention nicht geschrieben worden [...]; man schreibt nicht für das Theater, ohne etwas über das Theater zu wissen. Man schreibt für, mit oder gegen einen bereits existierenden theatralen Kode.«[147] Machen die Regiebemerkungen deutlich, dass sich »die Autoren des 18. Jahrhunderts [...] mit unumgehbaren ästhetischen und auch ethischen Normen für die Aufführungspraxis konfrontiert sehen«?[148] Um dies zu klären, sind verschiedene Gattungen in den Blick zu nehmen, die unterschiedlich stark von Theater- und Dramenkonventionen abhängen – so Tragödie, bürgerliches Trauerspiel, Komödie, aber auch Formen des Festspiels sowie – in sozialgeschichtlicher Perspektive – der Kontext bestimmter Theaterformen, etwa die Liebhaberbühne. Zu prüfen ist, ob die Autoren und Autorinnen gerade auch in der Art ihrer Regiebemerkungen auf gewisse Bühnenkonventionen reagieren. Im Hinblick auf das gesamte Textkorpus ist zu untersuchen, ob und wie sich der paradigmatische Wechsel von einem Illusions- (Barock) in einen Aktionsraum im 18. Jahrhundert in den Regiebemerkungen bemerkbar macht oder was sie umgekehrt dazu beitragen.

In komparatistischer Perspektive können Übersetzungen und Bearbeitungen aus anderen Nationalliteraturen und Theatersystemen Aufschluss geben über den Einfluss von Bühnenkonventionen, etwa bei Lessings Übersetzungen von Stücken Diderots.[149] Auch Schillers Übertragung der *Phèdre* ist hinsichtlich der Regiebemerkungen aufschlussreich. Während in Racines Original außer »seul«, »seule« keine Regiebemerkungen[150] vorkommen – also ganz ›klassisch‹ jede Geste und Aktion konventionalisiert an eine Figurenrede gebunden ist und ›fehlende‹ aktionsbezogene Regiebemerkungen dialogisiert werden –, finden sich in Schillers Übertragung, die neue Kontexte einspielt, Zusätze wie »*Hippolyt macht eine Bewegung des Erstaunens.*« (II, 6, 325) oder »*Wie sie gehn will, hält sie plötzlich an und besinnt sich.*« (IV, 6, 363). Statt »Donne.« steht in der Übersetzung »Gieb! *entreißt ihm das Schwert.*«

---

[147] Anne Ubersfeld: Der lückenhafte Text und die imaginäre Bühne, S. 397; vgl. Max Herrmann: Forschungen zur deutschen Theatergeschichte des Mittelalters und der Renaissance. Berlin 1914, S. 4, für den ebenfalls die theaterwissenschaftliche Perspektive und verschiedene Bühnenformen Priorität haben.

[148] Bernd Graff: Grundlagen szenischer Texte. In: Heinz-Ludwig Arnold/Heinrich Detering (Hg.): Grundzüge der Literaturwissenschaft. München ⁷2005, S. 308–322, hier S. 312.

[149] Vgl. Kap. 3.2.

[150] Außerdem stehen einige Angaben zur Sprecherrichtung: »*à Œnone*«. Das einmalige »*Elle s'assied.*« bei Phèdre gibt diesem in der klassischen Tragödie ungewöhnlichen Positionswechsel vom Stehen zum Sitzen umso mehr Gewicht. Vgl. Jean Racine: Phèdre. In: Ders.: Œuvres complètes. Band 1: Théâtres – Poésies. Hg. von Raymond Picard. Paris 1950, S. 735–803, hier S. 754.

(II, 5, 323).[151] Gerade bei Schiller und generell im Sturm und Drang, aber auch schon bei Lessing werden neben den Körperhandlungen auch die Emotionen innerhalb der Regiebemerkungen verstärkt berücksichtigt. Inwiefern treffen hier verschiedene Funktionen der Regiebemerkungen oder Grade der literarischen Einflussnahme auf die Theaterkonventionen aufeinander, welche ›gewinnen‹ bzw. setzen sich durch?

Eine weitere Fragestellung, die ebenfalls mit unterschiedlichen Theatersystemen zusammenhängt, betrifft die Entwicklung des Rollenfachs. Ändern sich die Regiebemerkungen – zumindest hinsichtlich der Figurendarstellung – mit dem Zurückgehen der Rollenfächer?[152] Ein Blick auf Lessings *Emilia Galotti* zeigt, dass dort nicht in erster Linie die rollenkonformen Gesten in Regiebemerkungen notiert werden, sondern die Abweichungen vom Rollenfach. Die Regiebemerkungen geben hier wenig Hinweise auf stereotype, den Rollen zugeschriebene Gesten; sie werden vielmehr dann gesetzt, wenn sie sich nicht von selbst verstehen. So werden bei Odoardo insbesondere Wutausbrüche benannt: »*Blickt wild um sich und stampft und schäumt*« (IV, 7), »*mit einem bittern Lachen*« (IV, 8), »*wild hin und hergehend*« (IV, 8). Das sind kaum die Regiebemerkungen, die man bei einer Figur erwartet, die durch die Rolle des zärtlichen Alten besetzt wurde und besetzt werden sollte.[153] Von »detaillierten und exakten Regieanweisungen und Gebärden-Signalen«,[154] die Lessings Stücke angeblich auszeichnen,[155] kann man hier jedenfalls kaum sprechen; stattdessen werden vor allem die Abweichungen notiert. Statt rollenadäquate Gesten vorzuschreiben, geben die Regiebemerkungen bei bestimmten Figuren Hinweise auf unübliche Gesten –

---

[151] Friedrich Schillers *Phèdre*-Übersetzung unter Angabe von Akt, Szene und Seite zitiert nach Friedrich Schiller: Werke. Nationalausgabe. Band 15/2: Übersetzungen aus dem Französischen. Hg. von Willi Hirdt. Weimar 1996, S. 275–387.
[152] Die Entwicklung des Rollenfachs bis hin zum Paradigmenwechsel gegen Ende des 18. Jahrhunderts zeichnet Harris nach; vgl. Edward P. Harris: Lessing und das Rollenfachsystem. Überlegungen zur praktischen Charakterologie im 18. Jahrhundert. In: Wolfgang F. Bender (Hg.): Schauspielkunst im 18. Jahrhundert. Stuttgart 1992, S. 221–236. Zur Bedeutung des Rollenfachs speziell für Schauspieler*innen* – etwa Caroline Jagemann in der Rolle der »jungen Liebhaberinnen und Bäuerinnen« unter Iffland – vgl. Barbara Becker-Cantarino: Von der Prinzipalin zur Künstlerin und Mätresse. Die Schauspielerin im 18. Jahrhundert in Deutschland. In: Renate Möhrmann (Hg.): Die Schauspielerin. Zur Kulturgeschichte der weiblichen Bühnenkunst. Frankfurt/M. 1989, S. 88–113, hier S. 107. Zum Rollenfach vgl. außerdem Sybille Maurer-Schmoock: Deutsches Theater im 18. Jahrhundert. Tübingen 1982, S. 157–168.
[153] Edward P. Harris: Lessing, S. 232: »Lessings Vorstellung von der Rolle war sicherlich mit Ekhof, der Verkörperung von Sainte-Albines vollkommenem Schauspieler, verknüpft und fraglos auf das Fach ›zärtlicher Alter‹ ausgerichtet.«
[154] Diese nennt Harris als »weitere Nachweise für Lessings praktische Beschäftigung mit der Umsetzung des Autorentexts auf der Bühne«; Edward P. Harris: Lessing, S. 230. Harris meint, dass sich Lessing »der notwendigerweise einschränkenden Natur des Rollenfachsystems bewusst [war]. Er arbeitete innerhalb dieser Begrenzungen, fand Mittel und Wege, sich der Rollen zu bedienen, ihnen eine Substanz zu verleihen, die über das Stereotype und Konventionelle hinausging.« Ebd., S. 234.
[155] Vgl. Heinz Kindermann: Theatergeschichte der Goethezeit. Wien 1948, S. 137. Hans Oberländer: Die Theorie der deutschen Schauspielkunst im 18. Jahrhundert. Bonn 1896, S. 98f.

wie auch in demselben Stück bei der Gräfin Orsina –, so dass sie nicht als Zeichen für das »Ineinandergreifen von literarischer Konvention und Theatertradition«[156] angesehen werden können. Die Beobachtungen können Anlass zu einer Revision der geläufigen Einschätzung geben, nach der die Regiebemerkungen das Konventionelle der Rollen betonen.

Eloquentia corporis und der ›ganze Mensch‹ auf der Bühne: zum Verhältnis von Schauspielpraxis und Bezugstexten für Schauspieler

Das deutsche 18. Jahrhundert im europäischen Zusammenhang gilt in den letzten Jahrzehnten zunehmend als eine Epoche der Neuentdeckung der *eloquentia corporis*, ausgelöst durch das in der Literaturwissenschaft sich durchsetzende kulturanthropologische Interesse am ›ganzen Menschen‹.[157] In diesem Rahmen gewinnt besonders das Theater als eine Form von Öffentlichkeit an paradigmatischer Bedeutung. Demgegenüber ist die Tatsache, dass es sich um verschriftlichte *eloquentia* handelt, bis jetzt vernachlässigt worden. Ludwig Stockinger stellt fest:

> Wer nämlich die Geschichte von Drama und Theater im 18. Jahrhundert weiter verfolgt, der sieht, daß die körperliche Aktion der Schauspieler zwar eine zunehmende Bedeutung bekommt, aber diese Aktionen werden jetzt durch die Bühnenanweisungen des Autors schriftlich festgelegt, so daß gerade für diesen Bereich die Bindung des Theaters an den ›Ort der Schrift‹ eher verstärkt wird.[158]

Mit dem bürgerlichen Trauerspiel und der Empfindsamkeit stellt die Mitte des 18. Jahrhunderts in der deutschen Dramenproduktion eine Schnittstelle dar, die das Textkorpus der vorliegenden Arbeit erheblich mitbestimmt und abzugrenzen ist von den *theatrum-mundi*-Vorstellungen im 17. Jahrhundert.[159] Um die Mitte des 18. Jahrhunderts entwickelt sich eine lebhafte Kontroverse um die Theorie der Schauspielkunst, in der die Abschaffung der ›Stelzentragödie‹ mit ihrer Ausrichtung an der Deklamation zugunsten einer natürlichen Darstellungsmethode und der Aufwertung bzw. Umfunktionierung der Gebärde propagiert wird. Wichtige Bezugstexte stammen aus Frankreich, so die von Lessing übersetzten theatertheoretischen Schriften Diderots, Riccobonis und Rémond de Sainte-Albines. Auch auf die Dramentexte könnte diese Diskussion Auswirkungen haben, so dass zu fragen ist, wie das Verhältnis zwischen beiden Texträumen – der Figurenrede und den Regiebemerkungen –

---

[156] Edward P. Harris: Lessing, S. 222.
[157] Vgl. Hans-Jürgen Schings (Hg.): Der ganze Mensch. Anthropologie und Literatur im 18. Jahrhundert. Stuttgart, Weimar 1994 (Germanistische Symposien-Berichtsbände 15).
[158] Ludwig Stockinger: Gottscheds Stellung in der deutschen Literaturgeschichte. In: Kurt Nowak/Ludwig Stockinger (Hg.): Gottsched-Tag. Wissenschaftliche Veranstaltung zum 300. Geburtstag von Johann Christoph Gottsched am 17.2.2000 in der Alten Handelsbörse in Leipzig. Leipzig 2002, S. 15–49.
[159] Zur barocken Schauspielmetaphorik, in die die Menschen des Barockzeitalters »beinahe vernarrt« waren, weil »das ›Welttheater‹ für sie keine beliebige, ersetzbare Bildkonstruktion war, sondern Wirklichkeit«, vgl. umfassend Wilfried Barner: Barockrhetorik. Untersuchungen zu ihren geschichtlichen Grundlagen. Tübingen ²2002, S. 86–131, hier S. 99.

gestaltet ist, wenn der Bezug von Sprache und Gestik in dieser Zeit neu definiert wird. Geitner stellt fest:

> Im Austausch gegen eine rhetorisch disziplinierte, verstellte *eloquentia corporis* [...] führt man die *eloquentia cordis*, die Sprache des Herzens ein.[160]

Laut Günther Heeg bildet sich um 1750 eine Schauspielkunst heraus, die sich am Paradigma der »Natur«[161] orientiert. Der »antirhetorische Effekt« der Schauspielkunst richte sich gegen den Vorrang des Wortes gegenüber dem Körper und gegen die Distanz des schauspielerischen Orators zu den von ihm repräsentierten Zuständen und Affekten. Der hohe Stellenwert des »stummen Spiels« und der »Empfindungen« wird etwa bei Riccoboni deutlich, der ihnen eigene Kapitel widmet.[162] Diese Bezugstexte für Schauspieler, die von einer Forschungslinie verstärkt in den Blick genommen werden (Geitner; Heeg; Košenina), lassen Rückschlüsse auf den Stellenwert der Regiebemerkungen zu. Ob und wie diese Bezugstexte auf den Textraum der Regiebemerkungen einwirken oder auf ihn reagieren, ist damit allerdings noch nicht gesagt.

Ein prominenter Bezugstext, der programmatisch mit dem neuen Schauspielstil[163] in Verbindung gebracht wird, ist Johann Jakob Engels Schrift *Ideen zu einer Mimik*.[164] Diese propagiere die »Ablehnung höfisch-aristokratischer Verhaltensstilisierung [...], wie sie in der repräsentativen klassizistischen Tragödie zur Ausprägung

---

[160] Ursula Geitner: Sprache der Verstellung, S. 5.

[161] Günther Heeg: Phantasma, S. 125: »Das Eigentümliche der auf dem Theater nachgeahmten ›Natur‹ wird [...] im Wesentlichen durch die Abgrenzung des neuen Spiels von ›Unnatur‹ bzw. ›Künstlichkeit‹ der barocken und klassizistischen Schauspielkunst bestimmt: hier das ›künstliche‹, dort das ›natürliche‹ Zeichen. Auch wenn dieser Gegensatz nicht wertend, sondern streng zeichentheoretisch gebraucht wird, bleibt das Problem bestehen, dass sich auf diese Weise eine Vorstellung vom ›Natürlichen‹ der schauspielerischen Darstellung mehr ex negativo als aus sich heraus gewinnen lässt. Es ist der antirhetorische Affekt, der alle differierenden Ansätze zu einer ›natürlichen‹ Spielweise untereinander eint.«

[162] Francesco Riccoboni: Die Schauspielkunst. Übers. von Gotthold Ephraim Lessing. Herausgegeben, eingeleitet und mit Anmerkungen versehen von Gerhard Piens. Berlin 1954, S. 78f. und S. 95–97. Vgl. die entsprechenden Abschnitte im Original, *Le Jeu muet* und *Le Sentiment*, in: Antoine-François Riccoboni: L'Art du Théâtre, à Madame***. Paris 1750. Neudruck in: Sabine Chaouche (Hg.): Sept Traités sur le jeu du comédien et autres textes. De l'action oratoire à l'art dramatique (1657–1750). Paris 2001, S. 714–757, hier S. 735 und 747f.

[163] Bachmann-Medick führt aus: »Das Ausdrucksverhalten muß ›natürlich‹, d.h. authentisch sein; es kann jedoch zugleich erst durch ›Kunst‹ diese Natürlichkeit erhalten.« Doris Bachmann-Medick: Mimik und Gebärden als sozial-ästhetische Handlungsweisen in der Popularphilosophie des 18. Jahrhunderts. In: Alain Montandon (Hg.): Über die deutsche Höflichkeit. Entwicklung der Kommunikationsvorstellungen in den Schriften über Umgangsformen in den deutschsprachigen Ländern. Bern, Berlin u.a. 1991, S. 141–157, hier S. 146.

[164] Johann Jakob Engel: Ideen zu einer Mimik. In: Ders.: Schriften. Band 7 u. 8. Berlin 1844. Vgl. Erika Fischer-Lichte: Theatergeschichte oder Theatersemiotik – eine echte Alternative? Versuch einer semiotischen Rekonstruktion der Theatergeste auf dem deutschen Theater im 18. Jahrhundert. In: Maske und Kothurn 28 (1982), S. 163–194.

kam«. Das bürgerliche Trauerspiel dagegen stelle sich »als Schauspiel von der ›Natur‹ des menschlichen Handelns überhaupt«[165] dar. Der Zusammenhang zwischen Engels Äußerungen in seiner *Mimik* und der in den Regiebemerkungen beschriebenen Körpersprache ist hierdurch jedoch noch keineswegs geklärt. Engel macht allgemeine Angaben zu bestimmten Gefühlsregungen und -äußerungen – Freude, Lachen, Liebe, Singen, Händeklatschen, Tanzen, Umarmungen –, allerdings geht er nicht gesondert auf Leitgesten (›*die Hand zum Herzen*‹, ›*Hände ringen*‹) ein, wie dies bei rhetorisch ausgerichteten Lehrbüchern, etwa bei Franciscus Lang, der Fall ist.[166] Hier wird ein verändertes Verhältnis zur Körpersprache deutlich, die durch »seelische Eindrücke« hervorgerufen wird und sich in Körperhaltung, Bewegung, Gesichtsausdruck und Sprache (Ton, Akzent, Geschwindigkeit) niederschlagen soll.[167]

Inwiefern können Engels Ausführungen nun in ein konkretes Verhältnis zu den Stücken gesetzt werden oder, anders gefragt: Welches ist sein Interesse an Dramentexten generell und speziell an Regiebemerkungen? In seinen zahlreichen Beispielen aus dramatischen Texten berücksichtigt er sowohl Figurenrede als auch Regiebemerkungen, ohne diese allerdings explizit zu nennen. Wichtig werden die Regiebemer-

---

[165] Doris Bachmann-Medick: Mimik und Gebärden, S. 141.
[166] Vgl. Franz Lang: Abhandlung über die Schauspielkunst. Dissertatio de Actione Scenica, cum Figuris eandem Explicantibus, et Observationibus quibusdam de Arte Comica. München 1727. Neudruck mit Übersetzung und Nachwort. Hg. von Alexander Rudin. Bern, München 1975. Noch Gilbert Austin ist der rhetorischen Tradition zuzurechnen; s. Gilbert Austin: Die Kunst der rednerischen und theatralischen Declamation. Faksimiledruck der Originalausgabe von 1818. Leipzig 1969.
[167] Engel schenkt auch dem Gesicht große Aufmerksamkeit: »Vorzüglich dient das Gesicht zu den Gebehrden, und hier heißen die Gebehrden Mienen.« Johann Jakob Engel: Ideen zu einer Mimik, S. 36. Dass manche Ausführungen für den Zuschauer nicht wahrnehmbar sind, hindert ihn nicht an der detaillierten Beschreibung: »Der Blick wird bei bedeutenden feinern Puncten der Untersuchung geschärft, die Augenbrauen werden nach den Nasenwinkeln heruntergezogen, daß die Stirne voll Falten, und das Auge, welches sich noch überdies zum bessern Concentriren der Lichtstrahlen verengt, in einen tiefern Schatten zurückgetrieben wird«, S. 84. Da der Schauspieler für Engel nicht im Zentrum seiner Überlegungen steht, muss dies allerdings nicht verwundern. Bachmann-Medick stellt zu Recht fest, dass es Engel »nicht allein um eine Theorie der Schauspielkunst, sondern um eine Theorie der ›mimischen Kunst‹ beim Handeln überhaupt« gehe; Doris Bachmann-Medick: Mimik und Gebärden, S. 144f. Kallweit stellt den »techné-Charakter«, das »Kunstvoll-Bewußte körperrhetorischer Inszenierung« in den Vordergrund; vgl. Hilmar Kallweit: Ausdruck: Homogenisierung des Textes ans ›lebendige Princip‹ in Seele und Körper. In: Jan-Dirk Müller (Hg.): »Aufführung« und »Schrift« in Mittelalter und früher Neuzeit. Stuttgart, Weimar 1996, S. 633–653, hier S. 641; Günther Heeg betont, dass Engels *Mimik* den Status eines Handbuchs der Schauspielkunst übersteige und Anschluss an umfassendere Theoriezusammenhänge suche, da er einen »ganzheitlichen« Ansatz verfolge. Günther Heeg: Phantasma, S. 310. Beobachtungen zur Veränderung der Gesichtszüge bei bestimmten Affekten stellen allerdings keine Ausnahme dar. Auch Aaron Hill kommt auf diese zu sprechen, so wenn er etwa bei »Anger« folgende Beschreibung gibt: »The setting of the teeth, and wide expansion of the nostrils, follow naturally – because inseparable from an enrag'd bent of the eye-brow.« Aaron Hill: An Essay on the Art of Acting. In: Ders.: The Works of the Late Aaron Hill. Band 4. London 1753, S. 353–414, hier S. 370.

kungen dann, wenn sie zu der Frage ins Verhältnis gesetzt werden können, wie ein Schauspieler seine Rolle zu spielen hat. Dabei werden die Vorgaben des Dramenverfassers nicht nur nachempfunden – so bei *Clavigo* –, sondern auch erweitert – etwa bei *Hamlet* und *Emilia Galotti* – oder sogar korrigiert – so bei Lessings *Der Schatz*. Engel präzisiert durch detaillierte Hinweise nachdenkliche Stellungsänderungen Philtos,[168] während sich bei Lessing nur die generelle Anweisung findet: »*indem er* [Philto] *sich von Zeit zu Zeit furchtsam umsiehet*«.[169] Hamlets »da« innerhalb einer Szene, die keine expliziten Regiebemerkungen enthält, deutet Engel – nach heutiger Terminologie – als implizite Regiebemerkung: »Wenn Hamlet die Ursache entdeckt hat, warum der Selbstmord ein so bedenklicher Schritt sei, so ruft er aus: ›Ach da liegt der Knoten!‹ und in demselbigen Augenblicke bewegt er den Finger vor sich hin, als ob er äußerlich mit dem Auge gefunden hätte, was er doch innerlich mit dem Scharfsinne fand.«[170] Bei der Auseinandersetzung mit Lessings und Shakespeares Stücken wird Engels Interesse deutlich, äußere Vorgänge durch innere Gefühlsregungen zu motivieren und zu erklären.

Vor allem bei einem paradigmatischen Stück des Sturm und Drang nimmt Engel Korrekturen vor. In einer prägnanten Szene aus Klingers *Die Zwillinge* kommt die Rivalität der Brüder mit Begleitaffekten wie Zorn und Angriffslust zur Darstellung. Die Schlüsselszene der Rebellion, in der Guelpho im Spiegel an seiner Stirn das Kainsmal des Brudermords zu sehen glaubt und »sich« im Spiegel zerstört, indem er diesen zerschlägt, kritisiert Engel als übertrieben und unangemessen, denn er bezweifelt, dass es sich hierbei um »natürliches Spiel«[171] handele:

> Meiner Empfindung nach, müßt' er mit Abscheu von dem Spiegel zurückfahren, und wenn er ihn ja zerbräche, ihn nur zufälliger Weise, durch das jähe Vorwerfen der Hand, nicht mit Gebehrden des Zorns, sondern der Angst, zerbrechen. So vielleicht hat es der Verfasser gewollt; allein die Schauspieler, die sich in den heftigsten, gewaltsamsten Bewegungen immer am meisten gefallen, pflegen es anders zu nehmen: sie schlagen gern mit voller Faust darauf zu.[172]

---

[168] Johann Jakob Engel: Ideen zu einer Mimik, S. 79: »Gesetzt, der alte Philto hätte, da er seine erste Idee verfolgte, mit vorhangendem Haupte dagestanden, die Arme in der Gegend der Brust zusammengeschlagen, den Blick zur Erde gesenkt, auf dem linken Fuße ruhend und mit dem rechten vorgreifend; so ist Alles zu wetten, daß er bei dem zweiten Nachdenken diese Stellung abändern werde. Vielleicht setzt er nun die Hände in die Seite, oder richtet das Haupt auf und sieht in die Wolken, als ob er von oben herab holen wollte, was er unten nicht fand; oder er nimmt auch durchaus die entgegengesetzte Stellung: legt die Hände auf dem Rücken in einander, schlägt das Haupt, das erst vorwärts hing, in den Nacken, zieht den linken Fuß zurück und ruht auf dem rechten [...]. Doch mischt sich vielleicht in dieses analoge Gebehrdenspiel schon viel Absichtliches ein. Wer seine innern Ideen verändern will, der thut wohl, daß er auch die äußern Eindrücke verändere, mit denen er jene schon zu sehr in Verbindung brachte.«

[169] Gotthold Ephraim Lessing: Der Schatz. In: Ders.: Sämtliche Schriften. Hg. von Karl Lachmann. Dritte, aufs neue durchgesehene Auflage besorgt durch Franz Muncker. Band 2. Stuttgart 1886, S. 125–170, hier S. 135.

[170] Johann Jakob Engel: Ideen zu einer Mimik, S. 81.

[171] Ebd., S. 99.

[172] Ebd., S. 102.

Hier korrigiert Engel den Dramentext gerade im Bereich der Körpersprache. Zwar bezieht er sich indirekt auf die Regiebemerkung »*zerschlägt den Spiegel*«.[173] Seine »Empfindung« aber sage ihm, dass »ein Mensch in seiner Lage nicht mit dieser Heftigkeit außer sich wirken sollte«. Deshalb ersetzt er sie durch eine gemäßigte Gefühlsäußerung. Engel plädiert hier und öfter für eine zurückgenommene Körpersprache,[174] so dass seine Äußerungen ›konservativer‹ im Sinne von konventioneller ausfallen als die in den Dramentexten – etwa in Klingers *Zwillingen* – beschriebene *eloquentia corporis*. Allerdings beruft er sich bei seiner Kritik an der übertriebenen Affekthandlung nicht konkret auf den Dramentext; die notierte Regiebemerkung bleibt insofern unberücksichtigt. Stattdessen macht er die Schauspieler dafür verantwortlich, die sich in heftigen Bewegungen gefallen und gern »mit voller Faust darauf zu[schlagen]«. Die Regiebemerkungen stellen für Engel also nicht die letzte Instanz dar, nach der man sich richten muss, sondern nur ein Angebot.[175] Er äußert sich unabhängig davon, ob eine Szene mit Regiebemerkungen versehen ist oder nicht, zur an dieser Stelle notwendigen Mimik und Gestik.[176]

Der Zusammenhang zwischen Bezugstexten für die Bühnenrealisierung, Schauspielerkonventionen und Dramentexten wird im Blick zu behalten sein. Heegs einschränkendem Hinweis, dass etwa Engels *Ideen zu einer Mimik* ein Einwirken auf die Schauspielkunst nur »indirekt geglückt«[177] sei, ist dabei mehr Aufmerksamkeit zu schenken, als dies bisher geschehen ist. Umgekehrt zeigt die genauere Analyse von Engels Bezugnahme auf Dramentexte, dass Innovationen zumindest im Sturm und Drang eher im Bereich der Regiebemerkungen zu vermerken sind – wie bei Klinger – als in den Bezugstexten, die immer durch eine irgendwie geartete Systematik den Freiraum der Schauspieler einschränken und häufig nur ein bestimmtes, fest umrissenes Repertoire an Gesten zulassen. Wie Goethes rhetorisch-konventionelle *Regeln für Schauspieler* zu den Dramentexten in Beziehung zu setzen sind und ob dort, im

---

[173] Vgl. Friedrich Maximilian Klinger: Die Zwillinge. Hg. von Edward P. Harris u.a. (Werke. Historisch-kritische Gesamtausgabe. Hg. von Sander L. Gilman u.a. Band 2). Tübingen 1997, IV, 4, S. 180.
[174] So fragt er seinen fiktiven Briefpartner: »Was würden Sie von dem gesitteten, edlen Tellheim sagen, wenn er da, wo er seine Minna wegen einer Verräterei in Verdacht hat, wirklich Hand an sie legte?« und macht wiederum seine Ablehnung einer extremen Körpersprache deutlich.
[175] Nischik weist auf die »leichte Veränderbarkeit« der »direkten Bühnenanweisungen« hin und vermutet, dass Shakespeare »per indirekter Bühnenanweisung bis heute vielleicht direkteren und stärkeren Einfluß auf die Regie seiner Dramen [nahm]« als dies durch explizite Regiebemerkungen möglich gewesen wäre. Reingard M. Nischik: Körpersprache im Drama, S. 258.
[176] Johann Jakob Engel: Ideen zu einer Mimik, S. 59f.: »freiwillige Veränderungen« sollen »nach der Regel der Mäßigung« dargestellt werden: »Eine Wuth, die sich das Haar zerrauft, die das ganze Gesicht verzerrt, und brüllt bis alle Muskeln einzeln aufschwellen und die Augen mit Blut unterlaufen, so eine Wuth kann in der Natur sehr wahr sein, aber in der Nachahmung wäre sie widrig.«
[177] Günther Heeg: Phantasma, S. 303.

Zusammenhang mit dem Theaterdirektor Goethe in Weimar, andere Kanäle zur Verfügung stehen als für Engel, wird zu verfolgen sein (vgl. Kap. 4.3).

Neben Bezugstexten für Schauspieler wird die körpersprachliche Wende[178] mit dem Schauspieler selbst in Verbindung gebracht. Häufig führt die Forschung Rezeptionsdokumente über Publikumsreaktionen als Beleg dafür an, dass Schauspieler gerade wegen ihrer ›natürlichen‹ Gestik und Mimik geschätzt werden, so Caroline Neuber,[179] Sophie Hensel,[180] Konrad Ekhof[181] und David Garrick.[182] Wie und inwiefern diese neue Art des Spiels auch im Text, insbesondere innerhalb der Regiebemerkungen, eine hochstilisierte, rhetorische Theatergeste ablöst,[183] wird ebenfalls zu prüfen sein.

Für die vorliegende Arbeit interessiert dabei nicht in erster Linie, wie Caroline Neuber als Schauspielerin wirkte, sondern ob sich ein neuer Schauspielstil im Sinne einer textuellen Analogbildung auch auf den Dramentext, insbesondere die Regiebemerkungen, auswirkte, oder ob in umgekehrter Richtung eine veränderte Art des Spiels von den Texten ausging.

Garrick verkörpert in der Mitte des 18. Jahrhunderts nach Perioden der Verkünstlichung das natürliche Schauspiel par excellence, auch wenn es sich dabei um eine arrangierte Natürlichkeit handelt: »[...] the spectators, from the beginning of his career to its close, associated him with the concept of ›Nature‹ [...]«.[184] Augenzeugenberichten zufolge hebt er sich von seinen Mitspielern durch lebhaftes, natürliches

---

[178] Vgl. Barbara Korte: Körpertext im Schrifttext: Eine Skizze zur Evolution des nonverbalen semiotischen Systems im englischen Roman des 18. Jahrhunderts. In: Jan-Dirk Müller (Hg.): »Aufführung« und »Schrift« in Mittelalter und früher Neuzeit. Stuttgart, Weimar 1996 (Germanistische Symposien-Berichtsbände 17), S. 617–632. Korte untersucht die neue Phase der Körpersprache im Roman, die in der englischen Literatur mit Samuel Richardson einsetze.

[179] So hebt Schütze an Caroline Neuber den neuen, natürlichen Schauspielstil hervor: »Die Neuberin war die erste Schauspielerin, welche es wagte, ein verwöhntes Publikum durch natürlichere, wenn gleich immer noch steife, körperliche Bewegungen und Gesten, durch minder übertriebenes, verzerrtes Mienenspiel auf eine einzige wahre Kunst des Schauspielers aufmerksam zu machen.« Johann Friedrich Schütze: Hamburgische Theatergeschichte. Hamburg 1794, S. 210.

[180] Vgl. Alexander Košenina: Anthropologie und Schauspielkunst, S. 117–123.

[181] Vgl. Michael J. Sosulski: Trained Minds, Disciplined Bodies: Konrad Ekhof and the Reform of the German Actor. In: Lessing Yearbook 31 (1999), S. 131–156.

[182] Barbara Korte: Körpertext im Schrifttext. Korte beschäftigt sich vor allem mit englischen Erzähltexten. Vgl. auch Barbara Korte: Körpersprache in der Literatur: Theorie und Geschichte am Beispiel englischer Erzählprosa. Tübingen 1993.

[183] So Barbara Korte, wiederum mit Bezug auf Erzähltexte: Körpertext im Schrifttext, S. 626.

[184] Allardyce Nicoll: The Garrick Stage. Theatres and Audience in the Eighteenth Century. Manchester 1980, S. 9. Zu Garrick vgl. Alexander Košenina: Anthropologie und Schauspielkunst, S. 121f., und Martin Brunkhorst: Garricks Shakespeare-Rollen. Formen ihrer produktiven Rezeption in England und Deutschland. In: Arcadia 22 (1987), S. 142–163.

und realitätsnahes Spiel ab.[185] Richard Cumberland beschreibt das Erscheinen Garricks auf der Bühne – »something unexpected happened« – wie folgt:

> [...] heavens, what a transition! – it seemed as if a whole century had been stept over in the transition of a single scene: old things were done away, and a new order at once brought forward, bright and luminous, and clearly destined to dispel the barbarisms and bigotry of a tasteless age, too long attached to the prejudices of custom, and superstitiously devoted to the illusions of imposing declamation.[186]

In welchem Verhältnis das Neue aus dem Dramentext hervorgeht oder aber auf Dramentexte zurückwirkt, ist damit noch nicht geklärt. Die Äußerungen Cumberlands zeigen, dass hier zwei Schauspielstile aufeinander treffen. Insofern ist Garrick im Kontext der Schauspieleraktionen im England Mitte des 18. Jahrhunderts eine Ausnahmeerscheinung, die sich von der herkömmlichen Deklamation und der *eloquentia corporis* der anderen Schauspieler deutlich abhebt.[187] Ob Schauspieler etwa mimisches und gestisches Spiel anders einsetzen, interessiert in der vorliegenden Arbeit nur, insofern sich die Schauspiele und damit die Regiebemerkungen dadurch ändern.

Konkrete Zusammenhänge zwischen Schauspieler, Dramentext, Bezugstexten für Schauspieler und dem ›ganzen Menschen‹ auf der Bühne erscheinen nach dem eben Geschilderten eher unwahrscheinlich. Neue Schauspielkonventionen haben sich jedenfalls auf diesem Wege kaum etabliert. Auch wenn in der Forschung in diesem Punkt keineswegs Konsens besteht und etwa Heide Eilert feststellt, dass in Dramentexten von Empfindsamkeit und Sturm und Drang eine »veränderte Einstellung zu Körper-Rhetorik und ›Gebärden-Beredsamkeit‹, der Wille zu einer Koinzidenz von ›inneren‹ und ›äußeren‹ Bewegungsbildern, bis in die Formulierung der Bühnenanweisungen hinein«[188] zu verfolgen sei, bezweifelt Günther Heeg Wechselwirkungen zwischen Dramentext und Aufführungsstil gerade im Zusammenhang mit der natürlichen Schauspielkunst.[189] Larthomas schränkt die Bedeutung der natürlichen Gestik für neue Notationsformen ebenfalls ein und gibt zu bedenken:

---

[185] Allardyce Nicoll: The Garrick Stage, S. 14: »Unquestionably he gave his audiences the illusion of reality.« Nicoll fügt einschränkend und treffend hinzu: »Still further, we probably ought to recognize that, although contemporaries acclaimed his method as ›natural‹, it might not seem so natural to us.«

[186] Richard Cumberland: Memoirs 1806, S. 59f.; zitiert nach Allardyce Nicoll: The Garrick Stage, S. 10. Die Äußerungen Cumberlands beziehen sich auf eine Aufführung von *The Fair Penitent* in Covent Garden (1746), in der David Garrick als Lothario zu sehen war.

[187] Vgl. Allardyce Nicoll: The Garrick Stage, S. 12: »[...] both men had their own particular personal abilities, and to a large degree the basic difference between them was a difference in style.«

[188] Heide Eilert: »... und allemal ist eine verkehrte Pantomime daran schuld.« Über den Anteil des ›stummen Spiels‹ an der Ausbildung einer ›realistischen‹ Schauspielkunst im 18. Jahrhundert. In: Regina Fasold u.a. (Hg.): Begegnung der Zeiten. FS Helmut Richter. Leipzig 1999, S. 37–48, hier S. 45.

[189] Vgl. Günther Heeg: Phantasma, S. 329.

Les différences de notations sont amenées beaucoup plus par des différences d'époques et d'usages que par des divergences fondamentales de conceptions sur l'importance du geste au théâtre.[190]

Als Paradigma der neuen ›natürlichen‹ Schauspielkunst[191] und als einer der größten ›Weinerfolge‹ des 18. Jahrhunderts[192] gilt Lessings *Miß Sara Sampson*. Obwohl Ziolkowski ausführt, dass Mimik und Gestik in diesem Stück genau vorgeschrieben werden – und zwar durch explizite wie auch implizite Regiebemerkungen[193] –, wird genauer zu untersuchen sein, inwiefern diese neue Schauspielkunst schon im Text angelegt ist.

Viele der in der vorliegenden Arbeit im Zentrum stehenden Autorinnen und Autoren zeichnen sich durch eine Art Personalunion aus, da sie neben dem Dramenverfassen jeweils noch weitere Tätigkeiten ausüben und dabei auf sehr verschiedene Weise zum Kontext Theater in Kontakt treten. So stehen auf der einen Seite Autoren und Autorinnen, die gleichzeitig vor allem theaterkritisch tätig waren wie Lessing oder theaterpraktisch wie Caroline Neuber, Goethe oder Kotzebue.[194] Anderen Dramenautoren und -autorinnen wie Christiane Karoline Schlegel und Lenz war die Bühnenpraxis ihrer Zeit hingegen weitgehend fremd.

In historischer Perspektive ist unterschiedlich zu gewichten, ob das Theater unter die Bedingungen des Textes oder der Text unter die Bedingungen des Theaters[195] zu stellen ist.[196] Gerade mit der Literarisierung[197] des Dramas im 18. Jahrhundert – so lautet eine der Leitthesen der vorliegenden Arbeit – geht auch eine Entwicklung hin zur literarischen Bedeutsamkeit der Regiebemerkungen einher. Dabei ist nicht nur ihr Verhältnis zur Illusionsbildung, sondern auch zur Fiktionsbildung von Interesse. Neben dem Aufführungsaspekt, zu dem die Regiebemerkungen schon immer in

---

[190] Pierre Larthomas: Le langage dramatique. Sa nature, ses procédés. Paris ²2001, S. 87.
[191] Hierzu ausführlich Alexander Košenina: Anthropologie und Schauspielkunst, S. 31–57.
[192] Vgl. Wilfried Barner: *Zu viel Thränen – nur Keime von Thränen*. Über *Miß Sara Sampson* und *Emilia Galotti* beim zeitgenössischen Publikum. In: Das weinende Saeculum. Hg. von der Arbeitsstelle 18. Jahrhundert (Wuppertal). Heidelberg 1983, S. 89–105.
[193] Vgl. Theodore Ziolkowski: Language, S. 270f.
[194] Hier stehen gezielt hochkulturelle neben niedrigkanonisierten bzw. ›negativkanonisierten‹ Autoren und Autorinnen, um diese Perspektive speziell auf die Regiebemerkungen anzuwenden und auszuweiten.
[195] Vgl. Horst Turk: Einleitung. In: Ders. (Hg.): Theater und Drama, S. VII–XX.
[196] Höfele stellt fest, dass dramatische Texte im Sinne einer reziproken Konditionierung »[…] als Transkription einer gedachten Theateraufführung zu lesen [wären].« Andreas Höfele: Drama und Theater: Einige Anmerkungen zur Geschichte und gegenwärtigen Diskussion eines umstrittenen Verhältnisses. In: Forum Modernes Theater 6/1 (1991), S. 3–24, hier S. 20.
[197] Vgl. Erika Fischer-Lichte: Verkörperung/Embodiment. In: Dies. u.a. (Hg.): Verkörperung. Tübingen, Basel 2001, S. 11–25, hier S. 11: »Das deutsche Theater hat in der zweiten Hälfte des 18. Jahrhunderts zwei wichtige Entwicklungen durchgemacht: die Herausbildung eines Literaturtheaters und die Entwicklung einer neuen – realistisch-psychologischen – Schauspielkunst. […] Der Versuch einiger bürgerlicher Intellektueller, die Vorherrschaft des Schauspielers auf dem Theater zu brechen, zielte darauf, den Text des Dramatikers zur kontrollierenden Instanz auf dem Theater zu erheben.«

Beziehung gesetzt wurden, muss in diesem Zusammenhang die Funktion dieser Texträume für den Leser[198] berücksichtigt werden. Insofern sind sie sowohl hinsichtlich ihrer Polyfunktionalität als auch in Bezug auf ihren Textstatus zu untersuchen.

»Stage directions, quite literally, don't count.« Die eingangs zitierte Feststellung bezieht sich auf die fehlende Auseinandersetzung mit Regiebemerkungen in der Forschung. Im Grunde geht dem geringen Interesse der Forschungsarbeiten eine fehlende Berücksichtigung der Regiebemerkungen in Poetiken und anderen dramentheoretischen Schriften voraus. Dort werden sie nur selten erwähnt – wenn überhaupt, dann um sie auszuschließen (d'Aubignac; vgl. Kap. 2.1) oder negativ vom ›eigentlichen‹ Dramentext, der Figurenrede, abzugrenzen (Lessings »Einschiebsel«; vgl. Kap. 3.2). Gerade dadurch, dass die Regiebemerkungen nicht sofort ins Blickfeld geraten, unterliegen sie weniger starken Stilisierungs- und Normierungsbestrebungen,[199] so dass sich Räume für Innovationen eröffnen. Durch die geringere literarische Formung und Regelung dieser Texträume ergeben sich – so eine der zu verfolgenden Thesen – in Dramentexten Freiräume, die sehr unterschiedlich genutzt werden können, hochkonventionell, aber auch innovativ, so dass hier in bestimmten Fällen anderes und mehr ausgedrückt werden kann als im Redetext.

Regiebemerkungen muss also ein besonderer Stellenwert zuerkannt werden, da sie die Um- oder Neubewertung ganzer Dramentexte ermöglichen. In diesem Sinne handelt es sich bei den Textanalysen auch um Relektüren, indem bisher ausgesparte oder wenig beachtete Textsegmente besonders fokussiert werden.

Grundlegend wird die These zu überprüfen sein, ob die Regiebemerkungen im 18. Jahrhundert in Verbindung mit dem anthropologischen Interesse am ganzen Menschen und einer sich entwickelnden ›natürlichen‹ Schauspielkunst, die die rhetorisch bestimmte *actio* ablöst, an Bedeutung gewinnen und vor allem bei der Beschreibung der *eloquentia corporis* zunehmen. In besonderer Weise wird das Wechselverhältnis zwischen den Regiebemerkungen, den externen Bezugstexten für Schauspieler und den realen Theaterbedingungen genauer zu untersuchen sein.

---

[198] Der Frage nach empirischer Leserforschung, die an sich berechtigt ist und die etwa in Silke Schlichtmanns Arbeit im Zentrum steht, kann hier nicht umfassend nachgegangen werden. Wo dies möglich ist, werden einzelne, über Briefe und andere Rezeptionsdokumente belegte Lesererfahrungen berücksichtigt. Vgl. Silke Schlichtmann: Geschlechterdifferenz in der Literaturrezeption um 1800? Zu zeitgenössischen Goethe-Lektüren. Tübingen 2001.

[199] Jörg Wesche weist für literarische Kleinformen des Barock nach, wann sich in Poetiken ›Spielräume‹ ergeben. Er stellt heraus, dass sich extreme Variantenbildungen gerade dann finden, wenn Normierungslücken bestehen, die poetische Produktivität also nicht geregelt wird. Vgl. Jörg Wesche: Literarische Diversität. Abweichungen, Lizenzen und Spielräume in der deutschen Poesie und Poetik der Barockzeit. Tübingen 2004, S. 168f. Einblicke in ausgewählte Spielkonzepte des 17. Jahrhunderts gibt Wilfried Barner: Spielräume. Was Poetik und Rhetorik nicht lehren. In: Hartmut Laufhütte (Hg.): Künste und Natur in Diskursen der Frühen Neuzeit. Teil I. Wiesbaden 2000, S. 33–67.

2 Zwischen *doctrine classique* und expliziten Regiebemerkungen: Dramen zur Zeit der Frühaufklärung

2.1 Regiebemerkungen in Stücken von Johann Elias Schlegel, Luise Adelgunde Victorie Gottsched und Gotthold Ephraim Lessing

Das »›gottschedischste‹ aller Lustspiele«[1] seiner Zeit ist nach gängiger Forschungsmeinung Johann Elias Schlegels *Der geschäfftige Müßiggänger*; es wurde in der von Gottsched herausgegebenen *Deutschen Schaubühne* erstveröffentlicht.[2] Diese sechsbändige Ausgabe deutscher und übersetzter Stücke, die die Literarisierung des Theaters befördern soll,[3] versteht sich als Veröffentlichungs- und Demonstrationsmöglichkeit für regelgeleitete Stücke. In einem Punkt aber ist *Der geschäfftige Müßiggänger* sozusagen ›gottschedischer‹ als die von Gottsched selbst verfassten und andere von ihm propagierte Stücke: bei den Regiebemerkungen. Denkt man die zu Beginn zitierte Einschätzung von Schlegels Stück nämlich weiter, dann bedeutet ›gottschedisch‹ regelbedacht oder sogar regelversessen. Aber obwohl Gottsched das Regeldrama propagiert, äußert er sich nicht normierend zur Verwendung von Regiebemerkungen und zeigt in diesem Punkt keinerlei Normierungsbestrebungen, weder in der Theo-

---

[1] Günter Wicke: Die Struktur des deutschen Lustspiels der Aufklärung. Versuch einer Typologie. Bonn ²1968, S. 18. Vgl. Wolfgang Paulsen: Johann Elias Schlegel und die Komödie. Bern 1977, S. 44, und Horst Steinmetz: Die Komödie der Aufklärung. Stuttgart ³1978, S. 37. Gegen die Forschungsmeinung, die das Stück als Umsetzung der Komödientheorie Gottscheds wertet, wendet sich Christian Neuhuber: Das Lustspiel macht Ernst. Das Ernste in der deutschen Komödie auf dem Weg in die Moderne: von Gottsched bis Lenz. Berlin 2003, S. 36. Neuhubers Interpretation des *Geschäfftigen Müßiggängers*, nach der »das Gattungsschema der Negation des Außenstehenden in der Problematisierung der Gegenbildlichkeit unterwandert wird«, S. 132, wirkt allerdings forciert, denn das Stück verläuft durchaus in gewohnten Bahnen und stellt den Rezipienten keineswegs vor Verständnisschwierigkeiten.
[2] Vgl. Horst Steinmetz: Das deutsche Drama von Gottsched bis Lessing. Ein historischer Überblick. Stuttgart 1987, vor allem S. 42–54: Die *Deutsche Schaubühne* als literarische Umsetzung gesellschaftlich-bürgerlicher Erziehungsideale. Steinmetz beschreibt das planmäßige Vorgehen, mit dem Gottsched die in der *Critischen Dichtkunst* explizierten Kategorien in den Stücken realisiert sehen und eine »ernstzunehmende deutsche Dramenkultur«, S. 42, stimulieren wollte. Der *Sterbende Cato* wird in diesem Zusammenhang wie auch sonst als »erstes deutsches Regeldrama« betrachtet.
[3] Vgl. Ruedi Graf: Der Professor und die Komödiantin. Zum Spannungsverhältnis von Gottscheds Theaterreform und Schaubühne. In: Bärbel Rudin/Marion Schulz (Hg.): Vernunft und Sinnlichkeit. Beiträge zur Theatergeschichte der Neuberin. Reichenbach 1999, S. 125–144.

rie noch in der Praxis. In seinem *Versuch einer Critischen Dichtkunst* kommt er auf diese Texträume nicht explizit zu sprechen.[4]

Eine Prosakomödie ohne Regiebemerkungen: Schlegels *Geschäfftiger Müßiggänger*

Im Gegensatz zu Gottscheds Dramentexten, in denen Regiebemerkungen in Maßen und unsystematisch vorkommen, verwendet Johann Elias Schlegel in seinem Stück *Der geschäfftige Müßiggänger* keine expliziten Regiebemerkungen, und das aus Prinzip. Wie zu zeigen sein wird, bezieht er sich damit auf französische dramentheoretische Schriften. Bemerkenswert ist daran, dass eine Auseinandersetzung mit Regiebemerkungen nur in der Absetzungsgeste erkennbar wird. Von Regiebemerkungen ist lediglich dann die Rede, wenn sie ausgeschlossen werden, im Gestus der Negation.

Da ein Drama ohne explizite Regiebemerkungen für den hier im Zentrum stehenden Zeitraum zwar selten vorkommt, aber keine Ausnahme darstellt, soll dieses Stück am Beginn der Untersuchung stehen. Im Unterschied zu Dramenverfassern, die explizite Regiebemerkungen verwenden, ohne sich theoretisch zu diesem Textraum zu äußern, wird bei Schlegel der Verzicht auf diese gezielt vorgenommen und begründet. Ein Normierungsbewusstsein, das über die französische Klassik auf die Antike zurückverweist, kann für die Entscheidung gegen Regiebemerkungen veranschlagt werden.[5] Insofern ist mit Schlegels *Der geschäffige Müßiggänger* ein Bezugspunkt gegeben, der als Gegenprobe fungiert und die Regiebemerkungen der im Folgenden zu analysierenden Stücke – von der Möglichkeit ihres Fehlens her gesehen – in einem anderen Licht erscheinen lässt. Dabei wird auch zu untersuchen sein, ob und wie dieser für Dramentexte konstitutive Teil (vgl. Kap. 1) bei Schlegel kompensiert wird.

Im Zentrum des fünfaktigen Lustspiels, das 1741 im vierten Teil von Gottscheds *Deutscher Schaubühne* erscheint,[6] steht der Kontrast zwischen dem überaus geschäftigen Müßiggänger Fortunat, der vor lauter Vieltun nichts tut – jedenfalls nicht das, was er sollte, nämlich sich um seine Karriere als angehender Advokat zu kümmern –,

---

[4] Nur indirekt im Zusammenhang mit allegorischen Stücken spielen Regiebemerkungen bei Gottsched eine Rolle; vgl. Kap. 2.2.

[5] Graf weist Schlegels Regelhaftigkeit für die Trauerspiele nach, allerdings ohne auf die Verwendung von Regiebemerkungen zu sprechen zu kommen – eine Frage, die sich im deutschen Kontext, anders als in Frankreich, nicht zu stellen scheint: »In zentralen Punkten hält sich Schlegel immer an die von Gottsched vorgegebenen Normen, so im heroischen Sujet, der Wahrscheinlichkeit, der ja auch der Zwang zur Nachahmung einer moralischen Ordnung entspringt, im didaktischen Zeigegestus und im Lehrsatz, den drei Einheiten und den Szenenverbindungen. Auch Schlegels Kritik setzt die von Gottsched begonnene Polemik gegen die vorklassizistische Tragödie fort.« Ruedi Graf: Das Theater im Literaturstaat. Literarisches Theater auf dem Weg zur Bildungsmacht. Tübingen 1992, S. 218.

[6] Johann Elias Schlegel: Der geschäfftige Müßiggänger. In: Johann Christoph Gottsched (Hg.): Die Deutsche Schaubühne. Vierter Teil. Leipzig 1743. Faksimiledruck nach der Ausgabe von 1741–1745. Hg. von Horst Steinmetz. Stuttgart 1972, S. 263–378; im Folgenden unter Angabe der Seite direkt im Text zitiert.

und dem pedantischen Fräulein Lieschen. Die beiden sind zwar von ihren Müttern füreinander vorgesehen, kommen aber – zum Glück – nicht zusammen, und die lasterhafte Figur, der allzu beschäftigte Nichtstuer, erleidet auf allen Gebieten die verdienten Fehlschläge.

Das Stück enthält keine Regiebemerkungen, wenn man vom Personenverzeichnis, von der Einteilung in Akte und Szenen sowie von der reinen Nennung der in einer Szene auftretenden Figuren – als Sprecherbezeichnung – absieht. Dass Schlegel in dieser Hinsicht strenger und konsequenter verfährt als etwa Gottsched im *Sterbenden Cato*,[7] ist um so verblüffender, als es sich bei Schlegels Stück um eine Prosakomödie, beim *Sterbenden Cato* hingegen um eine Verstragödie handelt, somit zwei Aspekte, die ein gegenteiliges Bild erwarten lassen würden, da sowohl die Gattung Tragödie als auch Dramentexte in gebundener Rede generell mit höheren Normierungsbestrebungen einhergehen.[8]

In Schlegels Stück werden Auf- und Abtritte fast lückenlos in der Figurenrede angesprochen, was vermutlich mit dem Stellenwert der *liaison des scènes* in theatertheoretischen Schriften zusammenhängt. An folgender Stelle werden Abgang der einen und Auftritt der anderen Figur auf diese Weise angekündigt:

> CATHRINE. Nun! es ist gut. Ich will gehen. Er soll nicht allein nicht sprechen: Cathrine, du hast für mich gesorgt. Da ist Herr Sorger, Frau Sylvesterinn. (S. 347)

Richtet man den Blick auf Stücke, die später entstanden sind und Regiebemerkungen enthalten, könnte man vermuten, dass in Stücken mit expliziten Regiebemerkungen anstelle der impliziten Erwähnung von Auf- und Abtritten innerhalb der Figurenrede am Anfang und Ende einer Szene gerade diese Positionen häufig durch Regiebemerkungen besetzt werden. Ob diese Positionen prädestiniert sind für explizite Regiebemerkungen, wird zu verfolgen sein.

Der gleichbleibende Ort, die Putzstube, wird im *Geschäfftigen Müßiggänger* direkt im Anschluss an das Personenverzeichnis genannt. Eine ausführliche Beschreibung erfolgt zu Beginn des Stückes in der ersten Äußerung in Form einer räumlichen Exposition: Hier werden vorhandene Requisiten wie Pistolen, Reit- und Malutensilien aufgezählt, die zugleich die Haupt- und Titelfigur charakterisieren.[9] Diese könnte

---

[7] Im *Sterbenden Cato* finden sich sowohl Regiebemerkungen zum Bühnenbild (vgl. Kap. 1) als auch schauspielerbezogene proxemische, mimische und gestische Regiebemerkungen, etwa »kehrt sich zu ihr«; »mit Thränen«; »beweglich«; vgl. zur Darstellung der Affekte auch Thorsten Unger: Handeln im Drama. Theorie und Praxis bei J. Chr. Gottsched und J.M.R. Lenz. Göttingen 1993, S. 100–104.

[8] Zu bedenken ist in diesem Zusammenhang, dass Schlegels erstes Lustspiel *Die entführte Dose* im antiken Trimeter ohne Reim und mit regelmäßiger Zäsur nach der fünften Silbe verfasst ist, obwohl Komödien zu diesem Zeitpunkt schon überwiegend in Prosa geschrieben wurden. Das Stück hat Schlegel später verworfen, es blieb ungedruckt; vgl. Helmut Prang: Geschichte des Lustspiels. Von der Antike bis zur Gegenwart. Stuttgart 1968, S.145.

[9] Die Requisiten kennzeichnen das falsche, nämlich »quasi höfisch-galante Wertsystem«, an dem Fortunat sich orientiert: »Er beherrscht sämtliche aristokratische Fertigkeiten – Französisch, Musizieren, Reiten, Tanzen, Malen [...] –, versagt aber in seinem bürgerlichen Beruf als Advokat.«; Wolfgang Lukas: Anthropologie und Theodizee. Studien zum Moral-

man sich zu großen Teilen auch in einer ausführlichen Regiebemerkung vorstellen, die sich häufig gerade am Anfang eines Stückes findet:

> SYLVESTER. Mein Sohn, die Stube hier, die ich euch indessen eingegeben habe, ist meine und meiner lieben Frau ihre Putzstube. [...] Ich weis nicht, warum ihr beständig so viel Sachen hinnen habt, die zu eurer Advocaterey doch gewiß nicht gehören können. Da sind Pistolen. Da sind große Reitstiefel. Da sind Spornen. Hier steht ja gar Mahlerzeug. Dort steht eine Laute. Bücher sehe ich nun wohl eben nicht hinnen. (S. 265)

Mit Hilfe von Lokaladverbien mit deiktischer Funktion und Demonstrativpronomina sowie immer wiederkehrenden Aufforderungen hinzusehen werden häufig im Dramentext direkte Verweise auf Dinge hergestellt, die auf der Bühne präsent sind bzw. sein könnten,[10] je nachdem, ob die Angaben als implizite Regiebemerkungen aufzufassen sind, die in einer Aufführung echte Kulissen und Requisiten voraussetzen, oder als Wortkulisse, bei der der Bühnenraum allein in den gesprochenen Raumangaben innerhalb der Figurenrede evoziert wird und für die Requisiten keine reale Theaterumsetzung intendiert ist (vgl. Kap. 1). Auf die jeweiligen Bühnenkonventionen wird später im Zusammenhang mit den Rezeptionsdokumenten zurückzukommen sein. Auf jeden Fall wird durch Formulierungen wie »hier ist sie«, »dieser hier«, »sehen sie«, »solch eine Zeichnung, wie die ist«, »da, da ist die Laute« auch dem Leser die Präsenz von Requisiten auf einer Bühne suggeriert.

Ob es sich bei diesen Hinweisen innerhalb der Figurenrede um implizite Regiebemerkungen handelt, d.h. ob sich die benannten Requisiten tatsächlich auf der Bühne befinden oder ob nur die Vorstellungskraft des Publikums in Gang gesetzt werden soll,[11] wird kontrovers diskutiert und muss für jedes Stück im Grunde neu überdacht und – soweit möglich – durch Kenntnis der realen Bühnenverhältnisse geklärt werden. Selbst dann aber sind diskrepante Ansichten nicht immer auszuschließen: Während Sexau etwa für Gryphius' Stücke meint, die Hinweise dienten der Unterrichtung des Zuschauers, um dessen Phantasie anzuregen, da die Schauplätze sich kaum voneinander unterschieden und somit Requisiten auf der Bühne unwahrscheinlich seien,[12] richten sich solche indirekten Anweisungen nach Kriess-

---

    diskurs im deutschsprachigen Drama der Aufklärung (ca. 1730 bis 1770). Göttingen 2005, S. 86.

[10] Vgl. »FRIEDRICH. Ey! komm doch her, Cathrine. Siehst du, wie mein Herr mahlt CATH. Ey! es wird was kluges seyn. Pfuy. Es ist ja alles schwarz und weiß, als wenn es halbe Trauer wäre.« S. 304; »FIEKCHEN. Mamachen, sehn sie doch. Ich bin schon ganz und gar fertig angezogen.« S. 291; »FIEKCHEN. [...] Sie sehn, daß ich den Kopf vorn geputzt habe und hinten nicht.« S. 301.

[11] Karl Bühler hat hierfür den Begriff »Deixis am Phantasma« geprägt (vgl. Kap. 1).

[12] Vgl. Richard Sexau: Der Tod im deutschen Drama des 17. und 18. Jahrhunderts. Von Gryphius bis zum Sturm und Drang. Bern 1906, S. 49: »Es liegt keine Veranlassung für die Annahme vor, daß die Bühne zu Gryphius' Zeiten reichhaltiger ausgestattet gewesen wäre, als die deutsche Schulbühne des 16. Jahrhunderts, der jegliches Interieur fehlte.« Heide Hollmer etwa weist für ein in der *Deutschen Schaubühne* abgedrucktes Trauerspiel auf »Visionen des Kriegsgeschehens« hin, die in einem Zwiegespräch entstehen, in diesem Fall in Johann Elias Schlegels *Herrmann*. Heide Hollmer: Anmut und Nutzen. Die Originaltrauerspiele in Gottscheds ›Deutscher Schaubühne‹. Tübingen 1994, S. 146.

bach an den Prinzipal für die Ausstattung der Bühne.[13] Dass die in der Figurenrede beschriebene Dekoration im *Geschäfftigen Müßiggänger* eher karg ausfällt und keinen großen Aufwand benötigt, macht eine reale Umsetzung wahrscheinlich. Und wenn – wie es in diesem Stück und anders als bei Gryphius der Fall ist – explizite Regiebemerkungen konsequent vermieden werden, so dass nur durch implizite Regiebemerkungen Ort, Kostüm, Mimik und Gestik näher beschrieben werden können, dann ist die Möglichkeit immer mitzudenken, dass innerhalb des Dialogs auch Anweisungen für Bühnenbildner, Schauspieler und Spielleiter gegeben werden.[14]

Ganze Handlungssegmente, aber auch kurze Informationen zur Dekoration finden sich innerhalb der Figurenrede. Die im Zusammenhang mit dem Kaffeetrinken benötigten (mindestens fünf) Stühle, die während der übrigen Akte überflüssig sind, werden durch die Aufforderung an den Diener: »Setzt Stühle« erwähnt (III, 3). Diese implizite Regiebemerkung kann zwar mit Schlegels »klarem Blick für die Erfordernisse der Theaterpraxis«[15] in Zusammenhang gebracht werden. Übersehen wird dabei allerdings, dass in diesem Fall die für Requisite und Kulisse zuständige Person jeweils den gesamten Dramentext lesen musste. Kein Problem stellt die fehlende separate Notation dar, solange der Souffleur die Aufgabe der Requisitenbeschaffung übernimmt.[16] Da die verantwortliche Person dann sogar vornehmlich die Figurenrede genauestens im Kopf haben muss, ist die Requisitenbeschaffung gesichert und kann gewissermaßen im Anschluss aus dem Dramentext herausgefiltert werden, da der Souffleur nach peinlich genauem Textstudium einen separaten Requisitenzettel anfertigt.

Die Notwendigkeit der direkten Darstellung einer Handlung wird im *Geschäfftigen Müßiggänger* auch dadurch vermieden, dass ausführliche Botenberichte über in der Vergangenheit liegendes Geschehen im Dialog informieren. So werden Ortswechsel umgangen, die hier sonst nötig wären und die gegen die Einheit des Ortes verstoßen würden. Affekte und Gefühle hingegen werden innerhalb des gesamten Stücks sehr selten angesprochen und fast nie auf den gegenwärtigen Augenblick bezogen, sondern wenn, dann ebenfalls in einen Bericht über Vergangenes eingeflochten:

---

[13] Erich Kriessbach: Die Trauerspiele in Gottscheds »Deutscher Schaubühne« und ihr Verhältnis zur Dramaturgie und zum Theater ihrer Zeit. Halle (Saale) 1928, S. 152. Schon in diesem Punkt könnte der Einfluss Aubignacs eine Rolle spielen: Er fordert, Schauplatz und Dekoration durch den Schauspieler, also innerhalb der Figurenrede, bekannt zu geben, auch hier im Sinne einer Vermeidung von expliziten Regiebemerkungen.

[14] Vgl. auch Julius Petersen. Schiller und die Bühne. Ein Beitrag zur Literatur- und Theatergeschichte der klassischen Zeit. Berlin 1904, S. 286f.

[15] Vgl. Joachim Salzbrunn: Johann Elias Schlegel. Seine Dramaturgie und seine Bedeutung für die Entwicklung des deutschen Theaters. Diss. masch. Göttingen 1953, S. 113.

[16] Das Textbuch des Souffleurs stellt bei kleinen Truppen und ungedruckten Stücken oft die einzige Textquelle dar. Wie das Inspizientenbuch ist es mit Strichen versehen und gibt einen Hinweis auf den hohen Stellenwert des Souffleurs zu dieser Zeit; vgl. ›Souffleur‹ und ›Soufflierbuch‹ in: Theater-Lexikon. Hg. von Henning Rischbieter. Zürich, Schwäbisch Hall 1983, Spalte 1207.

SYLVESTERINN. Ich bin in rechter Todesangst gewesen. (S. 291)

SYLVESTERINN. Ich hätte unterdessen sechsmal in Ohnmacht fallen, und sechsmal mich wieder erholen können. (S. 311)

Auffallend ist, dass diese Gefühlsbeschreibungen ebenso wie die noch selteneren sich auf die Gegenwart beziehenden Affekte fast ausschließlich der Mutter gelten, entweder durch Äußerungen des Gegenübers – »Ich glaube, sie höhnen mich gar, Mama?« (S. 278) – oder wenn die Mutter selbst feststellt: »Ach! ich möchte Blut weinen.« (S. 332f.) oder »Es ist nicht auszustehen, was mir der Mensch für Angst macht.« (S. 340). Vermutlich beurteilt die Forschung auch aus diesem Grund nur sie als natürlich gezeichnete Figur und schreibt ihr allein Affektausbrüche zu.[17]

Den zahlreichen mit Ausrufezeichen versehenen Interjektionen kommt ebenfalls die Funktion von impliziten Regiebemerkungen zu, die den Affekt der jeweiligen Äußerung kennzeichnen.[18] Neben Interjektionen mit relativ eindeutigem Gefühlswert wie »Ey!« für Verwunderung und Freude[19] (etwa »Ey! es wird was kluges seyn«, S. 304) und »Je!«[20] als Ausdruck der Überraschung (»Je! das wäre ja schön«, S. 351) findet sich besonders häufig die Interjektion »Ach!«, die nur vom Kontext her genauer in ihrem Gefühlswert zu bestimmen ist:[21]

---

[17] Vgl. Günter Wicke: Struktur des deutschen Lustspiels, S. 21; Paulsen beschreibt das Verhalten der Mutter als »widersprüchlich« und meint, dass dieses »sonderbare Spiel der Ambivalenzen« das einzige sei, was an dem Stück »auch heute noch reizen kann«. Wolfgang Paulsen: Johann Elias Schlegel, S. 61f.

[18] Schon Adelung beschreibt die Interjektion als einen »Laut, so fern er der Ausdruck einer Leidenschaft oder Gemüthsbewegung ist.« Johann Christoph Adelung: Grammatisch-kritisches Wörterbuch. Band 2. Leipzig 1775, Spalte 1390. Dass Ausrufe und Interjektionen in der Figurenrede als implizite Regiebemerkungen aufgefasst werden können, deutet auch Larthomas' Bezeichnung »gestes vocaux« an; vgl. Pierre Larthomas: Langage dramatique, S. 74. Larthomas weist auf die Schwierigkeit der eindeutigen Zuordnung von Interjektionen hin, »[...] ces difficultés de notation, la variété de ces exclamations et la polyvalence de certaines formes«, S. 76.

[19] Nach Adelung »eine Interjection, welche der natürliche Ausdruck verschiedener, größtentheils sanften und gelinden Gemüthsbewegungen ist, und solche in all ihren Schattierungen und Graden ausdruckt«, u.a. der Freude, des Wohlwollens, der Bitte, der Aufmunterung, der Verwunderung, der Ironie, der Bedenklichkeit, des Ungeduld, des Verweises und auch »bey weit schwächeren Empfindungen«. Johann Christoph Adelung: Grammatisch-kritisches Wörterbuch. Band 1. Leipzig 1774, Spalte 1838.

[20] Das Deutsche Wörterbuch verzeichnet »JE, mit langem e, die Abkürzung des Namens Jesus in verschiedenen Ausrufen: je! wie ist das schön!« Vgl. Jacob und Wilhelm Grimm: Deutsches Wörterbuch. Leipzig 1854–1971. Nachdruck der Erstausgabe München 1984, Band 10, Spalten 2273–2284.

[21] Dies entspricht dem zeitgenössischen Sprachgebrauch: Gerade für die Interjektion »Ach!« verzeichnet Adelung besonders viele unterschiedliche Gefühlswerte, von Schmerz und Angst bis zu Bewunderung und Beifall. Johann Christoph Adelung: Grammatisch-kritisches Wörterbuch. Band 1, Spalte 127f. Hinzu kämen in der Theaterumsetzung durch den Schauspieler oder der imaginierten Realisierung der Ausrufe durch den Leser die Intonation und die tonale Struktur, die die Bedeutung von Interjektionen erheblich mitbestimmen; vgl. Konrad Ehlich: Interjektionen. Tübingen 1986, S. 53f. und S. 91f.

SYLVESTERINN. Ach! rede mir itzund nicht von den Farben vor [Ärger]; Ach! ums Himmels willen [Erschrecken]; Ach! das ist ja schön [Freude] (S. 299, S. 339, S. 342)

Diese relativ unspezifischen Angaben – lediglich drei verschiedene Interjektionen für ganz unterschiedliche Gefühlsausdrücke – könnten durch Hinzufügung von expliziten Regiebemerkungen etwa in Form von Adverbien semantisch genauer bestimmt werden, lassen umgekehrt aber einen gewissen Interpretationsspielraum zu. Die unterschiedlichen Formen der impliziten Regiebemerkungen können in Schlegels Komödie auf engstem Raum erfolgen:

FIEKCHEN. Mama, Mama, meine Ankeschante geht auf.
SYLV. Was das wieder für Trödeln ist! Ich will dir sie geschwind zubinden.
FIEKCHEN. Je! sie sind schon an der Thüre.
SYLV. So geh unterdessen weg, und mache dich zurechte. Friedrich, setzt Stühle, bringt Caffee. (S. 315)

In diesen wenigen Äußerungen werden die angesprochenen Figuren und Requisiten genannt, auf beabsichtigte Interaktionen wird hingewiesen, Figuren werden angekündigt bzw. zum Gehen aufgefordert, Handlungsanweisungen werden erteilt. Wirkliche Direktiven, etwa als Imperative, finden sich in diesem Stück also nicht in Form von Regiebemerkungen, d.h. nicht als direkte Anweisungen bzw. Aufforderungen an die Schauspieler, obwohl man gemeinhin auch von Regie*anweisungen* spricht,[22] sondern im Dialog, somit eingebunden in die Fiktion und an die gegenüberstehende Figur gerichtet.

Zur Orientierung an französischen Bezugstexten: Aubignac und Corneille

In der gänzlichen Vermeidung expliziter Regiebemerkungen kann eine Orientierung an französischen Regeln und Bezugstexten und über diese die Ausrichtung an der Antike gesehen werden. Ein Grund für das Fehlen expliziter Regiebemerkungen im *Geschäfftigen Müßiggänger* ist vermutlich der Einfluss Aubignacs als Bezugnahme auf eine Autorität.[23] Seine *Pratique du théâtre* (1657) gehörte in ganz Deutschland »zu den theatralischen Standardwerken«;[24] darüber hinaus empfiehlt besonders Schlegel das Werk. Der Stellenwert Aubignacs wird an Äußerungen deutlich, in denen Schlegel ihn mit Aristoteles auf eine Stufe stellt: »Der Abt von Aubignac, welchen man in den

---

[22] Vgl. Tschauder zu der Beobachtung, dass Regieanweisungen nur ausnahmsweise die syntaktische Form von Anweisungen haben. Gerhard Tschauder: Wer »erzählt« das Drama?, S. 52 (vgl. auch Kap. 1).
[23] Vgl. Martin Zickel: Die scenarischen Bemerkungen im Zeitalter Gottscheds und Lessings. Berlin 1900, S. 7.
[24] Gerlinde Bretzigheimer: Johann Elias Schlegels poetische Theorie im Rahmen der Tradition. München 1986, S. 97. Die Arbeit bezieht sich bei der Frage nach Illusionskritik und theatralischer Wahrscheinlichkeit im Unterschied zur Geschichtsschreibung auf Aubignac; vgl. S. 97–103, S. 109–114.

Regeln der Schaubühne auch für einen Aristoteles gelten lassen muß«.[25] Die 1737 edierte deutsche Übersetzung von Steinwehr sorgte für eine breitere Rezeption.[26] Der Stellenwert der Übersetzung ist auch daran ablesbar, dass Gottsched Aubignac erst nach ihrem Erscheinen in der *Critischen Dichtkunst* erwähnt und empfiehlt.[27]

Obwohl *La Pratique du théâtre* in Steinwehrs Übersetzung für alle, die sich im Umkreis Gottscheds befanden, maßgeblich war, werden die ausführlichen Erörterungen, in denen Aubignac sich explizit gegen Regiebemerkungen ausspricht, in der *Deutschen Schaubühne* nicht befolgt und von Gottsched nicht einmal erwähnt. Offensichtlich wurde dem Textraum der Regiebemerkungen in Deutschland keine Aufmerksamkeit zuteil, in Frankreich hingegen war der Bezug auf die Antike auch in dieser Hinsicht prägend, zunächst in der Absetzungsgeste, später – im Gegenzug – in Form einer positiven Bezugnahme (vgl. Kap. 3.3 zu Diderot). Während Gottsched nicht explizit zu Regiebemerkungen Stellung nimmt und selbst durch die Kenntnis Aubignacs nicht dazu angeregt wird, setzt sich Schlegel gerade mit diesen Passagen auseinander. Aubignac beruft sich bei der strikten Ablehnung von Regiebemerkungen auf diejenigen Dichter, die »in ihren gedruckten Stücken« zum leichteren Verständnis für die Leser »Anmerkungen« bringen:

> Ich weis auch wohl, daß viele von unsern Poeten, dem Leser den Verstand des Stückes zu erleichtern in ihren gedruckten Stücken einige Anmerkungen gemachet haben, darinn sie dasjenige hinzusetzen, was die Verse nicht sagen. z. E. Hier erscheinet ein eröffneter Tempel: Hier zeiget sich ein prächtiger Pallast mit vielen Säulen: Hier müssen sich die

---

[25] Johann Elias Schlegel: Herodes der Kindermörder. In: Ders.: Ästhetische und dramaturgische Schriften. Stuttgart 1887, S. 31–50, hier S. 45. In seinen theoretischen Schriften erwähnt Schlegel mehrmals Aubignac als maßgebliche Instanz. Vgl. Schlegel: Gedanken zur Aufnahme des dänischen Theaters. In: Ders.: Ästhetische und dramaturgische Schriften, S. 193–226, hier S. 194: »Ich wünschte, daß es den Acteurs bey ihrem Anfange, da sie stets mit Erlernung neuer Stücke beschäfftiget sind, nicht an Zeit fehlen möchte, das Abts Hedelin von Aubignac Pratique du theatre […] zu lesen. Diese Belesenheit würde ihnen statt der Erfahrung dienen; und sie würden, ohne sich sklavisch nach diesen Abhandlungen zu richten, daraus viel Anleitung nehmen können, was sie auf ihrem Theater versuchen sollten.« Schlegel empfiehlt den Schauspielern hier weitere dramentheoretische Schriften, u.a. von Corneille und Riccoboni.

[26] Aubignacs *La Pratique du théâtre* wird auf Gottscheds Initiative durch ein Mitglied der Deutschen Gesellschaft, Wolf Balthasar von Steinwehr, ins Deutsche übersetzt; vgl. Roland Krebs: Modernität und Traditionalität in Gottscheds Theaterreform. In: Wilfried Barner (Hg.): Tradition, Norm, Innovation. Soziales und literarisches Traditionsverhalten in der Frühzeit der deutschen Aufklärung. München 1989, S. 125–148, hier S. 140.

[27] Vgl. Gottscheds *Versuch einer Critischen Dichtkunst* in der ersten Auflage von 1730 und der vierten von 1751. Gottsched erwähnt Aubignac erst, wenn er auch damit rechnen kann, dass der Bezugstext durch die jetzt vorliegende Übersetzung im deutschsprachigen Raum breit rezipiert wird. Vgl. Johann Christoph Gottsched: Versuch einer Critischen Dichtkunst durchgehends mit den Exempeln unserer besten Dichter erläutert. Leipzig ⁴1751. Nachdruck Darmstadt 1962, S. 628: »Auch der Abt von Aubignac hat es in seiner Pratique du Theatre, wie in andern Stücken, also auch hierinnen nicht an einer guten Vorschrift fehlen lassen: und unsre Deutschen sind dem Herrn Hofrath von Steinwehr vielen Dank schuldig, daß er ihnen dieses höchstnützliche Buch in unsere Muttersprache übersetzet, und es also dadurch gemeiner und brauchbarer gemachet hat.«

Personen in dieser Ordnung setzen: Hier küsset der Liebhaber seiner Schönen die Hand: Hier redet der König seinem Vertrauten ins Ohr: Hier gehet der Prinz im Zorne heraus.[28]

Da aber an diesen Stellen der Dichter selbst spreche – ein Verstoß gegen das Gattungsverständnis des Dramas –, solle man dies vermeiden.[29] Allein die dramatis personae sollen innerhalb der Dialogpartien über die Geschehnisse des Stücks aufklären, da der Dichter sich in einem Dramentext nicht äußern darf:

> Hingegen reden in einem dramatischen Stücke nur die Personen, welche der Poete aufstellet, ohne, daß er dabey selbst etwas zu thun habe: Und bey der ganzen Theatralischen Vorstellung hat es das Ansehen, als ob die spielenden Personen wirklich diejenigen wären, die sie vorstellen, und den Beytrag des Poeten zu ihren Worten und Handlungen gar nicht nöthig hätten. [...] in einem dramatischen Gedichte redet der Poete durch den Mund der spielenden Personen.[30]

Aubignac lehnt diese Textsegmente ab, weil man sie nicht den Figuren zuschreiben kann. Noch dazu handele es sich um ›schlechte Prosa‹, da der für die dichterische Sprache charakteristische Stilisierungswille fehle – »de la prose assez mauvaise, froide & incommode« heißt es in der *Pratique du théâtre*. Deshalb solle der Dichter ganz darauf verzichten. Aubignac geht in seiner Ablehnung anderer Texträume als der Dialogpartien übrigens noch weiter als Schlegel. Er fordert derart vollständige Informationen durch die Figurenrede, dass sogar eine Markierung von Akt und Szene sowie die namentliche Nennung der miteinander sprechenden Figuren im Sinne der

---

[28] Franz Hedelin. Gründlicher Unterricht von Ausübung der theatralischen Dichtkunst. Aus dem Französischen übersetzt durch Wolf Balthasar Adolph von Steinwehr. Hamburg 1737, S. 69f. Während die zitierten Regiebemerkungen in Steinwehrs Übersetzung in derselben Schrifttype erscheinen, stehen sie im Original durch Kursivierung von Aubignacs eigenen Überlegungen unterschieden: »Je sai bien aussi que pour secourir l'intelligence des Lecteurs, plusieurs de nos Poëtes ont mis dans l'impression de leurs Ouvrages des Notes qui apprennent ce que les vers ne disent point. Par exemple: *Ici paroît un Temple ouvert; ici se découvre un Palais orné de diverses colonnes & superbement bâti. Ici les Acteurs se doivent asseoir en tel ordre. Ici cet Amant passionné baise la main à sa Maîtresse. Ici le Roi parle à l'oreille de son Confident. Ici le Prince sort en colere.*« François Hédelin Abbé d'Aubignac: La Pratique du théâtre. Ouvrage très necessaire à ceux qui veulent s'appliquer à la Composition des Poëmes Dramatiques, qui les récitent en public, ou qui prennent plaisir d'en voir les representations. In: Hans-Jörg Neuschäfer (Hg.): La prâtique du théâtre und andere Schriften zur *Doctrine classique*. Nachdruck der dreibändigen Ausgabe Amsterdam 1715. Darmstadt 1971, S. 47f.
[29] »Allein in diesen Anmerkungen redet der Poete; wir haben aber schon droben gesaget, daß er vor seine Person in dieser Art Gedichte gar nichts sagen solle.« Franz Hedelin: Gründlicher Unterricht, S. 70. Im Original: »Mais en ces Notes c'est le Poëte qui parle, & nous avons dit qu'il ne le peut faire en cette sorte de Poësie.« François Hédelin Abbé d'Aubignac: La Pratique du théâtre, S. 48.
[30] Franz Hedelin: Gründlicher Unterricht, S. 65f., im Original: »Mais dans la Poësie Dramatique, il n'y a que les Personnes introduites par le Poëte, qui parlent, sans qu'il y prenne aucune part, & dans toute l'action Theatrale il ne paroît non plus que si les Acteurs étoient en verité ceux qu'ils representent, & qui n'avoient pas besoin de son ministere pour s'expliquer non plus que pour agir. [...] dans le Poëme Dramatique, il faut que le Poëte s'explique par la bouche des Acteurs.« François Hédelin Abbé d'Aubignac: La Pratique du théâtre, S. 45.

Sprecherbezeichnungen vermieden werden sollen, also jegliche Form von ›Nebentext‹:

> Es ist hierbey noch mehr zu merken. Der Poete muß seine Personen mit solcher Kunst reden lassen, daß es nicht einmahl nöthig ist, die Abtheilungen der Aufzüge und Auftritte oder die Namen derer hinzuzusetzen, die da zwischen reden. Ich verlange hiervon keinen andern Beweis, als daß, wenn eine Person auf das Theater tritt, der Poete nicht ihren Namen nenne: Man muß sie aus der Folge ihrer Handlungen und Worte kennen.[31]

Corneille, ein anderer Bezugspunkt für Schlegel, meint ebenfalls, dass Angaben in die Verse eingefügt werden müssen; es handelt sich bei dieser Vorgabe um ein Dogma, das durch antike Muster fixiert ist. Nach heutiger Terminologie plädiert er sozusagen für implizite Regiebemerkungen, fügt aber einschränkend hinzu, dass der Dichter »die kleinen Handlungen angeben sollte, die es nicht Wert sind, in seine Verse aufgenommen zu werden«.[32] Geringschätzung finden die Regiebemerkungen also auch bei Corneille, er lässt sie aber, wenn auch nur zur Not, zu. Corneilles Begründung für diese ›Regiebemerkungen‹ zielt auf den Leser:

> Aristoteles ist der Meinung, daß eine gute Tragödie auch ohne Aufführung und Mitwirkung der Schauspieler ihre Schönheit zeigen und Genuß bereiten könne. Um es dem Leser zu erleichtern, diese Freude zu haben, muß man suchen, seinen Geist ebensowenig in Verlegenheit zu bringen wie den des Zuschauers, denn die Mühe, die er sich geben muß, die Tragödie zu erfassen und sie in seiner Vorstellung für sich selbst aufzuführen, mindert die Befriedigung, die sie ihm bereiten soll.[33]

Wie bei Aubignac wird allerdings die Möglichkeit ausgeschlossen, diese Regiebemerkungen zum Kunstwerk zu rechnen.

Auch wenn Aubignac und Corneille Regiebemerkungen verschieden stark kritisieren, manifestiert sich bei beiden ein Bewusstsein für diese Textsegmente, das weder

---

[31] Franz Hedelin: Gründlicher Unterricht, S. 70. Im Original: »Mais il y a plus, le Poëte doit faire parler ses Acteurs avec tant d'art, qu'il ne soit pas même nécessaire de marquer la distinction des Actes & Scenes, ni même de mettre les noms des Entreparleurs. Et je n'en veux point d'autre preuve, sinon, que quand un Acteur vient sur le Theatre pour parler, le Poëte n'en vient pas dire le nom, il faut qu'on le découvre par la suite des actions ou des paroles.« François Hédelin Abbé d'Aubignac: La Pratique du théâtre, S. 48.

[32] Pierre Corneille: Drei Traktate über die dramatische Dichtung [Auszug aus dem zweiten und dritten Traktat]. Abgedruckt in: Horst Turk (Hg.): Theater und Drama, S. 3–16, hier S. 12. Corneille meint weiter, dass diese Angaben den Versen »sogar etwas von ihrer Würde nehmen könnten, wenn er sich so weit erniedrigen wollte, sie in Worten auszudrücken« (ebd.). Vgl. Pierre Corneille: Trois Discours sur le poème dramatique (Texte de 1660). Hg. von Louis Forestier. Paris ²1982, S. 135f.: »Ainsi je serais d'avis que le poète prît grand soin de marquer à la marge les menues actions qui ne méritent pas qu'il en charge ses vers, et qui leur ôteraient même quelque chose de leur dignité, s'il se ravalait à les exprimer.«

[33] Pierre Corneille: Drei Traktate, S. 12. Vgl. Pierre Corneille: Trois Discours, S. 135: »Aristote veut que la tragédie bien faite soit belle et capable de plaire sans le secours des comédiens, et hors de la représentation. Pour faciliter ce plaisir au lecteur, il ne faut non plus gêner son esprit que celui du spectateur, parce que l'effort qu'il est obligé de se faire pour la concevoir et la représenter lui-même dans son esprit diminue la satisfaction qu'il en doit recevoir.«

bei Aristoteles[34] noch bei Gottsched ersichtlich wird. Das allerdings führt nicht zu einer positiven Auseinandersetzung mit Regiebemerkungen, sondern bei beiden zu der Frage, wie man diese, möglichst ohne ›kommunikative Verluste‹, unterbinden kann.

Schlegel wendet sich zwar unter Berufung auf Aubignac ebenfalls gegen Textsegmente außerhalb der Figurenrede. An anderer Stelle aber kritisiert er die Überfrachtung des Dialogs durch die Verlagerung der Regiebemerkungen in die Figurenrede. Hier formuliert er im Grunde Möglichkeiten, wie man untersagte explizite Regiebemerkungen auf der Bühne, also als hörbaren Redetext, umsetzen kann. Seine Überlegungen zielen darauf ab, dem Dichter eine Position im Drama einzuräumen. Schlegel wendet sich hier gegen die von ihm in Anschluss an Aubignac propagierten Verfahren wie Beiseite und Monolog,[35] indem er den Verfasser ausdrücklich auf die Bühne bittet. Unter Berücksichtigung heutiger erzähltheoretischer Terminologie kann man behaupten, dass Schlegel eine Erzählfunktion im Drama unterbringen möchte:

> Wie viel Monologen, und wie viel ›beyseite‹ würde er [der Dichter] ersparen, die er seinen Personen in den Mund zu legen pflegt, und an denen sich die Kunstrichter so unmenschlich reiben. Anstatt, daß ein Held käme, in einer langen Rede sich selber seine Noth zu klagen, damit nur die Zuschauer wissen, was er in den Gedanken hat; so dürfte allezeit der Verfasser sagen. *Nun martert die Liebe meinen Helden mit grausamen Gedanken, nun weiß er nicht was er thun soll.* An statt daß der Held itzo zuweilen etwas anders zu der Person mit der er redet, etwas anders aber bey Seite sagt: so würde der Verfasser nur sagen dürfen: *Meine lieben Zuhörer! Er denkt anders als er sagt, er denkt so und so.*[36]

Hier wird den üblichen Gattungskriterien des Dramas widersprochen, da für dieses kein vermittelndes Kommunikationssystem vorgesehen ist. Anders als in narrativen Texten ist eine vermittelnde Sprecherinstanz in Dramentexten in der Regel nicht vorhanden; sie wird etwa von Pfister – im Unterschied zu narrativen Texten – nur als Ausnahme vermerkt.[37] Die Äußerungen Aubignacs zeigen aber, dass ein vermittelndes Kommunikationssystem in Dramentexten sehr wohl denkbar ist, und zwar in unterschiedlicher Ausprägung, ebenso wie es in Erzähltexten mehr oder weniger Raum einnehmen kann.[38] Mit Pfister gesprochen, sieht Schlegel es als Nachteil an,

---

[34] Aristoteles kommt auf die Texträume der Regiebemerkungen nicht ausdrücklich zu sprechen; vgl. Aristoteles: Poetik. Griechisch/Deutsch. Übers. und hg. von Manfred Fuhrmann. Stuttgart 1994.
[35] Vgl. François Hédelin Abbé d'Aubignac: La Pratique du théâtre, S. 48.
[36] Johann Elias Schlegel: Herodes der Kindermörder. In: Ders.: Ästhetische und dramaturgische Schriften, S. 42. Zur Erzählfunktion vgl. Kap. 1.
[37] Vgl. Manfred Pfister: Drama, S. 21.
[38] Mit der Anwendung erzähltheoretischer Analysekategorien auf Gedichte wird inzwischen auch in der neueren Lyrikforschung ein »verfahrenstechnisches Defizit« behoben; vgl. Simone Winko: Kodierte Gefühle. Zu einer Poetik der Emotionen in lyrischen und poetologischen Texten um 1900. Berlin 2003, S. 137.

das vermittelnde Kommunikationssystem vollständig in den Dialog integrieren zu müssen.[39]

Auf Formen expliziter Regiebemerkungen kommt Schlegel in diesem Zusammenhang allerdings nicht zu sprechen, vermutlich auch, weil er diese von vornherein als Verwendungsspielraum ausschließt. Der Differenzierung von narrativem und dramatischem Modus in Erzähltexten vergleichbar,[40] könnte man im Dramentext der Figurenrede unterschiedliche Funktionen zuweisen: Sie vermittelt nicht nur die »Erzählung von Worten«, sondern auch »von Ereignissen«, so wie umgekehrt in narrativen Texten nicht nur Ereignisse, sondern auch Dialoge wiedergegeben werden. Gleichzeitig gelangt man so auch zu einem anderen Blick auf die Regiebemerkungen. Bisher machten sie vor allem das Oszillieren des Dramentextes zwischen Literatur und Bühne augenscheinlich. Ebenso kann man sie, wenn man von der Aufführung absieht und sie zunächst als Teil des Textes ansieht, dem vermittelnden Kommunikationssystem zurechnen.

Eine Verskomödie mit Regiebemerkungen: Schlegels *Die stumme Schönheit*

Schlegel legt nicht immer dieselben strikten Regeln an: Im Gegensatz zur Prosakomödie *Der geschäfftige Müßiggänger* verwendet er gerade in einer in Alexandrinern, dem zeitgenössischen Tragödienmaß, verfassten Komödie[41] – der *Stummen Schönheit* – explizite Regiebemerkungen. Das scheint gängigen Vorstellungen zu widersprechen, nach denen vor allem Versdramen auf explizite Regiebemerkungen weitgehend verzichten, zum einen wegen der Regelgebundenheit dieser Stücke, zum anderen aus rein typographischen Gründen, da nämlich Regiebemerkungen den regelmäßigen optischen Eindruck durchbrechen und stören.[42] Wenn Hecht hingegen auf die handlungsstraffende Wirkung der Regiebemerkungen in Schlegels Komödie verweist, so

---

[39] Zu bedenken ist, dass auch die impliziten Regiebemerkungen die Unmittelbarkeit der Figurenrede gewissermaßen einschränken, da sie Informationen für den Leser/Zuschauer enthalten, die in einem ›echten‹ Dialog überflüssig wären. Asmuth spricht in diesen Fällen vom »auktorialen semantischen ›Mehrwert‹« des Dialogs. Vgl. Bernhard Asmuth: Einführung in die Dramenanalyse, S. 81. Diese fehlende Unmittelbarkeit stört Schlegel im Grunde auch an den Monologen und dem Beiseite.

[40] Vgl. Gérard Genette: Die Erzählung. Übers. von Andreas Knop. Mit einem Nachwort hg. von Jochen Vogt. München ²1998, S. 117–120, und Matias Martinez/Michael Scheffel: Einführung in die Erzähltheorie. München ⁷2007, S. 49, die sich auf die Terminologie Genettes beziehen (vgl. auch Kap. 4.1).

[41] Der Alexandriner wird in der *Stummen Schönheit* häufig durch Antilaben aufgelockert und wirkt so für eine Komödie angemessen. Lessing bezeichnet das Stück als »unser bestes komisches Original, das in Versen geschrieben ist.« Gotthold Ephraim Lessing: Hamburgische Dramaturgie. 13. Stück. In: Ders.: Werke 1767–1768. Hg. von Klaus Bohnen. (Werke und Briefe in zwölf Bänden. Hg. von Wilfried Barner u.a. Band 6). Frankfurt/M. 1985, S. 247. Lessing weiter: »Schlegel hatte überall eine ebenso fließende als zierliche Versifikation, und es war ein Glück für seine Nachfolger, daß er seine größeren Komödien nicht auch in Versen schrieb.«

[42] So Julius Petersen: Schiller und die Bühne, S. 332f. (vgl. auch Kap. 5.2).

scheinen Zweifel an dieser Wirkung angebracht, denn die Zahl der Regiebemerkungen hält sich in deutlichen Grenzen. Hecht stellt fest:

> Auch sind die Regieanweisungen in der *Stummen Schönheit* zahlreicher als in den anderen Dramen des Dichters und weisen in die gleiche Richtung [d.h. auf Schlegels Bühnenerfahrung]. Zugleich kommen sie wieder der Straffung der Handlung zugute und entlasten den Dialog, da der Dichter nun nicht mehr gezwungen ist, die Gestik seiner Figuren umständlich in Rede umzusetzen. Und schließlich dient auch der Verzicht auf herkömmliche Auf- und Abtrittsankündigungen einer straffen Handlungsführung.[43]

Die entlastende Wirkung des Dialogs, die Hecht durch den weitgehenden Verzicht auf die Ankündigung von Auftritten und Abgängen verwirklicht sieht, fällt de facto kaum ins Gewicht. Bewegungen und Interaktionen werden von Schlegel zwar im Hinblick auf komödientypische Verwechslungssituationen explizit beschrieben, Fragen zur Dekoration und zum Kostüm jedoch nicht in expliziten Regiebemerkungen thematisiert, sondern in die Figurenrede integriert.

Bereits Lessing forderte in der *Hamburgischen Dramaturgie*, dass derartige Angaben zum Kostüm, die sich bei Schlegel in der Figurenrede gehäuft finden, auch realisiert werden müssen:

> Auch ihre Kleidung muß weder altvätrisch, noch schlumpicht sein; denn Frau Praatgern sagt ausdrücklich:
> ›Bist du vielleicht nicht wohl gekleidet? – Laß doch sehn!
> Nun! – dreh dich um! – das ist ja gut, und sitzt galant.
> Was sagt denn der Phantast, dir fehlte der Verstand?‹
> In dieser Musterung der Fr. Praatgern überhaupt, hat der Dichter deutlich genug bemerkt, wie er das Äußerliche seiner stummen Schöne zu sein wünsche.[44]

Mit Bezug auf die Figurenrede stellt Lessing fest, dass die Kleidung der stummen Schönheit »weder altvätrisch, noch schlumpicht sein« müsse. Er geht also davon aus, dass das Gesagte umgesetzt wird. Lessing fasst den Hinweis somit nicht als Wortkulisse,[45] sondern als implizite Regiebemerkung auf – mit »Laß doch sehn« wird ähnlich wie im *Geschäfftigen Müßiggänger* das Sehen bzw. Hinsehen direkt thematisiert.

Der Bereich der Affekte wird im Stück ebenfalls ausschließlich innerhalb der Figurenrede benannt, wobei auf diesem Gebiet eine Umsetzung nicht zwingend ist:

> RICHARD. [...] Mein Herz klopft schon in mir vor lauter Lust, Herr Sohn!
> JUNGWITZ. Und meins vor Ungeduld! Mich dünkt, ich liebe schon. (S. 475)[46]

---

[43] Wolfgang Hecht: Materialien zum Verständnis der Texte. In: Luise Adelgunde Victorie Gottsched: Der Witzling. Johann Elias Schlegel: Die stumme Schönheit. Hg. von Wolfgang Hecht. Berlin 1962, S. 94.
[44] Gotthold Ephraim Lessing: Hamburgische Dramaturgie. 13. Stück, S. 248.
[45] Terminologisch unterscheidet man die impliziten Regiebemerkungen von der Wortkulisse, bei der bei fehlender nennenswerter Dekoration allein die Figurenrede für räumliche und zeitliche Strukturierung sorgt (vgl. Kap. 1).
[46] Johann Elias Schlegel: Die stumme Schönheit. Ein Lustspiel. In: Ders.: Werke. Hg. von Johann Heinrich Schlegel. Band 2. Faksimiledruck der Ausgabe Kopenhagen, Leipzig 1773.

Warum aber verwendet Schlegel in diesem Stück explizite Regiebemerkungen, wenn er Informationen zu Kostüm, Dekoration und Affekten in die Figurenrede integriert? Ein Teil der expliziten Regiebemerkungen kann mit dem Stummsein der Protagonistin in Zusammenhang gebracht werden. Die schöne, aber wenig redegewandte Charlotte, die durch einen von der Mutter eingefädelten Betrug einen reichen Mann heiraten soll, zeichnet sich durch häufiges Nach-vorne-Neigen aus, um ihre Sprachnot zu kompensieren.[47] Dieses wird oft durch Regiebemerkungen ausgedrückt, so gleich bei ihrem ersten Auftritt: »CHARLOTTE, *die sich beständig vorneigt*« (vgl. später: »CHARLOTTE *neigt sich*«). Daneben wird diese Geste aber ebenfalls in der Figurenrede thematisiert:

> PRAATGERN: [...]
> Geh doch einmal herum. – Gut! hierher! – Neige dich! –
> Da haben wirs, das fehlt. Nein, sieh! So neigt man sich. (S. 492)

Lessing äußert sich auch zu der Art, wie die Schauspielerin ihre Bewegungen ausführen sollte:

> Diese Zeilen versteht man ganz falsch, wenn man Charlotten eine bäurische Neige, einen dummen Knix machen läßt. Ihre Verbeugung muß wohl gelernt sein, und wie gesagt, ihrem Tanzmeister keine Schande machen.[48]

Die ausführlichen Anmerkungen Lessings zum Nach-vorne-Neigen zeigen, dass dieser Aspekt in der Aufführung gestisch umgesetzt wurde.[49] Eine Regiebemerkung kann hier aber auch für den Leser besondere Bedeutung gewinnen. Am Schluss, dort nämlich, wo sich, dem Lustspielcharakter des Stückes entsprechend, die richtigen Partner finden, so dass nicht der sprachgewandte Jungwitz, sondern der von seiner

---

Frankfurt/M. 1971, S. 469–520. Hier und im Folgenden unter Angabe der Seite direkt im Text zitiert.

[47] Zu den komischen Seiten von Charlottes Sprechunfähigkeit, die sich etwa in »primitiven Wortwiederholungen« zeigen, vgl. Fritz Martini: Johann Elias Schlegel: Die stumme Schönheit. In: Reinhold Grimm/Klaus L. Berghahn (Hg.): Wesen und Formen des Komischen. Darmstadt 1975, S. 303–365, hier S. 332. Auf die Regiebemerkungen kommt Martini nicht zu sprechen. Die Rede- im Zusammenhang mit der Kommunikationsfähigkeit untersucht Ulrike Ladnar: Johann Elias Schlegel: »Die stumme Schönheit«. In: Der Deutschunterricht 36 (1984). Heft 1, S. 75–89.

[48] Gotthold Ephraim Lessing: Hamburgische Dramaturgie. 13. Stück, S. 249.

[49] Lessing bezieht sich auf die Aufführung vom 5.5.1767. Er äußert sich in seiner Rezension vom 12.6.1767 auch zu folgender Passage: »Laß sehn, wie trägst du dich? – Den Kopf nicht so zurücke!« und stellt fest: »Dummheit ohne Erziehung hält den Kopf mehr vorwärts, als zurück; ihn zurückhalten, lehrt der Tanzmeister; man muß also Charlotten den Tanzmeister ansehen, und je mehr, je besser; denn das schadet ihrer Stummheit nichts, vielmehr sind die zierlich steifen Tanzmeistermanieren gerade die, welche der stummen Schönheit am meisten entsprechen.« Hecht führt aus: »Offenbar war die Tanzmeistererziehung, die *Charlotte* genossen hat, um die Mitte des 18. Jahrhunderts im Bürgertum noch so weit verbreitet, daß LESSING die Marionettenhafte *Charlottes*, das die spätere Forschung oft als Konstruktion getadelt hat, nicht als Überzeichnung empfand, sondern gerade das Lächerliche, weil ›Unnatürliche‹ dieser Figur in ihrem puppenhaft-steifen Gehabe sah.« Wolfgang Hecht: Materialien, S. 95.

Sprachökonomie her besser zu Charlotte passende Lakonius (!) diese heiraten wird, findet sich eine besonders gezielt gesetzte Regiebemerkung. Charlotte, die stumme Schönheit, die hier – wie so oft – sprachlos bleibt, gibt ihre Zustimmung, und zwar durch die ihr typische Geste:

> JUNGWITZ. Das Paar schickt sich recht wohl. Nur Hand in Hand geschränket!
> Er spricht nichts, weil er denkt, und sie; weil sie nicht denket.
> RICHARD. Wer aber lehrt hernach die Kinder reden?
> PRAATGERN. Ich!
> RICHARD. Die Heurath ist gemacht. Nur lustig!
> LAKONIUS. Willst du mich?
> Charlotte neiget sich.[50] (S. 520)[51]

Nach den gereimten Alexandrinern wirkt das Ende der Regiebemerkung »*Charlotte neiget sich*« wie ein weiteres Reimwort auf »Ich« und »mich«, so dass Charlottes Einwilligung in die Hochzeit durch die Weiterführung des Reims in der geschriebenen Sprache gewissermaßen gleich vollzogen wird. Auf diese Weise wird eine schriftliche Möglichkeit genutzt, um eine nicht durch das gesprochene Wort charakterisierte Figur antworten zu lassen. In diesem Fall muss also das sprachliche Unvermögen der stummen Schönen gerade nicht »im Medium der vorgegebenen Sprachnorm präsent werden«.[52] Neben dem »äußerst wache[n] Sinn für Bühnenwirkung«, den die Forschung diesem Stück attestiert,[53] scheinen hier zugleich auch weitere, über die szenische Präsenz hinausreichende Angebote bedenkenswert, die speziell für die Rezeption des Stückes als Lesetext konzipiert sind. Sie sind weniger auf der textlichen als paradoxerweise vielmehr auf einer visuellen durch die Regiebemerkung evozierten Ebene angesiedelt.

›Lacher‹ zur Rezeptionslenkung: Luise Gottscheds *Herr Witzling*

Wie wenig der Umfang an expliziten Regiebemerkungen mit der Aufführungsfrequenz eines Stückes allgemein korrelieren muss, zeigt der Vergleich von Schlegels *Der geschäfftige Müßiggänger* mit dem ebenfalls in der *Deutschen Schaubühne* erschienenen Stück *Herr Witzling*. Schlegels Stück enthält keine Regiebemerkungen, wurde

---

[50] Im Druck werden hier nicht unterschiedliche Schrifttypen für Figurenrede und Regiebemerkungen gewählt. Die Regiebemerkungen werden nur etwas kleiner gesetzt, so dass die beiden Texträume sich rein optisch kaum voneinander unterscheiden.
[51] In der Ausgabe der *Beyträge* eröffnet sich diese Möglichkeit nicht, da dort »*Charlotte neigt sich*« steht, so dass, wollte man die Regiebemerkung metrisch integrieren, eine unbetonte Silbe fehlt. Da die *Beyträge* für die Aufführung bestimmt sind, erscheint das keineswegs verwunderlich. In der Bühnenrealisierung wird man die fehlende Silbe nicht vermissen. In der Ausgabe, die den Leser visiert, wird die Regiebemerkung hingegen als in das Versmaß eingebunden erkannt. Vgl. Luise Adelgunde Victorie Gottsched: Der Witzling. Johann Elias Schlegel: Die stumme Schönheit. Hg. von Wolfgang Hecht, S. 70.
[52] Bernhard Greiner: Die Komödie. Eine theatralische Sendung. Grundlagen und Interpretation. Tübingen 1992, S. 161.
[53] Peter Wolf: Die Dramen Johann Elias Schlegels. Ein Beitrag zur Geschichte des Dramas im 18. Jahrhundert. Zürich 1964, S. 205.

aber – als eines der wenigen Stücke der *Deutschen Schaubühne* – sogar nach 1750 noch aufgeführt.⁵⁴ *Herr Witzling* von Luise Adelgunde Victorie Gottsched hingegen kam vermutlich nie zur Aufführung, obwohl dieses Stück zahlreiche Regiebemerkungen enthält. Der Textraum der Regiebemerkungen kann also nicht zwingend mit der Aufführung in Verbindung gebracht werden, zumindest nicht über die Aufführungswahrscheinlichkeit entscheiden.

Die Komödie *Herr Witzling* von Luise Gottsched⁵⁵ erscheint 1745 anonym⁵⁶ in der *Deutschen Schaubühne* und thematisiert wie der *Geschäfftige Müßiggänger* die Diskrepanz der Titelfigur zwischen gelehrtem Anspruch und Wirklichkeit. Die Hauptfigur des Gelehrten erscheint hier aufgespalten in drei mit sprechenden Namen versehene Figuren: Witzling, Rhomboides und Jambus. Weitere Angaben zu den Figuren finden sich bereits im Personenverzeichnis, also im Gegensatz zum *Geschäfftigen Müßiggänger* außerhalb der Figurenrede: Herr Witzling, »ein junger Mensch, der nur unlängst Studierenswegen nach Leipzig gekommen und bey dem Herrn Reinhart im Hause wohnet«, Herr Rhomboides, »ein junger Gelehrter«, und Jambus, »ein junger Dichter«.⁵⁷

---

⁵⁴ Obwohl die Angaben zu Aufführungen des Stücks in der Forschung widersprüchlich sind, halte ich die minutiösen Recherchen von Steinmetz für plausibel. Er stellt fest: »Auf dem Hamburger Nationaltheater wurden nur noch zwei von den deutschen Werken aus der ›Schaubühne‹ aufgeführt (die ›Hausfranzösinn‹ der Gottschedin und Schlegels ›Geschäftiger Müßiggänger‹).« Vgl. Horst Steinmetz: Nachwort. In: Johann Christoph Gottsched (Hg.): Die Deutsche Schaubühne. Sechster Teil. Faksimiledruck der Ausgabe 1741–1745. Stuttgart 1972, S. 9*. Steinmetz betont außerdem, dass »die Dramensammlung [...] das sichtbare Zeichen für den Erfolg der von Gottsched eingeleiteten Reform von Bühne und Drama« war (ebd., S. 4*). Anders Paulsen: »*Der geschäftige Müßiggänger* scheint es nie zu einer Aufführung gebracht zu haben. Er war seiner ganzen Anlage nach dazu verurteilt, Lesedrama zu bleiben«, wobei der Begriff des Lesedramas hier wie so oft (vgl. Kap. 1) eindeutig abwertend gebraucht wird. Wolfgang Paulsen: Johann Elias Schlegel, S. 70.

⁵⁵ Aus praktischen Gründen wird im Folgenden nur der erste Vorname genannt. Wie schwer die Festlegung auf einen der drei Vornamen fällt, zeigt Pailer. Während Schlenther angebe, ihr bevorzugter Vorname sei Adelgunde, weist Pailer anhand von Gottscheds Briefwechsel nach, dass sie selbst die drei Vornamen abwechselnd verwendete; vgl. Gaby Pailer: Luise Adelgunde Victoria Gottsched und der biographischen Konstruktion. In: Studia Germanica Gedanensia. Danzig 5 (1998), S. 45–60, hier S. 47.

⁵⁶ Gottsched sagt dazu in der Vorrede: »Das letzte Stück, welches nur ein Nachspiel ist, hat mir ein Unbekannter eingesandt.« Johann Christoph Gottsched: Vorrede. In: Die Deutsche Schaubühne. Sechster Teil, S. IX–XX, hier S. XVIII.

⁵⁷ Uneinigkeit besteht in der Forschung über den Stellenwert der Namen, so bei dem Diminutiv Lottchen. Susanne Kord: Little Detours. The Letters and Plays of Luise Gottsched (1713–1762). Rochester 2000, S. 72. »[...] the Luischens and Lottchens are made diminutive in that they are reduced to a state of utter dependence on parental decisions: they are diminished – de nomine and de facto.« Anders Magdalene Heuser, die ohne Blick auf die Diminutivformen die Unabhängigkeit der weiblichen Dramenfiguren betont: Louise Adelgunde Victorie Gottsched. In: Kerstin Merkel/Heide Wunder (Hg.): Deutsche Frauen der Frühen Neuzeit. Dichterinnen, Malerinnen, Mäzeninnen. Darmstadt 2000, S. 169–181, hier S. 178: »Luischen, Amalia [...] sowie Lottchen in den Lustspielen – sie alle lassen sich durch nichts und niemand etwas vormachen, können sich mit Recht auf ihre eigenen

Komödientypisch geht es hier ebenfalls um eine geplante, aber glücklicherweise nicht zustande kommende Hochzeit. Ganz in der Tradition des Lustspiels steht auch der Schluss: Durch eine dreifache Verwechslung von Briefen, die Witzling aus Versehen jeweils in den falschen Umschlag gesteckt hat, kommen seine Lügnereien und Verstellungen heraus, so dass er nach dem Schema des betrogenen Betrügers entlarvt wird bzw. sich selbst entlarvt. Neben diesen bekannten Versatzstücken verarbeitet Luise Gottsched ein aktuelles Thema – den Literaturstreit zwischen Leipzig und Zürich –, wobei das Stück durch die Verteidigung von Gottscheds *Deutscher Schaubühne* und seinen Sprachvorschriften, wie er sie in der *Grundlegung einer deutschen Sprachkunst* darlegt, indirekt Stellung bezieht (vgl. 5.–8. Auftritt).

Ein Teil der expliziten Regiebemerkungen hängt mit den komödientypischen Verwechslungsgeschichten und den dazu notwendigen Requisiten zusammen – wie dies in vielen Dramentexten der Fall ist –, also den Briefszenen sowie den Gesten der zu verlachenden dramatis personae:

> JUNGFER LOTTCHEN. HERR REINHART. HERR WITZLING *kömmt mit dem Hute auf dem Kopfe herein, und nimmt ihn erst ab, nachdem er die Thüre zugemacht hat.*
> HERR WITZLING, *sehr gravitätisch.* Ihr gehorsamer Diener meine liebe Demoiselle! Ihr ergebener Diener, Herr Reinhart!
> JUNGFER LOTTCHEN. Ihre Dienerinn, Herr Witzling. Regnet es etwa draußen im Vorsaale? (S. 522)[58]

Von den über hundert Regiebemerkungen – für dieses einaktige Nachspiel, das nur 42 Seiten umfasst, nicht nur im Vergleich mit dem *Geschäfftigen Müßiggänger* schon rein quantitativ eine bemerkenswerte Zahl – ist ungefähr ein Drittel diesem Bereich zuzurechnen. Zwar werden sämtlichen Figuren Regiebemerkungen zugeordnet, aber es sind durchaus Unterschiede bezüglich ihrer Verwendung zu erkennen. So werden bei der Dienerfigur nie Gestik und Mimik, sondern immer auf ein konkretes Ziel hin ausgerichtete Tätigkeiten wie Kaffee bringen o.Ä. durch Regiebemerkungen ausgedrückt. Sie haben hier also eine deutlich eingeschränkte Funktion – oder umgekehrt: die im Stück untergeordnete Funktion des Dieners manifestiert sich nicht zuletzt durch die Art der Regiebemerkungen, so dass auch hieran die soziale Differenzierung ablesbar ist.

Daneben finden sich aber auch explizite Regiebemerkungen zu Emotionen und Affekten, und zwar meist direkt der Sprecherbezeichnung zu- bzw. nachgeordnet – etwa »*zornig*«, »*erschrocken*«, »*erfreut*«, »*verächtlich*« –, wobei einzelne Affekte eng

---

Wahrnehmungs-, Denk- und Urteilsfähigkeiten verlassen und sich Dummheit und Lastern gegenüber distanziert, ironisch, entlarvend verhalten.«

[58] [Luise Adelgunde Victorie Gottsched]: Herr Witzling. Ein deutsches Nachspiel in einem Aufzuge. In: Johann Christoph Gottsched (Hg.): Die Deutsche Schaubühne. Sechster Teil, S. 509–564; hier und im Folgenden unter Angabe der Seite direkt im Text zitiert. Vergleichend wird die in der Reihe *Komedia* erschienene Ausgabe mit Texten und Materialien zur Interpretation im Anhang, besorgt von Wolfgang Hecht. Berlin 1962, herangezogen, die sich nach der zweiten Auflage richtet. Die beiden Auflagen unterscheiden sich neben geringen Abänderungen in Orthographie und Interpunktion in Titel und zwei sprechenden Namen.

mit bestimmten Figuren in Verbindung stehen. So wird der alte Herr Reinhart im ersten Auftritt dreimal mit der Regiebemerkung »*schüttelt den Kopf*« versehen. Auffallend ist außerdem, dass über ein Drittel der Regiebemerkungen sich auf das Lachen bezieht, und zwar mit einem Spektrum von »*lächelnd*« über das neutrale »*lacht*« bis zu »*lacht sehr*« oder »*lacht innerlich*«. Selbst für eine Komödie erscheint es auf den ersten Blick übertrieben, dass hier ständig gelacht werden soll. Auffälligerweise verteilen sich diese Regiebemerkungen überwiegend auf Lottchen und den jungen Herrn Reinhart (ca. 30), also gerade auf die beiden tugendhaften Figuren des Stücks. Auch die zu verlachenden dramatis personae lachen zwar, aber nur sehr selten, außerdem immer mit Zusätzen wie »*höhnisch*«, »*sehr*«, »*überlaut*«, »*verächtlich*« oder »*spöttisch*« und dadurch deutlich negativ gekennzeichnet, so wie auch alle drei Gelehrten einmal zusammen »*schreyen*«. Ein Lachen ohne diese negativen Beiwörter, also ein reines Lachen im Sinne der postulierten Natürlichkeit, wird nur den Figuren zugestanden, die die Sachlage durchschauen, den eindeutigen Sympathieträgern. Charakterisiertes Lachen hingegen wird negativ gezeichneten Figuren zugeordnet. Der Gebrauch dieser Regiebemerkung und ihrer Varianten macht so zusätzlich die typisierte Verteilung von tugendhaften und lasterhaften Figuren deutlich.

Allerdings ist im Hinblick auf die tugendhaften dramatis personae nur die Funktion der Regiebemerkung ablesbar, diesen einen gleichbleibenden Gemütszustand zuzuschreiben. Sie können kaum als Reaktion angesehen werden auf das, was das jeweilige Gegenüber sagt – ein in anderen Stücken durchaus übliches Verfahren, das hier nur bei den lauten und höhnischen Lachern der zu verlachenden Figuren angewendet wird. Aufschlussreich ist dabei die Stellung der Regiebemerkungen im Verhältnis zur Figurenrede, denn während das Lachen bei Lottchen und dem jungen Herrn Reinhart fast immer direkt auf die Sprecherbezeichnung folgt, steht das markierte Lachen oft am Ende einer Äußerung oder besetzt ohne Verbindung zur Figurenrede ganz allein eine Zeile und gewinnt so an Eigenwert:

> WITZLING. Freylich, ich weis nichts ungeschickters, als der Jean de France, der sich auf dem Theater das Kleid abzieht. *Er lacht hönisch.* (S. 534)
> JAMBUS *lacht sehr.* (S. 535)

Das spöttische Lachen steigert sich zum Schreien und überlauten Lachen:

> *Sie schreyen alle drey.* Nein! nein! nein! das ist kalt, matt, frostig! (S. 538)
> JAMBUS. Ey! warum sagen Sie nicht, auf solche Criticis, das wäre ja ein schöner Niedersaxonismus gewesen. *Rhomboides u. Jambus lachen überlaut.* (S. 545)

Nur bei den lasterhaften Figuren steht daneben auch »Ha! ha! ha!« innerhalb der Figurenrede, ein weiterer Beleg dafür, dass diese tatsächlich lachen:

> WITZLING. Ha! ha! ha! sind Sie auch einer von die Mückensäuger, die der Grammatik zu gefallen, einen schönen Gedanken ersticken? (S. 536)

Die Betonung der Lautstärke gibt dem Lachen dieser Figuren eine negative Konnotation und ruft im Gegensatz zum neutralen »*er lacht*« immer eine Reaktion des Gegenübers hervor, so dass das vorangegangene Lachen auf der Bühne realisiert worden sein muss. Gehäuft findet sich das überbordende Lachen der drei Gelehrten im sechsten Auftritt, der Literatursatire. Das geht so weit, dass sich die vernünftige Figur, Lottchen, die Ohren zuhält:

> JUNGFER LOTTCHEN *lacht.* So so! und: Nicht gebohren zum aufwarten, werde ich wohl den Diener rufen müssen. *Sie steht auf; die andern lachen und Jambus aus vollem Halse: so daß sich Lottchen die Ohren zuhält und abgeht.* (S. 533)

Insofern greift der Befund von Elin Nesje Vestli, die das Lachen allein den Sympathieträgern im Sinne des Verlachens zuordnet, zu kurz.[59] Bei diesen wird das Lachen nie von einem Gegenüber registriert und löst keine Reaktionen aus. Vielmehr zeigt ein genauer Blick auf die Textstellen, in denen »*lacht*« steht, dass in diesen Fällen nicht die bühnentechnische Umsetzung des Lachens im Vordergrund steht. Weder macht der Kontext das tatsächliche Lachen wahrscheinlich, noch wird am jeweiligen Gegenüber eine Reaktion auf das Lachen deutlich – im Unterschied zu den markierten Lachern, bei denen dies immer der Fall ist. Hier muss deshalb ein ganz anderer Erklärungshorizont berücksichtigt werden, der auch mit dem Publikationsort zusammenhängt, für den der Dramentext verfasst wurde.[60] Vermutlich sind diese Regiebemerkungen nicht als bühnentechnische Anweisungen zu verstehen, sondern als ein Mittel zur Rezeptionslenkung für den Leser. Anders als Friederike Neuber (vgl. Kap. 2.2) ist Luise Gottsched nicht Bühnenpraktikerin, sondern Dichterin und Übersetzerin, für die der Text als Text und zum Lesen im Vordergrund steht. Dass die Dramentexte, die in der *Deutschen Schaubühne* von Gottsched erscheinen, gelesen werden und gelesen werden sollen, wird im Stück selbst thematisiert:

> JUNGFER LOTTCHEN. Ja, sie redeten von der Gottschedischen Schaubühne. Da machte nun der Witzling alle Stücke darinnen herunter.
> HERR REINHART *schüttelt den Kopf.* Nun! das wüßte ich doch nicht. Ich lese manchmal des Abends darinnen. Alle Stücke gefallen mir zwar auch nicht; aber einige sind doch recht hübsch. (S. 517)

---

[59] Elin Nesje Vestli schreibt das Lachen dem jungen Herrn Reinhart (S. 227) und Lottchen zu: »Durch das leitmotivisch eingesetzte Lachen (das Lachen als Verlachen) profiliert sie sich als aufgeklärte und vernünftige Vertreterin ihres Geschlechts«, während die markierten Lacher der drei zu verlachenden Figuren unerwähnt bleiben; vgl. Elin Nesje Vestli: Zwischen Tugend und Auflehnung. Friederike Caroline Neubers »Das Schäferfest oder die Herbstfreude«, Luise Adelgunde Gottscheds »Das Testament« und »Der Witzling«. In: Bärbel Rudin/Marion Schulz (Hg.): Vernunft und Sinnlichkeit. Beiträge zur Theaterepoche der Neuberin. Reichenbach 1999, S. 218–246, hier S. 225. Im Grunde widersprechen sich der vernunftgeleitete Umgang mit Welt und Menschen und ungestümes Lachen, so dass das Lachen bei Lottchen und dem jungen Reinhart anders realisiert werden müsste als in Form eines lauten Verlachens.

[60] Vgl. Veronica C. Richel: Luise Gottsched. A Reconsideration. Bern 1973, S. 47: »The fact that Gottsched explicitly refers to this comedy in his ›Vollständigere und Neuerläuterte Deutsche Sprachkunst‹ (1757) for examples of local solecisms, leaves no doubt that it was written under his aegis.«

Wenngleich sich aus diesem Zitat keine hinreichenden Gründe ableiten lassen, dass dieses Stück ausschließlich als Lesetext rezipiert wurde,[61] ist es ein Indiz für die zumindest primär erfolgte bzw. intendierte nicht-szenische Rezeption; hinzu kommt, dass keine Aufführung bekannt ist.[62] Die orthographischen Veränderungen und die Umwandlung zweier sprechender Namen in der zweiten Auflage der *Deutschen Schaubühne* – aus dem Witzling wird Herr Vielwitz, aus Rhomboides Herr Sinnreich – sind ebenfalls in erster Linie für den Leser von Belang.[63]

Für die Interpretationsmöglichkeiten, die sich gerade beim Lesen des Stückes ergeben, spielen die Regiebemerkungen eine wichtige Rolle. Sie unterstützen hinsichtlich der Rezeptionslenkung eine unterschwellige Lesart, die mit den im Zentrum stehenden Heiratsaussichten zusammenhängt, wie im Folgenden kurz dargelegt werden soll: Zwar ist am Schluss offensichtlich, was schon zu Beginn des Stücks zu vermuten war: dass Lottchen den angeberischen Witzling nicht heiraten wird. Dagegen verwundert es, dass überhaupt keine glückliche Heirat annonciert oder zumindest in Aussicht gestellt wird, wie es komödientypisch zu erwarten wäre. Susanne Kord kommt hinsichtlich der Stücke von Luise Gottsched generell zu der auf den ersten Blick griffigen Schlussfolgerung »›Sitzengeblieben‹ und noch mal Glück gehabt«[64] und zieht autobiographisch die negativen Erfahrungen von Luise Gottsched in und mit der Ehe für diese Interpretation heran. Ihr eigenes Misstrauen gegenüber der Ehe habe dazu geführt, dieses traditionelle *happy ending* der Komödie zu umgehen. Es stimmt zwar, dass auch im *Witzling* explizit keine Hochzeit angekündigt wird; das hängt aber in erster Linie mit der Anlage des Stücks zusammen. Die Moralsatire, die Verspottung des Herrn Witzling, bildet hier nur den Rahmen für die im Mittelpunkt stehende aktuelle Literatursatire. Trotzdem wird eine bevorstehende Heirat,

---

[61] Auch Ruedi Graf bringt die *Deutsche Schaubühne* dezidiert als Lesetext ins Spiel und setzt ihn zur Literarisierung des Theaters im 18. Jahrhundert in Beziehung. Vgl. Ruedi Graf: Der Professor und die Komödianten, S. 133: »Die ›Deutsche Schaubühne‹ aber ist primär an die literarische Öffentlichkeit gerichtet. Sie versteht sich vor allem als ein Lesetext, mit dessen Hilfe der Schauspieler kontrolliert werden kann, der aber auch zur Lektüre im stillen Kämmerchen bestimmt ist. Mithin wird das Unternehmen ›Deutsche Schaubühne‹ auch zur Literarisierung des Zuschauers beitragen.«

[62] Obwohl das Stück vermutlich nie aufgeführt wurde, erscheint es 1750 auch in der zweiten Auflage der *Deutschen Schaubühne* mit den erwähnten Namensänderungen. Eine Auseinandersetzung mit dem Dramentext hat also stattgefunden. Heide Hollmer stellt mit Blick auf die in der *Deutschen Schaubühne* erschienen Trauerspiele fest, dass sich so das nachbarocke Drama »endgültig als literarische Gattung [etabliert] (wahlweise als Lese- oder Aufführungstext), weil sich erst von diesem Zeitpunkt an in der kritischen Diskussion des gedruckten und somit jedermann zugänglichen Textes eine gattungspoetologische Tradition ausbilden kann.« Heide Hollmer: Anmut und Nutzen, S. 38.

[63] Statt *Herr Witzling* heißt das Stück in der zweiten Auflage *Der Witzling*, was vermutlich mit der Änderung der sprechenden Namen zusammenhängt. Deutlich wird an dieser Abwandlung, dass die Funktion der sprechenden Namen *als* sprechende Namen eine wichtige Rolle spielt: Das, was die Namen ausdrücken, erschien – im Gegensatz zu dem unveränderten Herrn Jambus – noch nicht treffend.

[64] Susanne Kord: Ein Blick hinter die Kulissen. Stuttgart 1992, S. 44.

die das Stück angeblich verweigert, unterschwellig nahe gelegt, und zwar durch die Regiebemerkungen, die die Einstimmigkeit von Lottchen und dem jungen Herrn Reinhart betonen. Diese äußert sich nicht zuletzt darin, dass nur diesen beiden die Regiebemerkung »*lacht*« oder »*lachend*«[65] ohne negative Beiwörter zugeordnet wird. Symptomatisch an diesem Befund ist, dass hier Unverstelltheit, die sich körperlich bzw. gestisch-mimisch ausdrückt, deutlich positiv bewertet wird. Dass dabei keine Entwicklung ablesbar ist, sondern die tugendhaften Figuren von Anfang an zumindest nach Vernunftkriterien füreinander bestimmt sind, spricht für eine bevorstehende Vernunftheirat, die gerade nicht auf plötzlichen Gefühlsumschlägen und Zufällen basiert und die deshalb auch nicht ›der Rede wert ist‹, d.h. die nicht mehr mitgeteilt werden muss.

Der Versuch, in einem von einer Frau verfassten Dramentext ein emanzipatorisches Anliegen zu erkennen, zeigt sich in vielen Studien, die sich mit diesen Texten beschäftigen. Manches Mal wirkt das Bestreben, weibliche Figuren in ein emanzipatorisches Licht zu setzen, etwas angestrengt, so bei Vestli, die meint, dass Lottchen in *Herr Witzling* eine deutliche Entwicklung erfahre:

> Ihr [Lottchen] wird eine weiblich-häusliche Rolle zuteil, sie schenkt Kaffee ein. Allerdings verschafft sie sich einen souveränen Abgang, indem sie sich lachend weigert, weiterhin die Serviermamsell zu markieren: ›Nicht geboren zum aufwarten, werde ich wohl den Diener rufen müssen.‹[66]

Die zitierte Schlussfolgerung Vestlis, die in Lottchens Replik eine Ablehnung der Rolle der »Serviermamsell« erkennen will, stellt eine Art Kurzschluss dar, denn sowohl der Kontext als auch die durchaus übliche Rechtfertigung der Abgänge innerhalb der Figurenrede werden bei der Interpretation Vestlis ausgeblendet. Zunächst ist es keineswegs unüblich, dass Lottchen bei Tisch serviert. Kein einziges Mal aber – auch nicht *vor* dem angeblich emanzipatorischen Moment, in dem Lottchen ›nicht mehr‹ aufwarten möchte –, steht zur Diskussion, dass sie die nötigen Utensilien selbst hereinträgt. Vielmehr wird im gesamten Stück deutlich zwischen dem Holen des Kaffees und dem Servieren unterschieden, eine Aufteilung, die noch heute keineswegs ungewöhnlich erscheint. Während der Diener die Aufgabe des Hereinbringens und Abräumens übernimmt, serviert Lottchen bei Tisch. Dass Vestli dem Lachen Lottchens hier die Funktion des *Verlachens* zuschreibt, passt nicht zu dem über das ganze Stück verteilten häufigen Lachen, durch das sie durchgehend charakterisiert wird. Die oben zitierte ausführliche Begründung Lottchens für ihr Verlassen der Bühne ist also nicht inhaltlich, etwa durch Emanzipationsbestrebungen zu erklären. Wichtig ist vielmehr die strukturelle Frage der Motivierung der Abgänge,[67] die

---

[65] Dass konjugierte Verbform und Partizip Präsens parallel verwendet werden, ist ein Hinweis auf die nicht normierte Sprache bzw. Notationsform innerhalb der Regiebemerkungen.
[66] Elin Nesje Vestli: Zwischen Tugend und Auflehnung, S. 227.
[67] Vgl. Johann Christoph Gottsched: Versuch einer Critischen Dichtkunst, S. 629 und 648, jeweils unter Berufung auf d'Aubignac.

ein besonderes Anliegen in Gottscheds Dramentheorie darstellt.[68] Diesem Anliegen wird Luise Gottsched hier wie an vielen anderen Stellen gerecht, wenn sie einen Abgang explizit motiviert[69] und in der Figurenrede ankündigt.[70]

Gelehrsamkeit als Attitüde: Lessings *Der junge Gelehrte*

Anders als beim *Witzling* handelt es sich bei Lessings *Der junge Gelehrte* um ein Stück mit Bühnenkarriere. Schon 1748 wurde es mit großem Erfolg von Friederike Caroline Neuber in Leipzig aufgeführt. Wie in den beiden anderen Dramentexten wird die Figur mit der lasterhaften Eigenschaft schon im Titel genannt, hier wie bei Schlegel ohne Nennung des Eigennamens. Diesen und die Familienverhältnisse erfährt man im Personenverzeichnis: »DAMIS, *der junge Gelehrte, Chrysanders Sohn*«.[71] Nicht nur die Frage, inwiefern das Stück eine sächsische Typenkomödie im Gottsched'schen Sinn oder aber gegen Gottsched zu verstehen sei, wird in der Forschung intensiv diskutiert, sondern auch, was es eigentlich genau mit diesem Laster auf sich habe. Gegensätzlich wird verhandelt, ob der *Junge Gelehrte* als Typenkomödie einzuschätzen sei oder ob das Stück über diese traditionelle Komödienform hinausweise und eine Individualisierung des Protagonisten ablesbar werde. Während *Der junge Gelehrte* für Greiner eine »reine Typenkomödie« ist,[72] folgt das Stück für Durzak diesem Schema gerade nicht mehr, sondern ist »Ausdruck der Problematik des Individuums«.[73]

---

[68] So auch in Gottscheds richtungweisender Vorrede zum *Sterbenden Cato*, ebenfalls mit Bezug auf d'Aubignac: »Zum 2) aber hängen auch die Auftritte der englischen Tragödie sehr schlecht aneinander; wovon Aubignac in seiner PRATIQUE DU THÉÂTRE kann nachgesehen werden. Die Personen gehen ab und kommen wieder, ohne daß man weis warum? und die Schaubühne bleibt oft leer, wenn gleich noch kein Aufzug aus ist. Endlich sind auch oft die Scenen gar nicht abgetheilet, wenn gleich neue Personen auftreten, oder alte abgehen: welches bey den Franzosen niemals geschieht, weil es eine Unordnung in dem äußerlichen Ansehen verursachet.« Johann Christoph Gottsched: Der sterbende Cato. Des Herrn Verfassers Vorrede zur ersten Ausgabe 1732. In: Ders.: Ausgewählte Werke. Hg. von Joachim Birke. Band 2. Berlin 1970, S. 3–21, hier S. 14.
[69] »*Sie* [Lottchen] *schmeißt sie* [die geschriebenen Verse] *dem Witzling vor die Füße, und geht zornig ab*«, S. 550.
[70] »JAMBUS: [...] allein so, scheide ich davon. *Er* [Witzling] *läuft in einen Winkel, rafft seinen Degen und Stock auf und läuft ungestüm ab*«, S. 546.
[71] Gotthold Ephraim Lessing: Der junge Gelehrte. In: Ders.: Sämtliche Schriften. Hg. von Karl Lachmann. Dritte, aufs neue durchgesehene Auflage besorgt durch Franz Muncker. Band 1. Stuttgart 1886, S. 279–372. Im Folgenden unter Angabe von Akt, Szene und Seitenzahl direkt im Text zitiert.
[72] Bernhard Greiner: Komödie, S. 155. Greiner stellt weiter fest, dass Lessing durch Komödien wie *Der junge Gelehrte* »durchaus seinen Tribut an die Verlach-Komödie im engeren Sinne entrichtet«.
[73] Manfred Durzak: Von der Typenkomödie zum ernsten Lustspiel. Zur Interpretation des »Jungen Gelehrten«. In: Ders.: Poesie und Ratio. Vier Lessing-Studien. Bad Homburg 1970, S. 9–43, hier S. 12. Ebenso betont Rentschler, dass das Stück sich von der traditionellen Typenkomödie emanzipiere: »It is therefore clear that Lessing is working with more than types, despite the manifold influences from comic tradition to be discerned in the work. [...]

Daneben wird die Frage nach dem Laster und nach der Stellung des Stücks zur Typenkomödie unterschiedlich beantwortet.[74] Die gängige Interpretation erkennt in dem Stück eine generelle Gelehrtensatire, die Kritik am obsoleten Bildungsideal übt.[75] Der letzte Polyhistor werde in einem kulturkritischen Akt von der Zeitbühne vertrieben. Neue Leitwissenschaft sei nicht mehr die ›leere‹ Rhetorik, sondern die Philosophie.[76] Anders argumentiert Zimmermann. Für ihn ist nicht die Gelehrsamkeit Angriffspunkt, sondern das Missverhältnis zwischen innerer und äußerer Bildung, da der Gelehrte zwar über Wissen, nicht aber über richtiges Benehmen verfüge. Hier wird der Typensatire wieder mehr Raum zugestanden, während der Ansatz einer ›ernsten Komödie‹ für das Stück verworfen wird.[77] Diese Diskussion kann durch die Fokussierung der Regiebemerkungen neu und anders perspektiviert werden.

Äußerlich bestimmen geläufige Komödienmittel wie Verstecken, Belauschen von Figuren, untergeschobene Briefe sowie List und Intrigen der Dienerfiguren, die zum *happy ending* führen, das Stück. In diesem Zusammenhang stehen auch die relativ häufigen »*sachte*« und Beiseite, die bei Schlegel und Luise Gottsched weitgehend fehlen und die auch Gottsched im *Versuch einer Critischen Dichtkunst* ablehnt. Sie ermöglichen im *Jungen Gelehrten* ganz traditionell den Dialog des Dienerpaares, bei Anton häufig in Verbindung mit »St!«. Im Druckbild trennt der Gedankenstrich die Figurenrede in den beiseite gesprochenen und den für alle anwesenden dramatis personae bzw. das Gegenüber hörbaren Teil:

Indeed Lessing transcended the Saxon comedy of types, not only in his language, but above all in his plastic characterizations.« Vgl. Robert Eric Rentschler: Lessing's fragmented Norm: a Reexamination of »Der junge Gelehrte«. In: The Germanic Review 50 (1975), S. 165–183, hier S. 180. Einen anderen Weg schlägt Wolfgang Döring ein, der Fryes Komödientheorie auf den *Jungen Gelehrten* anwendet. Vgl. Wolfgang Döring: G. E. Lessings Lustspiel *Der junge Gelehrte*: Eine typologische Betrachtung auf dem Hintergrund der Komödientheorie Northrop Fryes. In: New German Review 4 (1988), S. 27–40. Trotz der Gewissenhaftigkeit der Studie rechtfertigt das Ergebnis allerdings kaum den hohen methodischen Aufwand.

[74] Zu nennen sind hier auch autobiographische Begründungsversuche einer »überpointierenden Abrechnung mit einer dem jungen Lessing nicht mehr gemäßen Wirklichkeit«, so Wilfried Barner: Lessing zwischen Bürgerlichkeit und Gelehrtheit. In: Rudolf Vierhaus (Hg.): Bürger und Bürgerlichkeit im Zeitalter der Aufklärung. Heidelberg 1981, S. 164–204, hier S. 173f.

[75] Vgl. Monika Fick: Lessing-Handbuch. Leben – Werk – Wirkung. Zweite, durchgesehene und ergänzte Auflage. Stuttgart, Weimar 2004, S. 59–62.

[76] Vgl. Conrad Wiedemann: Polyhistors Glück und Ende. Von Daniel Morhof zum jungen Lessing. In: Heinz Otto Burger/Klaus von See (Hg.): FS Gottfried Weber. Bad Homburg v. d. H. 1967, S. 215–233. Anders Walter Hinck: Das deutsche Lustspiel des 17. und 18. Jahrhunderts und die italienische Komödie: Commedia dell'arte und Théâtre italien. Stuttgart 1965, S. 273–278, hier S. 273f. Hinck betont, dass es sich um einen »jungen, seine Umgebung mit unausgegorener Gelehrsamkeit traktierende[n] Vielwisser« handelt, um so zu benennen, was Damis dem Typ des Gelehrten gegenüber fehlt.

[77] Rolf Christian Zimmermann: Die Devise der wahren Gelehrsamkeit. Zur satirischen Absicht von Lessings Komödie *Der junge Gelehrte*. In: Deutsche Vierteljahrsschrift für Literaturwissenschaft und Geistesgeschichte 66 (1992), S. 283–299.

> ANTON (*bey Seite*). St! der kennt mich. – Aber glauben Sie, daß es ihm mit der bösen Frau ein Ernst war? (I, 6, 301)

Die Behandlung der Auftritte und Abgänge, die die Figuren bei strikter, z.T. forciert wirkender Einhaltung des Ortes an den einen Raum binden – bezeichnenderweise die Studierstube von Damis –, zeigen im Hinblick auf die Regiebemerkungen ein ganz konventionelles, fast übertrieben genaues Vorgehen. Übertrieben, da oft nicht entweder implizit oder explizit angekündigt wird, sondern in gewissem Sinne tautologisch, nämlich in der Figurenrede und in den Regiebemerkungen gleichzeitig, so dass Auftritte und Abgänge zumindest für den Leser doppelt markiert werden.[78] Hier einige Beispiele:

> ANTON. [...] Potz Stern! wer kömmt? – – Zum Henker, es ist Damis.
> ZWEYTER AUFTRITT
> *Damis. Anton. Lisette.*
> DAMIS. Wo bleibt denn der Schlingel mit dem Buche? (III, 1/2, 339)

> DAMIS. [...] Diese verdrüßliche Gesellschaft loß zu werden, muß ich nur selbst meine vier Wände verlassen. (*geht ab.*) (III, 8, 351)

> LISETTE. So gehen Sie doch, und lassen Sie den angenehmern Gegenstand nicht länger auf sich warten. (*Valer geht ab.*) (II, 2, 311)

Insgesamt werden Abgänge häufig weiterhin nur implizit angekündigt und begründet.[79] Ausschließlich explizit wird ein Abgang hingegen nur einmal markiert, und zwar in Verbindung mit einer heftigen, emotional gefärbten Geste, so dass vermutlich hier der Grund für diese Art der Notation liegt: »JULIANE. Ach die Närrin, mit ihrem blauen Ritter – – (*reißt sich loß und geht ab*)« (II, 1, 309). Die Form der doppelten Markierung findet sich nicht nur bei Auftritten und Abgängen, sondern auch bei anderen Interaktionen und Tätigkeiten, etwa:

> ANTON. [...] Und ich, ich will mich geschwind hieher setzen – – (*er setzt sich an den Tisch* [...]) (II, 3, 316)

Eine Erklärung kann die Umorientierung von dominant impliziten hin zu expliziten Regiebemerkungen für den Bereich der Auftritte und Abgänge geben. In der Übergangsphase wird der Textraum Regiebemerkung schon genutzt, der Textraum Figurenrede aber, den bisherigen Konventionen entsprechend, noch nicht umfassend entlastet. Darüber hinaus sind die doppelten Markierungen vermutlich auch ein Indikator dafür, auf welchem Feld Regiebemerkungen auf keinen Fall fehlen sollten und sich fest eingebürgert haben: bei den Auftritten und Abgängen. An diesen Positionen wird auf eine Ankündigung so gut wie nie verzichtet. Bis heute hat sich in Dramentexten die einfache Nennung der auftretenden Figuren zu Beginn der Szene

---

[78] Wenn Diener unverhofft etwas mitteilen (S. 291, 306, 324, 353) und bei Aktanfängen (S. 306, 336). Abgänge werden entweder nur implizit (S. 292, 293, 296, 306, 330, 335, 339, 342, 356, 359) oder doppelt markiert (S. 285, 305, 311, 322, 324, 335, 348, 349, 351, 353, 369, 372).

[79] Z.B. »DAMIS. Himmel! ich höre meinen Vater wieder kommen. [...] Geh Sie hurtig unterdessen in das Kabinet.« (I, 4, 293).

neben der konventionalisierten Kurzform »*Geht ab*« bei den Abgängen etabliert. Dass im 17. Jahrhundert hingegen auch bei den Auftritten häufig »*tritt auf*« hinzugesetzt wird, so bei Johannes Rist[80] und Stücken der Wanderbühne,[81] zeigt, dass die Personenbezeichnung, die sich inzwischen durchgesetzt hat, keineswegs immer als ausreichend angesehen wurde, um einen Auftritt zu signalisieren.

Bevor die Regiebemerkungen in den Blick genommen werden, die speziell mit der Gelehrsamkeit in Verbindung gebracht werden können, soll zunächst ein anderes Phänomen beleuchtet werden: Wie im *Witzling* wird auch im *Jungen Gelehrten* häufig gelacht. Das wird allerdings nie in Form von Regiebemerkungen, sondern ohne weitere Kommentierung durch »Ha! ha! ha!« in der Figurenrede kenntlich gemacht. Weiter differenziert wird das Lachen durch die Verwendung von »Ho! ho!« ausschließlich bei Anton – als figurenspezifische Form des Lachens – und »Hi! hi! hi!« für ein Lachen, das sich nicht an den Dialogpartner richtet, sondern heimlich vonstatten geht, also auf die Figur selbst bezogen ist.[82] Letzteres löst deshalb auch keine Reaktionen des Gegenübers aus im Gegensatz zu der am häufigsten verwendeten Form »Ha! ha! ha!«:

> LISETTE. Ha! ha! ha!
> VALER. Mir ist nicht lächerlich, Lisette.
> LISETTE. Nicht? Ha! ha! ha!
> VALER. Ich glaube, du lachst mich aus.
> LISETTE. O, so lachen Sie mit![83] Oder ich muß noch einmal darüber lachen, daß Sie nicht lachen wollen. Ha! ha! ha!
> VALER. Ich möchte verzweifeln! In der Ungewißheit, ob sie mich noch liebt. –
> LISETTE. Ungewißheit? [...] Lassen Sie ihre Grillen fahren, Herr Valer, oder ich lache aufs neue. (II, 2, 309)[84]

Dass es sich bei der Formel »Ha! ha! ha!« um eine Konvention, und zwar um eine französische handelt, darauf weisen Übersetzungen und Bearbeitungen von Luise Gottsched hin: Während in ihrer Übersetzung von Dufresnys *L'Esprit de Contradiction*, *Die Widersprecherinn*, häufig die Regiebemerkung »*lacht*« zu finden ist, steht an diesen Stellen im Original von Dufresny neben einer expliziten Regiebemerkung

---

[80] Johannes Rist: Sämtliche Werke. Band 1: Dramatische Dichtungen. Hg. von Eberhard Mannack. Berlin 1967: »*Justicia, Irene, Mars, Ulpianus, Mercuriuas tretten auff*« (S. 99), »*Virtus tritt auff*« (S. 111), »*Nickel Stabi kumpt herauß*« (S. 85), auch in Verbindung mit einer Spezifizierung zum Auftritt einer Figur: »HANS KNAPKAESE *kompt auff den Platz mit einer Wurst und Brodt in einer / und einer Kannen Bier in der anderen Handt*« (S. 171).

[81] Z.B. [Anonymus]: Niemand und Jemand. In: Willi Flemming (Hg.): Schauspiel der Wanderbühne, S. 73–131: »*Ein Paur gehet ein*« (S. 94), »*Cornuel und Marcianus khamen ein*« (S. 100), »*Hier khomen zwen Herrn ein, Morganus und Malgo*« (S. 114).

[82] So passend bei Damis: »Ich und Homer? Homer und ich? wir beyde? Hi! hi! hi! Gewiß, Herr Vater?« (I, 2, 288).

[83] Während in *Miß Sara Sampson* gemeinsam geweint wird (vgl. Kap. 3.2), fordert Lisette hier zum gemeinsamen Lachen auf.

[84] Vgl. S. 282, 288, 296, 313, 314, 319, 328, 350, 354, 359, 362 u.ö., auch «DAMIS. Ha! ha! ha! VALER. Ja, lachen Sie nur, Damis, lachen Sie nur!« II, 13, 333.

jeweils »Ha! ha! ha!« im Dialogteil.[85] Man könnte noch einen Schritt weitergehen: Die Übersetzung entfernt sich schon von der hartnäckigeren französischen Regel, keine expliziten Regiebemerkungen zu verwenden und alles zu ›bereden‹, d.h. in den Dialog zu integrieren, so auch das Lachen. In diese Richtung weist auch die Tatsache, dass Luise Gottsched in ihren eigenen Stücken tendenziell mehr explizite Regiebemerkungen verwendet als in ihren Bearbeitungen französischer Stücke, obwohl sie schon dort deren Anzahl gegenüber den Originalen erhöht.[86]

Im *Jungen Gelehrten* gibt es daneben eine Reihe von Regiebemerkungen, die in einem besonderen Zusammenhang stehen. Relativ häufig beziehen sie sich auf Damis' Gelehrsamkeit, vor allem auf ein mit dieser in Verbindung stehendes Requisit: das Buch. So heißt es ganz am Schluss des Stückes: »*Er wirft ihm sein Buch nach, und das Theater fällt zu.*« Durzak zitiert im Zusammenhang mit seiner These, *Der junge Gelehrte* sei keine Typenkomödie mehr, diese Regiebemerkung.[87] Er stellt fest:

> Er [Damis] hat den Glauben an die Wissenschaft verloren, was in der Geste hervortritt, die das Stück beschließt. [...] ›Er wirft ihm sein Buch nach ...‹. Eine Geste, die Damis noch am Anfang des Stückes als gröbliche Verletzung von Bildungsgut angesehen hätte, ist jetzt die bildlich akzentuierte Konsequenz seines Abschieds von der Wissenschaft.[88]

---

[85] Dort wird z.B. »(*il se retourne pour rire*) Ha, ha, ha, ha!« mit »(*er kehrt sich um, und lachet*)«, »(*il rit en se retournant*) Ha, ha, ha!« mit »(*er kehret sich um und lacht*)« und »(*il rit.*) Ha, ha, ha!« mit »(*er lacht bei Seite*)« übersetzt. Vgl. Charles Dufresny: L'Esprit de Contradiction. Comédie en un acte et en prose. In: Claude Bernard Petitot (Hg.): Répertoire du Théâtre Français. Band 18. Paris 1804, S. 1–57, hier S. 7f. und Charles Dufresny: Die Widersprecherinn. Übersetzt von Luise Adelgunde Victorie Gottsched. In: Johann Christoph Gottsched (Hg.): Die Deutsche Schaubühne. Erster Teil, S. 495–536, hier S. 501.

[86] So in Luise Gottscheds *Pietisterey im Fischbeinrocke* im Vergleich mit dem zugrundeliegenden französischen Original, zitiert nach dem Paralleldruck von A[médée] Vulliod: La femme docteur. Mme Gottsched et son modèle français bougeant ou Jansénisme et Piétisme. Lyon, Paris 1912. Häufig fügt Luise Gottsched ein »*Geht ab*« hinzu (z.B. S. 157, 165, 173, 175, 183, 191). Daneben finden sich allerdings auch sonst doppelte Setzungen von Regiebemerkungen, die so aus dem Original übernommen werden, ein im 18. Jahrhundert über Deutschland hinaus durchaus übliches Verfahren:
»ANGÉLIQUE. – Ah! Finette, ne me parles plus d'un objet si odieux (*elle rêve*) [...]
ERASTE. – Vous rêvez?«
»LUISCHEN. – Ach, schweige nur davon (*Sie steht in Gedanken*).
LIEBMANN. – Sie stehn in Gedanken?« (S. 170/171).

[87] Die Forschung zum *Jungen Gelehrten* berücksichtigt die Regiebemerkungen nur selten, da sie im Gegensatz zu späteren Stücken Lessings nicht von Belang zu sein scheinen. Moennighoff allerdings erwähnt im Zusammenhang mit der in seinem Beitrag im Vordergrund stehenden Funktion der Bücher die einleitende und die abschließende Regiebemerkung in Lessings Komödie, die auf diese Thematik Bezug nehmen; vgl. Burkhard Moennighoff: Die Bibliothek als Schauplatz (Lessing, Mehring, Borges). In: Literatur für Leser 23 (2000). Heft 2, S.121–131, hier S. 123f.

[88] Durzak weiter: »Nicht die Widerlegung von subjektiven Marotten also, sondern die Zerstörung seiner Existenz – so ließen sich Anfang und Ende der inneren Handlungskurve bezeichnen, die Damis durchläuft. Von der statischen Wirklichkeitsebene eines Komödientyps kann also bei ihm keine Rede sein. Damis macht eine Entwicklung durch, die

Das Wegwerfen des Buches wird als Symbol für die Verabschiedung von der fatalen Wissenschaft angesehen, die Damis hier, nach einem Lernprozess, anschaulich demonstriere. Zu dieser Interpretation der Schlusspointe kann man allerdings nur gelangen, wenn man die anderen aussagekräftigen Regiebemerkungen im Hinblick auf Damis Umgang mit Büchern ausblendet. In den Dialogen ist zwar immer wieder von Büchern, von Wissen und Gelehrsamkeit die Rede, allerdings vor allem in Damis' eigenen Äußerungen. Er ist es, der wiederholt betont, dass man sich in seiner Studierstube befindet. Er ist es auch, der sein Einzel- und Faktenwissen zur Schau stellt, mit dem er vorwiegend andere belehren und seine Überlegenheit demonstrieren will. So klärt er seinen Vater, der nur gekommen ist, um ihn zur Heirat zu bewegen, über dessen falsch gebildete deutsche und lateinische Pluralformen auf und nimmt die flüchtig hingeworfenen lateinischen Zitate zum Anlass, umständliche und vom Thema abschweifende Ausführungen zu deren Quellen Horaz und Homer zu geben (I, 2).

Indem die Forschung bislang dem jungen Gelehrten zwar Weltfremdheit attestiert, sein Buchwissen aber nicht in Abrede stellt und die Bücher insofern als Mittel begreift, die Damis zum konzentrierten Lesen dienen, das es ihm zugleich ermöglicht, sich von den übrigen Figuren des Stückes abzusondern, wird ein wesentlicher Aspekt übersehen, der sich erst durch eine genaue Betrachtung der Regiebemerkungen erschließt: Wenngleich die szenische Darstellung den Eindruck erwecken könnte, dass Damis Bücher verwendet, um sich von seiner Umgebung abzusondern, entlarven die Regiebemerkungen seinen Umgang mit dem Medium Buch als bloße Attitüde. Nicht durch die Bücher wird er zum Außenseiter, sondern er selbst setzt die Bücher bewusst ein, um sich zum gelehrten Außenseiter zu stilisieren.

In Form von Regiebemerkungen wird einmal implizit, einmal explizit zu Beginn der ersten zwei Szenen, also an signifikanter Stelle, durch den Verweis auf Bücher Damis' Gelehrsamkeit vorgeführt. So heißt es in der Eröffnungsszene des Stücks: »DAMIS (*am Tische unter Büchern*)« (I, 1, 281).[89] Gleich zu Beginn der zweiten Szene stellt Chrysander fest, dass Damis sich wieder »über den verdammten Büchern« (I, 2, 285) befindet, obwohl in diesem Fall für den Leser/Zuschauer offensichtlich ist, dass er diese Haltung gerade erst, und zwar erst nachdem Anton ihm das Kommen seines Vaters angekündigt hat, eingenommen haben kann.

Immer wieder dienen Bücher, und zwar nicht bestimmte Bücher, sondern das Buch als solches dazu, sich von den anderen zu unterscheiden. So soll Anton Damis ein Buch bringen, während dieser mit den anderen beim Essen sitzt, wobei es keine Rolle zu spielen scheint, um welches Buch es sich dabei handelt (vgl. III, 2).

---

aber gewissermaßen im Negativen verläuft. […] Der Zustand der Ausweglosigkeit scheint endgültig.« Manfred Durzak: Typenkomödie, S. 31.

[89] Die Veränderung der ersten Regiebemerkung von »*Damis am Tische unter Büchern sitzend*« zu »*Damis am Tische unter Büchern*« (vgl. G. E. Lessing: Werke 1743–1750, S. 141) könnte dadurch erklärt werden, dass Damis sich nicht längerfristig mit Büchern beschäftigt, sondern die Stellung kurzfristig eingenommen hat, um dem Gegenüber seine Gelehrsamkeit zu demonstrieren.

Eine genaue Betrachtung der Szene, in der Chrysander die Ehe seines Sohnes mit Juliane anbahnen möchte, lässt erkennen, in welcher Form die – hier so häufig wie sonst nirgends im Stück gesetzten – Regiebemerkungen die Rezeption zu steuern vermögen. Nur hier finden sich gehäuft Regiebemerkungen, und zwar ohne Anwesenheit von Lisette oder Anton und der den Dienerfiguren typischen Formen des Beiseite und der Situationskomik:

> CHRYSANDER. [...] Nun mein Sohn – (*Damis steht zerstreut, als in tiefen Gedanken.*) Hörst du, mein Sohn?
> DAMIS. Ich höre; ich höre alles.
> CHRYSANDER. Kurz, du merkst doch, wo ich vorhin hinaus wollte? Einem Klugen sind drey Worte genug. Sapienti sat; sagen wir Lateiner. – Antworte doch –
> DAMIS (*noch immer als in Gedanken.*) Was ist da zu antworten? – –
> CHRYSANDER. Was da zu antworten ist? – Das will ich dir sagen. – Antworte, daß du mich verstanden; daß dir mein Antrag lieb ist; daß dir Juliane gefällt; daß du mir in allem gehorchen willst. – Nun, antwortest du das? –
> DAMIS. Ich will gleich sehn – (*Indem er in der angenommenen Zerstreuung nach einem Buche greift.*)
> CHRYSANDER. Was kann in dem Buche davon stehen? – Antworte aus dem Herzen, und nicht aus dem Buche. – – Ex libro doctus quilibet esse potest; sagen wir Lateiner. – –
> DAMIS (*als ob er in dem Buche läse*). Vollkommen recht! Aber nun wie weiter? –
> CHRYSANDER. Das weitere gibt sich, wies Griechische. Du sagst Ja; sie sagt Ja; damit wird Verlöbniß; und bald drauf wird Hochzeit; und alsdenn – – Du wirst schon sehen, wies alsdenn weiter geht. – –
> DAMIS. Wenn nun aber diese Voraussetzung – (*immer noch als ob er läse.*)
> CHRYSANDER. Ey, ich setze nichts voraus, was im geringsten zweifelhaft wäre. [...]
> DAMIS. Verzeihen Sie mir, wann ich ein wenig zerstreut geantwortet habe! Ich dachte eben nach, – – warum wohl die Rabbinen – – das Schurek M'lo Pum heissen? (I, 5, 294f.)

Der Vater will mit seinem Sohn über die von ihm geplante Heirat sprechen. Dieser hört ihm aber kaum zu, weil er nachdenkt – diese Erklärung gibt zumindest Damis selbst für seine Zerstreutheit – und, wie so oft, lieber in einem Buch liest. Die Regiebemerkungen aber machen deutlich, dass Damis hier nur so tut, als ob er läse. Ohne diese bleibt der Aspekt weitgehend verborgen, dass Damis sich verstellt und den Vater glauben machen will, als echter Gelehrter in Büchern eine Antwort auf lebensentscheidende Fragen zu finden.[90] Dem Vater gegenüber reicht es, so zu tun als ob und vor lauter Bemühen um Gelehrsamkeit für alltägliche Dinge und Fragen unzugänglich zu wirken. Dem Leser wird durch das wiederholt in den

---

[90] Soweit ich sehe, bemerkt nur Bohnen bei der Interpretation dieser Szene die Regiebemerkungen, zieht daraus aber andere Schlüsse: Sie dienen ihm nicht zur Klärung von Damis' Charakter, da ihn allein die Gesprächssituation interessiert: »Aber eben diese Verständigung ist aufgehoben; Damis zieht sich auf ein Scheingespräch zurück und entgeht so den Anforderungen der Gesellschaft.« Klaus Bohnen: Leserlenkung und Konsensbildung im Drama. Beobachtungen zu satirischen, parodistischen und parabolischen Textanweisungen bei G.E. Lessing. In: Text und Kontext 6.1/6.2 (1978), S. 60–85, hier S. 65. So reduziert er die Problematik zum Schluss auch wieder auf den einen »noch unaufgehobenen Antagonismus von ›Leben‹ und ›Buch‹«(S. 80).

Regiebemerkungen verwendete »als« bzw. »als ob« das Attitüdenhafte der gelehrten Haltung bewusst gemacht.

Damit wird zugleich eine deutliche Trennung zwischen der Kommunikation der Figuren untereinander und der Rezeptionshaltung des Zuschauers bzw. Lesers vollzogen: Das Wissen des Rezipienten um die Scheinheiligkeit des Protagonisten, der das Buch in der Hand lediglich als Instrument verwendet, um seinem Gesprächspartner etwas vorzumachen, führt zugleich zu einer – ausschließlich durch die Funktion der Regiebemerkungen erzeugten – übergeordneten Sichtweise, die das Geschehen auf der Bühne als Spiel im Spiel entlarvt. Diese können hier also als Instrument interpretiert werden, die das Moment der Komik als eines jenseits der Figurenebene im Rezeptionsvorgang des Lesers/Zuschauers angesiedelten zusätzlichen Elements potenzieren. An dieser Stelle erhalten die Regiebemerkungen einen besonderen Stellenwert, denn die Sinnkonstruktion der Textstelle wird nur durch Figurenrede und Regiebemerkungen gemeinsam erfasst.

Besonders aufschlussreich erscheint die Szene, wenn man den Erstdruck des *Jungen Gelehrten* von 1754 mit der hier zitierten Ausgabe vergleicht. Gerade die eben als Schlüsselszene interpretierte Textpassage findet sich im Erstdruck nur stark verkürzt. In komprimierter Form wird in einer einzigen Regiebemerkung aber schon ausgedrückt, was in der späteren Fassung durch mehrere Einschübe ausgeführt und intensiviert wird. Es heißt: »*Er tut zerstreut und tiefsinnig und nimmt ein Buch in die Hand.*«[91] Auch der Anschlusssatz in der Figurenrede steht schon in der ersten Fassung:

> DAMIS: Verzeihen Sie mir, wann ich ein wenig zerstreut geantwortet habe! Ich dachte eben nach – – warum wohl die Rabbinen – – das Schurek M'lo Pum heißen?[92]

Die Äußerungen derjenigen Figuren, die Damis durchschauen – Lisette und Valer –, unterstützen die hier vorgelegte Interpretation: Neben seiner Jugend, die nicht zu seinem Auftreten passe, betonen beide die Attitüde seines Verhaltens.

> VALER. Und Sie wollen Sich auch bey mir verstellen? Ich weiß die Zeit noch sehr wohl, da ich in eben dem wunderbaren Wahne stand, es ließe gelehrt [es sähe gelehrt aus], so zerstreut als möglich, und auf nichts, als auf sein Buch aufmerksam zu thun. Doch glauben Sie nur, der muß sehr einfältig seyn, den Sie mit diesen Gauckeleyen hintergehen wollen. (III, 7, 349)

Während Valer sich von seinen Jugendsünden befreit hat, ist Damis nicht lernfähig. Selbst während dieses Gesprächs mit Valer wird seine Attitüde immer wieder im Text benannt: »DAMIS. [...] (*sieht wieder auf sein Buch.*) [...] DAMIS. [...] (*sieht wieder in sein Buch.*)« (III, 7, 349f.). Lisette macht auf ihre Weise, in einer Pantomime, deutlich, dass sie seine Tiefsinnigkeit als vorgetäuschte erkannt hat:

> ANTON. LISETTE. DAMIS (*kömmt ganz tiefsinnig; Lisette schleicht hinter ihm her, und macht seine Grimassen nach.*)

---

[91] Vgl. Gotthold Ephraim Lessing: Der junge Gelehrte. In: Ders.: Werke 1743–1750, S. 153.
[92] Ebd., S. 154.

ANTON. [...] Wie so tiefsinnig, Herr Damis? was steckt Ihnen wieder im Kopfe?
[...]
DAMIS (*geht einigemal tiefsinnig auf und nieder; Lisette in gleichen Stellungen hinter ihm her; und wann er sich umwendet, schleicht sie sich hurtig herum, daß er sie nicht gewahr wird.*)
   Meiner Hochzeitfackel Brand
   Sei von mir jetzt selbst gesungen!
[...]
LISETTE (*indem sich Damis umwendet, bleibt sie starr vor ihm stehen, und nimmt seinen Ton an*).
   Meiner Hochzeitfackel Brand
   Sei von mir jetzt selbst gesungen!
   (*Damis thut als ob er sie nicht gewahr würde, und stößt auf sie.*)
DAMIS. Was ist das?
LISETTE. Was ist das? (*beyde als ob sie zu sich selbst kämen.*) (III, 14, 357f.)

Wenn es am Schluss dieser Szene heißt, dass beide tun, »*als ob sie zu sich selbst kämen*«, dann handelt es sich dabei im Grunde um ein Spiel auf zwei Ebenen. Lisette[93] spielt für alle – bis auf Damis – sichtbar, indem sie Damis imitiert. Sie bedient sich dabei sichtbarer konventioneller Gesten aus der Komödie. Bei Damis hingegen werden keine offensichtlichen Komödiengesten fortgeschrieben, vielmehr finden sich die Hinweise ›versteckt‹ in den Regiebemerkungen. Die Szene ist von einer Komik durchzogen, die von der langsamen Annäherung der beiden Spielebenen lebt: Der Gelehrte wird, ohne dass er es bemerkt, imitiert: Dem Zuschauer wird, ganz im Sinne der Verlachkomödie, eine lächerliche Figur mittels mimischer Nachahmung auf der Bühne vorgeführt. Neben die mimische Imitation tritt in einem weiteren Schritt die verbale. Erst dies führt zu einer Angleichung der beiden Figuren auf der Bühne. Der ursprünglich dem Verlachen preisgegebene Gelehrte wird nun zum Partner, der das Spiel ›mitspielt‹. Die Komik ergibt sich auch hier zu einem guten Teil aus den Aussagen in den Regiebemerkungen.

Auch der Schluss des Stückes ist in diesem Kontext zu sehen und damit anders zu interpretieren als bei Durzak. Damis stellt am Ende nicht etwa seine Gelehrsamkeit in Frage – insofern ist er unverbesserlich und nicht entwicklungsfähig[94] –, sondern die Gesellschaft, die er deshalb auch verlassen will. Genauso wenig wie er zunächst durch echte pedantische Gelehrsamkeit besticht,[95] ist am Ende ein wirklicher Bruch

---

[93] Steinmetz stellt fest, dass Lisette »dadurch allen anderen Dienerinnen der sächsischen Typenkomödie unvergleichbar [ist], weil Lessing sie sprachlich allen ihren Schwestern überlegen sein läßt«. Horst Steinmetz: Komödie der Aufklärung, S. 59. Zur Figur der Lisette in Lessings Komödien und zur Funktion des satirischen Lachens vgl. Robert Rentschler: Lisette, the Laugher. In: Lessing Yearbook 10 (1978), S. 46–64.
[94] Rädle stellt in Bezug auf das Verhalten von Damis am Ende des Stücks fest: »Eine Umkehr aus Einsicht findet nicht statt.« Fidel Rädle: Lessings »Der junge Gelehrte« auf der Folie des religiösen lateinischen Theaters seiner Zeit. In: Lessing Yearbook 30 (1999), S. 5–10, hier S. 7.
[95] Von hier aus sind diejenigen Interpretationen zu entkräften, die in dem Stück eine Verabschiedung des bisherigen Gelehrtenideals erkennen, so Conrad Wiedemann: Polyhistors Glück und Ende, S. 217. Ebenso wenig handelt es sich um eine Diskrepanz zwischen Wissen und moralischem Verhalten. Selbst wenn es zutrifft, dass Damis – komödientypisch –

mit der Gelehrsamkeit erkennbar. Jetzt, da Damis sich wirklich allein weiß und somit seinem Studium und dem Eintauchen in Bücher abseits von Menschen und störender Gesellschaft eigentlich nichts mehr im Wege steht, ist sie ihm zu nichts mehr nütze. Die Preisschrift wurde nicht angenommen. Sein eigenes Buch, von dem man nur erfährt, dass es klein und schmuckvoll gebunden ist, hat ebenso wie seine anderen Bemühungen um Gelehrsamkeit seine Wirkung verfehlt. Jetzt, nachdem selbst sein Diener die Bühne verlassen hat, fehlt Damis das Gegenüber, dem er mit dem Buch als Demonstrationsobjekt seiner Gelehrsamkeit imponieren könnte. Das Dekor seiner Gelehrtenattitüde ist funktionslos geworden, er kann es nicht mehr gebrauchen:

> ANTON. Je nun! wem nicht zu rathen steht, dem steht auch nicht zu helfen. Bleiben Sie Zeitlebens der gelehrte Herr Damis! (*gehet ab.*)
> DAMIS. Geh, sag ich, oder! – –
> *Er wirft ihm sein Buch nach, und das Theater fällt zu.* (III, 19, 372)

Ablehnung von Regiebemerkungen in französischen Bezugstexten – fehlende Normierung in deutschen Poetiken

Für den Zeitraum und die bisher untersuchten Stücke ist die Auseinandersetzung mit expliziten und impliziten Regiebemerkungen notwendig, da letztere relativ häufig verwendet werden und das nicht nur zufällig und nebenbei, sondern programmatisch.

An den Textbefunden kann man den unterschiedlichen Stellenwert der Regiebemerkungen veranschaulichen und Entwicklungstendenzen ablesen. Zunächst die, dass sich zu einem bestimmten Zeitpunkt durch entsprechende französische Bezugs-

---

›schlechtes Verhalten‹ an den Tag legt, fehlt ihm zusätzlich das ›Wissen‹, das Zimmermann ihm trotz seines Neuansatzes immer noch als Haupteigenschaft zuschreibt; vgl. Rolf Christian Zimmermann: Devise der wahren Gelehrsamkeit, S. 299. Schon zuvor wurde in der Forschung nach einer anderen Angriffsfläche für die Satire gesucht, so meint Jørgensen: »Zielscheibe der Satire muß nicht der schemenhafte Polyhistor, kann sehr wohl der Pedant sein«; Sven-Aage Jørgensen: Versuch über die »Jungen Gelehrten« um 1750. In: Eva J. Engel/Klaus Ritterhoff (Hg.): Neues zur Lessing-Forschung. FS Ingrid Strohschneider-Kohrs. Tübingen 1998, S. 31–41, hier S. 33. Während gegen den Polyhistor die fehlende Bildung spricht, ist Damis für den Pedanten zu jung – ein Aspekt, den Lisette ebenfalls gekonnt aufs Korn nimmt, indem sie die Jugend Damis' ironisch mehrmals hintereinander, eine Form von Wiederholungskomik, mit den Worten »Und Sie sind erst zwanzig Jahr alt!« anspricht (III, 3, 341f.), Worte, die Damis selbst zu Beginn positiv auf sich anwendet (I, 1, 283). Zur Deutung des jungen Gelehrten als Müßiggänger mit Bezug auf mögliche Quellen, so auch auf Schlegels *Der geschäftige Müßiggänger*, vgl. Charles E. Borden: The Original Model for Lessing's »Der junge Gelehrte«. In: University of California Publications in Modern Philology 36 (1952), S. 113–127. Auch Veronica C. Richel: Luise Gottsched, S. 48, weist im Zusammenhang mit dem *Witzling* auf die Ähnlichkeit der Stücke hin: »The three negative characters taken together (Vielwitz, Sinnreich, Jambus) bear considerable resemblance to two better known heroes of this period, namely Fortunat in Johann Elias Schlegel's ›Der geschäftige Müssiggänger‹ (1741) and Damis in Lessing's ›Der junge Gelehrte‹ (1747).«

texte eine stark abwertende Haltung gegenüber den expliziten Regiebemerkungen zeigt. Diese hängt mit einer Gattungskonvention zusammen, welche das Drama auf die Figurenrede festlegt. Daneben gibt es in Deutschland poetologische Schriften wie auch Dramentexte, die diese Frage gar nicht berücksichtigen. So fehlt im Punkte der Regiebemerkungen ein entsprechendes Normierungsbewusstsein bei Gottsched, der sich mit diesem Aspekt nicht auseinandersetzt. Es stellt für ihn und die in seinem Umfeld entstandenen Dramentexte kein Problem dar, explizite Regiebemerkungen zu verwenden oder eben nicht zu verwenden, so dass – trotz deutlicher Normierungstendenzen auf anderen Gebieten – in diesem Punkt unsystematisch verfahren wird. Bei Lessing hingegen erlangen die Regiebemerkungen eine andere Qualität, denn sie sind Bestandteil der Sinnkonstruktion des Textes und erfüllen – von der Peripherie her – eine wichtige Funktion. Durch sie werden Schlüsselstellen des Textes markiert, aus der Situation des Spiels im Spiel resultierende Komik wird eingeflochten und wesentliches Deutungspotential offeriert.

Weiter ist zu beobachten, dass eine Auseinandersetzung mit Regiebemerkungen in dieser Zeit nur in Form von Absetzungsgesten erfolgt. Nur dann also, wenn Poetiken oder Dramenverfasser diese Texträume strikt ablehnen, geraten sie ins Blickfeld, nicht aber, wenn sie verwendet werden – höchstens in hypothetischer Verlängerung bzw. zur Not in der Entscheidung für Regiebemerkungen in Ausnahmefällen. Letzteres geschieht, so könnte man sagen, mit einer nichtnormierten, gewissermaßen unsystematischen Selbstverständlichkeit.[96] Das hat zur Folge, dass dieser Textraum weiterhin unstrukturiert bleibt und keinen Normierungsbestrebungen unterliegt, so aber auch weiterhin unterschiedliche Funktionen übernehmen kann.

Ein deutlicher Beleg für die theoretische Ausgrenzung der Regiebemerkungen und ihre gleichzeitige praktische Verwendbarkeit sind Dramentexte von Aubignac. So erlauben es seine Schriften über das Drama, ihn als Theoretiker ins Feld zu führen, um den Verzicht auf Regiebemerkungen zu begründen, wie Schlegel dies tut. In der Praxis aber weicht er selbst von dieser strikten Regel ab. In seiner Tragödie *Sainte Cathérine* etwa verwendet Aubignac vor allem zur Angabe der Sprecherrichtung, zur Markierung von Monologen, zur Beschreibung von Bühnenbild und Requisiten und – in wenigen Fällen – auch zur Angabe der Gestik explizite Regiebemerkungen.[97] Die Divergenz zwischen Theorie und Praxis ist offensichtlich: Zwar entsprechen die Regiebemerkungen nicht den Gattungsvorgaben, sie eignen sich aber in der Praxis, so dass die strikten Vorgaben von dem Regelgeber selbst unterwandert werden.

---

[96] Hier sind nicht nur die Lustspiele aus der *Deutschen Schaubühne* bis auf Schlegels *Geschäfftigen Müßiggänger* zu nennen, sondern auch die dort abgedruckten Trauerspiele; vgl. auch Erich Kriessbach: Die Trauerspiele in Gottscheds *Deutscher Schaubühne*.

[97] [François Hédelin] d'Aubignac: Sainte Cathérine. Tragédie. Troyes 1695. Hier seien einige Regiebemerkungen zur Veranschaulichung zitiert: »FLAVIANE *à Maxime*«, S. 35; »PORPHIRE *seul*«, S. 23; »*Il se voit une roue & plusieurs sorte de supplices*«, S. 53; »SAINTE CATHÉRINE *lit la lettre*«, S. 60; »*Elle jette le Sceptre à terre*«, S. 61; »SAINTE CATHÉRINE *regardant le Ciel*. Mes yeux suivent mon cœur.«, S. 62.

Die konsequente Entscheidung gegen explizite Regiebemerkungen im *Geschäfftigen Müßiggänger* kann mit theoretischen Äußerungen Schlegels in Verbindung gebracht werden. Sie läuft in dramentheoretischer Verlängerung auf den Versuch hinaus, den Raum der Figurenrede auszuweiten, indem eine Art Erzählerposition in den Dramentext integriert wird. Auf diese Weise soll – von heute aus formuliert – eine Position im Sinne des ›allwissenden Erzählers‹ eröffnet werden. So könnten nötige Informationen, die sich durch das gattungsgemäß fehlende vermittelnde Kommunikationssystem ergeben, Leser und Zuschauer erreichen. Weder bei Johann Christoph Gottsched noch bei Luise Gottsched ist ein solches Vorgehen, also eine explizite Entscheidung für oder gegen Regiebemerkungen, erkennbar. Allerdings wird im *Witzling* eine Symptomatik deutlich, die ›pro Natürlichkeit‹ lauten könnte: Reines, natürliches Lachen zeichnet die Sympathieträger als unverstellte Figuren aus, charakterisiertes, markiertes Lachen dagegen die lasterhaften Figuren. Gerade die häufig verwendete Regiebemerkung »*lacht*« dient außerdem eher der Figurencharakterisierung als der Benennung einer bestimmten Gestik. Sie kann im Sinne einer Rezeptionslenkung für den Leser verstanden werden, da eine Bühnenumsetzung nicht indiziert zu sein scheint.

Lessings Stück *Der junge Gelehrte* zeigt durch häufige Redundanzen, d.h. Fälle, in denen Anweisungen implizit und zugleich explizit gegeben werden, dass auch hier kein stringenter Umgang mit Regiebemerkungen angestrebt, keine eindeutige Entscheidung für oder gegen eine der beiden Formen gefällt wird. In einem Punkt allerdings erlangen sie bei Lessing einen besonderen Stellenwert, wenn die Hierarchie zwischen Regiebemerkungen und Figurenrede geradezu umgekehrt wird. Während man in Interpretationen gewöhnlich die Figurenrede als letzte Instanz ansieht, korrigieren die Regiebemerkungen bei Damis, dem jungen Gelehrten, auf den ersten Blick Zutreffendes, welches die Figurencharakterisierung innerhalb der Figurenrede nahelegt: sein überzogenes Streben nach weltfremder Gelehrsamkeit. Anzeichen zur Korrektur erfolgen zwar schon durch Äußerungen der anderen Figuren, so seines Freundes Valer. Vor allem die Regiebemerkungen aber machen an diesen Stellen nicht ›gemeinsame Sache‹ mit den Figuren, sondern haben sozusagen ›das letzte Wort‹. Mit Veltruský kann man den Regiebemerkungen hier den Status eines »grundlegenden Mittels zur Bedeutungsvereinigung« zuerkennen.[98] Die letzte Instanz liegt an diesen Stellen nicht bei der Figurenrede. Stattdessen wird den Regiebemerkungen eine gewisse Eigenständigkeit zugetraut, und der Autor versteht sich nicht nur als Verfasser der Dialogpartien, sondern kann darüber hinaus den Textraum der Regiebemerkungen konstruktiv nutzen.

In diesen Fällen sind die Regiebemerkungen nicht redundant, sie können noch nicht einmal als Ergänzung der Figurenrede angesehen werden. Vielmehr konstituiert sich die Figur in nicht unerheblichem Maße über die Regiebemerkungen, und zwar gerade die Hauptfigur des Stücks. Deren Charakterisierung verläuft versteckt, aber vorrangig über die Regiebemerkungen. Hier wird ein Potential genutzt,

---

[98] Vgl. Jiří Veltruský: Das Drama als literarisches Werk, S. 126.

das Dramentexten nicht zur Verfügung steht, die nur implizite Regiebemerkungen setzen. Berücksichtigt man als Schauspieler, Leser oder Interpret das in diesen Texträumen Gesagte nicht, dann kommt man zu einer völlig anderen Bewertung der Figur; dies zeigen viele Interpretationen des *Jungen Gelehrten*, die die Regiebemerkungen unberücksichtigt lassen. Der auffällige Einsatz ist gleichzeitig für eine weniger progressive Figurenzeichnung verantwortlich, als manche Interpretation dies darstellt, wenn sie den *Jungen Gelehrten* nicht mehr in der Tradition der Typenkomödie begründet sehen will. Abweichend vom Komödientypischen ist insofern nicht die Figur des Damis, sondern die Verwendung der Regiebemerkungen.

2.2 Vom Huldigungsstück zum programmatischen Vorspiel: Friederike Caroline Neubers Festspiele

Ebenso wie Johann Elias Schlegel hat Caroline Neuber Aubignacs *Pratique du théâtre* berücksichtigt. Auch bei ihr findet die einflussreiche Publikation Erwähnung, allerdings nicht in theoretischer Auseinandersetzung, sondern – wie man es von einer Prinzipalin und Schauspielerin erwarten darf – in einer Regiebemerkung. In einem ihrer Vorspiele heißt es: »*die Regel, als eine Sclavin gekleidet, sie trägt an der linken Hand Ketten, und in der rechten das Buch: La pratique du théâtre par l'Abbé d'Aubignac.*« Dabei mag es in gewissem Sinne paradox erscheinen, dass gerade dasjenige Buch in einer Regiebemerkung genannt wird, das sich strikt gegen jegliche Form von Nebentext wendet. Inwiefern die zitierte Regiebemerkung mit einer Umfunktionalisierung der Gattung Vorspiel vom Huldigungsstück zum programmatischen Vorspiel in Zusammenhang gebracht werden kann, ist Ausgangspunkt dieses Kapitels.

Dass Caroline Neuber eine der wenigen Dramenschriftsteller*innen* ist, die in der Forschung schon immer berücksichtigt wurden, ist insbesondere durch ihre enge Beziehung zu Gottsched und Lessing und ihre Arbeit als Prinzipalin zu erklären.[99] Die von ihr verfertigten Stücke hingegen spielen eine untergeordnete Rolle.

---

[99] Becker-Cantarino macht die Arbeit als Prinzipalin zum Ausgangspunkt ihrer weiterführenden Überlegungen; vgl. Barbara Becker-Cantarino: Von der Prinzipalin zur Künstlerin und Mätresse. Die Schauspielerin im 18. Jahrhundert in Deutschland. In: Renate Möhrmann (Hg.): Die Schauspielerin, S. 88–113. Kord untersucht Neuber nach Merkmalen weiblicher Autorschaft; vgl. Susanne Kord: Frühe dramatische Entwürfe – Drei Dramatikerinnen im 18. Jahrhundert. In: Hiltrud Gnüg/Renate Möhrmann (Hg): Frauen Literatur Geschichte. Stuttgart ²1999, S. 231–246, hier S. 240: »Wer Neuber aufgrund ihrer Orthonymität, ihrer steten Betonung ihres Geschlechts, ihres selbstsicheren Tons in einigen Vorreden als Frühfeministin versteht, trägt einem wichtigen Aspekt ihres Werkes Rechnung, überliest aber auch die in ihrem Werk ebenso deutlich ausgedrückten schmerzhaften Zweifel, Ängste und Unsicherheiten, die mehr als zwei Jahrzehnte lang ein bestimmendes Merkmal weiblicher Autorschaft blieben.« Einen Überblick zu Neuber gibt Ruth P. Dawson: Frauen und Theater. Vom Stegreifspiel zum bürgerlichen Rührstück. In: Gisela Brinker-Gabler (Hg.): Deutsche Literatur von Frauen. 1. Band: Vom Mittelalter bis zum Ende des 18. Jahrhunderts. München 1988, S. 421–434.

Dem versucht die Forschung entgegenzutreten, indem sie vor allem das einzige von ihr erhaltene Lustspiel *Das Schäferfest oder Die Herbstfreude* in den Blick nimmt. Gerade hinsichtlich der Regiebemerkungen erweisen sich aber die Vorspiele, ein kleines Genre, das meist nur am Rande berücksichtigt wird, als ergiebiger. Um dies zu demonstrieren, stehen jene nach einer kurzen Analyse des *Schäferfests* im Zentrum. Dass es sich bei den drei erhaltenen Vorspielen Neubers, dem Leipziger, dem Lübecker und dem Straßburger Vorspiel, nicht um reine Huldigungs-, sondern um programmatische Vorspiele handelt, die das Theater selbst thematisieren, wird für die Analyse der Regiebemerkungen eine nicht unerhebliche Rolle spielen.

Neubers *Schäferfest*: zwischen Schäferspiel und Festspiel

Im Titel des Lustspiels *Das Schäferfest oder Die Herbstfreude* gibt Caroline Neuber mit dem Kompositum *Schäferfest* gewissermaßen einen Hinweis auf die Verknüpfung zweier unterschiedlicher Textsorten, die sie vornimmt: Schäferspiel und Festspiel. Die Analyse der Regiebemerkungen wird dies bestätigen, denn der Text weist auch diesbezüglich eine Zweiteilung auf. Das setzt natürlich voraus, dass an den Regiebemerkungen ein Gattungsunterschied ablesbar ist, was nach den disparaten Befunden zu Komödien von Johann Elias Schlegel, Luise Gottsched und Lessing keineswegs selbstverständlich erscheint. Während in Komödien Regiebemerkungen vielfältig genutzt werden, ist bei Fest- und Vorspielen eine relativ einheitliche Verwendung zu verzeichnen, so auch in Neubers *Schäferfest*. Zunächst werden schon durch die Wahl stereotyper Namen wie Galathe, Damon, Mirtillo und Phillis gattungstypische Vorgaben des Schäferspiels erfüllt.[100] Neben Auskünften über Familienverhältnisse sowie Interessen und Fähigkeiten der männlichen Protagonisten (»*in der Sternkunst erfahrener Schäfer*«; »*der Arzeneikunst zugetan*«[101]) werden in dem knappen Personenverzeichnis vor allem Linien der Zuneigung skizziert. Auch das hängt eng mit der Gattung Schäferspiel zusammen, in dem zu guter Letzt die passenden Figuren zusammengeführt und von der gegenseitigen Liebe überzeugt werden – in diesem Fall Doris und Seladon sowie Galathe und Mirtillo. Die Entwicklung innerhalb der Liebesgeschichten wird gewissermaßen im Personenverzeichnis schon vorgezeichnet, etwa:

---

[100] Zu den Schäfernamen neben einschlägigen überlieferten Schäfertexten wie Cervantes' *Galatea* und *Philemon und Baucis* vgl. Johann Christoph Gottsched: Atalanta oder Die bezwungene Sprödigkeit. Ein Schäferspiel in fünf Aufzügen. In: Ders. (Hg.): Die Deutsche Schaubühne. Dritter Teil. Faksimiledruck der Ausgabe Leipzig 1741. Stuttgart 1972, S. 367–442. Hier finden sich wie in den meisten Schäferstücken zum Teil dieselben Namen und dieselben Zuschreibungen wie bei Caroline Neuber, die auch aus diesem Grund in ihrem Stück nicht mehr ausdrücklich erwähnt werden.
[101] Vgl. Friederike Caroline Neuber: Das Schäferfest oder Die Herbstfreude. In: Fritz Brüggemann (Hg.): Gottscheds Lebens- und Kunstreform in den zwanziger und dreißiger Jahren. Gottsched, Breitinger, die Gottschedin, die Neuberin. Leipzig 1935, S. 216–294, hier S. 217. Im Folgenden unter Angabe der Seite direkt im Text zitiert.

MIRTILLO, *ein junger, reicher, fremder Schäfer, Liebhaber der Doris und nachmaliger Bräutigam der Galathe.* (S. 217)

Die Ortsangabe »*Die Bühne stellet des Philemons Garten und eine angenehme Landgegend vor*« ist theaterbezogen formuliert. Dass die bühnentechnische Umsetzung bei diesem Stück zweifellos im Vordergrund steht, erscheint auch deshalb offensichtlich, weil die Aufführung der Veröffentlichung vorausgeht.[102] Garber argumentiert ebenfalls aufführungsbezogen,[103] wenn er in seiner Studie zur Schäferdichtung feststellt, dass in Ekloge und Schäferroman viel umfangreichere Darstellungen der Natur gegeben werden, während im Schäferdrama »der Raum nicht beschrieben zu werden [braucht]«.[104] Dass für den Bühnenarchitekten die knappe Angabe genügt, hängt mit dem eindeutigen und begrenzten Bühnenbild zusammen, das für Schäferdramen zur Verfügung steht. Die feststehenden Kulissen für Tragödie, Komödie und Schäferspiel machen ausführliche Bühnenangaben zumindest für die bühnentechnische Umsetzung überflüssig.[105] Um den idealtypischen Raum einer Schäferdichtung zu evozieren, reicht also eine kurze Nennung aus. Die Präzisierung im *Schäferfest* durch das Attribut »angenehm« ruft die anmutige Landschaft, den *locus amoenus* auf, so dass auch der Leser die entsprechende typische Landschaft und das damit verbundene Dasein friedlicher Schäfer imaginieren kann. Dass für die Stücke Caroline Neubers generell die Aufführung Priorität hat, legen ihre Arbeit als Prinzipalin und das weitgehende Fehlen gedruckter Stücke nahe. Neben gattungsbezogenen Regiebemerkungen spielen also die realen Theaterbedingungen eine entscheidende Rolle. Neubers Beruf als Prinzipalin und Schauspielerin, der Abhängigkeiten impliziert, aber auch genaue Bühnenkenntnisse und ein direktes Verhältnis zur Bühne garantiert, sind dabei mitzudenken.

Während die Genderperspektive für die hier angestellten Überlegungen bisher keine Rolle spielte, wird in der Forschung zu Caroline Neuber häufig genderbezogen argumentiert. So erkennt Vestli in den weiblichen Figuren des Lustspiels ›aktive‹ im Sinne von unabhängigen, selbständigen Frauen. Sie beschreibt die Gattung Lustspiel

---

[102] Nicht nur Neubers Vorspiele, sondern auch das *Schäferfest oder Die Herbstfreude* wurde zu einem bestimmten feierlichen Anlass aufgeführt, und zwar 1753 zum Namenstag der Kaiserin Maria Theresia in Wien. Erst anschließend, 1754, erschien es im Druck.

[103] Zu Abweichungen im Sinne einer erhöhten Zahl an Regiebemerkungen bei Übersetzungen vgl. Klaus Garber: Der locus amoenus und der locus terribilis. Bild und Funktion der Natur in der deutschen Schäfer- und Landlebendichtung des 17. Jahrhunderts. Köln, Wien 1974, S. 168f., Anm. 30.

[104] Vgl. Klaus Garber: Locus amoenus, S. 169.

[105] Ebd., S. 169: »Je detaillierter der Autor den Raum der Handlung schilderte, desto genauer vermochte sich der Leser ihn vorzustellen. Im Schäferdrama aber braucht der Raum nicht beschrieben zu werden, weil er auf dem Bühnenprospekt und auf den Kulissen erscheint und damit den Zuschauern sichtbar vor Augen steht. Und da die Theater feststehende Kulissen für eine Tragödie, eine Komödie oder ein Satyrspiel (Schäferspiel) besitzen, erübrigen sich ausführliche Bühnenangaben und Schauplatzbeschreibungen.« Garber weist in diesem Zusammenhang auf Serlios *Architettura* (1545) und dessen genaue Beschreibung der drei Einheitsdekorationen hin.

mit direktem Bezug auf Caroline Neubers *Schäferfest* als »Spielraum für weibliche Selbstbehauptung«. Vestli weiter:

> Das Lustspiel eröffnet den Autorinnen im Rahmen der ihnen auferlegten Beschränkungen die Chance, weibliches Selbstbewusstsein, gar weibliche Auflehnung zu zeigen bzw. deren Erfolgstauglichkeit zu demonstrieren.[106]

In einem Kurzschluss von Autorin und weiblichen dramatis personae bescheinigt Vestli auch Phillis und Galathe sowie der Magd Mirta »Eigenwillen und Initiative«,[107] obwohl Phillis und Galathe nicht von lustspieltypischen Vorgaben abweichen und auch die Magd durch und durch als komische Figur gezeichnet ist, und zwar im Sinne der komischen Alten. Darauf weist schon die Präzisierung im Personenverzeichnis als »*alte Hausmagd*« hin.

Die genaue Textanalyse, die Vestli nicht liefert, macht offensichtlich, dass die genannten Frauen nicht in erster Linie aktiv sind, sondern sich vielmehr lächerlich machen, was durch die Analyse der Regiebemerkungen bestätigt werden kann. Diese stehen hier, anders als in den Vorspielen, vornehmlich in situationskomischen Szenen – neben Regiebemerkungen zu Requisiten und Abgängen, die allgemein typisch für Dramentexte und nicht auf eine bestimmte Gattung beschränkt sind. Die Regiebemerkungen zum Abgang werden oft mit dem Hinweis auf eine Gemütsbewegung der Figuren verbunden. Fast scheint es, als möchte man eine unübliche zusätzliche Regiebemerkung, die nur auf den Gemütszustand verweist, vermeiden, indem man eine schon vorhandene und konventionelle Regiebemerkung erweitert. So verweisen insgesamt nur fünf Regiebemerkungen auf Affekte; davon stehen vier in Verbindung mit einem Abgang: »*Gehet etwas unwillig und ernsthaft ab*« (S. 255), »*läuft böse ab*« (S. 256), »*Geht langsam und betrübt ab*« (S. 269), »*geht im Zorn ab*« (S. 270).

Als Mirta Sylvan vorschlägt »Heirate mich!« (S. 239), zeigt sie nicht etwa Initiative, so Vestlis Interpretation, sondern entspricht noch der Rolle der Kupplerin bzw. komischen Alten im 17. Jahrhundert. Hohes Alter und gleichzeitiges Interesse am männlichen Geschlecht werden dort als komisches Gegensatzpaar gezeichnet, etwa bei Gryphius;[108] im vorliegenden Stück erreicht Mirta nicht das gewünschte Ziel: Sylvan »*Stoßt sie fort*« (S. 241), heißt es in einer Regiebemerkung. Hier wird nicht »weibliches Selbstbewusstsein« vorgeführt, sondern eine Figur, die lustspieltypisch einer völligen Fehleinschätzung der Situation unterliegt, wie sie für die Figur der komischen Alten typisch ist. Deshalb wird sie – ebenfalls dem Lustspiel gemäß –

---

[106] Elin Nesje Vestli: Zwischen Tugend und Auflehnung. Friederike Caroline Neubers »Das Schäferfest oder die Herbstfreude«, Luise Adelgunde Gottscheds »Das Testament« und »Der Witzling«. In: Bärbel Rudin/Marion Schulz (Hg.): Vernunft und Sinnlichkeit, S. 218–242, hier S. 237.
[107] Ebd., S. 234.
[108] Szyrocki beschreibt die Kupplerin Salome aus der *Geliebten Dornrose* und Cyrilla aus *Horribilicribrifax*, indem er deren hohes Alter und sexuelle Interessen als Gegensatz auffasst: »Beide sind gerissen und habgierig und trotz ihres Alters mannstoll.« Marian Szyrocki: Andreas Gryphius. Sein Leben und Werk. Tübingen 1964, S. 110. Die Figurenzeichnung Mirtas im vorliegenden Stück weicht von diesem Schema kaum ab.

in ihre Schranken verwiesen. Ebenso wird Phillis in einer regiebemerkungsreichen Szene, wiederum gleichzeitig ein situationskomischer Auftritt mit viel Bewegung, wenig ›initiativ‹ gezeigt:

> SYLVAN. Komm! leg des Vaters Krause. (*Treibt sie vor sich her.*)
> Husch! husch! Ihr Gänsgen, husch! Fort! fort! Nun treib' ich ein.
> (*Phillis lauft zurück, Sylvan holt sie.*)
> Daß doch das junge Vieh nicht will gehorsam sein.
> (*Phillis lauft geschwind zum Mirtillo.*)
> PHILLIS (*zum Mirtillo*). Du kommst doch heut zum Fest? . . .
> MIRTILLO. Ja (*Sylvan hascht Phillis und trägt sie fort.*) (S. 245f.)

Ist Mirta zu alt zum Heiraten, wird bei Phillis ebenfalls schon im Personenverzeichnis ihre Jugend betont: »*Phillis, Sylvia, seine beide noch junge Töchter*«. Phillis, die noch gar nicht heiratsfähig ist, wird hier mit »Gänsgen« und »junges Vieh« angesprochen und in den Regiebemerkungen auf eben diese Weise behandelt: Sylvan »*treibt sie vor sich her*«, er »*hascht*« sie und »*trägt sie fort*«. Dass pantomimische Bewegungen sich ebenso bei den männlichen lustigen Figuren finden, so etwa bei dem Knecht Mops,[109] spricht ebenfalls für eine übliche Verwendung der Regiebemerkungen. Ein »subversiver Subtext«,[110] von dem Vestli spricht, ist nicht erkennbar, und auch von »Erfolgstauglichkeit«[111] der oben zitierten weiblichen Figuren kann so generell kaum die Rede sein. Die Regiebemerkungen bei den Frauenfiguren fallen ähnlich aus wie bei den männlichen lustigen Figuren, so dass diesbezüglich kein genderspezifischer Unterschied zu verzeichnen ist.

Nach den bisherigen Ausführungen muss es überraschen, dass gegen Ende des Stücks doch noch ausführliche Regiebemerkungen folgen. Wenn man bedenkt, dass gattungstypisch weder Zeit- noch Ortsangaben im Schäferspiel üblich sind und »bezeichnenderweise durchaus nicht in allen Schäferdramen Bühnenanweisungen« stehen,[112] fallen die ausführlichen Angaben zum Bühnenbild umso mehr aus dem Rahmen. Während sie zu Beginn zwar – gattungsgemäß – fehlen, finden sie sich gehäuft ganz am Ende des Stücks und sind durch den stückinternen Übergang zum Festspiel zu erklären. Dieser ›Gattungswechsel‹ ist für die andere Setzung und den veränderten Zuständigkeitsbereich der Regiebemerkungen verantwortlich, denn jetzt, wenn der Ort eine besondere Rolle spielt und verbunden mit dem Auftreten allegorischer Figuren Festliches beschrieben wird, nehmen die Regiebemerkungen zum Bühnen-

---

[109] Vgl. etwa die Regiebemerkungen auf S. 234f.
[110] Elin Nesje Vestli: Zwischen Tugend und Auflehnung, S. 236.
[111] Ebd., S. 237.
[112] So Klaus Garber: Locus amoenus, S. 167. Garber fährt fort: »Sie fehlen etwa in den beiden großen Vorbildern, in Tassos ›Aminta‹ und Guarinis ›Pastor fido‹ und den zahllosen Übersetzungen des 17. und 18. Jahrhunderts ebenso wie in Homburgs ›Dulcimunda‹, einer Bearbeitung von Jean Mairets ›La Silvie‹, und Augspurgers ›Schäfferei‹, einer Übersetzung von Montchrestiens ›Bergeries‹, und in Elmenhorsts ›Rosetta‹.« Hinzufügen kann man, dass noch Gellerts Schäferspiele meist ohne Regiebemerkungen arbeiten, so etwa *Das Band*. In Gellerts *Sylvia* finden sich insgesamt nur acht Regiebemerkungen (vgl. Kap. 3.1).

bild deutlich zu. Der huldigende Festspielcharakter wird im Zusammenhang mit dem jahreszeitlichen Erntedank angedeutet:

> *In der Mitte aufgezogen, wo die Schäferhütte so schön als möglich ausgezieret ist.* SYLVAN *und* MIRTA *bringen einen Korb, worinnen noch unterschiedene Auszierungen liegen, welche sie aufhangen und anbinden.* (S. 281)

Dass die Beschreibungen von Bühnenbild und Requisiten hier immer noch sehr unspezifisch ausfallen – so wenn die Hütte nur durch den Komparativ »*so schön als möglich*« beschrieben wird und ganz allgemein von »*unterschiedenen Auszierungen*« die Rede ist –, wird der Vergleich mit den Vorspielen zeigen. Im Anschluss an die genaue Aufeinanderfolge der Figuren kommt im Grunde eine weitere Notationsebene hinzu, die durch einen Klammerzusatz für die Musik eingezogen wird:

> PHILLIS *und* SYLVIA *gehen voran; hernach* GALATHE *und* DORIS; *dann* SELADON *und* MIRTILLO; *darauf* PHILEMON *und* DAMON. *Hinter diesen* SYLVAN *und* MOPS; *und endlich* SILEN *und* MIRTA.
> (*Unter der Zeit des Herausgehens wird Musik gemacht; der Sackpfeifer gehet vorher.*)
> (S. 284)

Dass auf die genauen Stellungsangaben durch ein später folgendes »*ein jedes [tritt] an seine vorige Stelle*« (S. 287) noch einmal Bezug genommen wird, gibt der Aufführung jetzt einen ballettartigen Anstrich, der dem Festspiel gemäß wirkt. Anders als in den ersten Akten des Schäferspiels treten hier auch allegorische Figuren auf. In der Forschung wird aber nicht das Festspielartige am *Schäferfest* herausgestellt, ganz im Gegenteil: angeblich fehlen hier die üblichen »angepaßten Musennamen« der allegorischen Figuren, während die Schäfer und Schäferinnen eine gewisse Individualität aufweisen:

> In ihrem einzigen erhaltenen Lustspiel, ›Das Schäferfest, oder die Herbstesfreude‹, [...] bewegt sich ihre dichterische Begabung durchaus frei und lustig. Hier sind keine ihrer Reform angepaßten Musennamen, die nur als Vertreter der verschiedenen Gesichtspunkte in einer reformatorischen Auseinandersetzung auftreten. Hier spielen sorglose Schäfer, Schäferinnen und Schäferknechte, die schon Spuren von selbständigen Charakterzügen aufweisen, ihr lustiges Spiel.[113]

Während Hannah Sasse die Abweichungen von der konventionellen Folie betont, ist zwar das »lustige Spiel« nachweisbar, es fehlen aber »Spuren von selbständigen Charakterzügen«. An den Vorspielen kritisiert Sasse den »modischen Hang zur Allegorie«,[114] während sie übersieht, dass Neuber gerade diese angeblich festgeschriebene Gattung eigenständig weiterentwickelt. Noch Susanne Kord stuft die Vorspiele in erster Linie als Auftragsarbeiten ein, die in direktem Bezug auf Männer geschrieben wurden.[115] Als Text, der nicht in dieser Weise interpretiert werden kann, hebt sie

---

[113] Hannah Sasse: Friedericke Caroline Neuber. Versuch einer Neuwertung. Diss. Freiburg i. Br. 1937, S. 163f.
[114] Ebd., S. 153.
[115] Vgl. Susanne Kord: Frühe dramatische Entwürfe, S. 232. Kord wirft der Forschung vor, dass sie sich fast ausschließlich auf die Stücke bezieht, »von denen [...] behauptet werden

Neubers Fünfakter, *Das Schäferfest*, hervor, als ob die Fünfaktigkeit mehr Eigenständigkeit garantiere. Schon Schlenther wertet die Vorspiele geringer als das Schäferstück und formuliert eine ähnliche Einschätzung wie später Kord: Allein das fünfaktige Theaterstück unternehme einen »Flug in eine höhere dramatische Region«.[116] Dabei kann man gerade an den Vorspielen, nicht zuletzt in ihrem Gebrauch der Regiebemerkungen, deutlich mehr Eigenständigkeit erkennen, als die Forschung ihnen bisher zugesteht.[117]

Zum elaborierten Charakter des Bühnenbildes in Vor- und Festspielen

Wenn Susanne Kord für Dramenschriftstellerinnen des 18. Jahrhunderts generell eine »rezeptionsgeschichtliche Fehlinterpretation« konstatiert, dann meint sie damit speziell im Hinblick auf Caroline Neuber, dass diese nur als Gelegenheitsdichterin beachtet werde. Nach Kord liegt das Problem also nicht darin, dass die Forschung Caroline Neuber als Autorin generell unberücksichtigt lässt, sondern dass sie nur als Verfasserin »›kleiner‹ Genres«[118] eingestuft und auf diese reduziert wird. Dem ist entgegenzuhalten, dass nicht die Gattung, mit der Caroline Neuber in erster Linie verbunden wird, für die Fehleinschätzung verantwortlich zu machen ist, sondern die weitverbreitete Ansicht, nach der ihre Vorspiele als gewöhnliche, ganz traditionelle Gelegenheitsdichtung verbucht werden, so dass das Neue an Caroline Neuber nicht in den Blick geraten kann. Ein vernichtendes Urteil formuliert etwa Schlenther. Er stellt fest, dass ihre Vorspiele »alle nach einer Schablone« gearbeitet seien und dass »fort und fort dasselbe Thema« wiederkehre.[119] Diese negative Einschätzung schickt er paradoxerweise gerade demjenigen Vorspiel als Herausgeber voraus, welches am stärksten von der Schablone abweicht, dem Straßburger Vorspiel. Die genauere Analyse der Stücke wird zeigen, dass Neuber die Regiebemerkungen der tradierten Gattungen Vor- und Festspiel in ungewohnter Weise nutzt. Dabei kann

---

kann, sie seien in direktem Bezug auf die Männer im Vordergrund entstanden. [...] Werke, die nicht in diesem Kontext interpretierbar sind, werden in auffallender Weise ignoriert: darunter fallen Neubers Fünfakter ›Das Schäferfest oder die Herbstfreude‹ (1735), das einzige von ihr noch erhaltene abendfüllende Drama.«

[116] Paul Schlenther: Einleitung zu *Ein Strassburger Vorspiel der Neuberin*. In: Archiv für Litteraturgeschichte 10 (1881), S. 450–453, hier S. 450.

[117] Eine Ausnahme bildet ein Aufsatz von Fischer-Lichte, von dem weiter unten zu sprechen sein wird.

[118] Susanne Kord: Frühe dramatische Entwürfe, S. 232.

[119] Paul Schlenther: Einleitung, S. 450. Weitaus differenzierter Haider-Pregler, die aber trotzdem darauf beharrt, dass Vorspiele generell »in Form und Inhalt ziemlich schablonenhaft gefertigt« seien. Hilde Haider-Pregler: Die Selbstdarstellung der ›Literarisierung des Theaters‹. In: Dies.: Des sittlichen Bürgers Abendschule. Bildungsanspruch und Bildungsauftrag des Berufstheaters im 18. Jahrhundert. Wien, München 1980, S. 226–247, hier S. 227f.

auch die Einschätzung Neubers als Verfasserin unwichtiger Tagesprodukte[120] durch die Analyse der Regiebemerkungen korrigiert werden.

Bei den Vor- und Festspielen zeichnen sich gattungsspezifische Auffälligkeiten zunächst im Bereich der Regiebemerkungen ab, auch wenn die gattungsdefinitorische Abgrenzung generell ein Problem darstellt. Schon die uneinheitlich behandelte Frage, ob man in diesen Fällen überhaupt von Gattungsbegriffen reden kann, deutet an, wie schwierig die Definition der Begriffe ›Festspiel‹[121] und ›Vorspiel‹[122] ist. Während das Stichwort »Festspiel« im Reallexikon von 1958 noch einen eigenen Eintrag erhält,[123] wird es in die überarbeitete Neuauflage von 1997 nicht übernommen.[124] Da Vor- und Festspiele – darin ist sich die Forschung weitgehend einig – als dramatische Gattung vor allem in Renaissance und Barock eine Rolle spielen,[125] ist die Frage nach einer Weiterentwicklung auch im Hinblick auf die Regiebemerkungen aufschlussreich, die für das 17. Jahrhundert insgesamt eine untergeordnete Rolle spielen, im 18. Jahrhundert hingegen an Bedeutung gewinnen. Nach Sprengel sind Festspiele Stücke, die für einen bestimmten Anlass verfasst wurden.[126] Sie zählen somit zur

---

[120] So etwa Paul Schlenther: Einleitung, S. 450: »Für einen gelegentlichen Zweck flüchtig hingeschrieben, verloren sie selbst in den Augen der Verfasserin mit dem Zwecke ihre Bedeutung.«

[121] Vgl. hierzu vor allem Peter Sprengel: Die inszenierte Nation. Deutsche Festspiele 1813–1913. Tübingen 1991 und den Lexikonartikel ›Festspiel‹ von Werner Kohlschmidt. In: Ders./Wolfgang Mohr (Hg.). Reallexikon der deutschen Literaturgeschichte. Band 1: Berlin ²1958, S. 458–461. Wenig präzise und für die hier vorgelegte Textauswahl unergiebig ist der Ansatz von Balz Engler. Engler stellt zunächst fest, das Festspiel sei »schwer in Begriffe einzuordnen, die bei der Beschreibung von Theater meist verwendet werden«, dann aber behandelt er das Festspiel sehr wohl als »besondere Theaterform«. Vgl. Balz Engler: Text, Theater, Spiel, Fest: Was ist ein Festspiel? In: Balz Engler/Georg Kreis (Hg.): Das Festspiel: Formen, Funktionen, Perspektiven. Willisau (Schweiz) 1988, S. 29–35, hier S. 29. Helmut Schanze, der die Genres »Festrede« und »Festspiel« als »komplementäre und zugleich gegenläufige Entwicklungen der Kunstübung« versteht (S. 347), stellt fest, dass die Festrede bereits in der Antike »das problematische Genre« sei. Helmut Schanze: Festrede und Festspiel. Konstellationen und Widersprüche. In: Josef Kopperschmidt/Helmut Schanze (Hg.): Fest und Festrhetorik. Zur Theorie, Geschichte und Praxis der Epideiktik. München 1999, S. 345–351, hier S. 346.

[122] Vgl. Klaus Haberkamm: Artikel ›Vorspiel‹. In: Reallexikon der deutschen Literaturwissenschaft. Band 3. Hg. von Jan-Dirk Müller u.a. Berlin, New York ³2003, S. 806–809.

[123] Vgl. den schon zitierten Artikel ›Festspiel‹ von Werner Kohlschmidt.

[124] Stattdessen findet sich dort der nicht auf eine literarische Gattung bezogene Eintrag ›Fest‹; vgl. Aleida Assmann: Artikel ›Fest‹. In: Reallexikon der deutschen Literaturwissenschaft. Band 1. Hg. von Klaus Weimar u.a. Berlin, New York ³1997, S. 579–582.

[125] Nach Kohlschmidt handelt es sich um eine alte Gattung der Gelegenheitsdichtung, so Gryphius' *Das verliebte Gespenst – Die geliebte Dornrose* (1660), das für das Fest einer fürstlichen Brauteinholung verfasst wurde. Werner Kohlschmidt: Artikel ›Festspiel‹, S. 459.

[126] Die Form des Festspiels ist dabei abzugrenzen von Theaterstücken, die auch zu einem bestimmten (festlichen oder offiziellen) Anlass aufgeführt wurden, so Lessings *Emilia Galotti*, die aber formal und inhaltlich auf den Festanlass keinen Bezug nehmen. Stefanie Stockhorst stellt zu Goethe fest: »Von den zahlreichen Stücken, die Goethe teils in herzoglichem Auftrag für die Weimarer Bühne anfertigte, sind die wenigsten durch Anlass und Adressat als Gelegenheitsdichtung ausgewiesen.« Stefanie Stockhorst: Fürstenpreis und

Kasualpoesie und sind meist zur einmaligen Aufführung vor einem ausgewählten Publikum gedacht. Es handelt sich um Tagesprodukte, bei denen der Aufführungsaspekt im Vordergrund steht und Wiederaufführungen nie den gleichen Rang haben wie die erste Vorstellung. Da der Kontext einer ganz bestimmten Aufführung im Gegensatz zu anderen dramatischen Gattungen immer mitgedacht werden muss, können die Festspiele Aufschluss geben über aufführungsspezifische Aspekte der Regiebemerkungen. Die Frage nach der angestrebten oder nichtintendierten Wiederaufführung ist ein weiterer Aspekt: Welche Form haben die Regiebemerkungen in solchen für die einmalige Aufführung verfassten Texten, und lassen sich von hier aus Rückschlüsse auf Texte ziehen, die mehrmals aufgeführt werden sollen?

Als »Spiegelung des festlichen Ereignisses und der herrschaftlichen Ordnung des Hofs, die sich als Abbild göttlicher Ordnung versteht«,[127] wird die Allegorie der Dramaturgie höfischer Festspiele am ehesten gerecht, und noch bei Caroline Neubers Festspielen handelt es sich durchweg um allegorische Vorspiele.[128] Dabei werden von antiken Gottheiten und allegorischen Figuren jeweils diejenigen ausgewählt, die Anlass und Hintergrund des Festes sinnfällig machen.

Auf Theaterzetteln[129] Caroline Neubers wird im Sinne eines Vorzugs gegenüber der Schrift thematisiert, dass die Vorspiele nicht in erster Linie auf das Lesen, sondern auf die Aufführung ausgerichtet sind:

Kunstprogramm. Sozial- und gattungsgeschichtliche Studien zu Goethes Gelegenheitsdichtungen für den Weimarer Hof. Tübingen 2002, S. 244. Nach Stockhorst handelt es sich allein bei dem *Pantomimischen Ballet* und bei *Palaeophron und Neoterpe* um »echte Gelegenheitsstücke«. Für Goethes Festspiel *Lila* weist Huber nach, dass Goethe im Verlauf der Bearbeitungen den ursprünglichen Spielanlass samt biographischem Kontext immer weiter zurücknimmt; vgl. Martin Huber: Inszenierte Körper. Theater als Kulturmodell in Goethes Festspiel »Lila«. In: Erika Fischer-Lichte/Jörg Schönert (Hg.): Theater im Kulturwandel des 18. Jahrhunderts. Göttingen 1999, S. 133–150, hier S. 135.

[127] Markus Engelhardt: Oper, Festspiel, Ballett. In: Albert Meier (Hg.): Die Literatur des 17. Jahrhunderts. München, Wien 1999, S. 333–346, hier S. 335. Berns reklamiert für den Zeitraum von 1580 bis 1730 eine »epochale Bündigkeit« der höfischen Festkultur. Jörg Jochen Berns: Die Festkultur der deutschen Höfe zwischen 1580 und 1730. Eine Problemskizze in typologischer Absicht. In: Germanisch-Romanische Monatsschrift N.F. 34 (1984), S. 295–311, hier S. 296.

[128] Ähnlich Kohlschmidt: »Wie sie zu polit. oder dynastischen Festlichkeiten verfaßt wurden, teilen sie auch das mythologisch-allegorische Gewand mit dem F[estspiel] des Barock.« Werner Kohlschmidt: Artikel ›Festspiel‹, S. 459.

[129] Zum Gebrauch von Theaterzetteln in dieser Zeit vgl. Carl Schüddekopf: Caroline Neuber, S. 4f. Er stellt fest, dass frühere Wandertruppen »regelmässige Theaterzettel mit Rollenbesetzung nicht kannten, sondern nur bei aussergewöhnlichen Gelegenheiten eine Ankündigung drucken ließen, die ein Mittelding von Festschrift und Textbuch bildeten«. Insofern sind schon die zahlreichen Theaterzettel und Vorankündigungen von Caroline Neubers Vorspielen als Zeichen eines gewissen Stellenwerts dieser Stücke zu werten. Hänsel kommt generell zu dem Schluss, dass die Theaterzettel für Wandertruppen das einzige Medium darstellten, »unmittelbar an das Publikum heranzutreten«. Johann-Richard Hänsel: Die Geschichte des Theaterzettels und seine Wirkung in der Öffentlichkeit. Diss. masch. Berlin 1962, S. 175.

Die Schaubühne stellt eine angenehme Gegend vor, in welcher der berühmte Lust-Garten Salzthalen zu sehen ist. Guelpis sitzt auf der einen Seite. Die Tugend auf der andern Seite, jede in einer Grotte. Das Übrige wird angenehmer zu sehen als zu beschreiben sein.[130]

Die textliche Fixierung der Regiebemerkungen verliert an Bedeutung, oder besser gesagt: In der Regiebemerkung selbst wird deren Ausführlichkeit als wenig sinnvoll abgelehnt. Natürlich stellt sich gerade bei der häufigen Betonung des Sehens als Vorteil gegenüber dem Lesen die Frage, warum Vorspiele dann überhaupt veröffentlicht werden und ob ein Auswahlkriterium ersichtlich wird; denn von den vielen nachgewiesenen Vorspielen Caroline Neubers sind nur drei im Druck erschienen.[131] Wichtig erscheint zunächst, dass sie nicht *vor* der ersten Aufführung in den Druck gehen, anders als dies bei zahlreichen Stücken der Fall ist, die etwa in Gottscheds *Deutscher Schaubühne* erscheinen.[132] Dass Letztere unabhängig von Aufführungen für die Lektüre zugänglich gemacht werden sollen, betonen auch die Vorreden in den Bänden der *Deutschen Schaubühne* (vgl. Kap. 2.1). Da umgekehrt bei Neubers Vorspielen die Aufführung immer mit- oder sogar vornehmlich bedacht wird, ergibt sich ein anderes Verhältnis von Text und Aufführung, so dass auch keine Gründe für dramentheoretische Beschränkungen wie bei Schlegels *Geschäfftigem Müßiggänger* durch den französischen Klassizismus vorliegen, stattdessen aber bühnenpraktische Faktoren in den Blick genommen werden müssen.

Selbst bei den zahlreichen ungedruckten Vorspielen Caroline Neubers weisen die Vorankündigungen und Theaterzettel darauf hin, dass in diesem Punkt ähnlich verfahren wird. Während die allegorischen Figuren keine erklärenden Zusätze benötigen, da sie als bekannt vorausgesetzt werden können, macht die Bühnenbeschreibung eine barocke Prachtentfaltung deutlich, so bei dem Vorspiel *Die ruhige und geseegnete Wohnung der Weisheit, der Wahrheit, des Apollo, und des Mercurius*.[133] Die Figuren werden wie schon auf der Jesuitenbühne[134] ohne nähere Angaben in hierarchischer Abfolge aufgelistet – »DIE WEISHEIT. DIE WAHRHEIT. DIE DEMUTH.

---

[130] Abgedruckt bei Carl Schüddekopf: Caroline Neuber in Braunschweig. Sonderabdruck aus dem Braunschweigischen Jahrbuch 1902, S. 28.

[131] Dass weitere Vorspiele ediert wurden, ist auch deshalb unwahrscheinlich, weil in Zedlers Universal Lexicon genau die drei Vorspiele als im Druck vorliegend genannt werden, die bisher auch aufgefunden worden sind. Vgl. Artikel ›Neuberin (Friderike Caroline)‹. In: Johann Heinrich Zedler: Grosses vollständiges Universal Lexicon Aller Wissenschafften und Künste. Band 24. Reprint der Ausgabe Leipzig, Halle 1740. Graz 1964, Sp. 18–20. Außerdem nimmt Neuber selbst in den Vorreden zu ihren Vorspielen auf die Trias Bezug, das Leipziger, das Lübecker und das Straßburger Vorspiel. Dabei scheint es kein Zufall zu sein, dass es sich gerade um die drei Vorspiele handelt, die programmatische Ziele verfolgen.

[132] Dort erscheinen Dramentexte, die z.T. gar nicht aufgeführt, aber als Lesedramen breit rezipiert werden (vgl. Kap. 2.1).

[133] Abgedruckt in Friedrich Johann Freiherr von Reden-Esbeck: Caroline Neuber und ihre Zeitgenossen. Ein Beitrag zur deutschen Kultur- und Theatergeschichte. Leipzig 1881, S. 180; im Folgenden direkt im Text zitiert.

[134] Vgl. Walter Michel: Die Darstellung der Affekte auf der Jesuitenbühne. In: Günter Holtus (Hg.): Theaterwesen und dramatische Literatur. Beiträge zur Geschichte des Theaters. Tübingen 1987, S. 233–251.

APOLLO. MERCURIUS. EIN SCHUTZ-GEIST. DER TADLER« –, der Schauplatz hingegen wird ausführlich beschrieben und mit typischen Attributen versehen:

> *Die Schau-Bühne* [...] *stellet die helfte von einem kostbaren Pallaste vor, wovon das innerste mit einer Wolken-Decke bedecket wird, auf welcher eine Sonne die Wolken zertheilet. Der Pallast ist von Marmor-Säulen, welche goldne Capitäler und Füsse haben. An den Säulen stehen goldene Tugend-Bilder mit ihren Ueberschriften.* (S. 180)

Die mythologischen Gestalten gehören zum festen Inventar. Das Pompöse des Ortes, aber auch die Kulissen der Festmaschinerie, die hier aufgerufen werden, erinnern an barocke Festlichkeit und Oper. In dem Vorspiel *Die Umstände der Schauspiel-Kunst in allen vier Jahres-Zeiten* werden die bekannten Jahreszeiten-Allegorien – »Der Frühling. Der Sommer. Der Herbst. Der Winter« – sowie Mercur, die Hochachtung und die Schauspielkunst ebenfalls ohne nähere Charakterisierungen auf dem Theaterzettel genannt.[135] Wie die Figuren auf die Bühne gelangen, ist aber wiederum bezeichnend und spricht für eine durchaus aufwendige Bühnenkonstruktion, die nicht zuletzt an den Regiebemerkungen erkennbar wird. So erscheint das richtige Urteil als göttliche Instanz »*in einer Maschine*«, die reine Liebe, als ein schöner Knabe, »*in der Luft schwebend*«, Hanswurst, als Cupido, »*kömmt auf einem Wunderthier geflogen*«. Ähnlich wie in Opern und barocken Theaterstücken wird eine Maschinerie benötigt, die den optischen Eindruck beim Publikum garantiert. Dieser steht somit eindeutig im Vordergrund.[136]

Dass die Umsetzung dieser Angaben zum Bühnenbild ähnlich prachtvoll vonstatten gegangen ist, darauf lässt auch die Beschreibung Lessings schließen, der an Caroline Neubers Vorspielen gerade das Prunkvolle, am Barock Ausgerichtete lobt:

> Alle Schauspiele von ihrer Erfindung sind voller Putz, voller Verkleidung, voller Festivitäten; wunderbar und schimmernd.[137]

Ein Vergleich mit der Beschreibung barocker Festspiele in der Forschung zeigt, dass Caroline Neubers Festspiele in dieser Tradition stehen, wobei die Kontinuität vor

---

[135] Wenn nähere Charakterisierungen hinzugefügt werden, dann in Form von gewohnten Zuschreibungen, so auf dem Theaterzettel des Vorspiels *Die Verbindung der vier Jahreszeiten*: »*Der Frühling, als Gärtner. Der Sommer, als Schäfer. Der Herbst, als Schäfer. Der Winter, als ein alter Mann. Die Hochachtung, als eine Schäferin. Melpomene. Mercurius*«; abgedruckt in: Friedrich Johann Freiherr von Reden-Esbeck: Caroline Neuber, S. 234. Da sowohl Sommer als auch Herbst hier als Schäfer auftreten, kann man darauf schließen, dass es sich um durch die Mode der Schäferspiele beeinflusste zusätzliche Verkleidungen handelt, die zu den üblichen die Jahreszeiten unterscheidenden Attributen hinzugefügt werden.

[136] Flemming betont die Ähnlichkeiten barocker Festspiele mit der Opernbühne und beschreibt mit Bezug auf *Wittekinden* den vorherrschenden Bühnentypus wie folgt: »Veritas kommt ›von oben‹ ›aus den Wolken geflogen‹; unter Donner und Blitz verwandelt sich die Dekoration der Bühne im Nu, und zwar aus einer dunklen Höhle in eine Straße.« Willi Flemming: Einführung zu ›Festspiel‹. In: Ders. (Hg.): Oratorium. Festspiel. Leipzig 1933, S. 117–140, hier S. 138.

[137] Vgl. Gotthold Ephraim Lessing: Vorwort. In: Christlob Mylius: Vermischte Schriften. Gesammelt von Gotthold Ephraim Lessing. Berlin 1754. Reprint Frankfurt/M. 1971, S. XXXII.

allem an den ausführlichen Regiebemerkungen zum Bühnenbild fassbar wird. Flemming grenzt das Festspiel zu Recht von Tragödie und Komödie ab und gesteht »dieser eigentümlichen barocken Dramatik« ein »eigenes Formprinzip«[138] zu, wobei die dekorative Funktion wie bei der Oper im Vordergrund stehe: »Nicht in deren Innenleben führt uns der Inhalt der Szenen, sondern wir sehen die Figuren agieren.«[139]

Dass das Raffinement der Darstellungsmittel in Neubers Huldigungsvorspielen im Vordergrund steht, deuten auch die Zusätze auf den Theaterzetteln an, die die Neuigkeit der Bühnendekoration betonen. So heißt es auf dem Theaterzettel des Vorspiels *Die Umstände der Schauspiel-Kunst in allen vier Jahres-Zeiten* im Anschluss an die Nennung der allegorischen Figuren: »Die Auszierungen des Theaters sind neu dazu verfertiget worden.«[140] Natürlich soll so auch Publikum angezogen werden, das solche Arrangements schätzt. Dies geschieht allerdings nicht über neue Inhalte oder die Nennung der Schauspieler, sondern allein über die Neuigkeit der Dekoration, so dass Flemmings Einschätzung der barocken Festspiele als »Schau-Spiele«[141] bis zu Caroline Neubers Stücken zu verlängern ist und der Gattung eine starke Kontinuität bescheinigt werden kann.

Dass die Figuren und die zugehörigen Requisiten sowie das Kostüm keine ausführlichen Angaben in den Regiebemerkungen benötigen, hängt nicht primär mit einer Ausrichtung am Barock zusammen, sondern mit der Form des allegorischen Spiels: Hier dienen die Requisiten als Attribute, die die Figuren nicht mit sich führen, um sie zu gebrauchen, sondern um sie zu zeigen.[142] Auch in Gryphius' Gesangspiel *Verlibtes Gespenst* erscheinen im Personenverzeichnis »Eros oder die Liebe« und »Hymen oder der Braut-Gott« ohne nähere Angaben,[143] ebenso in Rists Festspiel *Irenaromachia*: Dort werden die zahlreichen mythologischen Gestalten ohne nähere Angaben zum Kostüm oder zur Figur aufgezählt, weil diese als bekannt vorausgesetzt werden können: »Apollo, Jupiter, Juno, Pallas, Venus cum Cupidine, […] Mars, Irene.«[144] Wenn Attribuierungen in den Regiebemerkungen gebracht werden, dann in gewohnter Form – etwa bei Gryphius »*Die Liebe erscheinet mit Bogen und Pfeilen (in den Wolken)*«, ebenso bei Rist »*Apollo (mit der Lauten)*«. Häufig wird auf eine spezielle Nennung der jeweiligen Attribute ganz verzichtet, da sie selbstverständlich und automatisch mit der jeweiligen Figur in Zusammenhang gebracht werden. So

---

[138] Willi Flemming: Einführung zu ›Festspiel‹, S. 117.
[139] Ebd., S. 118.
[140] Abgedruckt in: Friedrich Johann Freiherr von Reden-Esbeck: Caroline Neuber, S. 191.
[141] Willi Flemming: Einführung zu ›Festspiel‹, S. 118: »Es [das Festspiel] ist wesensmäßig nicht so sehr Drama als wirklich Schau-Spiel.«
[142] Vgl. Jörg Jochen Berns: Trionfo-Theater am Hof von Braunschweig-Wolfenbüttel. In: Daphnis 10 (1981), S. 663–710, hier S. 686.
[143] Andreas Gryphius: Verlibtes Gespenst. Gesangspiel. Text und Materialien zur Interpretation. Hg. von Eberhard Mannack. Berlin 1963, S. 8.
[144] Johannes Rist: Irenaromachia. Abgedruckt in: Willi Flemming (Hg.): Oratorium. Festspiel. Leipzig 1933, S. 141–208, hier S. 143.

heißt es bei Rist: »die neun MUSAE (*ein jegliches mit ihren sonderlichen Instrument*)«.[145] Auftrittsreihenfolge und Positionierung der antiken Götter hingegen werden ebenso wie bei Caroline Neuber genau notiert:[146]

> APOLLO [...] *und seine Töchter die neun* MUSAE [...] *treten auff / und musicirn stehend / bis sich der höheste Gott* JUPITER *auff seinen Thron / nach ihm* JUNO, *darnach* NEPTUNUS, PALLAS, VENUS, VULCANUS, CERES, VESTA *gesetzt haben / alsdenn setzet sich auch Apollo an seinen Ort / aber* NEMESIS *und* MERCURIUS *bleiben stehen / die* MUSAE *schließen das theatrum.*[147]

Die hierarchische Anordnung der allegorischen Figuren wird hier durch den Gegensatz Sitzen/Stehen sowie durch ein zeitliches Nacheinander (»bis sich«, »nach ihm«, »darnach«, »alsdenn«), das die Hierarchie spiegelt, veranschaulicht und visuell nachvollziehbar gemacht. Dass es sich bei Jupiter, der sich als erster setzt und dem der Thron zugeordnet ist, um den obersten Gott handelt, wird durch die Bezeichnung als »höhester Gott« für den Leser zusätzlich hervorgehoben.

Nicht nur nach hinten, sondern auch nach vorn kann die zeitliche Achse verlängert werden, denn noch über hundert Jahre später treten die gleichen Allegorien auf, etwa bei Julius Rodenberg. Mit ihnen lebt dieselbe kurze Form von Regiebemerkungen weiter, die sich nur bei Stellungsangaben und Prunkbezeigungen[148] deutlich ausweiten. Sowohl Lokalitäten als auch Requisiten sind dabei dieselben wie in den schon zitierten barocken Festspielen. Sie definieren auf eben diese Weise die überzeitlichen allegorischen Figuren. So heißt es in Rodenbergs Festspiel *Die Heimkehr*:

> *Wolkenregion. – Die Gerechtigkeit auf einem Throne. Sie stützt sich mit der Rechten auf das Schwert, neben welchem am Boden die Goldene Waage liegt. Ihr zu Füßen, an sie gelehnt, der Frieden, mit dem Palmenzweig* [...][149]

Der Palmenzweig für den Frieden, goldene Waage und Schwert für die Gerechtigkeit, die in einer Wolkenregion auf einem Thron sitzt, das sind Zuschreibungen, die sich in vielen Festspielen finden. Am Schluss der hier anzitierten langen Regie-

---

[145] Johannes Rist: Irenaromachia, S. 144.
[146] Zur bühnenperspektivischen Ausrichtung vgl. Markus Engelhardt: Oper, Festspiel, Ballet, S. 338f.: »Die Entwicklung vom mittelalterlichen zum barocken Festspiel läßt sich auch als raumstruktureller Wandlungsprozeß beschreiben (räumliche Zusammenfassung von bewegten und stationären, das heißt bühnenmäßigen Darstellungsformen), der in der Institutionalisierung des barocken Hoftheaters mit zentralperspektivischer Bühne seinen Abschluß findet. Dabei scheinen Institutionalisierung im Sinn architektonischer Entität und zunehmende Standardisierung der szenisch-musikalischen Formen einander gegenseitig zu bedingen.« Die Aufteilung von Spiel- und Zuschauerbereich in Form einer Querteilung ermöglicht im 17. Jahrhundert auch »rasche Verwandlungen des Bühnenbilds«, Engelhardt, S. 340.
[147] Johannes Rist: Irenaromachia, S. 144.
[148] Für die Dekoration des Barock sprechen Alewyn/Sälzle von einer »massiven Festlichkeit«, vgl. Richard Alewyn/Karl Sälzle: Das große Welttheater. Die Epoche der höfischen Feste in Dokument und Deutung. Hamburg 1959, S. 43.
[149] Julius Rodenberg: Die Heimkehr (1871). Abgedruckt in: Peter Sprengel: Die inszenierte Nation. Deutsche Festspiele 1813–1913 mit ausgewählten Texten. Tübingen 1991, S. 127–133, hier S. 127.

bemerkung, in der später auch noch die vier Jahreszeiten erwähnt werden, setzt der Verfasser die Kenntnis der nötigen Requisiten ebenfalls voraus: »Die Künste (*mit den bekannten Attributen*)« heißt es dort ohne nähere Erklärung. Sie sind zeitlos gültig[150] und noch dieselben wie schon bei Rist, der sich ebenfalls auf summarische Nennungen beschränkt.

Die relativ hohe Konstanz der Regiebemerkungen in Fest- und Vorspielen vom Barock bis ins 19. Jahrhundert – sowohl was ihre Form betrifft als auch ihren Zuständigkeitsbereich – unterscheidet sich von den deutlichen Wandlungen und dem weiten Spektrum, das von Regiebemerkungen in Lustspiel und Trauerspiel zur selben Zeit genutzt wird. Sie beziehen sich in Fest- und Vorspiel überwiegend auf immer ähnliche Requisiten und Bühnenbilder, wobei dieselben Schauplätze – Grotten, Höhlen, Paläste – aufgerufen werden. Außerdem enthalten sie detaillierte Stellungsangaben, während Gestik, Mimik, Affekte und Stimmlage kaum Beachtung finden. Die Tradition des Vorspiels wirkt somit ungebrochen fort, da der Bezug auf einen bestimmten festlichen Anlass und die pragmatische Ausrichtung der Gattung die Beibehaltung der Form nahelegen. Die Regiebemerkungen stehen in engem Bezug zum Aufführungskontext, wobei Wiederaufführungen oft gar nicht impliziert sind. Gerade vor dem Hintergrund dieser szenischen Produkte, die, so Haider-Pregler, »fast alle schnell vergessene, meist für einen bestimmten Anlass konzipierte Tagesware [blieben], die nur zum geringeren Teil auch im Druck erschien«,[151] ist es umso auffälliger, dass drei Vorspiele von Caroline Neuber veröffentlicht wurden. Inwiefern sich diese von der gewohnten »Tagesware« abheben, wird im Folgenden zu untersuchen sein.

Zur textlichen Fixierung von anlassgebundenen Stücken

Da die schriftliche Fixierung der Vorspiele bzw. anlassgebundener Stücke primär eine andere Funktion hat als bei Theaterstücken, die wiederaufgeführt oder gelesen werden sollen, sind auch die detaillierten Regiebemerkungen dieser schnelllebigen Produkte zunächst in engem Zusammenhang mit der (einmaligen) Aufführung zu sehen. Die präzisen Angaben zur Stellung der Figuren zeigen, dass keine Freiräume vorgesehen sind, da richtige Reihenfolge und Aufstellung der Figuren als Spiegel der herrschaftlichen Ordnung dienen. Sie werden also gerade in den Fällen gesetzt, in denen eine genaue Befolgung der Vorgaben notwendig erscheint, nicht im Sinne einer Eröffnung von Freiräumen.

Eine Frage stellt sich bei den Vor- und Festspielen wie bei jeder Form von Gelegenheitsdichtung vordringlicher als bei anderen Gattungen: Wieso werden diese überhaupt schriftlich überliefert, wenn es sich doch um Produkte handelt, die an den Tagesanlass gebunden und für den einmaligen Gebrauch produziert worden sind?

---

[150] Eine Aufstellung der den Musen zugehörigen Attribute für das Altertum enthält Paulys Realencyclopädie der classischen Altertumswissenschaft. Neue Bearbeitung begonnen von Georg Wissowa. Hg. von Wilhelm Kroll. Band 31.1. Stuttgart 1933, Spalte 727–730.

[151] Hilde Haider-Pregler: Selbstdarstellung der ›Literarisierung des Theaters‹, S. 227.

Noch Goethe äußert sich dezidiert gegen die Festschreibung seiner Maskenzüge und Festspiele, selbst gegen die optische Fixierung auf Gemälden. Man soll nicht »aufs Papier [...] heften, was nur als Traum vorbeyziehen sollte, und was weder gemahlt noch beschrieben werden kann. Ich wünschte sogar, daß Sie verböten, etwas davon in's Wochenblat zu setzen. [...] der grösste Reiz wird bey aller Überlieferung das unaussprechliche bleiben, die Imagination wird arbeiten [...].«[152]

Zu überlegen ist in diesem Zusammenhang erneut, ob man überhaupt von einer eigenen »literarischen Gattung«[153] sprechen kann. Krapf/Wagenknecht lösen das Problem der Gattungsfrage, indem sie die ›Festbeschreibung‹ vom Festspiel unterscheiden, so dass schon im Begriff das Einmalige und Authentische des realen Festes wachgehalten wird.[154] Wenn ein solches Kasualstück schriftlich fixiert ist, dann ist außerdem zu klären, ob die Aufzeichnungen *vor* oder *nach* dem Fest entstanden sind

---

[152] Brief an Herzog Carl August, [Ende Februar] 1782. In: Johann Wolfgang Goethe: Werke. Weimarer Ausgabe. Abt. 4, Band 5, S. 270f., hier S. 271. Eine ähnliche Äußerung zitiert Sauder: »G. hatte zunächst gezögert, das Vorspiel zu veröffentlichen, ›weil alles auf die Gelegenheit, den Moment, die Individualität des Personals, die Gewalt der Musik und der übrigen sinnlichen Darstellung berechnet war‹ (an Zelter, 31.8.1802).« Gerhard Sauder: Artikel ›Theaterreden‹: Pro- und Epiloge, Vor- und Nachspiele‹. In: Goethe-Handbuch. Band 2. Hg. von Theo Buck. Stuttgart, Weimar 1997, S. 320–333, hier S. 328. Hierbei kann es sich aber auch um eine Form der Selbststilisierung handeln, vor allem wenn man bedenkt, dass Goethe diese Texte doch hat drucken lassen. Die Äußerungen Goethes zeigen aber zumindest, dass eine zentrale Frage berührt wird, die besonders diese tagesabhängigen Produkte betrifft. Dass Goethe in seinen detaillierten Anweisungen, die sogar Zeichnungen enthalten, genau festlegt, welche Kostüme und Attribute für die allegorischen Figuren erforderlich sind (vgl. Gerhard Sauder: Artikel ›Maskenzüge‹. In: Goethe-Handbuch. Band 2, S. 309–319, hier S. 311), macht dabei den Gegensatz zwischen solchen Angaben deutlich, die dem nachträglichen Leseerlebnis dienen, und solchen, die für die Aufführung und somit vor dieser geschrieben worden sind, also mit stetem Blick auf die intendierte Umsetzung.

[153] Vgl. Ludwig Krapf/Christian Wagenknecht: Vorwort. In: Dies. (Hg.): Stuttgarter Hoffeste: Texte und Materialien zur höfischen Repräsentation im frühen 17. Jahrhundert. Tübingen 1979, S. VII–IX, hier S. VIII. Zur Erläuterung des Begriffs ›Festbeschreibung‹ vgl. Christian Wagenknecht: Die Beschreibung höfischer Feste. Merkmale einer Gattung. In: August Buck u.a. (Hg.): Europäische Hofkultur im 16. und 17. Jahrhundert. Band 2. Hamburg 1981, S. 75–79, hier S. 76: »Zur Richtschnur hatte dem Beschreiber wie hier so überhaupt natürlich ›die blosse wahrheit‹ zu dienen – will sagen: die genaue Übereinstimmung der Beschreibung mit dem Beschriebenen selbst.« Es gehe um die »festliche Vergegenwärtigung des festlichen Geschehens«, S. 77, im Sinne des konkreten Erinnerns.

[154] Sinnvoll erscheint eine Unterscheidung benachbarter Begriffe: die ›festival books‹, bei denen die Text-Bild-Komposition und die Buchausstattung eine zentrale Rolle spielen, neben der ›Festbeschreibung‹ im Sinne eines historischen Dokuments und dem ›Festspiel‹ als Spieltext zur Wiederaufführung. Eine genauere Abgrenzung der genannten Begriffe steht noch aus. Mit dem ›festival book‹ hat sich umfassend Watanabe-O'Kelly auseinandergesetzt, vgl. Helen Watanabe-O'Kelly: Festival Books in Europe from Renaissance to Rococo. In: The Seventeenth Century 3 (1988), S. 181–201, und Dies.: Early Modern European Festivals – Politics and Performance, Event and Record. In: James Ronald Mulryne/Elizabeth Goldring (Hg.): Court Festivals of the European Renaissance. Art, Politics and Performance. Aldershot u.a. 2002, S. 15–25, hier S. 15: »The very efficacy of these public ceremonies resides in their being public, in the fact that they are witnessed by the people. [...] Spectacles, on the other hand, are theatrical events.«

und weiterführend: Sind der Erhalt und das Erinnern eines Festes intendiert oder sollen weitere Aufführungen und Neuinszenierungen folgen? Die genaue Festlegung erweist sich oft als schwierig, da die Funktion der Texte gewissermaßen zwischen wiederaufzuführendem Spieltext und historischem Dokument schwankt. Als Indikatoren können die Regiebemerkungen dienen. Sind sie im Präsens gehalten, spricht dies dafür, dass die Stücke erneut aufgeführt werden und im Sinne von Spieltexten, nicht von Dokumenten zu verstehen sind.[155] So stehen die Regiebemerkungen in den Vorspielen Caroline Neubers durchweg im Präsens, während bei den Beschreibungen der Stuttgarter Kindtaufe von 1616[156] konsequent Vergangenheitsformen verwendet werden. Das gesamte Geschehen wird so als vergangenes und damit einmaliges, gleichzeitig ›reales‹ Geschehen gekennzeichnet mit dem Anspruch, als historisches Dokument zu gelten.

> Der weitberhümte ... Berg Erix in *Siciliâ* ... ist auch / sampt der *Venus* selbsten / so oben darauff vnder einem schönen vergulten Himmel gesessen [...] Zwischen welchen / auß einer wilden Grotta / gar hell vnnd frisch Brunnenwasser / immerzu herauß vnd vbersich gesprützt [...].[157]

Den Regiebemerkungen zufolge – wenn man diese hier überhaupt so nennen kann[158] – steht bei diesen Texten vom Beginn des 17. Jahrhunderts zweifellos die Repraesentatio im Vordergrund, die mögliche Wiederholbarkeit wird nicht an-

---

[155] So wurde auch dasselbe Vorspiel mit unterschiedlichen Titeln aufgeführt, etwa als ›Hamburger‹ und als ›Straßburger‹ Vorspiel, was der Forschung z.T. entgeht, so Petra Oelker: »Nichts als eine Komödiantin.« Die Lebensgeschichte der Friederike Caroline Neuber. Weinheim, Basel 1993, S. 95f.

[156] Es handelt sich um die Gesellschaft um Herzog Johann Friedrich von Württemberg und seiner Frau Barbara Sophia, die die Taufe ihres Sohnes Friedrich feiern. Die Beschreibungen stammen u.a. von Weckherlin. Vgl. die Zusammenstellung des Materials von Ludwig Krapf/Christian Wagenknecht (Hg.): Stuttgarter Hoffeste. Texte und Materialien zur höfischen Repräsentation im frühen 17. Jahrhundert. 2. Teil: Neudruck der Ausgabe von 1616. Tübingen 1979.

[157] Esaias van Hulsen [angebl. Verf.]; Matthäus Merian: Repraesentatio der fvrstlichen Avfzvg vnd Ritterspil. d. Kupferstichfolge von 1616. Hg. von Ludwig Krapf/Christian Wagenknecht: Stuttgarter Hoffeste. 2. Teil, S. 100; vgl. S. 94: »Alsdann seind drey ... Personen / in einem Glied zu Pferdt ankommen. Dann Erstlich oder in der Mitte / ist geritten ein Ritter / mit einem gulden Helmlin [...]. Zu seiner Rechten hat sich eine schöne / holdseelige Jungfraw / mit Namen CALOPHILA [...] in einem weissen mit Gold gesticktem Attlas sehen lassen [...]. Zu seiner Lincken / hat sich / auff einem ohnbillich grossen Bock mit vergulten hörnern / ein böß verschlagen Weibß-Bild / mit namen *AEschrophila* erzeigt [...]. Hinder diesen ist zu Fuß gangen: Ritter *Phronanders* Diener [...] Neben jhm auff der Rechten seiten / *Calophilae* auffwärterin [...] auff der lincken aber / *AEschrophilae* Magd [...]«. Neben den Vergangenheitsformen steht auch bei Weckherlins Beschreibung wie bei Schottel mehrmals »sollen«, etwa beim »Ringrennen«, so dass der Anweisungscharakter verstärkt wird.

[158] Obwohl Berns feststellt, dass der Trionfo an sich »keine reine Theaterform und schon gar kein Dramengenus« sei (S. 664) und die Trionfo-Demonstrationen auch in Poetiken keine Berücksichtigung fänden, da sie »noch nicht hinreichend literarisiert« seien (ebd.), verwendet er im Zusammenhang mit seinen Ausführungen zu den Trionfos – also für eine bestimmte Art allegorischer Umzüge an italienischen Höfen – und »den trionfohaften

gestrebt, ganz im Gegenteil: Betont wird die Einmaligkeit des festlichen Geschehens, das als solches im Gedächtnis bleiben soll. Ein ganz bestimmtes Festspiel kann auf diese Weise erinnert werden, die präzisen Angaben zur Reihenfolge der Teilnehmer sowie zu deren Kleidung garantieren dabei die Beachtung von Hierarchien und erhöhen durch Detailgenauigkeit den Eindruck einer authentischen Beschreibung. Dieser Aspekt tritt bei Caroline Neuber in den Hintergrund. Detailgenaue Schilderungen dienen nicht dem Erinnern eines Festes, vielmehr gewährleisten sie eine anlassunabhängige Imaginierung oder ermöglichen ein genaues Nachspiel des Beschriebenen.

Bei Schottel, dessen Festspiel *Friedens Sieg* 1642 in Braunschweig aufgeführt wurde,[159] finden sich in Personenverzeichnis und Regiebemerkungen auch Vergangenheitsformen, allerdings nicht konsequent:

> Die Personen in diesem Freuden Spiele sind gewesen:
> Das Glück A(nton) U(lrich) Herzog zu Br(aunschweig) und Lüneb(urg)[160]

Diese Formulierungen, die dem Personenverzeichnis vorangehen, können noch dadurch begründet werden, dass die Mitspieler auf die singuläre Vorstellung beschränkt sind und nicht zur Ebene der Fiktion zählen. Sie sind der realen und damit einmaligen Aufführung zuzurechnen. Und tatsächlich stehen im Stück selbst Regiebemerkungen im Präsens, allerdings meist mit dem die Notwendigkeit bezeichnenden Modalverb »müssen« und dem Lokaladverb »hier« verbunden, so dass sie nicht fiktionsbildend wirken, sondern eine reale Aufführung implizieren. Außerdem werden sie als regelrechte *Anweisung* formuliert, was bei Regiebemerkungen meist nicht der Fall ist (vgl. Kap. 1). So heißt es schon im Personenverzeichnis: »30 oder 40 Knaben so da drillen müssen« (S. 143), später »Die Musae müssen musiciren« (S. 146); »Hie muß getrummelt werden / und etliche Schösse geschehen« (S. 182). Dabei werden mit dem Modalverb vor allem Regiebemerkungen an die Musiker und Statisten formuliert. Sie beziehen sich also auf Rollen, die zum Stück im engeren Sinne hinzutreten. Daneben finden sich aber weitere Regiebemerkungen im Präteritum, so dass außer der Uneinheitlichkeit,[161] die wiederum ein Beleg für die fehlende Normierung dieses Textraums im 17. Jahrhundert ist, auch die Einmalig-

---

Huldigungsspielen des Wolfenbütteler Hofes« sowie Schottels *Friedens Sieg* den Begriff ›Regieanweisung‹. Vgl. Jörg Jochen Berns: Trionfo-Theater, etwa S. 676, S. 680.

[159] Zu Schottels *Friedens Sieg* vgl. Jörg Jochen Berns: Trionfo-Theater. Berns spricht in Bezug auf Schottels Stück von einer deutlichen Theatralisierung, die mit der Verlegung des Festzugs in einen Saal und der Koppelung an nichttrionfohafte Schauspielformen zusammenhänge (S. 683).

[160] Justus Georg Schottelius: Friedens Sieg. Wolfenbüttel 1648. Hg. von Friedrich E. Koldewey. Neudruck Halle (Saale) 1900, S. 14. Im Folgenden direkt im Text zitiert.

[161] Auch ein »*Tritt wieder auf*« nach Nennung der betreffenden Figur am Szenenbeginn (vgl. Justus Georg Schottelius: Friedens Sieg, S. 185) erscheint aus heutiger Sicht überflüssig, da die Nennung der Figur am Beginn einer Szene jeweils ihren (Wieder)Auftritt impliziert. Dass bei Schottel dieser Zusatz nicht systematisch verwendet wird, ist wiederum ein Hinweis auf die damals fehlende diesbezügliche Normierung.

keit der Aufführung unterstrichen wird. Formen im Präteritum stehen vor allem bei dem auffahrenden Friedenswagen – als ob er außerhalb der Fiktion der allegorischen Figuren angesiedelt wäre – und den Musikern sowie bei dem auf der realen Ebene stattfindenden Überreichen von Geschenken an real anwesende Personen: »Dem anwesenden Fürstl. Frauenzimmer ward hierauf gleichfals ein Ehren- und Friedensgeschenklein überreicht [...]« (S. 73).[162] Bei den meisten Auftritten der allegorischen Figuren steht hingegen das Präsens. Diese Regiebemerkungen, die die Stellung der Figuren betreffen, stehen miteinander in Verbindung und ergänzen sich gegenseitig zu einem vollständigen Bühnengeschehen:

> Hie stellet sich Mars zur rechten Seiten an des Glückes Wagen. Und kömt darauf Cupido heraus lauffen und nähert sich zu der Fortun. (S. 19)

> Nachdem Cupido sich zur linken Seiten der Fortun gestellet, kommet ein Spanier mit mechtigen Gange herein getreten, nähert sich endlich zu der Fortun. (S. 20)

Die unterschiedlichen temporalen Ausprägungen der Regiebemerkungen[163] bei Schottel zeigen zunächst ganz generell, dass es sich hier um einen nicht normierten Bereich handelt. Darüber hinaus können die verschiedenen Tempora innerhalb dieser Texträume als Indikator dafür verstanden werden, wie stark Festspiele in ihrer Notationsform zwischen der Einmaligkeit der Aufführung, die stattgefunden hat, und dem Anweisungscharakter für kommende Aufführungen schwanken. Umgekehrt ist vor dem Hintergrund der hier angestellten Beobachtungen eine gewisse Vereinheitlichung der Notation im Laufe des 18. Jahrhunderts abzulesen,[164] denn

---

[162] An zahlreichen weiteren Stellen finden sich in Vergangenheitsformen formulierte Regiebemerkungen, z.B.: »Hie legten sie ihre Haken nieder, ergriffen die Pfeiffen und liessen sich damit hören. Und traten darauf ordentlich und nunmehr vereiniget mit einander ab«, S. 38; »Hie bewegte sich der Friedenswagen und rükket von sich selbst noch näher hinzu, und fing darauf der Friede also anzureden«, S. 61; »Die sämtlichen Musen fingen hierauf aber eins an lieblich zu spielen, worin folgende viere zugleich sungen«, S. 62; dann aber wieder Anweisungen im Präsens: »Die Musen beginnen hierauf allsamtlich lieblich zu spielen, und viere drunter fangen zugleich an folgendes Liedlein zu singen, nach dessen Inhalt sich dieselbe, wie auch Henricus Anceps und Arminius müssen mit Annehmung, Darreichung, Gange und Geberden zu schicken wissen«, S. 73.

[163] Auch in Calderóns mythologischen Festspielen stehen ausführliche Regiebemerkungen in der Vergangenheitsform. Sie betreffen übrigens ebenfalls vor allem das Bühnenbild. Sebastian Neumeister weist darauf zwar nicht ausdrücklich hin, meint aber unabhängig von Zeitformen und Regiebemerkungen, dass diese Festspiele für eine einmalige Aufführung gedacht waren, vgl. Sebastian Neumeister: Mythos und Repräsentation. Die mythologischen Festspiele Calderóns. München 1978, S. 209: »Die Fiesta nimmt, wie mehrfach angedeutet wurde, insofern eine Sonderstellung unter den dramatischen Gattungen ein, als sie nach dem Willen ihres Auftraggebers nur für eine einzige Theatersaison, ja im Prinzip sogar nur für eine einzige Aufführung vor dem König konzipiert ist.« Neumeister zitiert eine umfangreiche Regiebemerkung Calderóns, wiederum in der Vergangenheitsform formuliert, allerdings nicht, um die Frage nach den Zeitformen zu beantworten, sondern als Nachweis der »engen Zusammenarbeit zwischen Autor und Bühnenarchitekt«, S. 211f.

[164] Anzuführen ist auch, dass Rist noch ständig zwischen deutschen und lateinischen Regiebemerkungen wechselt (etwa »*verberat Irenen*«, »*fugit*«, »*Tritt wieder auf*«, S. 185), wobei

im Gegensatz zu den zitierten Beispielen aus den Festspielen des 17. Jahrhunderts werden die Regiebemerkungen dort in der heute üblichen Form, also im Präsens formuliert, so auch bei den im Druck erschienenen Vorspielen Caroline Neubers.

Konventionelle Regiebemerkungen im Leipziger Vorspiel

Bei den drei von Caroline Neuber überlieferten Vorspielen, dem Leipziger, dem Lübecker und dem Straßburger Vorspiel, handelt es sich um programmatische Vorspiele; so stuft Fischer-Lichte sie im Gegensatz zu Neubers reinen Huldigungsvorspielen ein: In allen drei Stücken ist das Theater selbst Gegenstand des Theaters.[165] Da eine Veröffentlichung bei Fest- und Vorspielen die Ausnahme bildet, wird der Stellenwert gerade dieser drei Vorspiele erhöht, die Caroline Neuber in ihrer Vorrede als zusammengehörend und für den Druck vorgesehen ausweist.[166] Ob die veröffentlichten Vorspiele imaginiert oder auch nachgespielt werden sollen, ist damit noch nicht beantwortet. Beides ist, sobald sie im Druck vorliegen, zumindest möglich.

Ob und wie sich die gemeinsame Thematik auf die Stücke auswirkt, inwiefern die Selbstthematisierung zu einer Veränderung der allegorischen Figuren und – damit einhergehend – zu einer Umformung der Regiebemerkungen führt, soll insbesondere anhand des ersten und des letzten, also des Leipziger und des Straßburger Vorspiels, untersucht werden.[167] Generell zeichnet sich die Tendenz ab, dass Regiebemerkungen auch hier weitgehend auf eine einzige, aber wichtige Funktion beschränkt sind. Denn fast ausschließlich geht es um die Positionierung der Figuren auf der Bühne, nicht um Affekte, Mimik oder Gestik. Die Regiebemerkungen fungieren insofern auch hier als Indikatoren für denjenigen Bereich, der in den Stücken oder für eine Gattung eine vorrangige Rolle spielt: in Fest- und Vorspielen ist es die Stellung und Anordnung der Figuren.[168] Die relativ langen Angaben zur Aufstellung der alle-

---

deutsche und lateinische Formen kurz nacheinander erscheinen (z.B. »abit« und »gehet ein«, S. 188), während heute nur noch »ad spectatores« üblich ist. In diesem Punkt ist schon im 18. gegenüber dem 16. und 17. Jahrhundert eine gewisse Einheitlichkeit ablesbar.

[165] Erika Fischer-Lichte: Vom zerstreuten zum umfassenden Blick: Das ästhetische und zivilisatorische Programm in den Vorspielen der Neuberin. In: Winfried Herget/Brigitte Schultze (Hg.): Kurzformen des Dramas. Gattungspoetische, epochenspezifische und funktionale Horizonte. Tübingen 1996, S. 59–86, hier S. 62; vgl. Hilde Haider-Pregler: Selbstdarstellung der ›Literarisierung des Theaters‹, S. 227.

[166] Vgl. Neubers Vorrede zum Straßburger Vorspiel, S. 455: »Lieber Leser! Was wirst du denken, das ich dir zum dritten mahle ein deutsches Vorspiel zu lesen gebe? […]«.

[167] Das Lübecker Vorspiel ist erst seit 1997 in der Edition von Rudin/Schulz wieder zugänglich. Bis dahin galt es als verschollen, vgl. Friederike Caroline Neuber: Die von der Weisheit wider die Unwissenheit beschützte Schauspielkunst. In: Bärbel Rudin/Marion Schulz (Hg.): Friederike Caroline Neuber. Das Lebenswerk der Bühnenreformerin. Poetische Urkunden. 1. Teil. Reichenbach i. V. 1997, S. 96–121. Zum Vorspiel vgl. Hannelore Heckmann: »Pfuy! Spiel, Gesang, und Tanz und Fabeln.« Das Lübecker Vorspiel der Neuberin (1736). In: Bärbel Rudin/Marion Schulz (Hg.): Vernunft und Sinnlichkeit, S. 145–163.

[168] Selbst wenn man bedenkt, dass in den Aufführungen andere Textfassungen bzw. Strichfassungen verwendet werden, die Hinzufügungen und Auslassungen gerade im Bereich

gorischen Figuren zeigen, dass diese von besonderer Wichtigkeit ist und auch beim Wiederholen der Aufführung als Abbild einer bestimmten Rangordnung eingehalten werden soll – eine Funktion, die Regiebemerkungen nicht nur in Vorspielen Caroline Neubers, sondern prinzipiell bei dieser Textsorte übernehmen. Die Verfasserin hält sich hier eng an Vorgaben und Praktiken des 17. Jahrhunderts.[169] Gattungskriterien des Festspiels und die Umsetzung durch Caroline Neuber gehen insofern konform, so dass sich auch für die Regiebemerkungen in diesem Punkt kein auffälliger Befund ergibt.

Das nach französischem Vorbild in gereimten Alexandrinern verfasste *Deutsche Vorspiel* wurde 1734 in Leipzig aufgeführt.[170] Caroline Neuber hatte kurz zuvor ihr dortiges Privileg an den Konkurrenten Müller verloren, der früher in ihrer eigenen Truppe den Harlekin spielte. Nach Susanne Kord erweitert Neuber diesen Privilegienstreit in ihrem Vorspiel »zur allegorischen Auseinandersetzung zwischen Tragödie und Komödie.«[171] Thalia, die Komödie, will nicht einsehen, dass sie sich nach Gesetzen richten muss und dass Melpomene, die Tragödie, in der Rangordnung höher steht. Silenus, in der Mythologie mit Pan und Bacchus verwandt und häufig als Betrunkener dargestellt, will Thalia helfen, Melpomene zu Fall zu bringen. Melpomene wiederum beklagt sich, dass sie verstoßen werden soll. Beide, Thalia und Melpomene, erscheinen vor dem Richter Apollo. Dieser schlichtet den Streit: Er verlangt, dass Thalia und Silenus sich bessern sollen – Thalia sowohl »in ihrer Kunst« als auch »in ihrer Redlichkeit«. Umgekehrt fordert er Melpomene auf, Thalia nicht mehr zu verfolgen, sondern mit Alethea, Arete und Themis,[172] nach dem Schema des Friedens-Spiels, zufrieden in Gemeinschaft zu leben.

---

 der Regiebemerkungen vornehmen, ist ein Festhalten an den stellungsbedingten Regiebemerkungen durch deren schriftliche Fixierung gewissermaßen vorgegeben. Es handelt sich jeweils um Angaben, die in weiteren Aufführungen auf jeden Fall realisiert oder beim Lesen imaginiert werden sollen. Diese Angaben, die in den Editionen erscheinen, werden so festgeschrieben und sind in gewissem Sinne überzeitlich gültig.

[169] Vgl. die Kupferstiche Conrad Bunos, die im Neudruck von Friedrich Koldewey nicht enthalten sind: Justus Georg Schottelius: Neu erfundenes Freuden Spiel genandt Friedens Sieg. Wolfenbüttel 1648.

[170] Meist werden die Vorspiele nach dem jeweiligen Erstaufführungsort bezeichnet. Dies ist ebenfalls ein Hinweis auf die Relevanz der realen, an einen bestimmten Ort gebundenen Aufführung. Die entsprechenden Bezeichnungen werden auch in der vorliegenden Arbeit verwendet. So zunächst beim Leipziger Vorspiel: Friederike Caroline Neuber: Ein deutsches Vorspiel. Hg. von Arthur Richter. Leipzig 1897. Im Folgenden unter Angabe der Seite direkt im Text zitiert.

[171] Susanne Kord: Frühe dramatische Entwürfe, S. 236. Heckmann versteht das Vorspiel mit seinem Bezug auf den Streit zwischen Neuber und Müller um das sächsische Privileg als »eine Art Dokumentartheater«; vgl. Hannelore Heckmann: Theaterkritik als Unterhaltung: Die Vorreden und Vorspiele der Neuberin. In: Lessing Yearbook 18 (1986), S. 111–127, hier S. 118.

[172] Zur leitmotivischen Funktion der Themis als Normgeberin, Richterin und Rächerin in Gryphius' *Papinianus* vgl. Wilfried Barner: Der Jurist als Märtyrer. Andreas Gryphius' *Papinianus*. In: Ulrich Mölk (Hg.): Literatur und Recht. Literarische Rechtsfälle von der Antike bis in die Gegenwart. Göttingen 1996, S. 229–242, vor allem S. 236–238.

Dass sowohl im Personenverzeichnis, das nur die Namen der auftretenden Figuren aufzählt,[173] als auch in den Regiebemerkungen Kostüm- bzw. Bekleidungsangaben sowie nähere Beschreibungen der Figuren fehlen, steht wie in den anderen Stücken im Zusammenhang mit den allegorischen Figuren. Da hier scharf abgegrenzte Vorstellungsinhalte bildlich eingekleidet werden, die einer Tradition folgen und mit Apollo, dem Gott der Künste, dem die neun Musen unterstellt sind, Tharsus, der Kühnheit, und Themis, dem göttlichen Recht, feststehende Bilder aufgerufen werden,[174] bedürfen die Figuren keiner näheren Erläuterung.

Dieses erste der gedruckten programmatischen Vorspiele weist relativ wenige Abweichungen von konventionellen Huldigungsvorspielen auf. Schon hier aber sind die Ausschmückungen des Bühnenbildes deutlich reduziert: Prunkbeschreibungen und Ortsangaben, die wie in Neubers Huldigungsvorspielen eine Theatermaschinerie erforderlich machen würden, fehlen. So genügt im Leipziger Vorspiel die knappe Angabe zum Bühnenbild: »Die Schaubühne stellet vor eine Gegend an dem Parnaß« (S. 2). Explizite Regiebemerkungen erweisen sich für die dramatis personae und den Bühnenraum als überflüssig. Vor allem bei Melpomene, der Hauptfigur und Siegerin,[175] werden die für die Tragödie als allegorische Figur adäquaten Gefühle häufig in der Figurenrede benannt, sowohl durch ihre eigenen Worte als auch durch ihr jeweiliges Gegenüber:

> MELPOMENE. Ach mich quält itzo nichts als ein geheimer Schmerz. [...]
>   Das streitet nun in mir: Die wahre Pflicht, und Treue,
>   Und auch die Blödigkeit; das kränket mich aufs neue. (S. 12)
>
> SEDULIUS. Dein thränend Angesicht schickt sich nicht vor Gerichte. (S. 13)
>
> ARETE. Sie ist ja ganz bestürzt. (S. 17)
>
> *Alethea zum Apollo und zur Themis.*
>   Vergieb ihr! Wenn sie schweigt. Sie ist zu sehr betrübet. (S. 18)
>
> MELPOMENE. Nun krieg ich Luft, [...]
>   [...] Die Freuden-Thränen rinnen

---

[173] Dies sind: Melpomene, Thalia, Euphrosyne, Vigilantia, Apollo, Tharsus, Themis, Arete, Alethea, Obsequenz, Sedulius, Meletander, Silenus, Pseudolus.

[174] Eine Aufschlüsselung der allegorischen Figuren dieses Stücks gibt Susanne Kord: Ein Blick hinter die Kulissen. Stuttgart 1992, S. 211.

[175] Hannelore Heckmann: Theaterkritik als Unterhaltung, S. 118: »Die Neuberin, in Gestalt Melpomenes, der Muse der Tragödie, versucht ihre neuen Ideen einer besseren Schaubühne gegen das traditionelle Possenspiel ihres ehemaligen Harlekin Müller durchzusetzen, der bezeichnenderweise in der Gestalt der Thalia, der Muse der Komödie, auftritt.« Diese Äußerung ist allerdings missverständlich, denn natürlich spielt der Konkurrent Müller nicht die Thalia – im Personenverzeichnis steht: »Thalia – Frau Rischin«. Vielmehr vertreten Thalia und Silenus Ansichten, die denen des Harlekins Müller ähneln. So interpretiert auch Haber das Stück, die darin eine eindrucksvolle Dokumentation des Streits mit Ferdinand Müller erkennt; vgl. Karin Haber: Die im Dienste der Gelehrsamkeit agierende Schauspielkunst. Friederike K. Neuber und Johann Chr. Gottsched, Leipziger Ostermesse 1727. In: Georg Braungart/Friedrich Harzer/Hans Peter Neureuter/Gertrud M. Rösch (Hg.): Bespiegelungskunst. Begegnungen auf den Seitenwegen der Literaturgeschichte. Tübingen 2004, S. 15–28, hier S. 22.

> So heftig, als zuvor ein klägliches Beginnen
> Sie aus den Augen zwang. Die Freude hemmet mich
> So sehr, als wie der Schmerz. (S. 22)

Was hingegen nicht fehlt, sind genaue Stellungsangaben zu den auftretenden Figuren, diese bilden eine Konstante in sämtlichen Vorspielen.[176]

> ALETHEA *gehet vorher.* THARSUS *und* SEDULIUS *führen* MELPOMENE *in der Mitten bey der Hand.* OBSEQUENS *folget nach. Und gehen also ab.* THALIA *und* SILENUS *haben unter der Zeit gelacht, aber nicht alles verstehen können.* (S. 14)

Thalia wird in dieser Regiebemerkung sowohl rein optisch als auch durch ihr Verhalten mit Silenus auf eine Stufe, und zwar die unterste Stufe gestellt, da beide durch ihr Lachen noch nicht einmal dem Gespräch folgen können.[177] Melpomene hingegen kommt allein durch ihre Positionierung – »in der Mitten« und »bey der Hand« geführt – eine hervorgehobene Rolle zu. Sie wird auch weiterhin durch ihre Stellung ins Zentrum gesetzt:

> *Apollo auf dem Throne. Zur Rechten stehet Arete, Vigilantia und Meletander. Zur linken stehet Themis und Euphrosyne. Die ersten drey haben einander bey den Händen. Die zwey andern haben einander auch bey den Händen. Hierauf bringt Alethea die Melpomene und tritt zwischen der Themis und Euphrosyne. Dabey ist Tharsus und Sedulius.* (S. 15)

Erst Melpomenes Auftritt vervollständigt das Bild, indem sie von Alethea an einen bestimmten Platz geführt wird. Wie es der Hierarchie entspricht, befindet sich Apollo »auf dem Thron«, ein Requisit, das in fast jedem allegorischen Spiel zu finden ist und immer einer hochstehenden Figur zugeordnet wird.[178] Explizite und ausführliche Regiebemerkungen haben also vorwiegend eine choreographische Funktion, indem sie die Auftritte der Figuren sowie ihre genaue Stellung auf der Bühne garantieren (vgl. S. 9, S. 13). Hierdurch wird Melpomene eine deutlich wichtigere Position zugewiesen als Thalia. In einer dieser detailgenauen Regiebemerkungen zur Anord-

---

[176] Überraschend erscheint die Anmerkung Garbers, dass in Dramen, in denen das schäferliche Element eine untergeordnete Rolle spiele wie im mythologischen Drama – etwa Buchners *Orpheus* – und in allegorischen Schäferdramen – etwa Dachs *Cleomedes* und Tolles *Kundegis* – Orts- und Zeitangaben fehlen. Vermutlich liegt der Unterschied zu Neubers allegorischen Festspielen darin, dass es sich bei den von Garber zitierten Stücken nicht um anlassgebundene Fest- und Vorspiele handelt. Umso wichtiger scheint dieser Faktor für die ausführlichen diesbezüglichen Angaben in Festspielen zu sein. Die Bemerkung Garbers, »Auch in den Gelegenheits-Schäferspielen fehlen manchmal nähere Angaben«, ist so zu verstehen, dass Gelegenheitsstücke ohne diese Regiebemerkungen eine Ausnahme darstellen; vgl. Klaus Garber: Locus amoenus, S. 167f. Dies kann durch die hier vorgelegten Befunde bestätigt werden.
[177] Obwohl der letzte Teil der Regiebemerkung – »aber nicht alles verstehen können« – schwer umsetzbar ist, da keine sichtbare Veränderung genannt, sondern ein innerer Vorgang beschrieben wird, dürfte es in einer Aufführung leicht möglich sein, beide lachen und unaufmerksam wirken zu lassen.
[178] Alewyn/Sälzle nennen den Thronsessel als eines der wichtigsten Attribute, vgl. Richard Alewyn/Karl Sälzle: Welttheater, S. 43.

nung der Figuren wird dabei nicht ein Standbild beschrieben, das die Einhaltung einer bestimmten Stellung betont, vielmehr deutet sich eine gewisse Dynamik an:

> *Apollo, Arete, Vigilantia, Meletander, Themis, Euphrosyne, Alethea, Melpomene und Pseudolus. Dieser kommt geschwinde und will sich zwischen allen, die einander bey den Händen haben, durchbringen. Weil er aber nicht durchkommen kan; so bringt er sich endlich zwischen Apollo und Areten ein.* (S. 18)

Dass die genau einzuhaltende Stellung der Figuren von einer pantomimischen Einlage überlagert wird, hängt mit der Person zusammen, die sich hier »zwischen allen [...] durchbringen« möchte, also im Grunde eine ähnlich zentrale Stellung wie Melpomene erlangen will, was ihr aber faktisch nicht gelingt. Pseudolus ist allerdings keine allegorische Figur mit festem Platz auf dem Parnass, sondern entstammt der gleichnamigen plautinischen Komödie. Dort wird er als Lügenbote charakterisiert und ist eine der gewitzten, lustigen Figuren. Bei Caroline Neuber versucht er, sich in die Gemeinschaft einzumischen, die ihn aber nicht aufnehmen möchte; gleichzeitig steht er Thalia nahe. Neben Pseudolus sind sie und Silenus die Einzigen, denen in den Regiebemerkungen pantomimische Bewegungen zugeschrieben werden. Durch diese manövriert sich Thalia schon vor ihrem eigentlichen Abgang ins Abseits; am Schluss soll sie die Bühne und damit den Parnass verlassen.

Während Neubers Vorspielen früher kaum Beachtung geschenkt wurde, versucht die neuere Forschung die Darstellung mit Neubers Theaterkonzept in Verbindung zu bringen, das sich von Gottscheds Vorstellungen deutlich unterscheidet. Gerade beim Leipziger Vorspiel aber, das zu einem Zeitpunkt aufgeführt wurde, als Caroline Neuber mit Gottsched noch kooperierte, ist ein offener Gegensatz zwischen Gottsched und Neuber kaum zu erwarten. Deshalb ist die Ansicht Kords zu korrigieren, die besagt:

> [...] in dem steten Bewußtsein der Realitäten des Theateralltags unterscheidet sich Neubers Programm von dem Johann Christoph Gottscheds: die strikte Aufgabentrennung der Genres, die er in der *Critischen Dichtkunst* (1730) propagierte, die klassenspezifische Rollenverteilung je nach Genre (Ständeklausel), die immer auch ein geteiltes Publikum mitimpliziert, unterwandert sie in dem angedeuteten Rollentausch Melpomenes und Thalias sowie in der deutlichen Aussage, daß beide sich an dasselbe Publikum wenden.[179]

Der »Rollentausch«, von dem Kord hier spricht, bezieht sich auf die unterschiedlichen Gemütsäußerungen der beiden allegorischen Figuren. Am Ende des Stücks, so Kord, gehe es Thalia besser als Melpomene: »Thalia bringt noch Energie auf, über das Unrecht zu schreien, Melpomene ist ›matt und kan nichts weiter thun, / Als einen frommen Wunsch‹« zu äußern. Damit ist der traditionelle Segenswunsch für König, Stadt und Land gemeint, mit dem dramatische Allegorien regelmäßig schließen. Den Rollentausch der beiden allegorischen Figuren mit unterschiedlichen Affekten zu begründen, erscheint allerdings wenig plausibel, da diesen im Stück kein kategorialer

---

[179] Susanne Kord: Frühe dramatische Entwürfe, S. 238.

Wert zugeschrieben wird. Dass Thalia noch die Energie aufbringt zu schreien,[180] ist ihrem allegorischen Charakter zuzuschreiben, der sie lachen, sich in unangebrachter Weise bewegen und eben auch schreien lässt; die Tatsache, dass sich »schrey« am Ende eines gespaltenen Verses auf die frühere Antilabe »Raserey« reimt,[181] setzt das Schreien zusätzlich in ein negatives Licht.[182] Obwohl Melpomene »matt ist«, darf sie außerdem den Segenswunsch aussprechen, so dass ihre hervorgehobene Stellung nicht in Frage gestellt wird. Die Aufstellung der Figuren auf der Bühne ist in allen Vorspielen entscheidend und auch in diesem Fall eindeutig: Während Thalia am Ende von der Bühne verwiesen wird, bleibt Melpomenes Position an der Seite Apollos unangetastet.

Von der Huldigung zur Programmatik im Straßburger Vorspiel

Von den traditionellen Huldigungsvorspielen Neubers grenzt Fischer-Lichte die programmatischen Vorspiele ab, wobei sie vor allem das Straßburger Vorspiel als »kühne Neuerung«[183] einstuft:

---

[180] »THEMIS *zur Thalia*:
   Meynst du, Verstockte, denn die ganze Welt sey blind,
   Daß sie die Wahrheit nicht in deinen Thaten find?
   Ihr Schweigen darf dich nicht zu Hochmuth ferner treiben.
   Sie schätzt dich gar nichts werth und läst dich willig bleiben
   So dumm, als wie du bist. Man fragt gar nichts nach dir,
   Und deiner Raserey.
   [...]
   THALIA.   [...] Und sprechet ihr mir ab,
   Was ich von euch verlangt; So könnt ihrs doch nicht wehren,
   Daß ich darüber schrey.
   ALETHEA.   Du läßt dich nicht belehren?
   Ey nun so fahre hin! der Schaden bleibt auch dein.« (S. 26f.).
[181] Vgl. Hannelore Heckmann: Theaterkritik als Unterhaltung, S. 119f.: »Bis zum fünften Auftritt [...] sieht man trotz allem wohlgemeinten Zuspruch eine verzagte Melpomene. Der fünfte Auftritt zeigt sie in einem allegorischen tableau vor Apollo.«
[182] In einem anderen Kontext, Luise Gottscheds Lustspiel *Herr Witzling*, wurde das Schreien ebenfalls negativen Figuren zugeordnet (vgl. Kap. 2.1).
[183] Erika Fischer-Lichte: Vom zerstreuten zum umfassenden Blick, S. 62. Fischer-Lichte hebt die Tatsache, dass die drei gedruckten Vorspiele programmatische Vorspiele sind, vermutlich zu stark in die Position des Sonderstatus. Haider-Pregler stellt schon für Autoren wie Shakespeare und Molière fest, dass ihre »Gelegenheitswerke« – Vorspiele und Theaterstücke – einen selbstthematisierenden und selbstreflexiven Kern besitzen. Hilde Haider-Pregler: Selbstdarstellung der ›Literarisierung des Theaters‹, S. 226f. Was Fischer-Lichte als Neuerung einschätzt, erscheint so bei Haider-Pregler als gattungskonstituierend, zumindest als häufige Variante bei Vor- und Festspielen. Vgl. auch die Definition von Edmund Stadler: Artikel ›Vorspiel‹. In: Reallexikon der deutschen Literaturgeschichte. Hg. von Werner Kohlschmidt/Wolfgang Mohr. Band 4. Berlin, New York ²1984, S. 796–807, hier S. 796. Dort wird das Vorspiel unter anderem »als Kommentar eines Dramas und seiner Aufführungsbedingungen, als Manifest der angestrebten Theaterziele« definiert.

[…] in jedem Fall funktionierte die Neuberin die alte Gattung des Prologs mit ihren programmatischen Vorspielen in eine Gattung zur Selbstreflexion des Theaters, zur Darstellung und Propagierung ihres ästhetischen Programms um.[184]

Inwiefern man von einer Weiterentwicklung bzw. Emanzipierung der Gattung Vorspiel sprechen kann und ob die Regiebemerkungen in noch anderer Weise genutzt und Allegorien nicht nur – wie zuvor – statisch und der Konvention entsprechend eingesetzt werden, wird im Folgenden zu untersuchen sein.

Anliegen des Straßburger Vorspiels[185] ist die Verbesserung der deutschen Schauspiele im Sinne einer Reglementierung und »Literarisierung« des Theaters.[186] Das Trauerspiel beklagt sich, dass von verschiedenen Seiten unterschiedlichste Ansprüche an es gestellt werden. Es will sich nun nach den Wünschen der Zuschauer richten und Harlekin und Hanswurst einbeziehen, Freude und Trauer in sich vereinigen, um den Zuschauern zu gefallen, bis die Regel es überzeugen kann, sich nach Vorgaben zu richten. Zu guter Letzt entschließt es sich sogar, das Buch zu lesen, das die Regel ihm anempfiehlt und welches seit kurzem – auch dies erfährt der Leser/Zuschauer – in deutscher Übersetzung vorliegt: Aubignacs *Pratique du théâtre*.

Schon das Personenverzeichnis dieses Stücks ist aufschlussreich und weist über die üblichen allegorischen Zuordnungen hinaus. Während in den traditionellen Huldigungsvorspielen jedem Element auf der Bühne – jeder Figur, jeder Dekoration – eine bestimmte selbstverständliche und allgemein bekannte Bedeutung zugeordnet wird, die Regiebemerkungen sich somit weitgehend erübrigen, finden sich hier Zusätze, die von den üblichen Beschreibungen allegorischer Figuren abweichen, um Inhalte zu transportieren. Daneben treten Figuren auf, die an sich schon eine Abweichung vom gewohnten Arsenal der Allegorien darstellen. Neben der »Regel, als eine Sclavin« – eine unübliche allegorische Figur, die schon deshalb eine wichtige Rolle spielen wird, da Caroline Neuber selbst sie verkörpert – erscheint das Trauerspiel in ungewöhnlicher Verkleidung. Im Personenverzeichnis heißt es:

Das Trauerspiel oder die Tragedie, trägt über ihr gewöhnliches Kleid noch ein leichtes Schäfergewand, eine Krone auf dem Kopfe und einen Dolch in der Hand. (S. 457)

---

[184] Erika Fischer-Lichte: Vom zerstreuten zum umfassenden Blick, S. 62. In der Untersuchung steht die Frage nach dem Rezeptionsverhalten der Zuschauer im Vordergrund. Während bei reinen »Nummernprogrammen« kein Zusammenhang zwischen den verschiedenen Teilen bestehe, werde in späteren Phasen eine Kongruenz angestrebt, so dass der Zuschauer seine Wahrnehmung vom zerstreuten zum umfassenden Blick entwickele.

[185] Friederike Caroline Neuber: Die Verehrung der Vollkommenheit durch die gebesserten deutschen Schauspiele [Straßburger Vorspiel]. Hg. von Paul Schlenther. In: Archiv für Litteraturgeschichte 10 (1881), S. 453–476. Im Folgenden unter Angabe der Seite direkt im Text zitiert.

[186] Vgl. Dieter Borchmeyer: Theater (und Literatur). In: Ders./Viktor Žmegač (Hg.): Moderne Literatur in Grundbegriffen. Tübingen ²1994, S. 420–430, hier S. 420, der von der »*Literarisierung*« des Theaters »im Zuge des Niedergangs des Stegreiftheaters und der Geburt des Nationaltheaters« spricht. Zum programmatischen Wandel von theaterästhetischer Geschmacksbildung und Bühnenpraxis zur Zeit der Frühaufklärung generell vgl. Peter-André Alt: Aufklärung. Lehrbuch Germanistik. Stuttgart, Weimar ³2007, S. 184–194.

Das »gewöhnliche Kleid«, von dem die Rede ist, bedarf keiner näheren Erläuterung: es wird als bekannt vorausgesetzt. Die Abweichung von tradierten Zuschreibungen und die durch das Kostüm enttäuschte Erwartungshaltung der Leser/Zuschauer werden jedoch im Dialog thematisiert:

> REGEL. [...] Weist du nicht, dass dein Haupt der Schmuck, die Krone, ziert
> Und warum deine Hand den Dolch zum sterben führt?
> Geh, schäme dich ins Herz! wie bist du angezogen?
> [...] Wirf diesen Umhang weg. Das Zarte von der Seide
> Ist unter deinem Gold und reichem Königs-Kleide
> Schön künstlich eingewirket. Warum verstellst du dich
> Mit einer Hirtentracht? Du bist mir ärgerlich. (S. 464)

Die Regel schilt das Trauerspiel, weil es neben den ihm zustehenden Symbolen – Krone, Dolch[187] und Königskleid – die Hirtentracht trägt und sich selbst durch die nicht seiner Stellung gemäße Kleidung herabsetzt. Vom Üblichen abweichende Kleidung dient hier der Darstellung aktueller Inhalte und kann vom zeitgenössischen Zuschauer problemlos mit dem Anspruch an Tragödien in Verbindung gebracht werden, sich von traditionellen Inhalten und Formen zu lösen. Insofern entspricht das Trauerspiel als Figur nicht den tradierten Vorstellungen und entfernt sich damit deutlich von den Vorgaben, wie sie etwa Gottsched formuliert. In Zusammenhang mit allegorischen Figuren, die dieser in Vorspielen zulässt,[188] heißt es in seinem *Versuch einer Critischen Dichtkunst*:

> Die Vorspiele pflegt man bey gewissen feyerlichen Tagen, an grosser Herren Geburts- und Namenstagen [...]. Man muss also zu allegorischen oder mythologischen Personen seine Zuflucht nehmen, die sonst in anderen Schauspielen billig keine stattfinden. Man lässt das ganze Land z. E. Germania, Saxonia, Lusatia u.d.gl. als Frauenzimmer mit einer Städtekrone, man lässt Städte, die Religion, die Wissenschaften, die freyen Künste, den Handel u.d.m. auftreten. Zu diesen letzten gebraucht man insgeheim den Apollo, die Minerva, die Musen, den Merkur u.s.w. [...] Alle solche Personen müssen nach der Mythologie mit den gehörigen Kleidungen und Kennzeichen versehen und unterschieden werden [...].[189]

---

[187] Obwohl der Dolch bei Melpomene ungewöhnlich erscheinen mag, wird er ihr schon früh zugeordnet, vgl. Paulys Realencyclopädie der classischen Altertumswissenschaft. Band 31.1. Stuttgart 1933. Stichwort Musai, hier Spalte 724 zur Individualisierung der Musen: »Ganz besondere Erscheinungen zeigt die M. der tragischen Bühne. Von Anfang an sehen wir in ihren Händen das Schwert.«

[188] Hillen weist auf den Rückgang der Allegorie im Zeitalter der Aufklärung hin, der mit dem Verlust der Glaubenssicherheit als ein jedem Zweifel enthobener Besitz des Allegorikers einhergehe: »[...] lediglich als Instrument des moralischen Unterrichts spielt sie im frühen 18. Jahrhundert, etwa in der Fabeldichtung, weiter eine nicht unerhebliche, aber untergeordnete Rolle.« Gerd Hillen: Allegorie im Kontext. Zur Bestimmung von Form und Funktion der Allegorie in literarischen Texten des 17. Jahrhunderts. In: Walter Haug (Hg.): Formen und Funktionen der Allegorie. Symposion Wolfenbüttel 1978. Stuttgart 1979, S. 592–604, hier S. 601.

[189] Johann Christoph Gottsched: Versuch einer Critischen Dichtkunst. 4. Auflage. Leipzig 1751, S. 780f.

Während die Regel dem Personenverzeichnis zufolge durch »Ketten« zunächst als Sklavin ausgewiesen wird, ist es zum einen die Kenntnis der *Pratique du théâtre*, die eine solche Bedeutungszuweisung sofort in Frage stellt, da Regeln dort durchaus positiv konnotiert sind. Zum anderen steht die Regel ausschließlich zu weiteren positiv einzuschätzenden Figuren des Stücks in Beziehung: dem Altertum, dem Trauerspiel und der Vernunft.

Spätestens im Stück selbst wird das erste Verständnis, das Leser oder Zuschauer von der Figur der Regel in Ketten vor dem Hintergrund allegorischer Zuschreibungen haben müssen,[190] durch ihre Selbstcharakterisierung korrigiert.[191] Denn dem Trauerspiel gegenüber erläutert sie:

> Ich hab die Bande blos aus meiner Hand empfangen,
> als Sclavin dien ich mir mit strengem Zwang und Joch,
> Ich trag die gröste Last.
> TRAUERSPIEL
> Und es erfreut dich noch,
> Dass du gefangen bist?
> REGEL
> Das kann mich nicht betrüben,
> Ich habe guten Grund den schönen Zwang zu lieben,
> Er machet mich geschickt, durch diesen werd ich frey,

---

[190] Dass die Selbstdeutung der Ketten durch die Regel dem üblichen Gebrauch der Ketten in allegorischen Stücken widerspricht, wird auch durch die Reaktion des Trauerspiels unterstrichen, kann aber zusätzlich etwa durch Mars in Rists *Irenaromachia* belegt werden. Dort kommen Ketten in ihrer herkömmlichen Funktion zum Einsatz, wenn Irene und ihre Anhänger Mars gefangen nehmen. Hier wird auch die Wut über ihr Vorgehen deutlich zum Ausdruck gebracht:
»MARS. AD FERVOS VULCANI. Last mich seyn oder ich werde mich müssen rechen! (*dessen ungeachtet binden sie ihn*) haltet auff oder! (*beisset die Zähne*)
JUSTITIA. Bindet ihn fest / damit man für dergleichen attentaten gesichert sey. [...]
MARS. In Ketten und Banden / ohnerorterter Sachen zu agiren ist wieder recht / darumb begehr ich relaxation derselben. [...]
MARS. O Justitia ich hette mich viel einanders zu dir versehen! aber! (*reisst die Haar und beist die Zehne*) [...] IRENE. (*Führet* MARTEM *bey der Ketten auff dem theatro herumb und spricht* inter abeundum).« Johannes Rist: Irenaromachia, S. 207f.
[191] Dies übersieht Oelker, die den Auftritt als Sklavin in Ketten rein negativ bewertet, vgl. Petra Oelker: Komödiantin, S. 95f.: »Auch ›die Regel‹ findet sich in der Liste der Edlen, aber – vielleicht schon ein kleiner Seitenhieb auf Gottsched – als eine Sklavin.« Oelker scheint nicht zu wissen, dass es sich beim Hamburger Vorspiel, auf das sie sich hier bezieht, um dasselbe wie beim Straßburger Vorspiel handelt. Sonst wüsste sie, dass die Ketten als Ausdruck der Regelhaftigkeit das passende Gewand für die Regel darstellen und keineswegs negativ zu verstehen sind. Wie sie außerdem darauf kommt, dass Neuber die Rolle des Hanswurst spielt, »Hanswurst – die Neuberin selbst steckt in dem Kostüm aus bunten Fetzen – steht vor Gericht«, S. 96, und nicht die Rolle der Regel übernimmt wie im Straßburger Vorspiel, ist nicht ersichtlich. Falls sie über entsprechende Quellen verfügt, gibt sie diese zumindest nicht preis, da sie fast völlig ohne Anmerkungsapparat verfährt und somit wissenschaftlichen Standards kaum gerecht wird. Dass sie dies allerdings auch nicht beabsichtigt, zeigen die sich direkt anschließenden Ausführungen: »Das stimmt nicht? Alles war ganz anders? Das mag wohl sein. Die Zeit hat viele Legenden um dieses Ereignis wachsen zu lassen.«

Damit ich jeder Kunst zu dienen willig sey.
Ich kann die Wissenschaft durch alle Regeln führen,
Und dadurch alle Welt als Königin regieren. (S. 465)

Die Requisiten stehen nicht mehr in einem ausgewiesenen Zuschreibungen entsprechenden Zusammenhang mit der allegorischen Figur, sondern erhalten erst durch sprachliche Erläuterungen, die zum Verständnis nötig sind, ihre – kontextabhängige und damit variable – Bedeutung.[192]

Der leere Thron – zur subversiven Funktion der Regiebemerkungen

Dass Caroline Neuber in diesem Vorspiel deutlich über die traditionelle Form des allegorischen Spiels hinausgeht, hat Fischer-Lichte überzeugend nachgewiesen. Die allegorischen Figuren erfüllen nicht mehr die Funktion, »auf bedeutsamen Schauplätzen ähnlich sinnfällige Handlungen«[193] zu vollziehen, so dass hier deutlich gegen Gottsched verfahren werde. Fischer-Lichte beschränkt sich in ihrer Analyse allerdings auf die Figurenrede und nimmt keine Unterscheidung zwischen Figurenrede und Regiebemerkungen vor. Sie stellt generell fest, dass »der Gegenstand des Vorspiels in Rede und Gegenrede abgehandelt wird«.[194] So unterscheidet sie bei den Requisiten auch nicht zwischen Büchern mit fester Bedeutungszuweisung, die keine weitere Erklärung benötigen, und dem ungewohnten Gebrauch von Aubignacs *Pratique du théâtre* und Racines *Mithridates*.[195] Diejenigen Abhandlungen, die der Figur des Altertums zugeordnet sind, spielen im Stück keine weitere Rolle. Sie werden in der Figurenrede nicht thematisiert, da sich ihre Funktion von selbst versteht. Die direkte Zuschreibung ist auf den ersten Blick verständlich; so heißt es gleich zu Beginn des Stücks:

Die Schaubühne zeiget eine Grotte. Auf der einen Seite sitzet das Alterthum. Vor ihr liegt ein Buch mit dem Titel: Gesetze, Belohnung und Strafe. Zur rechten Hand liegt ein Buch mit dem Titel: Anweisung zu guten Sitten von weisen Regenten für billige Richter, vernünftige Lehrer, redliche Bürger, getreue Diener und willige Sclaven. Mit der linken Hand lähnt sich das Altherthum auf

---

[192] Dass Worte bei barocker Festlichkeit und höfischer Repräsentation hingegen eine untergeordnete Bedeutung hatten, stellt auch Barner fest, vgl. Wilfried Barner: Disponible Festlichkeit. Zu Lohensteins *Sophonisbe*. In: Walter Haug/Rainer Warning (Hg.): Das Fest. München 1989 (Poetik und Hermeneutik 14), S. 247–275, hier S. 248: »Aber war überhaupt höfische Festlichkeit, war höfische Repräsentation – wenn sie denn den Grundtrieb barocker Stilprägung und Stilentfaltung darstellte – der kunstvollen Entfaltung des *Worts* günstig? Was hatten Poesie und Prosa gegenüber Feuerwerk und Ballett, Wasserspielen und Gartenkunst, Maskenbällen oder gar den beliebten ›Wirtschaften‹ an Eigenem und gar Konkurrenzfähigem aufzubieten?«
[193] Erika Fischer-Lichte: Vom zerstreuten zum umfassenden Blick, S. 66.
[194] Ebd., S. 75.
[195] Vgl. ebd.: »Es ist die Sprache, welche nicht nur den Figuren, ihren Kostümen und Requisiten ihre Bedeutung zuweist, sondern auch den Aktionen der Figuren: wie der Übergabe des Buches von Aubignac durch die Regel an das Trauerspiel, dem Herausziehen des Mithridates aus dem Schäferkleide durch das Trauerspiel oder der Niederlegung der Bücher des Altertums an den Stufen des Throns durch die Regel.«

ein Buch, welches den Titel führet: Grundsätze der Weisheit, zur Dicht-Kunst, zur Lehre und Ausübung. (S. 457)

Von den hier genannten Werken unterscheidet sich die Beschreibung desjenigen Buches, das schon im Personenverzeichnis und durch eine weitere ausführliche Regiebemerkung in den Text eingebracht wird: »*die Regel, als eine Sclavin gekleidet, sie trägt an der linken Hand Ketten, und in der rechten das Buch: La pratique du théâtre par l'Abbé d'Aubignac*« (S. 460). Die umfangreichen und mehrmaligen Erwähnungen, die im Anschluss innerhalb der Figurenrede gegeben werden, weisen Aubignacs Abhandlung ebenfalls eine Sonderstellung zu. Sie weicht deutlich ab von den üblichen Requisiten allegorischer Figuren.

Dabei machen nicht nur die sprachlichen Äußerungen der Figuren »einen grundlegenden Funktionswandel durch«,[196] sondern vor allem auch die Regiebemerkungen. Denn die allegorischen Figuren und Aktionen werden zunächst vom Personenverzeichnis, später in den Regiebemerkungen festgelegt, nicht allein in den Dialogpartien. Fischer-Lichtes These – »Im Gegensatz zu den Huldigungsvorspielen avanciert hier die Sprache zum dominanten theatralen Zeichensystem« – ist insofern zu erweitern bzw. zu präzisieren, denn gerade die Texträume der Regiebemerkungen gewinnen durch die andere Funktion der Sprache und die Umwertung der Allegorien an Bedeutung.

Nur innerhalb der Regiebemerkungen eröffnet sich außerdem eine Deutungsmöglichkeit des Schlusses, die von herkömmlichen Huldigungsstücken abweicht, während Fischer-Lichte – trotz der »kühnen Neuerung«, die sie dem Straßburger Vorspiel bescheinigt – am Ende den traditionellen Charakter der Huldigung betont. Noch im Straßburger Vorspiel überwiege die Huldigung als »traditionelles Kommunikationsmuster den Mächtigen gegenüber«,[197] so dass Fischer-Lichtes Einschätzung sich in diesem Punkt nicht von Schlenthers Urteil[198] unterscheidet. Zwar weist sie darauf hin, dass der »weise Klinglin«, an den die Huldigung sich richte, diese eigentlich nicht verdiene. Dennoch schließe das Vorspiel mit dem üblichen Segenswunsch an den Herrscher, wenn die Regel sich in traditioneller Form an Klinglin, den Gouverneur von Straßburg, wende – »REGEL: O weiser Klinglin! Du! der alle Künste liebet, / Solst heute Richter seyn, ob alles wohl geübet« (S. 476) – und die Liebe sich mit den Worten »Der König lebe lang! Es blühe Frankreichs Staat!« (S. 467) an den König von Frankreich richte.

Die Regiebemerkungen jedoch enthalten ein anderes Deutungsangebot, denn der Thron – ein für Vorspiele quasi obligatorisches Requisit – wird in diesem Stück nicht besetzt. Seine Präsenz wird zwar immer wieder betont, er bleibt aber leer, während er in anderen Vorspielen, so bei Rist, bei Neuber selbst und noch bei Rodenberg, von hohen Göttern besetzt wird. Dieser Umstand wird in einer Regie-

---

[196] Ebd., S. 70.
[197] Ebd., S. 75, Anmerkung 41.
[198] Paul Schlenther: Einleitung, S. 452f.

bemerkung besonders hervorgehoben, indem durch die Platzierung der anwesenden allegorischen Figuren der Fokus direkt auf den leeren Thron gerichtet wird:

> *Die Vollkommenheit als Minerva, mit Helm, Schild, Lanze und Harnisch, blau gekleidet, kömmt rechter Hand langsam. Der Verstand, als ein Held gekleidet, kömmt zu gleicher Zeit linker Hand der Vollkommenheit entgegen, und machet ihr eine sehr tiefe Ehrenbezeigung, tritt hernach ehrerbietig zurück, dass der* **Thron in der Mitte freystehet**,[199] *und die Vollkommenheit rechter Hand, und der Verstand linker Hand bleiben kan.* (S. 473; Hervorhebung A.D.)

Zu Beginn des letzten Auftritts wird auf diese Weise eine Erwartung geweckt, die auch später nicht befriedigt wird. Dabei ist es bezeichnend, dass der Thron, der »in der Mitte freysteht«, schon zuvor in einigen Regiebemerkungen präsent ist:

> *Der mittlere Vorhang öffnet sich. Die Schaubühne zeiget: Ein mit alten Helden ausgeziertes Zimmer.* **In der Mitte stehet ein erhabener Thron**, *dessen Sitz ein Königlicher Mantel bedecket. An demselben stehet ein Harnisch mit Palm- und Lorbeerreissern umwunden, worauf eine Krone und ein Zepter ruhet. Zur rechten Hand liegt ein grosses Buch, mit dem Titel:* Verherrlichung der Vollkommenheit. *Dabey lieget eine Schwanen-Feder. Zur linken Hand: Ein Commando-Stab und ein bloser Degen.* **Unten an des Throns Stuffen sitzet** *Die Liebe zur Vollkommenheit auf einem Sammitten Küssen, sie ist roht und Himmelblau gekleidet.* (S. 471; Hervorhebungen A.D.)

Kurz nach der Regiebemerkung, die den leeren Thron beschreibt, wird er noch einmal genannt, bleibt aber auch hier unbesetzt, wenn die Regel »*die Bücher auf die Stuffen des Throns* [*trägt*]« und die Vollkommenheit »*vor dem Thron verbey*« geht (S. 474f.).

Neu ist, dass nicht deutlich gesagt wird, für wen der Thron bestimmt ist und dieser das gesamte Stück über unbesetzt bleibt. Dass die Regel sich buchstäblich als Regelgeberin ›ins Spiel bringt‹ und sich selbst als Königin bezeichnet,[200] regt dazu an, eine Verbindung herzustellen, die hier aber – und das ist ungewöhnlich für ein allegorisches Spiel – nicht im Stück optisch vorgeführt wird, sondern vom Leser bzw. Zuschauer selbst vollzogen werden muss.[201] Während im Leipziger Vorspiel Melpomene – bezeichnenderweise von Caroline Neuber selbst gespielt – ihre Vorrangstellung verteidigen kann, wird hier die Abhängigkeit von der Figur der Regel

---

[199] In der doppelten Bedeutung von ›sichtbar‹ und ›unbesetzt‹. Bezüge zum »leeren Thron« (Hetoimasia) herzustellen, der für den kommenden Christus bereitsteht – vgl. Stichwort ›Thron (Hetoimasia)‹. In: Lexikon der christlichen Ikonographie. Begründet von Engelbert Kirschbaum. Hg. von Wolfgang Braunfels. Band 4. Freiburg i.Br. 1972, Sp. 305–313 –, erscheint in diesem Zusammenhang wenig plausibel, da im gesamten Stück keine Parallelen zu Christus deutlich werden.

[200] »REGEL. Ich kan die Wissenschaft durch alle Regeln führen,
  und dadurch alle Welt als Königin regieren.« (S. 465)

[201] Noch eine weitere Figur – das Trauerspiel, welches in enger Beziehung zur Regel steht – wird von der Regel mit den königlichen Attributen in Verbindung gebracht:
  »REGEL. [...] Weist du nicht, dass dein Haupt der Schmuck, die Krone, ziert
  Und warum deine Hand den Dolch zum sterben führt?
  Geh, schäme dich ins Herz! wie bist zu angezogen?« (S. 464)

betont, die Neuber in diesem Fall verkörpert.²⁰² In der Figur der Regel schafft sie sich somit selbst eine neue Figur, ausgerüstet mit Aubignacs *Pratique du théâtre* als interessantem medialem Bezug. Auf einer zweiten Ebene sichert sie sich so nicht nur als neu geschaffene allegorische Figur, sondern als reale Person einen Platz auf dem Parnass,²⁰³ also im literarischen Feld, ohne dass dies sofort ins Auge fällt, denn das Lob gilt weiterhin »dem weisen Klinglin«. Der leere Thron wird in der Aufführung visuell bzw. beim Lesen in den Regiebemerkungen evident, nicht aber in den Dialogpartien.

Zusammenfassend ist festzuhalten: Vor dem Hintergrund der hier angestellten Beobachtungen ist zunächst eine gewisse Einheitlichkeit der Notation im 18. Jahrhundert abzulesen. Die Regiebemerkungen weisen je nach Tempusgebrauch auf Einmaligkeit – im Präteritum verweisen sie auf einen vergangenen Sachverhalt, der erinnert werden soll – bzw. Wiederaufführbarkeit – im Präsens kennzeichnen sie ein gegenwärtiges oder neutrales wie auch ein zu imaginierendes Geschehen. Dass Regiebemerkungen heute üblicherweise im Präsens formuliert werden, ist keine Besonderheit; im 17. Jahrhundert hingegen ist dies keineswegs generell der Fall. Die Analyse der Dramentexte hat gezeigt, dass sich im 18. Jahrhundert die Präsensform durchgesetzt hat. Im Gegensatz zu Festbeschreibungen wie denen des Stuttgarter Hoftheaters sowie Festspielen von Rist – mit zusätzlichen großen Schwankungen zwischen lateinischen und deutschen Regiebemerkungen – und Schottel sind bei den Stücken, die hier im Mittelpunkt stehen, diesbezüglich keine großen Unterschiede festzustellen. Es hat also eine gewisse Normierung eingesetzt, so dass Regiebemerkungen jetzt im Präsens stehen.

Aufschlussreich ist aber nicht nur die grammatikalische Form der Regiebemerkungen, sondern auch, worauf sich diese beziehen. Die Interpretation nämlich, nach der Caroline Neuber sich hier gewissermaßen selbst auf den Thron hebt, ist nur durch die Regiebemerkungen, mithin ›verdeckt‹ möglich. Bestehende Abhängigkeiten verbieten eine eindeutige Stellungnahme an der Oberfläche: So interpretiert auch Heckmann die positiven Äußerungen im Straßburger Vorspiel in erster Linie als »höfliche Geste an das Straßburger Publikum«.²⁰⁴ Hier erweisen sich die Regiebemerkungen als Ermöglichungsraum für nicht laut Gesagtes und zu Sagendes. Der Thron bleibt für das Trauerspiel bzw. die Regel frei, allerdings nur unterschwellig. Da er nicht besetzt wird, kann der im Segenswunsch Genannte sich – gattungsgemäß – ebenfalls angesprochen fühlen und den leeren Thron auf seine eigene zu ehrende Person beziehen.

---

²⁰² Vgl. die Personenverzeichnisse der zitierten Ausgaben. Diese Rollenbesetzung macht eine subversive, gerade *gegen* die Figur der Regel gerichtete Lesart, die Kord mit dem oben zitierten Rollentausch anstrebt, zusätzlich unplausibel. Vgl. Susanne Kord: Frühe dramatische Entwürfe, S. 238.
²⁰³ Man fühlt sich an den realen Werdegang Neubers erinnert, den Becker-Cantarino nachzeichnet; vgl. Barbara Becker-Cantarino: Prinzipalin, S. 100.
²⁰⁴ Hannelore Heckmann: Theaterkritik als Unterhaltung, S. 121.

Im Gegensatz zu konventionellen Huldigungsvorspielen versucht die Verfasserin außerdem, die programmatischen Vorspiele über den konkreten Anlass und Aufführungszweck hinaus, auf den auch diese immer noch explizit Bezug nehmen, zu einem literarischen Genre zu heben. Dafür spricht schon, dass sie überhaupt ediert werden und so im Grunde noch heute, zumindest lesend, rezipiert werden können.[205] Die lange Zeit verbreitete Annahme, dass ihre Festprologe und dramatischen Programmreden allegorischer Art »nicht darauf berechnet [waren], litterarisch zu wirken«, wie Paul Schlenther feststellt, trifft auf die programmatischen Vorspiele somit nicht zu. Schlenther weiter:

> Für einen gelegentlichen Zweck flüchtig hingeschrieben, verloren sie selbst in den Augen der Verfasserin mit dem Zwecke ihre Bedeutung. Sie waren überdies alle nach einer Schablone gearbeitet, in den verschiedenen durch die Gelegenheit gebotenen Variationen kehrte fort und fort dasselbe Thema wieder.[206]

Dass einige ihrer Vorspiele wiederholt aufgeführt werden,[207] kann man jetzt ebenfalls anders bewerten als bisher. Während Gauthier/Rudin keinerlei Wertung vornehmen, drückt Schüddekopf fast hundert Jahre zuvor seine abwertende Einschätzung der Wiederverwendung von Stücken und Vorspielen aus, die doch für den einmaligen Gebrauch gedacht seien:

> Es ist ein Beweis für das armselige Repertoire dieser Wandertruppen, dass der eben erwähnte Prolog mit wenigen, durch den veränderten Schauplatz gebotenen Abweichungen 14 Jahre später von einer anderen Truppe wieder aufgewärmt wurde.[208]

Dass nicht nur Dramen erneut auf dem Spielplan stehen, sondern in der Tat auch Vorspiele wiederverwendet werden, muss aber nicht als »aufwärmen« angesehen werden, sondern kann mit einem anderen, und zwar höheren Stellenwert dieser Texte zusammenhängen. Während Neumeister für die Festspiele Calderóns zu dem Ergebnis gelangt, dass »nicht die ästhetischen, sondern die aktualisierenden Elemente überwiegen«,[209] ist hier gewissermaßen eine gegenläufige Tendenz zu erkennen. Nicht mehr Authentizität ist die Hauptkategorie, unter der die Vorspiele eingeordnet werden, sondern ästhetische Kriterien treten in den Vordergrund. Diese tragen dazu bei, die Vorspiele unabhängig von einem bestimmten Ereignis zu würdigen und als sehens- wie auch lesenswert einzustufen. Dies erreicht Caroline Neuber durch Abweichungen von traditionellen und fest vorgegebenen Allegorien und einen gerade für dieses festgeschriebene Genre eigenständigen Umgang mit vorgegebenen Mus-

---

[205] In ihren Vorreden spricht Neuber ausdrücklich den »Leser« ihrer Stücke an; vgl. Friederike Caroline Neuber, S. (6) im Lübecker Vorspiel, S. 455f. im Straßburger Vorspiel.
[206] Paul Schlenther: Einleitung, S. 450.
[207] Gauthier/Rudin weisen anhand des Leipziger und des Rollenverzeichnisses des Hamburger Vorspiels *Der Allerkostbarste Schatz* nach, dass es sich dabei mit großer Wahrscheinlichkeit um dasselbe Stück handelt. Laure Gauthier/Bärbel Rudin: Der alte und der neue Geschmack. Die Neuberin in Hamburg. In: Rudin/Schulz (Hg.): Vernunft und Sinnlichkeit, S. 164–199, hier S. 171f.
[208] Carl Schüddekopf: Caroline Neuber, S. 5.
[209] Sebastian Neumeister: Mythos und Repräsentation, S. 213.

tern. Hannah Sasse bezeichnet Neubers Stücke als »unkünstlerische Vorspiele«,[210] in denen sich die Verfasserin den Anforderungen an das Genre anpasse. Sie meint, dass »gerade die Vorspiele keine Rückschlüsse auf die ›eigentlichen Absichten und Ansichten‹ der Neuberin zulassen«, da sie hier Auftragsarbeit leiste und sich nicht hinter der Fiktion verstecken könne, anders als im *Schäferfest*, dem einzigen von Caroline Neuber erhaltenen Lustspiel. Von den Regiebemerkungen her bieten aber gerade die programmatischen Vorspiele neue Interpretationsmöglichkeiten. Eine Spur hin zum leeren Thron, von dem in den Regiebemerkungen ausdrücklich die Rede ist, wird dem Trauerspiel selbst in den Mund gelegt, wenn es sagt: »Ich habe weder Dolch noch Krone weggeschmissen, / Ich hab sie dann und wann zwar wohl verbergen müssen« (S. 470). Diese Figur spricht ausdrücklich von Herrschaftsinsignien, so dass sie dazu disponiert ist, den Thron zu besteigen. Verborgen und unausgesprochen, aber nicht ungesagt ist im Dramentext hier eine über jede allegorische Form hinausweisende positive Beurteilung des regelhaften Trauerspiels innerhalb eines Vorspiels.

---

[210] Hannah Sasse: Friedericke Caroline Neuber, S. 163.

3 Darstellung der Empfindungen in Regiebemerkungen: Dramen um 1750

3.1 Das Aufbrechen des Empfindsamkeitsdiskurses: Gellerts *Die zärtlichen Schwestern*

›Zärtlich‹, das Signalwort der Empfindsamkeit, steht in Gellerts *Zärtlichen Schwestern* nicht nur programmatisch im Titel und häufig in der Figurenrede, sondern – soweit ich sehe ein Novum – auch innerhalb einer Regiebemerkung: »*Damis sieht sie zärtlich an.*« Die Figuren führen also nicht nur »die für das rührende Lustspiel charakteristischen Worte ›zärtlich‹ und ›Zärtlichkeit‹ [...] häufig im Munde«, wie Steinmetz zu Recht feststellt.[1] Darüber hinaus wird dieses Wort, das in der Epoche der Empfindsamkeit mit reflektierendem Element zum Schlagwort wurde,[2] auch der Gestik bzw. hier dem Blick einer der dramatis personae zugeschrieben.

Ob man von hier aus die Vermutung stützen kann, dass in der Empfindsamkeit mit der Aufwertung, ja einer »Übermacht des Gefühls«[3] auch Dramentexte sich

---

[1] Horst Steinmetz: Nachwort. In: Christian Fürchtegott Gellert: Lustspiele. Faksimiledruck nach der Ausgabe von 1747. Stuttgart 1966, S. 3*–23*, hier S. 12*. Hierzu Jutta Greis: »Wenn Steinmetz bemerkt, die Figuren führten also nicht nur ›die für das rührende Lustspiel charakteristischen Worte ›zärtlich‹ und ›Zärtlichkeit‹ [...] häufig im Munde‹, sondern offenbarten ›in ihren Aussagen auch eine tiefer als nur in der Sprache verwurzelte Neigung zu empfindsamem Denken und Fühlen‹, dann stellt sich die Frage, inwiefern literarische Figuren anders als sprachlich existieren.« Jutta Greis: Drama Liebe. Zur Entstehungsgeschichte der modernen Liebe im Drama des 18. Jahrhunderts. Stuttgart 1991, S. 202f. Auf die Möglichkeit, dass Regiebemerkungen sich in einem Dramentext qualitativ von der Figurenrede unterscheiden können, kommt Greis hier allerdings nicht zu sprechen.

[2] Vgl. Gerhard Sauder: Empfindsamkeit. Band 1. Voraussetzungen und Elemente. Stuttgart 1974, S. 193–210, der den bedeutungsgeschichtlichen Kontext sowie englische und französische Einflüsse erörtert. Vgl. die von Sauder zusammengestellten Texte, etwa Michael Ringeltaubes *Von der Zärtlichkeit* [Auszüge]. In: Gerhard Sauder (Hg.): Theorie der Empfindsamkeit und des Sturm und Drang. Stuttgart 2003, S. 48–54. Zur Bedeutungsentwicklung des Wortes und seiner Funktion innerhalb der Empfindsamkeit vgl. Nikolaus Wegmann: Diskurse der Empfindsamkeit. Zur Geschichte eines Gefühls in der Literatur des 18. Jahrhunderts. Stuttgart 1988, vor allem Kapitel 4: Die Ausdifferenzierung des Empfindsamkeitsdiskurses unter dem Schlagwort der Zärtlichkeit.

[3] Claude David: Einige Stufen in der Geschichte des Gefühls. In: Paolo Chiarini (Hg.): Miscellanea di Studi in onore di Bonaventura Tecchi. Band 1. Rom 1969, S. 162–181, hier S. 163: »Wer das Wort [Empfindsamkeit] hört, weiß sofort, welche Zeit gemeint ist und kennt auch das Merkmal dieser Zeit, nämlich die Übermacht des Gefühls.«

ändern und die entbindende Funktion der Rhetorik[4] Auswirkungen auf den Bereich expliziter und impliziter Regiebemerkungen hat, soll in diesem Kapitel an Texten aus dem Umkreis der Empfindsamkeit, zunächst an Gellerts *Zärtlichen Schwestern*, untersucht werden. Dass Affekte und Empfindungen zu dieser Zeit in Texten in den Vordergrund rücken, bildet in der Forschung ein Hauptuntersuchungsinteresse an Stücken von Gellert und Lessing sowie ausländischen Einflüssen wie denen aus England (Lillo, Moore) und Frankreich (Diderot). Zu fragen ist, welche Schlüsse sich über die Verbindung zwischen Dramensprache, schauspielerischer Aktion und dargestellten Affekten ziehen lassen und ob Verbindungen zu einer sich neu konzipierenden Schauspielkunst auszumachen sind, die mit dem bürgerlichen Drama einhergeht. Ist die »neue, auf Unmittelbarkeit zielende Empfindsamkeitsdramaturgie«[5] an den Dramentexten ablesbar, hat sie Auswirkungen auf Figurenrede und Regiebemerkungen, und wie wird Körpersprache in diesen Texten kodiert? Geitner stellt fest:

> Im Austausch gegen eine rhetorisch disziplinierte, verstellte *eloquentia corporis* [...] führt man die *eloquentia cordis*, die Sprache des Herzens ein. Jenseits aller rhetorisch-politischen Verstellungen soll diese neue Artikulationsweise den Blick ins ›Innere‹ des Menschen freigeben.[6]

Zwar ist eine der Hauptfunktionen dieser Literatur die »empfindsame Aufwertung der Affekte«,[7] allerdings vor allem innerhalb der Sprache, indem also über Gefühle geredet wird.[8] Wie sieht die Sprache aus, die »das Innerste des Sprechers durchsichtig

---

[4] Vgl. Klaus Dockhorn: Die Rhetorik als Quelle des vorromantischen Irrationalismus in der Literatur- und Geistesgeschichte. In: Nachrichten der Akademie der Wissenschaften. Göttingen 1949, S. 109–150, hier S. 140.
[5] Alexander Košenina: Anthropologie und Schauspielkunst, S. 2.
[6] Ursula Geitner: Sprache der Verstellung, S. 5. Vgl. Günter Saße: Aufrichtigkeit: Von der empfindsamen Programmatik, ihrem Kommunikationsideal, ihrer apologetischen Abgrenzung und ihrer Aporie, dargestellt an Gellerts *Zärtlichen Schwestern*. In: Heinrich Löffler u.a. (Hg.): Texttyp, Sprechergruppe, Kommunikationsbereich: Studien zur deutschen Sprache in Geschichte und Gegenwart. FS Hugo Steger. Berlin, New York 1994, S. 105–120, hier S. 111.
[7] Susanne Komfort-Hein: »Sie sei wer sie sei«. Das bürgerliche Trauerspiel um Individualität. Pfaffenweiler 1995, S. 144, dort mit Bezug auf Benjamin Pfeils *Lucie Woodvil*. Komfort-Hein stellt weiter fest, dass die »Überzeugungskraft des empfindsamen Modells nicht unbestritten« ist und macht auf die Zwangslagen aufmerksam, die statt empfindsamer Postulate das Gegenteil erfüllen (Hass, Rache, Wut, Mord). Zur Frage nach der Reflexionsstruktur der Empfindsamkeit und dem Bewusstsein der Emotionen zu dieser Zeit vgl. Gerhard Sauder: Empfindsamkeit. Band 1, S. 172f. Auch wenn Sauder zu Recht darauf hinweist, dass für das Verstehen der Empfindsamkeit »die teils nicht explizierten Reflexionsmodelle von beschränktem Erkenntniswert sind«, S. 173, ist für die Dramenstruktur und die Frage nach Regiebemerkungen von Belang, dass Gefühle vor allem innerhalb der sprachlichen Äußerungen ihren Platz finden.
[8] Anders als Jutta Greis, die meint, dass innerhalb der Literatur alles Sprache sei, ist hier nicht diskurstheoretisch, sondern gattungsbezogen im Dramentext durchaus zwischen denjenigen Segmenten zu unterscheiden, die als direkte Rede geäußert, und denen, die dargestellt werden sollen.

macht«, wenn es sich dabei um Dramensprache handelt, und wie wird das Postulat der ›Sprache des Herzens‹ in Texten umgesetzt, die programmatisch für diesen Wandel stehen? Zu fragen ist im vorliegenden Zusammenhang, ob man einen Bezug zu den Regiebemerkungen herstellen kann und ob gerade hinsichtlich der »Dramatisierung der Affekte«[9] Entwicklungen abzulesen sind, die einen neuen Stellenwert dieser Textsegmente erkennen lassen.

Regiebemerkungen in Schäferspiel, Rührstück und Typenkomödie

Steinmetz hebt generell den »überwiegend rhetorischen Charakter«[10] der rührenden Lustspiele hervor, da die didaktische Orientierung dominiere. Deutlich werde der kultur- und literaturgeschichtliche Erkenntniswert der frühempfindsamen Texte. Sie geben, unter Aspekten der Evolution des Liebestopos betrachtet, Auskunft über dessen Formierung im Drama und damit auch über die Entwicklung eines neuen Liebesdiskurses. Ob überhaupt ein Bezug zwischen Empfindsamkeit und Dramensprache herzustellen ist, indem Gestik und Mimik aufgewertet werden, wird in der Forschung durchaus kontrovers diskutiert: Für Coym[11] dominiert in Gellerts *Zärtlichen Schwestern* die Rührung. Nach Jutta Greis[12] wird die fortgeschrittenste Stufe der empfindsamen Liebe dargestellt, für andere geht das Spektrum in diesem Stück schon über den Bereich der empfindsamen Liebe hinaus.[13] Zu diesen unterschiedlichen Einschätzungen konträr steht Kurt May,[14] für den Mimik und Gebärdensprache in Gellerts Stücken »so gut wie nicht vorhanden« sind.[15]

Dass keine der zitierten Arbeiten bei der Frage nach dem Bereden oder dem Darstellen von Gefühl und Gestik die Regiebemerkungen besonders berücksichtigt, verwundert zunächst nicht, denn rein quantitativ spielen diese bei Gellert eine untergeordnete Rolle. So steht in den ersten drei Szenen nur eine Regiebemerkung.[16]

---

[9] Vgl. Sibylle Schönborn: Christian Fürchtegott Gellert: *Die zärtlichen Schwestern*. Dramatisierung der Affekte. In: Interpretationen. Dramen vom Barock bis zur Aufklärung. Stuttgart 2000, S. 224–250.
[10] Vgl. Horst Steinmetz: Das deutsche Drama, S. 68.
[11] Johannes Coym: Gellerts Lustspiele. Ein Beitrag zur Entwicklungsgeschichte des deutschen Lustspiels. Berlin 1898, S. 11.
[12] Jutta Greis: Drama Liebe, S. 34.
[13] So sieht Brüggemann in der Figur Julchens mit ihrem Freiheitsdrang Vorklänge des Sturm und Drang; vgl. Fritz Brüggemann: Einführung. In: Ders. (Hg.): Die bürgerliche Gemeinschaftskultur der vierziger Jahre. 2. Teil: Drama. Leipzig 1933. Reprint Darmstadt 1964, S. 5–32, hier S. 28; dagegen Steinmetz, für der der Freiheitsdrang Julchens ein Relikt aus der sächsischen Typenkomödie darstellt und der darin eine Form von Unreife sieht. Vgl. Horst Steinmetz: Nachwort. In: Christian Fürchtegott Gellert. Die zärtlichen Schwestern. Stuttgart 1995, S. 139–158, hier S. 151f.
[14] Kurt May: Das Weltbild in Gellerts Dichtung. Frankfurt/M. 1928, S. 37.
[15] Verblüffend ähnlich fallen die gegensätzlichen Meinungen zu *Miß Sara Sampson* aus (vgl. Kap. 3.2).
[16] Der Auftritt der Figur wird vermutlich deshalb in der Regiebemerkung benannt, weil er von einer der schon anwesenden Figuren nicht bemerkt wird: »*Siegmund tritt herein, ohne daß*

Demzufolge scheint eine Auseinandersetzung mit den expliziten Regiebemerkungen kaum lohnend. Ebenso schnell kann man den Bezug auf die Theaterrealität ausschließen, denn theaterpraktische Probleme werden von den wenigen Regiebemerkungen kaum berücksichtigt. So spielen dort weder Kostüm und Bühnenbild noch bestimmte handlungspraktische Aspekte eine Rolle, die – wenn überhaupt – in der Figurenrede angesprochen, auch dort aber nicht weiterverfolgt werden. So wird das Motiv des Teekränzchens im Garten im Gespräch erwähnt, dann aber nicht wieder aufgenommen.[17] Neben impliziten übernehmen die wenigen expliziten Regiebemerkungen meist die Funktion, einen Auftritt oder Abgang anzukündigen,[18] jeweils am Beginn der Auftritte die anwesenden dramatis personae zu nennen sowie das Ende eines Auftritts explizit zu machen (etwa II, 20). Daneben wird bei Anwesenheit von mehr als zwei Personen mehrmals die Sprecherrichtung durch eine explizite Regiebemerkung angezeigt.[19] Außerdem werden, wie dies allgemein üblich ist,[20] schauspielerbezogene Handlungen angeführt, so das Lesen von schriftlichen Mitteilungen und Briefen: »*Er reicht ihr die Abschrift*«, »*sie liest*«, »*indem sie den Brief für sich gelesen hat*« (III, 4 und III, 7). Ein erster Befund zeigt also einen eher kargen Gebrauch der Regiebemerkungen, die kaum auf ein empfindsames Stück schließen lassen.

In einer Statistik stellt Stefanie Schweitzer dar,[21] wie sich bei Gellert im Übergang von der *Betschwester*, die noch wesentlich der sächsischen Typenkomödie entspricht, zu den *Zärtlichen Schwestern* die Worte der Gefühlsbenennung verdreifachen – allerdings innerhalb der Figurenrede. Explizite Regiebemerkungen werden von Schweitzer nicht berücksichtigt. Dies scheint sich auch deshalb zu erübrigen, weil Gefühle im Stück offen gezeigt und analysiert werden,[22] so dass sowohl eigene Gefühlsregungen als auch die der Dialogpartner bis hin zur Stimmlage innerhalb des Dialogs genau unter die Lupe genommen werden:

---

ihn Lottchen gewahr wird«; vgl. Christian Fürchtegott Gellert: Die zärtlichen Schwestern. In: Ders.: Lustspiele. Hg. von Bernd Witte u.a. (Gesammelte Schriften. Hg. von Bernd Witte. Band 3). Berlin, New York 1988, S. 195–261, hier S. 201. Im Folgenden unter Angabe von Akt, Szene und Seite direkt im Text zitiert.

[17] Da der Tee, den Lottchen zweimal ihrem Vater gegenüber erwähnt (S. 199, 200), im Garten eingenommen werden soll und er somit nicht als Requisit auf die Bühne kommt, muss er bühnenpraktisch nicht berücksichtigt werden. Dass das nur in der Figurenrede erwähnte Einnehmen des Tees im Stück keine weitere Rolle spielt, macht der unmotivierte Wechsel vom Tee zum Kaffee deutlich. Während zu Beginn des Stücks von Tee die Rede ist, wird im II. Akt dreimal vom Kaffee gesprochen, den die Gäste im Garten einnehmen sollen (S. 226, 229, 237).

[18] Vgl. I, 1; I, 7; II, 5; II, 20; III, 3; III, 14.

[19] Vgl. »zu Damis«, »zu Julchen«, z.B. I, 4; II, 9; II, 3; II, 10.

[20] Vgl. etwa Kap. 2.1 zum *Jungen Gelehrten*; Kap. 3.2 zu *Miß Sara Sampson*; Kap. 5.2 zu *Maria Stuart*.

[21] Vgl. Stefanie Schweitzer: Der Stil der Gellertschen Lustspiele. Diss. masch. Giessen 1943, S. 57–59.

[22] Zur Reflexion des Fühlens als eines zentralen Aspekts der Empfindsamkeit vgl. Lothar Pikulik: »Bürgerliches Trauerspiel« und Empfindsamkeit. Köln, Graz 1966, S. 62; kritisch dazu Gerhard Sauder: Empfindsamkeit. Band 1, S. 170f.

JULCHEN. Aber warum bin ich so unruhig? (I, 7, 207)
CLEON. Warum sprichst du das Wort so kläglich aus? (II, 1, 217)
DAMIS. Warum sprechen Sie diesen Lobspruch mit einem so traurigen Tone aus? (II, 2, 220)
LOTTCHEN. Nun, Herr Damis, [...] Sie weinen? Ist das möglich? (II, 3, 220)

Zum empfindsamen Menschen gehört, dass er sein »gutes Herz in den Augen und auf der Zunge« trägt (I, 8), und ein Gespräch unter empfindsamen Personen zeichnet sich dadurch aus, dass man »die Regungen [s]einer Seele ohne Decke« (III, 5) zeigt, so Lottchen gegenüber dem konsequent positiv gezeichneten Simon. Gefühle zu zeigen gilt als tugendhaft, während das Verbergen ein Zeichen von Lasterhaftigkeit ist.[23]

Obwohl das Bereden der Gefühle im Vordergrund steht und diese in der Figurenrede besprochen werden, stehen auch zum Bereich der Emotionen und ausdrucksrelevanten Handlungen (Tränen, Küsse) einige explizite Regiebemerkungen, deren Wert gerade durch ihre Seltenheit in gewissem Sinne erhöht wird. Schon das ist neu und bemerkenswert, denn in der frühen sächsischen Komödie spielten sie kaum eine Rolle (vgl. Kap. 2.1). Hier erweist es sich als aufschlussreich, Gellerts *Zärtliche Schwestern* kurz zu seinen eigenen Stücken ins Verhältnis zu setzen. Denn innerhalb seiner eigenen Dramenproduktion ist nur eine schwache Tendenz zu mehr Regiebemerkungen ablesbar – angefangen mit Stücken, die keine expliziten Regiebemerkungen enthalten wie sein einaktiges Schäferspiel *Das Band*, bis zu einem weiteren Versdrama, *Sylvia*, das nur siebenmal explizit anzeigt, zu wem gesprochen wird[24] und eine weitere explizite Regiebemerkung ganz am Schluss enthält.[25] Dass es sich dabei jeweils um Versdramen handelt, spielt im Hinblick auf die Regiebemerkungen eine untergeordnete Rolle, denn auch seine folgenden Prosadramen arbeiten fast völlig ohne Regiebemerkungen, so sein erstes in Prosa verfasstes Lustspiel *Die Betschwester*, ebenso sein zweites Lustspiel *Das Loos in der Lotterie*.

Das ›Bereden‹ der Gefühle

Anders verfährt Gellert in seinem Stück *Die Zärtlichen Schwestern*, das zum Prototyp des rührenden Lustspiels avanciert. Während schon die Titel seiner Stücke zunächst Anklänge an die sächsische Typenkomödie mit Nennung der lasterhaften, d.h. der zu verlachenden Hauptfigur erkennen lassen – *Die Betschwester* –, wählt Gellert schließlich, nach neutralen Titeln wie *Das Loos in der Lotterie*, einen empfindsamen Titel par excellence: *Die zärtlichen Schwestern*. Ob die im Verhältnis zu seinen anderen Dramen erhöhte Zahl an Regiebemerkungen thematisch und gattungstypisch zu erklären ist und mit dem empfindsamen Liebeskonzept zusammenhängt, wird die Untersuchung zeigen, zunächst ein kurzer Blick auf die Handlung des Stücks.

Zwei Handlungslinien stehen im Zentrum des Dramas. Beide Male geht es – komödientypisch – um eine hindernisreiche Heirat: Lottchen kann Siegmund nicht

---
[23] Vgl. Lothar Pikulik: »Bürgerliches Trauerspiel«, S. 61.
[24] Vgl. Christian Fürchtegott Gellert: Sylvia. Ein Schäferspiel in einem Aufzuge. In: Ders.: Lustspiele. Hg. von Bernd Witte u.a., S. 29–60, hier S. 35 (2x), S. 36, S. 51 (2x), S. 58, S. 60.
[25] Ebd., S. 60: »SYLVIA (*klopft ihm auf die Backen.*) Nein! du hast nichts zu hoffen.«

heiraten, da die materielle Grundlage fehlt. Julchen will Damis nicht heiraten, obwohl dieser die materiellen Voraussetzungen erfüllt, da sie der Liebe ihre ›Freiheit‹ vorzieht. Im Stück geht es zunächst darum, Julchen in die empfindsame Gemeinschaft zu integrieren, indem sie die zärtliche Liebe erlernt. Der zweite Handlungsstrang verläuft in umgekehrter Richtung. Julchen, die zunächst Opfer der – gut gemeinten – Intrigen und Prüfungen ist, entlarvt mit Damis und Simon Siegmunds Untreue. Lottchen, die das Prinzip der zärtlichen Liebe von Beginn an vertritt, muss sich von Siegmund, dem anfangs idealen Partner, trennen, da er die für den empfindsamen Helden typischen Tugendprüfungen nicht besteht: So wendet er sich allein wegen einer Erbschaft, die zeitweise aufgrund eines Irrtums Julchen zugesprochen wird, kurzfristig Julchen zu, so dass er als zukünftiger Ehemann Lottchens nicht mehr in Frage kommt. Das Stück schließt deshalb mit nur einer Hochzeit, der zwischen Julchen und Damis.

Lottchens Demonstrationen ihrer Liebe zu Siegmund, die sie selbst als »vernünftige Liebe« charakterisiert (S. 214), sind konstant. Sie beherrscht – als gelehrtes Frauenzimmer[26] – den empfindsamen Diskurs bis zur Perfektion und liefert auch für die anderen die notwendigen Übersetzungs- und Erklärungsleistungen, so Damis gegenüber, der Julchens Reaktionen nicht richtig deuten kann:

> DAMIS. [...] Sie bat mich, da sie mich verließ, daß ich ihr nicht gleich nachfolgen sollte, damit ihr Lottchen nicht einige Spöttereyen sagen möchte. Wie furchtsam klingt dieses!
> LOTTCHEN. Ja, es heißt aber vielleicht nichts anders, wenn man es in seine Sprache übersetzt, als: Gehen Sie nicht mit mir, damit Lottchen nicht so deutlich sieht, daß ich Sie liebe. Ihre Braut scheut sich nicht vor der Liebe, sondern nur vor dem Namen derselben. (II, 3, 221)

Dass Lottchen selbst das Problem als reines ›Sprach‹-Problem ansieht, wird für sie noch Konsequenzen haben. Solange bei ihr ein ungebrochenes Verhältnis zwischen Sprache und Gefühl herrscht, sind explizite Regiebemerkungen zumindest für die Darstellung ihrer Gefühle gewissermaßen überflüssig.[27] So reichen auch die äußeren Anzeichen und verbalen Äußerungen Siegmunds als Liebesbeweis aus, da sie von seiner »Aufrichtigkeit«[28] überzeugt ist (S. 254) und meint:

> LOTTCHEN. [...] ich nehme keinen Beweis an, als sein eigen Geständniß. Ich bin so sehr von seiner Tugend überzeugt, daß ich weis, daß er auch den Gedanken der Untreue nicht in sich würde haben aufsteigen lassen, ohne mir ihn selbst zu entdecken. (S. 257)

---

[26] Auf den Aspekt des »tendenziell negativen Charakters des gelehrten Frauenzimmers« bei Lottchen weist Schönborn hin; Sibylle Schönborn: Die zärtlichen Schwestern, S. 229.
[27] Vermutlich ist es kein Zufall, dass gerade beim Magister, einem Relikt aus der sächsischen Typenkomödie (vgl. etwa den Magister Scheinfromm in Luise Gottscheds *Pietisterey im Fischbein-Rocke*), gar keine Regiebemerkungen stehen. Aktionsradius und Charakter dieser Figur sind durch ihre Rolle genau festgelegt.
[28] Zum hohen Stellenwert der Aufrichtigkeit in der empfindsamen Gemeinschaft und zur insistierenden Verwendung des Wortes ›Aufrichtigkeit‹ vgl. Günter Saße: Aufrichtigkeit, hier S. 109.

Lottchen ist sich der Isomorphie zwischen Seele und Ausdruck zunächst ähnlich sicher wie ihr naiv gezeichneter Vater. Auch Cleon zieht für die Aufrichtigkeit und Ehrlichkeit Siegmunds verbale Bekundungen und Händeküssen heran, das hier nicht rein höfisch, sondern ›bürgerlich‹-innig zu verstehen ist:

> CLEON. [...] Dein Siegmund wird schon erkenntlich für deine Treue seyn. Er kann einem durch seine Worte recht das Herz aus dem Leibe reden. Der ehrliche Mann! Wie vielmal hat er mir nicht die Hand geküßt! Wie kindlich hat er mich nicht um meine Einwilligung gebeten! (III, 19, 260)

Da eigene und fremde Gefühle innerhalb der Figurenrede gezeigt und analysiert werden,[29] erübrigen sich für diesen Bereich explizite Regiebemerkungen – so könnte man meinen. Sie übernehmen höchstens die Funktion, bestimmte stereotype Gesten, die man mit der zärtlichen Liebe in Verbindung bringt, zu unterstreichen, so die wenigen expliziten Regiebemerkungen zu Lottchen und Siegmund: »*Er küßt ihr die Hand*« (II, 11, 228); »*Er küßt sie*« (II, 18, 235); »*Sie geht auf Siegmund zu, und umarmet ihn*« (III, 5, 245); »*Sie nimmt ihn bey der Hand*« (III, 7, 246). Lottchen verwendet dabei Siegmund gegenüber ähnliche Gesten wie in Bezug auf ihre Schwester, so dass zwischen partnerschaftlicher und geschwisterlicher Liebe kein Unterschied zu bestehen scheint, dieser jedenfalls nicht über bestimmte Gesten markiert wird:

> LOTTCHEN. Meine liebe Schwester, (*Sie umarmt Julchen.*) [...] (III, 3, 243)
>
> LOTTCHEN [...] (*Lottchen umarmt sie.*) [...] (III, 17, 257)

Dass hier eine Umbruchsituation dargestellt wird und die Figuren hinsichtlich neuer Formen der Zuwendung und der Ausdrucksweise sehr wohl unterschiedliche Positionen einnehmen, machen Gespräche deutlich, in denen Zärtlichkeit thematisiert und die zärtliche Sprache der herkömmlichen als Korrektiv gegenübergestellt wird. Die Liebe stellt sich so zunächst vor allem als Sprachproblem dar.[30] Es handelt sich vornehmlich um Übersetzungsleistungen, die stattfinden müssen, damit man einander versteht, wobei Lottchen die Sprache der Empfindsamkeit bis zur Perfektion beherrscht. Cleon irrt, wie so oft, auch in diesem Punkt, wenn er Julchen gegenüber feststellt: »Wir streiten ja nicht um die Worte« (II, 1, 218). Lottchen korrigiert den Vater schon im ersten Akt im Sinne des Empfindsamkeitsdiskurses, wenn dieser nicht die richtigen Worte wählt: So ersetzt sie das »verliebt sein« durch »zärtlich

---

[29] Vgl. Lothar Pikulik: »Bürgerliches Trauerspiel«, S. 60: »Gefühle spielen in der frühen Sächsischen Komödie keine Rolle, ja sie fehlen in der Darstellung. Umgekehrt werden sie in der Rührkomödie und im ›Bürgerlichen Trauerspiel‹ zu einem beherrschenden Element.«

[30] Als »so etwas wie ›mediales Probehandeln‹ unter den existentiellen Bedingungen der Schriftlichkeit« fasst Koschorke die empfindsame Literatur auf. Was er über die Gattung des Romans feststellt, trifft auch auf Gellerts Drama zu: »Die Romane semantisieren einen medialen Effekt, sie erzählen die psychodramatischen Abläufe dazu.« Albrecht Koschorke: Alphabetisation und Empfindsamkeit. In: Hans-Jürgen Schings (Hg.): Der ganze Mensch. Anthropologie und Literatur im 18. Jahrhundert. Stuttgart, Weimar 1994, S. 605–628, hier S. 612.

sein«[31] und übernimmt die Funktion der Überlegenen, der ›Erzieherin‹. Cleon ist die veränderte Sprache zwar schon aufgefallen, ihr Stellenwert aber ist für ihn nicht ersichtlich.

> Daß die Welt die Sprache immer ändert, dafür kann ich nicht. Ihr Mädchen gebt heut zu Tage auf ein Wort Achtung, wie ein Rechenmeister auf eine Ziffer. (II, 1, 218)

Während der Vater nur das neue Vokabular nicht beherrscht, von der Sache her aber mit seiner Tochter übereinstimmt – er stellt Vergleiche zu seiner von ihm innig geliebten verstorbenen Frau an –, geht bei Julchen die Ablehnung entschieden weiter.

> JULCHEN. [...] wenn nun mein Herz so untreu ist, und mir nicht aufrichtig antwortet?
> CLEON. Rede nicht so poetisch. Dein Herz bist du, und du wirst doch wissen, was in dir vorgeht. (II, 1, 217)

Der Vater vertritt eine naive Vorstellung von Sprache und plädiert für eine Redeweise, die dem Gefühl gleicht. Julchen hingegen nimmt nicht nur eine Diskrepanz zwischen Reden und Fühlen wahr. Sie wehrt sich auch inhaltlich gegen die Vorstellungen der empfindsamen Liebe und lehnt die zärtlichen Gefühle ab. Für die Liebe erwartet sie die falschen Anzeichen, indem sie sie mit rein positiven Gefühlsäußerungen verbindet, so dass sie ihre eigenen Empfindungen nicht mit diesem Gefühl in Einklang bringen kann:

> JULCHEN. [...] Ich bin heute unruhig, und in der Unruhe könnte ich mich übereilen. Ich glaube in der That nicht, daß ich ihn liebe, sonst würde ich munter und zufrieden seyn. (II, 1, 217)

Später wird Lottchen ihr erklären, dass man genau an diesen Verhaltensweisen – der Unruhe und fehlenden Zufriedenheit – die Liebe erkennt.[32]

Auf den Punkt bringt es Siegmund, der Julchens Anklage und Kritik an der zärtlichen Liebe sowie ihr Verhalten gegenüber Damis als »Liebeserklärung in einer fremden Sprache« (I, 12) deutet und weiter feststellt: »Ich hätte nicht gedacht, dass sie so zärtlich wäre. Die Liebe und Freundschaft reden zugleich aus ihren Augen und aus ihrem Munde, je mehr sie nach ihrer Meinung die erste verbergen will.« Für den Leser/Zuschauer ist schon hier evident, dass Julchen liebt, aber die Sprache der Empfindsamkeit nicht beherrscht und auch nicht beherrschen will. Bei Lottchen hingegen liegt hier wie auch sonst das Gewicht auf den Worten.

»*Damis sieht sie zärtlich an*«: zum empfindsamen Liebesdiskurs

Für die zentrale Frage nach den Regiebemerkungen scheinen die bisherigen Beobachtungen relativ unergiebig zu sein, da in den eben zitierten Szenen zumindest

---

[31] »CLEON. Ists möglich? Hätte ich doch nicht gedacht, daß du so verliebt wärest. LOTTCHEN: Zärtlich, wollen Sie sagen.« (I, 1, 201).
[32] Lottchen erklärt Damis gegenüber: »Das Traurige, das sich in ihrem Bezeigen meldet, scheint mir ein Beweis zu seyn, daß sie ihre Freyheit nicht mehr zu beschützen weis.« (II, 3, 221).

keine expliziten Regiebemerkungen vorkamen. Neben fehlenden theaterpraktischen Angaben erübrigen sie sich bisher auch weitgehend hinsichtlich der Gefühlsdarstellung, da diese in den Dialogen benannt wird. Bis hierher muss man derjenigen Forschung zustimmen, die feststellt, dass Gebärdensprache in Stücken Gellerts keine Rolle spiele.[33] Es gibt aber Momente, in denen neue wie alte Sprache versagen und nicht die eine gegen die andere steht, sondern die Gestik der Sprache widerspricht. In diesem Zusammenhang ist auf die zu Beginn zitierte Regiebemerkung zurückzukommen: »*Damis sieht sie zärtlich an*«. Gerade an dieser Stelle, an der Gefühlsäußerungen zur Sprache kommen, steht nur eine, dafür signifikante Regiebemerkung in Form eines syntaktisch vollständigen Satzes. Es handelt sich dabei nicht nur um die einzige Regiebemerkung innerhalb der langen Replik Julchens; sondern innerhalb der gesamten Szene, wenn man von der Auftrittsbezeichnung der anwesenden dramatis personae und der konventionellen Kennzeichnung von Damis' Abgang am Ende mit »*Er geht ab*« absieht. Entscheidend ist dabei, dass das Signalwort der Empfindsamkeit[34] von der so angeschauten nicht richtig verstanden wird:

> JULCHEN. [...] warum halten Sie mirs denn für übel, daß ich die Freyheit hochschätze; daß ich statt eines Liebhabers lieber zehn Freunde; statt eines einfachen lieber mannigfaltiges Vergnügen haben will? Sind denn meine Gründe so schlecht, daß ich darüber Ihre Hochachtung verlieren sollte? Thun Sie den Ausspruch, ob ich bloß aus Eigensinn rede. (*Damis sieht sie zärtlich an.*) Aber warum sehen Sie mich so ängstlich an, als ob Sie mich bedauerten? Was wollen mir Ihre Augen durch diese Sprache sagen? Ich kann mich gar nicht mehr in ihr Bezeigen finden. [...] Warum geben Sie auf meine kleinste Mine [!] Achtung, und nicht auf meine Worte? [...] (I, 6, 207)[35]

Typographisch wird die Mimik hier der sprachlichen Realisierung untergeordnet, da die Regiebemerkung innerhalb der Figurenrede erscheint und ihr keine separate Zeile zusteht.[36] Damis' zärtlicher Blick wird außerdem von Julchen, seinem Gegen-

---

[33] Vgl. Kurt May: Weltbild, S. 37.
[34] Vgl. Lothar Pikulik: »Bürgerliches Trauerspiel«, S. 22: »Bei Gellert ist zu beobachten, wie er in dem Bewusstsein, im Umgang der Geschlechter etwas ganz Neues entdeckt zu haben, einen neuen Begriff einführt und diesen gegen ›Liebe‹ abzugrenzen versucht: ›Zärtlichkeit‹.«
[35] In *Miß Sara Sampson* ist die Zärtlichkeit als Grundeigenschaft fast immer dem Vater zugeordnet und zwar als genereller Charakterzug, ohne dass dieser sich in besonderen Gesten manifestieren muss. Dabei finden sich die Bezeichnungen ›zärtlich‹, ›Zärtlichkeit‹ immer in der Figurenrede: »SIR WILLIAM. Tadle mich; mache mir aus meiner Zärtlichkeit ein Verbrechen [...]«, S. 268; »SIR WILLIAM. [...] der Brief eines zärtlichen Vaters«, S. 298; »WAITWELL. noch immer der zärtliche Vater, so wie sein Sarchen noch immer die zärtliche Tochter ist«, S. 302; »SARA. Achtung Mellefont, fangen Sie doch nun an, sich an einen weit zärtlichern Namen zu gewöhnen. Mein Vater, Ihr Vater«, S. 316; »SARA. [...] einem großmütigen, einem zärtlichen Vater«, S. 347. In Diderots *Père de famille* hingegen steht in den expliziten Regiebemerkungen wie auch innerhalb der Figurenrede häufig »*tendre*«, »*tendresse*«, das Lessing übernimmt und durch »zärtlich« übersetzt, etwa »*regarder tendrement*«, S. 191 (»zärtliche Blicke«, S. 183), »*la serre avec tendresse*«, S. 280 (»drückt sie zärtlich an sich«, S. 259).
[36] Zur Positionierung der Regiebemerkungen ist festzuhalten, dass diese hier und häufiger im Stück innerhalb der Figurenrede stehen, auch wenn sie sich nicht auf den jeweiligen Sprecher beziehen, sondern auf sein Gegenüber. In einer Aufführung und für die Probenarbeit

über, missverstanden: Sie deutet die Zärtlichkeit als Ängstlichkeit. Zwar interpretiert Julchen den zärtlichen Blick hier noch falsch, sieht ihn aber als signifikant und aussagekräftig an. Während die Sprache in ihrer sonst so wichtigen Funktion außer Kraft gesetzt wird, gewinnen Gestik und Mimik an Bedeutung: »Warum geben Sie auf meine kleinste Mine Achtung, und nicht auf meine Worte?« Zumindest dem Leser springt die Diskrepanz zwischen ›zärtlich‹ in der Regiebemerkung und ›ängstlich‹ bzw. ›bedauern‹ in der Figurenrede sofort ins Auge. Aufschlussreich ist, dass hier ein Signalwort in einer Regiebemerkung steht, das beim Leser ganz bestimmte Konnotationen auslöst. Im Gegensatz zu kodifizierten Blicken wie dem zornigen oder dem trauernden Blick ist in der Empfindsamkeit zwar das Wort geläufig, dies geht aber nicht mit einer bestimmten Gestik, geschweige denn mit einem kodifizierten Blick einher. Dass die praktische Bühnenumsetzung keine primäre Rolle spielt, wird auch an der Stellung der Regiebemerkung deutlich. Sie geht in der Figurenrede des Gegenübers unter und ist drucktechnisch nicht an die Rolle desjenigen Schauspielers gebunden, der sie ausführen müsste. Problemlos verständlich ist sie hingegen für denjenigen Leser, der den Text insgesamt rezipiert. Erst am Ende des Gesprächs bringt Julchen den Blick mit der Zärtlichkeit in Verbindung, die hier als ›zitierte‹ erscheint. Erst jetzt kommt sie darauf zu sprechen, und zwar weiterhin mit einer negativen Bewertung und einem ironischen Unterton: »Ich verstehe diese Sprache. [...] Das sind die Früchte der berühmten Zärtlichkeit.« (I, 6, 207).

Es fällt auf, dass Julchen das Sprachverhalten von Damis – wie ihre Äußerung »Das ist ja eine rechte Hofsprache« (I, 6, 207) zeigt – an galante Rede- und Verhaltensweisen rückbindet. Damis selbst erklärt, dass es sich bei dieser Sprache um die Sprache der »Ehrerbietung« handele, und gibt vorher an, dass er »seine Zärtlichkeit in Hochachtung verwandeln« werde (I, 5, 205). Nicht durch seine Worte, sondern nur durch den Blick kann er an dieser Stelle zeigen, was er für Julchen empfindet. Während seine verbale Verstellung gelingt, verrät er sich durch seine Mimik, durch den ›echten‹, den zärtlichen Blick, der ihm entschlüpft. Dass Julchen diesen als ängstlichen Blick identifiziert, kann dem Schauspieler gleich sein, da dies allein die Rezeptionsseite Julchens betrifft. Julchen liest oder hört das Wort »zärtlich« in diesem Moment nicht. Auf rein sprachlicher Ebene wäre ihr dieser Code durchaus bekannt, und sobald sie mit ihm im Stück konfrontiert wird, wendet sie sich aktiv gegen ihn. Die Mimik aber, durch die er sich hier realisiert, ist ihr unbekannt. Sie kann die mimischen Zeichen noch nicht selbstverständlich mit dem entsprechenden

---

müsste das dazu führen, dass die lange Replik auch vom Gegenüber genau gelesen werden muss. Für den Schauspieler würde es nicht ausreichen, den Text nach der eigenen Sprecherbezeichnung hin abzusuchen und alle dort gegebenen Hinweise und Anweisungen zu befolgen. Bei Diderot stehen Angaben zur Mimik meist direkt nach der Sprecherbezeichnung (z.B. S. 214, 253), z.T. innerhalb der Replik, aber den Sprechenden betreffend, S. 208, einmal allerdings auch den Dialogpartner betreffend, wenn der Hausvater zu Germeuil sagt: »Haben zu gleicher Zeit angefangen (*Germeuil scheinet bestürzt.*) Ja, mein Freund«, S. 190.

Wort in Übereinstimmung bringen. Dennoch nimmt sie den Blick als einen besonderen wahr: Er ist Gegenstand der anschließenden Worte Julchens und bekommt einen gewissen Stellenwert innerhalb der Figurenrede. Auch die Forschung hat die zitierte Passage als signifikante Textstelle erkannt und nimmt auf sie Bezug, allerdings ohne die Regiebemerkung näher zu beachten.[37] Sibylle Schönborn stellt fest, dass sich die zärtliche Liebe im Misstrauen gegenüber Worten erst erfülle, wenn sie durch das Mienenspiel beglaubigt werde, nicht im vernünftigen Diskurs über sie.[38] Eckehard Czucka meint, »die Empfindungen, vor allem die Liebe, [scheinen] gegen eine einmalig-endgültige Fixierung im Ausdruck heikel zu sein und gerade einer ständigen und totalen Revozierung zu bedürfen.«[39] Zumindest die eben zitierte Szene lässt eine solche Interpretation nicht zu. Für die Diskrepanz zwischen Sprache und Gestik sind die Anweisungen ausschlaggebend, die erst zu dem uneigentlichen Sprechen von Damis führen. Da Lottchen im Zusammenhang mit der Intrige, die ihre Schwester von der Liebe zu Damis überzeugen soll, ausdrücklich nur verbale Verstellungsstrategien von Damis verlangt hatte, muss Damis sich mimisch nicht verstellen, so dass sein Blick, auch wenn er seine Sprache verändert, ein ›zärtlicher‹ bleibt. Ohne die Spiel-im-Spiel-Situation, die Lottchen initiiert, genauer in den Blick zu nehmen, entgeht dem Leser/Zuschauer der Grund für das Missverhältnis von Sprache und Gestik. Diese beschreibt Lottchen in Form einer laut formulierten, an Damis gerichteten ›Regieanweisung‹:

> LOTTCHEN. Mein Herr Damis, verändern Sie die Sprache bey Julchen etwas. Fangen Sie nach und nach an, ihr in den Gedanken von der Freyheit Recht zu geben. (I, 4, 204)

Während Damis sich in seinen Äußerungen also gezielt auf Julchen einlässt, indem er sich verstellt, bleibt die Gestik die echte, die eines ›zärtlich Liebenden‹. Dass man sich eher verbal als körpersprachlich verstellen kann, ist hier mitzudenken. Lottchen gibt nicht nur Damis, sondern auch Siegmund Anweisungen in Art einer (moder-

---

[37] Selbst Sibylle Schönborn, die an anderen Stellen Regiebemerkungen in die Interpretation einbezieht, zitiert die hier im Zentrum stehende Äußerung Julchens erst nach der Regiebemerkung, ohne diese zu erwähnen. Sibylle Schönborn: Zärtliche Schwestern, S. 234.
[38] Ebd.: »Erst wenn die Rede verstummt und das Herz spricht, kommt das empfindsame Ideal an sein Ziel.«
[39] Eckehard Czucka: Begriffswirrwarr. Sprachkritische Momente im Lustspiel der Aufklärung. In: Helmut Arntzen (Hg.): Komödiensprache. Beiträge zum deutschen Lustspiel zwischen dem 17. und dem 20. Jahrhundert. Münster 1988, S. 39–66, hier S. 63. Die Ausführungen Czuckas zum Verhältnis von Empfindungen und Sprache sind allerdings nicht immer zutreffend, so wenn er feststellt, »alle Empfindung muß in Sätzen erscheinen oder sie ist nicht. Deshalb muß das Subjekt seine Empfindung sprachlich bewältigen, will es sie zur Sprache kommen lassen, und das bedeutet, empfinden.« Czucka, S. 62. Die Szene zwischen Julchen und Damis stellt in dieser Hinsicht einen Sonderfall dar: Empfindungen erscheinen dort gerade nicht verbalisiert. An der Stelle, an der das Signalwort ›zärtlich‹ in einer Regiebemerkung erscheint, wird das Programm der zärtlichen Liebe mit der Vorstellung der vollständigen Verbalisierung und der Isomorphie von Rede und Gefühl überschritten.

nen) Regisseurin,[40] um Julchen durch diese Strategie von der empfindsamen Liebe zu überzeugen.

> LOTTCHEN (*zu Siegmunden.*) Und Sie müssen dem Herrn Damis zum Besten einen kleinen Betrug spielen, und sich gegen Julchen zärtlich stellen. Dieses wird ihr Herz in Unordnung bringen. (I, 4, 204)

Zunächst entwickelt Lottchen also gutgemeinte Strategien im Sinne der empfindsamen Prüfungen, um ihre Schwester zur Liebe zu überreden. Dabei sieht sie sich bewusst als Verantwortliche des Spiels an, bei dem die Männer verschiedene Rollen übernehmen sollen – »Thun Sie es auf meine Verantwortung.« – und sieht die Folgen voraus: »Dieses wird ihr Herz in Unordnung bringen. Sie wird böse auf Sie werden. Und mitten in dem Zorne wird die Liebe gegen den Herrn Damis hervorbrechen.« (I, 4, 204). Mit allem wird Lottchen Recht behalten und die Strategie geschickt zurückfahren, sobald an Julchens Reaktionen die nötigen Fortschritte ablesbar sind. Beide »Verstellungen«, die Lottchen anordnet, werden Folgen haben, wenn auch nicht in jedem Punkt so, wie sie dies vorausgesehen hat:

> LOTTCHEN. […] Verwandeln Sie sich nunmehr nach und nach wieder in den Liebhaber, damit Julchen nicht gar zu sehr bestraft[41] wird.
> DAMIS. Diese Verwandlung wird mir sehr natürlich seyn. (II, 3, 221)

Während hier ›Regieanweisungen‹ in die Figurenrede eingebaut werden, da sie das Spiel im Spiel betreffen, steht der Bereich der expliziten Regiebemerkungen in folgender Szene in Zusammenhang mit dem Aufbrechen des Empfindsamkeitsdiskurses. Lottchen beschreibt in einer längeren Äußerung das Verhalten, das sie bei Damis und Julchen hervorrufen möchte, so detailliert, dass man tatsächlich den Eindruck hat, sie führe Regie. Lottchens Anmerkungen, die eine zentrale und gleichzeitig regiebemerkungsreiche Szene einleiten, wirken so wie ein programmatischer Kommentar zu der sich anschließenden Szene.

Die Annahmen oder Vorgaben Lottchens im Konjunktiv, die sie Damis gegenüber äußert, treten im nachfolgenden Gespräch zwischen Julchen und Damis dann auch ein – wie die in eckigen Klammern eingefügten Passagen aus der sich anschließenden Szene deutlich machen. Oft werden dabei genau dieselben Worte verwendet, die Lottchen gebraucht hat:

> LOTTCHEN. […] Ich möchte Sie beyde itzt beysammen sehen, ohne von Ihnen bemerkt zu werden. Sie würden beyde tiefsinnig thun [Sie sind tiefsinnig.]. Sie würden reden

---

[40] Die Funktion des Regisseurs im heutigen Sinne ist erst ab Mitte des 18. Jahrhunderts belegt, wobei diese Entwicklung in Deutschland später stattfindet als etwa in Frankreich; vgl. Gösta M. Bergman: Der Eintritt des Berufsregisseurs in das französische Theater. Regelrechte Bühnenproben gibt es selbst in Frankreich erst zu Beginn des 19. Jahrhunderts, die Zeit, »da der Berufsregisseur im Begriff steht, im Pariser Theaterleben zu erscheinen«, S. 432 (vgl. auch Kap. 1). In Deutschland entwickelt sich der Begriff ›Regie‹ erst auf Anregungen aus Paris; vgl. Gösta M. Bergman: Der Eintritt des Berufsregisseurs in die deutschsprachige Bühne. In: Maske und Kothurn 12 (1966), S. 63–91, hier S. 63.
[41] Dass hier von »bestrafen« die Rede ist, passt zu der Vorstellung eines Lasters, von dem Julchen geheilt werden soll.

wollen, und statt dessen seufzen. Sie würden die verrätherischen Seufzer [Was seufzen Sie?] durch gleichgültige Minen [Ich bin nicht traurig, ich bin ganz gelassen.] entkräften wollen, und ihnen nur mehr Bedeutung geben. Sie würden einander wechselsweise bitten, sich zu verlassen, und einander Gelegenheit geben, zu bleiben [s. Tanzschritte: sich voneinander wegwenden und aufeinander zugehen]. Und vielleicht würde Ihre beyderseitige Wehmuth [DAMIS. Sie bringen mich zur äußersten Wehmuth; DAMIS. O wie verschönert die Wehmuth Ihre Wangen!] zuletzt in etliche mehr als freundschaftliche Küsse ausbrechen. [...] (II, 3, 222 u. [II, 4, 223f.])

Lottchen ist während der gesamten Szene anwesend, aber zunächst nicht am Geschehen beteiligt: Sie »*bleibt in der Scene versteckt stehen*« (II, 3, 222),[42] so dass sie das Spiel weiterhin in der Hand hat und eingreifen kann, sobald sie dies für nötig hält. Im Anschluss gibt sie wiederum in der Art einer Regisseurin einen Kommentar zu der Szene, die sie gerade beobachtet hat. Sie hält die Fäden in der Hand und bestimmt gleichzeitig die Interaktionen sowie Gestik und Mimik. Ebenso zeigt ihre bewusste ›Regieführung‹, dass sie nicht nur ihre eigenen Gefühle kennt, sondern diese auch bei anderen hervorrufen kann. Dass gerade diejenige Szene, die Lottchen hier so ausführlich im vorhinein beschreibt bzw. vorgibt, gleichzeitig die Szene mit den bei weitem meisten Regiebemerkungen ist, hängt damit zusammen, dass beide Dialogpartner aus ihrem Gleichgewicht gebracht werden: Damis, weil er nicht das sagen darf, was er eigentlich fühlt, so dass sich dies nur in seiner Gestik, Mimik und Stimmlage andeutet, Julchen, weil sie plötzlich etwas fühlt, was sie sich bisher nicht eingestehen wollte:

JULCHEN. [...] Aber – – Ja – – Ich will Sie verlassen. Sie sind tiefsinnig.
DAMIS. Sie wollen mich verlassen? meine Juliane! Mich – –?
JULCHEN. Meine Juliane! so haben Sie mich ja sonst nicht geheissen? Sie vergessen sich. Ich will Sie verlassen.
DAMIS. O gehn Sie noch nicht. Ich habe Ihnen recht viel zu sagen. Ach viel!
JULCHEN. Und was denn? Sie halten mich wider meinen Willen zurück. Ist Ihnen etwas begegnet? Was wollen Sie sagen? Reden Sie doch.
DAMIS (*bange.*) Meine Juliane!
JULCHEN (*mit beweglicher Stimme.*) Juliane! den Namen höre ich zum dritten male. Sie schweigen wieder? Ich muß nur gehn.
(*Sie geht. Er sieht ihr traurig nach, und sie sieht sich um.*)
Wahrhaftig, es muß Ihnen etwas großes begegnet seyn. Darf ichs nicht wissen? (*Er kömmt auf Sie zu.*)
DAMIS. Wenn Sie mirs vergeben wollten: so wollte ich Ihnen sagen; Aber nein – – Ich würde Ihre Gewogenheit darüber verlieren, und – – – –
(*Er küßt ihr die Hand, und hält sie dabey.*)
Nein ich habe Ihnen nichts zu sagen. Ach Sie sind verdrießlich, meine Juliane?
JULCHEN (*ganz betroffen.*) Nein, ich bin nicht traurig. Aber ich erschrecke, daß ich Sie so bestürzt sehe. Ja – – Ich bin nicht traurig. Ich bin ganz gelassen, und ich wollte, daß Sie auch so wären. Halten Sie mich nicht bey der Hand. Ich will Sie verlassen. Ich wollte meine Schwester suchen und ihr sagen – –
DAMIS. Was wollten Sie ihr denn sagen? mein schönes Kind!

---

[42] Dass es sich um einen »empfindsamen Liebesdialog unter vier Augen« handelt, wie Schönborn angibt, erfasst die Situation also nicht vollständig; vgl. Sibylle Schönborn: Die zärtlichen Schwestern, S. 236.

JULCHEN. Ich wollte ihr sagen – – daß der Papa nach ihr gefragt hätte und – –
DAMIS. Der Papa? mein Engel!
JULCHEN. Nein, ich irre mich. Herr Siegmund hat nach ihr gefragt, und meine Schwester sprechen wollen, und mich gebeten – – (*Sie sieht ihn an.*) In Wahrheit, Sie sehen so traurig aus, daß man sich des Mitleidens – – (*Sie wendet das Gesichte bey Seite.*)
DAMIS. Meine Juliane! Ihr Mitleiden – – Sie bringen mich zur äußersten Wehmuth.
JULCHEN. Und Sie machen mich auch traurig. Warum hielten Sie mich zurück? Warum weinen Sie denn? (*Sie will ihre Thränen verbergen.*) Was fehlt Ihnen? Verlassen Sie mich, wenn ich bitten darf.
DAMIS. Ja.
JULCHEN (*für sich.*) Er geht?
DAMIS (*indem er wieder zurück kehrt.*) Aber darf ich nicht wissen, meine Schöne, was Ihnen begegnet ist? Sie waren ja Vormittage nicht so traurig.
JULCHEN. […] Sagen Sie mir nur, warum Sie – – Sie reden ja nicht.
DAMIS. Ich?
JULCHEN. Ja.
DAMIS. O wie verschönert die Wehmuth Ihre Wangen! Ach Juliane!
JULCHEN. Was seufzen Sie? Sie vergessen sich. […] (II, 4, 222–224)

Das gesamte Gespräch zwischen Julchen und Damis zeichnet sich vor allem dadurch aus, dass beide sich nicht mit Worten, sondern gestisch aufeinander zubewegen. Die Diskrepanz zwischen der Menge an Dingen, die Damis sagen möchte, und dem, was er wirklich ausspricht, ist enorm: »Ich habe Ihnen recht viel zu sagen«, »so wollte ich Ihnen sagen; Aber nein – –«, »Nein, ich habe Ihnen nichts zu sagen«, JULCHEN: »Was wollen Sie sagen? Reden Sie doch«, »Sie schweigen wieder?«, »Sagen Sie mir nur, warum Sie – – Sie reden ja nicht.« Das hängt mit Lottchens Plan zusammen, nach dem Damis seine Absichten nicht offen zeigen darf. Während es zu dem eigentlichen Gespräch, von dem unentwegt die Rede ist, nicht kommt, machen Gestik, Mimik und Stimmlage hier deutlich, was die beiden füreinander empfinden. Statt des Redeflusses, der stark ins Stocken gerät, werden an dieser Stelle die Stimmlagen beider Dialogpartner explizit spezifiziert: In Regiebemerkungen wie »*bange*«, »*mit beweglicher Stimme*« wird eine Sprache verwendet, die erst im Entstehen und im Sinne des *commovere* zu verstehen ist.[43] Die Regiebemerkungen ergänzen Begriffe wie »*zärtlich*«, die dem neuen Liebes- bzw. Empfindsamkeitsdiskurs zugehören.

Regiebemerkungen zur Proxemik und zum Weinen

Neu sind auch die in den Regiebemerkungen verzeichneten Bewegungslinien von Julchen und Damis. Die Proxemik der Figuren zeigt, dass sich Wesentliches hier gerade nicht innerhalb der Figurenrede, sondern in der Körpersprache abspielt. Ein Großteil der Regiebemerkungen in der Szene zwischen Julchen und Damis besteht aus genauen Bewegungsvorschriften zum sich Voneinander-Entfernen und Aufeinander-zu-Bewegen in Art eines Tanzes. Der erlaubte oder verweigerte Blick-

---

[43] Das Wort ›*bange*‹ ist für den Bereich der Regiebemerkungen ungewöhnlich und im Zedler in adjektivischer Form noch nicht lexikalisiert, sondern erst bei Adelung und Grimm nachgewiesen.

kontakt wird durch die körperliche Annäherung bzw. Entfernung unterstützt, wie die folgende Zusammenstellung zeigt:

> Oh, gehn Sie noch nicht.
> *Sie geht. Er sieht ihr nach, und sie sieht sich um.*
> *Er kömmt auf sie zu.*
> *Er küßt ihr die Hand, und hält sie dabey.*
> *Sie sieht ihn an.*
> *Sie wendet das Gesichte bey Seite.*
> *(für sich.)* Er geht?
> *indem er wieder zurück kehrt.* (II, 4, 222f.)

Neben der veränderten Stimmlage, die in dieser Szene bei beiden durch Regiebemerkungen betont wird, sind die ausführlichen Angaben zur Bewegung weitere Anzeichen für die gefühlsmäßige Ausnahmesituation, in der beide sich befinden. Die wenigen konventionellen Regiebemerkungen zur Bewegung im Dramentext werden entweder als implizite Regiebemerkungen in die Figurenrede integriert und benennen Auftritte bzw. Abgänge (»Doch hier kömmt Herr Damis.«, I, 3, 203) oder ein Hereintreten bzw. Auf-der-Bühne-Bleiben, das von den Mitspielern nicht bemerkt wird, so dass diese Zeugen eines für sie wichtigen Gesprächs oder Monologs werden (»*Siegmund tritt herein, ohne daß ihn Lottchen gewahr wird*«, I, 1, 201; »*Lottchen tritt unvermerkt herein*«, I, 7, 207). Daneben werden sie auch doppelt markiert, also explizit und implizit (»*Sie will wieder gehn.* LOTTCHEN: Mein liebes Julchen, warum gehst du so geschwind?«, I, 5, 204). Bezeichnend ist, dass es in diesen Fällen im Unterschied zur eben analysierten Szene immer um das allgemeine Sich-auf-der-Bühne-Befinden geht.

Einen wichtigen Aspekt, der in der Schlüsselszene zwischen Julchen und Damis zum Vorschein kommt, hat Lottchen nicht vorhergesehen: die Tränen. Damis' Tränen, von denen der Leser/Zuschauer durch die Worte Julchens erfährt, sind Auslöser ihrer eigenen Tränen, die nur in einer Regiebemerkung beschrieben werden. Die Tränen der einen empfindsamen Figur rufen die Tränen der anderen Figur hervor, so dass schließlich beide zusammen weinen, ein Ausdruck zärtlicher Liebe par excellence:

> JULCHEN. [...] Warum weinen Sie denn? (*Sie will ihre Thränen verbergen.*) (II, 4, 223)

Lottchen kommentiert die gemeinsam geweinten Tränen in der sich anschließenden Replik, zu der sie von ihrer Schwester geradezu aufgefordert wird:

> JULCHEN. [...] Wenn doch Lottchen wieder käme! Bedenken Sie, wenn sie Sie so betrübt sähe und mich – – Was würde sie sagen?
> (*Lottchen tritt aus der Scene hervor.*)
> Fünfter Auftritt.
> DIE VORIGEN. LOTTCHEN.
> LOTTCHEN. Ich würde sagen, daß man einander durch bekümmerte Fragen und Thränen die stärkste Liebeserklärung machen kann, ohne das Wort Liebe zu nennen. (II, 4 u. 5, 224)

Hier wird noch einmal ausdrücklich durch Lottchen in Worte gefasst, was diese Szene ausmacht und worin die Liebesbekundungen bestehen. Außerdem spricht Lottchen vom »Plan des zärtlichen Schicksals«, den sie für Damis »entworfen« hat, und zeichnet sich so noch einmal als Initiatorin des Zusammentreffens aus, die den Ablauf perfekt vorausgeplant hat. Sie übernimmt auch dafür die Verantwortung, dass es zu den von ihr vorhergesagten »etlichen mehr als freundschaftlichen Küsse[n]« nicht gekommen sei:

> LOTTCHEN. [...] Hätte ich mich noch einige Augenblicke halten können: so würde Ihre beyderseitige Wehmuth gewiß noch bis zu etlichen vertraulichen Liebkosungen gestiegen seyn. (II, 6, 224)

Eher unwahrscheinlich ist, dass sie hier als ›Moralapostel‹ genau in diesem Moment zu den beiden tritt, um weitere Annäherungen auf der Bühne zu vermeiden, vor allem, da empfindsame Küsse keineswegs Anstoß erregen müssen. Vielmehr wird durch das Einschreiten Lottchens der Höhepunkt dramentechnisch hinausgezögert und die Spannung aufrechterhalten. Nur so kann auch die zweite Strategie in Gang gesetzt werden: Siegmund soll sich »gegen Julchen zärtlich stellen«, um ihre Gefühle in Unordnung zu bringen, damit sie sich – endlich – ihre Liebe zu Damis eingesteht.

Variationen des Liebesdiskurses – *ethos* und *pathos*

Wenn man die *actio*-Lehre zugrunde legt, kann man mit *pathos* und *ethos* zwei emotionale Redefunktionen unterscheiden, über die sich die je beabsichtige Wirkung zu realisieren hat.[44] Das *pathos* repräsentiert heftige Gefühlslagen. Erschütternde Leidenschaften wie Zorn und Hass führen beim Zuhörer bzw. Zuschauer zur Bewunderung des heroischen Helden. *Ethos* umfasst als struktureller Gegenbegriff die sanfte Affektlage mit anmutigen Gefühlsbewegungen und ruft eine subtilere Wirkung beim Publikum hervor. Die Beschreibung, die Wegmann von der zärtlichen im Unterschied zur leidenschaftlichen Liebe im Anschluss an Luhmann gibt, indem er der zärtlichen Liebe so viel Mäßigung und Selbstkontrolle zuschreibt, »daß fraglich wird, ob die Zärtlichkeit überhaupt noch einen Affekt benennt«[45], trifft zwar auf Lottchen und Siegmund zu, nicht aber auf Julchen und Damis. Lottchens Liebe gegenüber Siegmund ist ungebrochen, unabhängig davon, ob dieser sich dem empfindsamen Tugendideal als ebenbürtig erweist oder nicht. Auch Simon liebt vernünftig-empfindsam. Er bietet Lottchen eine ebensolche vernünftige Liebe an, die auf rationaler Einsicht basiert und die Risiken einer sexuell-erotischen und leidenschaftlichen Liebe von vornherein ausschließt.[46] Selbstverleugnung und Un-

---

[44] Vgl. hierzu umfassend Nikolaus Wegmann: Diskurse der Empfindsamkeit.
[45] Ebd., S. 42.
[46] Eine typisch empfindsame im Sinne von vernünftiger Liebe wird bei Simon angedeutet, der sich als potentieller Kandidat für Lottchen – bereitwillig und durchaus ernst zu verstehen – anbietet (S. 75). Er trifft seine Entscheidung ganz rational. Gefühle werden bei ihm nicht benannt.

eigennützigkeit der reinen Liebe Lottchens mit ihrer intellektualisierten Sinnlichkeit entsprechen einer Liebesauffassung, »nach der die Liebe gleichsam automatisch der erkannten Tugend des Partners folgt«.[47]

Bei Julchen liegt der Fall anders. Ob man in ihrem unbedingten Freiheitsdrang ein Relikt der sächsischen Typenkomödie im Sinne eines Lasters sieht, von dem sie geheilt werden muss,[48] oder sie als eine Vorläuferin des Sturm und Drang interpretiert, die sich den gegebenen Verhältnissen nur schwer unterordnen kann[49] – auf jeden Fall findet sie nicht allein durch Vernunft und Tugend zu einer wahren, empfindsamen Liebe. Nicht Überlegung und rationale Einsicht leiten sie bei ihrer Entscheidung für Damis. Vielmehr treten die Gefühle unbeabsichtigt hervor und können von ihr nicht zurückgehalten werden. Ablesbar ist dies zunächst – wie gezeigt wurde – an den Regiebemerkungen. Insofern passt sie sich nicht bewusst den Vorgaben der Empfindsamkeit an, sondern kann sich gegen das Gefühl der Liebe nicht länger wehren. Nicht durch Bereden der Gefühle kommt sie mit sich und ihrer Liebe in Einklang, sondern das Liebesgefühl bricht aus ihr hervor und kann weder verbal noch emotional bewältigt werden.

Aufgrund der bisherigen Ausführungen muss man Schönborns Interpretation relativieren, die die Parallelen zwischen Gellerts *Zärtlichen Schwestern* und seinem früher entstandenen Schäferspiel *Sylvia* betont:

> Julchen und Damis stehen mit ihrem empfindsamen Liebesdialog der Herzen den jugendlichen Protagonisten aus Gellerts Schäferspielen nahe. Den ›blöden‹ Schäfer und seine naive ›spröde‹ Schöne, die erst in langen Dialogen zu einer Sprache ihrer Herzen finden […][50]

Ein wichtiger Unterschied besteht darin, dass im Schäferspiel »die Unvereinbarkeit zwischen Empfindung und sprachlicher Repräsentanz«[51] nur behauptet, nicht aber vorgeführt wird:

SYLVIA. Warum so still, Damoet?
DAMOET.   Mein Schweigen machst ja du. […]
SYLVIA. Damoet, liebst du mich noch?
DAMOET.   Ich liebe dich vollkommen.
SYLVIA. Und deine Zärtlichkeit hat längst mich eingenommen.
DAMOET. Ists möglich, liebst du mich?
SYLVIA.   Ja, redlicher Damoet![52]

---

[47] Günter Saße: Die aufgeklärte Familie. Untersuchungen zur Genese, Funktion und Realitätsbezogenheit des familialen Wertsystems im Drama der Aufklärung. Tübingen 1988, S. 121. Friedrich weist darauf hin, dass das Konzept der vernünftigen Liebe in der Ehe, das Gellert zeitgleich in seinem Briefroman *Leben der Schwedischen Gräfinn von G**** veranschaulicht, zu dieser Zeit ein Novum ist, das von der herkömmlichen Liebestopik radikal abweicht; vgl. Hans-Edwin Friedrich: »Ewig lieben«, zugleich aber »menschlich lieben«? Zur Reflexion der empfindsamen Liebeskonzeption von Gellert und Klopstock zu Goethe und Jacobi. In: Aufklärung 13 (2001), S. 148–189, hier S. 150f.
[48] Vgl. Horst Steinmetz: Das deutsche Drama von Gottsched bis Lessing.
[49] Vgl. Fritz Brüggemann: Einführung. In: Ders.: Bürgerliche Gemeinschaftskultur, S. 28.
[50] Sibylle Schönborn: Die zärtlichen Schwestern, S. 236.
[51] Ebd., S. 237.
[52] Christian Fürchtegott Gellert: Sylvia. In: Ders.: Lustspiele, S. 59.

Sprache und Gefühl gehen zwar in beiden Stücken nicht konform: »DAMOET. Die Lieb ihr zu gestehn, verhindert mich die Liebe«; »Mein Mund schweigt dennoch still, so viel mein Herz auch spricht« (S. 33). Während aber in dem Schäferspiel die Empfindung sich weiterhin und nur innerhalb der Sprache manifestiert – wobei auch das Schweigen nur rein sprachlich vermittelt wird –, tritt in den *Zärtlichen Schwestern* zwischen Empfindung und ›Bereden‹ der Empfindung die Körpersprache, die sich vor allem in den Regiebemerkungen manifestiert, neben zwei Strichen in der Figurenrede zur Markierung von stockender Rede und Satzabbrüchen. Generell kann man Kurt May zwar darin zustimmen, dass »Mimik und Gebärdensprache [...] so wenig in der Darstellung vorhanden [sind] wie Formen und Farben der unbewegten Figur«[53]. Für die analysierten Schlüsselstellen, an denen das Gefühl nicht nur behauptet wird, sondern zum Vorschein kommt, trifft dies aber gerade nicht zu.

In einem weiteren Aspekt unterscheiden sich die *Zärtlichen Schwestern* von Gellerts früheren Stücken. Als Abgrenzungskriterium der zärtlichen Liebe nennt Pikulik die Austauschbarkeit der Partner: »Insofern der zärtliche Liebhaber nicht die individuelle Person, sondern etwas Abstraktes an ihr liebt, ist seine Liebe unpersönlich und der Partner austauschbar.«[54] So könnte man erklären, warum sich in einigen Stücken die Liebesverhältnisse so rasch und leicht verschieben – etwa in Gellerts Komödie *Die Betschwester*. Eine solche Tauschmöglichkeit wird in den *Zärtlichen Schwestern* zwar angesprochen, von Julchen aber vehement abgelehnt.[55] Nachdem für Julchen und Damis alles geklärt ist, möchte Damis von Julchen wissen, ob ihre Großherzigkeit der Schwester gegenüber so weit reiche, dass sie ihn ihr abtreten würde: »Ob ich Sie meiner Schwester gönne? Nein, so redlich bin ich doch nicht. Es ist keine Tugend; aber – – Fragen Sie mich nicht mehr« (III, 10, 251). Julchen spricht sich hier deutlich gegen eine solche Möglichkeit aus und plädiert damit für eine subjektiv gefärbte Liebesbeziehung, die über die empfindsame Liebeskonzeption hinausgeht und Anklänge an den Sturm und Drang enthält. Julchen ist sich bewusst, dass sie damit nicht den Tugendvorstellungen entspricht, nimmt dies aber in Kauf. Diejenige Schwester, die nicht die Hauptsympathieträgerin ist – Julchen –, propagiert mit der Entscheidung für Damis ein Liebesideal, das von der empfindsamen Liebe abweicht. Obwohl sie mit dieser persönlichen Liebesbeziehung und dem subjektiven Anspruch, den sie erhebt, der empfindsamen Gemeinschaft und deren Tugendforderungen widerspricht, wird von ihr die Bindung an den Liebespartner als stärker empfunden als die Bindung an die Gemeinschaft der Mitmenschen.[56]

---

[53] Kurt May: Weltbild, S. 37. May weiter: »In äußerer Figur lebt kein einziger dieser Menschen vor uns.«
[54] Lothar Pikulik: »Bürgerliches Trauerspiel«, S. 25.
[55] Schönborn hingegen veranschlagt die Austauschbarkeit der Partner auch für die *Zärtlichen Schwestern*; Sibylle Schönborn: Die zärtlichen Schwestern, S. 230f.
[56] So schon Günter Wicke: Struktur, S. 66f., mit Bezug auf Brüggemann, der Julchens subjektiven Anspruch auf Damis betont. Wicke merkt an, dass ein Brauttausch für Julchen »nicht mehr denkbar« ist. Fritz Brüggemann: Einführung. In: Ders. (Hg.): Bürgerliche Gemeinschaftskultur, S. 30. Dieser Aspekt wird in späteren Arbeiten durch die starke Fokussierung

Aus dieser empfindsamen Gemeinschaft wird am Ende eine Figur ausgeschlossen: Siegmund. Gerade er, der Lottchen am nächsten stehen sollte, wird von ihr nicht richtig eingeschätzt. In der Forschung wird kontrovers diskutiert, ob Siegmund als gebrochene oder als folgerichtige Figur einzustufen sei.[57] Da er kaum mit Regiebemerkungen versehen ist, wäre eine Untersuchung der zahlreichen von ihm gesprochenen Monologe lohnender,[58] die seinen inneren Widerstreit deutlich machen.[59] Daneben fällt auf, dass er als einziger aus der empfindsamen Gemeinschaft nie weint,[60] während etwa Cleon mehrmals und immer aus Rührung weint und in der letzten Szene ankündigt, dass er beim Anblick von Lottchens Tränen »weichmüthig« werden könne (III, 20, 260). Aus Rührseligkeit weint Cleon allein über seine beiden Töchter (vgl. S. 215, S. 237), wobei von Tränen nur die Rede ist und sie nicht demonstriert werden. Diese Empfindungen werden somit nicht plastisch auf die Bühne gebracht, sondern nur sprachlich geäußert. Bei Siegmund aber führt nicht einmal Lottchens Liebesgeständnis zu Tränen der Rührung: Stattdessen ist er »bestürzt« (I, 2, 202), wie er selbst und Cleon feststellen; außerdem möchte er der Situation zunächst entgehen, indem er sich von Lottchen entfernt: »[...] laßen Sie mich gehen und zu mir selber kommen« (I, 2, 202). Anzeichen für seine Sonderstellung innerhalb der empfindsamen Gemeinschaft sind also schon hier gegeben, die Möglichkeit aber, den Charakter Siegmunds anhand klärender Regiebemerkungen als heuchlerischen herauszustellen, kann nicht in Betracht gezogen werden. Anders als in Lessings *Der junge Gelehrte* besitzen sie hier keinen entlarvenden Charakter (vgl. Kap. 2.1).

---

auf das Konzept der empfindsamen Liebe, das bei Gellert zur Geltung komme, vernachlässigt.

57 Vgl. Kurt May: Weltbild, S. 31 bzw. Günter Wicke: Struktur, S. 70. Nach Steinmetz hat man es hier »mit einer Funktionsgestalt zu tun [...], die je nach Bedarf umgewertet werden kann.« Horst Steinmetz: Nachwort. In: Gellert. Die zärtlichen Schwestern, S. 153. Kurdi erkennt in Siegmunds Fehltritt Anklänge an die sächsische Typenkomödie; vgl. Imre Kurdi: Aufgeklärte Zärteleien und Spötteleien. Das Testament-Motiv in Gellerts Lustspiel *Die zärtlichen Schwestern*. In: Ernö Kulcsár-Szabó u.a. (Hg.): »das rechte Maß getroffen«. FS László Tarnói. Berlin 2004, S. 26–34, hier S. 31.

58 Die Schwestern sprechen in Konfliktsituationen je einen Monolog: Julchen äußert sich über den Beginn ihrer Liebe zu Damis, Lottchen darüber, dass Siegmund sie angeblich nicht aufrichtig liebe. Während die Schwestern nicht hauptsächlich durch Monologe charakterisiert werden, treten diese bei Siegmund in den Vordergrund; er spricht fünf der sieben im Stück enthaltenen Monologe. Wicke betont, dass Gellerts Monologe sich nicht mehr in Form von Lustspielmonologen direkt an den Zuschauer wenden. Vgl. Günter Wicke: Struktur, S. 65. May rühmt den psychologischen Realismus und den persönlichen Gefühlsanspruch der Figuren; vgl. Kurt May: Weltbild, S. 43.

59 Eckehard Catholy: Das deutsche Lustspiel von der Aufklärung bis zur Romantik. Stuttgart 1982, S. 44, stellt heraus, dass anstelle des Flächigen hier die Komplexität von Siegmunds Charakter offenbar werde.

60 Zwar stellt Saße bei seiner Analyse von Siegmunds unaufrichtigem Charakter fest, dass »von den Tränen über die Mimik bis hin zum Sprachausdruck virtuos alle Zeichen des empfindsamen Codes« verwendet werden können, Siegmund weint aber im gesamten Stück nicht. Günter Saße: Aufrichtigkeit, S. 116.

Zur gegenläufigen Bewegung von Figurenrede und Regiebemerkungen

Aus den bisherigen Beobachtungen könnte man den Schluss ziehen, dass Regiebemerkungen zu Gestik und Mimik und zur Stimmlage in einem Stück der Empfindsamkeit sich erübrigen, solange Rede und Gefühl übereinstimmen und nur dann eingesetzt werden, wenn eine Diskrepanz zwischen beiden besteht: so bei Julchen in der einschlägigen Szene mit Damis, in der beide sich gewissermaßen ihre gegenseitige Liebe eingestehen. Dass sie dies nicht auf rein verbalem Wege tun, lässt an dem Konzept einer rein vernünftigen und rationalen Liebesentscheidung zweifeln.

Insofern mag es erstaunen, dass auch Lottchen an anderer Stelle von relativ vielen Regiebemerkungen begleitet wird, allerdings in anderer Verteilung und Qualität. Die sie betreffenden Regiebemerkungen stehen gehäuft in den letzten Auftritten und beziehen sich immer auf sie isoliert. Hier entsteht kein Netz von Regiebemerkungen über zwei Figuren hinweg, bis Gefühle in einer Art Choreographie gezeigt werden. Außerdem wird hier ein anderes Register gezogen als bei Julchen und Damis. Während dort Regiebemerkungen überwogen, die gleichzeitig eine neue Sprache andeuten – so symptomatisch das Wort »*bange*« –, entsprechen sie bei Lottchen dem Register der erhabenen Tragödiensprache und korrespondieren nicht mit einer zärtlich fühlenden Frau. Es häufen sich ihre Gefühlslage beschreibende Adjektive wie »*erbittert*«, »*heftiger*«, »*kläglich*«, »*hart*«, »*zornig*«.[61]

Auf den ersten Blick mag es verwundern, dass auch bei Lottchen Sprache und Gefühl auseinandertreten, obwohl sie diejenige ist, die den Empfindsamkeitsdiskurs perfekt beherrscht. Von den Regiebemerkungen her aber kann man gerade ihr zum Schluss nicht mehr die sanften Gefühlslagen zuschreiben, die ihrer charakterlichen Disposition zur Zärtlichkeit entsprächen;[62] stattdessen überwiegen starke Empfindungen wie Zorn und Rache. Die Regiebemerkungen stehen in deutlichem Zusammenhang mit der veränderten Gefühlslage, die durch den Zweifel an Siegmunds Treue hervorgerufen wird, und vermutlich kann so auch erklärt werden, warum Lottchen von Albrecht von Haller als ein über Julchen »erhabener Character«[63] eingestuft wurde. Tragikfähig wird Lottchen durch diese starken Gefühls-

---

[61] Die Regiebemerkungen befinden sich auf den Seiten 255, 257, 258.
[62] Vgl. Wegmann, der mit Bezug auf Gellert feststellt: »Die Empfindsamkeit mit ihrem angeblich nur die ›Tändeley und Weichlichkeit‹ lobenden Tugendkanon sieht sich hier einer Kritik ausgesetzt, die aus der entgegengesetzten Richtung des Affektschemas argumentiert. Statt der ›großen‹ und ›heftigen‹ Leidenschaften geht ihr Interesse – und das ist genau die Aktualisierung des ethos – auf jene Affektlagen und Charakterstrukturen, die am entgegengesetzten Ende der vom pathos ausgehenden Gefühlsskala liegen. Zum Vorbild wird das Werk (und die Person) Gellerts, das den Wechsel auch auf dem Feld des literarischen Wirkungsparadigmas vollzieht. Konträr zur bisherigen Tradition schätzt man jetzt vor allem die Möglichkeiten des ethos und ganz besonders seine Fähigkeit, auf die ›angenehme Art zu rühren‹.« Nikolaus Wegmann: Diskurse der Empfindsamkeit, S. 35.
[63] [Albrecht von Haller]: In: Zugabe zu den Göttingischen Gelehrten Anzeigen. 20. u. 21. Stück. Den 27. Mai u. 3. Junii 1775. S. CLXIII, abgedruckt in: Christian Fürchtegott Gellert: Lustspiele. Hg. von Bernd Witte u.a., S. 414: »Lottchen ist ein schöner, und über die nicht verächtliche Julie erhabener Character.«

lagen, allerdings wurde das Tragische vom Publikum nicht sehr geschätzt. Gerade die Sympathiefigur Lottchen wollte man am Schluss – der poetischen Gerechtigkeit entsprechend – glücklich sehen:

> Je suis fâché encore que Charlotte, cette Charlotte qui aime si tendrement & de si bonne foi, soit la dupe de son amant; il eût peut-être mieux valu que c'eût été Julie qui se défoit des hommes, qui vouloit garder sa liberté, & qui s'est fait tant prier pour aimer Damis.[64]

Gellerts Erwiderung auf diese Äußerung zeigt, dass Lottchens tragische Entwicklung, die durch die starken Gefühlsregungen in den Regiebemerkungen unterstützt wird, beabsichtigt ist:

> Seine Critik über die zärtlichen Schwestern hat mich nicht beunruhiget. Sie ist nicht halb wahr; aber sie ist doch bescheiden. Er hat das Stück nicht gelesen, sonst würde er gesehn haben, daß es eine rührende Comoedie seyn soll, u. daß seine Anmerkung, die Schicksale der Schwestern u. die Liebhaber zu verwechseln, meine Absicht aufgehoben haben würde.[65]

Im Anschluss an die starken Affektlagen, die Lottchen zugeschrieben werden, wird der Leser/Zuschauer zunächst darüber im Unklaren gelassen, ob Lottchen jetzt auf ihren Liebhaber verzichten oder an ihrer Wahl festhalten wird. Während Damis eine weitere Beziehung zu Siegmund nach seinem Treuebruch vehement ausschließt,[66] sind die Worte Cleons vor der letzten Szene weitaus versöhnlicher: »Man kann sich ja wohl übereilen, wenn man nur wieder zu sich selber kömmt« (III, 19, 260), meint er Lottchen gegenüber. Das Oberhaupt der Familie hat gegen eine Heirat mit Siegmund also nichts einzuwenden; der üblichen Doppelhochzeit scheint nichts mehr im Wege zu stehen. Das bestätigen zunächst auch die Worte von Cleon und Lottchen:

> CLEON. Endlich erlebe ich die Freude, die ich mir lange gewünscht habe. [...] Kurz, meine lieben Töchter, ich ertheile euch meinen väterlichen Segen und meine Einwilligung. (*Er sieht Lottchen weinen.*) Weine nicht, Lottchen, du machst mich sonst auch weichmüthig.
> LOTTCHEN. Meine Thränen sind Thränen der Liebe. Ich habe also Ihre Einwilligung zu meiner Wahl? Ich danke Ihnen recht kindlich dafür. (III, 20, 260)

Die letzte Szene entspricht mit der Einwilligung des Vaters und seinem väterlichen Segen auf den ersten Blick den Zuschauererwartungen, die am Schluss mit glücklichen Hochzeiten rechnen. Wichtig aber ist, dass Lottchen nicht nur zu Beginn die Initiatorin aller Intrigen ist und beiden Liebhabern die nötigen ›Regieanweisungen‹ gibt, sondern zum Schluss sogar in die Rolle des Familienoberhauptes schlüpft und diejenigen Gesten übernimmt, die üblicherweise dem Vater zustehen, so wenn sie zu Damis sagt:

---

[64] [Anonym]: Die zärtlichen Schwestern, c'est à dire, les tendres Sœurs: Comédie Allemande. In: Journal Etranger. Ouvrage Périodique. A Paris. Septembre 1755, S. 90f. Abgedruckt in: Gellert: Lustspiele. Hg. von Bernd Witte u.a., S. 412.
[65] Gellert an Gottlieb Wilhelm Rabener am 24.1.1756. In: Christian Fürchtegott Gellert. Briefwechsel. Hg. von John F. Reynolds. Band 2 (1756–1759). Berlin, New York 1987, S. 15.
[66] Saße weist darauf hin, dass das rigide Ausschlussverfahren, mit dem Damis Siegmund aus dem Kreis der Empfindsamen verbannen will, in den verschiedenen Ausgaben der *Zärtlichen Schwestern* nach und nach abgeschwächt wird. Günter Saße: Aufgeklärte Familie, S. 126.

> LOTTCHEN. [...] Wollen sie Julchen von meinen Händen empfangen? (*Sie führt sie zu ihm.*)
> (III, 20, 260)

Während zunächst der Vater ankündigt, dass er den »väterlichen Segen« und sein Einverständnis zur Hochzeit gibt, vollendet Lottchen dies gegenüber Julchen in Wort und Geste. Die »Einwilligung zu meiner Wahl«, von der sie spricht, wird der Leser/Zuschauer zunächst auf ihre eigene Gattenwahl beziehen, während Lottchen schon hier die Verbindung Julchen-Damis und den Ausschluss Siegmunds im Sinn hat. Die ersten Worte, die der Vater daraufhin ausspricht, sind bezeichnend:

> CLEON. Lottchen, was machst du? Ich bin alles zufrieden. Du hast ja mehr Einsicht, als ich.
> (III, 3, 261)

Dass Lottchen die Hochzeit letztlich ausschlägt, geschieht für die Mitspieler ebenso unerwartet wie für die Rezipienten. Allerdings kann man Lottchen von hier aus nicht die »gesellschaftliche Rolle der ewigen Tochter«[67] zuschreiben, da sie selbst sich keineswegs passiv mit ihrem Schicksal abfindet, sondern wiederum die Initiative ergreift.[68] Tochterrolle und Abhängigkeit werden schon dadurch von ihr selbst in Frage gestellt, dass sie Simon – der sich ihr gegenüber wohlwollend gezeigt hatte – in Aussicht stellt, ihn einmal zu heiraten:

> LOTTCHEN. [...] (*Zum Vormunde.*) [...] Wenn ich jemals mich wieder zur Liebe entschließe: so haben Sie das erste Recht auf mein Herz. (III, 20, 261)

Zusammenfassend ist festzuhalten, dass Regiebemerkungen in den *Zärtlichen Schwestern* nicht konventionell gesetzt werden: Ihre Funktion besteht nicht darin, die Figurenrede zu unterstützen. Solange der empfindsame Diskurs reibungslos funktioniert, operiert der Dramentext bis auf konventionelle Anweisungen zu Auftritten, Abgängen und Angaben der Sprecherrichtung weitgehend ohne Regiebemerkungen. Da im Empfindsamkeitsdiskurs alles Wort wird, treten vermehrt Regiebemerkungen auf, wenn eine Diskrepanz zur Figurenrede markiert werden soll. Die expliziten Regiebemerkungen zu Gestik, Mimik und Gefühlsausdrücken erweisen sich insofern als Indikatoren für diejenigen Momente, in denen der Empfindsamkeitsdiskurs gestört ist. Zärtliche Kommunikation und Interaktion bedürfen der expliziten Regiebemerkungen nicht, da Gefühle beredet und in den Dialogen, wie gezeigt wurde, zur Schau gestellt werden.

So ist zu erklären, dass die Regiebemerkungen nicht gleichmäßig über den Dramentext verteilt sind. Sie treten von der Peripherie her an den Text heran und

---

[67] Vgl. Sibylle Schönborn: Die zärtlichen Schwestern, S. 244.
[68] Tar weist ebenfalls darauf hin, dass bei Lottchen sowohl eine Übernahme des »Hausvaterstatus« als auch des »quasi-Ehefrau-Status« vorliege. Die Annahme einer »idealen Weiblichkeit« bei Gellert, der in diesem Stück Lottchen »aus ihrem patriarchalen Geltungsraum auf eine bestimmte Matriarchalität« rücke, erscheint allerdings übergezogen. Vgl. Gabriella-Nóra Tar: Die Verkörperung der Weiblichkeit in »Die zärtlichen Schwestern« von Christian Fürchtegott Gellert. In: Zeitschrift der Germanisten Rumäniens 10 (2001). Heft 1/2, S. 20–32, hier S. 24f.

finden sich gehäuft an zwei Stellen, einmal im Zusammenhang mit Julchen, einmal mit Lottchen, also jeweils zur näheren Charakterisierung der ›zärtlichen Schwestern‹. Während bei Julchen an der entsprechenden Stelle erstmals Gefühle sichtbar werden, indem das Schwanken ihrer Stimmung und die Unsicherheit in ihren Bewegungen betont werden – bis zu den mit Damis gemeinsam vergossenen Tränen –, ihr also sanfte, die empfindsam Liebende kennzeichnende Empfindungen zugeschrieben werden, wäre dies bei Lottchen überflüssig, da sie den empfindsamen Liebesdiskurs perfekt beherrscht. Tatsächlich stehen bei ihr kaum Regiebemerkungen, die sie als empfindsame Figur charakterisieren; das geschieht hinlänglich in den Dialogpartien, in denen sie selbst den empfindsamen Diskurs lautstark propagiert. Ihre Figur wird in anderer Weise durch Regiebemerkungen ergänzt, und zwar um heftige Gefühlsäußerungen, die dem empfindsamen Ideal entgegenlaufen.

Bei Dramentexten, die Regiebemerkungen nur vereinzelt, hier zur gegenläufigen Ergänzung der Figurencharakterisierung nutzen, bietet sich eine Art der Textlektüre an, die dem von Stephen Greenblatt entworfenen Vorgehen ähnelt:

> Ich werde den Blick nicht auf das mutmaßliche Zentrum unseres Fachs richten, sondern auf seine Peripherie und dem nachzuspüren suchen, was gleichsam nur an den Rändern des Texts erhascht werden kann.[69]

Die Regiebemerkungen ergänzen gewissermaßen den Dramentext von den Rändern her, so dass die beiden Titelfiguren jeweils um das komplettiert werden, was sie angeblich oder zunächst nicht sind: ›empfindsam‹ bzw. ›zornig‹. So weint Julchen gemeinsam mit Damis und bewegt sich auf diesen zu, während Lottchen am Schluss nicht mehr sanft, sondern heftig reagiert. Dass sie allerdings immer noch die Fäden in der Hand hält[70] und bestimmte Gefühle bei den Mitgliedern der empfindsamen Gemeinschaft hervorrufen möchte, zeigen ihre letzten Worte, die gleichzeitig die Schlussworte des Stücks sind: »Bedauern sie mich.«

---

[69] Stephen Greenblatt: Verhandlungen mit Shakespeare. Innenansichten der englischen Renaissance. Übers. von Robin Cackett. Frankfurt/M. 1993, S. 12.
[70] Insofern greifen bisherige Interpretationen der Vater-Tochter-Beziehung zu kurz. Nicht nachvollziehbar ist etwa die Schlussfolgerung Schönborns: »Der gelungene Erziehungsprozeß weiblicher Protagonisten, den Gellert in seinem Werk immer wieder in Szene setzt, gerät damit gleichzeitig zur Feier eines allmächtigen Vater-Autors, der seine fiktiven Geschöpfe zeugt und nach seinem Bilde formt« (Sibylle Schönborn: Die zärtlichen Schwestern, S. 244). Auch die Charakterisierung Lottchens als »ewige Tochter« (ebd.), die passiv ihr Schicksal erleide, konnte hier nicht bestätigt werden. Ohne auf die fragwürdige Gleichsetzung des Dramenverfassers mit der Vaterfigur einzugehen – vgl. auch ebd., S. 246f. –, sollte deutlich geworden sein, dass die aktivste Figur in Gellerts Stück Lottchen ist, also eine Frau. Sie tritt als Hauptinitiatorin der Handlung auf.

3.2 Die ›natürliche‹ Schauspielkunst im Dramentext? Lessings *Miß Sara Sampson*

Innerhalb der Entwicklung zu einer ›natürlichen‹ Schauspielkunst wird Lessings *Miß Sara Sampson* gerade auch von neueren Forschungsarbeiten eine zentrale Rolle zugeschrieben. Das Stück gilt als Paradebeispiel für die »neue, auf Unmittelbarkeit zielende Empfindsamkeitsdramaturgie«.[71] Schon früh äußert sich Ziolkowski in dieser Hinsicht in einem richtungsweisenden Aufsatz über *Miß Sara Sampson*:[72] »it was the first play ever written in German for the new style of *natural* acting that was evolving during these years.«[73] Wohl bei kaum einem Dramentext werden so häufig die Regiebemerkungen ins Feld geführt, wenn es darum geht, die Machart eines Stückes zu beschreiben – im Unterschied zu Gellerts Stück *Die zärtlichen Schwestern*, bei dem die praktische Bühnenumsetzung und alles, was damit zusammenhängt, kaum Erwähnung finden (vgl. Kap. 3.1).

Dabei wird kontrovers diskutiert, ob die Sprachgestaltung und die Einbeziehung von Gestik und Mimik der Empfindsamkeit zuzuschreiben sind (Michelsen; Košenina) oder ob darin ein Relikt durchscheint, indem weiterhin Sprache Handlung auslöst (Barner; Alt) und insofern kein wesentlicher Unterschied zu früheren Stücken vorliegt. Diese Frage soll im Zentrum des vorliegenden Kapitels stehen.

Für die verschiedenen Forschungsmeinungen kann man stellvertretend Michelsen auf der einen Seite nennen, für den die Figurenrede in *Miß Sara Sampson* instrumentalisiert wird, um einen bestimmten körperlichen Ausdruck des Schauspielers hervorzurufen. Nicht mehr der Sprache, sondern dem Körper, der stummen Gebärde, werde der Ausdruck der Empfindungen anvertraut.[74] Nach Alt hingegen wird die Ordnung des sprachlichen Logos nicht zerstört, da vor allem über die Empfindungen reflektiert werde. Er betont, dass die Sprache des Stücks »von einem unerhörten Kommentar- und Erklärungsbedürfnis«[75] gekennzeichnet sei, wobei die Beschreibung der Emotionen noch mit der »konventionellen Ordnung der Sprache vereinbar«[76] sei. Für Michelsen hat das Gestisch-Mimische vor dem Wort Priori-

---

[71] Košenina verwendet Lessings *Miß Sara Sampson* als Ausgangspunkt für seine Überlegungen; vgl. Alexander Košenina: Anthropologie und Schauspielkunst, S. 31–151.
[72] Gotthold Ephraim Lessing: Miß Sara Sampson. In: Ders.: Sämtliche Schriften. Hg. von Karl Lachmann. Dritte, aufs neue durchgesehene Auflage besorgt durch Franz Muncker. Band 2. Stuttgart 1886, S. 265–352. Im Folgenden unter Angabe von Akt, Szene und Seite direkt im Text zitiert.
[73] Theodore Ziolkowski: Language and mimetic action, S. 262.
[74] Peter Michelsen: Die Problematik der Empfindungen. Zu Lessings ›Miß Sara Sampson‹. In: Ders.: Der unruhige Bürger. Studien zu Lessing und zur Literatur des achtzehnten Jahrhunderts. Würzburg 1990, S. 163–220.
[75] Peter-André Alt: Tragödie der Aufklärung. Eine Einführung. Tübingen, Basel 1994, S. 201. Vgl. Wilfried Barner/Gunter Grimm/Helmuth Kiesel/Martin Kramer: Lessing: Epoche – Werk – Wirkung. München ⁵1987, S. 178: »In *Miß Sara Sampson* ist die Sprache noch nicht Darstellungsmittel der Empfindung, sondern deren Kommentar.«
[76] Peter-André Alt: Tragödie der Aufklärung, S. 201. Nikola Roßbach: Empfindung zwischen Natur und Kunst. Zu theater- und kulturgeschichtlichen Dynamisierungsprozessen im

tät, da Lessing eine »besondere Intensivierung der Gebärdensprache erzielen« wolle. Allerdings erhalten – so Michelsen – die konventionellen Stilmittel in *Miß Sara Sampson* eine andere Funktion:

> Wir werden sehen, dass sich die mit rhetorischem Raffinement ausgestattete Geschwätzigkeit, die die damalige Phase der Empfindsamkeit auch sonst auszeichnete, bei Lessing gerade aus dem Bestreben erklärt, die Empfindungen nicht mehr nur zu nennen, sondern zu entwickeln.[77]

Trotz der Kontroverse im Zentrum lenken beide Arbeiten, das ist offensichtlich, das Augenmerk auf die sprachliche Realisierung von Empfindungen und Gefühlen in *Miß Sara Sampson*.[78]

Schon in Gellerts *Zärtlichen Schwestern*, dem ersten rührenden Lustspiel in deutscher Sprache, spielen Tränen als Zeugen der Rührung eine große Rolle, und dem Stück wird eine starke Wirkung sowohl unter den Zuschauern als auch unter den Lesern attestiert. Die besondere Rolle der Tränen im Stück und bei der Rezeption wird auch bei *Miß Sara Sampson* hervorgehoben.[79] Mindestens in zwei Punkten unterscheidet sich Lessings Stück jedoch von Gellerts Lustspiel. So kommt der Tod, besser: das Sterben hinzu, das in den bisher untersuchten Stücken keine Rolle spielte.[80] Das Sterben auf offener Bühne im fünften Akt hätte eigentlich Anstoß

---

18. Jahrhundert am Beispiel von Lessings *Miß Sara Sampson*. In: Lenz-Jahrbuch. Sturm- und-Drang-Studien 12 (2002/2003), S. 155–171, hier S. 163, spricht von der »unaufhörlichen, mit rhetorischem Raffinement unterlegten Versprachlichung der Empfindungen«.

77 Peter Michelsen: Problematik der Empfindungen, S. 182. Den Begriff der ›Geschwätzigkeit‹, der in vielen Forschungsarbeiten zu *Miß Sara Sampson* auftaucht, hat Lessing selbst in die Diskussion gebracht in einer der wohl meistzitierten Stellen seines Briefwechsels mit Mendelssohn, auf den später zurückzukommen sein wird. Schon Staiger äußert sich zu den ›geschwätzigen Stellen‹ in *Miß Sara Sampson*; vgl. Emil Staiger: Rasende Weiber in der deutschen Tragödie des achtzehnten Jahrhunderts. In: Zeitschrift für deutsche Philologie 80 (1961), S. 364–404, hier S. 388.

78 Eine Zusammenfassung von Michelsen und Alt gibt Monika Fick: Lessing-Handbuch, S. 125f. Zur Forschungslage vgl. dort, S. 124–132, und Wilfried Barner u.a.: Lessing, S. 162–178.

79 Kaum einer der Aufsätze und Forschungsarbeiten zu *Miß Sara Sampson* lässt die im und durch das Stück ausgelösten Tränen unerwähnt; Barner setzt die »Tränenerregungskunst« des Stücks und die Folgen der »kollektiven Rührung« ins Zentrum seiner Analyse; vgl. Wilfried Barner: *Zu viel Thränen*, S. 91; außerdem im selben Band: Dieter Hildebrandt: Die Dramaturgie der Träne, S. 83–88. Kuttenkeuler weist darauf hin, dass es Lessing nicht allein um Rührung, sondern auch um Belehrung ging. Das bürgerliche Trauerspiel bilde sich hier »zu einem Medium der kritischen und selbstkritischen Reflexion« aus. Wolfgang Kuttenkeuler: *Miß Sara Sampson*. »... nichts als ›Fermenta cognitionis‹«. In: Interpretationen. Lessings Dramen. Stuttgart 1994, S. 7–44, hier S. 13.

80 Zimmermann führt den Tod am Ende des Stücks auf den Einfluss von Lillos *The London Merchant* zurück, da Lillo ebenfalls »das krude Schrecknis eines tödlichen Endes seines Helden mit der Welt religiöser Gesinnungen zu heben und zu verklären verstand«, während in der französischen *tragédie bourgeoise* »ein tragischer Schluß regelmäßig vermieden wurde«. Rolf Christian Zimmermann: Über eine bildungsgeschichtlich bedingte Sichtbehinderung bei der Interpretation von Lessings ›Miß Sara Sampson‹. In: Wolfgang Wittkowski (Hg.): Verlorene Klassik? Ein Symposion. Tübingen 1986, S. 255–285, hier S. 262.

erregen müssen, da es der horazischen ›Medea-Regel‹[81] widerspricht. Wie Saras langsames Sterben auf der Bühne realisiert wurde und von Publikum und Forschung bewertet wird, wird im Zusammenhang mit einer Neubewertung der Angaben für die Schauspieler zu diskutieren sein. Die empfindsame Dramaturgie der *comédie larmoyante* wird hier im Genre des Trauerspiels angewendet,[82] so dass »[z]um ersten Mal in der deutschen Theater- und Dramengeschichte [...] tugendhafte nichtheroische Trauerspielgestalten«[83] auf der Bühne stehen. Im Zusammenhang mit der Analyse der Figurenkonzeption werden auch die Bezüge zur heroischen Tragödie zu berücksichtigen sein.

Rezeptionsseitig ist bei *Miß Sara Sampson* ein solch starkes Forschungsinteresse hinsichtlich des neuen Darstellungsstils und der propagierten ›natürlichen‹ Schauspielkunst zu verzeichnen, dass sich eine erneute Auseinandersetzung mit diesem Text zu erübrigen scheint. Den Anstoß gab in diesem Zusammenhang der bereits zitierte Aufsatz von Ziolkowski, der früh auf die besondere Bedeutung von Gestik und Mimik aufmerksam machte. Dass man sich Fragen nach der bühnentechnischen Umsetzung stellte, begann allerdings viel früher. So werden die Aufführbarkeit von *Miß Sara Sampson* sowie die Aufgabe des Schauspielers schon von Zeitgenossen diskutiert, u.a. von Mendelssohn und Lessing selbst, die sich mit den »indeklamabeln Stellen«[84] des Stücks auseinandersetzen. Diese Stellen in der Figurenrede Marwoods, von denen im Antwortbrief Lessings die Rede ist, werden in fast allen Arbeiten zitiert, die sich mit der theaterpraktischen Seite des Stücks auseinandersetzen. Während die Antwort Lessings meist so verstanden wird, dass er hier für den Schauspieler und die Theaterumsetzung gearbeitet habe, ist das besondere Verhältnis von Sprache und Spiel zu berücksichtigen, von dem in Lessings Brief die Rede ist.[85] Die Anstrengungen Lessings, generell theaterpraktische Anweisungen für den Schauspieler zu formulieren, bilden einen weiteren Bezugspunkt. Neben brieflichen Äußerungen Lessings ist sein Fragment *Der Schauspieler* erhalten, das etwa zeitgleich mit *Miß Sara Sampson* entstanden sein muss und das Regeln für die körperliche Beredsamkeit aufstellt.

Dieses Set an Bezugstexten – neben den bisher erwähnten sind der *Briefwechsel über das Trauerspiel* und die *Hamburgische Dramaturgie* zu nennen – dient in der Forschung vor allem dazu, den besonderen Stellenwert der Empfindungen in *Miß Sara Sampson* und den Darstellungsstil der neuen natürlichen Schauspielkunst zu untermauern. An erster Stelle steht dabei die Rolle des Dramenschriftstellers, der sich im Unterschied zu Gellert (vgl. Kap. 3.1) im theaterpraktischen Feld positioniert

---

[81] Vgl. Wilfried Barner: *Zu viel Thränen*, S. 92.
[82] Vgl. Peter-André Alt: Tragödie der Aufklärung, S. 192.
[83] Wilfried Barner: *Zu viel Thränen*, S. 90.
[84] Brief Lessings an Moses Mendelssohn vom 14.9.1757. In: Gotthold Ephraim Lessing: Briefe von und an Lessing 1743–1770. Hg. von Helmuth Kiesel unter Mitwirkung von Georg Braungart und Klaus Fischer (Lessing. Werke und Briefe in zwölf Bänden. Hg. von Wilfried Barner u.a. Band 11/1). Frankfurt/M. 1987, S. 249–251, hier S. 250.
[85] Der Brief Lessings an Mendelssohn vom 14.9.1757 wird u.a. von Golawski-Braungart, Fischer-Lichte, Heeg, Košenina, Michelsen und Ziolkowski erwähnt.

hat. Die Forschung hält mit Bezug auf diese theaterpraktischen Fragen aufschlussreiche Ergebnisse bereit, die sich explizit auf die Regiebemerkungen beziehen.[86] Man scheint sich einig zu sein, dass der Stellenwert des Stücks innerhalb der Entwicklung einer natürlichen Schauspielkunst mit den Regiebemerkungen zusammenhängt.[87] Dass dies so generell nicht zutrifft, wird zu zeigen sein.

Unterschiedliche Gewichtung der Regiebemerkungen in der Forschung

Zunächst muss die weit verbreitete Annahme korrigiert werden, nach der *Miß Sara Sampson* sich durch »genaue und differenzierte Regiebemerkungen« auszeichne, so etwa Günther Heeg:

> Die Sprache der ›Miß Sara Sampson‹ ist ganz auf das Spiel des Schauspielers zugeschnitten, ja sie schreibt dies geradezu vor. Das bezeugen nicht nur die für die Zeit einmaligen, weil genauen und differenzierten Regieanweisungen, sondern auch die impliziten Verweisungen des dramatischen Texts.[88]

Im Unterschied zu den neueren Arbeiten aber, die meist nur rein statistisch die auf den ersten Blick hohe Zahl von »150 Bühnenanweisungen«[89] ins Feld führen, schlüsselt Roland Purkl die Regiebemerkungen qualitativ genauer auf und kommt zu dem Schluss: »Lessings Anweisungen liegen im konventionellen Bereich.«[90] Purkl weist nach, dass relativ viele Regiebemerkungen der Ankündigung von Auftritten und Abgängen, daneben der Beschreibung rein motorischer Gestik, so dem Lesen und Schreiben von Briefen, und dem Beiseite-Sprechen gelten. Hiermit sind drei Bereiche genannt, die traditionell durch explizite Regiebemerkungen abgedeckt werden und

---

[86] Im Unterschied zur Forschung seit Ziolkowski berufen sich zeitgenössische Äußerungen allerdings nicht auf die Regiebemerkungen. Eine Ausnahme bildet in gewisser Hinsicht Dusch, vermutlich nicht nur der Herausgeber, sondern auch der Verfasser folgender Beobachtung, die Lessings Stück – in moderner Terminologie – nach impliziten und expliziten Regiebemerkungen zu Bühnenbild und Raumaufteilung untersucht: »Erstlich, wo ist die Scene? In einem *elenden Wirthshause* in einem Städtchen. Im Trauerspiele selbst sollte man glauben, daß dieses Wirtshaus ein *Palast* war. *Mellefont* und *Miß Sara* hatten darin wenigstens zwey Zimmer für sich, eine Stube und eine Kammer; ich setze voraus, daß sie beyde in einer Kammer schliefen, sonst hatten sie drey: eine Stube, und zwo Kammern, *Betty*, ihr Mädchen, schlief vermuthlich allein, das war das dritte, vielleicht das vierte Zimmer; *Sir Sampson* kam dazu; erst trat er in einen Saal; (das fünfte Zimmer) und von da wurde er in sein Wohnzimmer geführet, das sechste.« Johann Jakob Dusch (Hg.): Vermischte kritische und satyrische Schriften, nebst einigen Oden auf gegenwärtige Zeiten. Altona 1758, S. 51.
[87] Alle einschlägigen neueren Arbeiten zur Schauspielkunst – etwa Košenina und Heeg – berücksichtigen Lessings *Miß Sara Sampson*.
[88] Günther Heeg: Phantasma, S. 284.
[89] Dass Košenina auf die hohe Zahl an Regiebemerkungen zwar verweist, diese selbst aber nicht genauer analysiert, erklärt sich aus seinem Anliegen, bisher vernachlässigte Bezugstexte ins Zentrum zu stellen.
[90] Roland Purkl: Gestik und Mimik in Lessings bürgerlichen Trauerspielen *Miß Sara Sampson* und *Emilia Galotti*. Diss. masch. Heidelberg 1980, S. 87. Dieses Fazit hat die neuere Forschung kaum berücksichtigt.

kaum für den »neuen revolutionierenden Aufführungsstil« verantwortlich gemacht werden können, der für *Miß Sara Sampson* veranschlagt wird.[91] Nur ca. ein Sechstel der Regiebemerkungen kann mit der Sichtbarmachung eines inneren Zustands in Verbindung gebracht werden, der für die unmittelbare Empfindsamkeitsdramaturgie symptomatisch ist.[92] Häufig werden Gestik, Mimik und Körpersprache auf konventionelle Weise in den Dramentext eingefügt, so auch an folgender Stelle:

> MARWOOD. Sie schweigen, Mellefont? Sie gönnen der Unschuldigen keinen Blick?
> MELLEFONT. Ach! – –
> ARABELLA. Er seufzet ja, Madam. [...]
> MARWOOD. Geh, mein Kind, geh; fall ihm zu Füßen. [...]
> ARABELLA. (*die vor ihm niederfällt.*) Hier liege ich schon. (II, 4, 289)

Angaben zu Gestik und Mimik finden sich hier ausschließlich in der Figurenrede, so zum Nicht-Sprechen, zum Nicht-Ansehen, zum Seufzen.[93] Allein die Gebärde des Niederkniens, als Zeichen des Respekts vor der gegenüberstehenden Figur verbunden mit einer flehentlichen Bitte, wird sowohl in der Figurenrede als auch durch eine explizite Regiebemerkung markiert. Mehrfachmarkierungen dieser Körperbewegung in Figurenrede und Regiebemerkung sind an anderen Stellen noch ausgeprägter:

> MELLEFONT. [...] Zu Ihren Füßen, Sara – – (*indem er sich niederwirft.*) – – Aber was will ich zu Ihren Füßen? (*und wieder aufspringt.*) (V, 5, 344)

Die Forschung weist zwar darauf hin, dass Gesten und Körpersprache vor allem implizit festgelegt werden, die Priorität von Mienen- und Gebärdenspiel gegenüber der sprachlichen Äußerung wird dadurch aber nicht in Zweifel gezogen. Die Frage nach der Umsetzbarkeit stellt sich auch bei den vielen impliziten Regiebemerkungen, die zum Teil eher als Wortkulisse zu interpretieren sind, also im Unterschied zu impliziten Regiebemerkungen keine schauspielerische Umsetzung nach sich ziehen (vgl. Kap. 1). Michelsen stellt fest:

> Man wird erkennen, daß die Gebärdensprache, so sehr ihre Technik immer noch in der Tradition der Rhetorik steht, sich den Zweckbestimmungen rhetorischen Sprechens zu entfremden beginnt.[94]

---

[91] Roland Purkl: Gestik, S. 71f., verzeichnet 29 Regiebemerkungen zur Ankündigung von Auftritten und Abgängen, 31 zum Lesen und Schreiben von Briefen, 17 zum Beiseite-Sprechen. Trotzdem schreibt auch Purkl – hierin geht er mit Arbeiten von Ziolkowski, Košenina und Heeg konform – dem Stück einen neuen Aufführungsstil zu, weist allerdings nach, dass dieser sich nicht durch die Regiebemerkungen ergeben kann: »Nicht umsonst war Lessing anläßlich der Uraufführung in Frankfurt an der Oder einen Tag lang bei den Proben zu seiner MSS anwesend, um die Präsentation in seinem Sinn zu beeinflussen.« (S. 71).
[92] Helmut Göbel kommt auf 125 Regiebemerkungen, davon 33 für Stimmungs- und Affektangaben; vgl. Helmut Göbel: Bild und Sprache bei Lessing. München 1971, S. 118.
[93] Oft wird das Seufzen durch ein »Ach« wiedergegeben, vom Gegenüber aber noch einmal verbalisiert: »SARA. Ach! MARWOOD: Sie seufzen?« (IV, 8, 332); vgl. III, 3; IV, 8; V, 9.
[94] Peter Michelsen: Problematik der Empfindungen, S. 189.

Es entsteht eine schmale Gratwanderung zwischen dem, was nur gesprochen, und dem, was gestisch und mimisch umgesetzt werden soll. Die Schwierigkeit besteht darin, dass es keine eindeutigen Abgrenzungskriterien gibt, die die impliziten Regiebemerkungen von der Wortkulisse unterscheidbar machen.[95] Weder kann man alle Angaben zu Gestik, Mimik und Körpersprache als direkten Verweis auf die praktische Umsetzung verstehen, noch kann man dies widerlegen, indem die Angaben einfach unter die Rubrik ›Wortkulisse‹ gerechnet werden. An einigen Stellen gelingt die Zuordnung aber durchaus. In folgender Szene ergibt sich aus dem Kontext, dass die Figurenrede die Handlung, die dort beschrieben wird, gerade nicht hervorruft. Saras Worte »Itzt dringt sie [Marwood] mit tötender Faust auf mich ein« (IV, 8) fasst Ziolkowksi unter der Kategorie »describes complete actions«,[96] neben Formulierungen wie »Ich muß Sie umarmen, treuloser, lieber Flüchtling! – Teilen Sie doch meine Freude! Warum entreißen Sie sich meinen Liebkosungen?« (II, 3). Er stuft sie somit als implizite Regiebemerkung ein. Dass dies hier nicht der Fall ist, macht der Kontext deutlich. Durch Marwoods Monolog, der auf diese Worte folgt, wird offensichtlich, dass Sara die Bewegung und Tat Marwoods nur imaginiert:[97]

> MARWOOD. Was will die Schwärmerinn? – O daß sie wahr redte und ich mit tödtender Faust auf sie eindränge! (IV, 9, 336)

Spekulativ wird die Argumentation, wenn Michelsen behauptet, dass Lessing das stumme Spiel der Schauspieler sogar dort beeinflussen wolle, wo »der Text davon gar nichts verrät, ja im Gegenteil in seiner Weitschweifigkeit nur deklamatorischen Leerlauf anzuzeigen scheint«.[98] Als Begründung dient hier wie auch in anderen Arbeiten Lessings Selbstaussage zu den »indeklamabeln Stellen«, die eine Verteidigung gegen Vorwürfe von Mendelssohns Seite darstellt und die gegen Ende des vorliegenden Kapitels erneut zur Diskussion gestellt wird.

Tugend und Verstellung – das »zärtliche Mädchen« und die »böse Marwood«

Nach dem generellen Blick auf die Regiebemerkungen ist zu untersuchen, inwiefern die Regiebemerkungen unterschiedlich auf die Figuren verteilt sind, wie sie sich bei gewissen Affekten ausnehmen – so beim Weinen des als »Weinerfolg« in die Forschung eingegangenen Stücks – und in bestimmten Szenen, vor allem dem »aktlangen Sterben«[99] Saras.

---

[95] Genaue Unterscheidungskriterien sind offensichtlich schwer auszumachen. So verwendet Ziolkowski den Begriff »stage direction« wenig trennscharf, wenn er etwa für Saras Todesszene feststellt: »Apart from her pronouncement on virtue, her dying words amount to no more than stage directions.« Theodore Ziolkowski: Language and mimetic action, S. 261.
[96] Theodore Ziolkowski: Language and mimetic action, S. 270f., unterscheidet drei Formen impliziter Regiebemerkungen, die das Sprechen, die Handlungsabläufe und Gestik/Mimik betreffen.
[97] Vgl. Peter-André Alt: Tragödie der Aufklärung, S. 205.
[98] Peter Michelsen: Problematik der Empfindungen, S. 109.
[99] Vgl. Günter Saße: Aufgeklärte Familie, S. 168.

Die Charakterisierung der einzelnen Figuren durch Regiebemerkungen fällt zunächst wenig überraschend aus, da die dramatis personae den Koordinaten von Tugend und Laster eindeutig zugeordnet werden können.[100] Sie entsprechen den gleich zu Beginn erfolgenden direkten Charakterisierungen, die Sara als »das beste, schönste, unschuldigste Kind« und als ein »zärtliches Mädchen« kennzeichnen (I, 1), während Marwood schon bei der ersten namentlichen Nennung durch das Epitheton »böse« (I, 3) eindeutig negativ charakterisiert ist. Die Gegenüberstellung von tugend- und lasterhaften Empfindungen gestattet kein Dazwischen, nur ein Entweder-Oder, so dass eine Figur wie Mellefont zwar zwischen beiden hin und her wechseln kann, sich letztlich aber für eine Seite entscheiden muss. Die Pole werden im Stück benannt und einander gegenübergestellt, etwa wenn Sir William Waitwell rät:

> Gieb auf alle ihre Mienen acht, wenn sie meinen Brief lesen wird. In der kurzen Entfernung von der Tugend, kann sie die Verstellung noch nicht gelernt haben, zu deren Larven nur das eingewurzelte Laster seine Zuflucht nimmt. Du wirst ihre ganze Seele in ihrem Gesichte lesen. (III, 1, 299)

Die »Tugend« steht neben der »Verstellung«. Nicht die verbalen Äußerungen Saras werden hervorgehoben, da diese der Willkür unterliegen könnten, sondern ihre unwillkürliche Mimik, die den wahren Empfindungen Ausdruck verleiht. Rede und Mimik werden zur Verstellung in Beziehung gesetzt und als verschiedene Stufen angesehen. Während sprachliche Verstellung jederzeit problemlos möglich ist und somit auch dem Tugendhaften offensteht, kann mimisches Sich-Verstellen nur von demjenigen gekonnt umgesetzt werden, der dem »eingewurzelten Laster« angehört. Die Augen bzw. hier das Gesicht als »Spiegel der Seele« werden zwar im Sinne zeitgenössischer physiognomischer Theorien als Garant für echte Gefühlsäußerungen aufgerufen, sie können diese Funktion aber nicht bei den Lasterhaften übernehmen, da selbst unwillkürliche Zeichen[101] nicht immer untrüglich sein müssen.[102]

---

[100] Roland Purkl: Gestik, S. 105; Peter Michelsen: Problematik der Empfindungen, S. 197. Zugleich ist die Tugend auch »das Thema, um das alle Gespräche kreisen«, so Inge Stephan, die den Diskurs der weiblichen Tugend in Stücken Lessings und Schillers analysiert: Inge Stephan: »So ist die Tugend ein Gespenst«: Frauenbild und Tugendbegriff bei Lessing und Schiller. In: Dies.: Inszenierte Weiblichkeit. Codierung der Geschlechter in der Literatur des 18. Jahrhunderts. Köln u.a. 2004, S. 13–38, hier S. 23.

[101] Die Isomorphie von Seele und Ausdruck ist nicht mehr zwingend gegeben, während in den empfindsamen Postulaten der arbiträre Charakter der Sprache im natürlichen Zeichen als überwunden, die Identität von Inhalt und Ausdrucksseite des Zeichens als gesichert galt; vgl. Günter Saße: Aufrichtigkeit, S. 114.

[102] Wittkowski bezeichnet die Replik als »Bericht des pathognomischen Examens«: »Sir Sampsons Semantik zielt auf Zeichen, die unwillkürlich und daher untrüglich sind – im Unterschied zur Rede. Deren Inhalte liegen weitgehend in der Willkür der sprechenden Person, und das heißt: der Absicht, wie sie vor sich und/oder anderen erscheinen wollen.« Wittkowski bewertet die Mimik allerdings zu positiv, wenn er sie mit der Wahrheit gleichsetzt. Genau dem widerspricht die Äußerung Sir Williams; vgl. Wolfgang Wittkowski: »Beim Mahomet, wo habe ich meine Augen gehabt!« Zur Charaktergestaltung in Lessings *Miß Sara Sampson*. In: Wolfram Groddeck/Ulrich Stadler (Hg.): Physiognomie und Pathognomie. FS Karl Pestalozzi. Berlin, New York 1994, S. 34–48, hier S. 40.

Die Äußerung Sir Williams zeigt, dass derjenige, der die Verstellung gelernt hat, diese auf die Mimik anwenden kann, wie es Marwood ja auch vorführt. Eher also steht Sara – so vermutet ihr Vater hier – dem Laster nahe, so dass sie nicht sofort die Wahrheit sagen wird. An ihrer Mimik aber sei zu erkennen, was sie wirklich empfindet, da das Laster erst zeitversetzt, also in einer späteren Phase, die Mimik beeinflussen werde.

Bei der Figur Saras sind wenige Regiebemerkungen nötig, da sie sich nicht verstellt. Das erscheint auf den ersten Blick plausibel, verwundert aber auf den zweiten, wenn man die Argumentationsweise der Forschungsarbeiten zu *Miß Sara Sampson* im Blick behält. Dort werden die Regiebemerkungen gerade nicht mit dem Bereich der Verstellung in Verbindung gebracht, sondern mit dem neuen natürlichen Darstellungsstil.

Sara ist oft ein Spiegel für die Empfindungen anderer. So registriert sie Befindlichkeiten ihres jeweiligen Gegenübers und äußert sich zu den Blicken von Marwood und Mellefont: »SARA. So zärtlich blicken Sie mich an, Mellefont?« (IV, 1, 317). Daneben werden Blicke auch explizit beschrieben: »MELLEFONT [...] (*Mit einem zornigen Blick gegen die Marwood.*)« (III, 5, 311). Wenn in einer expliziten Regiebemerkung ein »zorniger Blick« benannt wird, dann reicht das ohne nähere Spezifizierung aus, da es sich um einen fest kodierten Blick handelt. Mellfonts Art zu blicken ist dabei von seinem jeweiligen Gegenüber abhängig: Während er Marwood *zornig* anblickt, registriert Sara an ihm einen »zärtlichen« Blick.

Die Nennung des »zornigen« Blicks in einer expliziten Regiebemerkung im Unterschied zur impliziten Erwähnung des »zärtlichen« Blickens kann ein Hinweis darauf sein, dass Lessing hier konventionellen Regeln folgt und den allseits bekannten zornigen Blick im Unterschied zum zärtlichen für problemlos umsetzbar hält (vgl. Kap. 3.1). Ein anderer Grund für die explizite Regiebemerkung ist darin zu sehen, dass nicht alle Anwesenden Mellefont als Zornigen bemerken dürfen. Während er Marwood signalisieren will, dass er sich über ihre Machenschaften ärgert, darf die gleichfalls anwesende Sara zu diesem Zeitpunkt noch nichts davon wissen – sie wähnt sich Lady Solmes gegenüber. Insofern vermeidet die explizite Regiebemerkung »*mit einem zornigen Blick*« ein Beiseite, das umgekehrt angewendet wird, wenn Mellefont Marwoods Blick beschreibt, der das erste ist, was ihm an ihr auffällt: »MELLEFONT (*bey Seite*). Die Mörderin, was für ein Blick!« (II, 3, 283). Kurz darauf kommt er noch einmal auf ihren Blick zu sprechen und spezifiziert diesen: »MELLEFONT [zu Marwood]. [...] Aber sagen Sie es nur ohne dieses Lächeln, ohne diesen Blick, aus welchem mich eine ganze Hölle von Verführung schreckt« (II, 3, 285).

Insgesamt werden Gestik und Mimik nur in sehr reduzierter Form über explizite Regiebemerkungen vorgeschrieben. Wenn dies der Fall ist, dann handelt es sich um Angaben, die denen der *actio*-Lehre ähneln und zum überlieferten Repertoire der Körpersprache zählen. Die fest kodierte Anweisung an die Schauspielerin, nach der Marwood ihre Angst und Reue gegenüber Mellefont »*mit gerungenen Händen*« (II, 7) demonstrieren soll, stellt ebenfalls ein Relikt aus der antiken Tragödie dar.[103] Hier wird eine Geste gewählt, die mit einer festen Bedeutung verbunden und als »geberde des tiefen schmerzes« und »leidenschaftlichen flehens«[104] schon im 18. Jahrhundert lexikalisiert ist. Die Bewegung ist dabei im Sinne der üblichen deklamatorischen Begleitgesten auf die Bewegung der Hände reduziert. Dass dieselbe Redewendung noch zweimal verwendet wird, bestätigt ihre Konventionalität. In beiden Fällen ist von den ›gerungenen Händen‹ allerdings nicht in einer expliziten Regiebemerkung, sondern innerhalb der Dialogpartien die Rede:

> SARA. [...] Ich bin krank, sehr krank; aber setze das äußerste, daß ich sterben müsse: bin ich darum verloren? Und was will er denn mit dir, arme Betty? – Du ringst die Hände? Betrübe dich nicht; du hast ihn gewiß nicht beleidigt; er wird sich wieder besinnen. (V, 6, 344)

Die Gestik Bettys wird später noch einmal zitiert, und zwar im entscheidenden Moment von Saras Tod:

> SARA. [...] Mein Auge bricht – Dieß war der letzte Seufzer! – Noch denke ich an Betty, und verstehe nun ihr ängstliches Händeringen. Das arme Mädchen! Daß ihr niemand eine Unvorsichtigkeit vorwerfe [...] (V, 10, 350)

Hier wird die Geste einer Frau zugeschrieben, die weder dem gleichen Stand noch der gleichen Sphäre im Hinblick auf die Pole Tugend und Laster zuzuordnen ist wie Marwood.[105] Das Händeringen steht hier anstelle einer Äußerung, die Betty nicht

---

[103] Vgl. Jutta Golawski-Braungart: Lessing und Riccononi. Schauspielkunst und Rollenkonzeption im Trauerspiel ›Miß Sara Sampson‹. In: Sprache und Literatur 26 (1995). Heft 75/76, S. 184–204, hier S. 187f. Golawski-Braungart spricht in diesem Zusammenhang von »erlernbaren Regeln zu Gestik, Mimik und Körperhaltung«. »Er [Lessing] scheut sich bei seinen Bühnenanweisungen keineswegs, auf Gesten aus der Deklamationslehre zurückzugreifen, um den Schauspielern möglichst genaue Orientierung zu geben; so z.B. der Darstellerin der Marwood, die ›mit gerungenen Händen‹ [...] Mellefont zu beschwichtigen suchen soll.«
[104] Jacob und Wilhelm Grimm: Deutsches Wörterbuch, Band 14, Spalte 1003. Johann Christoph Adelung: Grammatisch-kritisches Wörterbuch. Band 3. Leipzig 1777, Spalte 1444, verzeichnet die Wendung »die Hände ringen« als »ein Zeichen der höchsten Angst«; sie findet sich schon im *König Rother*, in Übersetzungen von Shakespeares *Hamlet* wie sie innerhalb der Figurenrede verwendet (vgl. die Beispiele in Grimm: Deutsches Wörterbuch).
[105] In *Emilia Galotti* – hier und im Folgenden zitiert nach: Gotthold Ephraim Lessing: Sämtliche Schriften. Hg. von Karl Lachmann. Dritte, aufs neue durchgesehene Auflage besorgt durch Franz Muncker. Band 2. Stuttgart 1886, S. 377–450 – findet sich dieselbe Anweisung ebenfalls bei einer weiblichen Figur, in diesem Fall aktivisch, da sie während des Sprechvorgangs stattfindet: »DER PRINZ. So eilen Sie doch, mein Fräulein, alle diese Schreckenbilder mit eins verschwinden zu sehen. – EMILIA. Was soll ich thun? (*die Hände ringend.*) DER PRINZ. Wie, mein Fräulein? Sollten Sie einen Verdacht gegen mich hegen? –« (III, 5, 417). So wie die ›gerungenen Hände‹ geschlechterspezifisch fast ausschließlich bei weiblichen dramatis personae beschrieben werden, ist von »wild«, z.B. den ›wilden Blicken«, bei Männern die Rede, in *Miß Sara Sampson* bei Mellefont, in *Emilia Galotti* vor allem bei Odoardo im IV. Akt. Zur veränderten Verteilung dieser Gesten im Sinne der Geschlechterzuschreibung gegen Ende des 18. Jahrhunderts vgl. Kap. 4.2 und Kap. 4.3.

wagte, als sie (in V,6) von dem Giftanschlag der Marwood ahnte, und der erst jetzt – im Moment des Todes – von Sara richtig gedeutet werden kann.

In Zusammenhang mit Sara finden sich nur bei der Briefübergabe und beim Lesen des Briefes[106] überraschend viele explizite Regiebemerkungen, die in ihre Äußerung eingebaut sind, in der sie Waitwell immer wieder über das Gelesene unterrichtet. So wird hier der ständige Wechsel zwischen Lesen und Sprechen bzw. Nachdenken, später auch zwischen Lesen und Schreiben betont: »*sie erbricht den Brief*«, »*sie lieset*«, »*sie fängt an, für sich zu lesen*«, »*nachdem sie einige Augenblicke gelesen*«, »*sie lieset weiter und unterbricht sich wieder*«, »*lieset und unterbricht sich*«, »*lieset für sich*«, »*lieset wieder und unterbricht sich*«, »*sie lieset wieder*«, »*Sie fährt weiter fort für sich zu lesen*«, »*sie lieset wieder für sich*« (III, 3). Nachdem Waitwell abgegangen ist, finden sich in der wohl »ersten reinen Schreibszene der deutschen Dramenliteratur«[107] weitere Regiebemerkungen zum Verfassen des Antwortbriefes: »*Sie setzt sich zum schreiben nieder*«, »*sie denkt ein wenig nach, und schreibt darauf einige Zeilen*«, »*sie streicht aus und schreibt anders*« (III, 4, 309), später: »Sara (*allein*). [...] Ich bin wieder allein. Kann ich die wenigen Augenblicke, die ich es vielleicht sein werde, zu etwas Besserm als zur Vollendung meiner Antwort anwenden? (*sie will sich niedersetzen, zu schreiben*)« (III, 5, 313). Diese Aktionen werden in den expliziten Regiebemerkungen fast überdeutlich benannt – vor allem im Vergleich mit den ansonst eher spärlich verwendeten expliziten Regiebemerkungen. Der durch das Lesen ausgelöste mimische Ausdruck wird dabei nicht näher bestimmt, d.h. in diesen Regiebemerkungen finden sich keine Angaben zu den mit dem Vorgang verbundenen Affekten. Dass der Inhalt des Briefes diese auslöst, wird wiederum in der Figurenrede mitgeteilt: Kurz vor dem Öffnen des Briefes stellt Sara Waitwell gegenüber fest: »Du siehst, ich zittre schon – Aber ich soll auch zittern; und ich will lieber zittern, als weinen. – (*sie erbricht den Brief.*) Nun ist er erbrochen! Ich bebe [...]« (III, 3, 305). Erst später erfährt man durch Bettys Äußerungen, also wiederum implizit, etwas über die Reaktionen, die der Brief auslöst:

> BETTY. [...] Aber je mehr ich Sie ansehe, Miß – Sie müssen mir meine Freyheit verzeihen – je mehr finde ich Sie verändert. Es ist etwas ruhiges, etwas zufriednes in Ihren Blicken. Lady muß ein sehr angenehmer Besuch, oder der alte Mann ein sehr angenehmer Bote gewesen seyn.
> SARA. Das letzte, Betty, das letzte. Er kam von meinem Vater. Was für einen zärtlichen Brief will ich dich lesen lassen! (III, 6, 313)

Die Reaktion Marwoods auf diesen Brief fällt anders aus, so dass sanfte und starke Affekte auf die beiden Frauenfiguren verteilt einander gegenüberstehen. Marwood

---

[106] Zur Funktion von Briefen im Drama und im Briefroman vgl. Steven R. Cerf: Miss Sara Sampson and Clarissa. The use of epistolary devices in Lessing's drama. In: Edward R. Haymes (Hg.): Theatrum Mundi. Essays on German Drama and German Literature. München 1980, S. 22–30.

[107] So Heinrich Bosse: »Wie schreibt man Madam?« Lenz, *Die Soldaten* I/1. In: Martin Stingelin (Hg.): »Mir ekelt vor diesem tintenklecksenden Säkulum«. Schreibszenen im Zeitalter der Manuskripte. München 2004, S. 70–85, hier S. 79.

hat ebenso wenig wie Sara mit einem zärtlichen, nicht strafenden Vater gerechnet, andernfalls hätte sie das Zusammentreffen der beiden gar nicht initiiert. Wiederum dient die explizite Regiebemerkung allein der mit dem Requisit verbundenen schauspielerbezogenen Tätigkeit. Von der Gefühlsreaktion Marwoods hingegen erfährt man durch die Figurenrede:

> SARA. (*indem ihr Marwood den Brief zurück giebt.*) Was seh' ich, Lady? Sie haben sich entfärbt? Sie zittern? Was fehlt Ihnen? (III, 5, 312)

Später verliert Marwood vor Saras Augen noch einmal die Beherrschung, als Sara ihre eigene Person positiv von Marwood abhebt, ohne zu wissen, dass sie genau dieser gegenübersteht, da Marwood wiederum als Lady Solmes bei ihr erscheint. Es geht erneut um Sir William, inzwischen hat Sara aber ihr eigenes Vergehen von dem der Marwood unterscheiden gelernt und schätzt es nicht mehr als »Fehler« und »Verbrechen«, sondern als »Irrtum« ein:[108]

> SARA. [...] Ach, Lady, wenn Sie es wüßten, was für Reue, was für Gewissensbisse, was für Angst mich mein Irrthum gekostet! Mein Irrthum, sag' ich; denn warum soll ich länger so grausam gegen mich seyn, und ihn als ein Verbrechen betrachten? Der Himmel selbst hört auf, ihn als ein solches anzusehen; er nimmt die Strafe von mir, und schenkt mir einen Vater wieder – Ich erschrecke, Lady; wie verändern sich auf einmal die Züge Ihres Gesichts? Sie glühen; aus dem starren Auge schreckt Wut, und des Mundes knirschende Bewegung – [...]. (IV, 8, 335)

Hier wird der Zorn Marwoods in der Figurenrede Saras ausführlich beschrieben, allerdings ohne Körperbewegungen einzubeziehen; in Naheinstellung wird allein das Gesicht fokussiert, das in der *actio*-Lehre ebenfalls zentral ist.[109] Dass Lessings Vorstellungen von einem zornigen Menschen sich nach konventionellen Darstellungen richten, zeigen noch seine Ausführungen in der *Hamburgischen Dramaturgie*, wenn er beschreibt, wie ein Schauspieler die »äußerste Wut des Zornes« ausdrücken soll: durch »den hastigen Gang, den stampfenden Fuß, den rauhen bald kreischenden bald verbissenen Ton, das Spiel der Augenbrauen, die zitternde Lippe, das Knirschen der Zähne u.s.w.«[110] Lessing ruft normierte Standards der Gebärdensprache

---

[108] Vgl. Roswitha Jacobsen: Ordnung und individuelle Selbstbestimmung im bürgerlichen Trauerspiel. Der Fehler der Sara Sampson. In: Richard Fisher (Hg.): Ethik und Ästhetik. Werke und Werte in der Literatur vom 18. bis zum 20. Jahrhundert. FS Wolfgang Wittkowski. Frankfurt/M. u.a. 1995, S. 81–92. Nach Jacobsen besteht die Ähnlichkeit des ›Verbrechens‹ von Sara und Marwood darin, »der – unter geltenden Normen gefährlichen – Versuchung ihrer Herzen« zu erliegen (S. 82). Der Fehler Saras sei zum einen darin zu sehen, dass sie sich verführen lasse, zum anderen im Liebesentzug der Tochter gegenüber dem Vater.
[109] Vgl. Dene Barnett: The Art of Gesture: The practices and principles of 18th century acting. Heidelberg 1987, S. 36–68 zu den »expressive gestures« wie »grief«, »surprise«, »anger«, die über die Mimik Ausdruck finden.
[110] Gotthold Ephraim Lessing: Hamburgische Dramaturgie. 3. Stück. In: Ders.: Werke 1767–1769. Hg. von Klaus Bohnen, S. 198f. Lessing beschreibt weiter, wie sich die Nachahmung dieser Empfindungen auf den Schauspieler auswirkt und wie sie »[...] Veränderungen hervorbringt, die nicht bloß von unserm Willen abhangen; sein Gesicht wird glühen, seine

auf, allerdings fehlen zwölf Jahre zuvor, in *Miß Sara Sampson*, alle raumgreifenden Bewegungen, die später im Zusammenhang mit dem Zorn genannt werden. Innerhalb der Figurenrede wird der Zorn auf den Blick und die Mundbewegungen bzw. das Zittern reduziert; der »*stampfende Fuß*« und der »*hastige Gang*« finden sich erst in *Emilia Galotti*.

Ein Seitenblick auf *Emilia Galotti* zeigt, dass dort nicht mehr statisch nur das Gesicht als Ausdrucksträger des Zorns dient, sondern der ganze Schauspieler – im Sinne des ›ganzen Menschen‹ – einbezogen wird. Dieser durchmisst den Raum und bewegt sich wie ein Sturm-und-Drang-Held.[111] So heißt es von Odoardo: »*blickt wild um sich, und stampft, und schäumet.*« (IV, 7, 436); »*wild hin und her gehend*«; »*sich zwingend*« (IV, 8, 437). Im Ansatz finden sich Charakterisierungen dieser Art bei Mellefont: »MELLEFONT (*der mit einer wilden Stellung hereintritt*)«. Sie sind allerdings als Vorstufe anzusehen, da nicht innerhalb der Regiebemerkungen Steigerungen und Variationen vorgenommen werden wie in *Emilia Galotti*. Sir William wird durch explizite Regiebemerkungen weder zornig noch zärtlich gezeichnet; das geschieht ausschließlich in der Figurenrede. Dennoch sind die expliziten Regiebemerkungen zu Mellefont und Odoardo zum Teil frappierend ähnlich, so wenn Mellefont als »*hitzig*«, »*bitter*« und »*erschrocken*« gekennzeichnet wird, Odoardo als »*hitzig*«, »*höhnisch*« und »*bitter*« bzw. »*mit einem bittern Lachen*«. Während in *Miß Sara Sampson* aber der Liebhaber die männliche Hauptfigur im Stück darstellt, verlagert sich diese – so kann man der ausführlichen Charakterisierung in den Regiebemerkungen entsprechend sagen – in *Emilia Galotti* auf den Vater. Es handelt sich um eine aufschlussreiche Verschiebung, die auch von psychoanalytischen Interpretationen herangezogen werden könnte, die Emilia und Odoardo eine inzestuöse Beziehung zuschreiben.[112]

Michelsen bezieht sich auf die oben zitierte Szene aus *Miß Sara Sampson*, in der Sara der als Lady Solmes auftretenden Marwood gegenübersteht. Er hebt auf die mimischen und gestischen Anweisungen in den Äußerungen der Figuren ab, also auf die impliziten Regiebemerkungen, und stellt fest: »Mit diesen im Text versteckten Spielvorschriften hat Lessing eine besondere Intensivierung der Gebärdensprache

---

Augen werden blitzen, seine Muskeln werden schwellen; kurz, er wird ein wahrer Zorniger zu sein scheinen, ohne es zu sein, ohne im geringsten zu begreifen, warum er es sein sollte.« S. 199. Lessing geht es also um die zentrale Frage, ob der Schauspieler das, was er spielt, auch selbst empfinden muss. Er kommt zu dem Schluss, dass die überzeugende schauspielerische Leistung nicht durch wahre Empfindung gewährleistet ist, sondern von den einer bestimmten Gefühlslage entsprechenden gestischen und mimischen Anzeichen und der richtigen Körpersprache abhängt. Diese Frage, mit der sich Jutta Golawski-Braungart auseinandersetzt, ist für die Analyse der Regiebemerkungen sekundär.

[111] Vgl. zur Frage des Rollenfachs mit Blick auf Odoardo Kap. 1.
[112] Vgl. das Kapitel von Brigitte Prutti: Coup de Théâtre – Coup de Femme oder: Woran stirbt Emilia Galotti? In: Dies.: Bild und Körper. Weibliche Präsenz und Geschlechterbeziehungen in Lessings Dramen *Emilia Galotti* und *Minna von Barnhelm*. Würzburg 1996, S. 96–145.

erzielen wollen.«¹¹³ Die Darstellerin der Marwood sei genötigt, »dem Beschriebenen zu entsprechen«;¹¹⁴ außerdem werde dasjenige, was durch das Mienen- und Gebärdenspiel sowieso schon ins Auge falle, durch die Verbalisierung verstärkt. Die Worte lenkten die Aufmerksamkeit des Zuschauers auf jene Teile des Bühnengeschehens, die »ausdruckskräftiger als sie selber«¹¹⁵ seien, so wenn in der Figurenrede etwa »Ich erschrecke, Lady [...] Sie glühen; aus dem starren Auge schreckt Wut, und des Mundes knirschende Bewegung –« (IV, 8) steht. Hier wird in der Argumentation das Ursache-Wirkung-Verhältnis allerdings umgekehrt, denn vom Text aus ist an diesen Stellen zunächst nur das gesprochene Wort vorhanden, nicht die Mimik, die das Erschrecken ausdrücken soll. Eine Steigerung ist gerade innerhalb der Sprache gewährleistet, gestisch hingegen kaum umzusetzen. Während Sara zunächst bemerkt, dass Marwood sich »entfärbt« und »zittert«, werden die Affekte später durch das »starre Auge« und »des Mundes knirschende Bewegung« verstärkt und konkretisiert. In einer Art ›Zoom‹ heben Saras Worte einzelne Körperteile Marwoods hervor – Auge und Mund –, so dass die Affekte des Gegenübers auf sprachlicher Ebene benannt werden, während eine gestische Umsetzung kaum möglich ist. Ob durch die Verbalisierung tatsächlich nur eine *zusätzliche* Verstärkung vorgenommen wird, wie Michelsen meint, bleibt fraglich, denn während die Sprache Steigerungsformen und Grade der Differenzierung bereithält, sind im gestisch-mimischen Bereich Grenzen gesetzt.

Nach Jutta Golawski-Braungart, die sich ebenfalls auf die zitierte Äußerung Saras in IV, 8 bezieht, »entspricht« Marwood bei ihrem Wutausbruch »Riccobonis Anweisung für die Darstellung des Affektes der Wut«:¹¹⁶ »Die Blicke müssen entflammt sein, und von nichts als von Verwirrung zeugen«.¹¹⁷ Zu fragen wäre, was hier unter ›entsprechen‹ zu verstehen ist. Müssten Riccobonis Ausführungen über die Wut dann nicht wörtlich in einer expliziten Regiebemerkung erscheinen? Denn wenn die Züge in der Figurenrede präzise beschrieben werden, dann dienen Riccobonis Regeln gerade nicht als eine Art Notationssystem. Dieses würde eine detaillierte Beschreibung der Mimik geradezu überflüssig machen. Hätten Riccobonis Anweisungen die Funktion eines festen Notationssystems, dann reichte »*wütend*« im Sinne einer konventionellen zeitgenössischen Regiebemerkung aus, um eine dieser Gefühlsregung angemessene Gestik und Mimik beim Schauspieler hervorzurufen.

---

¹¹³ Peter Michelsen: Problematik der Empfindungen, S. 189f.
¹¹⁴ Ebd., S. 190.
¹¹⁵ Ebd.
¹¹⁶ Jutta Golawski-Braungart: Lessing und Riccoboni, S. 201.
¹¹⁷ Francesco Riccoboni: Die Schauspielkunst, S. 82. Vgl. Antoine-François Riccoboni: L'Art du Théâtre, à Madame***, S. 737: »Ses regards doivent s'enflammer & peindre l'égarement.«

Bei dem oben zitierten Beispiel könnte man – in Anlehnung an Diderot[118] – auch die Gegenprobe durchführen: Was geschieht, wenn man diese Stelle nur sieht, ohne sie zu hören? Der Effekt wäre kaum derselbe, denn was sich einprägt, sind nicht konkrete optische Gesten, sondern Worte, so dass im Grunde derjenige die veränderte Marwood ›sieht‹, der ihre Beschreibung hört oder liest.[119]

Innerhalb der Figurenrede teilt gerade Sara nicht nur Empfindungen des Gegenübers, sondern auch eigene Gefühlsregungen im Sinne des ›Beredens‹ genauestens mit:

> SARA. [...] Wie schlägt mir das Herz, und wie unordentlich schlägt es! Wie stark itzt, wie geschwind! – Und nun, wie matt, wie bange, wie zitternd! – Itzt eilt es wieder, als ob es die letzten Schläge wären, die es gern recht schnell hinter einander thun wolle. Armes Herz! (IV, 1, 316)

Sara beschreibt hier minutiös, wie sich der Herzschlag als Ausdruck ihrer Unruhe von Moment zu Moment ändert, wobei die Adverbien »itzt« und »nun« die Synchronie zwischen Ablauf und Beschreibung unterstreichen. Diese Veränderungen des Herzschlags können kaum durch willkürliche Bewegungen des Schauspielers verdeutlicht werden. Dass das Gebärdenspiel in dieser Szene die innerliche Unruhe unterstreichen soll, wobei Lessing »dem Schauspieler Raum genug gegeben hat, seine Kunst zu zeigen«,[120] wie Purkl meint, ist zu bezweifeln. Denn wie sollen außer durch Verbalisierung zeitgleich noch in anderer Form die Gefühle ausgedrückt werden, da sie sprachlich genau und Schritt für Schritt nachgezeichnet werden? Eibl deutet die Szene anders. Er bezeichnet sie treffend als »Mauerschau von Innenvorgängen«,[121] wobei der dramentechnische Begriff – wenn man ihn ernst nimmt – suggeriert, dass das in Worten Beschriebene gerade nicht gleichzeitig, etwa durch mimische Umsetzung, visualisiert wird. Gefühle werden nicht primär als gefühlte, sondern als benannte und analysierte Gefühle, also in diskursiv-beschreibender Rede mitgeteilt.[122]

---

[118] Vgl. Denis Diderot: Lettre sur les sourds et muets. A l'usage de ceux qui entendent et qui parlent. Texte établi et présenté par Jacques Chouillet. In: Denis Diderot: Œuvres complètes. Band 4, S. 129–191. Hier beschreibt Diderot, wie er eine Theateraufführung mit verstopften Ohren verfolgt, um allein von der Körpersprache her auf das Geschehen und das Gesagte rückzuschließen und zu überprüfen, ob diese treffend gewählt wurde.

[119] Lessing denkt keineswegs ausschließlich an die Umsetzung auf der Bühne. Hier ist Lehmann zuzustimmen, der den Aspekt der Bühnenrealisierung stark reduziert, da nicht das Sehen, sondern das Hören Priorität habe; vgl. Johannes Friedrich Lehmann: Der Blick durch die Wand. Zur Geschichte des Theaterzuschauers und des Visuellen bei Diderot und Lessing. Freiburg i. Br. 2000, S. 283–294.

[120] Purkl sieht die Aufgabe des Schauspielers an dieser Stelle darin, »die Auswirkungen, die innerliche Unruhe, die durch sie [die Veränderungen des Herzschlags] entstehen, mit seinem Gebärdenspiel zu unterstreichen.« Roland Purkl: Gestik, S. 102.

[121] Karl Eibl: Zur Analyse. In: Ders. (Hg.): Miss Sara Sampson, S. 138–161, hier S. 147. Dass Eibl neben »Mauerschau« auch von »Botenbericht« spricht, ist zumindest in diesem Fall nicht zutreffend, da die Gefühle synchron zu Saras Worten ablaufen.

[122] Vgl. Peter-André Alt: Tragödie der Aufklärung; Wilfried Barner u.a.: Lessing; Karl Eibl: Zur Analyse, S. 148, kommt zu einem Schluss, der trotz neuerer Arbeiten wie denen Michelsens und Heegs nicht an Überzeugungskraft verliert: »Die kaum zu leugnende Geschwätzig-

Als Stück der Empfindsamkeit verstanden, entspricht es denjenigen Einschätzungen dieser Epoche, die die rationale Erfassung von Innenvorgängen zentral setzen. *Miß Sara Sampson* fokussiert differenzierte menschliche Empfindungen und sieht das ›Herz‹ als letzte Berufungsinstanz an, genau dies aber wird rational erfasst und durchschaut. Schon die Verwendung des Begriffs ›Herz‹ in der oben zitierten Szene zeigt, dass der Bereich der Affekte sprachlich erfasst wird und seine Darstellung sich insofern deutlich von der Geniezeit unterscheidet (vgl. Kap. 4).

Exkurs: Moores *The Gamester* und Lillos *The London Merchant*

Bei einem Seitenblick auf Moores 1753 uraufgeführtes Stück *The Gamester*[123] und Lillos *The London Merchant*,[124] die von der Forschung beide in den Kontext des bürgerlichen Trauerspiels und der Empfindsamkeit gestellt werden, gelangt man zu ähnlichen Ergebnissen. Wie in Richard Steeles *The Conscious Lovers*, das als »Paradigma der *sentimental comedy*«[125] gilt, finden sich in Moores *The Gamester* explizite Regiebemerkungen insgesamt in sehr beschränktem Maß; außerdem werden sie konventionell verwendet. So gibt es keine Angaben zu Kleidung und Bühnenbild; Auftritte und Abgänge werden hingegen immer, häufig doppelt, also implizit und explizit markiert. Im vorliegenden Kontext ist vor allem festzuhalten, dass Affekte fast ausschließlich ›beredet‹ werden. So wird wie in *Miß Sara Sampson* häufig geweint, allerdings immer implizit (»MRS. BEVERLY. [...] Why those tears, Charlotte?«, S. 164; »LUCY. [...] Your Goodness too draws Tears from me – But I'll dry 'em«, S. 196).[126] Eine Liebesszene kommt mit »*taking her hand*« und »*embracing him*« (S. 192) aus. Die wenigen expliziten Regiebemerkungen zum Zorn (»*angrily*«, »*wildly*«) und zu empfindsamen Emotionen (»*warmly*«, »*Stukely sighs and looks down*«) sind konventionell formuliert und rufen die in Rhetorikbüchern verzeichneten Gebärden auf.[127] Ebenso bleibt das Stück mit theatertypischen Gesten wie Niederknien und Hand-aufs-Herz-Legen innerhalb des konventionellen Rahmens (»*Offers to kneel*«, S. 217;

---

keit der *Sara* ist Kehrseite eines Anderen: eines vor nichts zurückschreckenden Willens, zu ›verworten‹.« Heeg hingegen versteht sie als implizite Regiebemerkung, wenn er vom »Instrument der Zeitdehnung« spricht, »das die graduelle Entfaltung aller Nuancen des körperlichen Ausdrucks ermöglichen soll«; Heeg: Phantasma, S. 285.

[123] Edward Moore: The Gamester. In: Eighteenth Century Tragedy. Hg. von Michael R. Booth. London, Oxford 1965, S. 155–227.

[124] George Lillo: Der Kaufmann von London oder Begebenheiten Georg Barnwells. Übers. von Henning Adam Bassewitz. In: Fritz Brüggemann (Hg.): Die Anfänge des bürgerlichen Trauerspiels, S. 20–89. Die entsprechenden Regiebemerkungen finden sich schon im Original; vgl. George Lillo: The London Merchant: or, the History of George Barnwell. In: Ders.: The Plays of George Lillo. 1. Band. Hg. von Trudy Drucker. New York, London 1979, S. 99–189.

[125] Vera Nünning/Ansgar Nünning: Englische Literatur des 18. Jahrhunderts. Stuttgart u.a. 1998, S. 94.

[126] Vgl. auch Edward Moore: The Gamester, S. 165, 166, 172, 198, 200, 208, 209, 214, 215.

[127] Vgl. ebd. S. 182, 191, 193, 208, 223.

»*Kneels*«, S. 219; »*Pointing to his Head and Heart*«; »*Laying his Hand on his Heart*«, S. 223).

Lillos Stück, das ab 1754 auch in Deutschland in der Übersetzung von Bassewitz häufig aufgeführt wird, enthält ebenfalls wenige explizite Regiebemerkungen zu Gefühlsäußerungen. Auch hier beziehen sich diese überwiegend auf konventionelle Bereiche wie Auftritt und Abgang, Sprecherrichtung, Beiseite.[128] Schauspielerbezogene Regiebemerkungen werden in Verbindung mit Requisiten gesetzt – so bei der Vorbereitung des Mordanschlags (III, 7) –, wie dies auch in *Miß Sara Sampson* der Fall ist. Neben wenigen expliziten Regiebemerkungen zu Affekten werden Furcht, Schauer, Erröten, Schweigen und Tränen[129] überwiegend implizit benannt, z.B. »Warum sind diese in Tränen schwimmenden Augen so unbeweglich auf die Erde gerichtet?«[130] Für die englischen Stücke wäre zu prüfen, ob der neue Schauspielstil, der sich in der zweiten Hälfte des 18. Jahrhunderts auch in England etabliert, vorrangig in den Stücken angelegt ist oder durch Schauspieler wie David Garrick (vgl. Kap. 1) bewirkt wird, den Zeitgenossen und Forschung als Ausnahmeerscheinung feiern.[131] Der Seitenblick auf die Regiebemerkungen legt den Schluss nahe, dass zumindest nicht die Dramentexte hierfür verantwortlich sind.

---

[128] George Lillo: Der Kaufmann von London oder Begebenheiten Georg Barnwells, S. 42, 45, 63, 64, 67 u.ö. zu Auftritten und Abgängen; S. 42, 45, 46, 48, u.ö. zur Sprecherrichtung; S. 30, 31, 32, 36, 37, 40 u.ö. zu den Beiseite.

[129] Mit Blick auf die expliziten Regiebemerkungen muss Szondis Ansicht in Frage gestellt werden. Er kommt bei seiner Analyse von Lillos Stück zu dem Schluss: »Empfindsamkeit ist der Tränenvorhang der bürgerlichen Familie […].« Empfindsame und rührende Szenen finden sich aber nicht innerhalb der Familienszenen, sondern gehäuft in V, 4 (entspricht im Original V, 2). Dort werden Tränen, Umarmungen und Sich-zu-Boden-Werfen explizit beschrieben, als es um den reuigen Sünder, den vom Pfad der Tugend abgewichenen Barnwell kurz vor der Hinrichtung geht; vgl. Peter Szondi: Bürgerliches Trauerspiel, S. 90.

[130] George Lillo: Der Kaufmann von London, S. 82; vgl. George Lillo: The London Merchant, S. 180: »Why are your streaming eyes still fix'd below?« Außerdem etwa »BLUNT. Du siehst meine Tränen« und »Ich zittere nur […]« (S. 57; vgl. S. 149 im Original); »MILWOOD. […] meine Röte und diese Menge von Tränen, die ich nicht mehr zurückzuhalten imstande bin […]« (S. 32, vgl. S. 116 im Original); »BARNWELL. […] Ich fühle in meinem Herzen eine siegende Kraft.« (S. 78; vgl. S. 175 im Original).

[131] Vgl. Jean Benedetti: David Garrick and the Birth of Modern Theatre. London 2001, hier vor allem das Kapitel *The Revolution in Acting* (S. 48–70). Benedetti stellt anhand zeitgenössischer Quellen heraus, dass das Publikum auf die geniale schauspielerische Umsetzung eines Garrick gewartet habe, während keine Rede davon ist, dass die Dramentexte, etwa Shakespeares *Richard III* oder Lillos *The London Merchant*, diese Darstellung nahe legten. Wie Benedetti führt auch Vera Nünning im Zusammenhang mit dem neuen, auf Körpersprache setzenden Schauspielstil den Schauspieler Garrick und Rhetorikbücher wie das von Aaron Hill ins Feld, nicht die Dramentexte. Vgl. Vera Nünning: Die Kultur der Empfindsamkeit. Eine mentalitätsgeschichtliche Skizze. In: Ansgar Nünning (Hg.): Eine andere Geschichte der englischen Literatur: Epochen, Gattungen und Teilgebiete im Überblick. Trier ³2004, S. 107–126, hier S. 118.

Das Nichtaussprechbare: Tränen und Schweigen

In *Miß Sara Sampson* reicht nach Michelsen die Sprachgestaltung allein zur Erzielung der dem Trauerspiel angemessenen Wirkung nicht mehr aus: »Beredtes – oder besser gesagt: unberedtes, aber höchst eindringliches – Zeugnis« dafür seien die Tränen, »die fast alle Personen des Stückes in großen Mengen vergießen«.[132] Diese lösten durchweg Empathie aus. Wie in Gellerts *Die zärtlichen Schwestern* die Figur des Siegmund sind die negativ gezeichneten Charaktere auch hier unfähig zu weinen. Allerdings finden sich in Gellerts Stück keine ausdrücklichen Hinweise, so dass nur der aufmerksame Leser respektive Zuschauer dies registriert. In *Miß Sara Sampson* hingegen äußern sich die Figuren selbst zur positiven Eigenschaft des Weinens und zum Erlernen bzw. Wiedererlernen dieser Fähigkeit. Mit Blick auf das Weinen kann man, ahistorisch argumentierend, zu dem Schluss kommen, Mellefont sei ein »Jämmerling« und »haltloser, weibischer Charakter« – so Oehlke.[133] Für Brüggemann ist er die »entwicklungsgeschichtlich interessanteste Figur«,[134] aber auch heute noch wirkt er auf manchen Leser »blaß«,[135] zumindest im Vergleich mit Sara und Marwood, denen das primäre Forschungsinteresse gilt. Während die Überlegungen in Mellefonts Monolog (IV, 2) ihn auch für Pikulik zu einem »unentschlossenen Schwächling« stempeln,[136] zeichnet vor allem diese Figur sich durch eine Entwicklung aus, die von der stoischen Eigenschaft der Standhaftigkeit[137] über Gefühlsschwankungen bis zur empfindsamen Figur[138] führt; Gradmesser dafür ist seine Fähigkeit zu weinen.

---

[132] Vgl. Peter Michelsen: Problematik der Empfindungen, S. 191.
[133] Waldemar Oehlke: Lessing und seine Zeit. Band 1. München 1919, S. 300 und 299. Für Oehlke ist die Szene III, 3 noch die »langweiligste Szene des ganzen Stücks«, während diese Auffassung später hinreichend revidiert wurde und gerade die Briefszene als Schlüsselszene für Saras Verständnis ihres Vaters und den Gegensatz zwischen zornigem und zärtlichem Vater gilt. Vgl. etwa Horst Turk: Handlung in Gesprächen oder Gespräch in Handlungen? Zum Problem der Konfliktfähigkeit in Lessings Dramen. In: Wolfram Mauser/Günter Saße (Hg.): Streitkultur. Strategien des Überzeugens im Werk Lessings. Tübingen 1993, S. 520–529, hier S. 521.
[134] Fritz Brüggemann: Einführung. In: Ders. (Hg.): Die Anfänge des bürgerlichen Trauerspiels in den fünfziger Jahren. Leipzig 1934, S. 9. Mauser erkennt Mellefont als »problematische, in sich gebrochene Figur«, deren Vergehen sich nicht mehr »im Tugend-Laster-Schema der Zeit festmachen« ließen, vielmehr solle eine den Zeitumständen gemäße Persönlichkeitsstruktur vorgeführt werden. Wolfram Mauser: Die ›Misere‹ der Tugendhaftigkeit. Lessings *Miß Sara Sampson*: ein Psychogramm innerbürgerlicher Konflikte. In: Ders.: Konzepte aufgeklärter Lebensführung. Literarische Kultur im frühmodernen Deutschland. Würzburg 2000, S. 183–195, hier S. 188.
[135] Vgl. Jutta Golawski-Braungart: Lessing und Riccoboni, S. 202.
[136] Lothar Pikulik: »Bürgerliches Trauerspiel«, S. 157.
[137] Vgl. ebd., S. 167.
[138] Die Entwicklung Mellefonts zum einfühlenden Charakter im Zusammenhang mit der »Destruktion des Tugend-Laster-Schemas« und »satirischen und diskreditierenden Seitenhieben auf die ›alte Standhaftigkeit‹ stoizistischer Helden« legt Schenkel dar; vgl. Martin Schenkel: Lessings Poetik des Mitleids im bürgerlichen Trauerspiel ›Miß Sara Sampson‹. Bonn 1984, S. 60.

Wichtig erscheint allerdings nicht nur, dass geweint wird und wer weint, sondern auch, wie geweint wird. Die Tatsache allein, dass von Tränen die Rede ist, garantiert noch nicht deren sinnliche Vergegenwärtigung. Auch im Roman kann pausenlos geweint werden, so dass Tränen und Empfindungen zwar im Mittelpunkt stehen wie etwa in Richardsons *Clarissa*,[139] ohne dass auf konkrete gestische und mimische Äußerungen geschlossen werden könnte.[140] Bei einem Dramentext hingegen scheinen diese von vornherein impliziert, dem Dramentext immanent zu sein. Unumstritten ist, dass der ständige Hinweis auf Tränen die Gefühlswelt des empfindsamen Personals in besonderer Weise ins Stück holt. Allerdings reicht Lessing die Umsetzung der Tränen in keinem der Fälle aus, denn nie werden sie allein durch explizite Regiebemerkungen ausgedrückt, sondern immer auch in der Figurenrede beschrieben, meist sogar ausschließlich dort. Dass dies der Fall ist, hängt natürlich auch mit der im Vordergrund stehenden Demonstration der Tränenfähigkeit zusammen: Sie ist durchweg positiv besetzt und wird von den dramatis personae auch deshalb aus heutiger Sicht in geradezu penetranter Weise betont.

Ob diese Tränen dann tatsächlich geweint werden sollen, anders gesagt: ob es sich bei den Angaben zum Weinen um implizite Regiebemerkungen handelt oder um reine Wortkulisse, ist nur schwer zu belegen.[141] Dass jedenfalls oft allein vom Weinen die Rede ist, trifft immer dann zu, wenn über in der Vergangenheit geweinte Tränen oder vom Weinen an einem anderen Ort in Form einer Mauerschau berichtet wird sowie wenn es um hypothetisches Weinen geht. Die Präsenz der Tränen ist in diesen Fällen allein über das Hören oder Lesen, nicht über das Sehen gewährleistet – hierfür einige Beispiele:

> DER WIRTH. [...] Das gute Weibchen, oder was sie ist! sie bleibt den ganzen Tag in ihrer Stube eingeschlossen und weint. (I, 2, 269)
>
> MELLEFONT. Nun wird sie [Sara] kommen, und wird unwiderstehliche Thränen weinen. (I, 5, 272)

---

[139] Vgl. Hartmut Reinhardt: Märtyrerinnen des Empfindens. Lessings *Miß Sara Sampson* als Fall von Richardson-Rezeption. In: Hans-Edwin Friedrich/Fotis Jannidis/Marianne Willems (Hg.): Bürgerlichkeit im 18. Jahrhundert. Tübingen 2006, S. 343–375, hier S. 351 zur *Clarissa*, die wegen ihrer Dimensionen – das Werk umfasst 527 Briefe, die sich auf sieben Teilbände verteilen – und fehlender Neudrucke »nur als bibliographische Größe gehandhabt wird«.

[140] Einen anderen Akzent setzt Soboth, der zwischen dem Erkenntnis fördernden Weinen im bürgerlichen Trauerspiel, dem »dialogische Kommunikations- und Interaktionsprozesse korrelieren«, und dem monologischen Weinen im empfindsamen Roman unterscheidet, das selbstgenügsam sei und keinen Erkenntnisprozess einleite; vgl. Christian Soboth: Tränen des Auges, Tränen des Herzens. Anatomie des Weinens in Pietismus, Aufklärung und Empfindsamkeit. In: Jürgen Helm/Karin Stukenbrock (Hg.): Anatomie. Sektionen einer medizinischen Wissenschaft im 18. Jahrhundert. Wiesbaden 2003, S. 293–315, hier S. 307.

[141] Hier könnten nur zeitgenössische Rezeptionsdokumente Klarheit liefern, die diesen Aspekt thematisieren müssten. Zwar ist dort häufig vom Weinen der Leser und Zuschauer die Rede, ob die Schauspieler aber das Weinen nur verbal ausgedrückt (Wortkulisse) oder tatsächlich geweint haben (implizite Regiebemerkung), ist – soweit ich sehe – nicht überliefert.

SIR WILLIAM. [...] Es wird ihr [Sara] in einem Briefe weniger Verwirrung, und mir vielleicht
weniger Thränen kosten. (III, 1, 298)

Die Tränen stehen in engem Zusammenhang mit dem Tugend-Laster-Schema: Während Sir William, Waitwell, Sara und Arabella das ganze Stück hindurch wiederholt weinen und auch dadurch eindeutig dem Bereich der Tugend zuzuordnen sind, weint Marwood zwar auch einmal, allerdings gibt sie dies nur vor. Sie ist unfähig zu echten Tränen, die den empfindsamen Menschen auszeichnen, weiß aber um die Relevanz der Tränenfähigkeit, so dass sie versucht, diese vorzuspielen (II, 3).[142]

Gerade bei einer Nebenfigur, Betty, werden die Tränen nur in einer expliziten Regiebemerkung benannt; ihr Weinen wird nicht verbal kommentiert, während von Saras geweinten Tränen – hier wie sonst auch – in der Figurenrede gesprochen wird. Bettys Weinen ist gleichzeitig als Ausdruck der Empathie zu verstehen. Sie muss selbst weinen, während sie über Saras Tränen spricht:

BETTY. Was macht sie? (*schluchzend*). [...] Ich wandte alles an, sie zu beruhigen, aber sie [Sara] hat mir bis an den Morgen nur mit stummen Thränen geantwortet (I, 4, 271)

Wie hier Betty weint auch Waitwell in folgender Szene sozusagen Stellvertretertränen für seinen Herrn. Während von den eigentlich im Mittelpunkt stehenden Tränen Saras bzw. Sir Williams nur gesprochen wird, weinen Betty bzw. Waitwell tatsächlich, also anstelle der Hauptfiguren, ihrer Vorgesetzten. Für Sara sind die Tränen des Vaters als Zeichen des zärtlichen im Gegensatz zum zornigen Vater zu verstehen, den sie hier, zu Beginn des Gesprächs mit Waitwell, noch fordert, da sie eine Bestrafung ihres ›Verbrechens‹ für unumgänglich hält:

SARA. [...] Thränen koste ich ihm? Thränen? Und es sind andre Thränen, als Thränen der Freude? [...] Zu Thränen hat er es nicht kommen lassen. Nicht wahr, Waitwell, zu Thränen hat er es nicht kommen lassen?
WAITWELL. (*indem er sich die Augen wischt.*) Nein, Miß, dazu hat er es nicht kommen lassen. (III, 3, 303)

Dieser manifeste Widerspruch zwischen Geste und Wort scheint noch nicht deutlich genug zu sein, denn es folgt Saras Äußerung: »Ach! dein Mund sagt nein; und deine eignen Thränen sagen ja.« (III, 3, 303).

Explizite Regiebemerkungen werden aus rein pragmatischen Gründen gesetzt, wenn eine Diskrepanz zwischen Sprache und Gestik besteht, so dass sie als Variante eines Beiseite angesehen werden können:

ARABELLA. [...] (*schluchzend.*)
MARWOOD. Du weinst wohl gar? Warum denn?
ARABELLA. Ach nein! ich weine nicht. (II, 5, 292)

---

[142] Reinhardt stellt fest, dass Marwood »das wahre Erkennungszeichen der Empfindsamen [fälscht]«. Hartmut Reinhardt: Märtyrerinnen des Empfindens, S. 367. Lukas spricht von den »echten empfindsamen Tränen des verzeihenden Vaters«, denen die »künstlichen, als Intrige eingesetzten Tränen der rachsüchtigen Geliebten« gegenüberstehen. Wolfgang Lukas: Anthropologie und Theodizee, S. 171.

Mellefont selbst macht auf seine Entwicklung aufmerksam. Parallel dazu, dass er die Fähigkeit zur Verstellung verloren hat, kann er die erste Träne seit seiner Kindheit weinen:

> MELLEFONT. [...] Sieh, da läuft die erste Thräne, die ich seit meiner Kindheit geweinet, die Wange herunter! [...] Ich muß mich fassen. (*indem er sich die Augen abtrocknet.*) Wo ist die alte Standhaftigkeit, mit der ich ein schönes Auge konnte weinen sehen? Wo ist die Gabe der Verstellung hin, durch die ich seyn und sagen konnte, was ich wollte? (I, 5, 272)

Die Tränen, die er hier öffentlich[143] zeigt, machen ihn angreifbar, der Schutzschild fehlt, der ihm sonst durch Verstellung gegeben war.[144] Auch zum einzigen Kuss im Stück soll es aufgrund einer geweinten Träne kommen:

> SARA. O! lassen Sie mich diese Thräne von Ihrer Wange küssen! (III, 5, 311)

In Zukunft wird Mellefont sich nur noch gegenüber Marwood verstellen – darauf weisen die Beiseite in Marwoods Gegenwart hin (vgl. II, 3). Die Träne, die sich später »aus seinem Auge schleicht«, sagt zwar mehr als Worte, »weit mehr, als Ihr [Mellefonts] Mund ausdrücken könnte« (III, 5), das wird von Sara aber wiederum rein sprachlich festgestellt.

Dass Tränen als Zeugnis seines Wandels zum guten, empfindsamen Menschen anzusehen sind,[145] trifft zweifellos zu. Dass allerdings der »nicht-verbale Bereich« als der ›ausdruckskräftigere‹ anzusehen ist, wie Michelsen postuliert, und die sprachlichen Hinweise insofern als »zusätzliche« Verweise verstanden werden, konnte durch die Analyse nicht bestätigt werden. Vielmehr ist der Bereich der Regiebemerkungen hier als Zusatz anzusehen, während die sprachliche Realisierung immer noch Priorität hat. Mattenklott sieht das Weinen als »sprachlose Rede« an, von der »Syntax und Grammatik der alten Ordnung fortgeschwemmt werden«, und weiter:

> Der Tränenstrom der empfindsam Bewegten zerlöst die rhetorisch gerüstete Rede der Etikette, die die klassische Tragödie Frankreichs und deren deutsche Imitationen bestimmt hatte. In diesem Weinen – gedacht als eine Ursprache der Natur – ertrinkt die höfische Dezenz.[146]

---

[143] ›Öffentlich‹ in dem Sinne, dass die Dramensituation es zur Schau stellt, nicht aber dem Publikum zeigt.
[144] Peter Michelsen: Problematik der Empfindungen, S. 211: »Indem Mellefont [...] an beiden Arten von Empfindungen gleicherweise beteiligt, also ›vermischter Empfindungen‹ teilhaftig zu sein scheint, hat er, ganz im Sinne Lessings, als der ›interessanteste‹ Charakter des Stückes zu gelten«. Michelsen bezieht sich hier auf Lessings *Laokoon*, in dem das Interessante als das »Ineinanderfließen« der Wirkungen von »Verdruß und Wohlgefallen« definiert wird.
[145] Vgl. ebd., S. 213.
[146] Gert Mattenklott: Drama – Gottsched bis Lessing. In: Horst Albert Glaser (Hg.): Deutsche Literatur. Eine Sozialgeschichte. Band 4: Zwischen Absolutismus und Aufklärung: Rationalismus, Empfindsamkeit, Sturm und Drang (1740–1786). Reinbek bei Hamburg 1980, S. 277–298, hier S. 289.

Diese Aussage trifft zumindest auf *Miß Sara Sampson* nicht zu, denn weiterhin dominiert die Rhetorik das Weinen. Auch wenn Sara die Tränen als Zeichen philanthropischer Gesinnung in ihren Äußerungen gegenüber Mellefont betont, der selbst den Verlust der »alten Standhaftigkeit« und die »Gabe der Verstellung«, ein »schönes Auge« weinen zu sehen (I, 5), an sich beobachtet, steht hier dennoch das Reden über die Tränen im Vordergrund. Ziolkowskis Fazit – »When Lessing mentions tears, then, the language is prescriptive – not evocative.«[147] – geht in dieselbe Richtung wie Michelsens Ausführungen. Beide sehen die Sprache als sekundär an und verweisen auf das ihrer Ansicht nach Wesentliche: die Mimik. Das ist allerdings ein Befund, der erst auf *Emilia Galotti* zutrifft, nicht aber auf dasjenige Stück, das in der Forschung als Paradebeispiel der natürlichen Schauspielkunst angeführt wird, das aber noch der Deklamation verhaftet ist.[148]

Tränen in *Emilia Galotti*

Eine kurze Gegenprobe anhand des 17 Jahre später entstandenen Stücks soll zeigen, dass es erst jetzt zu einer Verschiebung der Tränen in den rein gestisch-mimischen Bereich kommt. In *Emilia Galotti* wird nicht mehr so exzessiv geweint wie in dem ›Weinerfolg‹ *Miß Sara Sampson*.[149] Wenn aber geweint wird, dann werden Tränen nicht mehr in der Figurenrede, sondern nur noch in den Regiebemerkungen benannt. Hier erst ist man als *Zuschauer*, nicht in erster Linie als *Zuhörer* bzw. Leser gefordert:

> ORSINA. (*heftig*) Nicht gelesen? – (*minder heftig*) Nicht gelesen? – (*wehmüthig, und eine Thräne aus dem Auge wischend*) Nicht einmal gelesen? (IV, 3, 427)

Die Figurenrede Orsinas besteht aus einer zweimaligen Wiederholung fast derselben Worte; Abstufungen verlaufen allein über die Regiebemerkungen. Nuancierungen werden nicht der Figurenrede anvertraut, sondern in den Regiebemerkungen erprobt,[150] die allein den Weg von starken Emotionen und Wut hin zu sanfteren Affekten manifestieren. Festzuhalten ist, dass das Theater von *Lese*gewohnheiten der Zuschauer allererst befreit wird. Die medialen Möglichkeiten des Theaters werden

---

[147] Theodore Ziolkowski: Language and mimetic action, S. 271.
[148] So schon Johann Friedrich Schink: Dramaturgische Fragmente. Band 4. Graz 1782, S. 1095f., der den »zu deklamatorischen Ton« von *Miß Sara Sampson* trotz aller Vorzüge des Stücks kritisch hervorhebt.
[149] Vgl. Wilfried Barner: *Zu viel Thränen*. Barner führt anhand von Rezeptionsdokumenten aus, dass der durch *Miß Sara Sampson* ausgelöste Tränenfluss bei *Emilia Galotti* kaum noch zu verzeichnen war. Zur »neuen ›Kälte‹« bei gleichzeitiger immanenter Kritik an der Tradition der Bewunderungsdramaturgie in *Emilia Galotti* vgl. Albert Meier: Dramaturgie der Bewunderung. Untersuchungen zur politisch-klassizistischen Tragödie des 18. Jahrhunderts. Frankfurt/M. 1993, S. 280–302.
[150] In *Emilia Galotti* werden innerhalb der Regiebemerkungen Nuancierungen bzw. Steigerungen deutlich gemacht, die nicht an eine erneute Sprechersequenz gebunden sind: »ORSINA. (*stolz*) […] (*gelinder, bis zum Tone der Schwermuth*)«; »ORSINA. […] (*nachdenkend bis zur Rührung*) […].« (IV, 3, 426 u. 427).

erst jetzt genutzt, während die *Hör*gewohnheiten des 17. Jahrhunderts gleichzeitig *Lese*gewohnheiten sind.[151]

Während die Forschung schon für *Miß Sara Sampson* eine Veränderung in der Bewertung des Nichtaussprechbaren konstatiert,[152] werden dort Schweigen und Verstummen fast ausschließlich in der Figurenrede beschrieben, so dass selbst das Nicht-Sprechen noch dem Bereich des Sprechens zugeordnet wird und diesbezüglich nie explizite Regiebemerkungen verwendet werden. Statt expliziter Regiebemerkungen wie »*Pause*« oder »*sie schweigt*« steht z.B. implizit:

> SARA. [...] Du verstummst? – Sprich doch! [...] (V, 8, 346)
>
> MELLEFONT. [...] Nun ist sie todt, Sir [...] – Was schweigen Sie noch? (V, 10, 351)

Anders verfährt Lessing auch in diesem Punkt erst in *Emilia Galotti*, so dass man die Verlagerung des Nicht-Sprechens ausschließlich in die expliziten Regiebemerkungen als spätere Entwicklungsstufe ansehen kann, die der oben beschriebenen Verlagerung der Tränen in den Bereich der Regiebemerkungen entspricht:

> ODOARDO. (*der in tiefen Gedanken gestanden*) (V, 5, 446)
>
> ODOARDO GALOTTI. (*Ihm nachsehend; nach einer Pause*) [...] (*Pause*) [...] (*Pause*) [...] (*gegen den Himmel*) (V, 6, 446f.)

Hierarchisierung von Regiebemerkungen und Figurenrede bei Marwood

Kontrovers interpretiert wird vor allem die Figur der Marwood. Während sie von einigen als eindeutig negative Figur eingeschätzt wird,[153] bewerten andere sie durchaus positiv[154] und stellen sie zum Teil mit Sara auf eine Stufe.[155] Dies und die Frage nach ihrer traditionalen Ausrichtung soll hier erneut zur Diskussion gestellt werden.

---

[151] Richard Alewyn legt dar, dass die Dramen im 17. Jahrhundert als Lesedramen konzipiert sind. Am Beispiel von Opitz' *Antigone* führt er aus, »wie ausschließlich literarisch und als Lesedramatik diese Gattung gedacht war.« Richard Alewyn: Vorbarocker Klassizismus und griechische Tragödie. Analyse der *Antigone*-Uebersetzung des Martin Opitz. Heidelberg 1926, S. 6. Anschließbar ist hier Lessings Stück *Miß Sara Sampson*, das trotz zahlreicher Regiebemerkungen diese Tradition fortschreibt, in der die Wahrnehmung weiterhin über das geschriebene bzw. gesprochene Wort verläuft, nicht über Gestik und Körpersprache. Negative Beurteilungen der Dialogführung in *Miß Sara Sampson* können ebenfalls mit einer in diesem Stück (noch) nicht verwirklichten Dramenform zusammenhängen. So stößt sich Schröder an den »weitschweifigen Erzählpassagen, die den Dialog der Sara immer wieder paralysieren. Hier ist es Lessing noch nicht gelungen, den Buchstaben in den Laut, die schriftliche Sprache in eine gesprochene Sprache zu verwandeln.« Jürgen Schröder: Gotthold Ephraim Lessing. Sprache und Drama. München 1972, S. 181.

[152] Vgl. etwa Peter Michelsen: Problematik der Empfindungen, S. 191.

[153] Vgl. Ursula Friess: Buhlerin und Zauberin. München 1970. Friess spricht von Marwoods »mönströser Widernatürlichkeit«, S. 50, und ihrem »dunklen, gleichsam ›mordenden‹ Wesenszug«, S. 51.

[154] Vgl. Manfred Durzak: Äußere und innere Handlung in *Miß Sara Sampson*. In: Deutsche Vierteljahrsschrift für Literaturwissenschaft und Geistesgeschichte 44 (1970), S. 47–63.

[155] Für Jutta Golawski-Braungart: Lessing und Riccoboni, S. 197, sind sie beide Opfer Mellefonts.

Für Pikulik wurzelt Marwood in der heroischen Tragödie; Barner weist Elemente des »Senecanischen Tragödienstils« an der Marwood-Hannah-Sequenz nach und meint, dass diese »für das ganze Stück als Konstituenten der Marwood-Rolle« nachzuweisen seien:

> [...] das rasche An- und Abschwellen der Pathoskurven; die Thematisierung von Gestik und Mienenspiel; das Benennen und bewußte Vorausplanen der eigenen Affekte; die kommatische (oft abrupt mit ausgefeilten Perioden abwechselnde) Sprache.[156]

Für den vorliegenden Zusammenhang ist wichtig, dass die Dominanz von Gestik und Mimik in der Figurenrede also gerade nicht mit der Empfindsamkeit und der »natürlichen Schauspielkunst« in Verbindung gebracht werden muss, sondern als Zitat aus der heroischen Tragödie erklärt werden kann.[157] Barner erkennt hierin keine modernen dramentechnischen Verfahrensweisen wie etwa Michelsen, sondern erklärt sie durch Rückbindung an die Tradition, den Tragödienstil Senecas.

Während Barner präzisiert, dass Marwood nicht auf ein archetypisches Medea-Modell zu beziehen sei, sondern die Medea-Rolle spiele – »Diese Marwood hat offenbar die Medea gelesen«[158] –, führt Golawski-Braungart Marwood aufgrund ihrer Verstellungskünste als Prototyp des riccobonischen Schauspielers vor, der die Empfindungen, die er darstellen soll, gerade nicht selbst empfinden muss, wobei die analytische, reflektierende Haltung des Schauspielers diesen eine starke Anstrengung koste. Dass die Verstellung Marwoods, die in der verdoppelten Schauspielerrolle im Unterschied zum Schauspieler nicht nur Affekte darstellen muss, die sie nicht empfindet, sondern auch die eigenen starken Affekte verbergen muss, ist kategorial etwas anderes. Marwood ist nicht die »perfekte Schauspielerin«[159] im Sinne Riccobonis, die Golawski-Braungart in ihr sieht, die »selbstreferentiell zeigt, was eine wirkliche Schauspielerin ausmacht«. Vielmehr ist sie in erster Linie eine »Heuchlerin«, eine sich Verstellende. Gerade da bei Marwood die Verstellung, die Mellefont abgelegt hat, der eigentliche Charakterzug ist und sie sich ständig bewusst ist, eine Rolle zu spielen – »MARWOOD. Mellefont, ich spiele meine Rollen nicht gern halb [...]« (IV, 4, 324) –, wird der Leser/Zuschauer vor allem durch die Gespräche mit Hannah über ihre wahren Pläne und Vorgehensweisen aufgeklärt, so auch in der viel zitierten Szene II, 2, die dem Wiedersehen mit Mellefont vorausgeht. Offen redet sie hier bezeichnenderweise erst, nachdem der Bediente den Raum verlassen hat und sie mit ihrer Vertrauten allein ist:

---

[156] Wilfried Barner: Produktive Rezeption. Lessing und die Tragödien Senecas. München 1973, S. 38f.
[157] Barner weist darauf hin, dass es sich um »kein völlig unvermitteltes heroisches Relikt« handelt, da das Verhaltensmodell der Marwood »auf psychologische Verstehbarkeit hin« angelegt ist; Wilfried Barner: Produktive Rezeption, S. 50.
[158] Ebd., S. 42. Woesler stellt weitere Übereinstimmungen bei Lessing und Seneca heraus, etwa zwischen Sara und Creusa, die bei Seneca jedoch nicht auf der Bühne erscheine; vgl. Winfried Woesler: Lessings *Miss Sara Sampson* und Senecas *Medea*. In: Lessing Yearbook 10 (1978), S. 75–93, hier S. 79.
[159] Jutta Golawski-Braungart: Lessing und Riccoboni, S. 190.

MARWOOD. [...] (*der Bediente geht ab.*) Ach Hannah, nun ist er da! Wie soll ich ihn empfangen? Was soll ich sagen? Welche Miene soll ich annehmen? Ist diese ruhig genug? Sieh doch!
HANNAH. Nichts weniger als ruhig.
MARWOOD. Aber diese?
HANNAH. Geben Sie ihr noch mehr Anmuth.
MARWOOD. Etwa so?
HANNAH. Zu traurig!
MARWOOD. Sollte mir dieses Lächeln lassen?
HANNAH. Vollkommen! Aber nur freyer – Er kömmt. (II, 2, 283)

Zunächst bietet die Szene, in der Marwood verschiedene Mienen für den Empfang Mellefonts erprobt, die Möglichkeit, weitere Beiseite – sie sind ihrer Figur bei weitem am häufigsten zugeordnet – zu umgehen. Denn die ganze Sequenz hätte auch monologisch oder versteckt stattfinden können, allerdings auf Kosten der Anschaulichkeit. Bei Regiebemerkungen der folgenden Szene, etwa »*vertraulich*« und »*lächelnd*«, ist dies außerdem immer mitzudenken, da dort vorgespielte Gefühle benannt werden, ohne dass noch einmal auf den Aspekt der Verstellung hingewiesen werden muss. So wurde das Lächeln als letzte erprobte ›Maske‹ im Hannah-Marwood-Gespräch ausdrücklich genannt. Auch Marwoods Tränen werden im Gespräch weder in der Figurenrede noch durch Regiebemerkungen als gespielte Tränen kenntlich gemacht, so dass sie von der Forschung auch als echte Tränen aufgefasst werden können. Als Folie muss man allerdings das Gespräch Hannah-Marwood im Kopf haben, das der gesamten Folgeszene II, 3 den Stempel ›Verstellung‹ aufdrückt.[160] Somit erübrigt sich die zusätzliche Angabe, dass es sich jeweils um vorgespielte Gefühle handelt. Die sonst häufigen Beiseite in Marwoods Reden sind hier deshalb überflüssig; sie begleiten in dieser Szene stattdessen zweimal Äußerungen Mellefonts.

Wenn man die Verstellung als dominierende Grundform anerkennt, können Ansichten Durzaks und Golawski-Braungarts korrigiert werden. Durzak macht für die moralische Verwerflichkeit Marwoods die Einengung auf die Perspektive Mellefonts verantwortlich. Diese Perspektive übernehme auch Sara als »anscheinend wahres Bild der Marwood«.[161] Dagegen spricht, dass Marwood »objektiv ›lasterhaft‹ geartet« ist,[162] ein Charakterzug, der durch die Kommentare Nortons und – wie eben

---

[160] In *Emilia Galotti* hingegen wird an einigen Stellen nur über die Regiebemerkungen geklärt, dass es sich bei bestimmten Gesten und Affekten um eine Verstellung handelt. Es verwundert kaum, dass diese Regiebemerkungen sich immer auf den Intriganten Marinelli beziehen: »MARINELLI (*der plötzlich herzu tritt, als ob er eben herein käme*)«, III, 4, 415; »MARINELLI. [...] (*Mit einer angenommenen Hitze*)«, IV, 1, 423. Diese Art von Regiebemerkungen findet man in *Miß Sara Sampson* nicht. Während die Darstellung der Verstellung schwer als solche sichtbar zu machen ist, ist ein Beiseite oder ein Gespräch mit der Confidente einfach zu realisieren und bringt sofort Klarheit über die tatsächlichen Absichten.
[161] Manfred Durzak: Äußere und innere Handlung, S. 53f.
[162] Vgl. Peter Michelsen: Problematik der Empfindungen, S. 202, Anm. 102. Schon Friess weist auf die »doppelte Interpretationsmöglichkeit« der Marwood hin, kommt aber zu dem Schluss: »Und doch hat sie, gegenüber der ›Tugend‹, das ›Laster‹ darzustellen.« Ursula Friess: Buhlerin und Zauberin, S. 37.

gezeigt – die Szene II, 2 sowie die herzlose Behandlung des eigenen Kindes fassbar wird. Problematisch ist die Einschätzung der Marwood-Figur also nur dann, wenn man die Signale der Verstellung übersieht. So wird ihre Großzügigkeit gegenüber Mellefont (II, 3), dem sie die erhaltenen Geschenke zurückgeben will – Golawski-Braungart führt sie zur Verteidigung Marwoods ins Feld –, im Stück eindeutig als Strategie aufgelöst, wenn Marwood Hannah gegenüber im Anschluss triumphierend erklärt:

> HANNAH. […] nichts, glaube ich, rührte ihn mehr, als die Uneigennützigkeit, mit welcher Sie sich erboten, alle von ihm erhaltenen Geschenke zurück zu geben.
> MARWOOD. Ich glaube es auch. Ha! ha! (*verächtlich.*)
> HANNAH. Warum lachen Sie, Madam? Wenn es nicht Ihr Ernst war, so wagten Sie in der That sehr viel. Gesetzt, er hätte Sie bey Ihrem Worte gefaßt?
> MARWOOD. O geh! man muß wissen, wen man vor sich hat. (II, 5, 292)

Nur hier lacht Marwood laut heraus – »Ha! ha!« –, wobei das Lachen durch die explizite Regiebemerkung »*verächtlich*« deutlich negativ konnotiert ist.[163] Da sie sich lediglich gegenüber ihrer Confidente nie verstellen muss, sind die Regiebemerkungen in Zwiegesprächen mit Hannah immer als verlässliche Regiebemerkungen anzusehen, so dass man Marwood ausschließlich nach diesen Szenen beurteilen kann – das »*verächtlich*« im Gegensatz zum vorher zitierten »*vertraulich*« also ernst zu nehmen ist. Erst wenn ihre Verstellung nicht den gewünschten Erfolg hat, überwiegen Zorn und Wut.

Miß Sara Sampson – ein Stück für die Bühne?

Im Zusammenhang mit der Marwood-Figur wird in der Forschung stets auf den Vorwurf der »indeklamabeln Stellen« hingewiesen,[164] den Mendelssohn in Bezug auf *Miß Sara Sampson* vorbringt – meist in dem Sinne, dass man aus Lessings Antwort herausliest, wie sehr er beim Verfassen seines Stücks an den Schauspieler gedacht und für diesen gearbeitet habe:

> Wenn ich von einer Schauspielerin hier nichts mehr verlangte, als daß sie mit der Stimme so lange stiege, als es möglich, so würde ich vielleicht mit den Worten: *verstellen, verzerren und verschwinden,* schon aufgehört haben. Aber da ich in ihrem Gesichte gern gewisse feine Züge der Wut erwecken möchte, die in ihrem freien Willen nicht stehen, so gehe ich weiter, und suche ihre Einbildungskraft durch mehr sinnliche Bilder zu erhitzen, als freilich zu dem bloßen Ausdrucke meiner Gedanken nicht nötig wären. Sie sehen, wenn diese Stelle tadelhaft ist, daß sie es vielmehr dadurch geworden, weil ich zu viel, als weil ich zu wenig für die Schauspieler gearbeitet.[165]

---

[163] Schon in Luise Gottscheds *Herr Witzling* war markiertes Lachen negativ konnotiert (vgl. Kap. 2.1).
[164] So Jürgen Schröder: G. E. Lessing, S. 181f.; Jutta Golawski-Braungart: Lessing und Ricco-boni, S. 203; Wilfried Barner: Produktive Rezeption, S. 48f.; Günther Heeg: Phantasma, S. 284.
[165] Brief Lessings an Moses Mendelssohn vom 18.8.1757. In: Lessing: Briefe 1743–1770, S. 250.

Die Antwort Lessings erhellt hier das Verhältnis von Sprache und Spiel des Schauspielers. Die Ausgangsfrage ist allerdings nicht die nach der Spielbarkeit, sondern nach der Möglichkeit, den Text vorzutragen, zu deklamieren. Dass Lessing in seiner Antwort genau das Gegenteil belegt, nämlich dass er »eher zu viel« für die Schauspieler gearbeitet habe als zu wenig, kann man dem Stück deshalb noch lange nicht entnehmen. Er behauptet, die unmittelbare Gestik, also Reaktionen des Schauspielers, die dieser nicht durch bewusstes Spiel hervorbringen kann, durch »mehr sinnliche Bilder« zu erhitzen. Der Dichter möchte also durch die Sprache die Aktion des Schauspielers unterstützen, allerdings nicht, indem er mit expliziten oder impliziten Regiebemerkungen arbeitet – da es sich nicht um willkürliche Gebärden handelt, wäre das auch nicht möglich. So ist die Marwood-Mellefont-Stelle – »Sieh in mir eine neue Medea!« – das erste Exempel, das Lessing zu seiner Verteidigung anführt. Seine diesbezügliche Erläuterung aber »entspricht bis in die Einzelheiten des theoretischen Vokabulars dem Senecanischen Vorbild«.[166]

Von einer »fast masochistischen Unterwerfung des Textes unter die verkörpernde Darstellung in der ›Sara‹«[167] zu sprechen, wie Heeg dies tut, ist kaum angemessen. Lessing argumentiert bei den indeklamablen Stellen anders: Zwar soll der Text beim Schauspieler ein bestimmtes Spiel hervorrufen, das heißt aber nicht, dass der Text selbst dadurch an Wert verliert. Gerade für das Trauerspiel betont Lessing, dass immer noch mehr Leute »Trauerspiele lesen, als vorstellen sehen«[168] und: »Das Trauerspiel muß auch ohne Vorstellung und Akteurs seine völlige Stärke behalten; und diese bei dem Leser zu äußern, braucht sie nicht mehr Illusion als jede andre Geschichte.«[169]

Bei den indeklamablen Stellen verteidigt sich Lessing, indem er ausführt, er habe für die Schauspieler gearbeitet. Da etwa die Darstellerin der Marwood an der entsprechenden Stelle nicht willentlich die richtige Mimik zeigen könne, möchte er bei Marwood »gewisse feine Züge der Wut erwecken [...], die in ihrem freien Willen

---

[166] Wilfried Barner: Produktive Rezeption, S. 48f. Außerdem gibt Lessing selbst eine Einschränkung. Am Beginn seiner Stellungnahme zur Kritik an den indeklamablen Stellen nennt er Szenen, in denen die schauspielerische Umsetzung gerade nicht gefordert ist: »Der Grundsatz ist richtig: der dramatische Dichter muß dem Schauspieler Gelegenheit geben, seine Kunst zu zeigen. Allein das philosophische Erhabne ist, meines Erachtens, am wenigsten dazu geschickt; denn eben so wenig Aufwand, als der Dichter, es auszudrücken, an Worten gemacht hat, muß der Schauspieler, es vorzustellen, an Geberden und Tönen machen. Wer das ›qu'il mourut‹ am gleichgültigsten, am meisten ohne Kunst ausspricht, hat es am besten ausgesprochen.« Brief Lessings an Mendelssohn vom 14. 9. 1757. In: Lessing: Briefe 1743–1770, S. 249.

[167] Günther Heeg: Phantasma, S. 286.

[168] Brief Lessings an Moses Mendelssohn vom 18. 8. 1757. In: Lessing: Briefe 1743–1770, S. 239. Lessing reagiert hier auf einen Vorwurf Mendelssohns: »Mit Ihrer nähern Bestimmung der indeklamabeln Stellen in meiner *Sara*, bin ich sehr wohl zufrieden. Aber wenn es die philosophischen sind, so sehe ich schon voraus, daß ich sie nicht ausstreichen werde, und wenn Sie mir es auch mathematisch bewiesen, daß sie nicht da sein sollten; wenigstens so lange nicht, als noch immer mehr Leute Trauerspiele lesen, als vorstellen sehen.«

[169] Brief Lessings an Mendelssohn vom 18. 12. 1756. In: Lessing: Briefe 1743–1770, S. 154.

nicht stehen«.[170] Er hält in diesen Fällen also – ohne dass dies sein ausdrückliches Anliegen wäre – weder explizite noch implizite Regiebemerkungen für brauchbar, da die Züge der Wut gerade nicht durch eine einfache Regiebemerkung wie »wütend« entstehen können. Außerdem wurde bisher übersehen, dass Lessing die schauspielerischen Fähigkeiten und den körperlichen Ausdruck in beiden Fällen, die er im Zusammenhang mit dem Vorwurf der indeklamablen Stellen heranzieht, auf die Mimik beschränkt. Sowohl bei Marwood als auch bei Mellefont spricht er von den Zügen, die er »in ihrem Gesicht« erwecken bzw. entstehen lassen möchte. Das Neue und Natürliche, das mit diesen Stellen in Zusammenhang gebracht wird, bleibt hier noch auf den Bereich beschränkt, der schon bei der Deklamation im Vordergrund stand: das Gesicht. Von »schauspielerische[r] Aktion«[171] kann man insofern nur begrenzt sprechen.

Weder wird der ›ganze Mensch‹ im Sinne des ganzen Schauspielers berücksichtigt, noch werden für die indeklamablen Stellen typisch empfindsame Szenen genannt; Lessing bezieht sich ausschließlich auf die beiden Figuren, die mit der heroischen Tragödie in Zusammenhang gebracht werden können, Marwood und Mellefont. Hier wird auch nie das Zusammenspiel der Schauspieler berücksichtigt, sondern – anders als bei Gellert und Diderot – immer einzelne Schauspieler und ihre Art des Vortrags. Insofern wäre es ausreichend, wenn eine Schauspielerin allein von den Regiebemerkungen abwiche, indem sie das ›Natürliche‹ hinzufügte, so auch im Fall von Saras Sterben – einer weiteren Szene, bei der häufig mit einer Selbstaussage Lessings im Sinne der ›natürlichen‹ Schauspielkunst argumentiert wird.

Im Unterschied zu Gellerts Zärtlichen Schwestern und zu Diderots Stücken wie auch zu Lessings Nathan der Weise, in dem »Unter stummer Wiederholung allerseitiger Umarmungen« im harmonisierenden Schlusstableau der Vorhang fällt, bewegen sich die dramatis personae in Miß Sara Sampson kaum aufeinander zu[172] oder berühren sich. Die Regiebemerkungen beziehen sich auf einzelne Figuren, so als würde jeder – wie in der klassischen Tragödie – für sich allein agieren. Ein Zusammenspiel mehrerer Figuren ist selbst in der Sterbeszene kaum zu verzeichnen; allein von Blicken ist die Rede.

---

[170] Brief Lessings an Mendelssohn vom 14.9.1757. In: Lessing: Briefe 1743–1770, S. 250.
[171] Günther Heeg: Phantasma, S. 286.
[172] In *Minna von Barnhelm* hingegen sind Berührungen häufig in den Regiebemerkungen verzeichnet: »TELLHEIM. (*tritt herein, und indem er sie erblickt, flieht er auf sie zu*) Ah! meine Minna – DAS FRÄULEIN. (*ihm entgegen fliehend*) Ah! mein Tellheim! –«. Vgl. Lessing: Minna von Barnhelm. In: Ders.: Sämtliche Schriften. Hg. von Karl Lachmann. Dritte, aufs neue durchgesehene Auflage besorgt durch Franz Muncker. Band 2, S. 202. ›Fliehen‹ mag aus heutiger Sicht in diesem Kontext ungewöhnlich erscheinen, ist im Sprachgebrauch des 18. Jahrhunderts aber in dieser Form üblich und lexikalisiert im Sinne von ›zu etwas Zuflucht nehmen‹, vgl. auch Jacob und Wilhelm Grimm: Deutsches Wörterbuch. Band 3, Spalte 1791 mit Beispielen wie »zu gott fliehen«; »Ulysz, hier siehst du uns zur tiefsten demuth fliehn.« (J.E. Schlegel).

Das Sterben Saras: Diskrepanz zwischen Regiebemerkungen und Schauspieleraktionen

Neben den bisher angesprochenen Aspekten wird vor allem das Sterben im fünften Akt von *Miß Sara Sampson* kontrovers diskutiert. Für die einen verleiht Lessing »seiner Heldin in der letzten Phase seines Dramas offenkundig stoische Züge«[173] und Sara erlebt in den Augen Sir Williams »eine Märtyrerapotheose«; für andere ist ihre »rührende« Zuversicht und Gefasstheit von der Unempfindlichkeit eines stoischen Helden deutlich unterschieden.[174] Saras Sterbeszene, die sich über den gesamten letzten Akt hinzieht, enthält außer der immer wieder zitierten Regiebemerkung, die dem ganzen Akt vorangestellt ist und ihn sozusagen als fortdauernde Regiebemerkung (vgl. Kap. 1) überspannt – »*Sara, schwach in einem Lehnstuhle*« – kaum explizite Regiebemerkungen. Die wenigen Regiebemerkungen sind eher dem konventionell-höfischen Bereich zuzuordnen, etwa die Unterwerfungsgeste des Sich-Niederknieens und des Niederfallens, die Sara schon zuvor zugeschrieben wurde:

> SARA. [...] (*indem sie nieder fällt.*) [...]
> MARWOOD. (*die einige Schritte stolz zurück tritt und die Sara liegen läßt.*) [...]
> SARA. (*die voller Erschrecken aufspringt, und sich zitternd zurückzieht.*) [...] (IV, 8, 336)

Das Sich-Erniedrigen, das hier der vermeintlichen Lady Solmes gilt, wiederholt sie in der Sterbeszene ihrem Vater gegenüber:

> SARA. [...] (*Sie will aufstehen, und fällt aus Schwachheit in den Lehnstuhl zurück.*) [...] (*indem sie es nochmals versuchen will, vor ihm niederzufallen.*) (V, 9, 346f.)

Explizite Regiebemerkungen finden sich außerdem, wenn ein Requisit ins Spiel kommt, so Marwoods Papier mit ihrem Bekenntnis des Giftanschlags. Das Sterben selbst wird also weniger dargestellt als beredet, und zwar bis zum Ende in ausgefeilten Sätzen:

> SARA. [...] Empfindungen, Mellefont, nie gefühlte Empfindungen wenden meine Augen in eine andre Aussicht! Eine dunkle Aussicht in ehrfurchtsvolle Schatten! – Wie wird mir? – (*indem sie die Hand vors Gesicht hält.*)
> MELLEFONT. [...] Warum verbirgt mir diese neidische Hand (*indem er sie wegnimmt.*) so holde Blicke? (V, 4, 342)
>
> SARA. [...] Diese Hand hängt wie todt an der betäubten Seite. – Wenn der ganze Körper so leicht dahin stirbt, wie diese Glieder. (V, 7, 345)

Selbst der letzte Augenblick wird nicht in einer Regiebemerkung, sondern durch Sara selbst kommentiert:

> SARA. [...] Mein Auge bricht – Dies war der letzte Seufzer! [...] Der Augenblick ist da! [...] (V, 10, 350)

Ein kurzer Vergleich mit *Emilia Galotti* zeigt, dass bei Lessing später ganz anders ›gestorben wird‹. Zunächst sollte man hier nicht die beiden Titel- und Frauenfigu-

---

[173] Lothar Pikulik: »Bürgerliches Trauerspiel«, S. 167.
[174] Vgl. Karl Eibl: Zur Analyse, S. 160.

ren miteinander vergleichen – auch wenn das naheliegen scheint. Denn von den Regiebemerkungen und der Art des Sterbens her bietet sich eine Gegenüberstellung von Emilia und Mellefont an. Beide geben sich – mehr oder weniger – aktiv den Tod, bei beiden handelt es sich um einen kurzen heftigen Tod, nicht um ein langsames, lang hingezogenes und kaum merkliches Sterben wie bei Sara. Dass Emilia sich den Tod letztlich nicht selbst zufügt, sondern ihren Vater dazu überredet, hängt mit der historischen Vorlage der Virginia[175] zusammen und kann als delegierter Selbstmord interpretiert werden. Ähnlichkeiten ergeben sich nicht nur in der Heftigkeit, sondern auch im Requisit, das für diesen Tod gewählt wird: dem Dolch.[176]

> MELLEFONT. [...] (*er ersticht sich, und fällt an dem Stuhle der Sara nieder.*) [...]
> MELLEFONT. (*sterbend.*) [...] (V, 10, 351)

Mehr über den Tod erfährt man durch die Figurenrede, in der nicht nur Sir William das Sterben noch einmal ausdrücklich benennt – »Er stirbt!« –, sondern auch Mellefont selbst noch zu klar formulierten Kommentaren fähig ist, die – ähnlich wie bei Emilia – eine Überantwortung in die Gerichtsbarkeit Gottes formulieren:

> MELLEFONT. (*sterbend*) Ich fühl' es – daß ich nicht fehl gestoßen habe! [...] Was für fremde Empfindungen ergreifen mich! – Gnade! o Schöpfer, Gnade! – (V, 10, 351)

Zwar ist auch Emilia nach dem Dolchstoß noch imstande, komplette Sätze zu äußern (»Eine Rose gebrochen, ehe der Sturm sie entblättert. – Lassen Sie mich sie küssen, diese väterliche Hand«; V, 8), später aber, im Moment des Todes, wird das Stockende der Rede durch Aposiopesen bzw. Satzbruchstücke nachgeformt, die sich in *Miß Sara Sampson* so nicht finden:

> EMILIA. Nicht Sie, mein Vater – Ich selbst – ich selbst –
> [...]
> EMILIA. Ah – mein Vater – (*sie stirbt, und er legt sie sanft auf den Boden.*) [...] (V, 8, 450)

Diejenige Textstelle, die in Zusammenhang mit *Miß Sara Sampson* meist als Beleg für die »natürliche Schauspielkunst in nuce«[177] – so Košenina – herangezogen wird,

---

[175] Zur Überlieferung des Virginia-Stoffes und zu Lessings Auseinandersetzung mit dem Virginia-Stoff vgl. Gesa Dane: Gotthold Ephraim Lessing. Emilia Galotti. Erläuterungen und Dokumente. Stuttgart 2002, S. 26–53.
[176] Der Dolch scheint – nach und mit Freud – als Symbol des Phallus zu einer sexuellen Deutung herauszufordern. Nach Fischer-Lichte handelt es sich um eine externe Umkodierung, wenn der Dolch »auf eine entsprechende psychoanalytische Strukturkette bezogen« und als Phallus-Symbol gedeutet wird (Erika Fischer-Lichte: Semiotik des Theaters. Band 3, S. 105). In Lessings Dramen aber wird die Waffe nicht nur einem Mann, sondern stereotyp der ›männlichen‹ Art des Sterbens zugeordnet, im Unterschied zum Gift, das weibliche Morde und Selbstmorde verursacht. Orsina, die dem Vater den Dolch übergibt, dabei aber den Mord am Prinzen im Sinn hat, weist auf den Geschlechtsunterschied hin: »ORSINA. Ha, ich verstehe! – Damit kann ich aushelfen! – Ich hab' einen mitgebracht. (*einen Dolch hervorziehend.*) Da nehmen Sie! Nehmen Sie geschwind, eh uns jemand sieht! – Auch hätte ich noch etwas, – Gift. Aber Gift ist nur für uns Weiber; nicht für Männer. – Nehmen Sie ihn! (*ihm den Dolch aufdringend.*) Nehmen Sie!« (IV, 7, 436).
[177] Alexander Košenina: Anthropologie und Schauspielkunst, S. 120.

ist eher aussagekräftig für das Spiel einer bestimmten Schauspielerin, Sophie Hensel, als hinsichtlich des Dramentextes:

> Madame Henseln starb ungemein anständig; in der malerischsten Stellung;[178] und besonders hat mich ein Zug außerordentlich überrascht. Es ist eine Bemerkung an Sterbenden, daß sie mit den Fingern an ihren Kleidern oder Betten zu rupfen anfangen. Diese Bemerkung machte sie sich auf die glücklichste Art zu Nutze; in dem Augenblicke, da die Seele von ihr wich, äußerte sich auf einmal, aber nur in den Fingern des erstarrten Armes, ein gelinder Spasmus; sie kniff den Rock, der um ein weniges erhoben ward und gleich wieder sank [...].[179]

Oft werden von hier aus Verbindungen zum Postulat des natürlichen Schauspiels gezogen, wobei zu bedenken ist, dass der Text allein solche Schlüsse nicht nahe legt. Košenina führt das Spiel Sophie Hensels auf medizinisch-anthropologische Erkenntnisse des 18. Jahrhunderts und die konzeptionelle Entwicklung der Schauspielkunst zurück. Während sich Ziolkowski, Košenina und Golawski-Braungart auf Sophie Hensels Schauspiel berufen,[180] deren Bühnenrealisierung durch Lessings eigene Bemerkungen verbürgt ist, werden andere Aufführungen kaum als Beleg herangezogen.[181] Diese könnten ebenso gut zum Dramentext in Beziehung gesetzt werden, allerdings nicht zum natürlichen Spiel, das dem Stück paradigmatisch zugeschrieben wird, sondern als Belege einer konventionellen Schauspielkunst. Wenn diese Rezeptionsdokumente überhaupt zitiert werden, dann um ihnen ihre Art des Schauspiels zum Vorwurf zu machen; so meint etwa Ziolkowski: »[...] the Leipzig performance by Koch's ensemble was hampered by its conventional form of acting.«[182]

Genauso gut könnte man aber – vom Dramentext her – die Gewichtung der unterschiedlichen Inszenierungen von *Miß Sara Sampson* umkehren. So wäre außer-

---

[178] Mehrmals betont Lessing das ›Malerische‹ an den Gebärden der Schauspieler, so wenn er Ekhofs malende Gebärden beschreibt (vgl. Hamburgische Dramaturgie, 17. u. 20. Stück). Mit Bezug auf die »Chironomie der Alten« und auf Hogarth stellt er außerdem fest: »Jede Bewegung, welche die Hand bei moralischen Stellen macht, muß bedeutend sein. Oft kann man bis in das Malerische damit gehen [...].« Lessing. Hamburgische Dramaturgie. 4. Stück, S. 203. Was darunter zu verstehen ist, wird nicht gesagt. Die angeführten Beispiele aber zeigen, daß die malerischen Gesten als Ausdruck besonderen schauspielerischen Könnens gedeutet und positiv gewertet werden, da sie die Figurenrede vertiefend begleiten. Zur malerischen Gebärde im Melodrama vgl. Günther Heeg: Phantasma, S. 358–378.
[179] Gotthold Ephraim Lessing: Hamburgische Dramaturgie. 13. Stück, S. 250.
[180] Peter von Matt hingegen beruft sich auf den Dramentext, wenn er Lessings Sara vorwirft, sie vergesse »über ihrem edelmütigen Perorieren fast das Sterben«. Von Matt weiter: »Der langatmige, übervernünftige, penetrant pädagogische Diskurs [...] als Hauptelement der Todesszene ist charakteristisch für die Grenzen, die dem Trauerspiel der Aufklärung generell gesetzt sind. Es darf nur einen Diskurs geben, die kontrollierte, klar gesetzte Sprache der Vernunft.« Peter von Matt: »The tongues of dying men . . .« Zur Dramaturgie der Todesszene. In: Ders.: Das Schicksal der Phantasie. Studien zur deutschen Literatur. München, Wien 1994, S. 11–24, hier S. 21.
[181] Vgl. Kindermann, der auf unterschiedliche Aufführungen von *Miß Sara Sampson* hinweist. Heinz Kindermann: Theatergeschichte der Goethezeit. Wien 1948, S. 101.
[182] Theodore Ziolkowski: Language and mimetic action, S. 262.

dem zu erklären, dass Lessing der Darstellung durch Sophie Hensel keineswegs ablehnend gegenübersteht, vielmehr zustimmend – allerdings »überrascht«, wie er selbst schreibt. Denn gerade das ›Natürliche‹ ihrer Darstellung, das Zucken der Hand in Art einer Sterbenden – kaum eine der Arbeiten lässt es sich nehmen, in Bezug auf *Miß Sara Sampson* diese Stelle zu zitieren –, ist nicht etwa durch Regiebemerkungen in das Drama eingeschrieben. Insofern muss man zwischen verschiedenen Instanzen unterscheiden, um zu einem klaren Ergebnis zu gelangen: Lessing steht seinem Stück hier nicht als Verfasser des Dramentextes, sondern als Theaterkritiker nach dem Besuch einer Aufführung gegenüber. Es verwundert daher kaum, dass alle auf Madame Hensel zurückgreifen, nicht auf die ›eingeschriebene Inszenierung‹,[183] das heißt auf die Art, wie die Aufführung vom Stück selbst vorgeschrieben bzw. suggeriert wird. Denn modern ist nicht das Stück, sondern erst die Verkörperung durch diese Schauspielerin.

Gerade diejenige Schauspielerin, die Literatur- und Theaterwissenschaftlern durch die Rolle der Sara im Gedächtnis bleiben wird, beschreibt Lessing auch in der *Hamburgischen Dramaturgie* auf eindringliche und euphorische Weise:

> Die Rolle der Clorinde ward von Madame Henseln gespielt, die ohnstreitig eine von den besten Aktricen ist, welche das deutsche Theater jemals gehabt hat. Ihr besonderer Vorzug ist eine sehr richtige Deklamation; ein falscher Accent wird ihr schwerlich entwischen; sie weiß den verworrensten, holprichsten, dunkelsten Vers, mit einer Leichtigkeit, mit einer Präcision zu sagen, daß er durch ihre Stimme die deutlichste Erklärung, den vollständigsten Commentar erhält. […] wie unerwartet, wie überraschend brach sie auf einmal ab, und veränderte auf einmal Stimme und Blick, und die ganze Haltung des Körpers, da es nun darauf ankam, die dürren Worte ihres Bekenntnisses zu sprechen. Die Augen zur Erde geschlagen, nach einem langsamen Seufzer, in dem furchtsamen gezogenen Tone der Verwirrung, kam endlich ›Ich liebe dich, Olint, –‹ heraus, und mit einer Wahrheit![184]

Festzuhalten ist, dass das, was Lessing hier an der Darstellerin der Clorinde positiv hervorhebt – Stimme, Körperhaltung und Blick –, weder durch die Figurenrede noch durch Regiebemerkungen vorgegeben wird. Lessing weist auch in diesem Fall selbst darauf hin, wie »unerwartet«, wie »überraschend« die Realisierung durch Sophie Hensel war. Insofern arbeitet hier nicht der Dichter für den Schauspieler,[185] vielmehr nutzt der Schauspieler Freiräume und fügt durch Stimmführung, Gestik und Mimik Aspekte hinzu, von denen »sich der Dichter, bei dem alles in dem nemlichen Flusse von Worten daher rauscht, nicht das geringste Verdienst beimessen kann«, so Lessing abschließend zur Figur der Clorinde.[186]

Gute Schauspieler – wohl nicht zufällig in beiden Fällen Sophie Hensel – erhalten hier gerade keine Vorschriften durch den Dichter bzw. den Kritiker – in diesem Fall

---

[183] Horst Turk: Soziale und theatralische Konventionen, S. 10f.; vgl. Kap. 1.
[184] Gotthold Ephraim Lessing: Hamburgische Dramaturgie. 4. Stück, S. 205f.
[185] So Günther Heeg: Phantasma, S. 283.
[186] Gotthold Ephraim Lessing: Hamburgische Dramaturgie. 5. Stück, S. 207.

besteht eine Art Personalunion –, sondern können »ebenbürtige Partner«[187] sein. Es mag verblüffen, aber gerade dort, wo keine Regiebemerkungen vorgegeben sind, kann der Schauspieler diese Funktion übernehmen. Dass das spätere ›natürliche Spiel‹ von Sophie Hensel möglich ist und nicht einmal zu Entrüstung geführt hat, vielmehr in das Stück eingepasst werden konnte, zeigt umgekehrt, dass der Bereich der Regiebemerkungen die Schauspieleraktionen nicht erschöpfend beschreibt, sondern Spielräume bereithält. Weder präzise Vorschriften durch Regiebemerkungen noch ein festes Regelkorsett etwa in Form eines Handbuchs, das jede Bewegung vorschreibt,[188] legen hier das Spiel von vornherein fest; stattdessen gibt es Freiräume für Innovationen. Diese lobt Lessing selbst – zumindest in seiner Funktion als Kritiker und bei einer guten Schauspielerin,[189] ohne dass man annehmen darf, er habe sie bewusst als Spielräume kalkuliert. Die natürliche, fast naturalistisch anmutende Darstellung des Sterbens ist nicht dem Stück, sondern einer Schauspielerin zu Gute

---

[187] Bender stellt fest, dass sich seit dem Erscheinen der *Hamburgischen Dramaturgie* die »Belege für schöpferische, ja geniale Rollendarstellungen und für das produktive Zusammenwirken von Dichter und Schauspieler« häufen. Vgl. Wolfgang F. Bender: Vom »tollen Handwerk« zur Kunstübung, S. 38. Umgekehrt argumentiert Heeg, wenn er feststellt, Lessing arbeite für den Schauspieler (s.o.).

[188] Vgl. Lessings Fragment *Der Schauspieler*. Zwar soll die Gebärdensprache nicht mehr, wie bei Gottsched, Indikator der Affektkontrolle, sondern der Affekte selbst sein; dennoch betont Lessing ebenfalls die Wichtigkeit von Regeln für den Schauspieler – so wird das »schöne« dem »schlechte[n] Gehen« gegenübergestellt. Lessings Regeln unterscheiden sich mit konventionellen Handbewegungen in Anlehnung an die die *actio*-Lehre der Rhetorik und Chironomie bzw. Chiromantie nicht grundlegend von herkömmlichen Anweisungen zur Gebärdensprache. Wenn er die Handbewegung als Schlangenlinie beschreibt, bezieht er sich auf Hogarth und geht nicht über diesen hinaus. Vgl. Gotthold Ephraim Lessing: Der Schauspieler. In: Ders.: Werke. In Zusammenarbeit mit Karl Eibl u.a. hg. von Herbert G. Göpfert. Band 4: Hg. von Karl Eibl. Darmstadt 1973, S. 723–733.

[189] Ähnliches ließe sich für Ekhof nachweisen. Lessing lobt sein Spiel über alle Maßen, bezieht sich aber ebenso wenig wie bei den Beschreibungen von Sophie Hensel auf das jeweilige Stück oder gar die Regiebemerkungen; vgl. etwa Gotthold Ephraim Lessing: Hamburgische Dramaturgie. 20. Stück, S. 282: »[...] wer hat den Mann gelehrt, mit ein Paar erhobenen Fingern, hierhin und dahin bewegt, mit einem einzigen Kopfdrehen, uns auf einmal zu zeigen, was das für ein Land ist, dieses Vaterland des Mericourt?« Hier betont Lessing, dass die schauspielerische Leistung Ekhofs ihm allein zuzuschreiben sei; daneben stellt er Bezüge zu einschlägigen Lehrbüchern für Schauspieler her: »Alles was Remond de Saint Albine, in seinem Schauspieler, hierbei beobachtet wissen will, leistet Hr. Eckhof auf eine so vollkommene Art, daß man glauben sollte, er allein könne das Vorbild des Kunstrichters gewesen sein.« Hamburgische Dramaturgie. 16. Stück, S. 265. Die Entwicklung einer an der empirischen Natur orientierten Darstellungsweise hat Ekhof maßgeblich mitbestimmt, nicht zuletzt durch die von ihm geleitete ›Schauspieler-Akademie‹ in Schwerin und als Direktor des Gothaer Theaters; vgl. Thorsten Unger: Das Gothaer Hoftheater als Ort des Kulturkontakts. Institutionelle Rahmenbedingungen für Übersetzung und Spielplangestaltung. In: Bärbel Fritz u.a. (Hg.): Theaterinstitution und Kulturtransfer I, S. 373–400. Zu Ekhofs Spielweise vgl. Erika Fischer-Lichte: Entwicklung einer neuen Schauspielkunst. In: Wolfang F. Bender (Hg.): Schauspielkunst im 18. Jahrhundert. Grundlagen, Praxis, Autoren. Stuttgart 1992, S. 51–70, hier S. 65f.

zu halten – wobei Lessing als Kritiker für die überlieferte Wahrnehmung verantwortlich ist.

Festzuhalten ist: So ›modern‹ wie Ziolkowski *Miß Sara Sampson* hinsichtlich der gestischen und mimischen Aktionen beurteilt, kann man sie nur sehen, wenn man nicht zwischen Bereden und Darstellen unterscheidet, also nicht zwischen impliziten und expliziten Regiebemerkungen. Denn während implizit Empfindungen ständig präsent sind – so bei den Tränen oder beim Zorn –, beziehen sich die expliziten Regiebemerkungen fast ausschließlich auf Bewegungen, noch dazu konventionelle, die an Deklamationslehren erinnern bzw. im Zusammenhang mit den affektauslösenden Requisiten Brief und Dolch stehen; dabei werden die Requisiten, nicht die Affekte, in den Regiebemerkungen benannt. Ziolkowski sieht in *Miß Sara Sampson* den Weg, die stilisierte Deklamation durch das natürliche Spiel zu überwinden. Er hat mit dieser Feststellung vor allem auf die Anweisungen für die Schauspieler abgehoben, die sich besonders in den expliziten und impliziten Regiebemerkungen zeigen.[190] Lessing hingegen lobt den Schauspieler gerade an den Stellen, an denen er sich nicht nach Anleitungen durch Regiebemerkungen richtet. Ziolkowski führt als Grund dafür, dass Lessing nicht stärker mit expliziten Regiebemerkungen arbeitet – Ziolkowski ist sich im Grunde also bewusst, dass diese ein konventionelles Maß nicht überschreiten –, das Verbot expliziter Regiebemerkungen an:

> What he was actually groping for was an equivalent of the modern stage direction. Since the traditions of his time made no allowance for stage directions, he was forced, in this highly experimental play, to incorporate into the dialogue all the action, gesture, expression that would normally be included in stage directions.[191]

Im Gegensatz zu Johann Elias Schlegel (s. Kap. 2.1) hat Lessing darin nie ein regelrechtes Verbot gesehen. Vielmehr ist bei ihm in diesem Punkt kein Normierungsbewusstsein vorhanden, denn weder ist eine Entscheidung gegen noch für Regiebemerkungen an seinen Stücken abzulesen. Außerdem werden viele Handlungen gerade in expliziten Regiebemerkungen benannt – so vor allem diejenigen, die mit Requisiten (Brief, Dolch, Riechsalz) in Verbindung stehen. Warum aber – so könnte man umgekehrt fragen – verwendet er nicht mehr explizite Regiebemerkungen, wenn dies doch möglich wäre und er an bestimmten Stellen auch so verfährt? Vermutlich spielen zwei Aspekte eine Rolle: die Gattung Tragödie, in der die Sprache, das Bereden – auch in der ›bürgerlichen‹ Variante – immer noch an erster Stelle steht, und die Empfindsamkeit, in der Affekte – vor allem diese werden weiterhin in der Figurenrede benannt – demonstriert und reflektiert werden.

Ziolkowski beklagte noch die fehlende Kommunikation zwischen Literaturwissenschaftlern und Theatermachern.[192] Dieser Vorwurf trifft auf neuere Forschungsarbeiten nicht mehr zu. Stattdessen neigen diese zu Kurzschlüssen zwischen beiden Bereichen – dem Text und der Aufführung –, so dass das, was man einer bestimmten

---

[190] Vgl. Theodore Ziolkowski: Language and mimetic action, S. 185.
[191] Ebd., S. 275.
[192] Vgl. ebd., S. 274. Anm. 23.

Inszenierung zuschreiben kann, auf den Dramentext zurückgeführt wird wie im Fall von *Miß Sara Sampson*. Dass dramatische Kommunikation und Theaterkommunikation versetzt stattfinden können, so wenn ein Theaterstück im Grunde (noch) die alte Deklamation fordert bzw. in der Figurenrede und den wenigen konventionellen Regiebemerkungen suggeriert, auf der Bühne auch zunächst so gespielt, später aber als Inbegriff der ›natürlichen Schauspielkunst‹ gefeiert wird, bleibt so allerdings unausgesprochen.

Während Lessings *Miß Sara Sampson* ein durch die Bühnengeschichte festgeschriebenes Beispiel gibt für eine Schauspielkunst, die ›natürlicher‹ ist als das Stück bzw. der Dramentext, liegt der Fall bei Diderot umgekehrt: Hier ist der Dramenautor an neuen, natürlichen pantomimischen Schauspielformen interessiert und schreibt diese auch in den Regiebemerkungen vor. Dass sie von den Schauspielern weitgehend ignoriert respektive weggekürzt werden und ein traditionelles Spiel auf die Bühne kommt, wird im folgenden Kapitel darzulegen sein.

3.3 Der enttäuschte Theatergänger: Diderots *Le Père de famille*/Lessings *Der Hausvater*

Wenn man sich mit Diderots Theaterstücken beschäftigt und dabei den Blick auf die Regiebemerkungen lenkt, steht man vor einem Paradox, und zwar nicht vor dem inzwischen relativ gut erforschten *Paradoxe sur le comédien*.[193] Vielmehr besteht ein weiterer ›Widerspruch‹ darin, dass gerade den Dramentexten Diderots, die zahlreiche Regiebemerkungen enthalten, bis heute bescheinigt wird, sie seien unspielbar: »Le théâtre de Diderot? Injouable«[194], stellt Pierre Frantz noch in den 80er Jahren des 20. Jahrhunderts fest. Häufig ist ganz allgemein von den Misserfolgen diderotscher Theaterstücke im Gegensatz zu seinen Romanen die Rede.[195] Welche Funktion aber sollen die vielen Regiebemerkungen haben, wenn nicht für die Spielbarkeit des Stückes, also für eine gelingende Aufführung zu sorgen?

---

[193] Zum *Paradoxe sur le comédien* (entstanden 1769, die mehrfach überarbeitete Fassung erschien postum 1830) und Diderots Positionswechsel vom empfindsamen zum reflektierenden Schauspieler vgl. Hauck, der eine anthropologische Lektüre des *Paradoxe* vorschlägt: Johannes Hauck: Affektive Resonanz und der disziplinierende Blick des anderen: Zu Diderots Empfindsamkeit. In: Andreas Kablitz/Gerhard Neumann (Hg.): Mimesis und Simulation. Freiburg i. Br. 1998, S. 145–181, hier S. 146; außerdem einschlägig: Philippe Lacoue-Labarthe: Diderot, le paradoxe et la mimésis. In: Poétique 43. Septembre 1980, S. 267–281, und Johannes Lehmann: Betrachter und Betrachtete. Überlegungen zu Diderots »Paradoxe sur le comédien«. In: Aktuelle Tendenzen der Theatergeschichtsforschung. Heftredaktion: Miriam Göbel, Andrea Kircher, Gesine Schobert (Hg.). Berlin 1996, S. 41–54.

[194] Pierre Frantz: L'effet du tableau. In: La Comédie Française 1984. Heft 125, S. 37–43, hier S. 37.

[195] So etwa June Sigler Siegel: Grandeur-Intimacy: The Dramatist's Dilemma. In: Diderot Studies 4 (1963), S. 247–260, hier S. 247.

Hiermit ist eine Leitfrage für die folgenden Überlegungen formuliert, die mit dem *Père de famille* eines derjenigen Stücke in den Blick nehmen, die die neue Gattung des *drame sérieux* begründen und damit thematisch die bürgerlich-empfindsame Familie ins Zentrum stellen. Während die Forschung Diderots dramentheoretischen Schriften ein hohes innovatives Potential bescheinigt – der *Lettre sur les aveugles*, der *Lettre sur les sourds et muets* und dem *Paradoxe sur le comédien* sowie den als Anhang seiner beiden bürgerlichen Dramen erschienenen *Entretiens* und dem *Discours sur la poésie dramatique* –, gilt dies nicht gleichermaßen für seine Theaterstücke.[196] »Daß Diderot Dramen geschrieben hat, das ist für alle seine Verehrer im 19. und 20. Jahrhundert eine sehr peinliche Angelegenheit«, so bringt Ernst Howald die abwertenden Urteile der Forschung 1950 auf einen Nenner.[197] Einzelstimmen bezeichnen Diderot in seiner Funktion als Dramatiker als Schwätzer[198] und halten den *Père de famille* für »dramatiquement mauvais«.[199] Zwar hat sich die Lage inzwischen geändert und die stark wertenden Stellungnahmen finden sich weit seltener, allerdings sind Diderots Stücke, so resümiert Behrens den heutigen Stand der Forschung, inzwischen höchstens zu »leidlichen Demonstrationstexten« geworden.[200]

Wie bekannt, war Lessings Einstellung ungleich positiver: Er übersetzte den *Fils naturel* und den *Père de famille* mit den dazugehörigen theoretischen Texten, die dann zunächst anonym erschienen, und sorgte dadurch für deren Verbreitung innerhalb Deutschlands.[201] Diderots Wirkung als Dramatiker und Theoretiker war vor allem durch den *Hausvater* in Deutschland sehr viel stärker als in Frankreich. Aus-

---

[196] Jürgen von Stackelberg: Diderot. Eine Einführung. München, Zürich 1983, S. 56, stellt fest: »Diderots Theaterreform ging in der Theorie viel weiter als in der eigenen Praxis.« Von ›eigener‹ Praxis kann man allerdings nur in eingeschränktem Sinne sprechen, da die Bühnenbearbeitungen den *Père de famille* deutlich verändert haben. Die Fehleinschätzung aber, dieses Stück sei selten zur Aufführung gekommen, ist inzwischen korrigiert worden; vgl. Henry Carrington Lancaster: The cast and the reception of Diderot's *Père de Famille*. In: Modern Language Notes 69 (1954), S. 416–418, hier S. 418: »The play was quite successfull, as one would never guess from remarks by certain of Diderot's biographers.«

[197] Ernst Howald: Die Exposition von Diderots »Père de famille«. In: Überlieferung und Gestaltung. Festgabe Theophil Spoerri. Zürich 1950, S. 51–76, hier S. 51.

[198] Vgl. Jean Luc: Diderot, l'artiste et le philosophe. Paris 1958, S. 60.

[199] Daniel Mornet: Les Maitres de la sensibilité française au XVIIIe siècle. Band II. Paris 1952, S. 198. Ähnlich negativ stufen d'Aurevilly und Lanson Diderots Theaterstücke ein; vgl. J[ules] Barbey d'Aurevilly: Goethe et Diderot. Paris 1880, S. 189: »Ainsi, ce n'était plus seulement du Lachaussée [La Chaussée], c'était du Lachaussée réduit. On ne pouvait guère descendre plus bas.« Gustave Lanson: Nivelle de La Chaussée et la comédie larmoyante. Paris 1887, S. 270: »[Diderot] a fait grand bruit de la peinture des conditions, du développement de l'action en tableaux. En réalité, il n'a fait que tirer les conséquences des innovations de La Chaussée ; il les a étendues, je le veux bien, mais parfois aussi faussées.«

[200] Rudolf Behrens: Diderots »Père de famille«. Oder: Wie läßt sich die Problematisierung gesellschaftlicher Leitwerte erfahrbar machen? In: Romanistische Zeitschrift für Literaturgeschichte 9 (1985), S. 41–77, hier S. 42.

[201] Zur Übersetzung und zur schnellen Verbreitung von Diderots Dramen in Deutschland vgl. Roland Mortier: Diderot en Allemagne (1750–1850). Réimpression de l'édition de Paris 1954. Avec une mise à jour de l'auteur. Genf, Paris 1986, S. 57–65 bzw. die von Hans G.

löser für Lessings Interesse war seine *Lese*erfahrung; auf der Bühne sah er den *Père de famille* erst sehr viel später. Buck weist auf den Unterschied zwischen Lessings Lektüreerfahrung und seinem Theaterbesuch hin und schreibt der unterschiedlichen medialen Vermittlung große Bedeutung zu:

> Während sich um 1760 Übereinstimmung in fast allen Fragen zwischen Lessing und Diderot feststellen läßt, geht Lessing dann acht Jahre später auf Distanz. Was war geschehen? [...] vor allem [...] hatte Lessing Diderots *Hausvater* 1767 auf der Bühne des Hamburger Nationaltheaters g e s e h e n. Nun erschienen ihm Diderots Positionen teilweise in einem anderen Licht.[202]

Die Äußerungen Lessings in der *Hamburgischen Dramaturgie* lassen einen so großen Einfluss der jeweiligen Wahrnehmungsform zwar kaum zu. Zumindest ist nicht nachvollziehbar, dass Lessings Äußerungen in den Stücken 84.–86. der *Hamburgischen Dramaturgie*, die im Zusammenhang mit Diderots *Hausvater* auf der Bühne des Hamburger Nationaltheaters entstanden sind, sich wirklich so grundlegend von den früheren unterscheiden, wie Buck dies postuliert:

> Lessing, der 1760 bei der Lektüre und Übersetzung des Textes offensichtlich die dramaturgischen Konsequenzen dieser Positionen noch verkannt hatte, widerspricht Diderot nun umfassend.[203]

Bemerkenswert ist aber der Versuch, die Wirkung auf den Rezipienten mit der jeweiligen medialen Vermittlung des Stücks in Verbindung zu bringen. Auch hier stellt sich die Frage nach der Funktion der Regiebemerkungen, gerade wenn diese – wie es bei Lessing der Fall zu sein scheint – beim Lesen im Sinne einer ›eingeschriebenen Inszenierung‹[204] die Imagination des Stücks problemlos ermöglichen, während sie in der Aufführung nicht gleichermaßen überzeugend umgesetzt werden.[205]

Insgesamt wird der Primat des Textes gerade durch die starke Zunahme an Regiebemerkungen nicht etwa verringert zugunsten eines Primats der Aufführung – so die

---

Schürmann besorgte Übersetzung: Roland Mortier: Diderot in Deutschland (1750–1850). Stuttgart 1972, S. 47–53.

[202] Elmar Buck: Lessing und Diderot – die Konditionen des Theaters. In: Wolfgang F. Bender (Hg.): Schauspielkunst im 18. Jahrhundert. Stuttgart 1992, S. 205–219, hier S. 207.

[203] Ebd., S. 209.

[204] Horst Turk: Soziale und theatralische Konventionen, S. 10f.; vgl. Kap. 1.

[205] Dass Lessing auch die Regiebemerkungen genau studiert hat, zeigt nicht zuletzt seine akribische Übersetzung der Dramen, die diesen Bereich detailgetreu mitübersetzt und somit als vollwertigen Teil des Dramas ansieht. Natürlich kann auch für Deutschland nicht ausgeschlossen werden, dass Diderots Stück stark verändert auf die Bühne kam, wie dies in Frankreich der Fall war: »Pis encore: ce sont les Comédiens français eux-mêmes qui ont pris le relais de la censure en pratiquant dans le texte du *Père de famille*, les changements nécessaires pour l'accomoder au théâtre‹.« *Annonces* du 18.2.1761. Am 23.2. äußert sich Diderot in einem Brief an Voltaire über die dritte Aufführung: »Ce sont eux qui on imaginé que l'ouvrage pouvait réussir au théâtre; et puis les voilà qui se saisissent de ce triste *Père de Famille* et qui le coupent, le taillent, le châtrent, le rognent à leur fantaisie. Ils se sont distribué les rôles entre eux, et ils ont joué sans que j'en sois mêlé.«

gängige Forschungsmeinung²⁰⁶ –, sondern gestärkt. Hier ist ein Blick auf Diderot zu korrigieren, der diesem vor allem ein Interesse am Schauspieler bescheinigt – hervorgerufen durch die im Vordergrund stehenden und zunächst von der Forschung rezipierten Schriften.²⁰⁷ Dass Regiebemerkungen aus unterschiedlichen, gerade auch nicht aufführungstechnisch bedingten Gründen große Bedeutung haben können, sollen die folgenden Ausführungen zeigen. Gleichzeitig wird der hohe Stellenwert deutlich, den sie für Diderot haben; er ist einer der wenigen, der sich auch theoretisch mit diesem Textraum auseinandersetzt.

Explizite Normierungen für Regiebemerkungen: Diderots *De la poésie dramatique*

Als Ausgangspunkt der folgenden Überlegungen dienen Diderots explizite Regeln zu Regiebemerkungen, so könnte man bestimmte Textstellen in Passagen des *Discours sur la poésie dramatique*, dem Anhang zum *Père de famille*, bezeichnen. Diderot betont zunächst ganz generell, dass der Gestus oft wichtiger sei als die Rede (Dichtkunst, S. 382).²⁰⁸ Allerdings hat er hier zunächst nicht die Bühne im Blick, sondern den Dramentext, also den Bereich der Schrift:

> Man muß die Pantomime niederschreiben, so oft sie ein Gemälde macht; so oft die Rede dadurch nachdrücklicher oder deutlicher wird; so oft sie charakterisiert; so oft sie in einem feinen Spiele besteht, das sich nicht erraten läßt; so oft sie statt der Antwort dienet; und fast beständig zu Anfange des Auftritts. (Dichtkunst, S. 383)²⁰⁹

Diderot beschreibt hier Vorkommen, Positionierung und Funktion sowie den hohen Stellenwert der Regiebemerkungen. Er führt in diesem einen Satz präzise aus, in

---

[206] So argumentieren sowohl Peter Eugen Stähli: Gestus und Wort. Sprachtheorie und literarische Praxis bei Diderot. Diss. masch. Zürich 1986 als auch Wolfgang Orlich: »Realismus der Illusion – Illusion des Realismus«. Bemerkungen zur Theaterpraxis und Dramentheorie in der Mitte des 18. Jahrhunderts. In: Romanistische Zeitschrift für Literaturgeschichte 8 (1984), S. 431–447.

[207] Ein immer noch zu den programmatischen Theatertexten Diderots zählender Text, der sich ausdrücklich mit dem Schauspieler beschäftigt, ist *Le Paradoxe sur le comédien*; vgl. auch die Auswahl von Klaus Lazarowicz/Christopher Balme (Hg.): Texte zur Theorie des Theaters. Stuttgart ²2001, S. 155–163.

[208] Denis Diderot: Von der dramatischen Dichtkunst. In: Ders.: Das Theater des Herrn Diderot. Aus dem Französischen übersetzt von G. E. Lessing. Anmerkungen und Nachwort von Klaus-Detlef Müller. Stuttgart 1986. Im Folgenden unter *Dichtkunst* direkt im Text zitiert. Die ebenfalls in dieser Ausgabe enthaltenen von Lessing übersetzten Dramentexte sowie die *Unterredungen über den ›Natürlichen Sohn‹* werden ebenfalls unter Angabe der Seite direkt im Text zitiert.

[209] Vgl. *De la poésie dramatique*. In: Denis Diderot: Œuvres complètes. Hg. von Jacques Chouillet/Anne-Marie Chouillet. Band 10. Paris 1980, im Folgenden unter *Poésie dramatique* zitiert, S. 410: »Il faut écrire la pantomime toutes les fois qu'elle fait tableau; qu'elle donne de l'énergie ou de la clarté au discours; qu'elle lie le dialogue; qu'elle caractérise; qu'elle consiste dans un jeu délicat qui ne se devine pas; qu'elle tient lieu de réponse; et presque toujours au commencement des scènes.«

welchen Fällen die Pantomime[210] im Dramentext notiert werden soll, und zwar nicht deskriptiv, sondern als Vorschrift formuliert: wenn diese ein »Gemälde«, ein Tableau[211] formt, zur Unterstützung der Figurenrede, so oft sie »charakterisiert«, d.h. der Figurenzeichnung dient, wenn die Körpersprache aus der Figurenrede nicht ersichtlich wird, wenn gar keine Rede vorhanden ist – hier wird der für Diderot wichtige Bereich des Schweigens angesprochen – und jeweils zu Beginn der Auftritte. Im letzten Teil wird – noch stärker als durch das sonst jeweils gewählte »so oft« (»chaque fois«) – neben der Regelhaftigkeit die Häufigkeit besonders hervorgehoben, mit der zu Beginn der Auftritte Regiebemerkungen stehen oder stehen sollen: »fast beständig« (»presque toujours«). Diderot berücksichtigt hier sogar die Stellung der Regiebemerkungen im Dramentext und setzt sie zur Struktur des Dramas ins Verhältnis.[212] Er prägt zwar kein eigenes Wort für die Texträume, die er besetzt wissen will, aber er betont ausdrücklich, dass Körpersprache nicht erst auf der Bühne stattfinden, sondern explizit niedergeschrieben, also im Dramentext notiert werden soll und somit in die Zuständigkeit des Dramenverfassers fällt. Dass er diesen Bereich nicht in die Verantwortlichkeit des Schauspielers, sondern zunächst des Dramenautors übergibt, hat für die Regiebemerkungen Konsequenzen:

> Ich habe gesagt, die Pantomime sei ein Stück des Drama; der Verfasser müsse sich ihrer ernstlich befleißigen: er werde, wenn sie ihm nicht geläufig und immer gegenwärtig ist, keine Szene, so wie es die Wahrheit[213] erfordert, weder anzufangen, noch fortzuführen, noch zu endigen wissen. Ich habe gesagt, der Gestus müsse oft anstatt der Rede hingeschrieben werden. (Dichtkunst, S. 381f.)[214]

---

[210] Rykner führt aus, dass Diderot den Begriff ›Pantomime‹ nicht in der traditionellen Bedeutung verwendet und die Pantomime nicht scharf von den Tableaus abgrenzt: »Tantôt il désigne simplement les didascalies, tantôt il recouvre la réalité de ce que Diderot nomme par ailleurs ›tableau‹, tantôt il renvoie exclusivement à une action gestuelle.« Arnaud Rykner: L'envers du théâtre. Dramaturgie du silence de l'âge classique à Maeterlinck. Paris 1996, S. 203–252, hier S. 204.

[211] Lessing übersetzt Diderots »tableau« mit »Gemälde«, worunter die Gruppierung möglichst vieler Personen zu einem starren Bild gemeint ist. Nach Diderot handelt es sich um ein szenisches Mittel, die Spielbewegung auf möglichst zwanglose Weise in eine prägnante Bildkonstellation zu überführen und momentane Gefühle sowie soziale Verhältnisse visuell überzeugend zur Darstellung zu bringen. Sie ragen als Höhepunkte »mitten aus der Spielbewegung« heraus; vgl. Annette Graczyk: Das literarische Tableau zwischen Kunst und Wissenschaft. München 2004, S. 82. In Diderots Stücken finden sich diese »Gemälde« häufig zu Beginn der Akte und nicht nur am Ende des Dramas im Schlusstableau.

[212] Bemerkenswert ist, dass Diderot hier einen Aspekt betont, der auf Dramentexte bis heute zutrifft: die Beobachtung, dass meist zu Beginn der Auftritte Regiebemerkungen stehen. Zur Positionierung der Regiebemerkungen vgl. Thierry Gallèpe: Didascalies, S. 110–120 und S. 253.

[213] ›Wahrheit‹ hängt bei Diderot eng mit dem Begriff der ›Natürlichkeit‹ zusammen; vgl. hierzu Pierre Frantz: L'esthétique du tableau dans le théâtre du XVIIIe siècle. Paris 1998, S. 24: »Naturel et vérité qui se trouvent ainsi fondés, non pas sur quelque plongée référentielle, mais sur un effet dans l'art, un effet d'art. C'est du signe théâtral même que Diderot veut parler.«

[214] »J'ai dit que la pantomime est une portion du drame; que l'auteur s'en doit occuper sérieusement; que si elle ne lui est pas familière et présente, il ne saura ni commencer, ni conduire,

Als bürgerlicher Theaterreformer schreibt Diderot nach Heeg »die ›Schuld‹ an der unnatürlichen Repräsentation dem Wort und seiner vermeintlichen Dominanz über das Bildhaft-Visuelle«[215] zu. Heeg stellt fest, dass es sich hier um eine Polemik gegen Rhetorik und Deklamationsstil der französischen Tragödie handele, da das grundsätzliche Misstrauen gegen die Zweideutigkeit der Sprachzeichen deutlich werde. Dem ist entgegenzuhalten, dass die ›stumme Sprache‹ der Gesten, die nach Heeg »unmittelbar verständlich und zu Herzen gehend« ist, an die Sprache gebunden bleibt, ihr also nicht entgegensteht. Das Verhältnis zwischen Wort, Schrift und Pantomime wird von Diderot also differenzierter verstanden, als es die pauschale Ersetzung des Worts durch die Pantomime, von der in der Forschung die Rede ist, vermuten lässt.[216] Das gesprochene Wort wird nämlich nicht direkt durch die Körpersprache ersetzt, sondern geht den Umweg über die geschriebene Sprache. Seinen theoretischen Äußerungen zufolge steht die schriftliche Fixierung im Vordergrund – das macht die Betonung des »Niederschreibens« deutlich. Die »Forderung nach rückhaltloser Visualisierung«[217] verläuft bei Diderot zunächst über die Schrift und erklärt so die Zunahme an Regiebemerkungen.[218]

Zur Expositionsszene des *Père de famille*

Der Hausvater ist das Drama gefährdeter und schließlich geretteter Familienbeziehungen, bei dem der Konflikt zwischen Vater und Sohn im Vordergrund steht. Der in erster Linie empfindsam gezeichnete Hausvater wendet sich gegen die Heirat seines Sohnes St. Albin mit der tugendhaften, aber unvermögenden Sophie, deren familiäre Herkunft unklar ist, während der Sohn für freie Gefühlsentscheidung plä-

---

ni terminer sa scène avec quelque vérité; et que le geste doit s'écrire souvent à la place du discours.«, Poésie dramatique, S. 409.

[215] Günther Heeg: Szenen. In: Heinrich Bosse/Ursula Renner (Hg.): Literaturwissenschaft. Einführung in ein Sprachspiel. Freiburg i. Br. 1999, S. 251–269, hier S. 258, mit Bezug auf den häufig zitierten Satz Diderots aus den *Unterredungen über den ›Natürlichen Sohn‹*, S. 107: »Wir reden in unsern Schauspielen zu viel, und folglich spielen unsere Akteurs nicht genug.«

[216] So neben anderen Heeg: Szenen. Zu bedenken ist, dass Diderot die Pantomime nicht in erster Linie an die *Bühne* und den Theaterpraktiker, sondern ausdrücklich an den *Dichter* rückbindet: »Die Pantomime ist ein Gemälde, das in der Einbildungskraft des Dichters, als er schrieb, existierte, und das, nach seiner Meinung, die Bühne bei der Vorstellung alle Augenblicke zeigen soll.«, S. 391 (»La pantomime est le tableau qui existait dans l'imagination du poète, lorsqu'il écrivait; et qu'il voudrait que la scène montrât à chaque instant, lorsqu'on le joue.«, S. 416); das Niederschreiben setzt er eindeutig zentral: »Molière hat sie [die Pantomime] des Aufschreibens gewürdigt: was kann man Stärkeres für sie sagen?« S. 383 (»Molière n'a pas dédaigné de l'écrire: c'est tout dire.«, S. 411).

[217] Günther Heeg: Szenen, S. 258.

[218] Vgl. den Kommentar der Herausgeber zu Diderots Forderung »le geste doit s'écrire souvent à la place du discours« in: Denis Diderot: Œuvres complètes, S. 409, Anm. 165: »D[iderot] désigne les didascalies qui accompagnent le texte du discours dramatique. Non seulement la pantomime fait partie du drame, mais il y a équivalence entre le geste et le discours, comme le prouve la *Lettre sur les sourds et muets*«.

diert. In der Anagnorisis, die in Art eines *coup de théâtre* gestaltet ist,[219] erfährt der Zuschauer, dass die angeblich standeslose Sophie die Nichte des Commandeurs ist und der Ehe mit St. Albin somit nichts mehr im Wege steht. Im vielzitierten Schlusstableau kann der Hausvater neben der Verbindung seiner Tochter Cécile mit dem mittellosen Germeuil, die sich ihre Liebe zunächst weder gegenseitig noch anderen Figuren gegenüber eingestehen wollten, die bevorstehende Hochzeit seines Sohnes ankündigen.

Der Problemhorizont soll zunächst an der auffälligen, in der Forschung häufig diskutierten Eingangsszene[220] exponiert werden. Auf die Regiebemerkung zum Bühnenraum, die dem Stück vorangestellt ist, wird später zurückzukommen sein.

DER HAUSVATER. DER KOMTUR. CÄCILIA. GERMEUIL.
Zuvörderst des Saales erblickt man den Hausvater, der mit langsamen Schritten auf und nieder gehet. Er läßt den Kopf hängen, hat die Arme ineinandergeschlagen und scheinet in sehr tiefen Gedanken zu sein.
Tiefer hinein, neben dem Kamine, der an einer andern Seite des Saales ist, sitzen der Komtur und seine Nichte und spielen im Brette.
Hinter dem Komtur, dem Feuer ein wenig näher, sitzet Germeuil ganz nachlässig in einem Lehnstuhle und hat ein Buch in der Hand. Er unterbricht sein Lesen von Zeit zu Zeit und wirft zärtliche Blicke auf Cäcilien, wenn sie eben mit ihrem Spiele beschäftiget ist und auf ihn nicht achthaben kann.
Der Komtur merkt, was hinter ihm vorgehet; und dieser Argwohn hält ihn in einer beständigen Unruhe, die sich aus seinen Bewegungen wahrnehmen läßt. (I, 1, 183)[221]

---

[219] Vgl. Peter Szondi: Tableau und coup de théâtre. Zur Sozialpsychologie des bürgerlichen Trauerspiels bei Diderot. Mit einem Exkurs über Lessing. In: Ders.: Schriften 2. Frankfurt/M. 1978, S. 205–232. Szondi stellt das Tableau dem »Theaterstreich«, dem dramatischen Kunstgriff eines überraschenden Handlungsumschwungs gegenüber und ordnet sie entgegengesetzten Gesellschaftsformationen zu. Der *coup de théâtre* spiegele die höfisch-barocke Lebenswelt mit abrupten Schicksalswendungen wider, während das *tableau* als stillgestellte Aktion der bürgerlich-häuslichen Sphäre adäquat sei (vgl. auch Szondi: Theorie des bürgerlichen Trauerspiels, S. 115f.). Der *coup de théâtre* werde obsolet, wenn ihm keine soziale Erfahrung mehr entspreche. Dennoch verzichtet Diderot in seinen *drames* keineswegs auf die unglaubhaften Konstruktionen der plötzlichen Handlungsumschwünge, wie das oben zitierte Beispiel zeigt. Vgl. hierzu Annette Graczyk: Das literarische Tableau, S. 79–81.
[220] So bei Szondi und Lehmann, denen die vorliegende Arbeit wichtige Anregungen verdankt; vgl. Peter Szondi: Theorie des bürgerlichen Trauerspiels, S. 91–147; Johannes Friedrich Lehmann: Blick durch die Wand; außerdem Ernst Howald: Die Exposition von Diderots »Père de famille«.
[221] Denis Diderot: Der Hausvater. Übersetzt von Gotthold Ephraim Lessing. In: Denis Diderot: Das Theater des Herrn Diderot. Anmerkungen und Nachwort von Klaus-Detlef Müller. Stuttgart 1986, hier und im Folgenden unter Angabe von Akt, Szene und Seite direkt im Text zitiert. Vgl. Denis Diderot: Le père de famille. In: Ders.: Œuvres complètes. Band 10, im Folgenden unter Angabe der Seite zitiert:
»LE PÈRE DE FAMILLE, LE COMMANDEUR, CÉCILE, GERMEUIL.
Sur le devant de la salle, on voit le père de famille qui se promène à pas lents. Il a la tête baissée, les bras croisés, et l'air tout à fait pensif.
Un peu sur le font, vers la cheminée, qui est à l'un des côtés de la salle, le commandeur et sa nièce font une partie de trictrac.
Derrière le commandeur, un peu plus près du feu, Germeuil est assis négligemment dans un fau-

Ehe das erste gesprochene Wort fällt, werden durch diese ausführlichen Regiebemerkungen die auf der Bühne befindlichen Figuren nicht nur nacheinander benannt, sondern auch in ihren Tätigkeiten und ihren Beziehungen zueinander näher beschrieben. Die Regiebemerkungen nehmen außerdem, das zeigen Präzisierungen wie »*zuvörderst*«, »*tiefer hinein*«, »*hinter dem Komtur*«, die Blickrichtung des Zuschauers ein und verlaufen nicht vom Schauspieler aus, wobei hierarchisch zwischen Vorder- und Hintergrund unterschieden wird. So fasst auch die Schauspielerin Riccoboni[222] diese Anmerkungen auf, wenn sie Diderot verärgert vorwirft:

> [...] croyez-vous qu'on prendra garde à ceux qui sont occupés dans le fond? Non, c'est l'homme triste qui se promène sur le devant, qui intéresse la curiosité. Voilà l'objet du public, le frappant du tableau.[223]

Dabei lässt sich die Wahrnehmung Madame Riccobonis nicht allein durch ihren traditionellen, von den Gepflogenheiten der Comédie-Française geprägten Blick erklären, vielmehr legen die Regiebemerkungen der Anfangsszene diese Interpretation nahe. Das Nicht-Sprechen des Hausvaters, der sich gleichzeitig im Vordergrund der Bühne befindet, steht in Konkurrenz zu den Sprechenden, die sich im Hintergrund aufhalten. Dass der Hausvater den vorderen Teil der Bühne besetzt, wird beim *Lesen* des Textes noch dadurch unterstützt, dass dies die erste Information ist, die gegeben wird: »*Zuvörderst des Saales erblickt man den Hausvater* [...].« (I, 1, 183)

Sowohl auf textueller Ebene als auch auf der Bühne befindet sich die Titelfigur des Stücks also an vorderster Stelle. Während die anderen Figuren sich mit dem Brettspiel, dem Lesen und dem Austausch zärtlicher Blicke beschäftigen, wird beim Hausvater das Ernsthafte seines Wesens betont. Im Gegenzug zu dieser ersten figuren- und situationsbezogenen Regiebemerkung wird am Ende der Passage das Misstrauen des Komturs, seines Gegenspielers, beschrieben. Auffällig ist außerdem gleich zu Beginn das Schweigen – ein Aspekt, den Diderot im *Discours* ausdrücklich benennt. Gerade diejenige Figur, die sich räumlich im Vordergrund befindet, schweigt während der gesamten ersten Szene,[224] ist aber gleichzeitig durch Hal-

---

teuil, un livre à la main. Il en interrompt de temps en temps la lecture pour regarder tendrement Cécile dans les moments où elle est occupée de son jeu, et où il ne peut en être aperçu. Le commandeur se doute de ce qui se passe derrière lui. Ce soupçon le tient dans une inquiètude qu'on remarque à ses mouvements.«, S. 191.

[222] Zu Marie-Jeanne de Heurles de Laboras de Mézières, Schauspielerin und später Ehefrau des Schauspielers Antoine-François Riccoboni, vgl. Roland Mortier/Raymond Trousson (Hg.): Dictionnaire de Diderot. Paris 1999, S. 452f.: »Mme Riccoboni et D[iderot] avaient, on s'en doute, une conception radicalement différente de l'esthétique théâtrale et de l'art de la mise en scène.«

[223] Brief Madame Riccobonis vom 18.11.1758. In: Denis Diderot: Œuvres complètes. Band 10, S. 434–436, hier S. 436. Vgl. Denis Diderot: Ästhetische Schriften. Band 1. Hg. von Friedrich Bassenge. Berlin 1984, S. 335: »[...] glauben Sie denn, man werde auf diejenigen achten, die im Hintergrund beschäftigt sind? Nein, der traurige Mann, der im Vordergrund auf und ab geht, wird die Neugierde fesseln. Das ist der Gegenstand des Publikums, das ist das auffälligste am Gemälde.«

[224] Zu der Beobachtung, dass auch Nichtkommunikation als Kommunikation angesehen werden kann, vgl. Frank-Rutger Hausmann: Seufzer, Tränen und Erbleichen – nicht-verbale

tung und Bewegungen hinlänglich als denkende, sich sorgende Figur charakterisiert: »*scheinet in sehr tiefen Gedanken zu sein*«. Zwar reden die anderen dramatis personae auch nicht, sie sind aber gleichzeitig mit anderen Dingen beschäftigt. Außerdem wird ihr Schweigen nicht positiv benannt, so dass es nicht gleichermaßen prominent erscheint wie beim Hausvater.

Dass der Hausvater im Anschluss die ersten wichtigen Worte im und für das Stück ausspricht, wird durch die geschickt eingesetzte Beleuchtung unterstrichen:[225] Denn während in I, 1 »*Die Lichter eben ausbrennen [wollen]*«, diese Szene also im Halbdunkel gespielt werden soll, stellt La Brie – der Diener – genau in dem Moment frische Kerzen auf, in dem der Hausvater die ersten Worte spricht. Die Kerzen wirken so wie ein Scheinwerfer, ein Spot auf den Hausvater – wobei die Regiebemerkung nicht theaterbezogen, sondern innerfiktional formuliert ist – und gleichzeitig auf die ersten Sätze, die ausgesprochen werden. Diese zielen auch thematisch ins Zentrum des Stückes:

> DER HAUSVATER: Sind sie zu unserm, sind sie zu ihrem Glücke geboren? – Ach, vielleicht zu keinem von beiden. (I, 2, 184)

Auch wenn die Äußerung des Hausvaters nicht durch ein Beiseite begleitet wird, richtet er sich weder an die auf der Bühne anwesenden Figuren noch an die Zuschauer. Die Pronomina können sich hier auf kein Nomen rückbeziehen, sondern sind allein aus dem thematischen Zusammenhang heraus in ihrem Bezug auf die Kinder zu verstehen, um die es im *Père de famille* mit der Thematisierung eines Familienkonflikts geht. So wird nicht nur eine Figur, der Hausvater, sondern ein Satz – der erste gesprochene Satz des Stücks, der als Motto gelten könnte – auch beleuchtungstechnisch fokussiert. Zudem wird der Hausvater in den vorangehenden Auftrittsangaben als erster genannt, obwohl er dort nicht spricht – ein Befund, der die bisherigen Beobachtungen zum Stellenwert seiner Figur unterstreicht, zumindest wenn man vom Leser aus argumentiert. Sein Nicht-Sprechen wird mit Nachdenken oder Denken überhaupt gleichgesetzt und so positiv hervorgehoben: »DER HAUSVATER (*nach einer kleinen Pause, während welcher er noch nachgesonnen und auf und nieder gegangen*)« (I, 2, 184). Dass der Hausvater durch die erste ausführliche Regiebemerkung ähnlich charakterisiert wird wie Dorval in Diderots erstem *drame domestique*, dem *Fils naturel*, ist auffällig:

> [...] *Dorval mit gesenktem Haupte, mit tiefsinniger Miene und mit übereinandergeschlagenen Armen, welches beinahe seine gewöhnliche Stellung ist.* (III, 8, 49)[226]

Aspekte der Liebessprache in der französischen Literatur des 16. und 17. Jahrhunderts. In: Volker Kapp (Hg.): Die Sprache der Zeichen und Bilder. Rhetorik und nonverbale Kommunikation in der frühen Neuzeit. Marburg 1990, S. 102–117.

[225] Die Ausführungen Howalds treffen in diesem Punkt nicht den Kern. Ernst Howald: Die Exposition von Diderots »Père de famille«, S. 63: »Die Kerzen sind, worauf man gleich durch die ersten Worte aufmerksam gemacht wird, am Verlöschen, und zwar alle: sie werden offenbar Tag für Tag in ihrer Gesamtheit erneuert.«

[226] Im Original ähneln sich die Regiebemerkungen viel mehr als in der Übersetzung, da beide Male identisch von »*tête baissée*«, »*bras croisés*« und »*l'air pensif*« die Rede ist, während

DER HAUSVATER [...] *Er läßt den Kopf hängen, hat die Arme ineinandergeschlagen und scheinet in sehr tiefen Gedanken zu sein.* (I, 1, 183)

Bei beiden drückt der nach unten gehaltene Kopf – verbunden mit verschränkten Armen – eine ernsthafte und pflichtbewusste Haltung aus. Im Verlauf der Stücke fühlen sich beide dem Wohl der Familie bzw. den sie umgebenden Figuren verpflichtet. An der Ähnlichkeit dieser die Gestik und Bewegung beschreibenden Regiebemerkungen ist eine Art von stereotypem Charakter ablesbar, der in den empfindsamen Familienstücken Diderots eindeutig positiv besetzt ist.[227] In *Le fils naturel* wird diese Geste durch den Klammerzusatz (»*c'est son attitude ordinaire*«) als Charaktereigenschaft unterstrichen, die über den situativen Kontext hinausreicht, im *Père de famille* durch das Gewicht, das ihr durch die Erststellung im Text gegeben ist. Diese Geste, nicht mehr ein bestimmtes Rollenfach,[228] soll dazu beitragen, dass die Figur sich in eben dieser Weise verhält, so dass Diderot gewissermaßen eine neue Rolle etabliert: die einer empfindsamen Figur, die gleichzeitig die Verantwortung für die Familie trägt.

Tableaus und zusammengesetzte Auftritte (*scènes composées*)

Das Ungewöhnliche an den Doppelszenen, die etwa am Beginn des Stücks stehen, wird im *Discours sur la poésie dramatique* unter dem Stichwort »scènes composées« als programmatisch neuer Aspekt behandelt:

> Zusammengesetzte Auftritte heiße ich solche Auftritte, in welchen zu gleicher Zeit einige Personen mit dieser und andere entweder mit einer andern Sache, oder zwar auch mit ebender selben, aber doch vor sich insbesondere, beschäftiget sind. (Dichtkunst, S. 360)

Sie stehen in Verbindung mit Diderots Forderung nach neuen und größeren Bühnen, haben aber auch Folgen für den Dramentext. So wie der Bühnenraum erweitert werden soll, wird die Schrift, im Sinne eines Textraums, ausgeweitet, denn so wie zwei Szenen zeitgleich auf der Bühne ablaufen sollen, propagiert Diderot mit dem

---

Lessing sprachlich variiert. Vgl. zu Dorval: »*la tête baissée, l'air pensif et les bras croisés (c'est assez son attitude ordinaire)*« (III, 8, 53), zum PÈRE DE FAMILLE: »*Il a la tête baissée, les bras croisés et l'air tout à fait pensif* «.

[227] Während die Information zu Dorval im *Natürlichen Sohn* erst spät nachgereicht wird, somit zumindest zu spät für den Schauspieler, der diese Rolle verkörpert, wird der Hausvater gleich zu Beginn, also an prononcierter Stelle, auf diese Weise charakterisiert.

[228] In einem Vergleich mit Musikinstrumenten spricht sich Diderot implizit gegen das Rollenfachsystem und für die Flexibilität der Schauspieler aus: »Un grand comédien n'est ni un piano-forte, ni une harpe, ni un clavecin, ni un violon, ni un violoncelle; il n'a point d'accord qui lui soit propre, mais il prend l'accord et le ton qui conviennent à sa partie, et il sait se prêter à toutes.« Denis Diderot: Paradoxe sur le comédien. In: Ders.: Œuvres Complètes. Band 20: Paradoxe sur le comédien. Critique III. Hg. Von Jane Marsh Dieckmann u.a. Paris 1995, S. 43–132, hier S. 93; vgl. Michael Cartwright: Diderot and the Idea of Performance and the Performer. In: Studies in Eighteenth-Century French Literature: Presented to Robert Niklaus. Exeter 1975, S. 31–42, hier S. 42.

Nebeneinanderschreiben zweier Szenen ein verändertes Seitenlayout bzw. Druckbild und hat dabei wiederum gezielt den Leser im Blick:

> Diese Teilung würde für die Leser sehr bequem sein, und besonders für solche, die der Vermischung der Reden und der Bewegungen nicht sonderlich gewohnt sind. (Dichtkunst, S. 361)

Den Bemerkungen Diderots zufolge besitzen diese zwei Szenen denselben Stellenwert und stehen gleichwertig nebeneinander. In der dramenpraktischen Umsetzung funktioniert das allerdings nicht gleichermaßen, denn selbst bei den Szenen, auf die sich Diderot im *Discours sur la poésie dramatique* exemplarisch bezieht – II, 1 und II, 2 –, wird wie zu Beginn des Stücks in I, 1 und I, 2 diesbezüglich eine unterschiedliche Gewichtung erkennbar. Während in den ersten beiden Szenen eine Abstufung mit Hilfe verschieden starker Lichtquellen erreicht wurde, wird diese im zweiten Akt durch unterschiedliche Lautstärke-Intensitäten realisiert. Doch zunächst zur Anordnung der Figuren, die den Doppelszenen vorausgeht:

> *Alle diese Personen kommen eine nach der andern herein. Der Bauer steht und hat sich vorwärts auf seinen Stock gelehnt. Frau Papillon sitzt in einem Lehnstuhle und wischt sich das Gesichte; ihr Ladenmädchen steht neben ihr und hält eine kleine Pappenschachtel unter dem Arme. Herr Le Bon hat sich nachlässig aufs Kanapee geworfen. Der schwarz gekleidete Mann hat sich beiseite gemacht und steht in einem Winkel neben dem Fenster. La Brie ist in der Weste und in Haarwickeln. Philipp ist angekleidet. La Brie geht um ihn herum und sieht ihn ein wenig spöttisch an, da unterdessen Herr Le Bon das Ladenmädchen der Frau Papillon mit seinem Fernglase untersucht.*
> *Der Hausvater tritt herein, und alle stehen auf.*
> *Ihm folgt seine Tochter, und vor seiner Tochter geht ihre Kammerfrau her, die das Frühstück ihrer Gebieterin trägt. Jungfer Clairet nickt im Vorbeigehen gegen die Frau Papillon auf eine gnädige Art. Sie setzt das Frühstück auf einem kleinen Tische auf. Cäcilia läßt sich auf der einen Seite dieses Tisches nieder. Der Hausvater sitzet an der andern Seite desselben. Jungfer Clairet stehet hinter dem Lehnstuhle ihrer Gebieterin.*
> *Diese Szene bestehet aus zwei zugleich miteinander laufenden Szenen. Cäciliens Szene wird mit leiser Stimme gesprochen.* (II, 1, 201f.)[229]

Die Stelle macht exemplarisch sichtbar, wie »aus Personengruppen ein Gemälde« wird – so Diderots Formulierung im *Discours sur la poésie dramatique*. Die soziale

---

[229] Denis Diderot: Le père de famille, S. 211f.: »*Toutes ces personnes arrivent les unes après les autres. Le paysan se tient debout, le corps penché sur son bâton. Madame Papillon assise dans un fauteuil, s'essuie le visage avec son mouchoir; sa fille de boutique est debout à côté d'elle, avec un petit carton sous le bras. Monsieur Le Bon est étalé négligemment sur un canapé. L'homme vêtu de noir est retiré à l'écart, debout dans un coin auprès d'une fenêtre. La Brie est en veste et en papillotes. Philippe est habillé. La Brie tourne autour de lui, et le regarde un peu de travers; tandis que monsieur Le Bon examine avec sa lorgnette la fille de boutique de madame Papillon.*
Le père de famille entre, et tout le monde se lève.
Il est suivi de sa fille, et sa fille précédée de sa femme de chambre qui porte le déjeuner de sa maîtresse. Mademoiselle Clairet fait en passant un petit salut de protection à madame Papillon. Elle sert le déjeuner de sa maîtresse sur une petite table. Cécile s'assied d'un côté de cette table. Le père de famille est assis de l'autre. Mademoiselle Clairet est debout derrière le fauteuil de sa maîtresse.
Cette scène est composée de deux scènes simultanées. Celle de Cécile se dit à demi-voix.«

Abstufung manifestiert sich durch unterschiedliche Stellungen, durch die körperliche Dynamik und die Blickweisen. Obwohl der Hausvater bei den Auftrittsangaben wiederum gleich als Erster genannt wird, betritt er als Letzter die Bühne. Gleichzeitig ist er der Einzige, dessen Auftritt einen Positionswechsel aller anderen dramatis personae zur Folge hat: »*Der Hausvater tritt herein, und alle stehen auf.*« Seine Präsenz bewirkt somit eine Veränderung des gesamten Tableaus, da alle Anwesenden sich erheben und ihre vorherige Position aufgeben. Zuvor wird vor allem deutlich, dass die Schauspieler sich nicht mit Blick auf die Zuschauer bewegen sollen, sondern – im Sinne der vierten Wand[230] – zueinander in Beziehung stehen.

Das Nacheinander beim Lesen der zusammengesetzten Auftritte muss man sich bei der Aufführung als eine Art Gleichzeitigkeit vorstellen. Der Blick des Zuschauers kann nicht in gleicher Weise gelenkt werden wie der ›Blick‹ des Lesers. Während Letzterer sich an die vorgegebene Abfolge im Sinne der Schrift halten wird, ist es dem Zuschauer überlassen, ob er seinen Blick auf den auf dem Kanapee liegenden Herrn Le Bon oder auf La Brie richtet. Allerdings gibt es Unterschiede, denn während Frau Papillon und das Ladenmädchen wie auch der Bettler nicht zu anderen Bühnenfiguren in Beziehung stehen und keine Bewegungen ausführen, richten Herr la Brie und Herr le Bon ihren Blick ›*spöttisch*‹ bzw. ›*untersuchend*‹ auf andere, unterlegene Figuren: auf den Bettler bzw. das Ladenmädchen, so dass die soziale Abstufung auch an ihrer überlegenen Blickposition erkennbar wird.

Im Anschluss an dieses Paradebeispiel für ein Tableau[231] steht eine Regiebemerkung, die für die gesamte Szene gilt und dieser – ähnlich einer Lautstärkeangabe in der Musik – insgesamt zu unterlegen ist, da sie keinerlei inhaltliche Angaben, wohl aber verfahrenstechnische gibt. Sie bezieht sich auf die gesamte Kaufszene der Tochter – Cäciliens Szene – und steht dieser deshalb voran: »*Cäciliens Szene wird mit leiser Stimme gesprochen.*« (II, 1, 202)

Als punktuelle Regiebemerkung (vgl. Kap. 1) wird sie bei den Äußerungen der weiblichen dramatis personae wiederholt, um sicherzustellen, dass diese Parallelszene kontinuierlich hinter der anderen Szene zurücktritt. Durch die Lautstärkeangabe steht die Szene zwischen dem Hausvater und den anderen Männern im Vorder-

---

[230] Denis Diderot: Von der dramatischen Dichtkunst, S. 340: »Man denke also, sowohl während dem Schreiben als während dem Spielen, an den Zuschauer ebenso wenig, als ob gar keiner da wäre. Man stelle sich an dem äußersten Rande der Bühne eine große Mauer vor, durch die das Parterr abgesondert wird.« Im Original ist von »mur« die Rede. Zum Konzept der ›Vierten Wand‹ vgl. Johannes Friedrich Lehmann: Blick durch die Wand, S. 88–119 Lehmann spricht mit Diderot vom »spectateur ignoré« (vgl. Denis Diderot: Œuvres Esthétiques. Hg. von Paul Vernière. Paris 1968, S. 78), also vom »unbeobachteten Beobachter«. Hierzu Lehmann: »Es handelt sich also um ein Beobachtungsverhältnis, in dem die visuelle und kommunikative Reziprozität zwischen Bühne und Zuschauern aufgehoben sein soll.« (S. 88)

[231] Zum Begriff des Tableaus vgl. Peter Szondi: Theorie des bürgerlichen Trauerspiels, S. 117; Pierre Frantz: L'effet du tableau; Angelica Goodden: ›Une peinture parlante‹: The tableau and the drame. In: French Studies 38 (1984), S. 397–413; Annette Graczyk: Das literarische Tableau, S. 77–107. Willy R. Berger: Das Tableau. Rührende Schluß-Szenen im Drama. In: Arcadia 24 (1989), S. 131–147.

grund, während die Szene um Cäcilia und Frau Papillon als Hintergrundszene zu verstehen ist.[232] Sie dient der Spiegelung, da es auch dort um Geld und ökonomische Fragestellungen geht.[233] Ein weiterer Hinweis auf die unterschiedliche Gewichtung der beiden Szenen ist dadurch gegeben, dass die Kaufszene der Tochter vor der anderen Szene endet. Sie läuft im Grunde aus, sobald sie ihre Schuldigkeit getan hat, denn vor dem Ende der gesamten Szene heißt es: »*Jungfer Clairet, Frau Papillon, und das Ladenmädchen gehen ab.*« (II, 1, 203). Die Doppelszene, die Diderot theoretisch absichert und hier praktisch umsetzt, wird somit nicht über die gesamte Szene hinweg durchgehalten. Sie wird eingespielt, um im Hintergrund eine gewisse Stimmung aufzubauen und um neben dem ökonomischen Aspekt den bescheidenen, moralisch einwandfreien Charakter Cäcilias zu exponieren.[234]

Hinzu kommt, dass sich das Bild nach und nach leert, bis der Hausvater allein mit seiner Tochter auf der Bühne steht. Nicht nur der Positionswechsel aller anderen dramatis personae bei seinem Auftritt verleiht ihm wie schon im ersten Akt Gewicht, vielmehr werden auf diese Weise auch seine Äußerungen hervorgehoben – hier der programmatische Satz, der über die dargestellte Situation hinausweist und das Thema des gesamten Stückes anklingen lässt: »Eine Familie zu erziehen, seinem Stande sich gemäß zu halten [...]« (S. 203).[235] Deutlich geworden ist, dass die von

---

[232] Der unterschiedliche Stellenwert, den Diderot diesen beiden Szenen durch die Lautstärkeanweisung gibt, wurde für die Umsetzung auf der Bühne auch als solcher verstanden. Das ging allerdings häufig so weit, dass die Hintergrundszene einfach gestrichen wurde, so etwa in der Ausgabe von 1761. Zu den gestrichenen Szenen in dieser Ausgabe vgl. Diderot: Œuvres complètes. Band 10, S. 213f.
[233] Folgende Szene fehlt im Souffleur-Exemplar und in der Ausgabe von 1772, die der Aufführung an der Comédie-Française entspricht; vgl. Denis Diderot: Œuvres complètes. Band 10, S. 214:
»(*Tout en parlant, il tire une bourse qu'il lui donne furtivement; et tandis qu'il le reconduit et qu'il revient, l'autre scène avance.*)
Mlle Clairet: Ce dessin est charmant.
Cécile: Combien cette pièce?
Mme Papillon: Dix louis, au juste.
Mlle Clairet: C'est donner.
(*Cécile paye.*)«
[234] In diesem Punkt ist Lehmann, der die beiden Szenen nicht gegeneinander abwägt, sondern als gleichberechtigt ansieht, zu widersprechen: »So ist beispielsweise in Szene II, 1 das Gespräch des Hausvaters mit dem Verwalter über finanzielle Engpässe der Situationsrahmen für die gleichzeitige pantomimische Kaufszene der Tochter. Oder auch umgekehrt.« Der letzte Satz – »Oder auch umgekehrt« – berücksichtigt die unterschiedliche Gewichtung nicht, die Diderot vornimmt, und liest den Text in gewissem Sinne moderner, als er ist, denn die Szenen stehen nicht völlig gleichwertig nebeneinander. Vgl. Johannes Friedrich Lehmann: Blick durch die Wand, S. 103, Anm. 56.
[235] Wenn hingegen die Figur des Hausvaters von der Regiebemerkung »*spricht leise*« begleitet wird – auch das kommt vor –, dann nicht, um eine Szene als Hintergrundszene zu kennzeichnen. Bei ihm liegen jeweils inhaltliche Gründe vor, so seine Delikatesse und sein Bewusstsein dafür, dass er den »verschämten Armen« nicht vor den anderen bloßstellen, sondern ihm heimlich Geld zukommen lassen möchte.

Diderot programmatisch und praktisch eingeführten Doppelszenen ›revolutionär‹ sind, insofern sie völlig neue Anforderungen an Zuschauer wie Schauspieler stellen – das zeigt schon die oben zitierte Reaktion Madame Riccobonis.

Bisher standen die regiebemerkungsreichen Stellen des Stücks im Vordergrund. Dass im *Père de famille* auch Szenen vorkommen, die wenige oder auch gar keine Regiebemerkungen enthalten, blieb in der Forschung weitgehend unberücksichtigt, obwohl sich die Verteilung der Regiebemerkungen als Indikator für die unterschiedliche Funktion der Auftritte erweist: Szenen, in denen die gesellschaftlichen Verhältnisse und die Beziehung der Figuren zueinander – mit der Zentralmacht des Hausvaters – veranschaulicht werden, stehen neben Szenen, die aus Zwiegesprächen bestehen und in denen derselbe Hausvater, der zuvor in seinem gesamten Umfeld vorgestellt wurde, im Verhalten einem seiner Kinder oder dem Komtur gegenüber gezeigt wird. Während die Tableau-Situation vor allem mit Hilfe der Regiebemerkungen hergestellt wurde, wobei Pantomime und Proxemik der Figuren in den Vordergrund rückten, handelt es sich hier um rein dialogische Auseinandersetzungen. Solche Zwiegespräche können zum einen die Funktion haben, bestimmte Themen zu problematisieren, etwa wenn Hausvater und Komtur sich über den Aufgabenbereich des Hausvaters auseinandersetzen und diesen unterschiedlich bis gegensätzlich beschreiben (vgl. III, 7). Während der Komtur meint, der Hausvater müsse vor allem ›Herr im Hause‹ sein, vertritt der Hausvater die Ansicht, er solle weder ein »ungerechter und grausamer Vater« noch »ein undankbarer und böser Mann« sein. Hier stehen keine expliziten Regiebemerkungen, da allein das Gesagte Beachtung finden soll und die Figurenrede im Vordergrund steht.

Die zweite Form von Zwiegesprächen mit ebenfalls nur wenigen Regiebemerkungen ist emotional aufgeladen und findet meist zwischen dem Hausvater und einem seiner Kinder statt. Die Gefühlsausdrücke werden in diesen Dialogen allerdings nicht ›beigeschrieben‹ – so Lessings Übersetzung – also nicht als explizite Regiebemerkungen notiert, sondern ›eingeschrieben‹ im Sinne von in die Figurenrede integriert, etwa wenn eine lange Replik des Vaters die Worte »Cäcilia, du seufzest« enthält. In dieser Szene erklärt Cäcilia ihrem Vater, dass sie nicht heiraten, sondern ins Kloster gehen möchte. Zur Veranschaulichung folgt eine Sequenz mit wenigen expliziten Regiebemerkungen, deren letzte Äußerung wiederum den Hausvater ins Zentrum setzt: »Ich werde also sterben müssen, ohne eines meiner Kinder glücklich zu sehen.«

> DER HAUSVATER: Cäcilia, du schlägst die Augen nieder. Du zitterst. Du fürchtest dich, zu reden. – Mein Kind, laß mich in deiner Seele lesen. Du kannst kein Geheimnis vor deinem Vater haben. […] Du weinest.
> CÄCILIA: Ihre Gütigkeit betrübt mich.
> […]
> DER HAUSVATER: Du betrügst mich, meine Tochter.
> CÄCILIA: Ihre Zärtlichkeit schlägt mich darnieder. […]
> DER HAUSVATER: Sollte dein Herz wohl jemand gewählt haben? Sollte es wohl lieben?
> CÄCILIA: Wie sehr würde ich zu beklagen sein!

DER HAUSVATER: Rede. – (*Vertraulicher und zärtlicher.*) Rede doch, mein Kind. Wenn du nicht mehr Strenge bei mir vermutest, als ich mir jemals bewußt gewesen bin, so laß dieses unzeitige Zurückhalten. [...]
CÄCILIA: Das Schicksal meines Bruders macht mich zittern. (II, 2, 207f.)[236]

Dass hier kaum explizite Regiebemerkungen vorkommen, liegt an der Zweierkonstellation, die Bemerkungen zur Proxemik überflüssig macht. Zumindest im Sinne Diderots stehen die Bewegungsabläufe der Figuren dort nicht programmatisch im Mittelpunkt, wie dies bei den Tableauszenen der Fall war. Diese Szene hat außerdem nicht die »valeur d'un manifeste« wie der Beginn der Akte I und II, in denen Diderot exemplarisch vorführt, was er mit den ›sozialen Tableaus‹,[237] die die ganze Familie gemeinsam auf der Bühne zeigen, im Sinn hat. Vielmehr teilen sich ein zärtlicher Vater und seine ihn liebende Tochter ganz im Sinne des Empfindsamkeitsdiskurses ihre Gefühle gegenseitig mit. Dabei ist – ähnlich wie in Gellerts *Die zärtlichen Schwestern* (vgl. Kap. 3.1) – der Dialog eher eine Art Kommentar der Gefühle, als dass die Figuren diese tatsächlich durchleben und darstellerisch umsetzen. Von »Seele«, »Herz« und von der »Zärtlichkeit« des Vaters, die Cäcilia »darniederschlägt«,

---

[236] Denis Diderot: Le père de famille, S. 218f.:
»LE PÈRE DE FAMILLE – Cécile, vous baissez les yeux. Vous tremblez. Vous craignez de parler ... Mon enfant, laisse-moi lire dans ton âme. Tu ne peux avoir de secret pour ton père [...] Tu pleures ...
CÉCILE – Votre bonté m'afflige. [...]
LE PÈRE DE FAMILLE – Vous me trompez, ma fille.
CÉCILE – Je suis accablée de votre tendresse ... [...]
LE PÈRE DE FAMILLE – Cécile, auriez-vous distingué quelqu'un? Aimeriez-vous?
CÉCILE – Que je serais à plaindre!
LE PÈRE DE FAMILLE – Dites. Dis mon enfant. Si tu ne me supposes pas une sévérité que je ne connus jamais, tu n'auras pas une réserve déplacée. [...]
CÉCILE – Le sort de mon frère me fait trembler.«

[237] Als Gegenstrategie zum damals vorherrschenden *coup de théâtre* versteht Szondi das *tableau* bei Diderot, das mit dem Übergang zu einem bürgerlichen Selbstverständnis an Bedeutung gewinne; vgl. Peter Szondi: Theorie des bürgerlichen Trauerspiels, S. 110–121. Roland Barthes untersucht das Tableau nicht von der Theatertheorie her, sondern von der Malerei aus. Roland Barthes: Diderot, Brecht, Eisenstein. In: Ders.: L'obvie et l'obtus. Essais critiques III. Paris 1982, S. 86–93, hier S. 87: »Toute l'esthétique de Diderot, on le sait, repose sur l'identification de la scène théâtrale et du tableau pictural: la pièce parfaite est une succession de tableaux, c'est-à-dire une galerie, un salon.« Die Beziehungen zu Greuze, der in seinen Genrebildern eine lebensnahe Darstellung des bürgerlichen Alltags erzielt, werden in der Forschung verstärkt berücksichtigt (vgl. Annette Graczyk: Das literarische Tableau, S. 92–96), können allerdings kaum als direkte Einflussnahme gewertet werden; vgl. Angelica Goodden: Actio and Persuasion. Dramatic Performance in Eighteenth-Century France. Oxford 1986, S. 78: »In view of Diderot's strong words in the *Entretiens* about the desired proximity of painting to dramatic art, it is perhaps disappointing to record that no direct model in painting for his drames seems to exist.« Nach Goodden ist außerdem die Sozialstruktur von Diderots Protagonisten nicht mit den bei Greuze abgebildeten Figuren vergleichbar. Auch Berger betont, dass es sich nicht um Einfluss handele, sondern um »Wahlverwandtschaft«; er spricht von der Ähnlichkeit der »natürlichen und lebenswahren Stellung« beim Dramatiker und Maler familialer Häuslichkeit; vgl. Willy R. Berger: Das Tableau, S. 131–133.

ist ausdrücklich die Rede. Ebenfalls erfährt man allein durch die Figurenrede, dass Cäcilia die Augen niederschlägt, zittert, sich fürchtet, weint und betrübt ist. Obwohl die einzige explizite Regiebemerkung im zitierten Textausschnitt treffend erscheint und die Zärtlichkeit dort wieder aufgenommen wird, steht diese Regiebemerkung nicht im Original. Als einzige innerhalb des gesamten Stücks wurde sie von Lessing ergänzt. Der Grund für diese Hinzufügung liegt auf der Hand: Den Übergang vom Siezen zum Duzen, durch den der Vater sich seiner Tochter noch weiter anzunähern versucht, indem er eine vertraulichere Ebene wählt – »Dites. Dis mon enfant.« (Sagen Sie. Sag, mein Kind.) –, ersetzt Lessing durch die explizite Regiebemerkung »*Vertraulicher und zärtlicher*«: Das Siezen innerhalb der Familie hätte im Deutschen nicht so selbstverständlich gewirkt wie im Original, so dass Lessing vermutlich aus diesem Grund darauf verzichtet hat und somit auch den Wechsel zum Duzen nicht vornehmen konnte.

Obwohl Formen des Tableaus inzwischen hinlänglich erforscht sind, stößt man hier auf einen bisher wenig beachteten Aspekt. Während die Tableauszenen in der Forschung automatisch mit ausführlichen Regiebemerkungen in Verbindung gebracht werden, unterscheidet Diderot zwischen den gestisch umgesetzten Tableaus und den rein sprachlichen Beschreibungen, wenn er »vorstellen« und »erzählen« gegeneinander abgrenzt: »Wenn eine Handlung einfach ist, so muß man sie, glaube ich, lieber vorstellen als erzählen.«[238] Dass allerdings nicht nur der Forschung, sondern auch den Schauspielern der qualitative Unterschied zwischen erzähltem und vorgestelltem Tableau nicht immer verständlich war, machen Rezeptionsdokumente deutlich. Im Mittelpunkt steht die zentrale Szene,[239] in der St. Albin seinen Vater von der Tugendhaftigkeit Sophies überzeugen will und deshalb ausführlich darlegt, wie er sie kennengelernt hat (I, 7). In einer Aufführungskritik wird diese Szene als »un long, très long, très mortellement long récit« apostrophiert, allerdings wird noch stärker die Art und Weise kritisiert, wie diese Szene von Molé, dem Darsteller St. Albins, umgesetzt wird, um den ›tödlich langen Bericht‹ interessanter zu machen:

> D'abord il [Molé] commence par altérer le texte, & après ces mots, *Sophie était seule*, il ajoute: tenez, mon père, elle était .... elle était comme ça; [...] voici pourquoi Molé a imaginé cette petite phrase enfantine, c'est pour s'asseoir *comme Sophie*, pour appuyer ses coudes sur la table *comme Sophie*, & désigner avec les doigts de sa main droite passées entre les doigts de sa main gauche, les traces des larmes qui coulaient le long des bras de *Sophie*.[240]

Dem Schauspieler reicht es also nicht aus, von den Bewegungen und Empfindungen zu berichten, zu »erzählen«. Aus diesem Grund fügt er ein »comme ça« (»so«) als deiktischen Verweis auf die synchron zum Bericht der Szene ausgeführten Bewegungen hinzu. An dem eingefügten »comme ça« wird offensichtlich, dass der Schauspieler die

---

[238] Denis Diderot: Unterredungen über den »Natürlichen Sohn«. In: Ders.: Das Theater des Herrn Diderot, S. 155.
[239] Vgl. zu dieser Szene Peter Szondi: Theorie des bürgerlichen Trauerspiels, S. 121f.
[240] Nouveau spectateur ou Journal de théâtre; abgedruckt in: Anne-Marie Chouillet: Dossier du *Fils naturel* et du *Père de famille*. In: Studies on Voltaire and the eighteenth century 208 (1982), S. 73–166, hier S. 165.

narrative Pantomime nicht als Wortkulisse, sondern als implizite Regiebemerkung versteht:[241] Die erzählte Pantomime wird im Sinne einer als real darzustellenden Pantomime umgesetzt. Zumindest gehen die Aktionen des Schauspielers, der in der Rezension kritisiert wird, weit über die Angaben Diderots in seinem Dramentext hinaus. Denn dort findet sich keine einzige Anweisung an den Schauspieler, obwohl Diderot diese, wenn nötig, genau vorgibt. Wie in anderen Zwiegesprächen liegt der Akzent hier auf dem gesprochenen Wort – entgegen der vorherrschenden Meinung, die Diderot auf ein hohes Maß an Gestik und Mimik festlegt.

Wie ungewöhnlich die schauspielerische Umsetzung ist, macht der Rezensent deutlich, wenn er dem Schauspiel Molés, »cette pantomime puérile«,[242] das eines anderen Darstellers St. Albins gegenüberstellt: Monvel, der bei den erzählten Tableaus auf jegliche Pantomime verzichtet:

> J'ai vu *Monvel* jouer St. Albin, & je me rappelle que dans le récit dont je vous parle, il dédaigne cette pantomime recherchée, & peint bien plus heureusement & plus noblement que Molé le désordre de son âme & la violence de sa passion.[243]

Der dargestellten Stellvertreterfigur für Sophie, die die Pantomime gerade nicht nur ›teichoskopisch‹ erzählt, sondern gleichzeitig umsetzt, wird hier das reine *récit* Monvels gegenübergestellt. Pantomime um jeden Preis wird jedenfalls weder nach dem Empfinden des Rezensenten noch nach den Indikationen durch die Regiebemerkungen in dieser Szene angestrebt. Als St. Albin seinem Vater das Zusammentreffen und die Lebensumstände Sophies beschreibt, handelt es sich um einen Botenbericht, der aber an einigen Stellen zu einer Art Teichoskopie wird, da der zeitliche Abstand durch Tempuswechsel überspielt wird.[244] Die Begegnung zwischen St. Albin und Sophie gewinnt so an Präsenz und wird dem Hausvater direkt vor Augen geführt. Dennoch bleibt die narrative Pantomime, die den Vater zum Zuschauer macht, im Bereich des Sprachlichen.

Wichtig an den Tableaus, um die es sich nach Diderot in beiden Fällen handelt – d.h. sowohl bei den rein dialogischen als auch bei den stark pantomimischen Szenen –, ist also nicht in erster Linie die Pantomime. Nicht die Visualisierung durch gestische Umsetzung auf der Bühne steht im Vordergrund, sondern die Intimität der Familie und das Rührende, welches auch ohne Bewegung durch reine Erzählung hervorgerufen werden kann. Dass sich Diderot der Tatsache bewusst ist, das

---

[241] Zu den Begriffen ›Wortkulisse‹ und ›implizite Regiebemerkung‹ vgl. Kap. 1.
[242] Nouveau spectateur ou Journal de théâtre; abgedruckt in: Anne-Marie Chouillet: Dossier, S. 165. »[T]ous ces gestes convulsifs dont il fait tant d'usage leur [aux gens de goût] paraissent aussi déplacés que ces coups de poing répétés qu'il se donne de son cœur.«
[243] Ebd., S. 165.
[244] Vgl. etwa I, 7, 196: »Eines Tages hörte ich an meine Türe klopfen. Es war die gute Alte. Ich mache auf. Sie tritt herein, ohne ein Wort zu reden, setzt sich nieder, und fängt an zu weinen. Ich frage sie, was ihr fehlt.«; Denis Diderot: Le père de famille, S. 206: »Un jour j'entends frapper à ma porte. C'était la bonne. J'ouvre. Elle entre sans parler, s'assied, et se met à pleurer. Je lui demande ce qu'elle a.«

Geschehen hier zu erzählen und nicht auf der Bühne zu vergegenwärtigen, belegt eine Bemerkung Diderots gegenüber Madame Riccoboni:

> Et croyez-vous que sans la règle de l'unité de lieu, j'aurais manqué à vous montrer Sophie et Madame Hébert dans leur grenier? Sophie racontant ses peines à Madame Hébert, travaillant, s'interrompant dans son travail; Madame Hébert écoutant, filant au rouet, pleurant [...].[245]

Auch wenn Diderot die ausführliche verbale Beschreibung, die St. Albin von Sophie gibt, in diesem Fall durch die gebotene Einheit des Ortes, »l'unité de lieu«, begründet, die eine direkte Visualisierung dieser Szene untersage, ist zu bedenken, dass er die Vorzüge des Romans gegenüber dem Drama, die er durch die erzählenden Passagen in den Dramentext einbaut, hier gezielt nutzt. Er kann auf Möglichkeiten zurückgreifen, die bisher dem neuen »häuslichen Roman« vorbehalten sind, nämlich Gefühlsäußerungen ausführlich zu schildern:

> Worin sich der häusliche Roman von dem Drama vornehmlich mit unterscheidet, ist dieses, daß der Roman die Gebärden und Pantomime bis tief ins Kleine verfolgt; daß sich sein Verfasser vornehmlich angelegen sein läßt, die Bewegungen und Eindrücke zu malen; anstatt daß sie der dramatische Dichter nur im Vorbeigehen mit einem Worte berühret. (Dichtkunst, S. 390)

Diderot spricht Madame Riccoboni gegenüber ausdrücklich seine Verwunderung darüber aus, dass gerade diese Passagen, die er für besonders gelungen hält, nicht gelobt werden: die Tableaus, und zwar die erzählten Tableaus, die dem Gegenüber das Geschehen ›vor Augen führen‹:

> Savez-vous quels sont les tableaux qui m'appellent sans cesse? – Ceux qui m'offrent le spectacle d'un grand mouvement? – Point du tout; mais ceux où les figures tranquilles me semblent prêtes à se mouvoir. [...] Voilà les tableaux qu'il me faut ou en action ou en récit. Je n'ai rien encore entendu louer du *Père de famille*, de ce qui m'en plaît, comme cet endroit des petites ruses que Saint-Albin employoit pour s'approcher de Sophie: ›Le soir j'allois frapper doucement à leur porte et je leur demandois de l'eau, de la lumière, du feu ...‹.[246]

Dass es sich bei der oben zitierten Aufführung mit der übertriebenen Pantomime des Schauspielers Molé um eine späte Inszenierung handelt, ist vermutlich kein Zufall. Da Diderot inzwischen als Spezialist für Pantomime gilt, übertreibt man diese und bringt sie auch dort zum Einsatz, wo sie nach Ansicht des Dramenverfassers gar nicht erwünscht ist. Szenen, die aus Deklamation und rein narrativer Pantomime bestehen,[247] in denen also allein das gesprochene Wort wichtig ist, werden so der Pantomime untergeordnet.

---

[245] Brief Diderots vom 27.11.1758. In: Ders.: Œuvres complètes. Band 10, S. 437–451, hier S. 446f.
[246] Ebd., S. 98f.
[247] Howald bezieht sich in seinen Ausführungen ebenfalls auf die Szene zwischen St. Albin und seinem Vater: »Nicht Worte, sondern Eindrücke soll man aus dem Theater nach Hause nehmen. Um solcher willen möchte er gelobt werden.« Ernst Howald: Exposition, S. 56. Das Beispiel, das Howald im Anschluss zitiert, besteht allerdings gerade aus Worten, die zwar auch Eindrücke darstellen, aber rein sprachlich funktionieren.

Dass Diderot selbst alle seiner Meinung nach relevanten Regiebemerkungen setzt, wenn er dies für nötig hält, geht auch aus seinen Ausführungen zu an der Antike ausgerichteten klassischen französischen Stücken hervor, die für die Frage nach den Regiebemerkungen erhellend sind:

> Sagt der Dichter: ›Indem nahet sich Kalchas,
> Die Miene finster, wild der Blick, das Haar getürmt,
> Voll Wut, voll von dem Gott, der ihm im Busen stürmt;‹
> oder:
> ›– – – – an allen Dornen klebt
> Sein blutig Haupthaar – –‹
> wo ist der Schauspieler, der mir den Kalchas so zeigen kann, wie er in diesen Versen ist? Grandval tritt mit einem edeln und stolzen Schritte einher. Seine Miene ist finster; sein Blick vielleicht auch wild. Sein Betragen, seine Gestus zeugen von der innern Gegenwart des Gottes, der ihn begeistert. Aber er sei noch so schrecklich, so wird sich doch nicht das Haar auf seinem Kopfe türmen. So weit kann die dramatische Nachahmung nicht gehen. Ebenso ist es mit den meisten übrigen Bildern, welche diese Erzählung beleben. Ein von Pfeilen verdunkelter Himmel. Ein Kriegesheer im Aufruhr. Die Erde mit Blut getränkt. Eine junge Prinzessin, den Stahl in der Brust. Die entfesselten Winde. […] Alle diese Dinge hat der Dichter gemalt. Die Einbildungskraft sieht sie. Aber die Kunst vermag sie nicht nachzuahmen. (*Unterredungen über den »Natürlichen Sohn«*, S. 155f.)

Diderot bezieht sich hier auf Szenen aus Racines Theaterstücken *Iphigénie* und *Phèdre*. Zunächst zeigt das Zitat, dass Diderot eine direkte körpersprachliche Umsetzung auf der Bühne keineswegs automatisch voraussetzt, sondern dass an bestimmten Stellen die Einbildungskraft des Lesers/Zuschauers allein durch sprachliche Äußerungen der Figur – im Sinne einer Wortkulisse – in Gang gesetzt wird: Während die »Miene« tatsächlich »finster« ist, schränkt Diderot die Frage, ob Grandvals[248] Blick auch »wild« sei, wenn dies in den Versen behauptet wird, schon durch ein »vielleicht« ein. Die tatsächliche Umsetzung bei den Haaren – die »dramatische Nachahmung« – schließt er gänzlich aus: »er sei noch so schrecklich, so wird sich doch nicht das Haar auf seinem Kopfe türmen«.

In diesen Zeilen beschreibt Diderot – so könnte man mit der in der vorliegenden Arbeit verwendeten Terminologie sagen – den Übergang von impliziten Regiebemerkungen zur Wortkulisse. Neben der reinen Pantomime, die ›beigeschrieben‹ und nicht, wie in den hier zitierten der Rhetorik verpflichteten Passagen, ›eingeschrieben‹[249] wird, wertet er keine der beiden Möglichkeiten ab; vielmehr legt er je nach Kontext und Situation fest, welche der Varianten passend ist. Diderot entscheidet sich also nicht generell für visualisierte Körpersprache, sondern propagiert auch die Wortkulisse, wenn dies erforderlich ist, und hält sie in manchen Fällen für weitaus angebrachter als die gestische Umsetzung auf der Bühne. Diderots Vorliebe für

---

[248] Zu dem bedeutenden Tragödienschauspieler der Comédie-Française Charles Racot de Granval (1711–1784) vgl. Klaus-Detlef Müllers Kommentar in: Denis Diderot: Das Theater des Herrn Diderot, S. 413.
[249] Die Verwendung dieser durch verschiedene Präfixe voneinander unterschiedenen Verben gibt gewissermaßen den Unterschied zwischen expliziten und impliziten Regiebemerkungen wieder.

Tableau und Pantomime löst die deklamatorischen Stellen also keineswegs vollends ab, vielmehr stehen beide – Pantomime und Deklamation[250] – nebeneinander, je nachdem, ob Passagen mit vielen oder wenigen expliziten Regiebemerkungen versehen sind, wobei die »cold arrangements of the French classical stage«[251] umgeformt werden und sich innerhalb des privaten Raumes für Gestik und Mimik öffnen. Es hat sich gezeigt, dass das Bild eines Dramenverfassers, der die gestische Umsetzung um jeden Preis will, zu revidieren ist.

Aus dem Dramentext ›ausgelagerte‹ Regiebemerkungen

Trotz der insgesamt hohen Quantität an Regiebemerkungen sind zwei Bereiche dort unterrepräsentiert: Angaben zu Bühnenbild und Kostüm. Diderots Stück beginnt mit folgender Regiebemerkung:

> *Das Theater stellt einen Gesellschaftssaal vor, der mit Tapeten, Spiegeln, Gemälden, Uhren*[252] *etc. ausgezieret ist. Es ist der Saal des Hausvaters.*
> *Es ist tief in der Nacht; zwischen fünf und sechs Uhr des Morgens.* (I, 183)[253]

Diese bühnentechnisch – »*das Theater stellt* […] *vor*« – und nicht fiktional eingebundene Regiebemerkung bietet eine kurze Skizze des Raumes, in der Details zwar genannt, aber rein additiv ohne Bemühen um Vollständigkeit hintereinandergestellt werden, wie das »*etc.*« deutlich macht. Außer der eben zitierten Eingangsregiebemerkung, die der ersten Szene vorangeht, finden sich im Stück relativ wenige Informationen zum Bühnenbild im Sinne des Raums als ›Schauraum‹. Häufiger stehen Regiebemerkungen, die den Raum als ›Bewegungsraum‹ beschreiben,[254] indem zwischen Vorder- und Hintergrund unterschieden und die Bewegung der Figuren innerhalb des Raumes angegeben wird. Dort, wo Teile des Bühnenbildes genannt werden – etwa die Möbel –, stehen sie in enger Beziehung zu einzelnen Figuren, so in der ausführlichen Regiebemerkung zu Beginn von II, 1. Auch diese leitet einen

---

[250] Dabei wehrt sich Diderot dagegen, auf »Pathos« statt »Affekt« festgelegt zu werden. Er nutzt die Wortkulisse also anders, als die herkömmliche Deklamation dies nahelegt: »Und glauben Sie ja nicht, daß es die Lieblingswörter des lyrischen Stils, *rollen – zittern – zürnen* – sind, die das Pathetische dieser Stelle ausmachen. Der Affekt ist es, der sie belebt. Und wenn der Musikus die Stimme des Affekts verabsäumte und seine Töne bloß nach Maßgebung dieser Wörter kombinierte, so würde ihm der Dichter eine grausame Schlinge gelegt haben.« Denis Diderot: Unterredungen über den »Natürlichen Sohn«, S. 175.

[251] June Sigler Siegel: Grandeur-Intimacy, S. 251.

[252] Im Original ist hier – sinnvollerweise – nur von einer Uhr die Rede; Diderot: Le père de famille, S. 191.

[253] Diese Angabe geht der ersten Szene des Stücks voraus.

[254] Vgl. die Unterscheidung zwischen Schau- und Bewegungsraum in Christopher Balme: Einführung in die Theaterwissenschaft, S. 147, dort allerdings mit einer etwas anderen Bedeutungsdifferenzierung: »Der Bühnenraum gliedert sich aus theaterwissenschaftlicher Sicht in zwei grundlegende Untersuchungsfelder: In den *Bewegungsraum* der Darsteller und in den *Schauraum* für die Zuschauer. Während der Schauraum (der für den Zuschauer sichtbare Raum) den Bewegungsraum (der von den Darstellern physisch genutzte Raum) meistens umfasst, gilt dies nicht umgekehrt.«

neuen Akt ein im Sinne von Diderots Beobachtung, dass Regiebemerkungen »fast beständig zu Anfange des Auftritts« stehen. Bei den hier gegebenen Anweisungen geht es vornehmlich um die Proxemik der Figuren. So wird die Abseitsstellung des Armen visuell unterstrichen, indem er »*in einem Winkel nahe dem Fenster*«, also fast außerhalb des Raumes steht, während der Haushofmeister sich »*nachlässig aufs Kanapee geworfen*« hat. Das Ladenmädchen steht »*neben ihr*«, sie wird so nur im Verhältnis zu ihrer Arbeitgeberin, Frau Papillon, charakterisiert.

Dennoch gibt Diderot weitere Hinweise für die vollständige Verfertigung des Bühnenbildes, und zwar in einem Bezugstext, den er dem *Père de famille* zur Seite stellt. Im *Discours sur la poésie dramatique* bezieht sich Diderot vor allem auf diejenigen Bereiche, die in seinen Regiebemerkungen kaum Beachtung finden: Bühnenbild und Kleidung. Sie können offensichtlich bequem separat abgehandelt werden, da sie nicht primär das fiktionsinterne Bühnengeschehen, sondern die realen Bühnenverhältnisse betreffen – womit gleichzeitig eine Kontroverse benannt ist, die Diderots Theaterschaffen begleitet: die praktische Bühnenarbeit an der Comédie-Française.[255] Systematisch handelt Diderot die Aspekte Dekoration und Kostüm mit Blick auf die reale Theatersituation in einzelnen Unterkapiteln ab, allerdings ohne Berücksichtigung des Textraums der Regiebemerkungen. Dabei setzt er sich wiederum mit dem klassischen Drama auseinander:

> Was es aber am meisten zeiget, daß wir von dem guten Geschmacke und von der Wahrheit noch weit entfernt sind, das sind unsere armseligen und falschen Verzierungen des Theaters, nebst der üppigen Kleiderpracht der spielenden Personen. (Dichtkunst, S. 376)

Diderot beschreibt zunächst die Zwänge, die auf den Dramenverfasser durch Regeln und Vorschriften ausgeübt werden, und moniert das fehlende Wissen und Können der Bühnenbildner.

> Man verlangt von dem Dichter, daß er sich der Einheit des Orts unterwerfen soll, und die Bühne überläßt man der Unwissenheit eines ungeschickten Verzierers. (Dichtkunst, S. 376)

Zumindest solange der »Verzierer« dieser Aufgabe nicht gewachsen ist, stellt Diderot die Autorität des Dramenverfassers über die des Bühnenbildners, der ausführen soll, was dieser vorschreibt. Der Fall der »Verzierungen« – des Bühnenbildes – zeigt die Vormachtstellung des Dichters, die Diderot auf diesen Bereich ausgedehnt wissen will, wenn auch diesmal nicht vermittelt über den Dramentext, sondern über ein Gespräch zwischen Dichter und Bühnenbildner,[256] das der Aufführung vorausgehen soll:

> Der Dichter, dessen Werk man für würdig erkannt hat, öffentlich vorgestellt zu werden, schicke nach dem Verzierer. Er lese ihm sein Drama vor; und dieser suche den Ort der Szene aufs beste zu fassen, zeige ihn uns, wie er wirklich ist [...]. (Dichtkunst, S. 376)

---

[255] Vgl. Denis Diderot: Unterredungen über den »Natürlichen Sohn«, S. 118f.: »Alles wegschaffen, was einen ohnedem schon engen Ort noch enger macht. Verzierungen anbringen. Imstande sein, andere Gemälde auszuführen, als die man seit hundert Jahren gewohnt ist.«

[256] Durch den Begriff des Gemäldes »von der zweiten Ordnung« (S. 377) ordnet Diderot das Bühnenbild und mit ihm den Bühnenbildner dem Stück und dem Dramenverfasser unter.

Da die Kommunikation zwischen Dichter und Bühnenbildner auf direktem Wege, nicht über Regiebemerkungen ablaufen soll, erübrigen sich genauere Angaben im Stück. Äußerungen zum Bühnenbild, ebenso zum Kostüm, müssen nur dann als explizite Regiebemerkungen erscheinen, wenn sie von generell geltenden Bekleidungsvorstellungen situativ oder personenbezogen abweichen, so einmal, um durch die Nachtkleidung[257] das Außergewöhnliche der Situation zu kennzeichnen, ein anderes Mal durch eine Verkleidung (I, 7). Da die »häusliche Kleidung« für Diderots *drame bourgeois*, das den privaten Raum fokussiert, von hoher Relevanz ist, nennt er diesen Aspekt an exponierter Stelle, nämlich in seinem *Discours sur la poésie dramatique*:

> Die Komödie will in häuslicher Kleidung gespielt sein. Man muß auf der Bühne weder geputzter noch nachlässiger erscheinen als bei sich zu Hause. (Dichtkunst, S. 378)

Diderot verwendet somit für unterschiedliche Bereiche verschiedene Texträume – zum einen die Regiebemerkungen, daneben aber auch separate Bezugstexte –, wodurch die Multifunktionalität der Regiebemerkungen reduziert wird. Bemerkenswert ist, dass diese Abspaltung in gewissem Sinne eine historische Entwicklung mit Spezialisierungen des Theaterbetriebs voraussieht. Denn diejenigen Bereiche, die Diderot hier auslagert, sind mit speziell gedruckten Inszenierungsanweisungen etwa für die Oper vergleichbar, durch die nach der Wende zum 19. Jahrhundert eine prinzipiell neue Publikationsform in die Theaterpraxis eingeführt wird.[258] Diese separat gedruckten Anweisungen geben Inszenierungshilfen in Form von Dekorations- und Kostümabbildungen[259] und deuten auf eine Entwicklung zur Spezialisierung und Professionalisierung voraus, die – wenn man diese Ansätze weiterdenkt – sogar mit der Ausdifferenzierung der Berufe in Bühnen- und Maskenbildner in Zusammenhang gebracht werden kann.

Lessing und Engel als Leser von Diderots *De la poésie dramatique*

Da Diderot sich durch die *Entretiens sur le ›Fils naturel‹* und den *Discours sur la poésie dramatique* zusätzliche Texträume schafft, um zu bestimmten Fragen Stellung zu nehmen – hier um Bühnenraum und Kostüme festzulegen –, werden diese in den

---

[257] I, 9, 200: »DER KOMTUR, *im Schlafrocke und in der Nachtmütze.*«

[258] Arne Langer: Zur Aufzeichnungspraxis der Operninszenierung. In: Aktuelle Tendenzen der Theatergeschichtsforschung. Heftredaktion: Miriam Göbel, Andrea Kircher, Gesine Schobert. Berlin 1996, S. 103–118.

[259] Vgl. Arne Langer: Aufzeichnungspraxis, S. 111. Die dort beschriebene Weiterentwicklung der Inszenierungshilfen in Form des gedruckten Regiebuchs verwendet über die oben genannten Bereiche hinaus differenzierte graphische Mittel, um die Aufstellung der Darsteller auch in ihrer Tiefenstaffelung zu beschreiben und festzuhalten, so dass die Bühne andeutungsweise räumlich erfasst wird. Verblüffend ähnlich mutet die handschriftliche Abbildung an, die in Delaportes Exemplar des *Père de famille* enthalten ist und die die Figurenkonfiguration einer Szene aus dem fünften Akt graphisch festhält; aufbewahrt in der Bibliothèque Mazarine; abgedruckt in: Anne-Marie Chouillet: Dossier, S. 163.

Regiebemerkungen kaum berücksichtigt. Das hat allerdings zur Folge, dass manches Detail in den Aufführungen ignoriert wird, da die Kommunikation zwischen Dramenverfasser und den für Bühnenbild und Dekoration Verantwortlichen fehlt, und zwar sowohl die mündliche Kommunikation, die Diderot vorsieht, als auch die Wahrnehmung des weiteren Bezugstextes *Discours*. Dass die Auseinandersetzung mit dem Text, den Diderot dem *Père de famille* zur Seite stellt, weitgehend fehlt, wird aus Rezeptionsdokumenten ersichtlich wie auch aus der einfachen Tatsache, dass die Ausgaben des *Père de famille* den *Discours* häufig gar nicht mitabdrucken.[260] Als genaue Leser des *Discours* und somit auch der zusätzlichen Informationen erweisen sich de facto nicht die Theaterpraktiker, sondern Personen, die sich theoretisch – wie Johann Jakob Engel – oder kritisch – wie Gotthold Ephraim Lessing – mit dem Theater und Diderots Texten auseinandersetzen. Diese Leser verstehen die Hinweise Diderots durchaus als für die Aufführung relevante Angaben – dazu zwei Beispiele.

Lessing lobt die Besetzung der Sophie durch Esther Charlotte Koch in Breslau im Jahr 1764:

> Lessing, auch als Sekretär des Generals Tauentzien ein eifriger Theaterbesucher, ist von ihr begeistert und übersendet ihr tags darauf ›Zeug zu einem Kleide, worin er sie künftig in der Rolle der *Sophie* zu sehen wünschte‹.[261]

An diesem kurzen Dokument kann man erkennen, wie wichtig Lessing nicht allein die schauspielerische Seite, sondern in diesem Fall auch die passende Kleidung ist. Lessing nutzt hier nicht einen Freiraum, der durch fehlende Anweisungen zur Kleidung Sophies in den Regiebemerkungen gegeben sein könnte, sondern folgt im Grunde den im *Discours* gegebenen Hinweisen. So schickt er der Schauspielerin Charlotte Koch genau den Stoff, den Diderot im *Discours* fordert:

> Vor allen Dingen aber müßte Sophia in Siamoise [ein Mischgewebe aus Seide und Baumwolle] [...] gekleidet sein, oder es wäre alles verdorben. (Dichtkunst, S. 379)

Der Schluss des Zitats zeigt, wie hoch Diderot den Stellenwert der Kleidung einschätzt. Lessing scheint sich an der unpassenden Kleidung der Aufführung zu stören und möchte Diderots Angaben, die er als Übersetzer des *Discours* gut kennt, befolgt wissen. Beachtung fanden auch die Angaben, die Diderot im *Discours* bezüglich des Komturs macht – hierzu das zweite Beispiel:

> Dem Komtur würde ich allenfalls ein Kleid mit einer glatten Tresse und einen Stock mit einem Schnabelkopfe geben. (Dichtkunst, S. 379)

---

[260] Die bei Chouillet verzeichneten Ausgaben verzichten fast alle auf den *Discours sur la poésie dramatique*; vgl. Anne-Marie Chouillet: Dossier. Eine Spezialstudie zur Rezeption Diderots in Österreich kommt für die dort erschienenen Druckausgaben zu demselben Schluss; vgl. Dietgard Grimmer: Die Rezeption von Denis Diderot (1713–1784) in Österreich zwischen 1750 und 1850. Salzburg 1988, S. 121.
[261] Kommentar zu Rezeption und Wirkung. In: Gotthold Ephraim Lessing: Werke 1760–1766. Band 5/1. Hg. von Wilfried Barner, S. 573–587, hier S. 577.

Wie genau es möglich ist, anhand dieser wenigen Details den Komtur seinem Stand gemäß einzuordnen, zeigt Behrens:

> Ein Commandeur ist aber auch nicht irgendein älterer Offizier, sondern ein präzise festlegbarer Stand. Lessing, der ›Commandeur‹ mit ›Komthur‹ übersetzt, trifft die gemeinte Sache richtig. Es handelt sich in der Tat um einen hohen Offizier eines Militärordens im Range eines ›chevalier‹, der vom König wegen seiner Verdienste eine Kommandaturabtei, ›une espèce de bénéfice destiné pour récompenser les services de quelque membre d'un ordre militaire‹ zur wirtschaftlichen Ausnutzung erhalten hat. Daß Diderot genau diesen Stand gemeint hat, geht aus seinem Hinweis auf die Bekleidung d'Auvilés[262] hervor, wo er ihm einen ›galon d'or uni‹, das Rangabzeichen eines ›chevalier‹, zubilligt [...][263]

Engel, der Diderot ebenfalls »aufmerksam und genau gelesen [hat]«,[264] nimmt in den *Ideen zu einer Mimik* auf dieselbe Kleidungsangabe des *Discours* Bezug wie Behrens. Insgesamt äußert er sich wenig positiv über eine Aufführung des *Hausvaters* und bemängelt, dass diese von Diderots Vorgaben zu stark abweiche:

> Gleich mit dem Anzuge fing man die Umbildung an: statt des simpeln Kleides mit einer glatten Tresse, das Diderot diesem Charakter allenfalls verstatten will, war gleich der erste Schauspieler, den ich in dieser Rolle sah, auf eine lächerliche Art so über und über mit Golde beklebt, daß man kaum hie und da die Scharlachfarbe des Sammts erkannte. Der Mann hatte das volle Ansehen eines Bouffon [...].[265]

Warum Diderot diesen Hinweis, auf den sowohl Engel als auch – rund 200 Jahre später – Behrens zurückgreifen, allerdings nicht in Form einer Regiebemerkung gibt, ist schwer ersichtlich. Dass der Komtur bei Aufführungen nur selten überzeugte, könnte aber damit zusammenhängen, dass Diderot im Dramentext für dessen Kostüm und Spiel wenig Hinweise gibt. Fehlende nähere Angaben zum Komtur scheinen hier weiterreichende Konsequenzen zu haben, die über die Frage nach der Bekleidung hinausgehen. Die folgenden Bemerkungen stammen wiederum von Engel, also von einem Leser, der den Bezugstext *Discours* kennt und der einen Fehler darin erkennt,

> [...] wenn nehmlich der Schauspieler, um hervorzuglänzen, seinen Charakter nicht bloß übertreibt, sondern verfälscht. Auf den verschiedenen Bühnen, auf welchen ich bisher den Hausvater des Diderot habe vorstellen sehen, ist dieses noch immer mehr oder minder der Fall mit dem Comthur d'Aulnoi gewesen. Die Schauspieler schienen sich's zum Gesetz gemacht zu haben, diesen Charakter schlechterdings auf den Kopf zu stellen: und wenn Diderot einer solchen Vorstellung hätte beiwohnen sollen, er hätte, bei seiner Unkunde des Deutschen, nothwendig glauben müssen, daß man ihm seinen ganzen Comthur herausgeworfen, und zur Belustigung eines geschmackvollen Parterre, eine Art von Possenreisser hineingebracht hätte.[266]

---

[262] Der commandeur heißt im Original nicht d'Aulnoy wie bei Lessing, sondern d'Auvilé.
[263] Rudolf Behrens: Diderots »Père de famille«, S. 67f.
[264] Roland Mortier: Diderot in Deutschland, S. 91.
[265] Johann Jakob Engel: Ideen zu einer Mimik. 2. Teil. In: Ders.: Schriften. Band 8, S. 135f.
[266] Ebd., S. 135. Roland Mortier: Diderot in Deutschland, S. 94, zieht aus Engels Kommentar nur Schlüsse auf die mangelnde Schauspielerausbildung: »Engels Zeugnis beweist neben seinem besorgten Interesse für das Drama Diderots, dass die Ausbildung der damaligen Schauspieler völlig unzureichend war.«

Wie unterschiedlich der Komtur, also gerade eine Figur mit sehr wenigen figurenbezogenen Regiebemerkungen, in Frankreich auf die Bühne gebracht wurde,[267] fasst Chouillet wie folgt zusammen:

> Le rôle du Commandeur donna lieu à une décision de la Comédie le 14 juin 1773: certains acteurs le jouaient ›comique‹, d'autres ›financier‹. Les principaux interprètes furent Augé (comique) et Des Essarts (un acteur qui fut recommandé par Diderot et jouait ›financier‹, donc sérieux).[268]

Erst die direkte Intervention Diderots führt mit der Benennung eines bestimmten Akteurs für die Rolle zu einer Uminterpretation der Figur. Das Einschreiten des Dramenverfassers, der für eine ernsthaftere Interpretation der Rolle sorgt, ist notwendig, da die Rolle im Dramentext zu wenig Orientierungspunkte enthält. Wiederum äußert sich Diderot im *Discours* zum Charakter des Komtur, und wiederum sind es vor allem Rezensenten, Theoretiker, später die Forschung,[269] nicht aber die Theaterpraktiker, die diese Ausführungen als für die Bühnenumsetzung relevant heranziehen; so liest man in einer Rezension von 1761, der Komtur bzw. »commandeur« sei keineswegs komisch zu spielen, wie dies in der Aufführung der Fall gewesen sei, denn er sei »un homme d'humeur, patelin, tracassier, inquiet«.[270] Diderot charakterisiert den Komtur im *Discours* als »Homme d'une tête étroite et à préjugés, dur, faible, méchant, importun, rusé, tracassier, le trouble de la maison et l'aversion de tout le monde«. Der Rezensent scheint diese Charakterisierung Diderots zu kennen und im Kopf zu haben, denn die von ihm aufgezählten Eigenschaften des Komturs fallen verblüffend ähnlich aus; die Umsetzung auf der Bühne hingegen habe mit dieser von Diderot vorgegebenen Charakterisierung nur wenig zu tun, so seine Kritik. Auch Engel hebt die Abweichungen der Aufführung vom im *Discours* formulierten Charakter des Komtur hervor:

> Aus dem schleichenden, hämischen, neckenden, schadenfrohen, über seine Tücke sich innerlich kitzelnden, nur dann und wann augenblicklich aufbrausenden Manne, der die ganze üble Laune eines Müßiggängers und eines Hagestolzen in sich vereinigt, ward

---

[267] Bei Aufführungen in Deutschland hatte man mit der Einordnung des Komtur d'Aulnoy ebenfalls Schwierigkeiten, wie Rezeptionsdokumente zeigen. So meint Bock, »der Character des Herrn d'Aulnoy« sei »am Ende nicht so recht ausgezeichnet, man weiß nicht, ob er böse oder gut ist, oder ob ihm nur zu spaßen beliebt.« Johann Christian Bock: Ueber die Hamburgische Bühne. An den Herrn Professor S. in G. Erstes und zweytes Schreiben. Hamburg, Berlin, Leipzig 1771, S. 183.

[268] Anne-Marie Chouillet: Dossier, S. 160.

[269] Vgl. hierzu Ernst Howald: Exposition, S. 63; Rudolf Behrens: Diderots »Père de famille«, S. 67.

[270] Observateur littéraire. 25.2.1761, in: Anne-Marie Chouillet: Dossier, S. 163: »Le commandeur est un homme d'humeur, patelin, tracassier, inquiet; M. Préville n'en a ni le ton ni la figure, et le public, trop accoutumé à rire en le voyant dans les rôles de Crispin, a fêté le rôle de commandeur aux dépens de l'effet de la pièce: car, quoique ce rôle dût faire rire quelquefois, il n'était pas fait pour être absolument comique, et trancher avec les autres de façon à en interrompre à tout moment le touchant et le pathétique.«

ein herumtobender Poltrer, ein pöbelhafter Gesichterschneider, ein lauter, grimassirender Lacher.[271]

Wahrscheinlich schätzt Diderot hier die Kommunikationswege falsch ein, denn die präzisen Angaben zum Komtur werden für die Bühne nicht wahrgenommen, wenn sie nicht in das Stück integriert werden. Durch die Aufspaltung an Informationen zu den einzelnen Rollen werden diese, gerade wenn sie für Schauspieler und Zuschauer ungewohnt sind und nicht auf Bekanntes zurückgeführt werden können, nur selten für die Bühne berücksichtigt. Darin liegt vermutlich ein Grund für die Misserfolge des Stücks. Die Schauspieler orientierten sich in Frankreich ähnlich wie in Deutschland immer noch an Rollenfächern. Diese sind in er Praxis langlebiger als die innovativen Figurenkonzeptionen Diderots, da vor allem für den Schauspieler des 18. Jahrhunderts mit festen Rollen auch eine bestimmte Position innerhalb der Schauspieltruppe verbunden ist, die gesellschaftliches Ansehen und finanziellen Verdienst impliziert. Die Theaterpraxis ist insofern konservativer als die Dramentexte.[272] Die Schauspieler spielen die Figur des Komtur in Art des komischen Alten, der – wie die Rezeptionsdokumente zeigen – traditionell dem Verlachen preisgegeben wird, anstatt den hämischen Eindringling zu verkörpern, der den Familienfrieden gefährdet.

Zur verspäteten Kommunikation Diderots mit Bühnen und Schauspielern

Eine der Hauptfragen ist, mit wem Diderot wann und auf welche Weise in Verbindung tritt. Verschiedene Kommunikationskanäle und Zeitpunkte spielen dabei eine entscheidende Rolle. Dass es in der brieflichen Auseinandersetzung mit der Schauspielerin Riccoboni, einer in der Forschung häufig zitierten Quelle, fast ausschließlich um die in den Regiebemerkungen gegebenen Hinweise geht, mag nicht verwundern. Dabei zeigt die Auseinandersetzung zwischen Madame Riccoboni und Diderot, dass das in den Regiebemerkungen Gesagte für beide von Bedeutung ist, denn fast die gesamte briefliche Auseinandersetzung diskutiert die Regiebemerkungen, ohne dass ausdrücklich auf die unterschiedliche Qualität von Texträumen in einem Dramentext hingewiesen würde. Madame Riccoboni bewertet die Anweisungen als Bühnenpraktikerin und hält das dort Beschriebene bzw. Geforderte für nicht

---

[271] Johann Jakob Engel: Ideen zu einer Mimik. Teil 2, S. 136.
[272] Vgl. Stichwort ›Rollenfach‹. In: Theater-Lexikon. Hg. von Henning Rischbieter, Spalte 1081f., und Edward P. Harris: Lessing und das Rollenfachsystem, der die Rollenfächer als Möglichkeit einschätzt, Konkurrenzsituationen zu unterbinden: »Durch ein System, das Eignung und Angemessenheit in den Vordergrund stellt – ein Schauspieler, der in einer Rolle Erfolg hatte, kann in einem anderen Stück eine ähnliche Rolle beanspruchen –, ließen sich viele kleinliche Streitereien und unkollegiale Eifersucht vermeiden.« (S. 225). Schon Diebold weist darauf hin, dass das Rollenfach im 18. Jahrhundert häufig einem »ungeschriebenen Gewohnheitsrecht« folgte, so dass etwa in Mannheim »am damals modernsten Theater die Ancienität eine Rolle spielte«, vgl. Bernhard Diebold: Das Rollenfach im deutschen Theaterbetrieb des 18. Jahrhunderts. Leipzig u.a. 1913. Reprint Nendeln/Liechtenstein 1978, S. 75.

umsetzbar: die Bühnendekoration (Kamin), die Pausen, die kleinen Gesten und Gesichtsausdrücke, die Stellung der Schauspieler zueinander.[273] Diderot hingegen verteidigt seine Regiebemerkungen, indem er die herrschenden Bühnenkonventionen ablehnt und ihnen eine imaginäre Bühne entgegenhält: »Mon cabinet est le lieu de la scène […].«[274]

Auch wenn Diderot seine eigene »Faulheit« und seine »Angst vor ihrem Urteil« als Gründe dafür angibt, dass er die Schauspielerin Riccoboni nicht früher eingeschaltet hat und am Schaffensprozess hat teilnehmen lassen[275] – möglicherweise eine rein rhetorische Floskel, die die Höflichkeit gebietet –, so scheint er sich vor allem von realen Bühnenverhältnissen und leibhaftigen Schauspielern nicht beeinflussen lassen zu wollen, um sein imaginäres Theater und seine neuen Ideen zumindest in den eigenen Dramentexten durchsetzen zu können. Der Briefwechsel macht deutlich, dass er von seiner Position nicht abweicht, sondern seine für die Zeit ungewöhnlichen Ansichten vehement verteidigt. Dass er als enttäuschter Theatergänger vor einer Konfrontation mit den realen Bühnenverhältnissen zurückweicht, betont er gegenüber Madame Riccoboni ebenfalls, wenn er feststellt, dass er in den letzten fünfzehn Jahren kaum ins Theater gegangen ist – »Tenez, mon amie, je n'ai pas été dix fois au spectacle depuis quinze ans: le faux de tout ce qui s'y fait me tue….«[276] Spätere Inszenierungen seiner eigenen Stücke werden ihn genauso wenig von der Theaterpraxis überzeugen.

Le Père de famille und seine theaterpraktische Umsetzung

Dass Diderots Theaterstücke nur selten aufgeführt wurden, ist eine Fehleinschätzung, die Forschungsarbeiten zum Teil ungefragt übernehmen und fortschreiben. Von Stackelberg spricht ebenfalls von den Misserfolgen diderotscher Stücke auf der Bühne, auch wenn er die fehlenden Bühnenerfolge für irrelevant hält:

> So zutreffend es also sein mag, so unoriginell und so relativ unwichtig ist es auch festzustellen, daß Diderot als Praktiker auf dem Gebiet des Theaters weitgehend versagt hat: entscheidend sind seine neuen Ideen.[277]

---

[273] In seinem Antwortbrief verteidigt sich Diderot detailliert gegen die von Madame Riccoboni benannten Kritikpunkte; vgl. den Brief Diderots an Madame Riccoboni vom 27.11.1758. In: Denis Diderot: Œuvres complètes. Band 10, S. 437–451, hier S. 438.

[274] Ebd., S. 440; vgl. Denis Diderot: Ästhetische Schriften. Band 1, S. 339: »Mein Arbeitszimmer ist der Schauplatz […].«

[275] Brief Diderots an Madame Riccoboni vom 27.11.1758. In: Denis Diderot: Œuvres complètes. Band 10, S. 437: »J'ai tort, j'ai tort, mais je suis paresseux et j'ai redouté vos conseils.«

[276] Ebd., S. 441; vgl. Denis Diderot: Ästhetische Schriften. Band 1, S. 339: »Sehen Sie, liebe Freundin, ich bin in den letzten fünfzehn Jahren nur zehnmal im Theater gewesen. Das Unwahre an alledem, was dort geschieht, bringt mich um.«

[277] Jürgen von Stackelberg: Diderot, S. 48. Von einem »eher verhaltenen Publikumserfolg seiner Stücke im zeitgenössischen Frankreich« spricht Zaiser. Rainer Zaiser: »Dieses Theater des Herrn Diderot«: Empfindsamer Kulturtransfer im bürgerlichen Drama der Aufklärung – Diderot, Lessing, Goldoni. In: Barbara Schmidt-Haberkamp u.a. (Hg.): Europäi-

Den minutiösen Recherchen Anne-Marie Chouillets,²⁷⁸ deren Belege erstaunlich selten konsultiert werden, ist zu entnehmen, dass dieses Urteil zwar auf den *Fils naturel*, nicht aber auf den *Père de famille* zutrifft. Ablesbar ist der Erfolg des *Père de famille* auf der Bühne an Publikumsreaktionen, so nach einer Aufführung im Dezember 1769, als die Zuschauer Diderots Stück sogar gegenüber dem *Hamlet* vorziehen und vehement weitere Aufführungen einfordern:

> [...] la fureur avec laquelle le parterre lorsqu'on est venu annoncer la reprise d'*Hamlet* pour mercredi s'est récrié: Point d'*Hamlet*! le *Père de famille*; et cela à plusieurs fois.²⁷⁹

Auch unabhängig von einer solch enthusiastischen Rezeptionsweise, die neben weniger begeisterten Stimmen steht, kommt Anne-Marie Chouillet zu dem nüchternen Schluss, dass der *Père de famille* im 18. Jahrhundert, bald da, bald dort in Frankreich aufgeführt wurde‹ (»a été représenté un peu partout en France«).²⁸⁰ Positive Reaktionen finden sich allerdings nicht gleich nach den ersten Aufführungen.²⁸¹ Kurz nach dem Erscheinen können die Bühnen das Stück vermutlich noch nicht ›adäquat‹ umsetzen. So überwiegt z.T. die bloße Angst der Schauspieler, den neuen Anforderungen nicht gewachsen zu sein:

> Ce genre d'ouvrage leur étoit si étranger, que la plupart m'ont avoué qu'ils trembloient en entrant sur la scène comme s'ils avoient été à la première fois.²⁸²

Dass nicht nur die Schauspieler, sondern auch die Zuschauer sich mit völlig Neuem konfrontiert sehen, wenn dieses dann tatsächlich umgesetzt wird, geht aus Chateaubriands Bemerkungen zu einer Aufführung des *Père de famille* in St. Malo hervor:

> Le rideau était levé, la pièce commencée: on jouait le *Père de famille*. J'aperçois deux hommes qui se promenaient sur le théâtre en causant, et que tout le monde regardait. Je les pris pour les directeurs des marionnettes, qui devisaient devant la cahute de madame Gigogne, en

---

scher Kulturtransfer im 18. Jahrhundert. Literaturen in Europa – Europäische Literatur? Berlin 2003, S. 79–100, hier S. 88.
²⁷⁸ Chouillet listet u.a. zahlreiche Ausgaben und Material zu Aufführungen des *Père de famille* auf. Vgl. Anne-Marie Chouillet: Dossier.
²⁷⁹ Mémoires secrets de Bachaumont. 17.12.1769; abgedruckt in: Anne-Marie Chouillet: Dossier, S. 119.
²⁸⁰ Ebd., S. 153. Zur Verbreitung und zu den zahlreichen Inszenierungen des *Hausvaters* in Deutschland mit genauen Auflistungen der nachweisbaren Aufführungen vgl. Anne Saada: Diderot dans l'Allemagne de l'*Aufklärung*: Constructions d'un auteur, espaces de réception. 2 Bände. Diss. Paris 2001.
²⁸¹ Zu weiteren positiven Reaktionen Ende der 60er Jahre des 18. Jahrhunderts s. Anne-Marie Chouillet: Dossier, S. 118 im Zusammenhang mit der Wiederaufnahme des *Père de famille* an der Comédie-Française. Ein veränderter Publikumsgeschmack wird für die positive Aufnahme in Anschlag gebracht: »*Le père de famille* est joué avec le plus grand succès. Le goût est bien changé«; »Ce drame pathétique a produit l'effet ordinaire de serrer le cœur et d'occasionner des larmes abondantes. On comptait autant de mouchoirs que de spectateurs: des femmes se sont trouvées mal et jamais orateur chrétien n'a produit en chaire d'effet aussi théâtral.«
²⁸² Brief Diderots an Voltaire vom 23.2.1761. In: Denis Diderot: Correspondance 3 (Novembre 1759–Décembre 1761). Hg. von Georges Roth. Paris 1957, S. 291.

attendant l'arrivée du public: J'étais seulement étonné qu'ils parlassent si haut de leurs affaires et qu'on les écoutât en silence. Mon ébahissement redoubla lorsque d'autres personnages, arrivant sur la scène, se mirent à faire de grands bras, à larmoyer, et lorsque chacun se prit à pleurer par contagion. Le rideau tomba sans que j'eusse rien compris à tout cela.[283]

Selbst wenn Chateaubriand das Theatererlebnis hier zum Teil ironisch verfremdet, zeigt seine Reaktion, dass er mit dem ›Theater der vierten Wand‹[284] als Zuschauer zunächst wenig anfangen kann. Das Problem besteht darin, dass das Publikum sich durch Aktionen, Bewegungen und Äußerungen auf der Bühne nicht angesprochen fühlt, wenn die Schauspieler nicht in direkten Kontakt zu ihm treten, sondern sich ohne die damals übliche Kommunikation über die Rampe hinweg auf der Bühne bewegen und unterhalten. Die Aufzeichnungen Chateaubriands sprechen allerdings dafür, dass zumindest die Aufführung in St. Malo die theaterästhetischen Besonderheiten und Innovationen Diderots bühnentechnisch umgesetzt und nicht reduziert hat. Das war nicht immer der Fall, denn anfangs kam der *Père de famille*, Rezeptionsdokumenten zufolge, nur in stark veränderter Form auf die Bühne. So kritisiert eine Rezension vom Februar 1761 an einer Pariser Aufführung der Comédie-Française die starken Veränderungen, die vor allem die intendierte Pantomime zerstörten:

> On a fait, presque à toutes les scènes, des coupures qui les brisent. En les écrivant, l'auteur avait dans l'esprit une pantomime, à laquelle il se conformait. On n'a pu supprimer cette pantomime, sans ôter à la pièce sa vraie déclamation. Le discours tire d'un côté, & le jeu va d'un autre.[285]

Von den aufführungsspezifischen Veränderungen her lohnt es sich, den Blick auf die Regiebemerkungen bei Diderot zurückzulenken. So wird deutlich, wie sehr Diderot trotz seiner Auseinandersetzung mit Schauspielern und Bühnenspezialisten sowie der ausführlichen Erörterungen von bühnenspezifischen Fragestellungen in theoretischen Texten als Dramenschriftsteller arbeitet und gerade deshalb viele Regiebemerkungen verwendet. Ergiebig erscheint der Vergleich des Originals mit den beiden für die Bühne bearbeiteten Exemplaren des *Père de famille*, einer frühen Ausgabe, die für die Aufführungen an den Provinzbühnen verwendet wurde, und dem Exemplar der Comédie-Française – »conforme à la représentation« –, das mehrmals wiederaufgelegt wurde und als Grundlage für die dortigen Aufführungen fungierte.[286] Erst der

---

[283] François René de Chateaubriand: Mémoires d'outre-tombe. Paris 1951, S. 56; abgedruckt in: Anne-Marie Chouillet: Dossier, S. 153.

[284] Zur vierten Wand bei Diderot vgl. Johannes Friedrich Lehmann: Blick durch die Wand. Lehmann beschäftigt sich nicht mit Aufführung und Rezeption von Diderots Stücken, sondern setzt sich theoretisch mit der Bühnenkonzeption Diderots auseinander und stellt Bezüge zu Locke, Dubos und Batteux her.

[285] Observateur littéraire. 25.2.1761, S. 293–296; abgedruckt in: Anne-Marie Chouillet: Dossier, S. 114.

[286] Vgl. Denis Diderot: Œuvres complètes. Band 10, S. 176. Die Veränderungen der beiden Bühnenausgaben des *Père de famille* sind im Kommentar der Ausgabe verzeichnet.

Vergleich mit diesen beiden Fassungen macht offensichtlich, dass Diderot in seinen Regiebemerkungen meist gerade keinen bühnenspezifischen Blick einnimmt.

Die beiden Exemplare zeichnen sich durch weitreichende Veränderungen aus; so werden ganze Szenen – etwa die Hintergrundszenen wie auch die Eingangspantomime am Beginn von Akt I und II – und die meisten längeren Regiebemerkungen gestrichen. Die Bühnenbearbeitungen bewerten die Regiebemerkungen in Diderots Stück wohl tatsächlich als »Hypertrophie«,[287] der es entgegenzutreten gelte. Gerade diejenigen Texträume also, die nach allgemeiner Einschätzung als Signal für die Bühnenspezifik eines Dramentextes gelten und speziell im Fall Diderots von Interpreten auch so verstanden werden (s. Orlich; Frantz; Stähli[288]), werden für die Bühne drastisch gekürzt. Ein Grund könnte darin zu sehen sein, dass sie zu stark von Ausmaß und Qualität konventioneller Regiebemerkungen abweichen. Deshalb werden gerade diejenigen Regiebemerkungen gekürzt, die programmatisch für die neue Bühnenästhetik Diderots stehen und Pantomime sowie Doppelszenen betreffen; hingegen bleiben kurze Regiebemerkungen wie »lebhaft«, die sowohl inhaltlich als auch sprachlich und quantitativ ein gewöhnliches Maß nicht überschreiten, unverändert erhalten.

Die Veränderungen, die in beiden Ausgaben vorgenommen werden, betreffen zunächst die Bezeichnungen der dramatis personae innerhalb der Regiebemerkungen, die in Lessings Übersetzung beibehalten werden. Wie im Original bleibt bei Lessing die familiäre, emotionale Bindung zwischen »Vater« und »Sohn« in der Regiebemerkung erhalten, während im Gespräch der »Vater« dem »Tyrannen« gegenübergestellt wird.

> ST. ALBIN: Ein Vater! Ein Vater! Es gibt keine Väter. – Es gibt nichts als Tyrannen. [...] (*Der Sohn gehet fort. Kaum aber hat er einige Schritte getan, als ihm sein Vater nachläuft und sagt*:) Wo willst du hin, Unglücklicher? (II, 6, 221)

Im Exemplar der Comédie-Française werden die familiären Bezeichnungen »Sohn« und »Vater«, die Nähe und Vertrautheit betonen, häufig durch die neutralen, fami-

---

[287] Wolfgang Orlich: »Realismus der Illusion – Illusion des Realismus«, S. 442: Orlich spricht von einer »Hypertrophie der Szenenanweisungen« bei Diderot und suggeriert damit – ob gewollt oder ungewollt – einen fast krankhaften Zustand, wenn man an die in erster Linie medizinische Bedeutung von Hypertrophie als »übermäßige Vergrößerung von Geweben und Organen infolge Vergrößerung der Zellen« (Duden Fremdwörterbuch. 8., neu bearb. u. erw. Aufl. Mannheim u.a. 2005) denkt.

[288] Peter Eugen Stähli: Gestus und Wort, S. 131, kommt zu dem überraschenden Ergebnis, dass die Regiebemerkungen nicht als Teil des literarischen Textes angesehen werden können, da sie nicht sprachlich eingelöst werden sollen, vgl. S. 112: »Die Anweisungen bleiben immer Anweisungen an die auf der Bühne agierenden Schauspieler«, und S. 114: »Der ›Père de famille‹ ist eine dramaturgische Partitur, die erst durch die Realisierung auf der Bühne zum Bild-Text wird.«

lienunabhängigen Sprecherbezeichnungen »Père de famille«[289] und »St. Albin« ersetzt, die der Angabe im Personenverzeichnis entsprechen:

> *Le fils s'en va. Mais à peine a-t-il fait quelques pas, que son père court après lui et lui dit:*
> (Original)
>
> ST. ALBIN *va pour sortir.*
> LE PÈRE DE FAMILLE *lui laisse à peine faire quelques pas, court après lui et lui dit:*
> (Fassung der Comédie-Française)[290]

Die Notation in unterschiedlichen Zeilen erleichtert es dem Schauspieler außerdem, die sein Spiel betreffende Regiebemerkung als an ihn gerichtete Anweisung möglichst rasch zu erkennen, unterstrichen durch Anfangsstellung der jeweiligen Sprecherbezeichnung. Durch die Kapitälchen wird der Sonderstatus der Figurenbezeichnungen innerhalb eines Dramentextes graphematisch hervorgehoben.

In beiden Ausgaben werden außerdem die oft sehr langen, ausführlichen, in anderem Zusammenhang als ›novellistisch‹ bezeichneten Regiebemerkungen (vgl. Kap. 4.2) gekürzt um das – im Sinne einer Anweisung an den Schauspieler – ›Überflüssige‹, so dass sie syntaktisch und grammatikalisch konventionellen Regiebemerkungen angenähert werden:[291] »[*Cela dit, le père de famille*] *se promène lentement, la tête baissée, et l'air chagrin*« wird zu »*Il se promène lentement, la tête baissée, et l'air chagrin*« (S. 258), ähnlich »*St. Albin s'éloigne.* [*On voit qu'*] *il voudrait répondre aux sentiments de son père*« und »*Son père se méprend à son action,* [*et dit en le suivant*]« (S. 272). Statt »*et son père continue*« steht in der Bühnenfassung nur »LE PERE DE FAMILLE« (S. 272) als Sprecherbezeichnung.

Oft wird also dann etwas weggelassen, wenn in dem Teil der Regiebemerkung nur mitgeteilt wird, dass eine bestimmte Figur jetzt wieder sprechen wird – eine Information, die in Dramentexten üblicherweise im Punkt – so häufig im 18. Jahrhundert – oder im Doppelpunkt enthalten ist und ohne großen Textaufwand funktioniert.[292] Selbst die sonst üblichen Anführungszeichen fehlen in Dramentexten. Ähnlich werden auch längere Satzkonstruktionen vereinfacht und auf einen für Regiebemerkungen üblichen kurzen Satzbau reduziert, wenn statt »*Cécile seule (Elle va. Elle vient. Elle dit)*« in der Ausgabe der Comédie-Française steht: »*Cécile seule, va, vient et dit*« (S. 290).

---

[289] Der Hausvater wird dabei weiterhin nur im Personenverzeichnis unter seinem Namen geführt, der gleichzeitig die Zugehörigkeit zum Adel deutlich macht: »MONSIEUR D'ORBESSON, *père de famille*«. Die Zuordnung seiner Verwandten verläuft aber auch dort über seine Funktion als Hausvater, z.B. »MONSIEUR LE COMMANDEUR D'AUVILÉ, *beau-frère du père de famille*«. Claudia Albert stellt mit Bezug auf die im Personenverzeichnis des *Père de famille* genannten Figuren fest: »Sie definieren sich also nicht durch das, was sie selbst sind, sondern durch ihre Beziehung zu ihm [dem Hausvater].« Claudia Albert: Der melancholische Bürger. Frankfurt/M., Bern 1983, S. 71.

[290] Denis Diderot: Œuvres complètes. Band 10, S. 233. Hier sind beide Fassungen verzeichnet.

[291] Die von mir in eckige Klammern gesetzten Partien fehlen jeweils in der Bühnenfassung der Comédie-Française; vgl. Denis Diderot: Œuvres complètes. Band 10, S. 190–323.

[292] Anders in Dramentexten des 17. Jahrhunderts (vgl. Kap. 1).

Eine lange Regiebemerkung zu Beginn der Szene I, 7 beschreibt, wie der Sohn auf den Vater trifft (S. 192). Der Zuschauer hat Albin vor dieser Szene noch nicht gesehen, d.h. ihm erscheint dieser als ›Unbekannter‹. Genauso geht es dem Vater, der ihn wegen der ungewöhnlichen Kleidung[293] nicht erkennt. Der Leser des Dramentextes bekommt ebenfalls keine anderen Hilfestellungen als der Zuschauer, da die Sprecherbezeichnung »Der Unbekannte« lautet und erst zu »St. Albin« wechselt, nachdem der Vater den Sohn erkannt hat, so dass über die Sprecherbezeichnung die eingeschränkte Informiertheit des Vaters wiedergegeben wird.

In der Ausgabe der Comédie-Française wird die Sprecherbezeichnung »L'Inconnu« konsequent durch »St. Albin« ersetzt und so aus der die Fiktion aufrechterhaltenden Spannung zu einer klaren Anweisung an den entsprechenden Schauspieler, der wissen muss, wann er jeweils an der Reihe ist. Bei Diderot hingegen bleibt die Fiktionsbildung über die Figurenrede hinaus gewahrt, die Spannung dehnt sich auf die Sprecherbezeichnung aus, so dass diese sich an Leser des Stücks, nicht an die Schauspieler richtet. Dass der Name in der Ausgabe der Comédie-Française nicht mehr, wie im Original, als Sprecherbezeichnung markiert ist, hängt vermutlich damit zusammen, dass St. Albin an diesen Stellen gar nicht redet, sondern schweigt. Der Status des Schweigens wird so aus seiner besonderen, dem Sprechen gleichkommenden Funktion, die Diderot ihm zuschreibt, auf ein übliches Maß reduziert. Während in der Bühnenfassung nur die Information erhalten bleibt, dass das jeweilige Gegenüber nicht antwortet, wurde vorher das Schweigen sozusagen als bewusste Antwort innerhalb der Figurenrede ausgewiesen und ihm so gleichzeitig eine aktive Rolle innerhalb des Gesprächs zuerkannt.

L'inconnu (*point de réponse*) [...]
L'inconnu (*point de réponse encore*) (Original)
(*St. Albin ne répond point*) [...]
(*St. Albin ne répond point encore*) (Fassung der Comédie-Française)[294]

In der Fassung der Provinzbühnen steht außerdem statt »*Er scheinet sehr betrübt und nachsinnend.*« (»*Il paraît plongé dans la peine et la rêverie*«) das kurze und prägnante »*d'un air rêveur*«. Neben der Form, die syntaktisch einer reinen Anweisung näherkommt, ist gleichzeitig die Perspektivierung getilgt, die bei Diderot durch »il paraît« in der Regiebemerkung enthalten ist und die dazu beiträgt, dass man in der Regiebemerkung St. Albin von außen sieht, d.h. aus der Perspektive des Lesers/Zuschauers.[295] Das bei Diderot häufig gesetzte »*il dit*« ist für Dramentexte schon im 18. Jahrhundert

---

[293] Während die Ausgabe der Provinzbühnen die Regiebemerkungen zur Kleidung in I, 9 – »*en robe de chambre et en bonnet de nuit*« (»*im Schlafrocke und in der Nachtmütze*«) – weglässt, behält sie diese hier bei und verändert sie nur leicht, vermutlich, weil die Verkleidung funktional für die Szene und das Wiedererkennen ist.
[294] Denis Diderot: Œuvres complètes. Band 10, S. 201.
[295] Weitere Veränderungen betreffen ebenfalls die in Regiebemerkungen übliche sprachliche Form und bestehen vor allem in Kürzungen, so statt des Gerundiums »*en s'éloignant*« (indem er sich entfernt) das Partizip Präsens *s'éloignant* (sich entfernend) sowie statt »*il s'éloigne, il revient. Il dit:*« das kürzere »*il s'éloigne et revient*«.

unüblich, da der Doppelpunkt und die folgende direkte Rede nach einer Sprecherbezeichnung im Grunde ankündigt, dass jetzt gesprochen werden soll, im Unterschied zu Romanen, in denen die *verba dicendi* üblicherweise gesetzt werden, da es sich um Lesetexte handelt und niemand tatsächlich anfangen soll zu sprechen, wenn wörtliche Rede angezeigt wird. Dass Hinzufügungen wie »il dit« aber nicht generell bzw. systematisch gekürzt werden, sondern nur punktuell und anscheinend nach dem Zufallsprinzip, deutet wiederum darauf hin, dass weder bei Diderot noch bei den Bühnenpraktikern ein Normierungsbewusstsein für diese Texträume vorhanden ist, welches für die Änderungen verantwortlich gemacht werden könnte.

Umso deutlicher zeigen die Veränderungen, die vorgenommen wurden, wie sehr Diderots *Père de famille* von üblichen Regiebemerkungen abweicht.[296] Dabei spielen nicht nur die langen innovativen Regiebemerkungen zu Beginn der Akte – die in den Fassungen der Provinzbühnen meist fehlenden Tableaus – eine Rolle, sondern auch der implizierte Leser, der Übergänge zwischen Regiebemerkungen und Figurenrede benötigt, durch diese jedenfalls nicht abgelenkt wird, wie das bei Schauspielern der Fall wäre. Der Leser ist es auch, der die sprachliche Vielseitigkeit in Formen der Variatio einer systematischen Wiederholung desselben Begriffs vorzieht, jedenfalls gängigen Vorstellungen poetischer Texte gemäß, bei denen zahlreiche Stilmittel gerade den Umgang mit Wiederholungsstrukturen betreffen. So werden bei Sophie für eine Gefühlslage, die in fortwährenden Seufzern Ausdruck findet, verschiedene Formulierungen gewählt wie »*seufzet tief*« und »*mit einem tiefen Seufzer*« (»*soupire profondément*«, »*en soupirant profondément*«). Ähnlich sprachlich variierend erscheinen die Regiebemerkungen »*ernsthaft*«, »*noch immer in dem strengen Tone*« und »*mit*

---

[296] Ein Spezifikum der diderotschen Stücke interpretiert die Forschung theaterbezogen: Mit Bezug auf die Recherchen Barnetts – Dene Barnett: La vitesse de la déclamation au théâtre. In: XVIIe siècle 128 (1980), S. 319–326 – stellt Connon fest, dass sich Aufführungsstil und Sprechtempo an der Comédie-Française in den 70er Jahren des 18. Jahrhunderts deutlich verändert haben. Derek F. Connon: Innovation and renewal: a study of the theatrical works of Diderot. Oxford 1989, S. 65: »Since the theatrical influence of *Le Père de famille* dates mainly from its first successful performances at the Comédie-Française in 1769 rather than from the date of its composition more than ten years earlier, this influence would therefore have been at its strongest during the 1770s: is it possible that this general slowing down of the rate of theatrical declamation in the last quarter of the century was at least partly influenced by Diderot?« Als mögliche Ursache für das langsamere Sprechen führt Connon die Inszenierung des Stücks an, das viele Pausen enthalte und durch drei Punkte – eine von Diderot differenziert eingesetzte Notationsmethode – auch innerhalb der Repliken für das langsamere Sprechen sorge: »This conclusion confirms Diderot's criticism that there was very little silent action in the theatre of the period, and also suggests that the actors made very few expressive pauses« (S. 64). Die markierten Pausen versteht er als Versuch, die Deklamation zu verlangsamen, »and to encourage a more expressive style«. Fraglos ist Connons Schlussfolgerung zuzustimmen, Diderot setze Pausen zur Ausdruckssteigerung ein. Wenn er allerdings meint, dass für die allgemeine Verlangsamung des Sprechtempos nach 1770 die Aufführung des *Père de famille* verantwortlich sei, so sind Zweifel angebracht: Zum einen richten sich die Inszenierungen, wie ausgeführt, nur zum Teil nach Diderots Vorgaben, zum anderen setzt Diderot Sprechpausen funktional und figurenbezogen ein, so dass nicht das Sprechtempo allgemein von seinen Angaben betroffen ist.

allem möglichen Ernste« in III, 5. Für den Schauspieler hingegen sind solche Formen eher hinderlich, widersprechen jedenfalls den in Gebärdenbüchern des 18. Jahrhunderts angestrebten festen Notationsformen sowie klaren Anweisungen im Sinne der Rollenfächer, die ausführliche Regiebemerkungen generell nicht benötigen bzw. fördern.

Dass in der Ausgabe der Comédie-Française sogar Regiebemerkungen hinzugefügt werden, mag zunächst überraschen, betrifft aber ausschließlich Bereiche, in denen auch üblicherweise Regiebemerkungen zu finden sind, so Angaben zur Sprecherrichtung wie »*à sa bonne*« (S. 240), »*à Mme Hébert*« (S. 225), die theaterpraktisch hilfreich sind – ein Aspekt, den Diderot trotz der hohen Zahl an Regiebemerkungen, die er verwendet, unberücksichtigt lässt.

Daneben betreffen die zusätzlichen Regiebemerkungen einen weiteren Bereich, der den konventionellen Hilfestellungen und Anweisungen für den Schauspieler zuzurechnen ist, den Diderot wegen der Unnatürlichkeit aber ausschalten möchte: das Beiseite-Sprechen.[297] Obwohl die Ausgabe der Comédie-Française in diesem Punkt den Bestrebungen Diderots widerspricht, unterstützt sie Tendenzen, die im Stück vorhanden sind. Denn dass Figuren beiseite sprechen, kommt auch im *Père de famille* relativ häufig vor, wird aber von Diderot nicht durch ein sonst verwendetes »*à part*« markiert, sondern durch einen in die Figurenrede eingefügten Bindestrich, als ob die Tilgung der üblichen Regiebemerkung automatisch das Beiseite-Sprechen aufheben würde. Ablesbar ist die unterschiedliche Sprecherrichtung innerhalb der Figurenrede an den Pronomina. So spricht der Hausvater in folgendem Beispiel zunächst mit sich selbst über die auf der Bühne anwesende Sophie, ehe er die Anredeform verwendet und sich Sophie zuwendet:

> DER HAUSVATER: Sie rühret mich – Und aus was Ursache haben Sie das Haus Ihrer Eltern und Ihre Provinz verlassen? (II, 4, 211)

Die hinzugefügten Regiebemerkungen in der Bühnenfassung – »*à part*« (beiseite) gleich nach der Sprecherbezeichnung und »*haut*« (laut) vor dem zweiten Satzteil – dienen hier also lediglich der schnelleren Zuordnungsmöglichkeit der einzelnen Partien für den Schauspieler, ein für die Aufführung nicht zu unterschätzender Aspekt.

Obwohl Diderot seine Dramentexte mit ungewöhnlich vielen Regiebemerkungen versieht, fehlen also in mancher Hinsicht gerade konventionelle Angaben, die mit einer bühnenpraktischen Umsetzung in Verbindung stehen. Problematisch ist an diesen Texträumen, dass sie nie eins zu eins stehen, d.h. dass immer auch da ›gespielt‹ wird, wo dies nicht explizit durch eine Regiebemerkung indiziert ist. So muss zum großen Teil Spekulation bleiben, ob und wie diese Freiräume gefüllt werden, während die Dialogteile im Grunde zu hundert Prozent als solche ausgewiesen sind

---

[297] Vgl. Denis Diderot: Unterredungen über den »Natürlichen Sohn«, S. 123: »Sie sehen, wie die Pantomime und die Deklamation wechselweise den Ort verändern. Und das ist es, was man anstatt unserer *Seitab* einführen sollte.«

und nichts hinzugefügt werden muss bzw. soll. Wenn dies doch geschieht, wird es in den Strichfassungen gekennzeichnet, während nicht jede Bewegung, nicht jedes Anheben der Stimme in einem Theaterstück vermerkt wird oder werden könnte. Zu fragen ist also auch, wann und wo von Diderot Aufmerksamkeitspunkte gesetzt werden. Der nicht fest definierte, kaum Normierungen unterliegende Bereich der Regiebemerkungen wird von ihm nämlich gerade dann genutzt, wenn er vom konventionalisierten Spiel abweicht.

Einige Veränderungen in den beiden hier herangezogenen Bühnenfassungen lassen sich nicht theatertechnisch und durch Theaterkonventionen erklären. Sie haben vielmehr inhaltliche Umwertungen zur Folge, so auch die signifikante Veränderung des Schlusstableaus mit der Segnung der Kinder durch den Hausvater,[298] auf die beide Ausgaben verzichten. Nur an dieser Stelle werden dabei außer den Regiebemerkungen auch die Dialogteile deutlich verändert bzw. gekürzt. Die größte Provokation des Stücks, das von einem der in Ungnade gefallenen Enzyklopädisten stammt, wird verringert, so dass für Kirche und Staat kein Anlass mehr gegeben ist einzugreifen. Dass in der Ausgabe der Comédie-Française der Kniefall in den Regiebemerkungen häufig weggekürzt wird, kann als Rücknahme der Sentimentalisierung verstanden werden.[299]

Obwohl die Regiebemerkungen im *Père de famille* hier am Schluss vorwiegend theaterbezogen ausgewertet und Bezüge zu verschiedenen bühnenspezifischen Ausgaben sowie Rezeptionsdokumenten hergestellt wurden – ein Punkt, der bei der in dieser Hinsicht guten, aber noch wenig erforschten Quellenlage noch ausstand –, ist immer wieder deutlich geworden, dass die theaterbezogene Perspektive nicht das gesamte Feld der Regiebemerkungen erklären konnte – im Gegenteil: Für Diderots

---

[298] Hauck führt aus, dass Diderot sich durch die Darstellung des väterlichen Segens um die Aktualisierung eines Rituals bemühe, das »im Rahmen der Konsolidierung einer weltlichen Moral wichtig war und das er durch den historischen Prozeß gefährdet sah«. Johannes Hauck: Affektive Resonanz, S. 177f. Anders erscheint dieses Ritual auf den beiden monumentalen Greuze-Gemälden *Le fils ingrat* (La Malédiction paternelle) und *Le mauvais fils puni*, die Diderot in seinen *Salons* bespricht; vgl. Salon de 1765. In: Denis Diderot: Œuvres Esthétiques. Hg. von Paul Vernière. Paris 1968, S. 547–550. Dort muss der väterliche Segen für den ältesten Sohn ausbleiben. Im *Hausvater* hingegen findet die Versöhnung am Schluss des Stückes statt. Ob Greuzes Gemälde »dialogisch auf den Père bezogen« sind, bleibt offen. Kritisch zu dieser Ansicht vgl. Angelica Goodden: Actio and Persuasion, S. 77–79.

[299] Der Kniefall ist eine Geste, die im *Hausvater* auffallend häufig vorkommt, so bei St. Albin (vor seinem Vater, S. 193, 221, 261, 280 und vor Sophia, S. 229, 261), bei Sophia (vor Cäcilia, S. 235, St. Albin, S. 261, dem Hausvater, S. 276, 280), bei Germeuil (vor Cäcilia, S. 237); bei Cäcilia (sie kniet nur vor ihrem Vater, S. 277, 280). Es fällt auf, dass immer die Kinder knien und dadurch gefühlsbetont reagieren. Sie bedienen sich dabei gleichzeitig der konventionellen Gebärdensprache. Den Eltern gegenüber – hier dem Vater – können sie so die »objektive Dankesschuld« (Johannes Hauck: Affektive Resonanz, S. 177f.) bezeugen; darüber hinaus aber demonstriert der Kniefall unterschiedliche Gefühlsäußerungen: bei den sentimentalen Figuren Sophie und St. Albin Gefühlsüberschwang (S. 261, 229), daneben Demutshaltung (Sophie vor Cäcilia, S. 235) oder Liebesdemonstration (Germeuil, S. 237).

Dramen gilt der Primat des Textes.[300] Dass die Regiebemerkungen zunächst zum Lesen gedacht sind, stellt Diderot in seinem *Discours* selbst fest:

> Da die Pantomime also auf unsern Theatern noch nicht eingeführt ist, so muß wohl der Dichter, der seine Stücke nicht vorstellen läßt, das Spiel beischreiben, wenn er nicht oft kalt und unverständlich sein will. Ja, ist es nicht für den Leser ein Vergnügen mehr, wenn er sieht, wie sich der Dichter selbst das Spiel dabei vorgestellt hat? Und da wir an eine so abgemessene, so gezwungene und von der Wahrheit so entfernte Deklamation gewöhnt sind, werden wohl viel Personen unter uns sein, für die es unnötig sein dürfte?
> Die Pantomime ist das Gemälde, das in der Einbildungskraft des Dichters, als er schrieb, existierte, und das, nach seiner Meinung, die Bühne bei der Vorstellung alle Augenblicke zeigen soll. Es ist der einfältigste Weg, dem Publico zu sagen, was es von seinen Komödianten zu fordern berechtiget ist. Der Dichter sagt zu ihm: vergleiche dieses Spiel mit dem Spiele deiner Schauspieler, und richte.
> Wenn ich übrigens die Pantomime dabeischreibe, so ist es, als ob ich mich mit diesen Worten an den Komödianten wendete: So deklamiere *ich*, so stellte sich *meine* Einbildungskraft unter der Arbeit die Sache vor. Ich bin aber so eitel nicht, daß ich glauben sollte, es könne niemand besser deklamieren als ich [...]. (Dichtkunst, S. 391)

Diderot stellt hier einen Bezug her zwischen dem Leser und der vom Dramenverfasser imaginierten Aufführung, der eingeschriebenen Inszenierung. Die Regiebemerkungen, mit denen er sich auch an dieser Stelle explizit auseinandersetzt, wenn er davon spricht, dass das Spiel ›beigeschrieben‹ werden soll, sind nicht in erster Linie Anweisungen für die Aufführung, sondern richten sich zunächst an den Leser des Dramentextes. Denn wenn und solange das dem Leser in einem Dramentext Präsentierte neu sei, könne sich dessen Imagination nicht von selbst in Gang setzen.

Diese Aussage Diderots konnte durch die Analyse des *Père de famille* erhärtet werden. Dort gehen die Regiebemerkungen rein grammatikalisch-syntaktisch über konventionelle Regiebemerkungen hinaus und enthalten eine stilistische Variationsbreite, die den prägnanten Anweisungscharakter von Regiebemerkungen überschreitet. Zum großen Teil dienen sie außerdem der Fiktionsbildung bzw. bewegen sich innerhalb der Fiktion. Für den Leser – so Diderot – bieten sie eine Möglichkeit, unbekannte Bühnenformen zu imaginieren, so wie er selbst diese Variante, das Schreiben und Lesen von Dramen, dem enttäuschenden weil an Konventionen gebundenen Bühnenerlebnis vorzieht. An zweiter Stelle räumt Diderot die Möglichkeit ein, das ›beigeschriebene Spiel‹ als Kontrollmittel zu gebrauchen. Der Zuschauer kann so den Dramentext konsultieren, nachdem er das entsprechende Stück auf der Bühne gesehen hat, um zu überprüfen, ob die Schauspieler sich an die Vorgaben des Dichters gehalten haben. Die Regiebemerkungen können im Sinne eines Kritikers verwendet werden, der durch sie nachträglich die Bühnenumsetzung beurteilen kann, indem er sie an die Aussagen und Vorgaben des Dichters rückbindet. Wenn Diderot an

---

[300] Vgl. Horst Turk: Theater und Drama: Diderot – Artaud – Brecht. In: Forum Modernes Theater 1/2 (1986/87), S. 128–140, hier S. 133: »Wenn aber die Vereinigung von ›Rede‹ und ›Pantomime‹, ›Gespräch‹ und ›Plan‹ Sache des Autors, und das heißt der poetischen Phantasie, wird, dann bedeutet dies für das Drama wie für das Theater, dass die Situation des Theaters durch eine reichere Instrumentierung verdrängt und der Text ›absolut‹ gesetzt wird.«

dritter Stelle doch noch meint, er wende sich mit den Regiebemerkungen an den Schauspieler, und hierbei einschränkend seine eigene Position etwas zurücknimmt, indem er dem Schauspieler einen gewissen Spielraum in der Umsetzung zugesteht, dann doch nur für die Fälle, in denen der Schauspieler »besser deklamieren« kann als der Dichter selbst – ein zugegebenermaßen schwer überprüfbarer Aspekt. Diderot nimmt seine Vorgaben also nicht wirklich zurück, sondern weitet sie – vom Leser über den Kritiker – auf den Schauspieler aus, wobei nur sehr gute Schauspieler von den Vorgaben abweichen dürfen. Ist dies nicht der Fall, dann schreckt er nicht davor zurück, eine Aufführung verbieten zu lassen, so wie es auch tatsächlich der Fall war.[301] Er selbst sieht sich als Dramenverfasser also doch wieder als die letzte Instanz an.

Diderots Ausführungen geben eine klare Hierarchie an: Er will die Rolle des Dramendichters stärken, um auf diesem Weg neue Bühnen- und Inszenierungsformen zu schaffen. In einem zweiten Schritt sollen die Stücke von den Zuschauern auf jeden Fall gelesen werden können, um ihnen die Möglichkeit zu geben, im Sinne eines Kunstrichters zu überprüfen, inwiefern die Inszenierung mit dem geschriebenen Stück übereinstimmt. Dabei dienen die Regiebemerkungen als Gelenkstellen, anhand derer die Zuschauer nachträglich das Stück beurteilen können. Festzuhalten ist also, dass auch der zeitliche Aspekt bei den Regiebemerkungen eine Rolle spielt, nicht nur ihre Position im Dramentext: Während die Regiebemerkungen von den Schauspielern *vor* der Präsentation des Stücks gelesen werden müssen, werden sie vom Leser *während* des Lesens mit eingeflochten, vom Leser, der zunächst Zuschauer war, *nach* dem Sehen des Stücks als Überprüfungsmöglichkeit herangezogen.

So plausibel die Argumentationsführung Diderots klingt, so wenig zutreffend ist sie hinsichtlich der Aufführungsgeschichte seiner eigenen Dramen. Denn gerade dann, wenn die Regiebemerkungen nötig sind und für Innovationen auf dem Gebiet der Bühnengeschichte stehen, werden sie von den Bühnen gar nicht registriert, sondern weggekürzt. Aufmerksam wahrgenommen werden sie entweder von Dramen*lesern* oder erst zu einem späteren Zeitpunkt, also gerade dann, wenn sie nicht mehr völlig Neues transportieren, sondern mit Gewohntem in Zusammenhang gebracht werden können. So werden sie gerade dann in den Ausgaben abgedruckt, wenn sie sich – nach Diderot – im Grunde erübrigen.

---

[301] Diderot macht in der Tat von der Möglichkeit Gebrauch, sich auch noch nach der Aufführung einzumischen, indem er die weitere Aufführung des Stücks verbietet, solange er nicht selbst die passenden Schauspieler findet und die Rollen besetzen darf. So schreibt Mme d'Epinay: »L'auteur intervint, et jugeant que Mme Préville, qui avait assez mal joué à la première représentation, jouerait plus mal encore à la seconde, retira sa pièce, qui ne reparaîtra sur la scène que quand il pourra se procurer des acteurs à son choix«; abgedruckt in: Anne-Marie Chouillet: Dossier, S. 164.

# 4 Konjunktur von Regiebemerkungen bei gleichzeitig fehlender Aufführungspraxis: Dramen des Sturm und Drang

4.1 Kannibalismus auf der Bühne? Zur Funktion der impliziten Regiebemerkungen in Gerstenbergs *Ugolino*

> Welcher Zuschauer wird es aushalten, diese hungernden vier Personen in unveränderter Situation bis ans Ende, und endlich verhungert, den Anselmo vom Ugolino zu Boden geschlagen, in seinem Blute jammernd, und den Ugolino selbst sein Fleisch vom Arme abnagend, zu sehen?[1]

Diese Frage stellt der Rezensent in den *Neuen Hallischen Gelehrten Zeitungen*; ähnlich skeptisch äußert sich Kütner: »Nicht fürs Theater ist sein Ugolino gemacht.«[2] In der zeitgenössischen Diskussion überwiegen Stimmen, die an der Aufführbarkeit des Stücks zweifeln. Nach Christian Heinrich Schmid ist gar »das ganze Thema untheatralisch«.[3]

Für die Argumentation des vorliegenden Kapitels spielt dabei eine wichtige Rolle, dass die bisher zitierten Äußerungen auf Leseerfahrungen des Stücks basieren. Die zitierten kritischen Stimmen bringen die fehlende Aufführbarkeit mit dem grausamen Gehalt des Dramas in Zusammenhang. Nach Schmid erregen viele Szenen »mehr Grausen und Abscheu, als Mitleid«.[4] Nach Lessing handelt es sich ebenfalls um ein Stück, »dessen Contextur sich aller dramatischen Form zu verweigern scheint«[5] und das nur »schwerlich, oder gar nicht aufgeführt werden« kann. Auch wenn die Praxis das einhellige Urteil zunächst zu bestätigen scheint, da nur eine einzige zeitgenössische Aufführung nachgewiesen ist – *Ugolino* wurde am 2. und

---

[1] [Anonymus]: Rezension zu Gerstenberg: Ugolino. In: Neue Hallische Gelehrte Zeitungen. 3. Theil 1768. 89. Stück. Montag 7.11.1768, S. 706–709, hier S. 707. Der Rezensent weiter: »[…] und daß man einige Stellen nicht ohne Schaudern wird lesen können. Lesen sagen wir, nicht sehen.«
[2] Karl August Kütner: Charaktere teutscher Dichter und Prosaisten. Band 2. Berlin 1781, S. 388.
[3] Christian Heinrich Schmid: Chronologie des deutschen Theaters [Leipzig] 1775, S. 276. Döbbelin führte das Stück auf, wobei er selbst, seine Frau und seine Kinder mitspielten. Vgl. ebd., S. 276f.
[4] Christian Heinrich Schmid: Chronologie, S. 276.
[5] Brief an Gerstenberg vom 25.2.1768. In: Lessing: Werke. Briefe von und an Lessing 1743–1770. Hg. von Helmuth Kiesel (Lessing. Werke und Briefe in zwölf Bänden. Band 11/1), S. 504.

3. Juni 1769 durch Döbbelin in Berlin inszeniert[6] –, fallen die Reaktionen auf die Inszenierung im Vergleich mit den Leseeindrücken keinesfalls heftig aus: Es wird berichtet, dass die Aufführung »mit vielem Beyfalle«[7] aufgenommen wurde. Selbst wenn unklar bleibt, wie Döbbelins Inszenierung die ›grausigen‹ Textstellen umsetzte und was hier tatsächlich zur Anschauung kam, da Rezeptionsdokumente weitgehend fehlen, kann es sich demnach kaum um eine Skandalaufführung gehandelt haben; ebenso wenig ist das bei heutigen Aufführungen der Fall.[8] Im Folgenden wird zu klären sein, wie die deutliche Diskrepanz zwischen den grausigen Leseeindrücken und den harmlosen Bekundungen zur Aufführung zu erklären ist.

Zweifel an der Aufführbarkeit des Stücks können nicht durch fehlende körpersprachliche Aspekte erklärt werden. Dass diese im *Ugolino* im Vordergrund stehen, betont die Forschung.[9] Für Košenina spielt die »Darstellung der Affekte und Leidenschaften« trotz seltener Aufführungen in »kaum ein[em] zweit[en] Theaterstück« zu dieser Zeit »eine größere Rolle«.[10] Neben »den ausdrücklichen Hinweisen der dramatis personae« führt er die »für die Zeit keineswegs spärlichen Regieanweisungen« ins Feld. Wo genau Körpersprachliches angesiedelt ist und welche Auswirkung die Setzung der szenischen Hinweise auf das Lesen wie auch auf die theatralische Umsetzung des Textes hat, bedarf der näheren Klärung. Gerade für die Darstellung des Wahnsinns wird es erforderlich sein, das Verhältnis von expliziten zu impliziten Regiebemerkungen zu untersuchen.[11] So wird auch geklärt werden können, was es mit der viel beschworenen Nichtaufführbarkeit auf sich hat. Die in der Forschung meist im Zentrum des Interesses stehende »Kannibalismusszene«,[12] in der Anselmo

---

[6] Vgl. Homer Jarold Weatherford: Heinrich Wilhelm von Gerstenberg: Poet and Critic. Diss. Microfilm. Utah 1972, S. 132.

[7] Brief von Gleim an Lessing 25.9.1769. In: Gotthold Ephraim Lessing: Sämtliche Schriften. Hg. von Karl Lachmann. Dritte, aufs neue durchgesehene Auflage besorgt durch Franz Muncker. Band 19. Leipzig 1904, S. 331f., hier S. 331.

[8] So handelt es sich bei der Aufführung des *Ugolino* am Stuttgarter Staatstheater im Jahr 2003 ebenfalls um eine unspektakuläre Aufführung, nach Meinung des Rezensenten aufgrund der gestrichenen »gräßlichen Szenen«. Martin Halter: Turm und Drang. Wir sind so hungrig: Gerstenbergs »Ugolino« in Stuttgart. In: Frankfurter Allgemeine Zeitung vom 17.6.2003, S. 36. Eine weitere moderne Aufführung am Eßlinger Landestheater von 1989 erwähnt Meyer-Kalkus; vgl. Reinhart Meyer-Kalkus: Die Rückkehr des grausamen Todes. Sterbeszenen im deutschen Drama des 18. Jahrhunderts. In: Zeitschrift für Religions- und Geistesgeschichte 50 (1998), Heft 2, S. 97–114, hier S. 109.

[9] Einen anderen Aspekt untersucht Alefeld, die dem Umgang des Textes mit anakreontischen Arkadienklischees nachgeht. Yvonne-Patricia Alefeld: »Der Simplizität der Griechen am nächsten kommen.« Entfesselte Animalität in Heinrich Wilhelm v. Gerstenbergs *Ugolino*. In: Herder-Jahrbuch 6 (2002), S. 63–82.

[10] Alexander Košenina: Anthropologie und Schauspielkunst, S. 188.

[11] Zur Begrifflichkeit vgl. Kap. 1 der vorliegenden Arbeit.

[12] Vgl. etwa Alexander Košenina: Anthropologie und Schauspielkunst; Bengt Algot Sørensen: Herrschaft und Zärtlichkeit. Der Patriarchalismus und das Drama im 18. Jahrhundert. München 1984; Werner Kließ: Sturm und Drang. Gerstenberg, Lenz, Klinger, Leisewitz, Wagner, Maler Müller. Velber bei Hannover ³1975; Homer Jarold Weatherford: Gerstenberg; Stein interpretiert in seinen kurzen Ausführungen das »Kannibalismusverlangen« in

aus Hunger seine tote Mutter »annagen« will – so Herder in seiner Rezension des Stücks[13] –, wird sich von hier aus ebenfalls in einem anderen Licht zeigen. Warum Gerstenbergs Ugolino auf den Leser ungleich grausamer wirkt als auf den Zuschauer, ist nicht zuletzt durch die Funktion der impliziten und expliziten Regiebemerkungen in diesem Stück zu erklären, die mit Hilfe erzähltheoretischer Termini genauer erfasst werden können, als dies bisher in der Forschung der Fall ist.

Vom epischen zum dramatischen Text: Dante und Gerstenberg

Obwohl Gerstenberg – von Dantes Ugolino-Episode her gesehen – einen Gattungswechsel von der Epik zum Drama vornimmt, scheint er keineswegs auf Theatralität[14] aus zu sein. In der Tat zeigen Gerstenbergs eigene Äußerungen, dass für ihn die Frage nach der Aufführbarkeit nicht im Vordergrund steht. Selbst in einem Theaterstück ist seiner Meinung nach die »dichterische« Illusion höher anzusiedeln als die »theatralische«:

> Wenn uns also in der *Shakespearschen* Beschreibung der Felsen von *Dover*, nach *Addisons* Anmerkung, der Gegenstand so fürchterlich wird, daß wir schon durch die bloße Vorstellung den Schwindel bekommen; wenn uns die Wahrheit seiner sittlichen Gemälde oder Nachbildungen so gewaltsam hinreißt, daß wir nicht mehr Zuschauer, sondern Acteur sind: so zeigt dies blos an, von wie weit höherer Art die *dichterische Illusion* sey, als jene *theatralische*, die ich das Werk des Geschmacks genannt habe; und bestätigt den Satz, den ich schon im Vorwege behauptete, daß das dichterische Genie sich, durch seine Behandlung, Gattungen zueignen könne, die der Dichtkunst sonst gar nicht wesentlich sind.[15]

---

der »zentralen Kannibalismusszene« als »klinisch nachweisbares Symptom des Melancholikers«; Gerd Stein: Genialität als Resignation. In: Gert Mattenklott/Klaus R. Scherpe (Hg.): Literatur der bürgerlichen Emanzipation im 18. Jahrhundert. Ansätze materialistischer Literaturwissenschaft. Kronberg Ts. 1973, S. 105–110, hier S. 109.

[13] Vgl. Johann Gottfried Herder: Rezension des *Ugolino*. In: Allgemeine Deutsche Bibliothek. Band XI (1770). In: Ders.: Sämtliche Werke. Hg. von Bernd Suphan. Band 4. Berlin 1878, S. 313f.

[14] ›Theatralität‹ ist eine Kategorie, die sich im Anschluss an das englische *theatricality* gebildet hat. Sie betont den Aufführungscharakter und ist in der Theaterwissenschaft neben der ›Performanz‹ zu einem Schlüsselbegriff avanciert. Erika Fischer-Lichte definiert in ihrer Semiotik des Theaters. Eine Einführung. Band 1, S. 194–197, hier S. 195 ›Theatralität‹ wie folgt: »Wird der Körper nicht allein als Zeichen interpretiert, sondern vor anderen seinerseits als Zeichen präsentiert, vollzieht sich ein theatralischer Prozeß. Denn dies heißt nichts anders, als daß A X verkörpert, während S zuschaut. Wo der menschliche Körper und die Objekte seiner Umwelt in ihrer materiellen Gegebenheit als Zeichen eingesetzt werden, hat also Theater sich konstituiert.« Vgl. auch Fischer-Lichte: (Hg.): Theatralität und die Krisen der Repräsentation. Stuttgart, Weimar 2001 sowie die von Fischer-Lichte herausgegebene Schriftenreihe Theatralität. Tübingen 2000ff., und Sophia Totzeva: Das theatrale Potential des dramatischen Textes. Tübingen 1995. Im vorliegenden Zusammenhang soll der Begriff den Aufführungsbezug eines Stücks unterstreichen.

[15] Heinrich Wilhelm von Gerstenberg: Briefe über Merkwürdigkeiten der Litteratur. Stuttgart 1890. 20. Brief, S. 231 (Hervorhebungen im Original).

Gerstenberg strebt eine Aufwertung der dramatischen Gattung an. Er geht der Frage nach, ob das Trauerspiel »durch den Einfluß des dichterischen Genies eine neue Stärke erhalte«[16] – eine für den Sturm und Drang generell virulente Fragestellung. Für Gerstenberg erweist sich die theatralische Illusion als sekundär, während die dichterische Kraft, im Gegensatz zu bisherigen Vorstellungen, nicht bloßes »Requisit« sei.[17]

Lessing sieht den Gattungsunterschied zwischen Dante und Gerstenberg als ausschlaggebend an und setzt ihn in einem Brief an Gerstenberg zur Darstellung des Schreckens in Beziehung:

> Bei dem Dante hören wir die Geschichte als *geschehen*: bei Ihnen sehn wir sie als *geschehend*. Es ist ganz etwas anders, ob ich das Schreckliche hinter mir, oder vor mir erblicke. Ganz etwas anders, ob ich höre, durch dieses Elend kam der Held durch, das überstand er: oder ob ich sehe, durch dieses soll er durch, dieses soll er überstehen.
> Der Unterschied der Gattung macht hier alles.[18]

Den Bezug zur Aufführung, das Präsentische der Handlung bei Gerstenberg im Gegensatz zu Dantes erzählender, rückblickender Schilderungsweise, nimmt Eva Hölter in ihrer Untersuchung auf. Auch sie argumentiert gattungsbezogen: Das Geschehen werde bei Dante als eine von vielen Binnenerzählungen in Distanz zum Leser gerückt. Es zeichnet sich in erzähltheoretischer Terminologie im Gegensatz zur Unmittelbarkeit des Dramas also durch starke Mittelbarkeit aus:

> [...] die Tatsache, daß der Erzähler Dante uns von dieser Schilderung berichtet, betont den Vorgang des Erzählens als solchen und damit das Indirekte des Geschehens. Bei Gerstenberg entfallen diese Möglichkeiten der Distanzierung völlig.[19]

Allerdings untersucht Hölter nicht Formen der Distanzierung bzw. Mittelbarkeit in einem Dramentext, vielmehr stellt sie generell fest, dass die Umwandlung in eine andere Gattung eine Schwierigkeit sei, »der sich Gerstenberg zwar gestellt, die er aber nicht überwunden« habe.[20] Das Drama Gerstenbergs begehe demnach den Fehler, »durch das fortwährende Vor-Augen-Stellen des Leidens den Zuschauer zu überfordern.«[21] Weiter heißt es:

---

[16] Ebd.
[17] Ebd.
[18] Brief an Gerstenberg vom 25.2.1768. In: Lessing: Werke. Briefe von und an Lessing 1743–1770, S. 505. Lessing weiter: »sobald die Exposition vorbei, wissen wir es *zuverlässig*, dass Ugolino mit seinen Kindern verhungern *muß*« S. 506.
[19] Eva Hölter: »Der Dichter der Hölle und des Exils«. Historische und systematische Profile der deutschsprachigen Dante-Rezeption. Würzburg 2002, S. 95.
[20] Ebd., S. 97.
[21] Ebd., S. 96. Hölter führt aus, dass Lessings *Laokoon* die bildende Kunst im Blick habe, nicht den dramatischen Dichter, während das Drama »für die lebendige Malerei des Schauspielers bestimmt« sei. Böckmann nennt das Stück »eine in Szene gesetzte Laokoongruppe, die die Leiden der vom Hunger überfallenen Menschen wachruft.« Paul Böckmann: Formgeschichte der deutschen Dichtung. 1. Band: Von der Sinnbildsprache zur Ausdrucksssprache. Hamburg 1949, S. 656f. Nach Košenina baut Gerstenberg die tragische Situation »zu einem Psychodrama« aus: »Von Dante übernimmt er dafür die Idee von der Ausdruckskraft

Durch die Umsetzung der bekannten Handlung in eine andere literarische Gattung entfallen Distanzierungs- und Raffungsmöglichkeiten, die Dante bei dieser grausamen Episode bewußt anwendet: Der seltene Fall tritt ein, daß der rezipierende Text die Vorlage an Grausamkeit übertrifft – und zwar nicht inhaltlich, sondern von der Art der Darstellung und also gattungsbedingt.[22]

Ob das Leiden wirklich vor Augen gestellt wird und ob es nicht auch in Dramentexten Möglichkeiten der Distanzierung gibt,[23] so dass verschiedene Grade der Realitätsnähe oder Illusionierung hergestellt werden können, soll genauer untersucht werden. Die Frage nach dem Gattungsunterschied, die bei Lessing sowie in der Forschung diskutiert wird und die für die Genese des *Ugolino* eine primäre Rolle spielt, wird mit Blick auf die Regiebemerkungen erneut zu stellen sein. Gerstenberg macht ihn im Stück explizit: Er schickt dem Drama im Vorbericht neben der kurzen Nennung der Figuren den Hinweis voraus: »Die Geschichte dieses Drama ist aus dem Dante bekannt«. Die ›Geschichte‹ selbst also, die zur Situation des Eingesperrtseins geführt hat, steht nicht im Mittelpunkt des Dramas. Ihre Kenntnis wird vorausgesetzt: Graf Ugolino von Gherardesca befindet sich mit seinen drei Söhnen Gaddo, Anselmo und Francesco in einem von der Außenwelt abgeschlossenen Turm und ist so dem Tod durch Verhungern ausgeliefert. Dass Ugolino die Alleinherrschaft Pisas anstrebte und von Ruggieri gestürzt und eingesperrt wurde, erfährt man nur durch expositorische Rückwendungen. Zur Darstellung kommt allein die letzte Phase, in der die psychischen Reaktionen der Verhungernden auf die schon eingetretene Situation im Vordergrund stehen.

---

der *eloquentia corporis*, die hier fast wie ein Plädoyer für die Darstellbarkeit des Schmerzes im Laokoon-Streit erscheint.« Alexander Košenina: Anthropologie und Schauspielkunst, S. 191.

[22] Eva Hölter: Dichter der Hölle, S. 98.

[23] Dabei ist auch an die von Boehlendorff in seinem Ugolino-Drama von 1801 gewählte Form der Aussparung grässlicher Szenen zu denken. Im Prolog von Boehlendorffs Stück heißt es, »[...] dass des Dichters Hand/Den Schleier um das Schrecklichste gezogen«, S. 12. In der ersten Regiebemerkung wird außerdem der Bezug zu Laokoon hergestellt: »Saal des Erzbischoffs. Portraits an den Wänden. Im Hintergrund eine Statue Laokoons«, S. 17, so dass das Leiden in symbolischer Form optisch präsent gehalten wird. Zu Boehlendorffs *Ugolino Gherardesca* vgl. Eva Zimmermann: Die Harmonie der Kräfte. Casimir Ulrich Boehlendorffs dramatische Dichtung. Weimar u.a. 1997, S. 126–191. In Zimmermanns kurzem Vergleich von Boehlendorffs und Gerstenbergs *Ugolino* schneidet Gerstenbergs Version ungleich grausamer ab, vgl. S. 161: »Boehlendorff führt den Moment des Wahnsinns, der Entmenschlichung vor, ohne auf die grauenhaften Momente einer solchen Gefangenschaft mit der Schärfe einzugehen, wie es Gerstenberg in seinem *Ugolino* tat. Obwohl er erschreckende Szenen wie Franzeskos Rückkehr in einem Sarg übernimmt, vermeidet er es, die Abgründe des Menschen zu deutlich werden zu lassen. Beispielhaft sind dafür seine abgemilderte Verwendung des Kannibalismus-Motives und die Darstellung des Sterbens.«

Radikalisierung der Regiebemerkungen zur Proxemik

Es mag verwundern, dass die Frage nach der Häufigkeit von expliziten Regiebemerkungen im *Ugolino*[24] von der Forschung keineswegs einhellig beantwortet wird. Fechners Einschätzung, der in Gerstenbergs Stück nur spärliche Regiebemerkungen konstatiert,[25] steht die oben zitierte Feststellung Košeninas gegenüber, der von einer beträchtlichen Zahl an Regiebemerkungen spricht.[26] Angaben allein zur Quantität liefern wenig befriedigende Ergebnisse, solange man nicht feste Bezugsgrößen definiert. Ausschlaggebend ist vielmehr,[27] wann und in welchem Zusammenhang vermehrt Regiebemerkungen stehen und welche Funktion sie jeweils übernehmen.

So werden die drei Söhne im Zusammenhang mit dem jeweiligen Lebensalter, das sie repräsentieren,[28] durch die Regiebemerkungen unterschiedlich profiliert. Bei Gaddo als jüngstem und schutzbedürftigem stehen Regiebemerkungen im Vordergrund, die seine Hilflosigkeit betonen:[29] »*kriecht zu seinem Vater hin, dessen Zipfel er faßt*« (S. 61), »*indem er kraftlos zurücksinkt*« (S. 61). Bei den anderen Familienmitgliedern überwiegen Gesten der Zuneigung und des Schutzes ihm gegenüber: »[*Ugolino*] *hebt ihn auf seinen Schoß*« (S. 12, 44), »*nimmt Gaddo in seine Arme*« (S. 62), »*küßt seine Augen*« (S. 44). So werden vor allem seinem Vater aktive und schützende Gesten zugeschrieben. Anders als bei seinem jüngsten Sohn ändert sich das Verhalten Ugolinos jedoch gegen Ende des Stücks, was wiederum an den Regiebemerkungen abzulesen ist: »*Er sinkt bei seinen Kindern zu Boden*«, »*Läßt Gaddo fallen und tritt zurück*«, »*Er wirft sich heftig neben Anselmo*«, »*Wehklagend*«, »*Er weint bitterlich und*

---

[24] Im Folgenden unter Angabe der Seite direkt im Text zitiert nach der Ausgabe Heinrich Wilhelm von Gerstenberg: Ugolino. Eine Tragödie in fünf Aufzügen. Hg. von Christoph Siegrist. Stuttgart 2001.

[25] Jörg-Ulrich Fechner: Leidenschafts- und Charakterdarstellung im Drama (Gerstenberg, Leisewitz, Klinger, Wagner). In: Walter Hinck (Hg.): Sturm und Drang. Ein literaturwissenschaftliches Studienbuch. Frankfurt/M. ²1989, S. 175–191, hier S. 180: »[…] die Sprache wird hier zum vornehmlichen Mittel der Leidenschaftsdarstellung. Spärlich sind die Regieanweisungen, die neben der Gebärde auch die gesprochene Sprache regieren.«

[26] Alexander Košenina: Anthropologie und Schauspielkunst, S. 190.

[27] Ähnlich diskrepante Äußerungen waren auch bei der Forschung zu *Miß Sara Sampson* zu konstatieren; vgl. Kapitel 3.2 der vorliegenden Arbeit.

[28] Gaddo ist 6 (S. 12), Anselmo 12 (S. 13) und Francesco 20 Jahre alt (S. 32). Jörg-Ulrich Fechner: Leidenschafts- und Charakterdarstellung, S. 179, weist auf die Technik der Charakterisierung anhand der Lebensstufen hin: »Dem Vater stehen die Söhne gegenüber, deren Alter auf die drei Jahrsiebente von Kindheit und Jugend verteilt ist.« Während Gaddo aus einer »kindlichen Anlage« spreche und nur den Gegensatz von Gut und Böse kenne, kämen bei Anselmo »pubertäre Faktoren von Rang und Ehrgeiz« hinzu, Francesco stehe an der »Schwelle zum Erwachsensein« und »bedenkt bereits den Selbsteinsatz«.

[29] Vgl. Bengt Algot Sørensen: Herrschaft und Zärtlichkeit, S. 105: »Für die Rühreffekte des Stückes ist die Figur des kleinen Gaddo wichtig.« Allerdings ist zu beobachten, dass die sprachlichen Äußerungen weit über das kindliche Verhalten hinausgehen, das die expliziten Regiebemerkungen suggerieren. Weatherford stellt treffend fest: »Gaddo [is] too grown-up for [his] age.« Homer Jarold Weatherford: Gerstenberg, S. 145.

*verhüllt sich das Haupt«.*³⁰ Aus dem starken Herrscher ist selbst ein Hilfesuchender geworden, der keine Stütze mehr bieten kann, bis sich die Verzweiflung sogar gegen seine eigenen Söhne richtet: »*Anselmo schreit, da sein Vater sich ihm nähert. Dieser fährt voll Entsetzen zurück.*« (S. 64) Die Bewegungslinien der Figuren ändern sich. Statt der zu Beginn gesuchten Nähe schrecken sie jetzt voreinander zurück.

Diesen Aspekt übersieht Sørensen, der als dominanten Zug des Stücks die Familienidylle ansieht. Sørensen stellt fest, dass nach »Haß und beinahe Brudermord« Anselmos an Gaddo »eine kontrastierende Versöhnungs- und Verklärungsszene [erfolgt], in der das familiale Wertesystem wiederhergestellt und verherrlicht wird«.³¹ Nur dadurch, dass Sørensen einige explizite Regiebemerkungen und den Schluss der Textstelle weglässt, kann er den harmonischen Eindruck der Szene ungebrochen aufrechterhalten. Die bitterlich geweinten Tränen, um die es in den expliziten Regiebemerkungen geht, würden seine Deutung als rührendes, empfindsames Familientableau weniger überzeugend erscheinen lassen.³² Am Schluss des Dramas können die familiären Bindungen, die Sørensen im ganzen Stück bestätigt sieht, nur noch rein rhetorisch aufgerufen werden, da außer Ugolino alle Familienmitglieder tot sind.

Neben den sich ändernden Regiebemerkungen je nach Gefühlszustand der Figuren lässt sich eine signifikant unterschiedliche Verteilung auf die Akte beobachten: Während in den ersten beiden Akten wenige explizite Regiebemerkungen stehen, die vor allem konventionell verwendet werden – sie beschreiben Gestik und Proxemik der Figuren (»*Auf und ab gehend*«, »*Auf sein Herz zeigend*«, »*Läuft ihm entgegen*«), daneben Abgänge (»*Geht mit Francesco ab*«) und Auftritte (»*Ugolino und Francesco kommen zurück*«)³³ –, nehmen die Regiebemerkungen vom dritten Akt an deutlich zu. Mit der Intensivierung der Affekthandlungen in der sich zuspitzenden Situation steigt auch die Zahl der expliziten Regiebemerkungen. Neben Interaktionen verdeutlichen sie jetzt immer häufiger die augenblicklichen Gemütsregungen der

---

³⁰ Die Regiebemerkungen befinden sich auf S. 61–66.
³¹ Bengt Algot Sørensen: Herrschaft und Zärtlichkeit, S. 108.
³² Ebd., S. 107. Immer wieder umarmen sich die Geschwister, so im zweiten Akt, wobei Anselmo selbst den Kommentar liefert: »O du brüderliche Zärtlichkeit.« Der Vater fügt hinzu: »Ja wohl brüderliche Zärtlichkeit! Welch ein holder Anblick! O ihr teuren zärtfühlenden beide!«, S. 25. Häufig besteht aber eine Diskrepanz zwischen Worten und Gesten, so wenn von der »Zärtlichkeit« die Rede ist, Anselmo seinem Bruder aber gleichzeitig Redeverbot erteilt: »UGOLINO. Francesco entsprungen! Was sagst du, Gaddo? ANSELMO (*zupft Gaddo und droht ihm*). Hm!«, S. 26. Sørensen erwähnt diesbezüglich nur die »brüderliche Zärtlichkeit« und konstatiert: »Die Apotheose der innig verbundenen Familie findet in statischen, tableauhaften Bühnenbildern ihren höchsten Ausdruck«, Sørensen, S. 106. Treffender äußert sich Schmidt: »Ugolino enters in time to join the chorus to ›brüderliche Zärtlichkeit‹, ironically oblivious to the barely averted hostilities.« Henry J. Schmidt: The Language of Confinement. Gerstenberg's *Ugolino* and Klinger's *Sturm und Drang*. In: Lessing Yearbook 11 (1979), S. 165–197, hier S. 176.
³³ Die Regiebemerkungen befinden sich auf S. 8, 9, 14, 16 (2x). Auch für die Sprecherrichtung (»*zu Gaddo*«, S. 12) und zur Differenzierung der Lautstärke (»*leise zu Anselmo*«, S. 14) finden sich einige Regiebemerkungen.

Figuren. Gegen Ende des Stücks dienen die Regiebemerkungen primär dazu, die Körperkontakte im Zusammenhang mit dem Wahnsinn und den aufkommenden Gewaltübergriffen darzustellen.[34]

Zur geschlossenen Form und zur Einheit des Raumes in *Ugolino*

Um *Ugolino* als Übergangsdrama zwischen klassischem Theater und Formen des Sturm und Drang zu beschreiben, werden häufig die Einheit des Ortes wie auch die aristotelischen Kategorien der Einheit von Zeit und Handlung ins Feld geführt. So wird das Problem gelöst, einen Dramentext literaturhistorisch einzuordnen, der von seinem Thema her auf den Sturm und Drang vorausweist,[35] wegen seiner geschlossenen Form, die dieser Strömung widerspreche, aber dem klassischen Theater zugerechnet wird.[36] Festzuhalten bleibt, dass der Raum hier nicht »qualitätslos« ist, wie ihn Volker Klotz für das geschlossene Drama beschreibt. Klotz versteht darunter, dass es im geschlossenen Drama keine dramatisch wirksamen Ortswechsel gibt, der Raum also keinen Einfluss auf das Geschehen hat und nicht in Wechselwirkung zu den Figuren tritt.[37] Kließ meint mit Bezug auf Gerstenberg zu Recht: »Die Einheit ist mehr als im klassischen Drama, ist überhaupt mehr als eine Regel.«[38] Während der Raum im klassischen Drama die Funktion eines ›Spiel‹-Raums, eines Aktionsfeldes ohne eigene Bedeutung hat, ist er in *Ugolino* »notwendiger Raum«,[39] d.h. er schafft erst die Voraussetzungen des Stücks.[40] Als Bühnenraum wird er zwar im gesamten Dramentext nicht durch Regiebemerkungen spezifiziert, sondern nur durch die Angabe nach dem mit »Vorbericht« überschriebenen kargen Personenverzeichnis:

---

[34] Vgl. S. 63f.: »[Anselmo] *Läßt Gaddo fallen und tritt zurück*«, »*Er hängt sich an seines Vaters Arm*«, »*Er sträubt sich im Arme seines Vaters*«, »[Ugolino] *streckt den Arm nach ihm* [Anselmo] *aus und schlägt ihn zu Boden*«, »*Anselmo schreit, da sein Vater sich ihm nähert*«.
[35] So etwa Paul Böckmann: Formgeschichte, S. 655. Homer Jarold Weatherford: Gerstenberg, S. 150f.
[36] Matthias Luserke: Sturm und Drang. Autoren – Texte – Themen. Stuttgart 1997, S. 50: »Doch sollte man sich davor hüten, die Bedeutung des *Ugolino* für die Sturm-und-Drang-Dramatiker zu überschätzen. Es ist ein klassisch komponiertes, ein mit dem dramatischen Konzept eines Dramas des Sturm und Drang in nichts vergleichbares Stück.«
[37] Volker Klotz: Geschlossene und offene Form, S. 45.
[38] Werner Kließ: Sturm und Drang, S. 29.
[39] Ebd. Nach Albert Malte Wagner wird der Raum in diesem Stück zum »Sinnbild der furchtbaren seelischen Einsamkeit der in ihn eingesperrten Menschen«; er zieht Vergleiche zu Strindbergs *Totentanz*. Albert Malte Wagner: Heinrich Wilhelm von Gerstenberg und der Sturm und Drang. Band 2: Gerstenberg als Typus der Übergangszeit. Heidelberg 1924, S. 324.
[40] Auch ist gegen die Ansicht, Gerstenberg folge den klassischen drei Einheiten, seine eigene vehemente »Verwerfung der ›Einheit des Ortes‹« ins Feld zu führen; vgl. Richard Hamel: Grundsätze und Grundzüge moderner Dramatik bei Heinrich Wilhelm von Gerstenberg. In: Ders.: Hannoversche Dramaturgie. Kritische Studien und Essays. Hannover 1900, S. 278–294, hier S. 287.

»*Die Szene ein schwach erleuchtetes Zimmer im Turm.*« Sein Stellenwert ist im Zusammenhang mit der Unmöglichkeit, diesen Raum zu verlassen, aber eindeutig.[41] Die Figuren treten an diesem Ort unvermittelt aus dem Nichts auf, um sich dann fast unbemerkt wieder zurückzuziehen, nicht in andere Räume, davon ist zumindest nicht die Rede – wie soll das in einem Turm auch möglich sein? –, sondern nur aus dem Gesichtsfeld des Zuschauers bzw. Lesers.[42] Allein Gaddo bleibt immer auf der Bühne sichtbar, da er zu schwach und hilflos ist, um sich fortzubewegen. So wirkt er wie das Zentrum des Leidens in diesem Turm.

Geschlossene Form und Einheit des Raumes ergeben sich somit aus der Thematik der existentiellen Eingeschlossenheit, der die Figuren ausgeliefert sind. Durch die Beschränkung auf das Turmzimmer wird nicht nur den Eingeschlossenen, sondern auch Lesern und Zuschauern der Einblick in die äußere Welt verwehrt. Das Leiden der Figuren bleibt so ständig präsent. Ereignisse, die sich außerhalb des Turmes abspielen, werden höchstens durch gelegentliche Botenberichte mitgeteilt, während der Innenraum der dramatis personae durch Traum- und Wahnsinnsszenen erweitert wird. Statt einer räumlichen Verortung wird eine Zentriertheit der Figuren auf sich selbst erkennbar, die im Laufe des Dramas zunimmt. Denn während am Anfang bis etwa zur Mitte des Stücks Auf- und Abtritte zumindest ansatzweise kenntlich gemacht werden,[43] entfallen diesbezügliche Regiebemerkungen im letzten Akt völlig. Die dem Hungertod nahen Figuren sind nicht mehr fähig, sich von der Stelle zu bewegen. Stattdessen stehen im fünften Akt vermehrt Regiebemerkungen zur Proxemik der Figuren. Sie beschreiben vor allem, wie weit diese voneinander entfernt sind, wobei durchgehend die große Nähe betont wird:

Indem er ihm die Hand drückt
fällt ihm in die Arme
Lehnt sich auf Anselmo
Er legt sich in einiger Entfernung, mit Bedacht, an die Seite des Sargs. Anselmo hält ihn in seinen Armen
wirft sich auf Francescos Leichnam; seines Vaters Knie umfassend
ihn aufrichtend
kriecht zu seinem Vater hin, dessen Zipfel er faßt
Er sinkt bei seinen Kindern zu Boden

---

[41] Zur Zeitangabe teilt der Vorbericht ebenfalls nur allgemein mit: »Die Zeit der Vorstellung eine stürmische Nacht.« Einmal wird ein Teil der Exposition mit einer expliziten Zeitangabe versehen: »vor zwei Tagen«, S. 19. Weitere Indikatoren für Zeitabläufe und das Vergehen von Zeit fehlen. Der Hinweis auf die »schauernde Mitternachtstunde«, S. 18, bei der Francesco und Anselmo Fluchtpläne schmieden, ist eher hinsichtlich des Stimmungswertes von Bedeutung und kaum als konkrete Zeitangabe zu werten.
[42] Heute könnte eine Inszenierung durch Spots auf die jeweils im Mittelpunkt stehenden Figuren bzw. auf deren Gedanken den nötigen Effekt der Fokussierung erzielen.
[43] Vgl. etwa »UGOLINO […] *Geht mit Francesco ab*«, S. 16; »*Ugolino und Francesco kommen zurück*«, S. 16; »*Gehen ab. Gaddo legt sich auf den Boden nieder*«, S. 19; »ANSELMO *kömmt zurück*«, S. 20; »UGOLINO […] *Im Abgehen.* Noch einmal, ihr Unschuldigen, vergebt mir! *Geht ab.* […] ANSELMO. […] *Küßt Gaddo und geht langsam ab.*« (S. 30); vgl. auch S. 28, 29, 37, 42, 54. Im fünften Akt hingegen verlässt keine der dramatis personae das Gesichtsfeld der Zuschauer.

Küßt seines Vaters Füße
Nimmt Gaddo in seine Arme
Er hängt sich an seines Vaters Arm
Er wirft sich heftig neben Anselmo hin
Anselmo umfassend[44]

Die räumliche Distanz zwischen den Figuren nimmt ab, so dass eine Art Konzentration erreicht wird. Alle Figuren befinden sich in unmittelbarer Nähe zueinander, wobei Nähe eher gewaltsam als liebevoll gesucht und empfunden wird. Das wird durch die ihr zugeordneten Gefühlselemente – »*zitternd*«, »*sträubt sich im Arme seines Vaters*«, »*voll Entsetzen*«, »*wehklagend*«[45] – betont. Während die Figuren körperlich immer dichter aneinander rücken, entfernen sie sich innerlich voneinander. Sie bewegen sich zwar gestisch, aber nicht sprachlich aufeinander zu, da jeder in seiner Wahnwelt lebt und es höchstens zu kurzfristigen Übereinstimmungen und funktionierenden Gesprächen kommt, so bei Anselmos und Gaddos gemeinsamen Essphantasien (S. 22f.).

Hierarchisierung von Figurenrede und Regiebemerkungen

Über diese allgemeinen von der Entwicklung des Stücks abhängigen und figurenbezogenen Feststellungen zu den Regiebemerkungen hinaus soll im Folgenden die unterschiedliche Funktion der impliziten und expliziten Regiebemerkungen untersucht werden. Daneben spielt auch die Frage nach der Hierarchie zwischen den Regiebemerkungen und der Figurenrede eine Rolle.

Auffallend ist, dass die expliziten Regiebemerkungen ›das letzte Wort haben‹, also Deutungshoheit besitzen, wenn sie im Widerspruch zur eingeschränkten Perspektive der jeweiligen Figurenrede stehen und über den Wahrnehmungsbereich der Figur hinausgehen. Bei der folgenden Passage handelt es sich um einen Ausschnitt aus der Eingangsszene des Stücks. Gleich zu Beginn wird gezeigt, wie mitfühlend sich alle Familienmitglieder mit dem jüngsten Sohn zeigen, der unter dem Hunger am stärksten leidet:[46]

> ANSELMO. Mich dünkt, daß mich weniger hungern würde, wenn der arme Gaddo zu essen hätte. Ich kann sein eingefallnes bleiches Gesicht nicht ohne Schmerz ansehen. (*Umarmt Gaddo.*)
> UGOLINO. Armer Gaddo!
> GADDO. Sei nicht traurig, mein Vater.
> ANSELMO. Sieh, mein Vater, ich bin nicht traurig. (*Trocknet sich die Augen ab.*) Ich bin nur müde. (S. 7)

---

[44] Die Regiebemerkungen befinden sich im fünften Akt des Stücks, vgl. S. 56–66.
[45] Heinrich Wilhelm von Gerstenberg: Ugolino, S. 55, 61, 63, 64.
[46] Diese Frage stellte sich schon bei der Analyse von Lessings *Der junge Gelehrte*, dort mit erheblich stärkeren Auswirkungen auf die Interpretationsmöglichkeiten des Stücks (vgl. Kap. 2.1), hier hingegen als Folie, vor der andere Eigentümlichkeiten des Dramentextes analysiert werden sollen.

An der Regiebemerkung am Ende der zitierten Passage – »*Trocknet sich die Augen ab.*« – kann der qualitative und hierarchische Unterschied zwischen Regiebemerkung und Figurenrede demonstriert werden. Würde man Anselmos Worten an dieser Stelle Glauben schenken, worauf man ohne eingefügte explizite Regiebemerkung angewiesen wäre, dann wäre es immerhin – trotz der vorher gegebenen deutlichen Anzeichen seiner Trauer – möglich, ihn nicht für »traurig«, sondern für »müde« zu halten. Die Regiebemerkung aber belegt das Gegenteil, wobei das Augentrocknen eine konventionelle und gut sichtbare Geste darstellt, um das Weinen unter Beweis zu stellen.[47] Wichtiger als die Beobachtung zu Anselmos Gemütszustand ist das Verhältnis zwischen Regiebemerkung und Figurenrede. Da die Regiebemerkung im Gegensatz zur Figurenrede normalerweise keine figurenspezifisch eingeschränkte Perspektive einnimmt, ist ihr im Zweifelsfall – so auch hier – Glauben zu schenken.

Zu Beginn des dritten Akts wird ein Sarg mit der toten Mutter, ein anderer mit dem noch lebenden Francesco auf die Bühne gebracht, dessen Fluchtversuch vereitelt wurde. Es handelt sich um eine Szene mit zahlreichen Regiebemerkungen:

> *Gaddo in einer Ecke des Zimmers schlafend. Einige Männer tragen zween Särge über das Theater, die sie Gaddo gegenüber hinstellen, daß nur der vorderste gesehn wird. Gaddo erwacht und betrachtet ihn mit vieler Aufmerksamkeit.*
> GADDO. Dieser große Kasten sieht natürlich aus wie ein Totenkasten. Wenn ich den Kasten betrachte, richtet sich mein Haar ganz langsam in die Höhe; weh mir! und ein Fieber klappert in meinen Zähnen! Holla! spricht hier niemand als der kranke Gaddo? (*Es wird ein starkes Pochen im vordersten Sarge gehört.*) Ach, heilige Jungfrau! was ist das? (*Eine dumpfichte Stimme ruft Gaddo! Gaddo!*) Hilf mir! mein Vater! Mein Vater! Anselmo!
> UGOLINO (*ohne die Särge zu sehn*). Was ist dir, Gaddo?
> GADDO. O mir! Die Gebeine haben sich geregt! rufen: Gaddo! Gaddo!
> ANSELMO (*im Hereinlaufen*). Wartet, wartet, ihr Männer. Nehmt mich und Gaddo auch mit. Wir haben Francescos Brüder. (*Stößt auf den Sarg.*) Ah!
> UGOLINO (*sieht sich nach Anselmo um*). Welch ein Traum ist dies? Ein Sarg? (*Pochen im Sarg. Ugolino tritt zurück.*) Nun, beim wunderbaren Gott! das ist seltsam! (*Die Stimme ruft Hülfe!*) Der Deckel dieses Sarges ist nicht befestigt. (*Er hebt den Deckel auf und fährt zurück.*) Ha! (*Francesco steigt heraus. Nachdem sie einander lange mit Erstaunen betrachtet haben, fällt Francesco seinem Vater zu Füßen.*) (S. 31)

---

[47] Das kann man gegen Sørensen ins Feld führen, der eine harmonische Lesart des Stücks verfolgt, dabei aber die Regiebemerkungen nur selektiv berücksichtigt. Bei der Bewunderung setzt Sørensen, S. 106, ebenfalls einseitig Akzente: »Auch dieser Herrschaftsaspekt des empfindsamen Patriarchalismus wird mehrfach tableauhaft visualisiert, indem die Kinder dem Vater die Hände küssen oder sich ihm zu Füßen werfen wie beispielsweise der zwanzigjährige Francesco nach seinem gescheiterten Rettungsversuch: ›*Er umfaßt seines Vaters Knie ängstlich*‹«. Ergänzend hinzuzunehmen ist die Beschreibung Francescos durch den Vater, die als implizite Regiebemerkung aufgefasst werden kann und die die kurze explizite Regiebemerkung sozusagen komplettiert: »UGOLINO: Ich errate. Deine starren Blicke in wilder Verwirrung, dein straubichtes Haar, deine schlotternden Kniee, die aschgraue Verzweiflung deines Angesichts, jeder Ton, jede Bewegung lehrt mich, daß noch eine Nachricht ist, vor der die Menschlichkeit zurückbebt. Verbirg sie, mein Sohn, verbirg sie diesen Schwachen«, S. 37.

Auch an dieser Stelle bilden die Regiebemerkungen zunächst den größeren, die Realität fassenden Wahrnehmungsrahmen: Nur dort ist von Anfang an von »*Särgen*« bzw. von »*zween Särgen*« die Rede, während der explizit als »*schlafend*« beschriebene Gaddo davon nichts mitbekommt und im Anschluss zunächst nur einen der beiden Särge wahrnimmt. Für den Zuschauer wäre der Wissensvorsprung vor Gaddo ebenfalls gewährleistet und würde mit der Wahrnehmung beider Särge korrespondieren, die vor den Augen des Publikums auf die Bühne gebracht werden. Vom »*Theater*« im Sinne des Bühnenraums ist in der Regiebemerkung ebenfalls ausdrücklich die Rede. Solange Francesco weder für die anderen dramatis personae noch für die Zuschauer erkennbar ist, vielmehr auf die Stimme reduziert bleibt, ist in den Regiebemerkungen weiterhin von »*Stimme*« die Rede, jetzt allerdings, da sie eingeführt ist, mit dem bestimmten Artikel als »*die Stimme*« bezeichnet. Erst als Francesco aus dem Sarg steigt, wird er auch mit Namen genannt. Die Regiebemerkung »*Es wird ein starkes Pochen* […] *gehört*«, nicht etwa »*Francesco pocht von innen gegen den Sarg*«, nimmt eine Außenperspektive ein, so dass die eingeschränkte Wahrnehmung im Sinne der Außensicht in diesem Fall auf den Bereich der Regiebemerkungen ausgedehnt wird.

Dass in den expliziten Regiebemerkungen zunächst nur von einer »*dumpfichten Stimme*« die Rede ist, die »*Gaddo! Gaddo!*« ruft, lässt darauf schließen, dass es sich um ein Lesedrama handelt, denn die betreffende Figur und mit ihr der entsprechende Schauspieler werden zuerst nicht benannt, so dass eine Bühnenumsetzung nicht sofort gewährleistet ist. Stattdessen wird der Leser zunächst in die Perspektive Gaddos versetzt, der wie dieser im Unklaren darüber ist, wer sich in dem Sarg befindet. Außerdem ist zu beobachten, dass der Ausruf *innerhalb* der Regiebemerkung steht, so dass er noch stärker auf Gaddo bezogen, im Grunde auf seine Perspektive bzw. seinen Wahrnehmungsbereich reduziert wird:

> GADDO. […] Ach, heilige Jungfrau! was ist das? (*Eine dumpfichte Stimme ruft Gaddo! Gaddo!*) Hilf mir! mein Vater!

In der Tat ist Gaddo vorerst der Einzige, der die Stimme hört, obwohl Ugolino ebenfalls anwesend ist – zumindest wird sein späterer Auftritt nicht explizit gemacht. Es handelt sich somit nicht um eine »Anleitung für Regisseur, Bühnenbildner, Schauspieler«[48] oder um »Informationen für die Spielleitung«,[49] sondern eher um eine »Vorstellungshilfe für den Leser«.[50]

---

[48] Jürgen Kühnel: Stichwort ›Bühnenanweisungen (Szenenanweisungen)‹. In: Günther Schweikle/Irmgard Schweikle (Hg.): Metzler-Literatur-Lexikon. Begriffe und Definitionen. Stuttgart ²1990, S. 69.

[49] Roman Ingarden: Das literarische Kunstwerk, S. 403; vgl. Christopher Balme: Einführung in die Theaterwissenschaft, S. 82.

[50] Jürgen Kühnel: Stichwort ›Bühnenanweisungen‹, S. 69. Während Kühnel die Funktion der Regiebemerkungen für den Leser zumindest erwähnt, wird sie in anderen Nachschlagewerken gar nicht berücksichtigt. Vgl. auch Anke Detken: Stichwort ›Nebentext‹. In: Metzler Lexikon Literatur. Begriffe und Definitionen. Begr. von Günther und Irmgard Schweikle. Hg. von Dieter Burdorf/Christoph Fasbender/Burkhard Moennighoff. 3., völlig neu bearbeitete Auflage. Stuttgart, Weimar 2007, S. 536f.

Dass Schiller in den *Räubern* in einer vergleichbaren Situation ähnlich verfährt – dort kommt in einer Szene ebenfalls ein Hungerturm vor –, könnte dafür sprechen, dass bühnenbezogene Regiebemerkungen (vgl. »*zween Särge über das Theater*«) häufig zunächst theatertechnisch gesetzt und gedacht werden, während das bei schauspielerbezogenen Regiebemerkungen gerade nicht der Fall ist: Sonst müsste bei der ersten Sprechernennung mitgeteilt werden, wer hier reden soll. Auch der in den *Räubern* im Hungerturm eingesperrte Vater, der heimlich mit Nahrung versorgt und dann gerettet wird, wird zunächst nur mit der Sprecherbezeichnung »*Eine Stimme*« bzw. »*Die Stimme*« bezeichnet (IV, 5) (vgl. Kap. 1). Die Erzählfiktion wird bei Schiller auf diese Weise ebenfalls auf die Regiebemerkungen ausgedehnt und auch dort aufrechterhalten, während in Bühnenfassungen Anweisungen für die Schauspieler gesetzt werden. Hier ist ein Leser impliziert, der nur eingeschränkt informiert und in Spannung gehalten wird, also ein Leser, der das Stück nicht sofort bühnentechnisch umsetzen wird wie Schauspieler und Regisseur, die ja zunächst auch ›Leser‹ des Stücks sind, bei denen das Lesen aber nicht den Ziel- und Endpunkt bildet.

Während in den beiden bisher zitierten Textstellen durch Figurenrede und Regiebemerkungen unterschiedliche Wahrnehmungsbereiche eröffnet werden, macht eine andere signifikante Textstelle eine weitere Funktion der expliziten Regiebemerkungen deutlich, die zunächst in die entgegengesetzte Richtung weist. Die redundante Setzung, bei der die explizite Regiebemerkung das in der Figurenrede Gesagte wiederholt, hängt hier nicht mit dem Wandel von impliziten zu expliziten Regiebemerkungen zusammen, wie dies bei den Abgängen zu konstatieren war. Diese wurden über einen langen Zeitraum hinweg implizit und gleichzeitig explizit angekündigt (vgl. Kap. 2.1). Die Figurenrede dient hier vielmehr der Bekräftigung dessen, was in der Regiebemerkung gesagt wird, als ob das Unausweichliche betont werden soll. Vermutlich ist es kein Zufall, dass es sich dabei gerade um den prägnanten Moment des Stücks handelt, in dem die Turmtür endgültig und unabwendbar verschlossen wird:

> FRANCESCO (*erblaßt*). Die Turmtüre! Ha!
> (*Man hört sie stark zuschlagen.*)
> ANSELMO. Sie wird verschlossen. (S. 45)

Dieser folgenschwere Augenblick wird in der Figurenrede der beiden Brüder sowie in einer expliziten Regiebemerkung manifest.[51] Anschließend wird durch Anselmos Satz: »Sie wird verschlossen.« noch einmal ausgesprochen, was gerade passiert ist.

Zum Verhältnis von Fiktion, Wahnsinn und Realität: die ›Kannibalismusszene‹

Auffällig ist, dass Bewegungen, Gestik und Mimik häufig ausschließlich in der Figurenrede, also nur implizit beschrieben werden. In diesem Punkt, so könnte

---

[51] In der bühnentechnischen Umsetzung könnte die Tür zunächst langsam bewegt, dann zugeschlagen werden, da Francesco schon von ihr redet, ehe man das akustische Geräusch des Zuschlagens vernimmt, zumindest wenn man die Abfolge der Notation in der Aufführung umsetzen will.

man meinen, wird der klassische Zug des Stücks deutlich, denn Körpersprachliches wird meist beredet, also in der Figurenrede benannt. Auch dann aber nutzt Gerstenberg die Möglichkeit der Intensivierung des Geschehens. In der Schlussszene greift er zu einem besonderen Mittel, indem er durch Kursivdruck sozusagen auf implizite Regiebemerkungen hinweist:

> UGOLINO. Auf mich rausche daher! Hungertod daher! Ich bin müde und lebenssatt! Hier sollst du den morschen Gebeinbau finden. Hier zerstieb er, bis die Gerichtsposaune *diesen Staub*, und *diesen*, und *diesen*, und *diesen* erweckt! Hier vermisch' er sich mit der Verwesung der Unschuldigen, die *hier*, *hier*, und *hier*, und *hier* um mich her zerstreut liegen! (S. 65)

Zwar wendet Gerstenberg Kursivdruck, der sonst den expliziten Regiebemerkungen vorbehalten ist und diese typographisch hervorhebt, nicht konsequent mit dieser Funktion, d.h. im Sinne der Markierung impliziter Regiebemerkungen an. An der zitierten Stelle aber, an der – korrespondierend mit den vier um Ugolino herum verteilten Leichen – genau viermal »*hier*« steht, würde es sich bei einer Umsetzung auf dem Theater anbieten, dass der Darsteller des Ugolino jeweils auf eine der Leichen zeigt, wenn er »*hier*« sagt. Für den Leser wird der deiktische Verweis nicht durch konkretes Zeigen, aber durch den Kursivdruck optisch versinnbildlicht;[52] für beide Rezeptionsweisen ist der Kursivdruck insofern funktional.

An folgender Stelle leidet Gaddo unter dem immer stärker werdenden Hunger, von dem Anselmo ihn ablenken möchte, indem er von der baldigen Freiheit erzählt:

> ANSELMO. Wir baden unter dem blumichten Abhange im Silberquell; sieh! die langen Aale schweben im Schatten der Weinrebe […]!
> GADDO. Laß mich! laß mich!
> ANSELMO. Was gibts?
> GADDO. Ich will ihnen nachschwimmen. Ich will sie einholen.
> ANSELMO. Hab ich dich, Schalk? Gut! unsere Mutter kömmt. Die edle Mutter!
> GADDO. Die freundliche Mutter!
> ANSELMO. Anselmo! ruft sie. Gaddo! ruft sie. Halb zitternd.
> GADDO. Warum zittert sie?
> ANSELMO. In eben diesem Bade zog unsern Bruder Francesco ein zuckender Krampf unters Wasser bis zur Tiefe. Sie warf ihm einen Kastanienast nach; sonst war er verloren.
> GADDO. Die gütige Mutter! Sie liebt uns auch, Anselmo.
> ANSELMO. Allerdings; eben darum zittert sie. Wir pflücken purpurne Waldblumen jenseits am Ufer und binden ihr einen Kranz, von Zypressenlaub umwunden. Lächelnd nimmt sie den Kranz und drückt ihn mir auf die Stirne.
> GADDO. Nein, mir. (S. 23f.)

In der gesamten Passage, in der Gaddo und Anselmo sich eine Phantasiewelt ausmalen, werden keine expliziten Regiebemerkungen verwendet. Ob implizite Regiebemerkungen in der Figurenrede enthalten sind, muss jeweils geprüft werden, da sie hier nicht durch Kursivdruck hervorgehoben werden. Das Dargestellte gewinnt

---

[52] Der Kursivdruck kann natürlich sowohl in Dramen- als auch in Erzähltexten als Betonungssignal verwendet werden, so in der vorliegenden Szene gleichzeitig als Betonungsanweisung und als implizite Regiebemerkung des Zeigens.

zunächst allein durch die Ausführungen in der Figurenrede an Realität. Weder bei »Laß mich! Laß mich!« und »Hab ich Dich, Schalk?« noch bei dem »Kranz«, den die Kinder der Mutter binden, wird durch explizite Regiebemerkungen eine etwaige Realisierung garantiert. Qualitativ können diese der Phantasie entspringenden Aussagen, die auch mit Deiktika und Demonstrativpronomina arbeiten, weder eindeutig den impliziten Regiebemerkungen noch der reinen Figurenrede zugeordnet werden. Ein Problem ist, dass sie nicht qua Druckbild als eigener Textraum zu erkennen sind.

Schon Herder bemerkt den besonderen Status der Figurenrede bei den träumerischen und vom Wahnsinn geprägten Szenen im *Ugolino*, kann diesen aber wenig abgewinnen:

> [...] sein [Anselmos] kindisches Heldenthum geräth zu sehr auf Wortspiele, die bei ihm die Federn der Empfindung seyn sollen: und an solchen Wortspielen, an Einem solchen Wortspiele hangt seine Seele oft so lange, daß Rasereien, wütende und gesunde Rasereien dadurch bewürkt werden. [...] Wenn nun noch, damit Gaddo's Charakter mit dem seinigen contrastire [...] Seitenhin der spielende Contrast fortgeht, beide aus ihrer Einbildungskraft spielen, beide mit einem Worte spielen, und oft darüber bitter zerfallen [...]? Und wenn solcher Worthandel oft nicht auch im Worte, in gewissen Ausdrücken Würde, Behutsamkeit gnug hat, ist er Theatralisch?[53]

Herder findet die Szenen »lächerlich« und »kindisch«, während er ihnen jeden theatralischen Wert abspricht.[54] Ihm fällt zwar das Ungewöhnliche an diesen Szenen auf, das er als »Wortspiel« begreift, und zwar im eigentlichen Sinne eines »mit einem Worte« aus der Einbildungskraft Spielens; Wortspiele in der heutigen, engeren Bedeutung kommen im Stück so gut wie gar nicht vor. Richtig schätzt Herder die Stellen insofern ein, als er erkennt, dass diese Dialogpartien nicht auf eine fiktive Realität verweisen. In folgender Szene werden Übertreibungen in der Figurenrede deutlich, die eher dem Sprechenden zuzuschreiben sind als der Situation oder der Figur, die er beschreibt:

> ANSELMO. [...] Du siehst den Geist an der Mauer, Francesco! Nein, sieh nicht dort hin; sieh unsern Vater. Erstarrt? Versteinert? Bleich war das Antlitz unsers Vaters; aber sieh, Francesco, itzt ist's schrecklich. Weh mir! ihm ins rote, ins unbewegliche Auge zu sehn, schaudert mich! Ach mein Vater! (*Küßt seine Hand.*) [...] Mein Vater! (*küßt seine Hand noch einmal, sieht auf und erschrickt*). Auf dich wirft er einen schnellzurückgezognen Blick, und auf mich, und auf Gaddo! Blut strömt vom gewaltigen Biß seiner Lippen! Seine Gesichtsmuskeln stehn aufwärts gedrängt und starr! Mein Vater (*wirft sich ihm zu Füßen*). (S. 45)

---

[53] Johann Gottfried Herder: Rezension des *Ugolino*, S. 315.
[54] Vgl. ebd., S. 316: »So ist die lächerliche kindische Scene, da Gaddo vom Essen geträumt hat, und noch immer träumt, und Anselmo von seiner Seite wieder eine andre Sache vor hat, die Gaddo nicht verstehet: und sie sich Seitenlang mit Worten hetzen. So ist's, wenn sie aus diesem Gedankenspiel in ein anders fallen [...]. So sind viele Stellen, da die Leidenschaft ihren Gang auf Worten, wie auf Stelzen nimmt: mancher Zusammenhang des Dialogs, der durch ein Wortspiel zusammen hangt: so ist endlich ein guter Theil von der Raserei des Anselmo, in ihrer Entstehung insonderheit.«

Ob an dieser Stelle in einer Inszenierung tatsächlich Blut tropfen soll, ist nicht eindeutig zu belegen, da es nur in der Figurenrede behauptet und nicht durch eine explizite Regiebemerkung abgesichert und objektiviert wird. Košeninas Ausführungen lassen darauf schließen, dass er diese Stelle wörtlich, also im Sinne einer impliziten Regiebemerkung versteht:

> Ugolinos mimische Reaktionen zu Beginn der Redepause werden in der zitierten Passage von Anselmo genauestens beschrieben. Die zunächst erstarrten Züge verwandeln sich in einen schrecklichen, Schauder einflößenden Ausdruck, der durch die bis aufs Blut zerbissenen Lippen noch grausamer wirkt.[55]

Zwar stellt Košenina zu Recht fest, dass Anselmo die Aktionen seines Gegenübers dokumentiert, jedoch bedarf es bereits der Imaginationskraft des Rezipienten, sich die Szene vorzustellen, da Anselmos Beschreibung von Ugolinos Erscheinung durch Wahnvorstellungen bestimmt ist: Es erscheint kaum wahrscheinlich, dass hier tatsächlich »Blut strömt vom gewaltigen Biß seiner Lippen«, ebenso wenig wie das »rote, unbewegliche Auge« wörtlich zu nehmen ist. Dass Anselmo erschrickt – so heißt es in der expliziten Regiebemerkung (»*sieht auf und erschrickt*«) –, spricht dafür, dass sich das Äußere seines Vaters tatsächlich verändert hat. Allerdings ist das strömende Blut, das Anselmo beschreibt, eher als Übertreibung einzuschätzen denn als deckungsgleiche Beschreibung. Dies ist innerhalb der Figurenrede immer möglich und muss aus Lesersicht und in einem Lesetext auch nicht entschieden werden, in einer expliziten Regiebemerkung hingegen ist dies so gut wie ausgeschlossen. Hier kommt der andere qualitative Status der expliziten Regiebemerkungen zum Tragen, und dieser hat für die Beurteilung von Gerstenbergs Stück zentrale Bedeutung.

An anderen Stellen treten die Übergänge zu metaphorischen Stellen verbunden mit Wahnvorstellungen noch prägnanter hervor, so dass sich ein qualitativer Unterschied zwischen impliziten Regiebemerkungen und metaphorischen bzw. sich in der Psyche abspielenden Szenen abzeichnet. Als Unterscheidungskriterium zwischen expliziten und impliziten Regiebemerkungen bleibt generell festzuhalten, dass explizite Regiebemerkungen, die einen eigenen Textraum besetzen, eine Realität, also einen objektiven Sachverhalt beschreiben, während innerhalb der Figurenrede Übergänge zwischen impliziten Regiebemerkungen und rein metaphorischen Äußerungen bestehen, die häufig nur schwer voneinander zu unterscheiden sind, andererseits auch nicht eindeutig entschieden werden müssen.

Was aber ist mit der Schlüsselstelle des Stücks, die zum Kannibalismus-Vorwurf führte? Schon zu Beginn der Szene formuliert Anselmo seine eigenen Gedanken, während er »*den Leichnam [betrachtet]*«; diese Information ist durch die explizite Regiebemerkung also abgesichert und objektiviert:

> ANSELMO. [...] Ein offner Sarg, der einen weiblichen Körper voll himmlischer Schönheit für mich aufbewahrt! Soll ich? Glück! soll ich? Ich folge dir, Glück! Meine Zähne knirschen! Der Wolf ist in mir! Ha! verwünscht will ich sein, wenn ich dieser Weibsbrust schone! (S. 58f.)

---

[55] Alexander Košenina: Anthropologie und Schauspielkunst, S. 192.

Kurz darauf heißt es:

ANSELMO. Dies Weib war meine Mutter!
UGOLINO. Dies Weib war deine Mutter, du mit dem dreifachen Rachen!
ANSELMO (*indem er sich mit geballter Faust vor die Stirne schlägt*). Dies Weib war meine Mutter!
UGOLINO. Gorgo! was hast du getan!
ANSELMO. Hunger! Hunger! Ach, er wütet in meinem Eingeweide! er wütet in meinem Gehirne!
UGOLINO. Du Greuel meiner Augen! der du wie ein bösartiger Krebs deiner Mutter Busen zernagst!
ANSELMO. Unmenschlich! o unmenschlich!
UGOLINO. Wenn der Sohn mit dem Gebiß einer Hyäne am Fleische zehrt, das ihn gebar: o ihr Elemente! so sei der Krieg allgemein! Sulfurisches Feuer zersprenge den Schoß der Mutter Erde! der Abend verschlinge den Morgen! die Nacht den Tag! ewiger, chaotischer, stinkender Nebel die heilige Quelle des Lichts! Hebe dich weg von mir, Abart! Du triefst von dem Blute deiner Mutter! (S. 59)

Auf den ersten Blick werden durch die Ausrufe des Vaters – »Wenn der Sohn mit dem Gebiß einer Hyäne am Fleische zehrt, das ihn gebar [...] Du triefst von dem Blute deiner Mutter!« – Urteile wie dasjenige Sørensens bestätigt, der von den »krassen Effekten« des Stücks wie dem »Kannibalismus« spricht.[56] Die genauere Analyse soll zeigen, dass die Worte der Figurenrede hier wiederum nicht die letzte Instanz darstellen.[57] Zu fragen ist also, woran man die ›Echtheit‹ einer Aussage in einem Dramentext ablesen kann. Wer oder was garantiert, dass das Beschriebene auch wirklich getan wird bzw. auf der Bühne stattfindet?

Ein Blick auf die neuere Forschung zur Anthropophagie zeigt, dass dort ebenfalls die Frage nach der Plausibilität, dem Realitätsgrad des Kannibalismus im Vordergrund steht.[58] In Gerstenbergs *Ugolino* hat die menschenfresserische Szenerie zumin-

---

[56] Bengt Algot Sørensen: Herrschaft und Zärtlichkeit, S. 105.
[57] Auch in Shakespeares *Titus Andronicus* wird der Kannibalismus thematisiert, und zwar der Ausnahmefall durch Überlistung des Essenden; vgl. Daniel Fulda: Kannibalismus. In: Bettina von Jagow/Florian Steger (Hg.): Literatur und Medizin. Ein Lexikon. Göttingen 2005, Spalte 414–419, hier Spalte 414. Dieser findet fraglos nicht vor den Augen der Zuschauer statt. Demetrius und Chiron, Söhne Tamoras, Königin der Goten, haben Lavinia, Tochter des römischen Feldherrn Titus, entehrt und ihr Hände und Zunge abgeschnitten. Titus teilt in Form eines Botenberichts mit, was geschehen ist, und fügt hinzu, was er zu tun beabsichtigt: aus den Knochen und dem Blut der beiden einen Pastetenteig kneten, ihre Köpfe einbacken und dieses Gericht aus Rache ihrer Mutter vorsetzen. Titus beschreibt genau, wie er dabei vorgehen will (V, 2, Vers 181ff.); der Verzehr der Pastete wird im Anschluss allerdings nicht gezeigt. Vielmehr erfährt man später, wiederum durch einen Botenbericht, dass die Mutter unwissend ihre Söhne verzehrt hat: »TITUS. Why there they are, both baked in this pie,/Whereof their mother daintily hath fed,/Eating the flesh that she herself hath bred./'Tis true, 'tis true, witness my knife's sharp point.« William Shakespeare: Titus Andronicus. Hg. v. Alan Hughes. Cambridge 1994, V, 3, Vers 60–63.
[58] Annette Keck/Inka Kording/Anja Prochaska (Hg.): Verschlungene Grenzen. Anthropophagie in Literatur und Kulturwissenschaften. Tübingen 1999. Vorwort der Herausgeberinnen, S. 7–12, hier S. 7: »Was im wissenschaftlichen Diskurs als Verhältnis von Faktizität und Rhetorizität verhandelt wird, kehrt im alltäglichen Diskurs wieder als Frage nach dem

dest für einige der Figuren Realität angenommen; so ist sie in der Psyche Anselmos durchaus präsent, ebenso werden die Worte, die vom Essen eines menschlichen Körpers sprechen, dem Leser im Gedächtnis bleiben.

Wie aber ist dieses Problem in dramentechnischer Hinsicht zu lösen? Denn dass in einer Theateraufführung anthropophage Essgelüste nicht real umgesetzt werden können und sollen, versteht sich nicht nur im Sinne des ›guten Geschmacks‹. Es ist auch aufgrund fehlender expliziter Regiebemerkungen zu vermuten, die – wären sie vorhanden – das ›reale Essen‹ wiederum unumgänglich machen würden. So heißt es in einer expliziten Regiebemerkung zwar über Ugolino, der sich über den Sarg beugt: »*Er küßt sie*«, nicht aber gleichermaßen prägnant und eindeutig für Anselmo: »*Er ißt sie*«, »*Er beißt sie*« oder »*Er nagt sie an*«, auch wenn Herder durch die in seiner Rezension gewählten Worte dies suggeriert.[59] Festzuhalten bleibt, dass der Kannibalismus an keiner Stelle auf einer auktorialen Ebene bestätigt und objektiviert wird, im Gegenteil: die expliziten Regiebemerkungen unterbinden sogar eher die reale Möglichkeit des Kannibalismus. Denn nach der zunächst zitierten kurzen Passage, in der Anselmo seine kannibalistischen Absichten ausspricht, heißt es in einer expliziten Regiebemerkung: »*Indem er sich über den Sarg erhebt, fällt der Deckel.*« (S. 59)

Da dies die einzige explizite Regiebemerkung im Zusammenhang mit der gesamten Kannibalismusszene ist, gebührt ihr besonderes Gewicht. Sie steht direkt vor der langen oben zitierten Passage, so dass alle späteren Annäherungen an den Leib der Mutter nur metaphorisch[60] gemeint sein können bzw. dem Wahn entspringen. Außerhalb der eingeschränkten Figurenperspektive nimmt der Kannibalismus keineswegs die von der Forschung behaupteten realen Formen an. So meint Matthias Luserke:[61]

Stellenwert der [...] anthropophagen Metaphorik.« Den Kannibalismusdiskurs als abendländische Ausgrenzungsstrategie untersuchen Daniel Fulda/Walter Pape (Hg.): Das andere Essen. Kannibalismus als Motiv und Metapher in der Literatur. Freiburg i. Br. 2001; vgl. dort Daniel Fulda: Einleitung: Unbehagen in der Kultur, Behagen an der Unkultur. Ästhetische und wissenschaftliche Faszination der Anthropophagie, S. 7–50, hier S. 11. Bei Fulda stehen ebenfalls metaphorische Verwendungsweisen im Blickfeld, allerdings vor allem im postkolonialen Kontext.

[59] Vgl. Herders Rezension des *Ugolino*, S. 313f., wobei er auf die *Absicht* hinweist, wenn er schreibt, dass Anselmo »wie ein hungriger Wolf seine Mutter annagen wollte«. In der Forschung wird das häufig übersehen, allein die eingängige Formulierung vom ›Annagen‹ der Mutter wird zitiert.

[60] Kließ hebt »das künstliche Pathos« Gerstenbergs und die »Gespreiztheiten des Ausdrucks« hervor; vgl. Werner Kließ: Sturm und Drang, S. 32. Außerdem stößt sich Kließ an der gewählten Bildlichkeit: »Ein Beispiel dafür: Nachdem Anselmo wie ein Wolf – so sagt er selbst – über seine Mutter hergefallen ist und bevor Ugolino ihn mit einer Hyäne vergleicht, sagt er: Du Greuel meiner Augen! der du wie ein bösartiger Krebs deiner Mutter Busen zernagst – ein doch wohl unzutreffendes Bild.«

[61] Eine Zwischenposition nimmt Hölter ein. Sie meint, dass »das Thema des Kannibalismus bei Gerstenberg körperlich konkret« sei, schränkt diese Äußerung im angefügten Konditionalsatz aber wieder ein, indem sie von kannibalistischen Absichten spricht: »[...], wenn Anselmo seine Zähne vor Hunger in den Leichnam der Mutter schlagen will.« Eva Hölter: Dichter der Hölle, S. 94.

Es kommt zu delirierenden Monologen und kannibalistischen Handlungen, wenn der dreizehnjährige Anselmo im 5. Aufzug aus der Brust seiner toten Mutter ein Stück Fleisch herauszureißen versucht (sie ›annagen‹ will, wie Herder in seiner Rezension schreiben wird). Hunger beseitigt im Nu jegliche zivilisatorische Schranke. Die Sehnsucht nach der Mutterbrust endet hier in deren wahnsinniger oraler Einverleibung.[62]

Die reale, nicht nur metaphorische oder imaginierte »orale Einverleibung« aber wird durch den geschlossenen Sargdeckel unterbunden. Da der Deckel in der Figurenrede allerdings gar nicht thematisiert wird und so beim Hören oder Lesen des Dialogs zurücktritt, wird der Realitätscharakter der anthropophagen Phantasien dort kaum unterbunden. Während für den Leser oder Hörer, je nach Identifikationsgrad, kannibalistische und andere grausame Szenen präsent sein können, da ein realer Bezugsrahmen gerade in dem wenig konkreten Raum fehlt, wird für den Zuschauer der Kannibalismus nicht konkretisiert, zumindest nicht in einer traditionellen Inszenierung, die die expliziten Regiebemerkungen berücksichtigt und umsetzt. Nur in Momentaufnahmen und in den Köpfen einzelner Figuren wird der Kannibalismus konkret – nicht in der (Bühnen)Realität. Die Regiebemerkung über Anselmo »*indem er sich mit geballter Faust vor die Stirne schlägt*« (S. 59) vermittelt den Eindruck, als wolle er die Gedanken aus sich herausschlagen, sich durch eigene Gewaltzufügung von den Wahnphantasien befreien, wobei der »Hunger im Gehirn«, von dem er kurz danach spricht, den Bezug zum gedachten Kannibalismus evident macht. Heute wäre filmisch die Fokussierung auf grausame Szenen, die sich in den Köpfen der Figuren abspielen, realisierbar. Denn aus der Innensicht und für den Einzelnen gewinnt die Möglichkeit des Kannibalismus gefährlich an Realität, während explizite Regiebemerkungen hier als objektivierende, ›auktoriale Korrektive‹ der je eingeschränkten Perspektiven verstanden werden können.

Für den *Zuschauer* bleibt während der gesamten Szene der Sargdeckel durch die oben zitierte explizite Regiebemerkung verschlossen, so dass eine klare optische Trennung zwischen der toten Mutter und dem hungrigen Anselmo vorgenommen wird. Alle weiteren Wahnsinns-Phantasien, die Anselmo äußert und die vom Vater wiederholt werden, bleiben in der Aufführung deshalb auf Sprache beschränkt und finden ihre Grenzen in dem geschlossenen Deckel. Für den *Leser* hingegen überwiegen Blut und Essphantasien, von denen im Gespräch zwischen Anselmo und seinem Vater ausschließlich die Rede ist: anders als bei der Turmtür wird das Schließen des Sargdeckels in der Figurenrede gar nicht erwähnt. Während bei der Turmtür der Realitätsgehalt durch tautologische Setzungen der Regiebemerkungen unterstrichen wurde, wird er hier, beim geschlossenen Sargdeckel, so gering wie möglich gehalten, so dass den Wahnphantasien möglichst breiter Raum zukommt.

Insofern ist – um auf den Ausgangspunkt der Überlegungen zurückzukommen – die »dichterische Illusion« stärker als die »theatralische«. Gerstenberg hat, so könnte man sagen, sein Ziel erreicht. Das Stück führt exemplarisch vor, was er theoretisch behauptet, dass nämlich eine dichterische Illusionierung erzielt werden kann, ohne

---

[62] Matthias Luserke: Sturm und Drang, S. 47.

die theatralische Vorstellungskraft bemühen zu müssen. Die Einordnung des Stücks als »Schauertragödie« ist insofern kaum treffend,[63] besser gesagt: sie kann wohl auf das Leseerlebnis zutreffen, weniger aber auf eine theatralische Umsetzung, in der kannibalistische und Schrecken erregende Szenen durch die gesetzten Regiebemerkungen im Grunde ausgeschlossen werden, wenn man die Szene nicht als reines Hörerlebnis gestaltet.

Zwar verwendet Gerstenberg eine Sprache, die nicht neu ist, aber er drückt damit Neues aus, indem er durch diese Sprache innerste psychische Schichten der sich in einer Ausnahmesituation befindlichen Figuren darstellt. Das Stück ist also nicht einfach ein Stück des Übergangs zwischen klassischem Theater und Sturm und Drang – so wurde es lange Zeit eingeschätzt. Es geht durch die krasse Darstellung von negativen Empfindungen in einer Extremsituation über Aufklärung, Empfindsamkeit und Sturm und Drang hinaus.[64] Die Regiebemerkungen haben hier die besondere Funktion, verschiedene Bewusstseinszustände voneinander abzugrenzen. Während die expliziten Regiebemerkungen immer der realen Ebene zuzuordnen sind, ist bei Äußerungen innerhalb der Figurenrede nicht von vornherein offensichtlich, ob es sich um Wahn oder Wachzustand handelt.

Eine Gegenprobe kann die bisherigen Beobachtungen ergänzen und bestätigen: Bisher floss das Blut ›nur‹ implizit, d.h. in der Figurenrede, ein Beleg dafür, dass Äußerungen zu Körpersprache und Handlungen in diesem Stück häufig metaphorischen Status besitzen oder einer Innenperspektive zuzuordnen sind. Vorgänge finden dann in den Gedanken einer Figur statt, nicht aber auf einer realen außergedanklichen Ebene. Nur an einer Stelle ist in einer expliziten Regiebemerkung von tropfendem Blut die Rede. Hier werden nicht mehr Gewaltphantasien und Wahnvorstellungen geschildert, sondern Taten: Der Vater hält seinen Sohn Anselmo für seinen Erzfeind Ruggieri und erschlägt ihn:

UGOLINO (*in einer Art von Betäubung*). Ruggieri! Ruggieri! Ruggieri!
ANSELMO. [...] Es ist Ugolino! (*Er sträubt sich im Arme seines Vaters.*)
UGOLINO. [...]

---

[63] Rudolf Genée: Geschichte der Shakespeare'schen Dramen in Deutschland. Leipzig 1870, S. 102. Für Genée ist der *Ugolino* eine »furchtbare Tragödie«, die »aus dem Gesichtspunkte der Tragödie sich schwer würdigen ließ«. Walter Horace Bruford: Theatre, drama and audience in Goethe's Germany. London 1950, S. 203, stellt fest: »*Ugolino*, which, though quite conventional in construction, exploited an atmosphere of horror and madness with complete absence of restraint and decorum [...].« Anders Homer Jarold Weatherford: Gerstenberg, S. 151: »Gerstenberg did not compose the drama in order to shock or merely to depict the horrible.«

[64] Auch Bohnen misst Gerstenbergs literarischem Programm eine Sonderstellung bei. Es »bildet eine Art von Abschluss, historisch wie poetologisch.« Klaus Bohnen: H. W. v. Gerstenberg und das Problem der Sinnlichkeit im 18. Jahrhundert. In: Ders. (Hg.): Deutsch-Dänische Literaturbeziehungen im 18. Jahrhundert. München 1979, S. 150–169, hier S. 150. Nach Bohnen hängt die Befreiung der Sinnlichkeit bei Gerstenberg mit einem anthropologischen Interesse zusammen: »Für ihn gilt, daß das Bedrohliche der auf sich gestellten Subjektivität nicht durch den Bezug auf ein objektives Ordnungssystem abzuwenden ist, sondern nur im Durchgang durch diese Subjektivität.«

ANSELMO (*flieht*).
UGOLINO (*streckt den Arm nach ihm aus und schlägt ihn zu Boden*). Also treffe dich –
ANSELMO (*jammert in seinem Blute*).
[...] (*Anselmo schreit, da sein Vater sich ihm nähert. Dieser fährt voll Entsetzen zurück.*)
(S. 63f.)

Während die erste explizite Regiebemerkung dieser Szene das folgende Handeln des Vaters als Resultat einer Wahnvorstellung ausweist, wird mit der letzten Regiebemerkung der Übergang vom Wahn zurück zur Realität angedeutet. Bezeichnend ist allerdings, dass hier nicht von kannibalistischen Handlungen die Rede ist, das Stück also in dieser Hinsicht keine »›naturalistischen‹ Kraßheiten«[65] vorführt, wie manche Studie meint, denn nur hier, nicht aber bei den Essphantasien, werden die Wahnvorstellungen und die damit verbundenen brutalen Taten durch explizite Regiebemerkungen bestätigt.

Die Kombination von Musik und Sprechtext als Mittel der Affektsteigerung

Die expliziten Regiebemerkungen beziehen sich in diesem Dramentext auf einen weiteren Bereich, der zur Betonung der Affekte genutzt wird. Ganz zum Schluss wird Ugolinos Haltung nonverbal, durch Musik, unterstrichen.[66] Dabei werden keine Anweisungen für die zu wählende Musik in Form einer konkreten Melodie oder eines Notensatzes gegeben, sondern wertende Ausdrücke, die die Steigerung der zu wählenden oder zu imaginierenden Musik verdeutlichen:

> UGOLINO. Der Sterbenden Geschrei! [...] Doch meine Augen sind mit Blindheit geschlagen! Wo find ich meine Laute?
> (*Nachdem er einige Griffe auf der Laute getan, wird eine sanfte traurige Musik gehört.*) [...]
> (*Die Musik fährt fort.*) [...]
> (*Anselmo schreit, da sein Vater sich ihm nähert. Dieser fährt voll Entsetzen zurück.*) [...]
> UGOLINO. Und hab ich – O Furchtbarster in deiner Rache! Hier liege, Mörder! (*Er wirft sich heftig neben Anselmo hin.*) Hier weihe dich der Erde auf ewig!
> (*Er spreitet seine Arme über den Boden aus. Die Musik fährt fort.*) [...]
> ANSELMO (*indem sich die Musik entfernt*).
> Wonnegesang! Wonnegesang!
> Ist am Ziel denn nicht Vollendung?
> Nicht im Tale des Tods Wonnegesang?

---

[65] Christoph Siegrist: Nachwort. In: Gerstenberg: Ugolino, S. 143–157, hier S. 151: »Seine Darstellung des Kannibalismus nimmt dabei alle ›naturalistischen‹ Kraßheiten des Sturm und Drang vorweg und überbietet sie in einer Weise, daß die Darstellung des Hungers derjenigen von Hamsun auch heute noch standhält.« Böckmann stellt abwertend fest, dass das Stück »im Naturalismus zu versinken« drohe. Paul Böckmann: Formgeschichte, S. 657. Unter ›naturalistisch‹ ist hier die reale Darstellung unansehnlicher und nicht gedämpfter Szenen auf der Bühne zu verstehen. Anders Albert Malte Wagner: Gerstenberg, S. 333: »Mit Naturalismus hat Gerstenbergs Drama nicht das Geringste zu tun.«
[66] Košenina meint, dass Gerstenberg an die lange Tradition einer »Natursprache der Empfindungen« anknüpfe; Alexander Košenina: Anthropologie und Schauspielkunst, S. 197.

UGOLINO. Ich hebe meine Augen zu Gott auf! Meine zerrißne Seele ist geheilt. […] Ich will es nicht aushalten! beim allmächtigen Gott! ich will nicht! (*Er hebt sich gählings, wie um gegen die Mauer zu rennen.*) Du im Himmel! (*Fährt aber plötzlich zurück.*) Ha! (*Mit zum Himmel gehobnen Augen.*) Mein Herr und mein Richter! […] (*Mit erstickter Stimme.*) […]
    (*Er weint bitterlich und verhüllt sich das Haupt. Die Musik wird klagender.*)
Eine unmännliche Träne! (*In edler Stellung.*) […]
    (*Die Musik endigt erhaben.*)
(S. 64–66; Hervorhebungen A.D.)

Während am Anfang der Szene aufgrund der ersten Regiebemerkung noch zu vermuten ist, dass Ugolino die Musik mit der Laute tatsächlich anstimmt, verstärkt sich im Laufe der Schlusssequenz der Eindruck, dass die Musik keinen erkennbaren Ursprung haben soll und nicht in die Bühnenrealität eingebunden ist. In einer Aufführung müsste sie von den Zuschauern zwar gehört, aber nicht verortet werden können. Für den Leser nimmt die Musik ebenfalls keine konkreten musikalischen Züge an – stattdessen wird sie personifiziert, sie kann ›*sich entfernen*‹, ›*klagen*‹ und ›*erhaben endigen*‹. Gleichzeitig wird die »emotionalistische Dichtungskonzeption«[67] Gerstenbergs deutlich, der es darauf ankommt, den Rezipienten zur unmittelbaren Anteilnahme zu bewegen, während genaue Angaben zu dem, was gespielt werden soll, fehlen.[68] Stattdessen werden unterschiedliche, sich steigernde Gefühlswerte benannt, die der Musik zugeordnet werden und die die Todesstimmung der Figuren untermauern. Auch der Tod wird hier nicht vor Augen geführt, sondern sublimiert, so z.B. Anselmos Tod, der in Form eines Liedes mit Anlehnung an Klopstock (vgl. *Der Messias*, Gesang XX, Vers 142f.) dargestellt wird, nachdem die Musik zunächst »*sanft*« und »*traurig*«, später, mit Anselmos Tod korrespondierend, »*klagend*« wird. Schließlich – Ugolinos Stimmung widerspiegelnd, der plötzlich erkennt, was er getan hat – »*endigt*« sie »*erhaben*«. In der Schlussfassung von 1815 wird der Musik eine andere Funktion zugedacht: Sie dient weniger der Untermalung der sich steigernden Gefühle und ist stärker in die reale Ebene eingebunden.[69] Festzuhalten ist, dass

---

[67] Anne-Bitt Gerecke: Transkulturalität als literarisches Programm. Heinrich Wilhelm von Gerstenbergs Poetik und Poesie. Göttingen 2002, S. 262. Auf *Ugolino* kommt Gerecke nur kurz zu sprechen, da das Stück in einem anderen Traditionszusammenhang steht als die von ihr untersuchten Texte; vgl. S. 134.

[68] Dass Gerstenberg gerade die Sterbeszene mit Musik unterlegt wissen möchte, ist kein Zufall. In einem Brief an Nicolai berichtet er, dass er zu Carl Philipp Emanuel Bachs C-Moll-Phantasie zwei vokale Oberstimmen eingerichtet habe, eine davon mit Bezug auf den Monolog des sterbenden Sokrates. Während die Kantate *Ariadne auf Naxos* – das einzige musikalische Projekt, das er zu Ende geführt hat – von Scheibe und weiteren Komponisten vertont wurde, liegen zur Musik in der Schlussszene des *Ugolino* keine Angaben vor. Bezüge lassen sich eher zum Monodrama als zur Oper ziehen, da im *Ugolino* allein Gefühlswerte vorgegeben werden, die von der Musik umgesetzt werden sollen. Musik wechselt nicht mit der Figurenrede ab, sondern begleitet diese; vgl. A. Dwight Culler: Monodrama and the Dramatic Monologue. In: Publications of the Modern Language Association of America 90 (1975), S. 366–385.

[69] Vgl. die Schlussszene in der Fassung von 1815. In: Gerstenberg: Ugolino. Anhang, S. 69–71. Als in einer expliziten Regiebemerkung von der Musik die Rede ist, geht Ugolino darauf

trotz der in Rezensionen und Briefen beklagten »grausigen Szenen« das wirkliche Sterben gegen Ende des Stücks kaum zur Anschauung kommt.[70]

Erzähltheoretische Termini als Ergänzung des Drameninstrumentariums

Bei der musikalisch unterlegten Szene stellt sich wie vor allem bei der Kannibalismusszene die Frage, ob das Anschauen den gleichen Intensitätsgrad erreicht wie das Lesen. Ein In-der-Schwebe-Halten der Szene bei geschlossenem Sargdeckel ist im Grunde nur während des Lesens denkbar, nicht aber in der Inszenierung, die sich an diesen Stellen entscheiden muss, ob wirklich ›genagt‹ wird, zumindest ob der Sarg tatsächlich zuschlägt oder nicht. Hier nähert sich Gerstenbergs *Ugolino* der Beschreibung Dantes an, denn beide lassen offen, was wirklich passiert.[71] Zu fragen ist von hier aus, welche Aspekte für die große Ähnlichkeit zwischen einem Dramentext und einem narrativen Text verantwortlich sind und ob man hier quer zu den Gattungsunterschieden denken muss, die Lessing mit seiner Unterscheidung in »*geschehend*« und »*geschehen*« als ausschlaggebend veranschlagt: »Der Unterschied der Gattung macht hier alles.«

In diesem Zusammenhang sollen abschließend Bezüge zur aktuellen Erzähltextforschung hergestellt werden, die durch die Analyse des *Ugolino* virulent geworden sind. Da die Forschung zur Erzähltheorie inzwischen ein recht komplexes Analyseinstrumentarium bereitgestellt hat,[72] das der Dramenanalyse fehlt (vgl. Kap. 1), das

---

ein: »UGOLINO. [...] Erzbischof, siehst du denn nicht, daß ein Engel vom Himmel mir dies zweischneidige prächtige Schwert gebracht hat [...]? Hörst du nicht das Sausen seiner klangreichen Fittiche? (*Die Musik kommt näher.*)«; und: »Horch! er ruft mich. Jeder Buchstabe meines irdischen Namens ist in seiner Engelstimme zur Melodie geworden. Ich komme, Seliger!« (S. 71). Während Anselmos Tod in dieser Fassung ebenfalls konkret nachgezeichnet wird, wenn er »*mit gebrochner Stimme*« nach seiner dem Vater geleisteten Abbitte sagt: »Ich sterbe –« (S. 70), wird in der ersten Fassung auf seinen Tod nur indirekt verwiesen. Zwar wird zu Beginn plastisch vorgeführt, wie Ugolino zuschlägt – »UGOLINO (*streckt den Arm nach ihm aus und schlägt ihn zu Boden*)« (S. 64) –, danach aber drückt Anselmo in sprachlich korrekter Form aus, dass er froh ist, so dem Hungertod zu entkommen: »ANSELMO. Dich, Hungertod, werd' ich nicht sterben. Heil ihm!« (S. 65).

[70] Meyer-Kalkus führt Gerstenbergs *Ugolino* im Unterschied zur Ästhetisierung des Todes im bürgerlichen Trauerspiel als Exempel der »Rückkehr des grausamen Todes« an und stellt fest, dass gegenüber der Mitleids-Dramaturgie der bürgerlich-empfindsamen Trauerspiele Gerstenberg eine »Re-Pathetisierung der Tragödie« gelinge. Reinhart Meyer-Kalkus: Rückkehr des grausamen Todes, S. 109; nach Yvonne-Patricia Alefeld: Simplizität der Griechen, S. 68, zitiert *Ugolino* »altgriechische Tragödienthemen«.

[71] Schmidt meint, dass durch die Schlusszeilen bei Dante offengelassen werde, ob es zu kannibalistischen Szenen komme oder nicht: »The ambiguity of the final line does not rule out the possibility of cannibalism.« Henry J. Schmidt: Language of Confinement, S. 178. Vgl. hierzu Inferno. 33. Gesang. In: Dante Alighieri: Göttliche Komödie. Die Hölle. Übersetzt von Karl Witte, durchgesehen und herausgegeben von Berthold Wiese. Leipzig 1944, S. 136: »Schon blind, tappt ich von Leiche dann zu Leiche/Und rief zwei Tage sie nach ihrem Tode/Bis, was kein Schmerz vermocht, der Hunger tat.«

[72] Im Folgenden vor allem mit Bezug auf die Arbeiten von Gérard Genette: Die Erzählung, und Matias Martinez/Michael Scheffel: Erzähltheorie.

aber selbst dramentypische Aspekte mitbedenkt, erweist es sich als sinnvoll und notwendig, das dramenanalytische Instrumentarium von hier aus zu differenzieren.

Unter *showing* versteht man in der Erzähltheorie die Illusion der Unmittelbarkeit des erzählten Geschehens, einhergehend mit dem Unbemerkbarwerden der Vermittlungsinstanz ›Erzähler‹. Dies wird entweder durch ein Erzählen erreicht, das aus der Innenperspektive einer der Figuren (bis hin zu innerem Monolog und stream of consciousness) oder ausschließlich von außen – Stichwort ›Camera-eye‹ – funktioniert. Daneben kann auch ein großer Anteil direkter Rede bis zur Dialogisierung in Art eines Dramentextes für diesen Erzähleindruck verantwortlich sein. Wichtig ist, dass so jeweils eingeschränkte Sichtweisen erzielt werden im Unterschied zu einem allwissenden Erzählen, das deutliche ›Spuren des Erzähltwerdens‹ aufweist und in der Erzähltheorie als *telling* dem *showing* gegenübergestellt wird. Diesen beiden typischen Erzählweisen, die als äußere Pole fungieren, werden alle anderen Formen zwischengeordnet. Sie lassen sich allesamt auf die graduelle Polarität ›nicht-illusionistisches‹ versus ›illusionistisches‹ Erzählen – oder berichtende Erzählung und szenische Darstellung – zurückführen. Genette unterscheidet zwei Erzählmodi, die Erzählung von Ereignissen (*récit d'événements*) und die Erzählung von Worten (*récit de paroles*).[73] Innerhalb dieser beiden Erzählmodi gibt es jeweils die Opposition von Mimesis und Diegesis.[74] So wie Martinez/Scheffel den Begriff des dramatischen Modus für die Erzählung von Ereignissen »nur mit Einschränkungen« zulassen, da es sich um die Umsetzung von Nichtsprachlichem in Sprachliches handelt,[75] könnte man für Dramentexte umgekehrt den narrativen Modus in ähnlich eingeschränkter Form produktiv machen, und zwar in den Fällen, in denen Unmittelbarkeit und szenische Darstellung reduziert, das Erzählen hingegen ausgebaut wird. Da die Dramenrede ganz unterschiedlich zur Frage nach dem gleichzeitigen Vollzug von Handlung und zur Illusionsbildung stehen kann, wäre eine Ausweitung der Begriffe auf eine ›narrative‹ Seite entsprechend der Funktion des dramatischen Modus in Erzähltexten durchaus sinnvoll[76] – das zeigt ein Dramentext wie Gerstenbergs *Ugolino*.

---

[73] Vgl. Gérard Genette: Die Erzählung, S. 117–132.
[74] Unter Mimesis versteht Genette ein ›Maximum an Information‹ (»Informationsmaximum«) bei einem ›Minimum an Informator‹ (»Informantenminimum«), in seiner Terminologie der »dramatische Modus«, unter Diegesis genau umgekehrt ein ›Minimum an Information‹ bei einem ›Maximum an Informator‹, nach Genette der »narrative Modus«. Informationsquantum und Anwesenheit des Informanten verhalten sich jeweils umgekehrt proportional zueinander; vgl. Gérard Genette: Die Erzählung, S. 118f. Zu Genettes späterer Distanzierung von den Begriffen Diegesis und Mimesis vgl. ebd., S. 222.
[75] Matias Martinez/Michael Scheffel: Erzähltheorie, S. 49: »Anders als im Fall der *Erzählung von Worten*, also der mehr oder minder wörtlichen Präsentation von Figurenrede, ist die *Erzählung von Ereignissen* jenseits der Sprache mit dem Problem der Umsetzung von Nichtsprachlichem in Sprachliches verbunden. Von einem ›dramatischen Modus‹ und dementsprechend von ›Unmittelbarkeit‹ oder ›mimetischer Illusion‹ kann in diesem Fall also immer nur mit Einschränkungen die Rede sein. Gleichwohl lassen sich auch hier Unterschiede in der Distanz zum Erzählten beobachten.«
[76] Vgl. Manfred Pfister: Drama, S. 20–24. Das »vermittelnde System« dient Pfister zwar zur Unterscheidung zwischen narrativen und dramatischen Texten, wird aber – in Sonderfäl-

Die Analyse des *Ugolino* hat außerdem verdeutlicht, dass zwischen impliziten Regiebemerkungen und metaphorischen Äußerungen bzw. reinen Beschreibungen in der Figurenrede, die keine Entsprechung in der fiktiven Realität haben, fließende Übergänge bestehen. So wie bei personaler Erzählsituation eine Absicherung durch den Erzähler nicht gegeben ist, fehlt in *Ugolino* an bestimmten Stellen eine Absicherung durch explizite Regiebemerkungen. ›Real‹ wirken die Kannibalismusszenen allemal, auch Texte von Kafka – zu Recht Paradebeispiele für die personale Erzählhaltung[77] – sind durch strikte Reduzierung auf eine Perspektive keineswegs weniger beängstigend, eher im Gegenteil, da Wahrnehmungsgrenzen aufgelöst werden.[78] Insofern erweisen sich selbst explizite Regiebemerkungen als ›unterschiedlich explizit‹, im Sinne von unterschiedlich ›auktorial‹, je nachdem wie umfassend die Informationen ausfallen, die in ihnen enthalten sind, und auf wessen Wahrnehmungsbereich sie sich beziehen.

Selbst diejenige Regiebemerkung, die den Kannibalismus ausdrücklich ausschließt, indem sie das Zufallen des Sargdeckels gewährleistet, lässt einen Spielraum und ist nicht genau zu verorten, denn sie spart die Information darüber aus, wer den Deckel zuschlägt bzw. wodurch der Deckel geschlossen wird: »*Indem er sich über den Sarg erhebt, fällt der Deckel.*«[79] Zwar macht die anschließende Replik des Vaters plausibel, dass er der Handelnde war; es fehlt aber die Ausdrücklichkeit, die eindeutige Objektivierung innerhalb der Regiebemerkung.

Gerstenberg nutzt hier durch Setzung und Füllung von Regiebemerkungen unterschiedliche Möglichkeiten geschickt aus. Das beschreibt im Ansatz schon ein fast vergessener vor hundert Jahren erschienener Aufsatz von Richard Hamel. Er erklärt, warum Lessings Einwand, Gerstenberg mache »die Gräßlichkeit des Eindrucks unerträglich«, »nicht stichhaltig« sei:

---

len – auch auf Dramentexte angewendet, so für das epische Theater und für den Bereich der expliziten Regiebemerkungen.
[77] So wird Kafkas *Prozeß* in grundlegenden Werken zur Erzähltheorie als Beispiel für die personale Erzählsituation angeführt, vgl. Franz K. Stanzel: Theorie des Erzählens, S. 98f. und 255; Matias Martinez/Michael Scheffel: Erzähltheorie, S. 93–95.
[78] Duncan zieht ebenfalls den Vergleich zu Kafka, ist aber nicht an erzähltechnischen Fragestellungen oder übergeordneten wie der nach dem Realitätsstatus interessiert. Er verfolgt eine psychoanalytische Interpretation und will Ähnlichkeiten mit dem »mid-life syndrome«, S. 13, erkennen, was bei der ständigen Todesangst aller dramatis personae kaum überzeugt. Vgl. Bruce Duncan: »Ich platze!« Gerstenberg's *Ugolino* and the mid-life crisis. In: The Germanic Review 53 (1978), S. 13–19.
[79] Henry J. Schmidt schätzt diese Regiebemerkung folgendermaßen ein: »Anselmo's assault on his mother's body (against which even the inanimate coffin rebels by falling shut) [...].« Schmidts Formulierung zeigt, dass ihm die fehlende Nennung des Ausführenden auffällt und er sie sogar für aussagekräftig hält, indem er dadurch dem Sargdeckel gewissermaßen magische Fähigkeiten zuschreibt, als könne dieser sich von selbst schließen. Dies muss aber keineswegs dazu führen, das Stück in die Schauerdramatik einzureihen. Treffend erscheint an der Beobachtung die unübliche eingeschränkte Informiertheit, da nicht deutlich gesagt wird, wer den Deckel schließt. Henry J. Schmidt: Language of Confinement, S. 176.

Es kommt nämlich ganz auf die Kraft und Geschicklichkeit des epischen Dichters an, der auch das als geschehen Vorgeführte so lebendig zu gestalten und zu schildern vermag, daß es mit voller Macht sogar nicht blos wie etwas, das soeben geschehend dargestellt wird, sondern noch darüber hinaus [...] geschieht wie es der Dichter erzählt, auf unser Gemüth und unsere Phantasie wirkt.[80]

Von hier aus kann man auf Lessings viel zitierte Beobachtung zurückkommen, die nach »*geschehen*«, also vergangen – im Sinne des narrativen Modus –, und »*geschehend*«, also unmittelbar – im Sinne des dramatischen Modus – unterscheidet. Anders als Lessing aber versteht Hamel die Koordinate als quer zu den Gattungen liegend. Das, was Lessing als Gattungsunterschied beschreibt, zielt im Grunde auf die Frage nach der Mittelbarkeit, eine für erzählende Texte schon lange anerkannte und grundsätzliche Kategorie. Dass Texte durchaus beide Pole umfassen, also »Geschehenes« und »Geschehendes« zur Darstellung bringen können, ist für narrative Texte inzwischen hinlänglich erforscht,[81] nicht aber für Dramentexte, obwohl der Unterschied auch hier produktiv gemacht werden kann. Während es Hamel im weiteren darum geht, »Lessings Meinung getrost um[zu]kehren«,[82] um der epischen Dichtung einen »unbegrenzten Spielraum der Phantasie«[83] zu eröffnen, also verlebendigende und präsentische Qualitäten zuschreiben zu können,[84] ist es im Kontext der Regiebemerkungen umgekehrt lohnend, Formen der Distanzierung in Dramentexten nachzuweisen. Zum einen können dem Textraum der Regiebemerkungen objektivierende Qualitäten zugeschrieben werden, wenn er ›auktorial‹, also im Sinne eines ›allwissenden Erzählers‹ besetzt wird, zum anderen unterschiedliche Wirklichkeitsgrade im Sinne einer eingeschränkten Figurenperspektive. Der »Spielraum der Phantasie« ist somit für den Dramenverfasser ebenfalls vorhanden und kann genutzt werden, zumindest wenn dieser nicht die theatralische, sondern die dichterische Vorstellungskraft in den Vordergrund stellt, wie Gerstenberg dies tut.[85]

---

[80] Richard Hamel: Grundsätze und Grundzüge, S. 290.
[81] Vgl. Gérard Genette: Erzählung, S. 115–149; Matias Martinez/Michael Scheffel: Erzähltheorie, S. 47–63.
[82] Richard Hamel: Grundsätze und Grundzüge, S. 291.
[83] Ebd., S. 292.
[84] Ganz nebenbei liefert Hamel eine Definition, die dem epischen Präteritum Käte Hamburgers verblüffend ähnlich ist. Er stellt fest: »Das erzählende Imperfektum des großen Epikers ist sozusagen zeitlos, es steht über aller Vergangenheit und Gegenwart und Zukunft. Und was die Unmittelbarkeit des Eindrucks betrifft, so hat die Schilderung, wie Dante sie giebt, etwas geradezu sinnfällig grausiges für die Phantasie.« Ebd., S. 290.
[85] Nach Alexander Košenina: Anthropologie und Schauspielkunst, S. 197, ist die ›real‹ stattfindende Anthropophagie in Kleists *Penthesilea* drastischer als die imaginierte Kannibalismusszene im *Ugolino*. Dies kann durchaus bezweifelt werden, denn während Anselmos Essgelüste erschreckend an Realität gewinnen, wird die Zerfleischung Achills durch die Mauerschau einer Amazone »mit Entsetzen« ›erzählt‹, *»die während dessen den Hügel erstiegen* hat, so dass Distanzierungsmöglichkeiten gewählt werden (vgl. V. 2591-2597). Später teilt die Oberpriesterin durch einen Botenbericht mit, was Penthesilea zuvor in ihrem Wahn getan hat (V. 2949ff.), bis schließlich Penthesilea selbst die berühmten Verse spricht: »— So war es ein Versehen. Küsse, Bisse,/Das reimt sich, und wer recht von Herzen liebt,/Kann

Einschätzungen, die Gerstenbergs *Ugolino* ganz in die dramatische Tradition einreihen, indem sie Züge des barocken Märtyrerdramas nachweisen,[86] können von hier aus revidiert oder zumindest ergänzt werden. Der Blick auf das Verhältnis von impliziten zu expliziten Regiebemerkungen macht deutlich, dass das Beschriebene bei Gerstenberg erschreckend an Realität gewinnt, da es sich um ein Ausleuchten menschlicher Innenräume handelt. Auch Siegrist übersieht das innovative Potential des Stücks, wenn er feststellt: »Doch so fortschrittlich seine Einsichten, so inadäquat sind noch die künstlerischen Mittel.«[87] Die Analyse der Regiebemerkungen hat gezeigt, warum in diesem Stück die »dichterischen« über den »theatralischen« Qualitäten stehen, so dass Gerstenbergs *Ugolino* auf den Leser ungleich grausamer wirken muss als auf den Zuschauer, zumindest wenn die Inszenierung die expliziten Regiebemerkungen befolgt, so die zum Schließen des Sarges. ›Kannibalistisch‹ wirkt vorzugsweise der Text, da der Imaginierung dort kaum Grenzen gesetzt sind: Gelesen müssen Passagen nicht rein metaphorisch verstanden werden, vielmehr können sie – im Sinne von an Realität gewinnenden Bemerkungen – auch als implizite Regiebemerkungen aufgefasst werden. Zu befürchten sind insofern eher die beim Lesen in Gang gesetzten Vorstellungen und Bilder im eigenen Kopf[88] als eventuelle ›Skandalaufführungen‹, die zeitgenössische Leser vor der Bühnenrealisierung dieses Stücks zurückschrecken ließen.

4.2 Regiebemerkungen eines Genies: Lenz' *Der neue Menoza* und *Die Soldaten*

Im Sturm und Drang haben Regiebemerkungen Konjunktur, so in Stücken von Wagner, Lenz und Goethe bis zu Schiller. Geradezu als Epochensignatur des Sturm und Drang könnte man die Regiebemerkungen anführen, da der Gebrauch dieser Texträume jetzt in Deutschland extrem zunimmt, wenn auch nicht mit programmatischem Impetus wie bei Diderot (vgl. Kap. 3.3). Gleichzeitig werden Regie-

---

schon das Eine für das Andre greifen.« (V. 2981–2983). Heinrich von Kleist: Penthesilea. Ein Trauerspiel. In: Ders.: Dramen 1808–1811. Hg. von Ilse-Marie Barth/Hinrich C. Seeba. Frankfurt/M. 1987, S. 143–256.

[86] So Košenina, der die Züge des barocken Märtyrerdramas allerdings durch neuere Formen des natürlichen Seelendramas ergänzt sieht; vgl. Alexander Košenina: Anthropologie und Schauspielkunst, S. 199.

[87] Christoph Siegrist: Nachwort. In: H. W. v. Gerstenberg: Ugolino, S. 151.

[88] So beschreibt Gerstenberg den Leseeindruck von Homers *Ilias* und der *Odyssee* »als wären wir Zuschauer«: »Der beständige Ton der Inspiration, die Lebhaftigkeit der Bilder, Handlungen und Fictionen, die sich uns darstellen, als wären wir Zuschauer, und die wir mit bewunderndem Enthusiasmus dem gegenwärtigen Gotte zuschreiben: diese Hitze, diese Stärke, diese anhaltende Kraft, dieser überwältigende Strom der Begeisterung, der ein beständiges Blendwerk um uns her macht, und uns wider unsern Willen zwingt, an allem gleichen Antheil zu nehmen – das ist die Wirkung des Genies!« Vgl. Heinrich Wilhelm von Gerstenberg: Briefe über Merkwürdigkeiten der Litteratur. 20. Brief, S. 222.

bemerkungen mit der ›Natürlichkeit‹ und der *eloquentia corporis* in Verbindung gebracht,[89] da die »textlich fixierte Körperaktion« jetzt zu einem »zentralen Gestaltungsprinzip«[90] wird. Georg-Michael Schulz stellt fest: »Die Maxime, die hinter dieser Karriere [der Bühnenanweisung] steht, ist bekanntlich die Natürlichkeit.«[91] Dass gerade mimisch und gestisch orientierte Regiebemerkungen an Bedeutung gewinnen, verwundert auf den ersten Blick kaum. Als Ausdruck der ›Natürlichkeit‹ im Sinne einer natürlichen Schauspielkunst werden die Regiebemerkungen bei Jakob Michael Reinhold Lenz als bewusste Absetzungsgeste gegen das klassische französische Theater verstanden. Für Hans-Günther Schwarz, der die realistische Praxis und Pantomime der lenzschen Stücke hervorhebt[92], stehen »die von Lenz geforderte Wirklichkeitsnähe und Natürlichkeit in absoluter Opposition zur klassischen Dramatik«. Schwarz weiter: »Lenzens gestisches Spiel führt weg vom klassischen Deklamationsstil; es ersetzt dessen verblose Statik durch eine revolutionäre gestische Dynamik [...].«[93] Eva Maria Inbar bringt den natürlichen Bühnenstil zum einen mit dem englischen Theater und besonders mit dem Vorbild Shakespeare in Zusammenhang. Zum anderen habe Lenz den pantomimischen Stil dort weiterentwickelt, »wo Lessing und Diderot aufgehört hatten«.[94] Marianne Koneffke betont ebenfalls seine mit Traditionen brechende Verwendung von Sprache und Gestik und stellt Bezüge zur Bühnenpraxis her:

> Der von dem Stürmer und Dränger Lenz gewählte Diskurs für seine Dramenpersonen zeichnet sich durch eine auf der deutschen Bühne bis dahin unbekannte, ungewohnte Vielfalt und Mannigfaltigkeit von Kommunikationsformen aus, durch das Bemühen, den allgemeinen Seelenzustand und die individuellen wechselnden Stimmungen der Dramenpersonen genau zu erfassen und mit sprachlicher Ausdruckskunst wiederzugeben. Die geschriebene Sprache konnte dem bewußt angestrebten dynamischen Darstellungsstil nicht genügen, wohl aber das gesprochene Wort, die es begleitenden, unterstreichenden Gesten, die aus-

---

[89] Vgl. Peter Küp: Bühnenanweisungen im Drama des Sturm und Drang. Diss. masch. München 1956, S. 40, der die Regiebemerkungen im Sturm und Drang als »Abbreviatur des theatralischen Ausdrucks« versteht; vgl. Hans Ruppert: Die Darstellung der Leidenschaften und Affekte im Drama des Sturmes und Dranges. Berlin 1941. Im Anschluss an Alexander Košenina betont Claudia Benthien generell das vermehrte Interesse an der Körpersprache im 18. Jahrhundert: »Die *eloquentia corporis* gewinnt in der Dramatik des 18. Jahrhunderts – nicht zuletzt durch die sich etablierenden ›Wissenschaften vom Menschen‹ (wie Anthropologie, Psychologie, Physiognomik und Pathognomik) – auffällig an Signifikanz.« Claudia Benthien: Lenz und die ›eloquentia corporis‹ des Sturm und Drang. In: Inge Stephan/Hans-Gerd Winter (Hg.): »Die Wunde Lenz«. J.M.R. Lenz. Leben, Werk und Rezeption. Bern 2003, S. 335–371.
[90] Ludwig Stockinger: Gottscheds Stellung in der deutschen Literaturgeschichte, S. 23, Anmerkung 30.
[91] Georg-Michael Schulz: »Läuffer läuft fort.« Lenz und die Bühnenanweisung im Drama des 18. Jahrhunderts. In: David Hill (Hg.): Jakob Michael Reinhold Lenz. Studien zum Gesamtwerk. Opladen 1994, S. 190–201, hier S. 191.
[92] Hans-Günther Schwarz: Dasein und Realität. Theorie und Praxis des Realismus bei J.M.R. Lenz. Bonn 1985, S. 75.
[93] Ebd., S. 84.
[94] Eva Maria Inbar: Shakespeare in Deutschland: Der Fall Lenz. Tübingen 1982, S. 213.

drucksstarken Gebärden. So drängt in Lenzens Dramen alles nach Verlebendigung, dem gestaltenden Vorgang auf der Bühne.[95]

Nach diesen Einschätzungen mag es erstaunen, dass die zahlreichen Regiebemerkungen keineswegs mit einer eigenen Aufführungspraxis im Sturm und Drang in Verbindung gebracht werden können – ganz im Gegenteil. Eine geplante Aufführung von Goethes *Götz von Berlichingen*, die Lenz in Straßburg arrangieren möchte, scheitert daran, dass weiterhin auf französisches Theater gesetzt wird und diesem Publikumswunsch genüge getan werden muss.[96] Wenn überhaupt Stücke des Sturm und Drang zur Aufführung kommen, dann zeichnen sie sich durch einen konventionellen Schauspielstil und höchstens durch Übertreibungen im Auftreten und in der Gestik aus. So stellt Günther Heeg kategorisch fest:

> Schriftlichen Zeugnissen zufolge hat sich der Sturm und Drang auf dem Theater zumeist als übertriebenes Schreien, Brüllen, Herumlaufen etc. geäußert; sein Protagonist ist oftmals der wiedergekehrte ›Empfindsamkeitsschauspieler‹. In der Schauspielkunst äußert sich der Sturm und Drang also [...] eher als Verrohung und kraftmeiernde Simplifizierung des Gestaltungsprinzips, nicht als seine ästhetische Herausforderung.[97]

Von der vielbeschworenen ›Natürlichkeit‹[98] findet sich also zumindest in Bühnenrealisierungen kaum etwas. Zu fragen ist, wie die Regiebemerkungen zu diesem Phänomen in Beziehung gesetzt werden können. Bergen sie tatsächlich das Potential für eine natürliche Schauspielkunst im Sinne einer neuen Gestik und Mimik, oder sprechen schon die Dramentexte selbst gegen den neuen, ›revolutionären‹ Aufführungsstil, der den Stücken des Sturm und Drang zugeschrieben wird?[99] Ob die Regiebemerkungen hier überhaupt in enge Beziehung zum Aufführungskontext gesetzt werden können, wird ebenfalls zu untersuchen sein.

---

[95] Marianne Koneffke: Der »natürliche« Mensch in der Komödie »Der neue Menoza« von Jakob Michael Reinhold Lenz. Frankfurt/M. u.a. 1990, S. 178f.

[96] Martin Rector: La Mettrie und die Folgen. Zur Ambivalenz der Maschinen-Metapher bei Jakob Michael Reinhold Lenz. In: Erhard Schütz (Hg.): Willkommen und Abschied der Maschinen. Literatur und Technik – Bestandsaufnahme eines Themas. Essen 1988, S. 23–41, hier S. 23: »Er [Lenz] trifft jedoch auf den Widerstand eines Publikums, das an ein Theater à la française gewöhnt ist.«

[97] Günther Heeg: Phantasma, S. 329; vgl. Kirsten Gram Holmström: Monodrama, Attitudes, Tableaux vivants. Studies on some Trends of Theatrical Fashion 1770–1815. Stockholm 1967, S. 81: »With the exception of the two greatest figures, Schröder and Brockmann, the Sturm und Drang actors relied on their uninhibited temperament, supported by a thin veneer of simple conventional craftsmanship.«

[98] Helga Stipa Madland zitiert verschiedene Rezensionen und stellt resümierend fest: »Almost unanimously, the critics refer repeatedly to the naturalness of Lenz's dramatic figures.« Helga Stipa Madland: *Der Hofmeister* and *Die Soldaten* in Eighteenth-Century Critical Discourse. In: Dies.: Image and Text. J.M.R. Lenz. Amsterdam, Atlanta 1994, S. 63–79, hier S. 67f.

[99] Vgl. Helmut Schmiedt: Wie revolutionär ist das Drama des Sturm und Drang? In: Jahrbuch der Deutschen Schillergesellschaft 29 (1985), S. 48–61. Schmiedt setzt sich mit den Grundgedanken zur Charakterisierung des Sturm und Drang auseinander, der in doppeltem Sinne eine literarische Revolution darstelle, zum einen in ästhetischer Hinsicht, zum anderen in seiner gesellschaftlichen Orientierung.

Bei Lenz ist in Fortsetzung Lessings die Absetzungsgeste gegenüber dem klassischen französischen Theater besonders deutlich, so wenn er gegen die drei Einheiten von Ort, Zeit und Handlung opponiert.[100] Während Lenz umfassend und dezidiert gegen das klassische französische Theater Stellung bezieht, und zwar sowohl in seinen theoretischen Schriften als auch innerhalb der Reflexionsszenen seiner Dramentexte, etwa im *Neuen Menoza*, nimmt er nie ausdrücklich Stellung zu Regiebemerkungen, anders als vor ihm ausführlich Diderot und, zumindest kurz, Lessing, wenn er von »Einschiebseln«[101] spricht. Lenz argumentiert nicht für Regiebemerkungen oder gegen die Beschränkung des klassischen Dramas auf die Figurenrede. Regiebemerkungen werden vielmehr fraglos verwendet, ohne dass eine positive oder negative Bezugnahme ersichtlich ist.

Stereotype und Innovation in *Der Hofmeister*, Plautusbearbeitungen und *Der neue Menoza*

Zunächst ist zu untersuchen, inwiefern die von Lenz verwendeten Regiebemerkungen zur Aufführung in Beziehung gesetzt werden können. Wirft man einen Blick auf das erste bekannte Stück von Lenz – *Der Hofmeister*[102] –, scheint sich Heegs Annahme zu bestätigen. Auch wenn Lenz' Stücke zu seinen Lebzeiten kaum aufgeführt wurden und eine Aufführungspraxis deshalb schwerlich nachzuweisen ist, hätten die recht konventionellen Regiebemerkungen, die in diesem Stück heftige, aber stereotype Gesten aufrufen, in einer Aufführung problemlos umgesetzt werden können: »PÄTUS *stampft mit dem Fuß*« (S. 63, 65, 66, 107), »*stampft abermal mit dem Fuß*« (S. 107), ebenso »*Pocht mit dem Fuß*« (S. 62), »*Rauft sich das Haar mit beiden Händen und stampft mit den Füßen.*« (S. 74) – die Verbindung von Hand- und Fußbewegung bewirkt hier eine Verstärkung der Gebärde und des Affekts, ähnlich bei »*Faßt sich an den Kopf und stampft mit dem Fuß*« (S. 65). Stereotyp sind nicht nur die Formulierungen, sondern auch die Zuschreibungen zu bestimmten Figu-

---

[100] Lenz leitet seine Polemik gegen Aristoteles mit den berühmten Worten ein: »Auf eins seiner [Aristoteles'] Fundamentalgesetze muß ich noch zurückschießen, das so viel Lärm gemacht, bloß weil es so klein ist, und das ist die so erschröckliche jämmerlichberühmte Bulle von den drei Einheiten.« Jakob Michael Reinhold Lenz: Anmerkungen übers Theater. In: Ders.: Werke und Briefe in drei Bänden. Hg. von Sigrid Damm. Band 2, S. 641–671, hier S. 654.

[101] Vgl. Gotthold Ephraim Lessing: Hamburgische Dramaturgie. 71. Stück. Dort erklärt Lessing, warum Terenz nicht auf Regiebemerkungen, die »Einschiebsel«, zurückgreifen muss. Anders als Diderot schreibt Lessing den Regiebemerkungen hier also keine positiven Eigenschaften zu, sondern lässt sie in Verlängerung klassischer Positionen und mit Bezug auf die Antike nur zur Not zu, zumindest wenn er sich theoretisch mit ihnen beschäftigt. In seinen eigenen Stücken aber verwendet er Regiebemerkungen, ohne dass Einschränkungen deutlich würden (vgl. Kap. 2.1; 3.2). Auffällig ist, dass Lessing nur dann explizit auf die Regiebemerkungen zu sprechen kommt, wenn es darum geht, wie man diese vermeiden könnte.

[102] Jakob Michael Reinhold Lenz: Der Hofmeister. In: Ders.: Werke und Briefe in drei Bänden. Hg. von Sigrid Damm. Band 1, S. 41–123; im Folgenden nach dieser Ausgabe direkt im Text zitiert.

ren.¹⁰³ Während Pätus mit dem Fuß stampft, erscheint Läuffer »*mit viel freundlichen Scharrfüßen*« (S. 42), »*in sehr demütiger Stellung*« (S. 44) oder »*bleibt verlegen stehen*« (S. 45), so dass sich über die Regiebemerkungen eine unterschiedliche Figurencharakterisierung abzeichnet. Die leidenschaftliche Erregung, die vor allem durch das Fuß-Stampfen zum Ausdruck kommt, wird durch heftige Handgebärden als Greif- oder Schlagbewegung ergänzt: »*Greift sich an den Kopf*« (S. 110), »*sich mit beiden Händen an den Kopf greifend*« (S. 119), »*Schlägt sich vors Gesicht*« (S. 90), »*Schlägt sich an die Stirn*« (S. 107), »*Schlägt sich an die Brust*« (S. 120).

Bisher werden in den Regiebemerkungen überwiegend Affekte benannt, wobei ausgeprägte Doppelungen sich vor allem bei Pätus finden, dessen Gebärden eine Herleitung aus der Commedia dell'arte nahelegen. Dafür sprechen auch diejenigen Regiebemerkungen, die mit Blick auf eine bühnentechnische Umsetzung formuliert sind und eine schematische Zuschreibung der Affekte unterstützen. Der Hinweis auf die Wiederholung derselben Geste – »*in der obigen Attitude*« (S. 79), »*in der beschriebenen Pantomime*« (S. 68) – kann vom jeweiligen Schauspieler gleich richtig zugeordnet werden, da dieser vorzugsweise die Rolle liest, die er parat haben muss. Vom Leser hingegen, der den gesamten Dramentext imaginieren soll, wird an diesen Stellen ein Zurückblättern verlangt, das ihn daran hindert, sich auf die gerade zu imaginierende Situation einzulassen.

Ähnlich fallen die Regiebemerkungen in den Plautusbearbeitungen *Das Väterchen* (*Asinaria*) und *Die Aussteuer* (*Aulularia*) aus.¹⁰⁴ Dort werden wie im *Hofmeister* neben typisierenden ebenfalls rückbezügliche Regiebemerkungen verwendet, die auf frühere Regiebemerkungen Bezug nehmen und sich auf diese Weise direkt an den einzelnen Schauspieler richten. Neben theaterbezogenen Regiebemerkungen zum Bühnenbild wie »*Im Grunde des Theaters*« (S. 32, 61), »*Heinrich stellt einen Topf auf das Theater*« (S. 74), die die Bühnensituation präsent halten, werden dieselben Gesten aufgerufen – »*ringt die Hände*« (S. 53), »*rauft sich das Haar*« (S. 66) –, und zwar häufig ebenfalls in rückbezüglicher Form: »*Die Vorigen, in der beschriebenen Attitüde*« (S. 55), »*KELLER in der oben beschriebenen Attitüde*« (S. 57), »*KELLER in der Stellung wie oben*« (S. 59).

Die Regiebemerkungen in *Der neue Menoza oder die Geschichte des cumbanischen Prinzen Tandi*,¹⁰⁵ der kurz nach dem *Hofmeister* entstanden ist, weichen schon in einzelnen Formulierungen so stark von bisherigen Formen ab, dass in der Forschung häufig allein zwei Regiebemerkungen zitiert werden: »*Der Schauplatz ist hie und da*«

---

[103] Ruppert stellt fest, dass die »Häufigkeit formähnlicher Gebärden« den Regiebemerkungen im »Hofmeister« »etwas Stereotypes« gibt; vgl. Hans Ruppert: Darstellung der Leidenschaften, S. 84.

[104] Vgl. Jakob Michael Reinhold Lenz: Lustspiele nach dem Plautus. In: Ders.: Werke und Briefe in drei Bänden. Hg. von Sigrid Damm. Band 2, S. 7–38 (*Das Väterchen*) und S. 39–75 (*Die Aussteuer*); im Folgenden unter Angabe der Seite direkt im Text zitiert.

[105] Jakob Michael Reinhold Lenz: Der neue Menoza oder Geschichte des cumbanischen Prinzen Tandi. Eine Komödie. In: Ders.: Werke und Briefe in drei Bänden. Hg. von Sigrid Damm. Band 1, S. 125–190, im Folgenden unter Angabe von Akt, Szene und Seite nach dieser Ausgabe direkt im Text zitiert.

und »*Es herrscht eine minutenlange Stille*«. Auf den ersten Blick drücken beide vor allem eine Nichteinhaltung der dem klassischen Drama inhärenten Grenzen aus: zum einen die Einheit des Ortes, zum anderen die Einheit der Zeit. Beide Vorgaben – versteht man sie programmatisch – werden dabei in konträre Richtungen überschritten: der Ort durch eine Grenzüberschreitung im Sinne einer Beliebigkeit, während die Zeit[106] sich gewissermaßen nach innen ausweitet, indem der Augenblick in Art einer Momentaufnahme an Umfang und Bedeutung gewinnt. Allerdings ist zu beobachten, dass die Regiebemerkungen im *Neuen Menoza* überraschend disparat ausfallen, denn neben den eben zitierten unüblichen Regiebemerkungen stehen Anweisungen wie »*kniet*«, »*küßt ihr Hand und Mund*«, »*fällt ihr um den Hals*« oder »*fällt in Ohnmacht*«, die das Feld der Gestik zwar breit, aber konventionell abstecken.

Dieses Spektrum an Regiebemerkungen, die zwischen dem strikten Einhalten von Konventionen und der ganz neuen Nutzung dieses Textraums schwanken und gewissermaßen gegensätzliche Pole besetzen, kann relativ stringent verschiedenen Figuren bzw. Figurengruppen zugeordnet werden. Bei den lächerlichen Figuren – Graf und Gräfin,[107] aber auch Beza und Biederling – überwiegen herkömmliche Regiebemerkungen, bei dem Prinzen und Wilhelmine hingegen vom Konventionellen abweichende. Bevor diese unterschiedliche Verteilung der Regiebemerkungen näher untersucht wird, zunächst kurz zur Handlung dieses weniger bekannten Stücks: Prinz Tandi, ein rousseauscher Naturmensch,[108] kommt aus Asien nach Deutschland in die Welt der sogenannten Gebildeten, deren Ansichten und Lebensformen den seinen entgegengesetzt sind. Gegen einen gräflichen Rivalen gewinnt er die Liebe der ihm gleichgesinnten Wilhelmine von Biederling. Als sich nach der Hochzeit herausstellt, dass er der verschollene Sohn der von Biederlings ist, wird das Problem der vermeintlichen Geschwisterehe dadurch gelöst, dass eine zweite Vertauschung aufgedeckt wird, die der Tochter.

Die Analyse soll zeigen, dass Bewertungen und Einschätzungen des Stücks zu korrigieren sind, die die ernste, »wenn nicht gar tragische Nebenhandlung zwischen Donna Diana, dem Grafen Camäleon und dem Diener Gustav«[109] von der

---

[106] Mit Blick auf das gesamte Drama und unabhängig von den Regiebemerkungen wird die Einheit der Zeit – wie in vielen Sturm-und-Drang-Stücken – ebenfalls ausgedehnt. So zieht sich der in den *Soldaten* dargestellte Zeitraum über ca. zwei Jahre hin.

[107] Ihr lautes Gebaren auf der Bühne erinnert an Figuren bei Luise Gottsched (vgl. Kap. 2.1), in deren Stücken überlaute Reaktionen ebenfalls den komischen dramatis personae zugeordnet werden, eine schon antike Praxis des Theaters.

[108] Ob der Topos des guten Wilden fortgeschrieben oder unterminiert wird, ist eine der Fragen, die in der Forschung zum *Neuen Menoza* diskutiert werden, allerdings steht dabei die Dialogführung im Vordergrund; vgl. vor allem Martin Maurach: J.M.R. Lenzens ›Guter Wilder‹. Zur Verwandlung eines Topos und zur Kulturdiskussion in den Dialogen des ›Neuen Menoza‹. In: Jahrbuch der Deutschen Schillergesellschaft 40 (1996), S. 123–146.

[109] Eckehard Catholy: Das deutsche Lustspiel, S. 124. Schon der sprechende Name des Grafen, Camäleon, lässt berechtigte Zweifel an der Einschätzung aufkommen. Catholy berücksichtigt diesen Aspekt allerdings nicht, während er bei Zierau – eine der auch für ihn »eindeutig satirisch gezeichneten Figuren des Stücks« – den Namen sehr wohl in Anschlag bringt: »Bakkalaureus Zierau (Name!)«, ebd., S. 131.

komischen Ebene des Stücks abgrenzen. Letztere werde im Wesentlichen von »der Liebesbeziehung Wilhelmines und des Prinzen Tandi« getragen.[110] Gerade die nach Catholy ernst zu nehmenden dramatis personae – der Graf und die Gräfin – rufen Gesten aber meist nur auf, anstatt sie eigenständig auszuführen, so dass sie wie zitiert wirken.[111] Auf der Folie der unkonventionellen Regiebemerkungen im *Neuen Menoza* ist Vorsicht geboten an den Stellen, an denen herkömmliche kinesische Zeichen eine Rolle spielen. Deshalb sollten auch an der Plausibilität der von der Gräfin geäußerten Gefühle Zweifel aufkommen. Während sie in der Forschung als »rasendes Weib«[112] beschrieben wird, sprechen im Stück nicht etwa ihre Gestik und Mimik für eine solche Einschätzung; vielmehr bezeichnet sie sich selbst so. Von »Rasend-Werden« ist ausschließlich in der Figurenrede, nicht innerhalb der Regiebemerkungen die Rede, so auch beim Grafen:

> GRAF: Was gibt's Donna? [...]
> DONNA *wirft sich in einen Stuhl*: [...]
> DONNA: [...] ich möchte rasend werden. (I, 2, 129)

> GRAF: O wenn Sie mein Herz sehen könnten (*küßt ihr Hand und Mund*) o meine englische Mutter! haben Sie Mitleiden mit mir! Wenn Sie mein Herz sehen könnten! Wilhelminen – oder ich werde rasend. (II, 6, 145)

Anders als Catholy verortet Hinck die Figuren der Gräfin Diana und des Grafen Camäleon im Umkreis der Sächsischen Komödie.[113] Die Konstellation des Paares sei aus Christian Felix Weißes Stück *Der Aerntekranz* bekannt, das hier kurz zum Vergleich herangezogen werden soll.

Exkurs: Christian Felix Weißes *Der Aerntekranz*

Auf der Folie von Weißes Text werden die Ausdifferenzierung und der andere funktionale Wert der Regiebemerkungen bei Lenz erkennbar. Im *Aerntekranz*[114] stehen häufig Regiebemerkungen, die sich auf längere Textpassagen beziehen oder sehr allgemein formuliert sind: »THOMAS *macht zu allem sehr viel bedeutende Mienen, als ob er schon alles wüßte*« (III, 11, 243), »LINDFORD *zeiget durch seine Geberden, daß er sich getroffen fühlet*« (III, 12, 250). Um welche Gebärden es sich dabei genau handeln soll, das überlässt das Singspiel dem Schauspieler. Gegenüber dem *Neuen Menoza* finden sich viele Regiebemerkungen, die für den gesamten Auftritt einer Szene gelten, selten hingegen punktuelle Angaben. Erika Fischer-Lichte verwen-

---

[110] Vgl. ebd., S. 126.
[111] Die Bedeutung der Zitate als Kompositionsprinzip der lenzschen Dramen hat erstmals Mattenklott herausgestellt. Gert Mattenklott: Melancholie in der Dramatik des Sturm und Drang. Königstein/Ts. ²1985, S. 147–152.
[112] Dieter Liewerscheidt: J.M.R. Lenz »Der neue Menoza«, eine apokalyptische Farce. In: Wirkendes Wort 33 (1983), S. 144–152, hier S. 150.
[113] Walter Hinck: Das deutsche Lustspiel, S. 331.
[114] Vgl. Christian Felix Weiße: Komische Opern. Band 3. Karlsruhe 1778. Im Folgenden unter Angabe von Akt, Szene und Seite direkt im Text zitiert.

det zur genaueren Beschreibung der kinesischen Zeichen neben ›akustisch/visuell‹ und ›schauspielerbezogen/raumbezogen‹ das Oppositionspaar ›transitorisch/länger andauernd‹ (vgl. Kap. 1). Den Bereich der ›länger andauernden‹ Zeichen sieht sie aber nur für raumbezogene Theaterzeichen sowie für Kostüm, Frisur und Maske als relevant an.[115] Während in den analysierten Dramentexten der vorangehenden Kapitel diese Seite der Beschreibungskategorie ›transitorisch/länger andauernd‹ tatsächlich nur bei Bühnenbild bzw. Dekoration und Kostüm von Bedeutung war, erfordert Weißes *Aerntekranz* sie im Grunde auch für den Bereich der schauspielerbezogenen Regiebemerkungen.

Die wenigen punktuellen Regiebemerkungen rufen bei Weiße außerdem feste, standardisierte Bewegungen auf wie »*wischt sich die Augen*« (S. 252), »*fällt ihr um den Hals*« (S. 252), »*er steht in tiefen Gedanken*« (S. 196). Insgesamt hält der Text für die jeweiligen Ausführungen feste Orientierungspunkte bereit, die sich über ganze Szenen hinweg nicht ändern, so wenn gleich bei der Nennung der Figuren zu Beginn der Szene steht: »THOMAS *macht die ganze Szene hindurch, wenn er eine Unwahrheit saget, Geberden, wodurch er verrät, daß er sich über seinen Herrn aufhalte*« (S. 218). Diese Regiebemerkungen werden der gesamten Szene unterlegt und ähneln daher den Angaben zu Lautstärke und Tempo in der Musik, die ebenfalls für längere Sequenzen gelten. Es wird zu zeigen sein, dass die beiden hier im Zentrum stehenden Stücke von Lenz derartige Orientierungspunkte durch die Regiebemerkungen gerade verweigern.

In einem Singspiel wie *Der Aerntekranz* wird eine Ausdifferenzierung der Regiebemerkungen nicht angestrebt, vielmehr wird deren Realisierung in den Zuständigkeitsbereich des Schauspielers gelegt.[116] In einer Aufführung ist er dafür verantwortlich, bestimmte von ihm selbst gewählte Gesten an den entsprechenden Stellen ohne weitere Signale im Text zu realisieren. Der Leser hingegen muss hier eine zusätzliche Imaginationsleistung erbringen, da der Text ihn nicht gleichermaßen leitet und kontinuierlich mit Informationen versorgt, wie das eine Aufführung gewährleisten würde. Anders funktioniert das Lesen eines Dramentextes mit ausdifferenzierten Regiebemerkungen. Diese sorgen dafür, dass beim Lesen jeweils dann eine bestimmte Geste benannt wird, wenn diese auszuführen wäre bzw. evoziert werden soll.

---

[115] Erika Fischer-Lichte: Zeichensprache des Theaters, S. 237. Dass Fischer-Lichte bei ihrem semiotischen Modell nicht die Texträume der Regiebemerkungen im Blick hat, sondern die konkrete Umsetzung auf der Bühne, hängt mit ihrer Ausrichtung auf die Theateraufführung zusammen.

[116] Arne Langer weist anhand eines Promptbooks zu Garricks *Macbeth*, das um 1773 am Drury Lane Theatre entstanden ist, auf die wenig spezifischen Angaben hin, »die kaum über das schon im 17. Jahrhundert übliche Maß hinausgehen. Das Spiel auf der Bühne gehört nicht zu den Informationen, die aufzuzeichnen waren.« Arne Langer: Der Regisseur und die Aufzeichnungspraxis der Opernregie im 19. Jahrhundert. Frankfurt/M. u.a. 1997, S. 144. Es wäre lohnend, die Regiebemerkungen in Texten, die der Musik einen besonderen Stellenwert beimessen – also Singspielen und Opern –, gesondert zu untersuchen, da ihr Stellenwert sich von dem in Dramentexten unterscheidet.

»Es herrscht eine minutenlange Stille«: empfindsames Schweigen im *Menoza*

Zurück zu Lenz. Dort unterstützt die starke, aber konventionelle Gestik von Graf und Gräfin zunächst Hincks Einordnung des Stücks in die Tradition der Commedia dell'arte,[117] so etwa folgende Äußerungen und Aktionen des Grafen:

> GRAF: […] o verdammt! (*sich an die Stirn schlagend*) wie tut es mir im Kopf so weh! Wenn er nur käme, wenn er nur käme, aller Welt Teufel! wenn er nur käme! *Stampft mit dem Fuß*. Wo bleibt er denn? Ich werde noch rasend werden, eh alles vorbei ist, und denn ist mein ganzes Spiel verdorben. […] ich habe nie was von der Hölle geglaubt und alle dem Kram (*schlägt sich an den Kopf und an die Brust*), aber hier – und hier – ich muß selbst nach der Stadt laufen […]. (IV, 2, 180)

Hier werden zwar komödientypische Gesten benannt: »*sich an die Stirn schlagend*«, »*stampft mit dem Fuß*«, »*schlägt sich an den Kopf und an die Brust*«. Dies geschieht aber in einer fast übertriebenen Weise; vor allem an den doppelten Markierungen wird dies deutlich: Während in der ersten Jahrhunderthälfte vor allem Auftritte und Abgänge, aber auch Gesten und Interaktionen häufig implizit und explizit angekündigt werden (vgl. Kap. 2.1),[118] ist dies in Dramentexten des Sturm und Drang kein gängiges Verfahren mehr. Dennoch wird die Gestik bei Lenz nicht nur in expliziten Regiebemerkungen beschrieben, sondern vom Grafen jeweils begründet und in der Figurenrede thematisiert – »wie tut es mir im Kopf so weh«, »ich werde noch rasend werden«, »aber hier – und hier«.[119] Solche Szenen werden als »parodistische Verhöhnung dramatischer Traditionen und Konventionen«[120] plausibel und sind nicht mehr im Sinne von Hincks Überrumpelungssituationen[121] zu verstehen. Klaus Gerth weist zu Recht auf die Diskrepanz zwischen dem von der Figur verbalisierten Gefühl und den tatsächlich ausgeführten Gebärden hin, wenn in den Regiebemerkungen andere Gesten beschrieben werden als in der Figurenrede. In folgender Szene werden konventionelle mimische und gestische Aktionen benannt, die durch die Übertreibung ad absurdum geführt werden. Während sich Biederling und der Graf zunächst komödientypisch an die Gurgel gehen, einander zu Boden werfen und mit Füßen treten, endet die Szene mit dem Kniefall des Grafen:

---

[117] Walter Hinck: Das deutsche Lustspiel, S. 339.

[118] Als Erklärung für die doppelten Markierungen bietet sich die Umbruchsituation von dominant impliziten hin zu dominant expliziten Regiebemerkungen an. In der Übergangsphase wird der Textraum Regiebemerkung schon genutzt, der Textraum Figurenrede aber, bisherigen Konventionen entsprechend, noch nicht umfassend entlastet.

[119] Die Simultaneität, die zwischen der vorgeschobenen Regiebemerkung bzw. den von ihr geforderten Bewegungen und den Worten »hier – und hier« vorauszusetzen ist und bühnentechnisch umgesetzt werden müsste, wird im Druckbild und der Anordnung von Figurenrede und Regiebemerkung hier nicht angestrebt bzw. erreicht. Zur Notation von Simultanszenen in Dramentexten vgl. Kap. 3.3.

[120] Klaus Gerth: »Vergnügen ohne Geschmack«. J.M.R. Lenz' ›Menoza‹ als parodistisches »Püppelspiel«. In: Jahrbuch des Freien Deutschen Hochstifts 1988, S. 35–56, hier S. 51.

[121] Für Hinck steht damit die konventionelle Situationskomik im Vordergrund: »[…] eindeutig bestimmt der Typus der Überrumpelungssituation die Bauform von 12 Szenen der Komödie«; vgl. Walter Hinck: Das deutsche Lustspiel, S. 339.

HERR V. BIEDERLING: [...] Wie ist Ihnen, Graf! Sie wälzen ja die Augen im Kopfe herum, daß –
GRAF: Scherzen Sie mich?
HERR V. BIEDERLING: Nein gewiß, Herr – [...] Und so leben Sie denn wohl.
GRAF *faßt ihm die Gurgel*: Stirb Elender, bevor –
HERR V. BIEDERLING *ringt mit ihm*: Sackerment ... ich will dich ... (*wirft ihn zu Boden und tritt ihn mit Füßen*) du Racker!
GRAF *bleibt liegen*: Besser! besser, Herr von Biederling.
HERR V. BIEDERLING *hebt ihn wieder auf*: Was wollst du denn mit mir?
GRAF *sein Knie umarmend*: Können Sie mir verzeihen? (III, 1, 154)

›Natürliche‹ Körpersprache, die angeblich in den Vordergrund tritt, spielt hier kaum eine Rolle. Auch die Bezüge zur Commedia dell'arte sind nicht als bloße Fortschreibung, sondern als Verabschiedung dieser Strukturzüge zu verstehen. Denn konventionelle Gesten gelangen nicht als realisierte Gesten auf die Bühne, sondern werden aufgerufen, indem sie in der Figurenrede zur Sprache gebracht werden. So zählt der Graf in folgendem Beispiel zahlreiche Affekte und Gesten auf, in den expliziten Regiebemerkungen werden aber nur zwei als real ausgeführte Gesten benannt: das Knien und das Kussen. Der Graf spricht davon, dass er fleht, schmachtet und weint (im Stück weint er kein einziges Mal), küsst Frau von Biederling aber währenddessen Hand und Knie,[122] später den Mund (S. 145). In seinen Äußerungen weist der Graf außerdem selbst darauf hin, was er mit seinem Handeln bezweckt bzw. was er verhindern will:

GRAF: O meine gnädige (*küßt ihr die Hand*) [...] (*küßt sie*) [...]
GRAF: [...] *Kniet*. O sehen Sie mich zu Ihren Füßen, sehen Sie mich flehen, schmachten, weinen, verzweifeln.
[...]
GRAF *küßt ihr das Knie*: Sie werden doch kein Mißtrauen in mich setzen (*nochmals*) meine englische gnädige Frau! (II, 5, 143f.)

Schon hier ist die penetrante Betonung und Wiederholung dessen, was getan und empfunden wird, auffällig und aussagekräftig: Wenn insistierend in der Figurenrede über Affekte gesprochen wird, sind sie nicht echt, sondern bewusst inszeniert.

Wahrhaft empfindsame Momente werden nicht innerhalb der Figurenrede erläutert, sondern allein durch die Gestik realisiert, die in diesen Fällen an die Stelle der Sprache tritt. So werden diejenigen Figuren, die nicht in das Schema der Commedia dell'arte passen, durch explizite Regiebemerkungen charakterisiert, die Gefühle und empfindsame Regungen betonen. Liewerscheidt stellt für Biederling und dessen Frau zu Recht fest: »Der rüde Umgangston zwischen den zankenden Eheleuten ist von der Familieneintracht bürgerlicher Trauerspiele des empfindsamen Typs weit entfernt«.[123] Das Stück gibt aber auch empfindsamen Regungen Raum, so

---

[122] Ein Kritiker des *Neuen Menoza* äußert sich ungläubig über diese übertriebenen Gesten und fragt: »Soll der Graf der Frau von Biederling das Knie küssen?« Vgl. Rezension in der Allgemeinen deutschen Bibliothek. Hg. von Friedrich Nicolai. Band 27. Kiel 1775, S. 375.
[123] Dieter Liewerscheidt: Lenz, S. 150. Anders Koneffke, die ein neues Licht auf die weiblichen Figuren bei Lenz werfen möchte, Frau von Biederling aber weiterhin als Frau mit einer

auf der Ebene Wilhelmine – Tandi. Die ihnen zugeordnete Regiebemerkung »*Es herrscht eine minutenlange Stille*« wird von der Forschung meist nicht ernst genommenen. Da ein solch langes Schweigen auf der Bühne nicht denkbar sei, wird sie gemeinhin ironisch verstanden. Schulz schätzt die ungewöhnliche Regiebemerkung als »(vorübergehenden) Ausfall der Sprache« ein und hält sie für »praktisch kaum realisierbar«.[124] Die Ernsthaftigkeit der Regiebemerkung muss aber keineswegs in Frage gestellt werden. Aufschlussreich ist in diesem Zusammenhang ein weiteres Stück von Lenz. Denn gegen eine ironische Verwendung der Regiebemerkung spricht, dass Lenz in *Die sizilianische Vesper* eine im Wortlaut identische Regiebemerkung setzt und dort im Anschluss Präzisierungen zum Füllen der Pause bringt. An diesem Höhepunkt des Stücks wird zunächst das Geheimnis der als Mann verkleideten Isabelle gelüftet, dann ihre Liebe zum Prinzen offenbart:

> IRENE: […] sie liebte –
> CONSTANTIA: Den Prinzen von Salerno, den sie doch in unsre Hände übergab! *Sie aufmerksam ansehend.*
> *Es herrscht eine minutenlange Stille, in der jeder seine besondere Gemütsbewegung durch eine eigene Pantomime ausdrückt. Endlich fällt Irene ihr zu Füßen.*
> […] *Man führt Isabellen ohnmächtig weg.*[125]

Die Ausführungen im Anschluss an die Zeitangabe der ›minutenlangen Stille‹ machen deutlich, dass in dieser Szene, die einen Kulminationspunkt der Gefühle darstellt, tatsächlich minutenlang geschwiegen werden soll.[126] Die unüblich lange akustische Stille wird durch eine summierende Regiebemerkung zu Gestik und Mimik ergänzt und so mit einer visuellen Kehrseite versehen: Hier sollen also Gefühle pantomimisch umgesetzt werden, die in Worten keinen Ausdruck finden können. Bezeichnenderweise fragt Isabelle kurz zuvor: »Kann diese Verwirrung von Gefühlen eine Sprache finden?« Die Regiebemerkung, die wortgleich im *Neuen Menoza* vorkommt, gewinnt hier einen übergeordneten Status. Sie gibt den dominierenden Aspekt wieder, während im Anschluss jeder Figur Spielraum für auszuführende Gesten gewährt wird. Keineswegs wird man die ›minutenlange Stille‹ hier ironisch verstehen; ebenso wenig wird hier gebrüllt und geschrien, wie Heeg dies für den Sturm und Drang auf der Bühne generell feststellt. Eher kann man diese Szenen im Sinne der Empfindsamkeit und des *drame* bei Diderot auffassen; vor allem die Regiebemerkungen legen hier

---

»ausgeprägten Sentimentalität« beschreibt. Marianne Koneffke: Die weiblichen Figuren in den Dramen des J.M.R. Lenz: *Der Hofmeister, Der neue Menoza, Die Soldaten.* Zwischen Aufbegehren und Anpassung. In: Wirkendes Wort 42 (1992), S. 389–405, hier S. 401.

[124] Georg-Michael Schulz: »Läuffer läuft fort«, S. 195f.

[125] J.M.R. Lenz: *Die sizilianische Vesper.* In: Ders.: Werke und Briefe. Hg. von Sigrid Damm. Band 1, S. 369. Hier stehen ebenfalls Schweigen als Zeichen der Unmöglichkeit, Gefühle in Worte zu fassen, und eine Ohnmacht als einziger Ausweg beieinander.

[126] Vgl. J.M.R. Lenz: *Die beiden Alten.* In: Ders.: Werke und Briefe. Band 1, S. 351: »*Unter beiden herrscht ein langes Stillschweigen.*« Das Schweigen wird auch hier den Hauptfiguren des Stücks in empfindsamen Momenten zugestanden und gewinnt so an Bedeutung.

eine solche Interpretation nahe. Die entsprechende Stelle im *Neuen Menoza* zeigt, dass das Schweigen[127] hier ebenfalls näher erläutert wird:

> PRINZ *umarmt ihn*: Mein Vater – [...]
> [...] HERR V. BIEDERLING *springt auf*: [...]
> [...] *Frau v. Biederling mit Wilhelminen kommen.*
> WILHELMINE: Was befehlen Sie von mir?
> HERR V. BIEDERLING: Mädchen! – *Hustet und wischt sich die Augen. Es herrscht eine minutenlange Stille.*
> PRINZ: Fräulein! es ist Zeit, ein Stillschweigen – ein Geständnis, das meine Zunge nicht machen kann – sehen Sie in meinem Aug, in dieser Träne, die ich nicht mehr hemmen kann, all meine Wünsche, all meine schimmernden Entwürfe für die Zukunft. – Wollen Sie mich glücklich machen? – Wenn dieses schnelle Erblassen und Erröten, dieses wundervolle Spiel Ihrer sanften Gesichtswellen, dieses Weinen und Lachen Ihrer Augen mir Erhörung weissagt – o mein Herz macht den untreuen Dolmetscher stumm (*drückt ihr die Hand an sein Herz*), hier müssen Sie es sprechen hören – Dies Entzücken tötet mich. (II, 7, 150)

Zwar bedient auch der Prinz sich herkömmlicher Gesten, aber er setzt diese nur in Maßen ein. Es dominiert das unaussprechliche Gefühl, das er in der langen Replik beschreibt. Von hier aus, dem Verstummen und Schweigen, ist es bei Lenz nur ein kleiner Schritt zur Ohnmacht, die weibliche wie männliche Protagonisten treffen kann.

Echte und fingierte Ohnmachten bei Lenz

»Ohnmachtsanfälle sind endemisch in den Lenzschen Dramen.«[128] Diese Feststellung Henry J. Schmidts geht einher mit der Ansicht, dass die Ohnmachten bei Lenz, anders als bei Kleist, als »übertriebene Reaktion« einzustufen seien. Sie erscheinen generell als »komisch unangemessen«.[129] Die Beschränkung der Ohnmacht auf komische, unernste Szenen greift allerdings zu kurz.[130] Die folgenden Ausführungen sollen zeigen, dass bei Lenz zwischen verschiedenen Formen der Ohnmacht unterschieden werden muss. So machen die Reaktionen der dramatis personae im Anschluss an die zentrale Szene der »*minutenlangen Stille*« deutlich, dass hier eine komische Ebene mit einer ernsten verschränkt wird. Die Ohnmacht stellt dabei

---

[127] Anders als in seinem späterem Stück, *Die Soldaten*, wird das Schweigen hier noch innerhalb der Figurenrede thematisiert.
[128] Henry J. Schmidt: J.M.R. Lenz' ›Der neue Menoza‹. Die Unmöglichkeit einer Geschlossenheit. In: Karin A. Wurst (Hg.): J.M.R. Lenz als Alternative? Positionsanalysen zum 200. Todestag. Köln 1992, S. 220–228, hier S. 223.
[129] Ebd.
[130] Zum herausragenden Stellenwert, den die Ohnmacht im Wissens- und Selbstverständigungsrepertoire des 18. Jahrhunderts generell eingenommen hat, vgl. Roland Galle: Szenarien der Ohnmacht im Jahrhundert der Aufklärung. In: Rudolf Behrens/Roland Galle (Hg.): Leib-Zeichen. Körperbilder, Rhetorik und Anthropologie im 18. Jahrhundert. Würzburg 1993, S. 103–123, hier S. 104–109.

von der tatsächlichen Ohnmacht des Prinzen über das Fallen Wilhelmines bis zur gespielten Ohnmacht Biederlings eine Art Antiklimax des Fallens dar:

> HERR V. BIEDERLING: [...] ein junges unerzogenes Kind über die zweitausend Meilen – o meine Tochter, ich kann nicht – das Herz bricht mir. *Fällt ihr um den Hals.*
> WILHELMINE *an seinem Halse*: Ich will ledig bleiben.
> HERR V. BIEDERLING *reißt sich los*: Sackerment nein (*stampft mit dem Fuß*) das will ich nicht. [...]
> PRINZ: Sie sind grausam, daß Sie mich zum Reden zwingen. Ein solcher Schmerz kann durch nichts gelindert werden, als Schweigen (*mit schwacher Stimme*), Schweigen, Verstummen auf ewig. *Will gehen.*
> WILHELMINE *hält ihn hastig zurück*: Ich liebe sie.
> PRINZ: Sie lieben mich. *Ihr ohnmächtig zu Füßen.*
> WILHELMINE *fällt auf ihn*: O ich fühl's, daß ich ohne ihn nicht leben kann.
> HERR V. BIEDERLING: Holla! Gib ihm eins auf den Mund, daß er wach wird. *Man trägt den Prinzen aufs Kanapee, wo Wilhelmine sich neben ihn setzt und ihn mit Schlagwasser bestreicht.*
> PRINZ *die Augen aufschlagend*: O von einer solchen Hand ...
> HERR V. BIEDERLING: Nicht wahr, das ist's. Ja, Mine! dieser Blick, den du ihm gabst. Nicht wahr, er hat's Jawort? Nun so segne euch der allmächtige Gott. *Legt seine Hände beiden auf die Stirn.* Prinz! es geht mir wie Ihnen, der Henker holt mir die Sprache und es wird nicht lang währen, so kommt die verzweifelte Ohnmacht auch ... *Mit schwacher Stimme.* Frau wirst du mich wecken? *Fällt hin.*
> FRAU V. BIEDERLING: Gott, was ist ... *Hinzu.*
> HERR V. BIEDERLING *springt auf*: Nichts, ich wollte nur Spaß machen. Ha ha ha, mit[131] euch Weibern kann man doch umspringen wie man will. Sei nun auch hübsch lustig, mein Frauchen (*ihr unters Kinn greifend*) [...] (II, 7, 151f.)

Die Regiebemerkungen, die Biederling charakterisieren, unterscheiden sich zunächst nicht von den ›echten‹ Gefühlsäußerungen des Prinzen, im Gegenteil: Beide sprechen kurz vor der Ohnmacht »*mit schwacher Stimme*«. Im Anschluss aber heißt es bei Biederling »*fällt hin*« – nicht »*ohnmächtig zu Füßen*« wie beim Prinzen –, schon dies ist ein Hinweis auf die nur vorgespielte Ohnmacht Biederlings, allerdings kein sicherer Beleg, denn auch Wilhelmine »*fällt*«. Vor allem fasst die Figur, die keine echte Ohnmacht erlebt, diese zuvor in Worte, anstatt sie direkt zu erleiden – »so kommt die verzweifelte Ohnmacht auch«, kann Biederling noch aussprechen, ehe er »*mit schwacher Stimme*« »Frau wirst du mich wecken?« hinzufügt und hinfällt. Wiederum ist die redundante Nennung ein Hinweis auf die Künstlichkeit. Nach der fingierten Ohnmacht kann Biederling problemlos aufspringen, bevor er selbst betont, dass er mit dieser Aktion »nur Spaß machen« wollte. Durch die Worte Biederlings im Anschluss an seinen gespielten Ohnmachtsanfall wird die typische Familienszene im rührenden Stil, die üblicherweise im traditionellen Segen durch den Vater endet,[132] aufgerufen und gleichzeitig ironisiert:

---

[131] Das »mit« fehlt in der hier zitierten Ausgabe, steht aber in den anderen Lenz-Ausgaben, etwa in der von Ernst Lewy besorgten Gesammelten Schriften. Erster Band. Berlin 1909, S. 119.
[132] Vgl. Kap. 3.3 zu Diderot; Kap. 3.1 zu Gellert.

HERR V. BIEDERLING: Nun Frau! was stehst? ist dir's nicht lieb, die jungen Leute so schwätzeln und mienen und liebäugeln ... was ziehst du denn die Stirn wie ein altes Handschuhleder, geschwind, gib ihnen deinen Segen [...]. (II, 7, 153)

Den ernst zu nehmenden Figuren hingegen, die im Stück echte Gefühle ausdrücken und nicht fingiert, sondern tatsächlich in Ohnmacht fallen, werden Schweigestellen zugestanden, in denen Mimik und Gestik statt der Worte Zeichencharakter gewinnen. Deshalb ist an der Szene auch nicht nur die »burleske Pointe«[133] durch Biederling erwähnenswert, sondern zunächst und vor allem die echte Ohnmacht des Prinzen und das vorherige Nicht-Sprechen-Können; beides geht der von Hinck in den Mittelpunkt gestellten Szene voran. So sind die Bezüge zur Commedia dell'arte nicht durchgängig, sondern auf bestimmte Figuren beschränkt.[134] Ähnlich ist bei jeder Ohnmacht zu prüfen, ob diese echt ist. Das reine Bereden der Ohnmacht spricht dafür, dass man diese nur effektvoll in Szene setzen möchte. Eine rein summarische Aufzählung der ›Hinfaller‹ oder ›Umfaller‹ im Stück ohne Unterscheidung zwischen echt und fingiert bzw. gespielt, wie etwa Schulz sie vornimmt, ist insofern wenig aussagekräftig.[135] Als letztes Beispiel für eine rein inszenierte Ohnmacht sei die Gräfin Donna Diana zitiert:

BABET: Er Sie vergiften lassen? Gütiger Gott! warum?
DONNA: Warum? närrisch gefragt! darum, daß ich ihn liebte, ist's nicht Ursach genug? – – – Ach halt mir den Kopf! schnüre mich auf! es wird mir bunt vor den Augen – so – wart – keinen Spiritus (*schreit*), keinen Spiritus!
BABET: Gott im Himmel! Sie werden ja ohnmächtig.
DONNA *mit schwacher Stimme*: Was geht's dich an, wenn ich ohnmächtig werde. *Richtet sich auf.* So! nun ist's vorbei. *Geht herum.* Nun bin ich wieder Diana. *Schlägt in die Hände.*
(III, 4, 161)

---

[133] Walter Hinck: Das deutsche Lustspiel, S. 339. Hinck weist an anderer Stelle auf die echte Ohnmacht des Prinzen hin (S. 336), untersucht aber vor allem die komischen Aspekte des Stücks, da er das Strukturgesetz der Komödie und der Commedia dell'arte nachweisen will.
[134] In die Reihe dieser Figuren gehören Hauptmann v. Biederling als verbürgerlichter Pantalone und Typ des polternden Capitano, Bakkalaureus Zierau als Stutzer, Magister Beza als entlarvter Pietist und als Dottore. Vgl. Walter Hinck: Das deutsche Lustspiel, S. 330f.; Dieter Liewerscheidt: Lenz, S. 150.
[135] Vgl. Georg-Michael Schulz: J.M.R. Lenz. Stuttgart 2001, S. 97: »Dazu gehört zum Beispiel eine bemerkenswerte Beweglichkeit des Bühnengeschehens, eine Beweglichkeit, die zeitweise wie eine komödiantische Haltlosigkeit erscheint – zum Beleg dafür sei eine kleine Serie von Bühnenanweisungen zitiert: Wilhelmine fällt ›in Ohnmacht‹; Prinz ›[w]irft sich nieder in ein Gesträuch‹; Donna Diana ›[w]irft sich auf einen Stuhl‹, ›springt auf und reißt sie [ihre Amme] zur Erde‹, ›[h]ebt sie auf‹, ›[f]ällt auf die Knie vor ihr‹; Prinz liegt ›[i]hr [Wilhelmine] ohnmächtig zu Füßen‹; Wilhelmine ›fällt auf ihn‹; Herr von Biederling ›[f]ällt hin‹; Herr von Biederling ›wirft ihn [Graf Camäleon] zu Boden‹; Wilhelmine ›fällt auf den Sofa zurück‹, ›fällt in Ohnmacht‹; Gustav ›fällt vom Pferde‹; Lahmer ›fällt überlang‹, ›fällt wieder zu Boden‹; Prinz ›[f]ällt auf eine Grasbank‹; Gustav ›[f]ällt‹; Graf und Donna Diana ›liegen beide auf der Erde‹ (so der Kommentar Zieraus); Donna Diana ›[f]asst ihn [Zierau] an Schopf und wirft ihn zum Grafen auf den Boden‹; Gustav ›hat sich erhenkt‹, Graf ›[f]ällt in Ohnmacht‹.«

Hier wird die Ohnmacht durch eine negative Stimmung hervorgerufen. Die Gräfin, die kurz zuvor erfahren hat, dass ihr Mann sie vergiften lassen wollte, hätte allen Grund, in Ohnmacht zu fallen – und das weiß sie. Für eine echte Ohnmacht reagiert sie im Grunde zu schnell. Auch sie spricht »*mit schwacher Stimme*«, hat allerdings kurz zuvor noch geschrien, redet dann vom Ohnmächtigwerden und kann sich sofort im Anschluss »*aufrichten*«. Sie hat die Ohnmacht im Griff. Ihre Inszenierung einer Ohnmacht gehört in die Reihe der Ohnmachten, die von der Figur bewusst als körpersprachliches Zeichen eingesetzt werden. Mit Blick auf den gesamten Dramentext tragen die zahlreichen Ohnmachten dazu bei, dem Leser/Zuschauer eine eindeutige Orientierung zu verwehren. Dieser kann sich zunächst nie sicher sein, ob er es mit einer echten oder einer fingierten Ohnmacht zu tun hat. Sowohl einzelne Gesten als auch bestimmte Figuren entziehen sich einer eindeutigen Zuordnung.

Uneinheitlich wird in der Forschung auch der Prinz interpretiert. Die eine Seite betont seine echte Empfindsamkeit,[136] für andere hingegen ist er »hohl und unglaubwürdig«[137] – eine Bandbreite, die für Figuren bei Lenz typisch ist. Eine eindeutige Figurencharakterisierung ist kaum erkennbar, da die Figuren nicht von einem übergeordneten Standpunkt aus zu greifen sind. So stellt sich bei dem Prinzen die Frage, ob es sich um übertriebene Empfindsamkeit handelt, die ad absurdum geführt werden soll, oder ob er tatsächlich der natürlich empfindende, freie rousseausche Naturmensch ist. Die Regiebemerkungen können hier Aufschluss geben. Für die Natürlichkeit seiner Empfindungen spricht trotz komischer Anteile das In-Ohnmacht-Fallen, das meist erst durch das Verhältnis von Figurenrede und Regiebemerkungen als echt oder fingiert zu entschlüsseln ist. Nur der Prinz und Wilhelmine zeichnen sich durch so starke Gefühlsregungen aus, dass sie tatsächlich in Ohnmacht fallen, so dass die Ohnmacht ein Symptom empfindsamen Verhaltens darstellt. Der Prinz fällt in Ohnmacht, als Wilhelmine ihm ihre Liebe gesteht. Das spricht gegen die Einschätzung Greiners, der Prinz sei »nur eine Parodie des literarischen Vorbildes«, er mache

---

[136] Hinck sieht in ihm das »Humanitätsideal des ›natürlichen‹ Menschen«; vgl. Walter Hinck: Texte und Materialien zur Interpretation. In: Helmut Arntzen/Karl Pestalozzi (Hg.): J.M.R. Lenz: Der neue Menoza. Berlin 1965, S. 73–95, hier S. 90 und Walter Hinck: Das deutsche Lustspiel, S. 333. Dort spricht er vom »mit aufklärungsfeindlichem Affekt aufgeladenen ›Wilden‹-Motiv«. Koneffke bezieht sich auf diese Einschätzung des Prinzen und räumt ein, *Der neue Menoza* sei nicht aufklärungsfeindlich, sondern aufklärungskritisch angelegt; sie interpretiert den Prinzen aber ähnlich wie Hinck: »Mit ihrer Titelgestalt Prinz Tandi, der sinnlichen Verkörperung natürlichen Lebens, berührt sie ein die Aufklärung brennend interessierendes Problem und führt es weiter, über den Bereich aufklärerischen Denkens hinaus.«

[137] Vgl. Bernhard Greiner: Fluchtpunkt des Aufklärungs-Theaters als Leerstelle, S. 199. Hier muss man unterscheiden zwischen der Figur des Prinzen und verschiedenen, je eingeschränkten Perspektiven auf seine Figur, die ihn als wenig glaubwürdig und überdreht einschätzen, so etwa Baccalaureus Zierau, der feststellt: »Entweder fehlt es ihm an aller Kultur, oder der gute Prinz ist überspannt und gehört *aux petites maisons* [ins Irrenhaus].«

sich auch »als empfindsamer Liebhaber Wilhelmines [...] durch Übertreibungen lächerlich«.[138]

Bei Wilhelmine wird die Ohnmacht zweimal durch den Prinzen ausgelöst – einmal durch seinen Bericht über die gefährliche Flucht, ein zweites Mal als sie erfährt, dass sie Bruder und Schwester sind. Wilhelmine wird durch eine echte Ohnmacht allererst ›ins Spiel gebracht‹, nachdem sie bis dahin anwesend war, ohne ein Wort zu sagen oder sich bemerkbar zu machen.[139] Ihre Ohnmacht kann als Empathie mit dem Prinzen angesehen werden,[140] der von dem Sturz aus einem Gefängnisturm berichtet, den er im Zusammenhang mit seiner Flucht wagen musste:

> FRAU V. BIEDERLING: Hinabzustürzen – – o weh mir!
> PRINZ: Stellen Sie sich eine Tiefe vor, die feucht und nebligt alle Kreaturen aus meinem Gesichte entzog. Ich sah in dieser fürchterlich-blauen Ferne nichts als mich selbst und die Bewegung die ich machte, zu springen. Ich sprang –
> FRAU V. BIEDERLING: Meine Tochter –
> HERR V. BIEDERLING *springt auf*: Was ist, Narre! Mine! was ist? *Sie suchen Wilhelminen zu ermuntern, die in Ohnmacht liegt.*
> PRINZ: Ich bin vielleicht mit Ursache – o meine einfältige Erzählung zur Unzeit!
> HERR V. BIEDERLING: Zu Bett, zu Bett mit ihr. [...] O ihr Papiergeschopfe ihr! (I, 1, 127f.)

Hier kann man ein Spiel auf mehreren Ebenen konstatieren: Innerhalb der Erzählung des Prinzen geht es um den Sprung in die Tiefe. In eben dem Moment, in dem er imaginativ erinnernd vom Springen redet, seinen Sprung also verbal vollzieht, fällt die Tochter Biederlings in Ohnmacht. Konterkariert wird diese doppelte Abwärtsbewegung durch das »*springt auf*« des Vaters, das dem »ich sprang« des Prinzen entgegenläuft. In einer Aufführung müsste die Tochter in genau demselben Moment in Ohnmacht fallen, in dem vom Springen die Rede ist. Für den Leser geschieht dies zeitversetzt: Beim Ausruf der Mutter weiß man zwar schon, dass der Tochter etwas passiert sein muss, die Ohnmacht selbst wird aber erst nach dem Aufspringen des Vaters benannt. Anders als im *Väterchen* und im *Hofmeister*, bei denen für einen Schauspieler praktikable Regiebemerkungen dominieren, richten sich die Regiebemerkungen hier nicht an einzelne Schauspieler, die bestimmte Bewegungen ausführen sollen. Sie sorgen vielmehr dafür, dass beim Lesen ein Spannungsmoment erhalten bleibt. Der Leser erfährt erst in dem Moment von der Ohnmacht, in dem die Anwesenden auf diesen Ohnmachtsanfall reagieren.

Bei der Frage nach der Echtheit von Ohnmachten erweist sich eine zentrale Szene im *Hofmeister* als aufschlussreich. Dort fällt mit Läuffer ebenfalls eine der

---

[138] Bernhard Greiner: Der Fluchtpunkt des Aufklärungs-Theaters als Leerstelle: J.M.R. Lenz' Komödien *Der Hofmeister* und *Der neue Menoza*. In: Ders.: Die Komödie, S. 185–207, hier S. 199.

[139] Erwähnt wird sie nach der Auftrittsangabe nur in der Aufforderung des Vaters, sich zu ihnen zu setzen (I, 1, 126).

[140] Vgl. Walter Hinck: Das deutsche Lustspiel, S. 335: »Sehen wir die Szene vom weiteren Verlauf der Handlung her, so erhält aber die Ohnmacht Wilhelminens noch eine Bedeutung, die sinnerweiternd ist. Sie signalisiert die Liebe zum Prinzen.«

Sympathiefiguren in Ohnmacht. Er nimmt an dieser Stelle sein Kind zum ersten Mal auf den Arm:

> LÄUFFER: Gebt es mir auf den Arm – O mein Herz! – Daß ich's an mein Herz drücken kann – Du gehst mir auf, furchtbares Rätsel! *Nimmt das Kind auf den Arm und tritt damit vor den Spiegel.* Wie? dies wären nicht meine Züge? *Fällt in Ohnmacht; das Kind fängt an zu schreien.*
> MARTHE: Fallt Ihr hin? [...] Er antwortet nicht: ich muß doch um Hülfe rufen; ich glaube, ihm ist weh worden.[141]

Hier findet eine Gleichsetzung von ›in Ohnmacht fallen‹ und ›Hinfallen‹ statt, die daher rührt, dass Marthe sich das Hinfallen Läuffers zunächst nicht recht erklären kann, so dass sie nur den äußerlich sichtbaren Vorgang beschreibt. Die von Regiebemerkungen umgebene Figurenrede Läuffers, die er in Richtung Spiegel äußert, gibt hingegen nur dem Leser/Zuschauer Aufschluss über den wahren Grund des Fallens. Zuvor erlebte die andere Sympathiefigur des Stücks – Gustchen – ebenfalls eine echte Ohnmacht, nachdem sie sich im Teich ertränken wollte, eine Tat, die beim Major eine konventionelle, üblicherweise vor allem Frauen zugestandene Gebärde hervorruft – er ringt die Hände: »[Gustchen] *Rafft sich auf und wirft sich in Teich.* [...] MAJOR: [...] *Kniet nieder bei ihr.* Gustel! was fehlt dir? [...] Gott behüt! so helft ihr doch; sie ist ja ohnmächtig. *Springt auf, ringt die Hände; umhergehend.*«[142]

Es hat sich gezeigt, dass Ohnmachten bei Lenz unterschiedliche Funktionen übernehmen und somit gleichzeitig demonstrieren, dass die Ohnmacht nicht mehr ausschließlich als Garant für Authentizität fungiert.[143] Als körpersprachliches Zeichen ist die Ohnmacht frei verfügbar und nicht mehr fest mit einer bestimmten Funktion verbunden. Die jeweilige Funktion der Ohnmacht lässt sich nur aus dem Kontext und der Figurenzeichnung erschließen, so dass die Opposition echte – fingierte Ohnmacht zu der Unterscheidung zwischen ernsthafter – komischer Figur in Beziehung gesetzt werden kann. Tommek[144] kritisiert an Hinck zwar zu Recht, dass dieser die

---

[141] J.M.R. Lenz: Der Hofmeister. In: Ders.: Werke und Briefe. Hg. von Sigrid Damm. Band 1, S. 100.
[142] Ebd., S. 93f. Hier wird eine Ikonographie aufgerufen, die die überwiegend konventionellen Gesten im *Hofmeister* wie »wischt sich die Augen«, »kniend«, »schlägt sich an die Brust« komplettiert. Claudia Benthien stellt mit Bezug auf die Ohnmachten im *Neuen Menoza* fest: »Hinsichtlich des Geschlechterverhältnisses herrscht demnach bei Lenz annähernde Gleichheit, was auch für andere empfindsame Körperregungen, wie etwa das bereits mehrfach zitierte Weinen oder Erblassen gilt.« Claudia Benthien: Lenz und die ›eloquentia corporis‹, S. 365. Das Weinen hat allerdings im deutschen Drama spätestens mit Lessings *Miß Sara Sampson* diesen Status bereits erreicht (vgl. Kap. 3.2).
[143] Hinzuweisen ist auf den umgekehrten Fall in Schillers *Kabale und Liebe*. Dort äußert sich Ferdinand über die von ihm missverstandene Ohnmacht Luises: »[...] mit welch überzeugender Täuschung erblaßte die Falsche da! [...] die Heuchlerin sinkt in Ohnmacht. Welche Sprache wirst du jetzt führen, Empfindung?« (IV, 2). Die Konsequenzen dieser Ohnmacht, die echt ist, von Ferdinand aber als Täuschung aufgefasst wird, sind weitreichend; sie werden zu Luises Vergiftung durch Ferdinand führen.
[144] Heribert Tommek: J.M.R. Lenz. Sozioanalyse einer literarischen Laufbahn. Heidelberg 2003, S. 165.

Ohnmachtsanfälle »nur als Bestätigung für sein Modell der Überrumpelungssituation« ansehe, durch die die Figuren schockartig in extreme Gefühlslagen versetzt würden,[145] sieht aber den Unterschied nicht in der Echtheit der Ohnmachten, sondern in der Ständezugehörigkeit begründet.[146] Die hier analysierten Szenen haben gezeigt, dass empfindsame und komische Figuren – dies ist den Regiebemerkungen zufolge die Grundopposition – dem Anschein nach gleichermaßen in Ohnmacht fallen können, da diese als Geste zum bekannten Repertoire gehört und somit auch vorgespielt werden kann. Festzuhalten ist außerdem, dass die redundant bzw. tautologisch gesetzten Regiebemerkungen hier eine andere Qualität gewinnen als in der ersten Hälfte des 18. Jahrhunderts. Explizit und gleichzeitig implizit gesetzte Regiebemerkungen dienen nicht mehr der Bekräftigung (vgl. 2.1). Die beiden Texträume, Figurenrede und Regiebemerkungen, stehen somit nicht ergänzend zueinander, sondern weisen in ihrer Doppelung auf eine nur vorgetäuschte Imitation echter Gesten.

»Der Schauplatz ist hie und da«: zum imaginierten Raum

Bei der Frage nach der Funktion der Schauplätze, die hier im Mittelpunkt steht, sind ebenfalls disparate Beobachtungen zu klären. Während Inbar die ausführlichen Dekorationsbeschreibungen bei Lenz hervorhebt,[147] stellt Schulz fest:

> Bemerkungen zur Dekoration fehlen fast ganz. Genannt und nicht weiter beschrieben wird z.B. einmal ein Fenster, einmal ein ›Baum‹; so gesehen, ist die Angabe ›Teich mit Gesträuch umgeben‹ fast schon üppig.[148]

Neben rein quantitativen, den Umfang der Dekoration betreffenden Beobachtungen erweist sich bei Lenz vor allem die Funktion der Angaben zu Dekoration, Bühnenbild und Requisite als aufschlussreich. Die Bemerkung »*Der Schauplatz ist hie und da*« wird zwar von vielen Interpreten zitiert, meist aber nicht weiter auf das Stück bezogen, da sie – ähnlich wie die ›minutenlange Stille‹ – nicht ernst genommen, sondern als »scherzhafte Ortsangabe«[149] abgetan wird. Das erscheint unverständlich, da der *Neue Menoza* sich in der Tat durch häufige und abrupte Schauplatzwechsel auszeichnet, die weit auseinander liegende Orte direkt nebeneinander oder sogar zeitlich simultan stellen.[150] Da Lenz sich hier wie auch sonst gegen die von der französischen Klassik vorgeschriebene Einheit des Ortes wendet, kann die Bemerkung

---

[145] Vgl. Walter Hinck: Das deutsche Lustspiel, S. 339.
[146] Vgl. Heribert Tommek: Lenz, S. 165. Für Tommek stellen die Ohnmachten einerseits Reaktionen auf Gewalt mit Gegengewalt dar – diese seien tendenziell mit der Adelsschicht verbunden –, andererseits sanfte, ohnmächtige Gewalt im Sinne einer ›Verteidigung der Schwäche‹.
[147] Inbar sieht hierin einen »fundamentalen Unterschied« zwischen Shakespeare und Lenz; vgl. Eva Maria Inbar: Shakespeare in Deutschland, S. 214.
[148] Georg-Michael Schulz: »Läuffer läuft fort«, S. 192.
[149] Georg-Michael Schulz: Lenz, S. 91.
[150] Zur Simultaneität vgl. Bernd Alois Zimmermann: Lenz und neue Aspekte der Oper. In: Blätter und Bilder. Zeitschrift für Dichtung, Musik und Malerei 9 (1960), S. 39–44.

»*Der Schauplatz ist hie und da*« als bewusste Negation der üblicherweise im Anschluss an das Personenverzeichnis gebrachten Situierung des Stücks aufgefasst werden. So gesehen, handelt es sich gar nicht um eine Regiebemerkung, sondern um eine dem Dramentext vorausgeschickte Angabe auf einer Metaebene. Diese setzt sich über die normalerweise an dieser Stelle stehende exakte Ortsangabe hinweg, indem sie eine eindeutige Ortsorientierung gerade verwehrt. Auch im Anschluss werden die Orte durch Regiebemerkungen nicht näher beschrieben. Angaben wie »Zu Naumburg« (I, 1), »In Dresden« (I, 2), »Das Gartenhaus« (II, 2) sind hinsichtlich des Raumes wenig charakteristisch,[151] d.h. es wird kaum ersichtlich, wie ein Raum vorzustellen oder einzurichten wäre. An Bertrams Beobachtung zum *Hofmeister* trifft insofern auch hier zu,

> [...] daß die Orte, die so gewichtig über den Szenen stehen, für sich überhaupt keine Charakteristik erlangen. Der Ort ›Zu Insterburg in Preußen‹, mit dem *Der Hofmeister* beginnt, besagt für sich nichts.[152]

Wichtiger ist, wie Räume bestimmten Figuren zugeordnet werden. In Bezug auf die Szene, in der der Prinz in das Gartenhaus eindringt und eine Rute abbricht, um den Grafen, der dort am Kamin sitzt, »zum Schurken« zu schlagen (II, 2), fragt Klaus Gerth: »Seit wann wachsen in einem Kaminzimmer Büsche? [...] Das Stück bietet für solche Laxheiten keine Erklärung an.«[153] Die auf den ersten Blick in der Tat irrige Regiebemerkung, die den Prinzen »in einem Kaminzimmer«[154] dazu anweist, eine Rute abzubrechen, wird allerdings verständlich, wenn man bedenkt, *wer* in dieser Situation statt zum Degen zur Rute greift. Die Geste wird in der Figurenrede sogar vom Prinzen selbst begründet: Für ein Duell mit dem Grafen, solch einem »Schurken«, sei der Degen zu schade:

> Prinz. Graf *sitzt am Kamin.*
> [...]
> Prinz: Brauchst du zu kennen, um zu schlagen? *Bricht eine Rute ab.* So sei denn hiemit zum Schurken geschlagen. Kot! Du verdienst nicht, daß ich meinen Degen an dir verunehre.
> (II, 2, 137)

---

[151] Anders Marianne Koneffke: Der »natürliche« Mensch, S. 90: »Detaillierte Regieanweisungen bestimmen die Inneneinrichtung der Zimmer, in denen die Menschen wohnen, Dekoration und Requisiten sollen ebenso wie die sprechenden Namen die auftretenden Personen bereits charakterisieren, bevor sie ein einziges Wort auf der Szene gesprochen haben.«
[152] Georg W. Bertram: Philosophie des Sturm und Drang. Eine Konstitution der Moderne. München 2000, S. 78.
[153] Klaus Gerth: Vergnügen ohne Geschmack, S. 55.
[154] Die Regiebemerkung spricht allerdings nicht von einem Kaminzimmer, wie Gerth meint, sondern von einem Kamin, der sich in einem »Gartenhaus« befindet. Selbst Brita Hempel, die generell feststellt, »die zunächst sinnlos und zusammenhanglos wirkenden Splitter, in denen Charaktere und Handlung präsentiert werden«, erweisen sich »im nachhinein als durchaus kontextualisierbar und an ihrem jeweiligen Standort als Hinweis berechtigt«, spricht der Gartenhausepisode diese Möglichkeit ab: »mit Ausnahme der im Gartenhäuschen abgebrochenen Rute«; Brita Hempel: Der gerade Blick in einer schraubenförmigen Welt. Deutungspraxis und Erlösungshoffnung bei J.M.R. Lenz. Heidelberg 2003, S. 247.

Wichtig ist hier nicht, wie Sträucher mit einer bestimmten Räumlichkeit in Verbindung stehen. Denn es geht nicht darum, die Plausibilitätserwartungen des Zuschauers zu befriedigen. Gerth stellt zwar fest, dass diese gründlich enttäuscht werden, allerdings muss es sich dabei keinesfalls um eine »Laxheit« handeln.[155] Die fehlende Kohärenz,[156] die Lenz vorgeworfen wird, kann dadurch erklärt werden, dass er gar nicht auf die Beschreibung eines realen Raumes aus ist, sondern einen imaginierten Raum evoziert. Und im Grunde spielt nur dieser für Lenz als Dramatiker eine Rolle. So hält er in den *Anmerkungen übers Theater* fest:

> Wir sehen also, was der dramatische Dichter vor dem epischen gewinnt, wie kürzern Weg zum Ziel, sein großes Bild lebendig zu machen, wenn er nur sichere Hand hat, in der Puls der Natur schlägt, vom göttlichen Genius geführt. [...] Er braucht die Sinne nicht mit Witz und Flittern zu fesseln, das tut der Dekorationenmaler für ihn, aller Kunstgriffe überhoben, schon eingeschattet von dem magischen Licht, auf das jener so viel Kosten verschwendet, führt er uns dahin, wo er wollte, ohne andern Aufwand zu machen, als was er so gern aufwendet, sein Genie.[157]

So profane Dinge wie die Frage, woher der Prinz hier eine Rute bekommt, wenn er diese braucht, um seinen Degen nicht durch den Kontakt mit einem Schurken zu »verunehren«, müssen den Dichter, das »Genie«, nicht beschäftigen. Diese Nebensächlichkeiten können an den »Dekorationenmaler«, den für Bühnenbild und Dekoration zuständigen Theaterpraktiker, delegiert werden. Umgekehrt heißt das aber auch, dass die Regiebemerkungen in diesen Fällen gerade nicht für die Theaterrealisierung in Anschlag zu bringen sind, sondern tiefere, symbolische Bedeutung haben, und zwar zunächst und vor allem in Bezug auf die Figurencharakterisierung. Die Regiebemerkungen zielen nicht auf eine Zusammenarbeit mit Bühnenbildner und Requisiteur. Die Hierarchie der an einer Theateraufführung Beteiligten ist eindeutig. Der Dramenverfasser arbeitet zunächst für sich allein und ist nur seiner eigenen Imagination verpflichtet. Eine diesbezügliche ›Arbeitsteilung‹ zwischen Dichter und Bühnenbildner, die etwa Diderot vorschwebt und die er in seinen theoretischen Schriften erläutert (vgl. Kap. 3.3), liegt Lenz offensichtlich fern. Der Dramentext wird nicht mit Blick auf die Zusammenarbeit beider Parteien verfasst, ganz im Gegenteil. Der Dichter grenzt sich explizit vom Bühnengeschehen ab, und zwar selbst wenn und indem er Regiebemerkungen setzt. Dieser Textraum fällt in seinen Zuständigkeitsbereich, den er ebenfalls im Sinne des ›genialen‹ Dichters nutzt. Insofern treffen die Beobachtungen Küps nicht den Kern, wenn er feststellt:

---

[155] So Klaus Gerth: Vergnügen ohne Geschmack, S. 55.
[156] Ähnlich wendeten die Interpreten lange Zeit Kategorien an, denen Lenz' Dramentexte nicht gerecht werden, so wenn sie klassizistische Formbegriffe voraussetzten. Das zeitbedingt negative Urteil über seine Dramenform (vgl. etwa Paul Böckmann: Formgeschichte, S. 666f.; Arthur Eloesser: Bürgerliches Drama, S. 130) hat Klotz inzwischen gründlich widerlegt, indem er Lenz in die Tradition des offenen Dramas einreiht; vgl. Volker Klotz: Geschlossene und offene Form. In einigen Punkten geht Klotz allerdings nicht weit genug, so wenn er meint, dass die Figuren fest an bestimmte Orte gebunden sind. Genau das Umgekehrte ist der Fall (s.u.).
[157] Jakob Michael Reinhold Lenz: Anmerkungen übers Theater, S. 658.

Es ist erstaunlich und für die Zeit durchaus ungewöhnlich, wie unermüdlich Lenz immer wieder neue Bildmotive erfindet, um einzelnen Szenen durch den spezifischen Ausdruckswert der Dekoration ein eigentümliches und entsprechendes Gesicht zu geben. Für den zweiten Akt von ›Die Freunde machen den Philosophen‹ baut er eine ganze Hafenszenerie auf, ein soeben eingelaufenes Schiff liegt am ansteigenden Ufer vor Marseille, und die angekommenen Passagiere verlassen die Kajüte.[158]

Die Regiebemerkungen und die Figurenrede des Stücks geben zu dieser Beobachtung wenig Anlass. Angaben zum Hafen finden sich zwar ausschließlich innerhalb der Regiebemerkungen, diese sind aber nicht ausführlich und umfassend, sondern sehr knapp gehalten. Nach der kurzen Ortsangabe, »DER HAFEN VON MARSEILLE«, heißt es im Anschluss »STREPHON, der SERAPHINEN aus dem Schiff hebt«, später »Reicht Strephon die Hand und läuft mit ihm das Ufer hinauf«, »Läuft damit nach dem Ufer zurück und wirft es ins Meer«, »sehr feierlich aus der Kajüte hervortretend«.[159] Schiff, Kajüte, Ufer, Meer und Hafen werden durch die Regiebemerkungen nicht etwa aufgebaut und allererst beschrieben, sondern durch die Verwendung bestimmter Artikel und ohne nähere Erläuterungen einfach vorausgesetzt. Die definiten Artikel verweisen auf Objekte, die in der Bühnenrealität schon vorhanden sind. Anstatt bühnentechnische Begriffe und theaterbezogene Regiebemerkungen wie noch im *Hofmeister* mit »Im Grunde des Theaters« zu verwenden, setzt Lenz die vollständige Imagination eines Hafens durch wenige Eckdaten beim Leser in Gang. Dass dies funktioniert, zeigt die überschwängliche Reaktion Küps, der eine »Hafenszenerie« vor sich sieht. Für das Bühnenbild ist der Dramenverfasser auch in diesem Fall nicht verantwortlich. Die Angaben zum Schauplatz sind keineswegs ausführlich und erlauben keine genaue Nachzeichnung eines Ortes; im Sinne der Imaginierung aber reichen sie völlig aus.

Trotz der Vielzahl an Orten und der im *Neuen Menoza* durch die Bemerkung zum wechselnden Schauplatz schon zu Beginn betonten offenen Form des Dramas sind nicht die Figuren fest an bestimmte Orte gebunden,[160] sondern umgekehrt: Gewisse Orte werden nur in Verbindung mit bestimmten Figuren aufgerufen.[161] Sie konstituieren sich als »A Montage of Character Constellations«.[162] Für sich bleiben

---

[158] Peter Küp: Bühnenanweisungen im Drama des Sturm und Drang, S. 103; vgl. S. 269.

[159] Vgl. Jakob Michael Reinhold Lenz: Die Freunde machen den Philosophen. In: Ders.: Werke und Briefe. Band 1, S. 273–316, hier S. 288.

[160] Vgl. mit Bezug auf die *Soldaten* Volker Klotz: Geschlossene und offene Form, S. 127. Zum Raum im *Neuen Menoza* und zum Kontrast von »Drinnen und Draußen« vgl. Marita Pastoors-Hagelüken: Die »übereilte Comödie«. Möglichkeiten und Problematik einer neuen Dramengattung am Beispiel des *Neuen Menoza* von J.M.R. Lenz. Frankfurt/M. 1990, S. 73–80.

[161] Oft erkennt man an den auftretenden Figuren, wo das Geschehen stattfindet. Dabei spielen meist nicht großräumige Entfernungen, sondern kleinräumige Zuordnungen eine Rolle, so des Prinzen Zimmer, das dem Grafen zugeordnete Gartenleben, der Garten Biederlings.

[162] So die Überschrift eines Kapitels bei Helga Stipa Madland: Non-Aristotelian Drama in Eighteenth Century Germany and its Modernity: J.M.R. Lenz. Bern, Frankfurt/M. 1982, S. 239. Madland weiter: »Lenz's primary concern is always the dramatic character. The

sie konturlos. Auch im *Neuen Menoza* sind Orte vor allem als Ermöglichungsraum für eine bestimmte Tätigkeit wichtig, die wiederum für die Charakterisierung einer Figur konstitutiv ist. So eröffnet die Angabe »IN ROSENHEIM. EIN GARTEN« (III, 5, 163) in erster Linie die in den Regiebemerkungen angezeigte Tätigkeit Biederlings, der »*im leinen Kittel, eine Schaufel in der Hand*« seiner Hauptbeschäftigung – Vorarbeiten für die geplante Seidenraupenzucht – nachgeht.[163] Betont wird, dass diese ihm über alles geht und er sich zwar nicht die Hände vom Graben säubert, um Herrn von Zopf zu begrüßen, sehr wohl aber, um die Seidenraupeneier näher zu besehen, die von Zopf ihm mitbringt: Während es bei der Begrüßung ausdrücklich heißt »*fährt fort zu Graben*«, wirft er, als er von den Seidenraupen erfährt, »*die Schaufel weg*« und »*wischt sich die Hand an den Hosen*« (S. 164).[164]

Ähnlich dient die Regiebemerkung »*Er sitzt an einem Tisch voll Büchern, eine Landkarte vor sich*« (S. 133) der Charakterisierung des Prinzen. Sie ist ein Kennzeichen seines anderen Blicks auf die Welt, der im Gegensatz zu seinen Mitmenschen nicht auf die enge Umgebung beschränkt bleibt. Als Zierau »*ihm lächelnd das Manuskript*« (S. 135) überreicht mit Ratschlägen, das goldene Zeitalter wieder einzuführen, heißt es über den Prinzen: »*gibt ihm das Manuskript zurück*« (S. 135). Mit der Geste, die sich in den Regiebemerkungen manifestiert, verwirft er so auch die von Zierau gepriesenen Aufklärer.[165] Ohne dies in Worte zu fassen, setzt er sich allein durch die Geste von den Bildungsideen und dem Kulturpatriotismus Zieraus ab.

Häufig können Szenen und Räume an Figuren rückgebunden werden. So wird die Funktion der Szene, in der Bettler an einem gedeckten Tisch ein Festessen zu sich nehmen und ein Lahmer auf den Prinzen anstößt (III, 10), erst dann offensichtlich, wenn man sie ebenfalls als »erweitertes Kostüm« für den Prinzen versteht.[166] Hinck bereitet die Interpretation des Stücks an dieser Stelle Schwierigkeiten, wie er selbst feststellt: »Hier vermag die betonte Lustigkeit des humpelnden und fallenden Lahmen die makabre Stimmung des Festes nicht recht aufzuhellen [...].«[167] Hinck meint, die Szene nehme eine Sonderstellung ein, da sie nicht in das von ihm

dramatic figure must be seen from a variety of perspectives and his motives must be explored in great detail.«

[163] Zur Verbindung von »Bühnencharakter und gestischer Tätigkeit« vgl. Hans-Günther Schwarz: Dasein und Realität, S. 81. Anders als die Symbolgeste des klassischen Dramas, die sich nur an Handlungshöhepunkten zeige, handele es sich bei Lenz um »häusliche Gesten«, die aber als realistische Begleitgeste symbolisch erhöht würden.

[164] Vgl. Marianne Koneffke: Der »natürliche« Mensch, S. 90.

[165] Klose nennt Lenz mit Bezug auf den *Neuen Menoza* einen »empfindsamen Aufklärer der jungen Generation«, der sich vom »gefühllosen Rationalismus der alten Aufklärung« absetzt. Jürgen Klose: Der Prinz aus Kumba – Auch zum Europabild bei Jakob Michael Reinhold Lenz und Christoph Hein. In: Sandra Kersten/Manfred Frank Schenke (Hg.): Spiegelungen. Entwürfe zu Identität und Alterität. FS Elke Mehnert. Berlin 2005, S. 315–340, hier S. 325.

[166] Günter Niggl: Neue Szenenkunst in Lenzens »Die Soldaten«. In: Études Germaniques 52 (1997), S. 99–111, hier S. 100. Hierin folgt Lenz also nicht Shakespeare (so Eva Maria Inbar), der die Inventare nur selten erwähnt, sondern dem bürgerlichen Drama Frankreichs.

[167] Walter Hinck: Das deutsche Lustspiel, S. 337.

dominant gesetzte komische Schema passe. Anders verstanden, demonstriert sie aber einen weiteren positiven Charakterzug des Prinzen: seine Verbundenheit mit den am Rande der Gesellschaft Lebenden. Wie in den *Soldaten*[168] werden hier Alltagssituationen mit einem tieferen, symbolischen Wert auf die Bühne gebracht. Während der Wirt abschätzig feststellt, dass die »Buckligten, Lahmen, Blinden« auf Rechnung des Prinzen »fressen und saufen«, verweist die Eingangsbemerkung der Szene auf die »*Gedeckte Tafel*«, an der die Bettler nicht etwa »fressen«, sondern »*schmausen*«, so lautet die Regiebemerkung (S. 171). Durch den positiv besetzten Ausdruck wird eine andere Sicht auf diese Personengruppe eröffnet, wobei die Regiebemerkung in der Hierarchie bezeichnenderweise höher anzusiedeln ist als die Figurenrede. Wenn der Magister die Szene, in der die Bettler und Lahmen den Prinzen feiern,[169] durch den Ausruf »Orientalisch! Orientalisch!« abschätzig beurteilt, ist diese Sicht ebenso wenig absolut zu setzen wie die Äußerung des Wirts, denn der Kommentar stammt von einer eindeutig komischen Figur. Nicht nur das Verhalten des Prinzen wird durch die Regiebemerkungen also positiv hervorgehoben, sondern auch die sozial abseits Stehenden erscheinen in einem vorteilhaften Licht.

Die Forschung meint, der Prinz dürfe nicht als »kulturpessimistisches Sprachrohr des Autors« missverstanden werden, da die Leidenschaftlichkeit und Gefühlsunmittelbarkeit des »ohnehin pseudo-exotischen Prinzen« durch die Neigung zu automatisierter Exaltation in komische Brechung gerückt werde und Lenz »an dem rousseauschen Gefühlsmenschen mit seinem Hang zu Melancholie und Selbstmitleid den Mangel an Tatkraft«[170] kritisiere. Die exotische Seite des Prinzen ist aber ernster zu nehmen, als dies gemeinhin getan wird. Lenz selbst notiert in einem Kommentar zur Erstausgabe des *Neuen Menoza*:

> Eine kleine Danksagung will ich hier noch anhängen an den Verleger des Neuen Menoza, daß er ihn wenigstens sauber ausgemustert und stafiert im Federhut und Escarpins nach der neuesten Mode unter die Leute zu bringen gewußt hat. Obschon das Morgenländische, das Romantisch-Abstehende mit unsern Sitten, wie wohl nicht sehr schwer zu errathen seyn dürfte, seine beste Seite seyn soll und die Einbildungskraft des Vignettenschneiders, meiner

---

[168] Vgl. auch die Ess- und Wirtshausszenen in den *Soldaten* zur Unterscheidung der sozialen Gruppierungen und Lebensweisen.

[169] Als der Prinz in die Gesellschaft kommt, die auf sein Wohl trinkt, »*steht [der Lahme] auf*« und »*Hinkt auf der Krücke zu ihm*« (III, 10, 172f.). Der Prinz »*geht ihm entgegen*«, vermutlich weil er die Behinderung des anderen erkennt. »*Beide bleiben in der Mitte der Stube stehen.*« Auf des Prinzen Bemerkung, »Ich wollt, ich könnte dir die Füße wiedergeben«, »*hinkt [der Lahme] aber zum Prinzen, das Glas hoch*«. Die Achtung des einen vor dem anderen veranlasst beide, aufeinander zuzugehen. Die Regiebemerkungen »*werfen die Gläser aus dem Fenster*«, »*Hebt den Stock und fällt überlang*«, »*wirft die Krücke in die Höh' und fällt wieder zu Boden*«, die Hinck als Zeichen betonter Lustigkeit versteht, sind nach diesen Beobachtungen nicht etwa dem schlechten Benehmen bzw. der Ungeschicklichkeit der Figuren zuzuschreiben. Mit dem Gläserwerfen besiegeln sie den Trinkspruch auf den sozial höher stehenden Prinzen. Mit dem Stock will der Lahme Biederling zwingen, auf das Wohl des Prinzen zu trinken, die Krücke wirft er aus Freude darüber in die Höhe, dass der Vater des Prinzen gefunden worden ist.

[170] Dieter Liewerscheidt: Lenz, S. 147.

Meinung nach, der Einbildungskraft des Dichters nicht mit Orden und Stern zu Hülfe zu kommen brauchte. Hätt' er ihn doch lieber in Tartarischer oder Irokesischer Kleidung aufgestellt als in einem Jack der jedermann irre an ihm machen muß.[171]

Aus dem Schreiben geht hervor, dass Lenz die dramatische Figur des Prinzen mit typischen Exotismen des 18. Jahrhunderts versehen möchte.[172] Tandi soll als exotische Figur erscheinen, die kaum Anteil an der europäischen Kultur hat, da diese einer deutlichen Kritik unterzogen wird. Die »höchst romantische« Figur – so Lenz in seiner *Selbstrezension des Neuen Menoza* über den Prinzen – ist also durchaus positiv zu werten.[173] Die Regiebemerkungen machen den Prinzen nicht zu einer komischen Figur – komisch wird das, was der Prinz fühlt und was ihm widerfährt, erst durch und für andere, die ihn ohne echte Anteilnahme imitieren oder beurteilen.

Eingeschränkte Informationsvergabe: Regiebemerkungen in *Die Soldaten*

Ein Blick auf *Die Soldaten*,[174] das Stück, das zwei Jahre nach dem *Hofmeister* und dem *Neuen Menoza* entstanden ist, soll das Spektrum und die Funktionen der Regiebemerkungen komplettieren.[175] Es wird zu zeigen sein, dass die Regiebemerkungen gerade nicht mit einem gesteigerten Interesse an Theater und Aufführung in Verbindung zu bringen sind, sondern in erster Linie mit dem Standpunkt des ›genialen‹

---

[171] Abgedruckt in: Rudolf Zoeppritz (Hg.): Aus F. H. Jacobi's Nachlaß. Ungedruckte Briefe von und an Jacobi und Andere. Nebst ungedruckten Gedichten von Goethe und Lenz. Band 2. Leipzig 1869. S. 319f.

[172] Die Reaktion des Autors auf das Titelkupfer macht außerdem deutlich, dass Vignetten im Hinblick auf Autorintention und Interpretation eines Stückes wenig aussagekräftig sind und häufig eine eigene Interpretation des Verlegers zur Anschauung bringen.

[173] Die Parallelszenen I, 6 und II, 1, in denen die Verliebten ihre Namen in einen Baum ritzen, vermitteln zwar einen Gefühlsüberschwang – »*küßt ihn* [den Baum]«, »*windt Efeu um den Baum*«, »*Fällt auf den Baum her und will ihn abschälen*« (II, 1, 136) –, entsprechen aber der natürlichen Empfindung der beiden. Lenzens Abgrenzung von der Empfindsamkeit geht offensichtlich ohne weiteres mit echten empfindsamen Momenten einher.

[174] Jakob Michael Reinhold Lenz: Die Soldaten. In: Ders.: Werke und Briefe. Hg. von Sigrid Damm. Band 1, S. 191–246. Im Folgenden unter Angabe von Akt, Szene und Seite direkt im Text zitiert.

[175] Dass auch die *Soldaten* zu ganz gegensätzlichen Interpretationen Anlass geben, weist auf Eigenheiten des Textes hin. So besteht keineswegs Einigkeit darüber, welche Figurengruppe ernst zu nehmen ist. Während die einen den Obristen als Sprachrohr ansehen, vgl. Ralf Sudau: Jacob Michael Reinhold Lenz: Der Hofmeister / Die Soldaten. München 2003, S. 98, ist für andere im gesamten Stück keine dominierende Ebene auszumachen. Höllerer diagnostiziert ein »Gegeneinander ihrer Unverstelltheit und ihrer Maskenhaftigkeit«; Walter Höllerer: Lenz: *Die Soldaten*. In: Benno von Wiese (Hg.): Das deutsche Drama vom Barock bis zur Gegenwart. Band 1. 1958. S. 127–146, hier S. 133. Franziska Schößler hingegen stellt hinsichtlich der Pluralität der Ausdrucksformen fest: »Bei dieser Sprachvielfalt nach einer authentischen Sprachsphäre zu suchen, […] ist müßig. […] Die Figuren sind Effekt einer Pluralität von Sprachgesten im übertragenen Sinne, die zugleich ein System an Gesten im buchstäblichen Sinne umfassen.« Franziska Schößler: J.M.R. Lenz: Die Soldaten. In: Dies.: Einführung in das bürgerliche Trauerspiel und das soziale Drama. Darmstadt 2003, S. 96–109, hier S. 97.

Dichters[176] und der Subjektkonstitution im Schreibprozess,[177] die unabhängig von realen Bühnenverhältnissen verläuft.

Im Gegensatz zum *Neuen Menoza* handelt es sich bei den *Soldaten* um eines der am besten erforschten Stücke von Lenz, das mit adligem Verführer und verführtem Bürgermädchen inhaltlich die Reihe der Sturm-und-Drang-Stücke fortsetzt, wenn auch nicht die der typischen Sturm-und-Drang-Figuren. Hier steht kein Kämpfer und Selbsthelfer im Zentrum,[178] obwohl das Stück vom Titel her – ähnlich Schillers *Die Räuber* und Goethes *Götz von Berlichingen* – genau diesen Typus vermuten lässt. Schon das Personenverzeichnis allerdings nennt wie das *drame* Diderots und die prominenten bürgerlichen Trauerspiele zuerst den Familienvater: »WESENER, *ein Galanteriehändler in Lille*«. Noch vor den Soldaten und dem Feldprediger erscheinen Stolzius und seine Mutter: »diese Personenkonstellation kündigt ein Familiendrama an«.[179] Die zentrale männliche Figur in den *Soldaten* ist zwar kein Prinz aus exotischen Gefilden, aber ebenfalls ein ›unmännlicher‹, zumindest untypischer Mann: Stolzius erscheint bei seinem ersten Auftritt »*mit verbundenem Kopf*« (I, 2, 193), so die ihn begleitende Regiebemerkung, während Mariane in der ersten Szene »*mit untergestütztem Kopf*« (I, 1, 192) einen Brief an Stolzius' Mutter schreibt. Beide sind Versehrte, gebrochene Figuren.[180]

Zwar stellt McInnes für die *Soldaten* fest, dass eine Expositionsszene fehle, in der die Ausgangsbedingung für die dramatische Situation und die Figurencharakterisierung beschrieben werde – »In den ›Soldaten‹ ist wenig von dem zu entdecken, was wir eine Exposition nennen können.«[181] – und erläutert in diesem Zusammenhang

---

[176] Zur Frage nach dem »Standpunkt«, von dem Lenz in den *Anmerkungen übers Theater* spricht, vgl. Alan C. Leidner: The Dream of Identity: Lenz and the Problem of Standpunkt. In: German Quarterly 59 (1986), S. 387–400 und Martin Rector: Götterblick und menschlicher Standpunkt. J.M.R. Lenz' Komödie *Der Neue Menoza* als Inszenierung eines Wahrnehmungsproblems. In: Jahrbuch der Deutschen Schillergesellschaft 33 (1989), S. 185–209.

[177] Vgl. Christoph Schmitt-Maass: »Unberühmt will ich sterben.« J.M.R. Lenz' Poetologie der Autorschaft. In: Lenz-Jahrbuch. Literatur-Kultur-Medien 1750–1800. 15 (2008), S. 121–142, hier S. 121.

[178] Zur Sonderstellung von Lenz innerhalb des Kreises der Sturm-und-Drang-Dramatiker vgl. Paul Michael Lützeler: Jakob Michael Reinhold Lenz: Die Soldaten. In: Interpretationen. Dramen des Sturm und Drang. Stuttgart 1995, S. 129–159, hier S. 147f.

[179] Brita Hempel: Der gerade Blick, S. 258.

[180] Zu Handlungsmotivierungen bei Mariane vgl. die an Luhmann orientierte Arbeit von Thorsten Unger: Handeln im Drama, S. 222. Unger stellt fest, dass Mariane, unfähig zu autonomer Handlungssicherheit, im »Zwiespalt zwischen Selbständigkeitstrieb und gesellschaftlichem Zustand« bleibt, in dem sie lebt. Sie übernimmt relativ zufällig die jeweiligen Sinnangebote, die an sie herangetragen werden, »macht sie zu ihren eigenen und lässt sie als solche handlungsbestimmend werden«; vgl. Thorsten Unger: Contingent Spheres of Action. The Category of Action in Lenz's Anthropology and Theory of Drama. In: Alan C. Leidner/Helga S. Madland (Hg.): Space to Act: The Theater of J.M.R. Lenz. Columbia 1993, S. 77–90.

[181] Edward McInnes: J.M.R. Lenz. *Die Soldaten*. Text, Materialien, Kommentar. München 1977, S. 88.

die indirekte Darstellungsweise des Stücks. Auf Regiebemerkungen kommt er aber nicht zu sprechen. Mit Bezug auf Mariane und Stolzius schlussfolgert er:

> Die Enthüllung der Geisteshaltung der dramatischen Personen geschieht unfreiwillig und von den Personen selber unbemerkt, und es ist Aufgabe des Zuschauers, ihre Bedeutung zu erkennen und sie zu bewerten.[182]

McInnes verlegt den Fokus hier auf den Zuschauer, ohne zu erläutern, woher dieser die nötigen Informationen für eine Bewertung erhalten soll. So erwähnt er auch nicht die Regiebemerkungen, die man symbolisch aufeinander beziehen kann: »*mit untergestütztem Kopf*« – »*mit verbundenem Kopf*«, d.h. die Frau: schreibend, allerdings bereitet ihr die Tätigkeit Schwierigkeiten, der Mann fühlend – wenn man den Verband als Zeichen des ausgeschalteten Verstandes interpretiert –, der Passivität ausgeliefert. Gerade da das gesprochene Wort reduziert wird, lohnt der Blick auf unbedeutendste Verrichtungen und Requisiten, denn auch die nebensächlichste Tätigkeit kann als intendierter Akzent im Spielgeschehen wirken.[183] Nur selten sind – anders als in Lessings *Der junge Gelehrte* (vgl. Kap. 2.1) und, mit wieder anderem Impetus, im *Neuen Menoza* – redundante Setzungen zu beobachten.[184]

Beim *Neuen Menoza* ist deutlich geworden, dass Figuren – gattungstypisch – nicht über ausführliche Erzählungen eingeführt werden, sondern sich über Orte und Requisiten konstituieren, zum Teil allein durch Regiebemerkungen. Ähnlich wird die Zitternadel, zentrales Dingsymbol in den *Soldaten*, als Charakterisierung Marianes zunächst in einer Regiebemerkung genannt. Die Szene, in der Wesener im Beisein seiner Tochter dem adligen Offizier Desportes Schmucknadeln zum Kauf anbietet, sieht Volker Demuth als »den Auslöser des Ganzen« an:

> *Wesener kommt wieder mit einer großen Schachtel Zitternadeln. Mariane winkt Desportes lächelnd zu.*
> WESENER: Sehen Sie da sind zu allen Preisen – diese zu hundert Taler, diese zu funfzig, diese zu hundertfunfzig wie es befehlen.
> DESPORTES *besieht eine nach der andern und weist die Schachtel Marianen*: Zu welcher rieten Sie mir? *Mariane lächelt und sobald der Vater beschäftigt ist eine herauszunehmen, winkt sie ihm zu.*
> WESENER: Sehen Sie die spielt gut, auf meine Ehr.
> DESPORTES: Das ist wahr. *Hält sie Marianen an den Kopf.* (I, 3, 196)

Während Wesener Desportes geschäftig eine »Zitternadel« aus seinem Sortiment präsentiert und zum Kauf anbietet, verschiebt Desportes die Produktwerbung gewis-

---

[182] Ebd., S. 91.
[183] Vgl. Peter Küp: Bühnenanweisungen im Drama des Sturm und Drang, S. 151.
[184] Um eine redundante Setzung handelt es sich hingegen bei den Kopfschmerzen des (komischen) Grafen im *Neuen Menoza*: »GRAF: […] o verdammt! (*sich an die Stirn schlagend*) wie tut es mir im Kopf so weh!« (S. 180) Schulz beurteilt die körperliche Verfassung von Stolzius in den *Soldaten* gleichermaßen eindimensional und nimmt der Regiebemerkung »*mit verbundenem Kopf*« ihre symbolische Bedeutung, wenn er feststellt: »Stolzius seinerseits ist so sehr in Mariane verliebt, dass er davon sogar Kopfschmerzen bekommt.« Georg-Michael Schulz: Lenz, S. 102.

sermaßen auf Mariane, wenn er das Schmuckstück »*Marianen an den Kopf*« hält. Die Parallelsetzung Mariane – Zitternadel und damit verbunden ›ihr‹, doppeldeutig zu verstehender, Verkauf[185] an den adligen Offizier deutet sich so subtil in der Gestik an.

Die Art, Regiebemerkungen zur Kennzeichnung von Stimmungswechseln zu verwenden, unterscheidet sich ebenfalls deutlich von bisherigen Setzungen. Während Tränenausbrüche[186] die häufigen Stimmungsumschwünge Marianes auf praktikable und gewohnte Art kennzeichnen – sie entsprechen vor allem seit der Empfindsamkeit dem konventionellen Repertoire an Gesten –,[187] geht Lenz mit der veränderten Bezeichnung eines Requisits zur Markierung emotionaler Umschwünge ungewohnte Wege: Zunächst ist neutral vom »*Lehnstuhl*« die Rede – »MARIANE *weinend auf einem Lehnstuhl*« (III, 3, 212). Nachdem Mariane mit Desportes im Nebenzimmer war und dieser sie anschließend verlassen hat, wird das Requisit innerhalb der Regiebemerkung treffend und bedeutungsgeladen zum »*Sorgstuhl*«[188] – »MARIANE *wirft sich in den Sorgstuhl und nachdem sie eine Weile in tiefen Gedanken gesessen, ruft sie ängstlich*: Lotte! – – Lotte!« (III, 3, 219) –, später wieder zum »*Lehnstuhl*« (III, 3, 220).[189]

Während hier durch ein einziges Wort – »*Sorgstuhl*« – auf minimalem Raum ein Stimmungswandel angezeigt wird, weist die Forschung meist, wenn es um den Stellenwert der Regiebemerkungen im Sturm und Drang generell und bei Lenz im Besonderen geht, auf die Verführungsszenen hin, da diese schon allein durch die Menge an Regiebemerkungen hervorstechen. Die Regiebemerkungen in der entscheidenden Szene – die sich hier bezeichnenderweise verdeckt in Form einer akustischen Mauerschau abspielt – zeigen zwar, dass Mariane die Initiatorin ist; wie das Geschehen aber weitergeht, bleibt unklar und gibt in der Forschung Raum für Spekulationen.[190]

---

[185] »Das eigentliche Objekt«, so Demuth treffend zu diesem Vorgang, »ist keineswegs die Zitternadel, sondern natürlich Mariane«. Volker Demuth: Realität als Geschichte. Biographie, Historie und Dichtung bei J.M.R. Lenz. Würzburg 1994, S. 256. Demuth spricht von der »Doppelbödigkeit« des Schmuckverkaufs. Ähnlich stellt Schößler fest, dass das Spiel durch das »Leitsymbol der Szene« gedoppelt wird; Franziska Schößler: Lenz: *Die Soldaten*, S. 101.
[186] Nach Stefan Pautler: Jakob Michael Reinhold Lenz. Pietistische Weltdeutung und bürgerliche Sozialreform im Sturm und Drang. Gütersloh 1999, S. 223, manifestieren die Tränenausbrüche (vgl. I, 1; I, 3; I, 5; III, 3; III, 10) den Bruch zwischen Marianes Selbstständigkeitsvermögen und den defizitären Lebensangeboten.
[187] Vgl. Kapitel 3.2 der vorliegenden Arbeit zu Lessings *Miß Sara Sampson*.
[188] Bei Adelung ist ›Sorgstuhl‹ bzw. ›Sorgestuhl‹ als eigenes Stichwort verzeichnet; vgl. Johann Christoph Adelung: Grammatisch-kritisches Wörterbuch. Band 4, Spalte 529, der Sorgestuhl, »Nahme eines Arm- oder Lehnstuhls, weil er bequem ist, seinen Sorgen darin nachzuhängen.«
[189] Schulz weist – soweit ich sehe – als einziger auf diesen Wechsel der Requisitenbezeichnung hin. Georg-Michael Schulz: »Läuffer läuft fort«, S. 192.
[190] Im Zusammenhang mit der Verführung als einem Grundmotiv des bürgerlichen Trauerspiels meint Hallensleben, dass sich eine »erotische Dynamik« entwickle, »die von beiden Seiten lustvoll vorangetrieben wird. Marie ist von Anfang an aktivst beteiligt.« Silvia Hallensleben: »Dies Geschöpf taugt nur zur Hure …«. Anmerkungen zum Frauenbild in Lenz'

MARIANE *einen tiefen Knicks*: Jetzt können Sie Ihre Liebesdeklaration machen.
Läuft ab, die Kammertür hinter sich zuschlagend. Jungfer Zipfersaat ganz verlegen tritt ans Fenster. Desportes der sie verächtlich angesehen, paßt auf Marianen, die von Zeit zu Zeit die Kammertür ein wenig eröffnet. Endlich steckt sie den Kopf heraus; *höhnisch*: Na seid ihr bald fertig?
Desportes sucht sich zwischen die Tür einzuklemmen, Mariane sticht ihn mit einer großen Stecknadel fort; er schreit und läuft plötzlich heraus, um durch eine andere Tür in jenes Zimmer zu kommen. Jungfer Zipfersaat geht ganz verdrüßlich fort, derweil das Geschrei und Gejauchz im Nebenzimmer fortwährt.
WESENERS ALTE MUTTER **kriecht** *durch die Stube, die Brille auf der Nase, setzt sich in eine Ecke des Fensters und strickt und singt,* **oder krächzt** *vielmehr mit ihrer alten rauhen Stimme*:
Ein Mädele jung ein Würfel ist
Wohl auf den Tisch gelegen:
Das kleine Rösel aus Hennegau
Wird bald zu Gottes Tisch gehen.
Zählt die Maschen ab. [...]
Indessen *dauert das Geschöcker im Nebenzimmer fort. Die alte Frau geht hinein,* **sie zu berufen.** (II, 3, 214; Hervorhebungen A.D.)

Zwar stimmt es, dass »die Bühnenanweisung gegenüber dem Dialog einen immer breiteren Raum einnimmt« und sich »die eigentliche Handlung gestisch ab[spielt]«,[191] dass Eva Maria Inbar hier allein Bezüge zur gestischen Komik der Commedia dell'arte herstellt, ist allerdings einseitig. Denn so verleiht sie der Tatsache, dass die Gestik in der Verführungssituation dem Blick des Zuschauers im Unterschied zur Commedia dell'arte entzogen wird, zu wenig Gewicht.[192] Die sichtbare Gestik bleibt zwar im Bereich traditioneller Situationskomik, das Geschehen im Nebenzimmer wird aber durch den Auftritt von Marianes Großmutter konterkariert.

Fehlende Informationen erhält man an diesem Höhepunkt des Stücks nämlich durch eine Figur, die im Personenverzeichnis hinter dem Zusatz »*Und andere*« versteckt ist, da sie nicht selbstständig aufgeführt wird, ebenso wenig wie der Jude Aaron: Beide haben kein eigenes Gewicht und keine eigene Stimme. »WESENERS ALTE MUTTER« wird dabei nicht mit eigenem Namen oder in ihrem Bezug zur Enkeltochter –

»Soldaten«. In: Inge Stephan/Hans-Gerd Winter (Hg.): »Unaufhörlich Lenz gelesen …«. Studien zu Leben und Werk von J.M.R. Lenz. Stuttgart, Weimar 1994, S. 225–242, hier S. 231. Wie weit diese erotische Dynamik im Nebenzimmer geht, ist aber nicht mit Sicherheit zu sagen. Vgl. Stefan Pautler: Lenz, S. 220f.
[191] Eva Maria Inbar: Shakespeare in Deutschland, S. 210.
[192] Jacobsohn sieht diese Szene in der Aufführung durch Max Reinhardt als »schlimm vergrößert« an. Siegfried Jacobsohn: Rezension zu den *Soldaten*. In: Die Schaubühne, 17.10.1916. In: Ders.: Gesammelte Schriften 1900–1926. Band 3: Theater – und Revolution? Schriften 1915–1926. Hg. von Gunther Nickel/Alexander Weigel. Göttingen 2005, S. 94–98, hier S. 97: »Am Schluß des zweiten Aktes tollt Marie mit ihrem Galan zwischen dem Wohnzimmer und ihrer Kammer hin und her. Lenz schreibt vor: ›Das Geschrei und Gejauchz währt in der Kammer fort.‹« Dass Marie/Mariane aber einen »jähen Schmerzensschrei« von sich gibt, wie dies in der Aufführung durch Max Reinhardt der Fall war (Jacobsohn, ebd.), ist eine Interpretation, die über das »Geschrei und Gejauchz« der Regiebemerkung weit hinausgeht. Es suggeriert eher lustvolles, zumindest gemeinsames Schreien, von einem einzelnen Schrei ist nicht die Rede.

etwa als »GROSSMUTTER« – eingeführt, sondern im Verhältnis zu ihrem Sohn, dem Familienoberhaupt, der in dieser Szene gar nicht anwesend ist. Sie teilt mit dem Lied[193] scheinbar absichtslos Vorgefertigtes mit und »*beruft*« die beiden am Schluss. Was sie ausspricht, bleibt ungesagt, nur der Akt, nicht die Rede wird mitgeteilt.

Bisherige Interpretationen deuten Lied und Gestik der Großmutter als bewusste Zukunftsvision und setzen sie mit einer »Schicksalsnorne«[194] gleich. Dabei wird übersehen, dass die Vorahnungen der Großmutter in fast übersteigerter Form mit körperlichen, altersbedingten Defiziten zusammengebracht werden: Sie »*kriecht durch die Stube*«,[195] benötigt eine Brille, das Singen wird in Form einer Correctio zum *Krächzen*. Der Bezug auf die Norne, die bewusst das Schicksal bestimmt, erscheint insofern fragwürdig. »Die alte Frau« steht nicht »ahndevoll davor«,[196] sondern erscheint selbst als gebrochene Figur, die nur noch halb bei Sinnen ist. Von der Überlegenheit einer Norne kann nicht die Rede sein. Die Art der Informationsvermittlung erhält auf diese Weise einen anderen Stellenwert: Hier werden nicht Seherkräfte reaktiviert, die den Leser/Zuschauer zuverlässig in Kenntnis setzen. Vielmehr wird die Informationsvergabe an ein Figurenbewusstsein gebunden, das wenig verlässlich ist und kaum den Fähigkeiten der germanischen Göttinnen gerecht wird. Verglichen mit dem Chor im antiken Drama, der zukunftsgewisse oder auch dunkle Vorausdeutungen gibt,[197] wird der ganz andere Stellenwert dieser chorähnlichen Passage bei Lenz offensichtlich: Diese ist eng an eine Figur gebunden, die keine Vorausdeutungen von einem übergeordneten Standpunkt aus formulieren kann. Mythologische Chorfunktionen werden eher verworfen, wenn sie durch die Verbindung mit Alltagstätigkeiten wie Singen, Stricken und Maschenabzählen verbunden werden. Die Regiebemerkungen sind in ihrem Aussagewert und ihrer Tragweite deutlich eingeschränkt.

So wie die eben beschriebenen Vorausdeutungen keinen eindeutigen Stellenwert mehr haben, wird auch in folgender Szene zukünftiges Geschehen nur evoziert. In

---

[193] Das von Weseners Mutter gesungene Lied über ein Mädchen, das noch nicht an den Tisch Gottes gegangen, also noch nicht konfirmiert ist, kann zu Marianes Schicksal ins Verhältnis gesetzt werden.

[194] Das Maschenabzählen wird in vielen Forschungsarbeiten erwähnt. Schwarz stellt fest, dass die häusliche Tätigkeit der Großmutter ins Mythische gesteigert werde: »Als Art Schicksalsnorne weist sie mit ihrem Lied auf das mit dem jetzigen Glückszustand kontrastierende zukünftige Schicksal Maries voraus.« Hans-Günther Schwarz: Dasein und Realität, S. 81f. Ähnlich Eva Maria Inbar: Shakespeare in Deutschland, S. 209, und Britta Titel: »Nachahmung der Natur« als Prinzip dramatischer Gestaltung bei Jakob Michael Reinhold Lenz. Frankfurt/M. 1963, S. 151: »Die alte Frau hat etwas von einer Norne, die unberührt den Faden eines leidvollen Geschickes spinnt.«

[195] Dasselbe Wort, »kriechen«, verwendet Mariane, um ihre eigene Lage vor dem Wiedersehen mit dem Vater zu beschreiben: »Ich will kriechen, so weit ich komme, und fall ich um, desto besser« (V, 2, 241).

[196] So inszeniert Max Reinhardt die Szene; vgl. Siegfried Jacobsohn: Max Reinhardt, S. 130.

[197] Zur Unterscheidung zwischen zukunftsgewissen und zukunftsungewissen Vorausdeutungen in der Erzähltextforschung vgl. Eberhard Lämmert: Bauformen des Erzählens. Stuttgart ^{8}1993, S. 143–192 und Matias Martinez/Michael Scheffel: Einführung in die Erzähltheorie, S. 36–38.

Andeutungen erfährt man von Stolzius' Vergiftungsabsichten; ebenso werden die ersten Auswirkungen des Giftes bei Desportes wie auch bei Stolzius, der selbst Gift eingenommen hat und wie Desportes daran sterben wird, nur indirekt beschrieben. Wer diese missversteht, wie die Mutter sie missversteht, die ihrem Sohn den Puls misst und meint, er sei fieberkrank und phantasiere,[198] kann auch den Zusammenhang zwischen Unwohlsein und tödlichem Gift nicht richtig deuten. Dass die Forschung sich mit einer schlüssigen Interpretation dieser Szenen immer noch schwer tut, hängt damit zusammen, dass Lenz kaum Angebote für ein eindeutiges Verständnis seiner Texte bereithält. Da die Figurenrede keine klare Auskunft gibt, zählen Regiebemerkungen umso mehr. Hier aber ermöglichen auch die Regiebemerkungen keine klaren Zuordnungen; eine übergeordnete, erklärende Ebene ist nicht erkennbar. Stolzius wird jetzt, da nicht mehr Liebe, sondern Rache ihn blind leitet, als »*kalt*« und »*kaltblütig*« beschrieben. Gleichzeitig erscheint er nicht mehr mit dem symbolisch zu verstehenden verbundenen Kopf, also nicht mehr vom Gefühl geleitet und passiv leidend. Stattdessen trägt er jetzt einen Hut und plant sein Verhalten genau. Das Kostüm – verbundener Kopf bzw. Hut – ist dabei nicht Träger feststehender, allseits bekannter Bedeutungen, sondern verlangt nach einer Interpretation, die sich erst aus dem Kontext erschließt. Die Regiebemerkungen geben keine eindeutige Orientierung, sondern eröffnen Interpretationsspielräume, die vom Leser genutzt bzw. gefüllt werden können, Schauspieler und Regisseur aber vor Probleme stellen, da sie kaum eindeutige Handlungsanweisungen enthalten.

Lesedrama oder intendierte Aufführung?

Insgesamt dienen die Regiebemerkungen weder dazu, allein den Dialog der Figuren untereinander zu regeln, noch richten sie sich an Schauspieler im Sinne einer angestrebten Theateraufführung. Die Frage der Umsetzung der Regiebemerkungen in einer Theateraufführung ist häufig gar nicht impliziert. In folgender Szene wird offensichtlich, dass vor allem bei dem verschlossenen Stolzius, dem die Forschung zu Recht Kommunikationsdefizite bescheinigt,[199] die Regiebemerkungen eine besondere Qualität erhalten. Er ist zunächst nur in den Regiebemerkungen, nicht durch seine Stimme präsent:

---

[198] »STOLZIUS: Ich will dem Teufel der sie verkehrt hat – *Fällt kraftlos auf die Bank, beide Hände in die Höhe.* Oh du sollst mir's bezahlen, du sollst mir's bezahlen. *Kalt.* Ein Tag ist wie der andere, was nicht heut kommt, kommt morgen, und was langsam kommt, kommt gut. Wie heißt's in dem Liede Mutter, wenn ein Vögelein von einem Berge alle Jahre ein Körnlein wegtrüge, endlich würde es ihm doch gelingen.
MUTTER: Ich glaube du phantasierst schon (*greift ihm an den Puls*), leg dich zu Bett Karl […]« (S. 217).
[199] Vgl. Thomas Wirtz: »Halt's Maul«. Anmerkungen zur Sprachlosigkeit bei J.M.R. Lenz. In: Der Deutschunterricht 41 (1989), Heft 6, S. 88–107. Vgl. Brita Hempel: Der gerade Blick, S. 106.

DESPORTES: Wie ich dir sage, es ist eine Hure vom Anfang an gewesen und sie ist mir nur darum gut gewesen, weil ich ihr Präsenten machte. [...] *Stolzius wechselt einmal ums andere die Servietten um, um Gelegenheit zu haben, länger im Zimmer zu bleiben.* [...] (*lacht höhnisch*) [...]
DESPORTES: [...] *Stolzius geht heraus.*
MARY *ruft ihm nach*: [...] *Stolzius kommt herein, trägt vor Desportes auf und stellt sich totenbleich hinter seinen Stuhl.* [...] *Desportes schlingt die Suppe begierig in sich.*
DESPORTES *im Essen*: [...] *schiebt die Schale weg.*
STOLZIUS *hinter dem Stuhl, mit verzerrtem Gesicht*: Würklich? *Beide sehen ihn an voll Verwunderung.*
DESPORTES *hält sich die Brust*: [...]
MARY *steif den Blick auf Stolzius geheftet ohne ein Wort zu sagen.*
DESPORTES *wirft sich in einen Lehnstuhl*: – Aye! – *Mit Kontorsionen.* Mary! –
STOLZIUS *springt hinzu, faßt ihn an die Ohren und heftet sein Gesicht auf das seinige. Mit fürchterlicher Stimme*: Mariane! – Mariane! – Mariane!
MARY *zieht den Degen und will ihn durchbohren.*
STOLZIUS *kehrt sich kaltblütig um und faßt ihm in den Degen*: Geben Sie sich keine Mühe, es ist schon geschehen. Ich sterbe vergnügt da ich den mitnehmen kann.
(V, 3, 242f.; Hervorhebungen A.D.)

Dass hier vor allem Stolzius von Regiebemerkungen begleitet wird, die innere Regungen und Gedanken zum Ausdruck bringen, hängt auch mit seiner fehlenden Bereitschaft zusammen, sich verbal auszudrücken. Gleichzeitig wird so eine der Sympathiefiguren des Stückes mit signifikanten Regiebemerkungen versehen. Solche ›Innensichten‹, die in gewisser Weise die weitgehend fehlenden Monologe[200] ersetzen, rücken ihn in eine besondere Nähe zum Leser. Ebenso kann nur der Leser das »*totenbleich*« den beginnenden Vergiftungserscheinungen zuordnen und erhält so einen verdeckten Hinweis auf das kommende Geschehen. Schulz bezeichnet diese Regiebemerkungen als »novellistische Anweisungen (wie man das zu nennen pflegt)«.[201] Unter ›novellistisch‹ versteht er, dass die Regiebemerkungen beim Lesen und nur beim Lesen vermittelbar sind, während eine bühnentechnische Umsetzung nicht möglich, aber auch nicht intendiert sei, da etwa Beweggründe der dramatis personae benannt werden, so bei Stolzius die hinzugefügte Erklärung für sein umständliches Serviettenauflegen, um »*länger im Zimmer zu bleiben*«.

Festzuhalten ist, dass diese Regiebemerkungen nur Stolzius in einer Art Innensicht begleiten, nicht die Soldaten oder adlige Figuren wie den Grafen Spannheim. Auf den ersten Blick spricht das für das Drama als Lesetext. In den Regiebemerkungen wird hier eine Scharfeinstellung einzelner Körperteile und Gesten erreicht, die so aus dem Gesamtgeschehen herausgehoben werden. Während des ablaufenden Bühnengeschehens wird der Fokus in Art eines Teleobjektivs auf separate Teile gerichtet.

---

[200] Monologe werden – bruchstückartig – nur Mariane und Stolzius zugestanden. Zwar handelt es sich nicht um rhetorisch ausgefeilte umfangreiche Entscheidungsmonologe wie bei Schillers Fiesco oder Franz Moor, allerdings trifft Hallenslebens Beobachtung, die für Mariane gar keine monologischen Äußerungen vermerkt, nicht zu. Silvia Hallensleben: »Dies Geschöpf taugt nur zur Hure ...«, S. 233. So spricht Mariane am Ende des ersten Aktes, nachdem ihr Vater den Raum verlassen hat, zu sich selbst.
[201] Georg-Michael Schulz: »Läuffer läuft fort«, S. 199.

Auf der Bühne erscheint dies zumindest zeitgenössisch nur schwer realisierbar, so die Umsetzung der Stolzius zugeordneten Regiebemerkung »STOLZIUS *springt hinzu, faßt ihn* [Mary] *an die Ohren und heftet sein Gesicht auf das seinige*«. Bertram stellt hierzu fest:

> Die Überlappung der Figuren zeigt sich noch deutlicher, wenn es heißt: ›und heftet sein Gesicht auf das seinige‹. In diesem Regietext ist keine diskriminierbare Figur mehr zu erkennen. Die Gesichter, die hier bezeichnet werden, trennen sich nicht.[202]

Das ist aber nur der Fall, wenn man die Regiebemerkung liest, denn die übertragene Bedeutung des »Heftens«,[203] die hier die eigentliche Bedeutung wieder fühlbar macht, ist bühnentechnisch kaum umsetzbar. Eine prägnante theatertechnische Formulierung, die die Ausführung der Bewegung implizieren würde, fehlt. Eine besondere Form der Fokussierung findet sich an folgender Stelle in den Sprecherbezeichnungen, die von der Scharfeinstellung der Stimmen zur Bezeichnung der gesamten Figur übergehen und so – filmisch gesprochen – wie eine Ranfahrt wirken, bei der sich die Kamera langsam den beiden dramatis personae nähert. Dabei wird zunächst die Perspektive der Gräfin eingenommen, die bezeichnenderweise, so die Regiebemerkung, ihr Ohr an die »*grüne Wand des Gartens*« lehnt. Diese Umschreibung gibt die Lauschersituation der Gräfin treffender wieder als »*Hecke*«: Aus ihrer Sicht handelt es sich bei der Hecke um eine Wand, da sie ihr in diesem Moment den Blick verwehrt, akustische Signale jedoch durchlässt:[204]

> IN LILLE
> *Ein Gärtchen an der Gräfin La Roche Hause.*
> *Die* GRÄFIN *in einer Allee.*
> GRÄFIN: […] *Lehnt ihr Ohr an die grüne Wand des Gartens.*
> *Hinter der Szene*:
> MARYS STIMME: […]
> MARIANENS STIMME: […]
> MARY: […]
> MARIANE: […] (IV, 3, 234)

Dass die Regiebemerkungen in all diesen Fällen nicht mit Blick auf eine Bühnenrealisierung gesetzt werden, muss der gängigen Forschungsmeinung entgegengestellt werden, die trotz einer solch ungewöhnlichen Verwendung der Regiebemerkun-

---

[202] Georg W. Bertram: Philosophie des Sturm und Drang, S. 87.
[203] »Heften« ist bei Adelung schon in übertragener Bedeutung verzeichnet. Johann Christoph Adelung: Grammatisch-kritisches Wörterbuch. Band 2, Sp. 1054: »Figürlich. Seine Augen auf etwas heften, seine Gedanken, seine Aufmerksamkeit auf einen Gegenstand richten.« Die Anwendung auf das Gesicht geht über die dort verzeichnete Bedeutungsvariante allerdings hinaus.
[204] Luserke stellt fest, dass der klassische Ort für Liebesgespräche, der locus amoenus, hier »zum Ort eines moralischen und gesellschaftlichen Herrschaftsrituals« wird: »Die Adlige belauscht das Gespräch.« Matthias Luserke: Lenz-Studien. Literaturgeschichte – Werke – Themen. St. Ingbert 2001, S. 137; vgl. zu der Szene Georg W. Bertram: Philosophie des Sturm und Drang, S. 81f.

gen die »Bühnennähe« der lenzschen Stücke immer wieder betont.[205] So meint Koneffke, dass *Der neue Menoza*, obwohl »selten aufgeführt«, doch »keinesfalls ein Lesedrama« sei:

> Seine sprachlichen und spielerischen Qualitäten können sich nur in der Umsetzung voll entfalten, im ›realen‹ Bühnengeschehen.[206]

Inbar betont bei Lenz generell den Bereich des Unsagbaren, der ebenfalls für die Aufführung spreche. Ein Drama, das sich »so weitgehend im Ungesagten« abspiele und aus Ton, Gestik und Mimik lebe, könne »auf dem Papier nur unvollkommen wirken: Es braucht die Aufführung«.[207] Schwarz meint mit Bezug auf die *Soldaten*, dass die »Mannigfaltigkeit der Charaktere und Psychologien« im »visuellen Subtext dieser gestisch-orientierten Bühnenanweisungen besonders zum Tragen«[208] komme. Er bezieht sich bei der Begründung von Lenz' Theaternähe also direkt auf die Regiebemerkungen. Das erscheint zunächst plausibel, denn was sollen diese bezwecken, noch dazu in der Fülle, in der sie erscheinen, wenn nicht eine Aufführung des Dramentextes?

Das Besondere an den Texten von Lenz ist, dass sie, obwohl sie mit einer Vielzahl von Regiebemerkungen zweifellos auf die Theatersituation zu zielen scheinen, dies gerade auch innerhalb der Regiebemerkungen ad absurdum führen, da diese keineswegs immer »visuell umsetzbar« sind. Warum aber verwendet Lenz dann häufig Regiebemerkungen, die in einer Aufführung schlechterdings nicht zu übermitteln sind? Hat er den Leser im Blick? Nach Schulz sind die auffälligen Regiebemerkungen bei Lenz ironisch zu verstehen, insofern macht er – anders als Koneffke, Schwarz und Inbar – den Bezug zum Leser, nicht den zur Aufführung stark. Es handele sich um »Anweisungen im Stil des Grotesken [...], über die kein Lenz-Leser hinweg lesen kann«.[209] Neben den Regiebemerkungen »*Der Schauplatz ist hie und da*« und »*Es herrscht eine minutenlange Stille*«, die häufig als »ironisch« und »grotesk« eingestuft werden, findet sich auch ganz am Schluss der *Soldaten* eine Regiebemerkung, die den Interpreten Schwierigkeiten bereitet. Zunächst wird hier wie bei Diderot (vgl. Kap. 3.3) und Gerstenberg (vgl. Kap. 4.1) erst in der Anagnorisis auch für den Leser die unbekannte Figur identifiziert, wenn die Sprecherbezeichnung von »WEIBSPERSON« zu »MARIANE« wechselt, nachdem der Vater sie erkannt hat: »WESENER *schreit laut*: Ach meine Tochter« (V, 4, 245). Hier gibt die jeweilige Sprecherbezeichnung die ein-

---

[205] So auch Wolfgang Ranke: J.M.R. Lenz. Die Soldaten. Erläuterungen und Dokumente. Stuttgart 2004, S. 88: »Erst spät erreicht Lenz' Drama das Ziel seiner Bestimmung: die deutsche Bühne. Lenz hat mit seinen *Soldaten* keineswegs ein bloßes Lesedrama verfassen wollen [...].«

[206] Marianne Koneffke: Der »natürliche« Mensch, S. 178f. Klose stellt fest, dass *Der neue Menoza* »189 Jahre bis zu seiner ersten Bühnenpräsentation« brauchte, also bis 1963, »abgesehen von einer romantisch-ulkigen Liebhaberaufführung im Jahre 1809«. Jürgen Klose: Der Prinz aus Kumba, S. 315.

[207] Eva Maria Inbar: Shakespeare in Deutschland, S. 240.

[208] Hans-Günther Schwarz: Dasein und Realität, S. 79.

[209] Georg-Michael Schulz: »Läuffer läuft fort«, S. 199.

geschränkte Figurenperspektive des Vaters wieder. Vor der Reflexionsszene, die die Zustände der Ehelosigkeit unter den Soldaten profiliert und problematisiert, heißt es in der Wiedererkennungsszene von Vater und Tochter:

> *Beide wälzen sich halb tot auf der Erde. Eine Menge Leute versammlen sich um sie und tragen sie fort.* (V, 4, 245)

Pautler stellt fest, dass diese Wiedererkennungsszene sich »gänzlich der konventionellen Dramenpraxis« entziehe.[210] Für Inbar ist die Regiebemerkung insofern neu, als hier eine typisch »komische Geste« in der Tragödie verwendet werde:

> Nur in der Komödie hatte man sich bis dahin am Boden gewälzt. [...] Es bleibt aber zu erkennen, daß solche Gesten der Komödie entstammen, und aus dieser Mischung zwischen Holzhammerkomik und Tragik entsteht der eigentümliche gestische Stil [...].[211]

Wie in der Forschung generell findet hier eine Verkürzung statt. So geht es Inbar allein um die Geste, nicht darum, mit welchen Worten diese Geste umschrieben wird.[212] Wichtig ist aber nicht nur, dass sich die beiden »*wälzen*«, diesen Aspekt betont die Forschung, indem sie Bezüge zur Komödie herausstellt,[213] sondern dass sie sich »*halb tot*« wälzen.[214] Wenn sich die Interpreten an den Regiebemerkungen bei Lenz stoßen, dann häufig, weil eine Bühnenrealisierung ausgeschlossen scheint

---

[210] Stefan Pautler: Lenz, S. 225. Osborne hingegen betont, dass es sich um einen konventionellen *coup de théâtre* handelt mit den sich anschließenden pathetischen Gesten und dem stummen Tableau am Schluss: »[...] the scene is played with the same pathetic gestures until the whole dissolves into a silent tableau.« John Osborne: Motion Pictures: The Tableau in Lenz's Drama and Dramatic Theory. In: Alan C. Leidner/Helga S. Madland (Hg.): Space to Act, S. 91–105, hier S. 98.

[211] Eva Maria Inbar: Shakespeare in Deutschland, S. 210.

[212] Von Matt nimmt die Regiebemerkung wörtlicher als Inbar, die sie an die Commedia dell'arte rückbindet, und die meisten anderen Interpreten, die sich an der Wortwahl stoßen und sie ironisch verstehen; vgl. Peter von Matt: Verkommene Söhne, mißratene Töchter. Familiendesaster in der Literatur. München 1997, S. 122: »[...] das ist nicht minder erotisch eingefärbt und meint zugleich wahrhaftige Weltversöhnung, wie wenn am Ende von Lenzens *Soldaten* der Vater die Tochter als Straßendirne wiederfindet, und die beiden sich, im Moment der gegenseitigen Entdeckung, tumultuarisch umklammern. [...] Versöhnung ist möglich, die blutige Tat ist möglich, und möglich ist die Einsamkeit des Wahns, die Selbstbeseitigung aus aller Gemeinschaft. [...] Wichtig ist, daß für die Erfahrung eines Werks, welches in einem dieser Zielfelder endet, die andern beiden als mitbedachte, mitgefühlte Möglichkeiten [...] immerzu gegenwärtig sind, bis zum letzten Satz, bis zur abschließenden Bühnenanweisung.«

[213] Bezüge zur Comédie Française betont Elisabeth Genton: Jacob Michael Reinhold Lenz et la scène Allemande. Paris 1966, den Erwartungshorizont des an sächsische Typenkomödie und weinerliches Lustspiel gewöhnten Publikums Karl Eibl: ›Realismus‹ als Widerlegung von Literatur. Dargestellt am Beispiel von Lenz' ›Hofmeister‹. In: Poetica 6 (1974), S. 456–467.

[214] Zur beiderseitig artikulierten Anagnorisis von Vater und Tochter vgl. Thomas Wirtz: »Halt's Maul«, S. 92. Brummack weist auf die Raumpoetik hin, in der Vater und Tochter sich im ›Offenen‹ wiederbegegnen. Jürgen Brummack: »... daß Handeln die Seele der Welt sei«. Über das Verhältnis des Ethischen und des Ästhetischen in Lenz' Soldaten. In: Cornelia Blasberg/Franz-Josef Deiters (Hg.): Geschichtserfahrung im Spiegel der Literatur. FS Jürgen Schröder. Tübingen 2000, S. 44–64, hier S. 56.

und sie die Regiebemerkungen deshalb ironisch verstehen.[215] Der Aspekt der Bühnenrealisierung, den man bei einem Dramentext immer mitdenkt,[216] ist aber für Lenz zunächst gar nicht von Belang, denn diese ist – so Lenz in seinen oben zitierten Ausführungen über den »Dekorationenmaler« – nicht Sache der Schriftsteller, sondern der Bühnenspezialisten. Da dies auch auf das ›halbtote Wälzen‹ zutrifft, ist weniger wichtig, wie die Geste zu realisieren wäre, wollte sie alle in der sprachlichen Formulierung enthaltenen Nuancen umsetzen. Aufschlussreich ist auch hier, wie schon bei der »*minutenlangen Stille*«, dass Lenz das Wort »*halb tot*« ebenfalls in einer weiteren Regiebemerkung verwendet. Im unterdrückten Schluss des *Neuen Menoza* steht in einer der letzten Regiebemerkungen »*halb tot*«.[217] Die Imagination, das Sich-Einlassen auf den halben Tod, ist dort sicherlich ernst gemeint, da sich kurz darauf die Regiebemerkung »*stirbt*« anschließt, d.h. dem halben Tod[218] der ganze Tod folgt.[219] In den *Soldaten* ist die entsprechende Regiebemerkung in ihrer Semantik insofern nicht eindeutig.

Festzuhalten ist, dass zu den weiterhin gestisch-optisch orientierten Regiebemerkungen – so die zahlreichen durchaus bühnenwirksamen ›Umfaller‹ im *Neuen Menoza* – vor allem in den *Soldaten* sprachlich-symbolische Regiebemerkungen hinzukommen, die nur gelesen ihre besondere Wirkung entfalten können, so das ›halbtote‹ Wälzen von Mariane und Wesener am Schluss der *Soldaten* oder der Wechsel vom Lehn- zum Sorgstuhl wie auch die Form der correctio »*singt, oder krächzt vielmehr*«

---

[215] Da Regiebemerkungen und genaue Angaben zur Realisierung des Stücks weitgehend fehlen, schrecken Interpreten auch nicht davor zurück, gewissermaßen eigene Regiebemerkungen hinzuzudenken, so Manfred Brauneck: Die Welt als Bühne. Geschichte des europäischen Theaters. Band 2. Stuttgart 1996, S. 808: »Als dieses [Mädchen] am Ende des Stücks als Bettlerin auf der Straße von ihrem Vater erkannt wird, fallen sich die beiden mit einem Schrei des Entsetzens in die Arme und ›*wälzen sich halb tot auf der Erde*‹.« Von dem »Schrei des Entsetzens« ist bei Lenz nicht die Rede.

[216] Wenn Schulz feststellt, dass die Regiebemerkungen den »reinen Anweisungscharakter transzendieren«, dann impliziert das die ironische Ebene, da eine andere Funktion als eine auf die Bühnenrealisierung gerichtete für ihn nicht denkbar ist; vgl. Georg-Michael Schulz: »Läuffer läuft fort«, S. 199.

[217] ›Halbtot‹ wird in einigen Ausgaben zusammen, in anderen getrennt geschrieben.

[218] Vgl. Johann Christoph Adelung: Grammatisch-kritisches Wörterbuch. Band 2, Spalte 907: »halb: Figürlich. 1. Von der Qualität, den Graden der Beschaffenheit [...] im Gegensatze des ganz, wo aber auf die Gleichheit der Grade nicht so genau gesehen wird [...] ›Er war schon halb todt.‹« und Sp. 995; »todt 1. im Gegensatze des lebendig. Todt seyn, halb todt seyn, noch nicht ganz todt sein, völlig todt sein.«

[219] »GRAF *halb tot und unvernehmlich, indem ihm das Schnupftuch aus dem Munde auf die Wunde fällt*: Noch ist es Zeit – Gnade – noch kannst du sie verbinden – Gnade! D.D.: Keine Gnade! stirb! dein Maß ist voll. *Geht ab.* GRAF *röchelt*: Weh mir! Wilhelmine! Wilhelmine! *Stirbt.*« (J.M.R. Lenz: Werke und Briefe. Band 1, S. 724). Hier bleibt kein Spielraum für eine komische Interpretation der Szene: Donna Diana sieht den Grafen zunächst »*unruhig und verwildert*« an, sie »*faßt ihn an die Gurgel*«, »*reißt ihm den Verband von der Wunde*« und »*kratzt mit den Nägeln an seiner Wunde*«. Ähnlich folgt auf eine halbe Ohnmacht in Lenz' *Die Sizilianische Vesper* die ganze Ohnmacht. Zunächst heißt es: »Isabelle *halb ohnmächtig zu Irenen*«, später »*Man führt Isabellen ohnmächtig weg.*« (S. 368f.)

bei Weseners Mutter und Stolzius, der sich »*totenbleich*« hinter den Stuhl stellt. Die Frage, ob der Zuschauer oder der Leser als primärer Rezipient anzusehen ist, greift bei Lenz zu kurz, da sie in dem einen wie in dem anderen Fall – ob als Theaterstück oder als Lesedrama verstanden – die Performanz betrifft, entweder im Sinne einer realen oder im Sinne der ›eingeschriebenen Inszenierung‹.[220] Wichtig ist, dass Lenz nicht nur über die Dialogpartien unterschiedliche Figurenperspektiven bereitstellt, sondern auch in den Regiebemerkungen eine klare Orientierung unterläuft und keine »auktorial intendierte Rezeptionsperspektive«[221] konstituiert. Die Regiebemerkungen dienen hier nicht dazu, die Figurenrede »in nichtnarrativer Weise [zu] arrangieren, situieren, kommentieren«,[222] da die Einzelperspektiven sich nicht in einem gemeinsamen Fluchtpunkt vereinigen lassen, und zwar gerade dort nicht, wo Leser und Forschung dies gemeinhin erwarten: in den Regiebemerkungen.

Die Verbindung zwischen Dramentext und Theateraufführung stellt Lenz in folgender Anmerkung zu seinem Stück *Die Freunde machen den Philosophen* selbst her:

> Alle meine Stücke sind große Erzgruben die ausgepocht ausgeschmolzen und in Schauspiele erst verwandelt werden müssen. Wenn ich in Ruh komme, dramatisiere ich sie alle.[223]

Hier verschiebt Lenz die ›Dramatisierung‹ seiner Stücke ausdrücklich auf eine spätere Phase. Damit spaltet er das Autoren- oder Dichterbewusstsein im Grunde in zwei Teile. Beim ersten Schreiben und Veröffentlichen – denn seine Stücke hat Lenz unabhängig von Aufführungsmöglichkeiten in der zunächst gebotenen Form auch ediert – imaginiert er Situationen, ohne die Aufführung konkret im Blick zu haben. Erst bei der Überarbeitung würde er diese Stücke »dramatisieren«, also in die Form eines ›spielbaren‹ Theaterstücks bringen. Insofern hinterlässt Lenz trotz ausgefeilter Wortwahl Stücke im Rohzustand, zumindest wenn man eine mögliche Bühnenumsetzung im Blick hat. Diese ist trotz der großen Zahl an Regiebemerkungen noch keineswegs gewährleistet. Schon in der ersten Phase aber greift er ganz selbstverständlich und ausgiebig auf denjenigen Textraum zurück, der gemeinhin in engem Zusammenhang mit der Theaterrealisierung gesehen wird.[224]

Lenz beschreibt die doppelte Rezeptionsmöglichkeit eines Dramentextes wie folgt:

> Werd ich gelesen und der Kopf ist so krank oder so klein, daß alle meine Pinselzüge unwahrgenommen vorbei schwimmen, geschweige in ein Gemälde zusammenfließen – Trost! ich wollte nicht gelesen werden. Angeschaut. Werd ich aber vorgestellt und verfehlt –

---

[220] Horst Turk: Soziale und theatralische Konventionen, S. 10f.; vgl. Kap. 1.
[221] Manfred Pfister: Das Drama, S. 90.
[222] Martin Ottmers: Artikel ›Drama‹, S. 392.
[223] J.M.R. Lenz. In: Peter Müller (Hg.): Jakob Michael Reinhold Lenz im Urteil dreier Jahrhunderte. Teil 3. Bern 1995, S. 109.
[224] Herboth sieht die umfangreichen Notizen in der Notationsform von Regiebemerkungen als Kennzeichen dafür, einen Text als »deutlich künstlerische und dramatisch anspruchsvollere Form« einzuschätzen; vgl. Franziska Herboth: Satiren des Sturm und Drang. Innenansichten des literarischen Feldes zwischen 1770 und 1780. Hannover 2002, S. 247.

so möcht ich Palett und Farben ins Feuer schmeißen, weit inniger betroffen, als wenn eine Betschwestergesellschaft mich zum Bösewicht afterredet.[225]

Die verschiedenen Formen einer misslingenden Rezeption, die Lenz hier imaginiert, interessieren nicht mit Blick auf den jeweiligen Rezipienten, sondern als Problem für den Schreibenden, das Genie, so dass die »prinzipielle Fallhöhe der Genieästhetik«[226] zur Disposition steht:

> Wenn wir das Schicksal des Genies betrachten (ich rede von Schriftstellern) so ist es unter aller Erdensöhne ihrem das bänglichste, das traurigste.[227]

Christoph Martin Wieland charakterisiert die Schreibhaltung des Dichtungstheoretikers Lenz wie folgt: »Der Verfasser der A. ü. Th. [Anmerkungen übers Theater] mag heißen wie er will, traun! der Kerl ist'n Genie, und hat blos für Genien, wie er ist, geschrieben.«[228] Die vorliegende Analyse hat gezeigt, dass auch der Dramenverfasser Lenz Verständnisprobleme von Leser und Zuschauer souverän ignoriert. Gleichzeitig ermöglicht die Haltung eines im Sinne der Sturm-und-Drang-Ästhetik keiner überkommenen Regel verpflichteten Genies einen ganz neuen Einsatz der Sprache innerhalb der Regiebemerkungen. Seine Dramen stellen sich einem direkten Zugriff durch das Theater entgegen – so werden in den *Soldaten* keine theatertechnischen Begriffe in den Regiebemerkungen bereitgestellt, die problemlos und im Sinne der bisherigen kodifizierten Theatersprache umgesetzt werden könnten (vgl. Kapitel 4.3). Stattdessen setzt Lenz irritierende Regiebemerkungen, die nicht als ›Anweisungen‹ fungieren, sondern dem Leser Informationen mit unterschiedlichen Graden von Sicherheit geben, wie man sie sonst aus Erzähltexten kennt. Hier bietet sich ein kurzer Blick auf die Unterscheidung zwischen Dramen- und Erzähltext an, wie sie in der heutigen Forschung vorgenommen wird. Diese Gattungsdifferenz erfasst Jannidis wie folgt: Nur bei Erzähltexten gebe es neben ›zuverlässigen‹ auch ›möglicherweise unzuverlässige‹ Informationen, während diese Unterscheidung im Dramentext mit der Unterscheidung ›auktoriale‹ und ›figurale Quelle‹ zusammenfalle, da die ›auktoriale Quelle‹ stets zuverlässig sei.[229] Nach Jannidis bleibt die Trennung zwischen auktorialer und figuraler Quelle im Drama also unangetastet. Ähnlich stellen Fricke/Zymner die Frage der Verlässlichkeit der Informationsvergabe im Dramentext nur mit Bezug auf den ›Haupttext‹, während der Nebentext immer ›verlässlich‹ erscheint.[230] Auf

---

[225] Jakob Michael Reinhold Lenz: Anmerkungen übers Theater, S. 657.
[226] Christoph Schmitt-Maass: »Unberühmt will ich sterben.«, S. 128.
[227] Jakob Michael Reinhold Lenz: Anmerkungen übers Theater, S. 656f.
[228] Christoph Martin Wieland: Zusaz des Herausgebers. In: Der Teutsche Merkur vom Jahr 1775. Erstes Vierteljahr. Weimar 1775, S. 95f.
[229] Fotis Jannidis: Figur und Person. Beitrag zu einer historischen Narratologie. Berlin, New York 2004, S. 200. Jannidis vertritt in diesem Zusammenhang die These, dass die Übertragung von Pfisters Modell für die Dramenanalyse auf die Analyse von Erzähltexten »nicht wirklich tragfähig« sei (ebd.).
[230] Vgl. Harald Fricke/Rüdiger Zymner: Einübung in die Literaturwissenschaft. Parodieren geht über Studieren. Paderborn ³1996, S. 187f. Dass auch der ›Nebentext‹, also etwa die Regiebemerkungen, Informationen mit unterschiedlichen Graden von Sicherheit bereit-

Dramentexte von Lenz wie die *Soldaten* trifft dies nun gerade nicht zu; sie verweigern innerhalb der angeblich ›auktorialen Quelle‹ bzw. dem »auktorialen Nebentext«,[231] also innerhalb der Regiebemerkungen, zuverlässige und eindeutige Informationen. Die Zuordnung erfordert jeweils interpretatorischen Aufwand und ist nicht von vornherein eindeutig möglich. Gleichzeitig stellen die Regiebemerkungen bei Lenz keinen »ästhetisch neutralisierten« Bereich dar, den der Nebentext, die »Stimme des Autors«,[232] nach gängiger Forschungsmeinung generell charakterisiert. Auch dem widersprechen Regiebemerkungen bei Lenz, die sich durch eingeschränkte Perspektiven und in sprachlicher Hinsicht der Figurenrede annähern.[233] Gleichzeitig weist die Sprache bei Lenz auf Epochen voraus, in denen Regiebemerkungen umfassend verwendet werden und ebenfalls einen imaginären Raum entwerfen: die Wende zum 20. Jahrhundert und den Expressionismus.

Die Regiebemerkung »*totenbleich*« bei Lenz, Schiller und um 1900

Vermutlich ist es kein Zufall, dass »*totenbleich*« im 18. Jahrhundert als explizite Regiebemerkung erst bei Lenz und Schiller – »*Luise setzt sich totenbleich nieder*«[234] – zu finden ist, während die Formulierung zuvor nur in der Figurenrede verwendet wird. Bei Christiane Karoline Schlegel, die in der vorliegenden Arbeit mit dem Lesedrama in Verbindung gebracht wird, steht »*leichenblaß*« ebenfalls in einer expliziten Regiebemerkung (vgl. Kap. 4.3). Wie ›modern‹ eine solche Verwendung dieses Textraums ist, zeigen Stichproben: Regiebemerkungen wie »*totenbleich*« erscheinen nach dem Sturm und Drang erst wieder im Drama um 1900 und im Expressionismus, und zwar nicht als Einzelphänomen, sondern symptomatisch, so in mehreren Stücken Carl Hauptmanns – etwa »*Herr Bielew hat sich nicht vom Fleck gerührt, sieht totenbleich geworden zu Boden und stöhnt plötzlich laut auf*«[235] –, bei Anton Wildgans – »*Hubert erscheint [...] totenbleich und ohne Hut*«[236] –, bei Hugo von Hofmanns-

---

stellen, ist schon in Kapitel 4.1 festgestellt worden und wird hier durch die lenzschen Stücke bestätigt.
[231] Manfred Pfister: Das Drama, S. 107.
[232] Rolf Fieguth: Die Stimme des dramatischen Autors. Bemerkungen zur sprachlichen Schicht im Drama am Beispiel von M. E. Saltykov-Ščedrins dramatischer Satire *Die Schatten* (1862). In: Herta Schmid/Kedwig Král (Hg.): Drama und Theater. Theorie, Methode, Geschichte. München 1991, S. 337–361, hier S. 337. Vgl. auch Kap. 1
[233] Pfister erwähnt zwar, dass der »auktoriale Nebentext [...] gerade in neueren Dramen eine Ausweitung ins Deskriptive und Kommentierende« erfahren hat, so dass die »dramatische Präsentation [...] unter eine interpretierende Perspektive« gestellt werde, Formen eingeschränkter Figurenperspektiven innerhalb der Regiebemerkungen zieht er dabei allerdings nicht in Erwägung. Manfred Pfister: Das Drama, S. 107–109.
[234] Friedrich Schiller: Kabale und Liebe (II, 4); vgl. »Luise [...] *sinkt leichenblaß nieder*« (V, 2).
[235] Carl Hauptmann: Panspiele. München 1909, S. 169.
[236] Anton Wildgans: Dies Irae. In: Ders.: Gesammelte Werke. Leipzig 1930, S. 9–204, hier S. 104.

thal – »JEDERMANN: [...] *sein Angesicht ist totenbleich.*«[237] Ähnliche Wendungen finden sich bei Else Lasker-Schüler, etwa »*sie sieht ganz gelb im Gesicht aus*«.[238]

Dieser Befund bestätigt den Eindruck, dass Regiebemerkungen zu bestimmten Zeiten metaphorische Qualität anstelle einer festen semantischen Bedeutung erhalten und sich sprachlich nicht von der Figurenrede abheben. Sie sind in diesen Fällen also nicht, wie Fieguth dies generell für den Bereich des Nebentextes postuliert, »ästhetisch tonlos«,[239] vielmehr verwenden sie dieselben Stilmittel wie die Figurenrede. Die Feststellung, »[e]rst von den Expressionisten wird die Bühnenanweisung in derselben dichterischen Sprache wie der Dramentext formuliert«,[240] ist insofern zu korrigieren, denn Vorformen sind im Sturm und Drang zu beobachten.

Im Sturm und Drang, der als Inbegriff einer Bühnenform der Zukunft gefeiert wird, nähern sich Figurenrede und Regiebemerkungen sprachlich einander an. Das wird an der ähnlichen oder synonymen Wortwahl deutlich, so auch in Schillers *Die Verschwörung des Fiesco zu Genua*. Mit Neologismen, Superlativen und metaphorischen Ausdrücken gehen die Regiebemerkungen in Stücken von Lenz und Schiller über das in der Figurenrede Gesagte hinaus. So werden im *Fiesco*[241] Richtungsadverbien nicht mit einem Verb der Bewegung, sondern einer emotionalen Komponente verbunden – »*hinauswüthend*« – und sich widersprechende Begriffe in Art eines Oxymorons verwendet – »*mit schrökhafter Beruhigung*«, »*mit gräßlicher Freude*«, »*beißend lächelnd*« – sowie metaphorische Wendungen genutzt: »*sinkt durchdonnert zu Boden*«. Die »erhabene Höhe«, von der Fiesco in einem der beiden zentralen Monologe spricht, wird in der Regiebemerkung – »*mit erhabenem Spiel*« – wörtlich vorweggenommen.[242] Solche Stilisierungen, Neologismen und fließenden Übergänge zwischen Figurenrede und Regiebemerkung erzielen beim Lesen zweifellos einen Effekt, sind allerdings bühnenpraktisch kaum gleichermaßen wirksam, da sie in der Bühnentransformation ihren Textstatus verlieren. Beim Lesen aber

---

[237] Hugo von Hofmannsthal: Jedermann. In: Ders.: Sämtliche Werke IX. Dramen 7. Hg. von Heinz Rölleke. Frankfurt/M. 1990, S. 31–95, hier S. 94. So heißt es kurz vor dem Tod des Jedermann. In der *Allerersten Fassung* steht hingegen noch »*blass*« (ebd., S. 14); ähnlich in Hofmannsthals *Der Schwierige*: »CRESCENE *tritt zu Helene, die totenblaß dasteht.*« Hugo von Hofmannsthal: Sämtliche Werke XII. Dramen 10. Hg. von Martin Stern, S. 5–144, hier S. 104.

[238] Else Lasker-Schüler: Die Wupper. In: Dies.: Werke und Briefe. Hg. von Norbert Oellers u.a. Band 2: Dramen. Bearbeitet von Georg-Michael Schulz. Frankfurt/M. 1997, S. 7–72, hier S. 64.

[239] Rolf Fieguth: Die Stimme des dramatischen Autors, S. 338.

[240] Annalisa Viviani: Dramaturgische Elemente im expressionistischen Drama. Bonn 1970, S. 87.

[241] Friedrich Schiller: Die Verschwörung des Fiesco zu Genua. In: Ders.: Werke. Nationalausgabe. Band 4. Hg. von Edith Nahler/Horst Nahler. Weimar 1983. Die im Anschluss zitierten Regiebemerkungen befinden sich in V, 12 und 13, S. 113f. Dabei fällt auf, dass diese ungewöhnlichen Regiebemerkungen in erster Linie die Haupt- und Titelfigur charakterisieren.

[242] »FIESCO. [...] (*mit erhabenem Spiel.*) Zu stehen in jener schröklich erhabenen Höhe [...]«, III, 2, 67.

sind sie – entgegen gängiger Forschungsmeinungen – »ästhetisch aktiv«[243] und am Bedeutungsaufbau des Dramas beteiligt. Die enge Verflechtung von Figurenrede und Regiebemerkungen ist nur bei der Lektüre fassbar, da die Stilisierungen sich von Angaben im Sinne einer präzisen, normierten Gebärdensprache weit entfernen. Stattdessen werden metaphorische Ausdrücke, Neologismen und Oxymora innerhalb des Textraums der Regiebemerkungen auf ungewohnte Weise genutzt:

> FIESCO (*todesmatt zurückwankend, zu Arabellen*). Deine Frau ist gefunden. (*Arabella geht angstvoll. Fiesco sucht mit verdrehten Augen im ganzen Kreis herum, darauf mit leiser schwebender Stimme, die stufenweis bis zum Toben steigt.*) Wahr ist's – wahr – und ich das Stichblatt des unendlichen Bubenstücks. (*Viehisch um sich hauend.*) Tretet zurück, ihr menschlichen Gesichter – Ah, (*mit frechem Zähnblöken gen Himmel*) hätt' ich nur seinen Weltbau zwischen diesen Zähnen. (V, 13, 114)

Die exaltierte, ungebändigte Sprache wird gleichsam in die Regiebemerkungen verlegt, wenn Fiesco »*viehisch um sich hauend*« und »*mit frechem Zähnblöken gen Himmel*«[244] agiert; hier ruft das Verb »blecken« im Kompositum »Zähnblöken« die ursprüngliche Bedeutung des Zähnefletschens bei Tieren wieder wach, so dass der Bildbereich über mehrere Regiebemerkungen ausgedehnt wird und die »menschlichen Gesichter«, die in der Figurenrede benannt werden, dem ›Tier‹ Fiesco gegenüberstehen. Das »Zähnblöken« ist dabei – anders als das Zähneknirschen – keineswegs als Theatergeste kodifiziert.

Was unter einem Lesedrama zu verstehen ist, bereitet der Forschung immer noch Schwierigkeiten und wird kontrovers diskutiert, da bisher keine positiven Kriterien zur Abgrenzung bereitgestellt werden konnten (vgl. Kap. 1). Die hier angeführten Beispiele zeigen, dass diese Frage von den Regiebemerkungen her neu überdacht werden sollte. Denn nicht die Dialogpartien, sondern der Textraum der Regiebemerkungen gibt durch je unterschiedliche Füllung Abgrenzungsmöglichkeiten an die Hand. Wenn dieser Textraum nicht, wie dies normalerweise postuliert wird, ästhetisch neutral ist, sondern Stilisierungen enthält, setzt er eine andere Rezeption in Gang. Zipfel stellt generell für Dramentexte fest, dass sich »die Frage nach der Fiktionalität von einer als direktiv zu beschreibenden Sprachhandlung gar nicht stellt«.[245] Im Anschluss an Käte Hamburger spricht er von der »sprachlogischen Unergiebigkeit des Dramas«, die die Folge »seines sprachhandlungstheoretischen Status als direktive Handlung« sei. Der Dramentext werde »durch seinen direktiven Sprachhandlungscharakter zu einem (in streng literaturwissenschaftlicher Perspek-

---

[243] Nach Fieguth ist der Nebentext »ästhetisch neutralisiert«. Ästhetisch aktiv für den Bedeutungsaufbau des Dramas seien gewöhnlich nur die Denotate des Nebentextes, nicht aber die sprachlichen Zeichen selbst. Rolf Fieguth: Die Stimme des dramatischen Autors, S. 337.
[244] Jacob und Wilhelm Grimm: Deutsches Wörterbuch. Band 31, Spalte 154: »Zähneblecken, das zeigen der zähne, wie es thieren und menschen bei gier oder wuth eigen ist […] in älterer sprache daneben zähnblecken zähn(e)blöken, zahnblecken.«
[245] Frank Zipfel: Fiktion, S. 311.

tive) fiktionstheoretisch uninteressanten Fall«.[246] Bei Dramentexten, in denen Figurenrede und Regiebemerkungen sich sprachlich einander annähern und Fiktionssignale gerade innerhalb der Regiebemerkungen gesetzt werden, ist dies keineswegs der Fall. Ob der Dramentext die Struktur eines direktiven Sprechakts hat oder nicht, hängt vor allem von der Beschaffenheit der Regiebemerkungen ab, je nachdem, ob sie einen anderen Status besitzen als die Dialogpartien und eine paratextuelle Funktion ausüben (vgl. Kap. 4.3) oder sich sprachlich kaum vom Textraum der Figurenrede abheben und ästhetisch und fiktional gleichwertig sind.

Es mag zunächst sinnvoll erscheinen, »eine rigorose Trennung der theoretischen Beschreibung des Dramas als Dramen-Text von der theoretischen Erörterung der besonderen Bedingungen des Dramas als Bühnenrealität«[247] vorzunehmen. So gerät allerdings aus dem Blick, dass auch das Lesen eines Dramas unterschiedlich funktioniert. Die Regiebemerkungen bekommen im Prozess der Semiose des Dramentextes eine entscheidende Bedeutung, da der Lesevorgang durch die dort gesetzten Signal- und Reizwörter auf verschiedene Weise gelenkt wird. Denn je nachdem, ob sie eine Theatersituation aufrufen oder die in der Figurenrede aufgebaute Fiktion weiterführen, ist das Lektüreergebnis ein anderes. Die Rezeption verändert sich, wenn Regiebemerkungen und Sprecherbezeichnungen nicht auf aufführungsrelevante Angaben beschränkt sind, sondern durch die gewählte Bildlichkeit und Formen eingeschränkter Perspektivierungen den Dialogen angeglichen werden. Wenn die Dialogpartien nicht durch Orientierung gebende Sprecherbezeichnungen und konkretisierende Regiebemerkungen komplettiert werden, dann werden diese Texträume ebenfalls für einen Leser bereitgestellt, der nicht von außen auf den Text schaut – wie das bei Spielleiter und Schauspielern der Fall ist. Die Lektüre stellt hier keine Vorstufe dar, sondern ist Ziel- und Endpunkt, wobei Destabilisierungsstrategien und für literarische Texte konstitutive Mehrdeutigkeiten auf die Texträume der Regiebemerkungen ausgedehnt werden. Vor allem anhand von Gedichten und ohne Berücksichtigung von Dramen untersucht Sabine Gross die Voraussetzungen, Bedingungen und tatsächlichen Abläufe von Leseprozessen. Im Anschluss an Gross und mit Blick auf Dramentexte könnte man sagen, dass paratextuelle Regiebemerkungen problemlos die entsprechende Superstruktur etwa von festen Gebärdenkodices aufrufen. Narrative und stilisierte Regiebemerkungen wie die von Lenz und Schiller hingegen setzen mit Mehrdeutigkeiten und metaphorischen Wendungen

---

[246] Ebd., S. 313. Zu diesem Schluss gelangt Zipfel, da er Erzähl- und Gedicht-Texte als »potentiell fiktionale Gattungen« zusammenfasst, während er das Drama nur »als Grundlage zu seiner Realisierung auf der Bühne« beschreibt. Zwar nennt Zipfel auch die Möglichkeit, einen Dramentext lesend zu rezipieren, wobei der Nebentext nicht als ein den Sprecher-Text direktiv einrahmender Autor-Text angesehen wird, sondern als ein die Figurenrede narrativ/deskriptiv begleitender Text (S. 312). Diese Möglichkeit sieht er aber nicht im Dramentext und der Beschaffenheit der Regiebemerkungen gegeben, sondern darin, dass Texte auch unabhängig von der Illokution, die ihre Struktur indiziert, anders rezipiert werden können.

[247] Ebd., S. 308.

einen Leseprozess in Gang, der mehr Aufmerksamkeit fordert und keine schnellen Zuordnungen zu bisherigen Vorstellungen eines Dramentextes ermöglicht.[248]

Auf verschiedene Lektüre- bzw. Schreibprozesse, je nachdem, ob ein Dramentext aufgeführt oder gelesen werden soll, weist schon Wieland hin. Dem Drama, das gelesen und nur gelesen werden soll, gesteht er dabei entschieden mehr Freiheiten zu:

> Sobald ich ein Drama für die Schaubühne schreibe, wird alles was die Illusion hindert, zum Fehler. Schreib' ichs bloß für Leser, so ist die Rede nicht von Illusion; dann ist dem Poeten, eben sowohl als dem Geschichtsschreiber, erlaubt, seine Leser von einer Handlung zu einer andern gleichzeitigen, oder von einem Orte zum andern fortzuführen, und, mit gleicher Leichtigkeit Monate und Jahre, oder Gebürge und Meere zu überspringen. Dann ist es bloß darum zu thun, die Leser durch die Wahrheit und Kraft seiner Gemählde zu begeistern, und dann hängt es bloß von ihm ab, wie viel solcher Gemählde er neben einander, oder in einer zusammengeordneten Folge vor unsern Augen vorbeyführen, und welche davon er völlig ausmahlen, welche blos skizzieren, welche nur gleichsam mit einem einzigen Zug, wie einen Gedanken, aufs Papier werfen will.[249]

Ähnlich sieht Sulzer das politische Trauerspiel als ein »Drama von besonderer Art« an, eine »ganz besondere Gattung des Drama, das mehr zum Lesen, als zur würklichen Vorstellung dienen sollte«.[250] Die weitverbreitete Ansicht, nach der der Begriff ›Lesedrama‹ in den 70er Jahren des 18. Jahrhunderts eine Erfindung der Kritiker sei, um die sogenannten Sturm-und-Drang-Stücke nicht auf der Bühne akzeptieren zu müssen,[251] ist verfehlt und zu revidieren.

Weder der Sturm und Drang noch die Dramatik des Expressionismus haben die Aufführbarkeit der Stücke im Sinn oder orientieren sich an bestehenden Bühnenformen – ganz im Gegenteil: Es geht um die Auflösung der geschlossenen Dramenform, um psychologische Vertiefung der Figuren und eine Intensität des Ausdrucks, die sich – und das ist im vorliegenden Zusammenhang hervorzuheben – gerade auch im Bereich der Regiebemerkungen zeigt. Der Seitenblick auf Stücke, die um 1900 bis zum Expressionismus entstanden sind, hat gezeigt, das Lenz' imaginäres Theater, das keine zusammenhängenden Handlungen und »konventionellen Psychologien«[252] auf

---

[248] Vgl. Sabine Gross: Lese-Zeichen: Kognition, Medium und Materialität im Leseprozeß. Darmstadt 1994, vor allem S. 19–21. Gross analysiert vorrangig das Verhältnis von Schrift und Bild. Sie stellt fest, dass Texte nur lückenhaft Informationen liefern, weil die Leser diese in betreffende Schemata einordnen, je nachdem, wie klar und widerspruchsfrei ein solches Schema aufgerufen wird.
[249] Rezension Wielands. In: Julius W. Braun (Hg.): Goethe im Urtheile seiner Zeitgenossen. Band 1: 1773–1786. Faksimiledruck der Ausgabe Berlin 1883. Hildesheim 1969, S. 39.
[250] Johann Georg Sulzer: Stichwort ›Politisches Trauerspiel‹. In: Ders.: Allgemeine Theorie der schönen Künste. Dritter Theil. Neue vermehrte Auflage. Leipzig 1787, S. 592.
[251] Vgl. Eva Maria Inbar: Shakespeare in Deutschland, S. 74. Kritisch dazu Rosmarie Zeller: Struktur und Wirkung. Zu Konstanz und Wandel literarischer Normen im Drama zwischen 1750 und 1810. Bern, Stuttgart 1988, S. 53.
[252] Turk hebt das innovative Potential von Lenz in Verlängerung zu Jean Paul hervor, da schon bei Lenz die Charaktere zum Zentrum der poetischen Imagination werden; vgl. Horst Turk: Philologische Grenzgänge. Zum Cultural Turn in der Literatur. Würzburg 2003, S. 346f.: »Vor allem mußten sie [die Charaktere] dafür von den ›konventionellen

die Bühne bringt, sondern Psychogramme und Momentaufnahmen, sich gerade in den Regiebemerkungen als äußerst modern erweist und einen ebenbürtigen Leser fordert.

4.3 Dreieckskonstellationen im Drama: Goethes *Stella* und Christiane Karoline Schlegels *Düval und Charmille*

Ein Mann steht zwischen zwei Frauen, seiner Ehefrau und der Geliebten: Diese Grundkonstellation in der Literatur der zweiten Hälfte des 18. Jahrhunderts – in Goethes *Werther* und Gellerts *Schwedischer Gräfin* findet sie sich mit umgekehrter Rollenverteilung – steht im Zentrum von *Stella* und *Düval und Charmille*. In beiden Stücken wird zeitweise sogar eine Lebensgemeinschaft zu dritt in Erwägung gezogen; von welchen dramatis personae und mit welchem Wirklichkeitsanspruch, wird im Folgenden jeweils zu diskutieren sein. In einem anderen Punkt aber unterscheiden sich die beiden Stücke deutlich voneinander: Während eines der beiden für die Aufführung konzipiert ist und auch im 20. Jahrhundert noch häufig inszeniert wird,[253] nämlich Goethes *Stella*, ist das andere bis heute nicht auf die Bühne gekommen, in Buchform aber ungefähr zeitgleich mit Goethes Stück veröffentlicht worden, *Düval und Charmille* von Christiane Karoline Schlegel.

Dass das eine der beiden Stücke von einem hochkanonisierten Autor stammt, das andere von einer gänzlich unbekannten Autorin[254] – es erscheint zunächst anonym nur unter Angabe des Geschlechts (»Von einem Frauenzimmer«) –, ermöglicht eine nicht vorwiegend genderspezifischen Überlegungen verpflichtete Analyse. Anstatt Texte von Frauen mit Texten von Frauen gemeinsam zu untersuchen, ein Defizit, das die feministische Literaturwissenschaft im Blick hat und maßgeblich begleicht,

---

Psychologien‹ der Romanautoren wie der Dramenautoren befreit werden, wie es schon von Autoren wie Jakob Michael Reinhold Lenz und Karl Philipp Moritz vertreten worden war.«

[253] *Stella* erlebte 1776 mindestens 9 Nachdrucke. Mit 18 Aufführungen nimmt es »unter den klassisch gewordenen Stücken nach ›Minna von Barnhelm‹ (28) und ›Emilia Galotti‹ (21)« den Rang drei ein. Heinz-Dieter Weber: Stella oder die Negativität des Happy End. In: Ders. (Hg.): Rezeptionsgeschichte oder Wirkungsästhetik. Stuttgart 1978, S. 142–167, hier S. 156. Vgl. Georg-Michael Schulz: Stella. In: Goethe-Handbuch. Band 2: Dramen. Hg. von Theo Buck. Stuttgart, Weimar 1997, S. 129–141, hier S. 137: Zwischen 1975/76 und 1989/90 wird *Stella* 46mal inszeniert; in dieser Zeit werden insgesamt 955 Aufführungen verzeichnet, wobei die erste Fassung entschieden bevorzugt wird.

[254] Christiane Karoline Schlegel steht nicht, wie man meinen könnte, mit der prominenten Familie Schlegel und den Brüdern Schlegel in Verbindung. 1739 als Tochter des kursächsischen Geheimschreibers Karl Friedrich Lucius in Dresden geboren, heiratet sie 1774 den Pastor Gottlieb Schlegel und lebt bis zu ihrem Tod 1833 in Burgwerben und Dresden. Vgl. Carl Wilhelm Otto August von Schindel: Die deutschen Schriftstellerinnen des 19. Jahrhunderts. Band 2. Leipzig 1825, S. 248–259. Gross spricht von der »ziemlich unbedeutenden *Christiane Karoline Schlegel*«. Heinrich Gross: Deutschlands Dichterinnen und Schriftstellerinnen. Eine literarhistorische Skizze. Wien ²1882, S. 25.

wird hier der Dramentext Christiane Karoline Schlegels neben den Text Goethes gestellt. Zu klären ist u.a., wie die Regiebemerkungen auf dem Theater umgesetzt werden können und was sie zur Figurenkonstellation beitragen. Es wird sich zeigen, dass die theaterpraktische Ausrichtung bei Goethe keineswegs mit zahlreichen Regiebemerkungen einhergeht. Goethe, der »Mann des Theaters«,[255] geht insgesamt sparsamer[256] damit um als Zeitgenossen wie Lenz oder Schiller, während der fehlende praktische Bühnenbezug bei Christiane Karoline Schlegel den Bereich der Regiebemerkungen nicht reduziert, sondern ihn eher zu erhöhen scheint. Sie eröffnen einen Raum, der wenigen Normierungen unterliegt und gerade deshalb vielfältig genutzt werden kann.

Ein Theaterstück für die Aufführung: *Stella*

Die Frage ›Lesen‹ oder ›Schauen‹, die bei den um das Jahr 1776 entstandenen Sturm-und-Drang-Dramen einhellig in Richtung Lesedrama diskutiert wird, beantwortet Goethe für die ebenfalls zu dieser Zeit erschienene *Stella* anders. Gemeinsam mit *Clavigo* stuft er sie als »Productionen besonders für's Theater«[257] ein. Im Vordergrund steht für Goethe bei diesen Stücken, so Helmut Schanze, ein »Verfahren« gefunden zu haben, »wirksames Spielmaterial für das Theater zu generieren.«[258] Schanze stellt hier die Person des Theaterdirektors Goethe gegen den Poeten Goethe, der rücksichtslos »vernutzt« werde. Ob die Konkurrenz zwischen Dichter und Theaterpraktiker an den Regiebemerkungen abzulesen ist oder sich auf diese auswirkt, wird zu untersuchen sein.

Zunächst kurz zur Handlung: Fernando steht zwischen seiner Ehefrau Cäcilie und seiner Geliebten Stella. Über die Vergangenheit erfährt man, dass er seine Frau und seine Tochter Lucie verließ, einige Jahre mit Stella zusammenlebte, bis er sich auch von dieser trennte, um zu Cäcilie zurückzukehren. Das Stück beginnt mit der Rückkehr Fernandos zu seiner Geliebten, da er Cäcilie nicht finden konnte. Wie es der Zufall will, trifft er im Posthaus, einem der Schauplätze des Stücks, beide Frauen an. Als er nach einer Liebeserklärung an seine Geliebte mit seiner Frau heimlich fliehen will, schlägt diese eine *ménage à trois* vor. In einer veränderten Fassung von 1806 endet das Stück mit dem doppelten Selbstmord Stellas und Fernandos.[259]

---

[255] Vgl. Walter Hinck: Goethe – Mann des Theaters. Göttingen 1982.
[256] Goethes *Faust* mit seiner langen Entstehungsgeschichte und seinen unterschiedlichen Fassungen nimmt insgesamt eine Sonderstellung ein.
[257] Vgl. Helmut Schanze: Goethes Dramatik. Theater der Erinnerung. Tübingen 1989, S. 56.
[258] Ebd., S. 60.
[259] Vgl. den Abdruck des veränderten Schlusses nach der Trauerspielfassung in: Johann Wolfgang Goethe: Werke. Hamburger Ausgabe. Band 4: Dramatische Dichtungen II. München 1994, S. 348–451.

In der jüngeren Forschung wird *Stella* nicht mehr überwiegend mit Blick auf autobiographische Bezüge[260] untersucht. Stattdessen werden Fragen nach Individualitätskonzepten[261] und Geschlechterkonzeptionen[262] sowie zur Liebessemantik[263] und nach der Epochenzuordnung[264] zwischen Sturm und Drang und Empfindsamkeit verhandelt. Fortgesetzt wird die Frage nach der Konzeption des Schlusses – Warum wurde er umgearbeitet? Ist er realistisch oder utopisch zu verstehen?[265] – und nach dem Verhältnis zweier Frauen zu einem Mann.[266] Die Rezeption dieses *Schauspiels für Liebende* steht ebenfalls zur Diskussion,[267] weniger aber der Blick auf die theatralische Umsetzung sui generis. Da man den Theaterbezug vor allem mit Goethes langer Zeit als Direktor des Weimarer Theaters in Verbindung bringt, *Stella* aber kurz zuvor entstanden ist,[268] spielt er bei diesem Stück nur eine untergeordnete

---

[260] Autobiographisch argumentieren Emil Staiger: Goethe. Band 1. Zürich, München ³1960, S. 185; Wolfgang Kayser im Nachwort zu *Stella*, Hamburger Ausgabe, Band 4, S. 573–577; Kurt Eissler: Goethe. A Psychoanalytic Study 1775–1786. Band 1. Detroit 1963, S. 129. Obwohl der Titel von Amwalds Untersuchung anderes verspricht, spielt der biographische Bezug hier ebenfalls eine erhebliche Rolle. Andreas Amwald: Symbol und Metamorphose in Goethes *Stella*. Stuttgart 1971. Ein Beleg für das anhaltende Interesse an autobiographischen Bezügen ist Dyes Studie zu *Stella*, deren Ziel es ist, Parallelen zwischen Fernando und Goethe nachzuweisen. Vgl. Ellis Dye: Substitution, Self-blame, and Self-deception in Goethe's *Stella: Ein Schauspiel für Liebende*. In: Goethe yearbook 12 (2004), S. 41–57.

[261] Vgl. Marianne Willems: Stella. Ein Schauspiel für Liebende. Über den Zusammenhang von Liebe, Individualität und Kunstautonomie. In: Aufklärung. Interdisziplinäres Jahrbuch zur Erforschung des 18. Jahrhunderts und seiner Wirkungsgeschichte 9/2 (1996), S. 39–76; Katja Mellmann: Güte – Liebe – Gottheit. Ein Beitrag zur Präzisierung des ›utopischen‹ Gehalts von Goethes *Stella*. In: Aufklärung 13 (2001), S. 103–147.

[262] Gail Kathleen Hart: Star-Gazing: Authority, Instinct and the Women's World of Goethe's *Stella*. In: Dies. (Hg.): Tragedy in paradise: family and gender politics in German bourgeois tragedy. Columbia 1996, S. 41–54; Béatrice Dumiche: Weiblichkeit im Jugendwerk Goethes. Die Sprachwerdung der Frau als dichterische Herausforderung. Würzburg 2002.

[263] Marianne Willems sieht in *Stella* Formen der enthusiastischen Liebe, während Katja Mellmann mit Bezug auf Nikolaus Wegmann doch noch Formen empfindsamer Liebe ausmacht; mit Bezug auf Foucault erörtert Hillmann die Formen der Liebe in *Stella*; vgl. Heinz Hillmann: Goethes *Stella*. Probleme einer Liebesutopie im 18. Jahrhundert. In: Zagreber Germanistische Beiträge. Beiheft 1 (1993), S. 3–19.

[264] Lothar Pikulik: Stella. Ein Schauspiel für Liebende. In: Walter Hinderer (Hg.): Interpretationen. Goethes Dramen. Stuttgart 1999, S. 88–116.

[265] Mit Bezug auf Kayser und Staiger formulieren Marianne Willems und Katja Mellmann ihre Fragen.

[266] Karl Viëtor: Über Goethes *Stella*. In: Zeitschrift für Deutsche Bildung 5 (1929), S. 475–479 und viele andere (s. u.).

[267] Maximilian Nutz: »Nur ein vernünftig Wort«. Lernprozesse des Herzens in Goethes »Stella«. In: Literatur für Leser 1985, S. 197–212; Heinz-Dieter Weber: Stella; Marianne Willems: Stella.

[268] Hier irrt Rochow, wenn er meint, Goethe habe »das erste und einzige bedeutende Stück für ein adliges Liebhabertheater« geliefert. Erst die überarbeitete Fassung von 1806 wurde in Weimar uraufgeführt, die erste Version entstand aber schon vor der Weimarer Zeit. Christian Erich Rochow: Das bürgerliche Trauerspiel. Stuttgart 1999, S. 192.

Rolle.²⁶⁹ *Stella* zielt aber nach Goethes eigenen Aussagen gerade auf die theatralische Umsetzung.²⁷⁰

Zunächst enthalten die Regiebemerkungen keine Auffälligkeiten. Sie kündigen ganz konventionell Auftritte und Abgänge an, geben Hinweise zur Bekleidung und zu den jeweils erforderlichen Requisiten, etwa »MADAME SOMMER, LUCIE *in Reisekleidern*«, »LUCIE *einen Mantelsack tragend*«, »*Annchen mit der Suppe*«, wobei Annchen, die Tochter der Postmeisterin, direkt im Anschluss sagt: »Hier ist die Suppe für Madame«, so dass, wie häufig in Dramentexten, tautologisch verfahren wird (vgl. Kap. 2.1). Das Personenverzeichnis klärt weder über Stand, Alter und Aussehen noch über Zusammenhänge zwischen den dramatis personae auf, bis auf den Zusatz, dass Cäcilie anfangs »unter dem Namen Madame Sommer« auftritt, so dass ein Wiedererkennen für Fernando und Stella durch die Nennung des Namens allein nicht möglich ist. Ein Schauplatz²⁷¹ wird nicht im Anschluss an das Personenverzeichnis festgelegt, sondern wenn überhaupt, dann zu Beginn der Akte, wobei Posthaus und Einsiedelei neben Stellas Kabinett auch symbolische Funktion haben, indem der öffentliche Ort in Kontrast zum abgeschiedenen Raum der Erinnerung steht: In der Einsiedelei befindet sich das Grab der verstorbenen Tochter Stellas. Die Orte werden aber nicht durch Regiebemerkungen spezifiziert. Bezeichnend ist in diesem Zusammenhang die folgende Bemerkung Goethes in seiner Schrift *Über das deutsche Theater*, die den hohen Stellenwert der Regiebemerkungen in *Stella* gewissermaßen belegt und zeigt, dass diese tatsächlich mit Blick auf eine Bühnenrealisierung gesetzt wurden:

> Der erste Act, der das äußere Leben vorstellt, muß außerordentlich gut eingelernt sein, und selbst die unbedeutendsten Handlungen sollen ein gewisses ästhetisches Geschick verraten, wie denn auch das zweimal ertönende Posthorn kunstmäßig eine angenehme Wirkung thun sollte.²⁷²

---

[269] Keller lässt *Stella* unberücksichtigt, weil es zu den »Nebenwerken« zähle. Werner Keller: Das Drama Goethes. In: Walter Hinck (Hg.): Handbuch des deutschen Dramas. Düsseldorf 1980, S. 133–156, hier S. 135.

[270] Vgl. Goethes Brief an den Schauspieler Pius Alexander Wolff, 23.9.1821. In: Goethes Werke. Weimarer Ausgabe. Nachdruck der Ausgabe Weimar 1887–1919. München 1987. Abt. 4: Goethes Briefe. Bd. 35, S. 95.

[271] Eine auffällige Schauplatzangabe wie die in *Erwin und Elmire* – »Der Schauplatz ist nicht Spanien« – erinnert eher an Lenz und stellt bei Goethe eine Ausnahme dar. Sauder gibt dafür folgende Erklärung: »*Der Schauplatz ist nicht Spanien*: wie etwa in Clavigo; ironisch aber auch als Hinweis auf die Nähe des Schauplatzes – Maingegend – zu verstehen; wie sollte ein Lili gewidmetes Stück auch in Spanien spielen?« In: Der junge Goethe 1757–1775. Hg. von Gerhard Sauder (Sämtliche Werke nach Epochen seines Schaffens. Hg. von Karl Richter. Band 1. 2). München 1987, S. 706. Einleuchtender erscheint die Erklärung im Kommentarteil von Der junge Goethe in seiner Zeit. Hg. von Karl Eibl/Fotis Jannidis/Marianne Willems. Band 1, S. 423. Dort wird die ungewöhnliche Schauplatzangabe als scherzhafte Anspielung auf *Clavigo* – »Der Schauplatz ist zu Madrid« – verstanden und somit als möglicher Hinweis darauf, dass die Konflikte in *Erwin und Elmire* nicht tödlich enden.

[272] Johann Wolfgang Goethe: Über das deutsche Theater. Zunächst in: Morgenblatt für gebildete Stände 10. u. 11.4.1815. Abgedruckt in: Ders.: Werke. Hg. im Auftrage der Groß-

Goethe betont das »ästhetische Geschick« und das »Kunstmäßige«, mit dem selbst scheinbar Nebensächliches ausgeführt werden soll. Da vom Posthorn bzw. Postillion zweimal nur in einer Regiebemerkung die Rede ist – »*Man hört einen Postillion blasen.*«, »*Man hört einen Postillion.*« (S. 307, S. 313) –, nimmt Goethe hier auf diese Bezug, allerdings ohne explizit auf die Regiebemerkungen als *Text*raum zu sprechen zu kommen. Anders als bei Diderot oder Lenz (vgl. Kap. 3.3 u. 4.2) steht nicht der Text als Text vor Augen, sondern die konkrete Aufführung.

»*An seinem Halse*«: stereotype Regiebemerkungen bei den Frauenfiguren

Borchmeyer kommt als einziger, soweit ich sehe, auf das auffälligste Merkmal der Regiebemerkungen in Goethes *Stella* zu sprechen, wenn er eher nebenbei in einem Klammerzusatz bemerkt, dass das »Am-Halse-Hängen« in Goethes Drama als »geradezu penetrant wiederholtes verbales und gestisches Leitmotiv Haupt- und Nebentext« durchzieht.[273] Aufschlussreich ist in diesem Zusammenhang, dass Goethe bei seinen Korrekturen einer von Philipp Seidel verfassten Abschrift *Stellas* gerade die Regiebemerkung »*wieder an seinem Hals*« hinzufügt.[274] Die beiden Frauenfiguren werden fast ausschließlich durch diese Haltung charakterisiert sowie durch weitere Gesten, durch die man sich liebevoll an ein Gegenüber wendet, also entweder an Fernando als den geliebten Mann oder aber, und zwar fast ebenso häufig, an die jeweils andere Frauenfigur:

> Regiebemerkungen zu Stella: *ihm um den Hals fallend; an ihm hangend; an seinem Hals; Sie will sinken und hält sich an ihn; Cäcilie bei den Händen fassend; An ihrem Hals; ihr um den Hals fallend; an seinem Hals; an ihrem Hals; seine Hand fassend; an ihm hangend.*

> Regiebemerkungen zu Cäcilie: *ihre Hände fassend; mit einem Strom von Thränen an seinem Hals; wieder an seinem Halse; tritt zu ihm und nimmt ihn bei der Hand; faßt ihn; seine Hand fassend; an seinem Halse.*

Schon die reine Auflistung dieser Regiebemerkungen lässt erkennen, in welch exzessiver Weise immer dieselben Gesten beschrieben werden, die körperliche Zuneigung bekunden. Darüber hinaus ist verblüffend, wie ähnlich die beiden Frauen – Ehefrau und Geliebte – durch die Regiebemerkungen gezeichnet werden; sie erscheinen nahezu austauschbar. Die häufig vertretene Einschätzung, dass hier »so verschiedene Frauen«[275] einander gegenüberstehen, kann durch die Regiebemerkungen jedenfalls

---

herzogin Sophie von Sachsen. Abt. 1, Bd. 40. Weimar 1901. Nachdruck München 1987, S. 86–105, hier S. 96.

[273] Dieter Borchmeyer: Schwankung des Herzens und der Liebe im Triangel. Goethe und die Erotik der Empfindsamkeit. In: Walter Hinderer in Verbindung mit Alexander von Bormann (Hg.): Codierungen von Liebe in der Kunstperiode. Würzburg 1997, S. 63–83, hier S. 81.

[274] Vgl. den Kommentar zu *Stella* in: Der junge Goethe 1757–1775. Hg. von Gerhard Sauder, S. 723.

[275] Kommentar zur zweiten Fassung von *Stella*. In: Johann Wolfgang Goethe: Weimarer Klassik 1798–1806. Hg. von Victor Lange (Sämtliche Werke nach Epochen seines Schaffens. Hg. von Karl Richter. Band 6.1). München 1986, S. 967.

nicht erhärtet werden, da sie fast identisch und stereotyp gezeichnet sind. Ebenso wenig ist Bachmaiers Feststellung zuzustimmen: »In der Versuchsanordnung des Dramas definieren sich die Frauen durch Fernando«.[276] Beide setzen sich nicht nur zu dem geliebten Mann, sondern auch zueinander ins Verhältnis. Ihr Einverständnis resultiert nicht aus demselben weiblichen Abhängigkeitsverhältnis, derselben Rolle ihm gegenüber, sondern ist an ein gemeinsames Gefühl gebunden. Zentral ist dabei Stellas Ausruf: »Sie haben geliebt! O Gott sei Dank! Ein Geschöpf, das mich versteht!« (II, S. 319). Zuvor gestehen sich beide ihre enttäuschte Liebe zu einem Mann, eine Szene, die ebenfalls durch eine der Leitgesten des gesamten Stücks bestimmt ist, wenn Cäcilie alias Madame Sommer Stellas Hände ergreift:

> STELLA *nach einer Pause, in der sie Madame Sommer angesehen hat*: [...] Ich fühle im ersten Anblick Vertrauen und Ehrfurcht gegen Sie.
> [...]
> STELLA: Ja die Tage! die ersten Tage der Liebe! [...]
> MADAME SOMMER, *ihre Hände fassend*. Wie groß! Wie lieb!
> STELLA: Ihr Angesicht glänzt wie das Angesicht eines Engels, Ihre Wangen färben sich!
> MADAME SOMMER: Ach und mein Herz! Wie geht es auf! wie schwillt's vor Ihnen!
> (II, S. 318f.)[277]

Kurz darauf fordert Stella Madame Sommer auf:

> STELLA: Madame! Da fährt mir ein Gedanke durch den Kopf – Wir wollen einander das sein, was sie [die Männer] uns hätten werden sollen! Wir wollen zusammen bleiben! – Ihre Hand! – Von diesem Augenblick an laß ich Sie nicht! (II, S. 320f.)

In der ersten Szene äußern beide übereinstimmend, dass eine durch den Geliebten abgebrochene Beziehung in der Erinnerung nicht etwa Zorn oder Trauer, sondern das Hochgefühl der ersten Liebe hervorruft. Der zweite Akt soll die beiden Verlassenen in ihrem Liebesgefühl verbinden, das auch ohne Männer weiter besteht, die sie »glücklich und elend« machen (II, S. 320). Typische Rollenzuschreibungen wie Gattin/Geliebte werden aufgebrochen bzw. sekundär, da das gemeinsame Gefühl, geliebt zu haben, alle Unterschiede auslöscht und sich im Händefassen als typisch empfindsamer Geste manifestiert. Insofern trifft schon eine zeitgenössische Rezension bezüglich der Frauenfiguren den zentralen Aspekt, der in späteren Forschungsarbeiten häufig übersehen wird. Der Rezensent des Berlinischen Litterarischen Wochenblatts weist darauf hin, dass äußerliche Unterschiede gegenüber der gemeinsamen Empfindung, »gleich zärtlich« zu lieben, hinfällig werden:

---

[276] Helmut Bachmaier: Nachwort. In: Johann Wolfgang Goethe: Stella. Stuttgart 2001, S. 58–64, hier S. 60; in generellem Duktus schon Karl Viëtor: Über Goethes *Stella*, S. 477: »Überall in Goethes Jugenddichtung (und in der klassischen Zeit ist es noch so) ist der Mann Träger der ganzen Problematik. [...] Bei den Frauen aber ist Frieden und Halt.«
[277] Johann Wolfgang Goethe: Stella. Ein Schauspiel für Liebende. Hier und im Folgenden direkt im Text zitiert nach der Hamburger Ausgabe. Textkritisch durchgesehen und kommentiert von Wolfgang Kayser. Band 4: Dramatische Dichtungen II. München 1994, S. 307–351.

Verschieden an Temperament und Jahren, ist die Liebe bald brausender, bald sanfter, bey beyden gleich zärtlich, beständig und rein.[278]

Sibylle Wirsing zeigt bei der Beurteilung des Stücks keinen Blick für die empfindsame Problematik, wie ihr Unglaube über das in *Stella* beschriebene Verhalten der Ehefrau zeigt: »Ausgerechnet dem Charakter der Ehefrau traut das Schauspiel zu, dass er sich mit der Nebenbuhlerin gütlich in den Gatten teilt.«[279] Anders Katja Mellmann, die treffend feststellt, dass die Begegnung der beiden Frauen »auf der Basis von gefühlsbetonter Höflichkeit, Empathie, Wertschätzung und ostentativer Offenheit noch ganz nach empfindsamen Mustern«[280] eingeleitet werde. Dass »die Mechanismen des ›zärtlichen‹ Interaktionsmodells« im Verlauf des Stücks nicht mehr gelten, wie Mellmann meint, soll anhand der Regiebemerkungen überprüft werden. Anders als bei typischen Sturm-und-Drang-Stücken spielen diese in Untersuchungen zu *Stella* übrigens kaum eine Rolle.

Es fällt in der Tat schwer, die nach konventionellen Vorstellungen so verschiedenen Rollen der beiden Frauen außer Kraft gesetzt zu sehen und sie beide als Liebende, und zwar bedingungslos Liebende, zu akzeptieren. Wichtig aber ist, dass sich beide Frauen auch ohne Fernando einander zuwenden, wie gegenseitige Umarmungen und Händefassen als Zeichen der Zuneigung bezeugen. Vor allem die Regiebemerkungen werfen ein anderes Licht auf die Frauenfiguren, denn sie werden nicht unterschiedlich charakterisiert wie etwa Adelheid und Maria in *Götz von Berlichingen*,[281] sondern verblüffend ähnlich.

---

[278] Berlinisches Litterarisches Wochenblatt, Berlin und Leipzig 1776, 17. Februar. Abgedruckt in: Julius Braun (Hg.): Goethe im Urteile seiner Zeitgenossen (1773–1786). Faksimiledruck der Ausgabe Berlin 1883. Hildesheim 1969. Bd. 1, S. 236. Treffend stellt Weber fest: »Der von den Rezipienten als anstößig oder als positiv bemerkenswert hervorgehobene Umstand, daß Goethe die Liebesbeziehungen Fernandos zu beiden Frauen so darstellt, daß die Suche nach qualitativen Differenzierungen ins Leere läuft (genauer: nur auf solche Aspekte stößt, die sich auf Alter und Jugend, auf das pure Früher und Später, also auf den Faktor ›Zeit‹ beziehen lassen), bewirkt also ein Aufrufen und Durchstreichen der üblichen Differenzierungen zwischen Ehefrau und Mätresse, fleischlicher Liebe und Freundschaft, Zwang der Institution und Rekompensation etc.« Heinz-Dieter Weber: Stella, S. 152f.
[279] Sibylle Wirsing: Sturm und Drang im Abwind. »Stella« und die Frauen – Andrea Breth und Amélie Niermeyer inszenieren Goethe in Berlin und Frankfurt. In: Theater heute 40/4 (1990), S. 23–25, hier S. 23.
[280] Katja Mellmann: Güte – Liebe – Gottheit, S. 125.
[281] Die gegensätzliche Charakterisierung von Adelheid und Maria wird vor allem innerhalb der Dialogpartien deutlich; so beschreibt Franz Adelheids »feinen lauernden Zug um Mund und Wange«, während er die »süße Seele« seiner »sanften Marie« betont: »Und weiß wie ein Engel des Himmels, gebildet aus Unschuld und Liebe, leitet sie mein Herz zur Ruhe und Glückseligkeit.« Johann Wolfgang Goethe: Götz von Berlichingen mit der eisernen Hand. In: Ders.: Werke. Hamburger Ausgabe. Band 4. Dramatische Dichtungen II, S. 73–175, hier S. 103.

Stürmer und Dränger oder empfindsamer Held? Regiebemerkungen
als Entscheidungskriterium

Fernando ist für Borchmeyer »gewissermaßen ein Mellefont, der, anstatt sich umzubringen, geheiratet hat«.[282] Dass Fernando sich zumindest durch die Regiebemerkungen abhebt und insofern isoliert dasteht, überrascht zunächst, da er sich doch mit Um-den-Hals-Fallen und Händefassen genau derselben Gestik bedient wie Cäcilie und Stella. Allerdings funktioniert diese Gestik bei ihm nur, solange er sich allein einer der beiden gegenüber befindet: Identisch heißt es bei beiden: »*sie bei der Hand fassend*«. Selbst wenn bei ihm dieselben Gesten beschrieben werden wie bei Stella und Cäcilie, werden diese außerdem anders an ihn rückgebunden:

> FERNANDO: Stella! meine Stella! *An ihrem Halse.* Gott im Himmel, du gibst mir meine Tränen wieder!
> [...]
> FERNANDO: Hauche in diesen ausgetrockneten, verstürmten, zerstörten Busen wieder neue Liebe, neue Lebenswonne, aus der Fülle deines Herzens! – *Er hängt an ihrem Munde.*
> (III, S. 324)

Hier wendet sich Fernando zwar offensichtlich mit denselben Gesten seinem Gegenüber zu wie die beiden weiblichen Hauptfiguren, allerdings nur, um diese für sich selbst zu nutzen – einmal, um Lebenskraft zu schöpfen, einmal, um erneut gefühlsfähig zu werden: Ähnlich wie Mellefont gewinnt er durch die Geliebte seine Tränenfähigkeit zurück. Die häufig zitierte Rinaldo-Stelle dient ihm ebenfalls zur Selbstbestätigung:

> STELLA. – Daß man euch so lieb haben kann! – Daß man euch den Kummer nicht anrechnet, den ihr uns verursachet!
> FERNANDO, *ihre Locken streichelnd.* Ob du wohl graue Haare davon gekriegt hast? – Es ist dein Glück, daß sie so blond ohne das sind – Zwar ausgefallen scheinen dir keine zu sein. *Er zieht ihr den Kamm aus den Haaren, und sie rollen tief herunter.*
> STELLA: Mutwille!
> FERNANDO, *seine Arme drein wickelnd.* Rinaldo wieder in den alten Ketten! (III, S. 326)

Fernando beschäftigt sich zwar mit dem Haar Stellas, im Grunde aber wieder nur mit sich selbst, das macht der erneute Hinweis darauf deutlich, dass er sich gefangen fühlt, ganz im Sinne eines Sturm-und-Drang-Helden. Eine zeitgenössische Rezension baut die Regiebemerkungen fast wortwörtlich in die Beschreibung der Szene ein:

> Als S. 58 Fernando seine Stella wieder sieht, da zieht er ihr den Kamm aus den Haaren, die Locken rollen tief hinunter, er wickelt seine Arme drein, und: *Rinaldo wieder in den alten Ketten*, sagt er seiner Geliebten. Mußte da Stella mit der schönen Iris nicht denken: helas n'avait il rien de plus doux à me dire! [...] dieses frostige Theaterspiel mit ihren Haaren [...].[283]

---

[282] Dieter Borchmeyer: Schwankung des Herzens, S. 75.
[283] Freywillige Beyträge zu den Hamburgischen Nachrichten aus dem Reiche der Gelehrsamkeit, Hamburg 1776, 2. April. In: Julius W. Braun (Hg.): Goethe im Urtheile seiner Zeitgenossen (1773–1786), S. 260–264, hier S. 264.

Der Rezensent erkennt, worauf es ankommt: Aus Stellas Sicht muss die Szene enttäuschend sein, denn die erotischen Gesten Fernandos gelten nicht ihr, sie führen Fernando nur wieder zu sich selbst zurück. Auch ihre Haare bezieht Fernando auf sich, um sein eigenes Gefühl als Gefangener zu beschreiben: »Rinaldo wieder in alten Ketten«. Fernando stilisiert sich hier implizit als einer, der passiv das Schicksal erleidet, das ihm durch eine Frau angetan wird, obwohl eindeutig er es ist, der die Initiative ergreift. In der Rinaldo-Armida-Episode aus Tassos *Befreitem Jerusalem*, auf die er anspielt, ordnet die Zauberin Armida ihr Haar in Rinaldos Gegenwart, das »hie und da mutwillig sich entrollt«.[284] Die Frau ist bei Tasso also aktiv beteiligt. Von Stellas Gefühlen erfährt der Leser/Zuschauer überdies nichts; mit Regiebemerkungen wird hier nur Fernando versehen.[285]

Die besondere Berücksichtigung Fernandos erscheint symptomatisch. Dass »Fernando [...] die Reihe der schwachen unbestimmten männlichen Helden: Weislingen, Werther und Clavigo, fort[setzt]«,[286] kann anhand der Regiebemerkungen nur eingeschränkt bestätigt werden, denn anders als Weislingen, der von den wenigen Regiebemerkungen her empfindsam gezeichnet ist[287] – mit dem Fuß stampft dort nur sein Diener und späterer Nebenbuhler Franz[288] –, ist Fernando mit Zähneknirschen und ungestümen Gesten als typischer Sturm-und-Drang-Held ausgestattet: Er *»fährt auf und geht wild auf und ab«* (S. 345), *»wirft sich in einen Sessel«* (S. 345), *»will aufspringen«* (S. 347), *»fällt wieder zusammen«* (S. 347), *»springt auf in der Bewegung zu fliehen«* (S. 347), *»mit Wut und Zittern«* (S. 339), *»mit Zähneknirschen«* (S. 339). Zwar zeigt der ausdrückliche Verweis Rupperts auf das Zähneknirschen Fernandos,[289] dass die Sturm-und-Drang-typische Geste ihn in diesem Dramentext überrascht und nicht zur Figurenzeichnung zu passen scheint, aber auch die anderen Regiebemerkungen zu seiner Figur gehören in dieses Spektrum von Gesten. In zeitgenössischen Gebärdenbüchern nimmt das Zähneknirschen außerdem einen festen Platz ein und ist nicht metaphorisch, sondern wörtlich zu verstehen. So stellt Ballhausen fest: »[...] durch das Knirschen der Zähne wird die innere Beteiligung angezeigt und die Stärke

---

[284] Torquato Tasso: Das befreite Jerusalem. Nach der Übersetzung von J.D. Gries hg. und neu bearbeitet von Wolfgang Kraus. München 1963, 16. Gesang, S. 304.

[285] Vgl. Hubert J. Meessen: *Clavigo* and *Stella* in Goethe's personal and dramatic development. In: Ders. (Hg.): Goethe Bicentennial Studies. Bloomington 1950, S. 153–206, hier S. 200: »Fernando is ever subject to the impression of the moment.« Fernando fühlt sich immer zu derjenigen der beiden geliebten Frauen hingezogen, die sich ihm gerade gegenüber befindet.

[286] Werkkommentar zu *Stella*. In: Der junge Goethe in seiner Zeit. Band 1, S. 757–761, hier S. 759.

[287] Vgl. etwa Weislingens Gesten Maria und Karl gegenüber, Johann Wolfgang Goethe: Götz von Berlichingen, S. 88, 98f.

[288] Vgl. Johann Wolfgang Goethe: Götz von Berlichingen, S. 154: »FRANZ (*vor Verdruß und Zorn mit dem Fuß stampfend*)«.

[289] Vgl. Hans Ruppert: Darstellung der Leidenschaften, S. 64: »Dies Zähneknirschen und Zähneaufeinanderbeißen – eine auch im übrigen Sturm und Drang beliebte Gebärde für anderweitig gehemmte Affektentladung – findet sich bei Goethe noch in ›Stella‹ als Regiebemerkung.«

der Empfindung und des Affektes zum Ausdruck gebracht« und »harte Gebärden lassen jetzt [im Moment des Zorns] die Finger verkrampfen, und man beginnt mit den Zähnen zu knirschen«.[290]

Während Nahverhältnisse nur durch Gesten – und zwar immer gleiche Gesten – über Regiebemerkungen beschrieben werden, wird das Sehen und Ansehen,[291] das in anderen Dramentexten durchaus zur Figurendifferenzierung innerhalb der expliziten Regiebemerkungen eingesetzt wird, hier fast ausschließlich in der Figurenrede thematisiert:

> STELLA *zu den Wänden.* Er ist wieder da! Seht ihr ihn? Er ist wieder da! *Vor das Gemälde einer Venus tretend.* Siehst du ihn, Göttin? (III, S. 324)

In einer expliziten Regiebemerkung wird das Sehen für die gegenwärtige Situation gerade dann beschrieben, wenn *nicht* hingesehen wird, so wenn Fernando zu Stella geht und seine Ehefrau dabei übersieht: »*Fernando vorbei, über sie hinsehend*«. Gail Hart beschreibt den männlichen Protagonisten treffend als »the star-gazing Fernando«.[292] Wenn Fernando jemanden ansieht, dann in einer narzisstischen Pose, um sich selbst zu spiegeln:

> FERNANDO. Und ich, wenn ich in dein blaues, süßes Aug dringe, und drin mich mit Forschen verliere, so mein ich, die ganze Zeit meines Wegseins hätte kein ander Bild drin gewohnt als das meine. (III, S. 325)

Auch den Bereich von Stellas Blick will er besetzen,[293] indem er ihn als Spiegel benutzt, und zwar mit Absolutheitsanspruch über alle Zeiten hinweg. Anders als Schiller in *Maria Stuart* – einem Dramentext, der den Blick häufig in den Regiebemerkungen thematisiert (vgl. Kap. 5.2) – berücksichtigt Goethe konkrete Bühnenkonventionen, die er später in den *Regeln für Schauspieler* als maßgeblich und in Form fester Regeln formuliert, um das Theater »in ein geregeltes Sprachsystem zu überführen«[294] und seine Reproduzierbarkeit zu garantieren. Das gegenseitige Sich-Anschauen schließt er dort dezidiert aus:

---

[290] Günter Ballhausen: Wandel der Gebärde, S. 46.
[291] Gail Hart stellt neben dem Geschlechteraspekt das Sehen ins Zentrum ihrer Untersuchung. Gail Kathleen Hart: Star-Gazing, S. 46.
[292] Ebd., S. 45.
[293] Für einen weiteren Dramenhelden Goethes, Weislingen, spielt das Sehen eine Rolle. Es wird dort ebenfalls in der Figurenrede thematisiert, nicht in den Regiebemerkungen. Vgl. Johann Wolfgang Goethe: Götz von Berlichingen, S. 113f.: »WEISLINGEN. Erlaubt noch einen Augenblick. *Er nimmt ihre* [Adelheids] *Hand und schweigt.* [...] WEISLINGEN. Soll das Euer letzter Blick sein? [...] WEISLINGEN. Seht mich nicht so an. [...] WEISLINGEN. Sie will mich nicht sehn? [...] WEISLINGEN. Sie will mich nicht sehn!«
[294] Birgit Wiens: ›Grammatik‹ der Schauspielkunst. Die Inszenierung der Geschlechter in Goethes klassischem Theater. Tübingen 2000, S. 149; zum Stellenwert der *Regeln für Schauspieler* vgl. auch Wolfgang F. Bender: ›Mit Feuer und Kälte‹ und ›Für die Augen symbolisch‹. Zur Ästhetik der Schauspielkunst von Lessing bis Goethe. In: Deutsche Vierteljahrsschrift für Literaturwissenschaft und Geistesgeschichte 62 (1988), S. 60–98, hier S. 81–83, und Lothar Pikulik: Schiller und das Theater. Hildesheim 2007, S. 75–80.

[...] der Kopf ein wenig gegen den gewendet, mit dem man spricht, jedoch nur so wenig, dass immer dreiviertheil vom Gesicht gegen die Zuschauer gewendet ist. (§ 37)[295]

Diese theatertechnische Erklärung erscheint auch deshalb plausibel, weil das gesamte Stück von Regiebemerkungen durchzogen ist, die praktisch umsetzbar sind. An den wenigen Stellen, an denen Intensivierungen sichtbar werden und sich viele explizite Regiebemerkungen finden, richtet sich der Blick nicht auf ein lebendiges Gegenüber, sondern auf ein Bild, so im Folgenden das Porträt des Angesprochenen wie zuvor das Bild der Venus:

> *Stellas Kabinett. Im Mondenschein.*
> *Stella.*
> *Sie hat Fernandos Porträt und ist im Begriff, es von dem Blendrahmen loszumachen.*
> STELLA. Fülle der Nacht, umgib mich! [...] *Sie ergreift das Porträt.* [...] *Sie nimmt ein Messer und fängt an, die Nägel loszubrechen.* [...] *Das Gemälde nach dem Monde wendend.* [...] *Das Porträt anschauend.* [...] *Sie zuckt mit dem Messer nach dem Gemälde.* Fernando! – *Sie wendet sich ab, das Messer fällt, sie stürzt mit einem Ausbruch von Tränen vor den Stuhl nieder.* Liebster! Liebster! – Vergebens! Vergebens! –
> *Bedienter kommt.*
> [...] *Bedienter nimmt das Messer auf und schneidet das Gemälde von dem Rahmen und rollt's.* (V, S. 341f.)[296]

Da die Figuren sich nicht direkt aufeinander zubewegen sollen – nach Goethe soll nicht realistisch, sondern »idealisch«[297] gespielt werden, er spricht von »mißverstandener Natürlichkeit« (§ 39) –, muss das Sehen innerhalb der Figurenrede benannt werden. Der Bezug zum Publikum hat im Zusammenhang mit dem Antiillusionismus, den Goethe hier vertritt, Priorität, so dass der Schauspieler auch »nie in's Theater hineinzusprechen, sondern immer gegen das Publicum« (§ 40) zu spielen hat: »Denn der Schauspieler muß stets bedenken, daß er um des Publicums willen da ist.« (§ 38).[298]

---

[295] Johann Wolfgang Goethe: Regeln für Schauspieler. In: Ders.: Weimarer Ausgabe. 1. Abt., Band 40, S. 139–168, hier S. 154.

[296] Vgl. zu dieser Szene Béatrice Dumiche: Weiblichkeit im Jugendwerk Goethes, S. 246: »Nicht einmal in dem Augenblick der größten Enttäuschung vermag denn auch Stella, sein Bild zu zerstören, denn jene Ikone ist Lebensinhalt.« Von einer »Rückkehr zum Mann als religiöser Ikone« im zweiten Akt sprechen David G. John, Stefan Endres, Gabriele Franke: Ein neuer Schluß für Goethes »Stella«. In: Goethe-Jahrbuch 111 (1994), S. 91–101, hier S. 99.

[297] Vgl. Johann Wolfgang Goethe: Regeln für Schauspieler, § 35: »Zunächst bedenke der Schauspieler, daß er nicht allein die Natur nachahmen, sondern sie auch idealisch vorstellen solle, und er also in seiner Darstellung das Wahre mit dem Schönen zu vereinigen habe«, S. 153. Schwind spricht in diesem Zusammenhang von der »Kunst-Figur«, die sich durch typisierte Gesten und Haltungen auszeichne und »nicht an die profane ›Persönlichkeit‹ des Schauspielers« erinnern solle; vgl. Klaus Schwind: »Man lache nicht!« Goethes theatrale Spielverbote. In: Internationales Archiv für Sozialgeschichte der deutschen Literatur 21 (1996), Heft 2, S. 66–112, hier S. 106.

[298] Zu Goethes Kritik am dominierenden Bühnenrealismus der Zeit vgl. Dieter Borchmeyer: Saat von Göthe gesäet... Die »Regeln für Schauspieler« – Ein theatergeschichtliches Gerücht. In: Wolfgang F. Bender (Hg.): Schauspielkunst im 18. Jahrhundert. Grundlagen, Praxis, Autoren. Stuttgart 1992, S. 261–287, hier S. 269f.

Ob Goethe bei der Konzeption der *Stella* schon seine *Regeln für Schauspieler* im Blick hatte, ist nicht belegbar und eher unwahrscheinlich, da er noch nicht die Position eines Theaterdirektors innehatte;[299] sein Verhältnis zu Dramentexten war aber schon zu dieser Zeit vom Theater bestimmt (s. *Wilhelm Meisters Lehrjahre*), und die Regiebemerkungen weisen sprachlich und inhaltlich auf die Schauspielerregeln voraus. Sie betreffen vor allem Gesten, daneben Requisiten, und sind insgesamt auf einige wenige Aspekte beschränkt, die theatertechnisch leicht umsetzbar sind. In den *Regeln für Schauspieler* unterscheidet Goethe zwar zwischen Rezitation und Deklamation, bleibt aber mit beiden Formen des Vortrags einem statischen Schauspielstil verhaftet,[300] der stark differenzierte und vom üblichen Gesten-Repertoire abweichende Bewegungen dezidiert ausschließt. Gerade auch aus diesem Grund wird Mimisches in die Dialogpartien hereingeholt, da diese als Transportmittel fungieren und individuelle Gestik und Mimik nicht Ziel der schauspielerischen Darstellung sind.

In den *Regeln für Schauspieler* werden »Haltung und Bewegung der Hände und Arme« als eigener Abschnitt erörtert (§§ 44–62). Hierbei handelt es sich ebenfalls um einen tradierten, unter dem Begriff der Chiromantie schon für die Deklamation wichtigen Bereich, der in Lessings Fragment *Der Schauspieler* ebenso wie in Goethes *Regeln für Schauspieler* Priorität hat (zu Lessing vgl. Kap. 3.2.).[301] Auch in diesem Punkt werden Parallelen zu den Regiebemerkungen deutlich, die häufig die Handbewegungen betreffen, im Gegensatz zum Sehen, das in die Figurenrede integriert ist. Die auffällige und sonst unübliche Betonung der Richtungsangaben weist ebenfalls auf eine bühnentechnische Umsetzung hin:

---

[299] Zu Goethes Tätigkeit als Theaterdirektor vgl. Werner Frick: Klassische Präsenzen: Die Weimarer Dramatik und das Berliner Nationaltheater unter Iffland und Graf Brühl. In: Ernst Osterkamp (Hg.): Wechselwirkungen. Kunst und Wissenschaft in Berlin und Weimar im Zeichen Gottes. Bern u.a. 2002, S. 231–266, hier S. 236: Für Weimar ist die »klassische Dramatik mitsamt ihrer spezifischen Darstellungs-, Sprech- und Spielweise« bestimmend.

[300] Auch wenn es nicht primär darum geht, die Deklamation von der Rezitation zu unterscheiden, wie dies in den ersten Paragraphen seiner *Regeln für Schauspieler* der Fall ist, spricht Goethe ganz selbstverständlich von »declamieren« und »Declamation«, etwa § 63. Zum Verhältnis von Rezitation und Deklamation in Goethes *Regeln für Schauspieler* vgl. auch Klaus Schwind: »Man lache nicht!«, S. 109f., und Ulrich Kühn: Sprech-Ton-Kunst. Musikalisches Sprechen und Formen des Melodrams im Schauspiel- und Musiktheater (1770–1933). Tübingen 2001, S. 59–67.

[301] Lohr weist darauf hin, dass in Rhetorik-Lehrbüchern des 17. und 18. Jahrhunderts zwar immer wieder »der grundlegende Unterschied der rhetorischen *actio* zur theatralischen *Handlung*« hervorgehoben werde, die »Körper und die Stimmen der Schauspieler« aber »an das monologische Gestaltungsprinzip des Redners« gebunden blieben. Vgl. Günther Lohr: Inskription des Szenischen. Zum Kontext von Goethes »Regeln für Schauspieler« (1803). In: Michel Corvin (Hg.): Goethe et les arts du spectacle. Bron 1985, S. 162–177, hier S. 172.

Sie führen sie [Stella] *langsam hervor und lassen sie auf der rechten Seite auf einen Sessel nieder.* [...] *Sie* [Stella] *fällt auf ihren rechten Arm, der über den Tisch gelehnt ist.* [...] *Er* [Fernando] *geht langsam nach dem Tische linker Hand.*[302]

Diese Regiebemerkungen kann man zu Goethes *Regeln für Schauspieler* in Beziehung setzen. Dort heißt es:

> Wenn ich die Hand reichen muß, und es wird nicht ausdrücklich die rechte verlangt, so kann ich ebensogut die linke geben; denn auf der Bühne gilt kein rechts oder links, man muß nur immer suchen, das vorzustellende Bild durch keine widrige Stellung zu verunstalten. Soll ich aber unumgänglich gezwungen sein, die Rechte zu reichen, und bin ich so gestellt, daß ich über meinen Körper die Hand geben müßte, so trete ich lieber etwas zurück und reiche sie so, daß meine Figur *en face* bleibt. (§ 58)

Dass Goethe diese Regeln tatsächlich umsetzte, zeigen Dokumente seiner Probenarbeiten zum *Egmont*. In eine Szene zwischen Herzog Alba, der von Graff, und Egmont, der von Oels gespielt wurde, griff Goethe 1796 wie folgt ein:

> Lieber Graff! Ihre Gesticulationen wären ganz gut, wenn sie dabei nicht das Gesicht verdeckten, das man nur in besonderen Fällen dem Zuschauer verbergen soll. Spielen Sie statt mit dem rechten Arm mit dem linken, so bleibt Ihr Gesicht frei und Ihre Mimik geht dem Publicum nicht verloren. Auch ist es angemessener, die Worte, welche Alba an Egmont, der zu seiner Linken steht, richtet, mit der linken Hand vorzugsweise zu unterstützen.[303]

Diese Regel setzt herkömmliche Konventionen des Händedrückens für den Sonderfall Bühne außer Kraft, da dort der visuelle Aspekt von größerer Relevanz ist als das Reichen der rechten als der ›richtigen‹ Hand. Der Sichtkontakt zwischen Publikum und Schauspielern ist wichtiger als derjenige der Schauspieler untereinander. Für Quintilian hingegen ist nicht die linke, sondern immer die rechte Hand die Aktionshand: »Die linke Hand führt nie für sich allein eine Gebärde richtig aus, häufig aber schließt sie sich der rechten an«.[304] Vermutlich ist hier der Unterschied zwischen Redner und Schauspieler in Rechnung zu stellen, da Quintilian den allein agierenden Redner im Blick hat,[305] während die »Dominanz der rechten Hand über die ›kleine‹ oder ›begleitende‹ Linke«,[306] die in der Forschung auch für Goethes *Regeln*

---

[302] Vgl. den Abdruck des veränderten Schlusses nach der Trauerspielfassung in: Johann Wolfgang Goethe: Werke. Hamburger Ausgabe. Band 4: Dramatische Dichtungen II. München 1994, S. 349.
[303] Woldemar von Biedermann (Hg.): Goethes Gespräche. 10 Bände. Leipzig 1888–96. Band 8. Leipzig 1890, S. 168; vgl. Willi Flemming: Goethe und das Theater seiner Zeit. Stuttgart u.a. 1968, S. 163.
[304] Marcus Fabius Quintilianus: Ausbildung des Redners. Zwölf Bücher. Hg. und übers. von Helmut Rahn. Darmstadt 1975. 2. Teil, XI, 3, S. 641–681, hier S. 651, 114.
[305] Vgl. ebd., S. 655, 125: »Sich auf das rechte Bein zu stützen ist zuweilen gestattet, jedoch nur mit gerader Brusthaltung, eine Gebärde, die indessen besser in die Komödie paßt als in die öffentliche Rede.« Zu Richtungsangaben vgl. S. 659, 135, zu Gebärden, die beim Vortrag »falsch«, im Schauspiel hingegen üblich sind, vgl. S. 669, 160. Einen Überblick zu Quintilians körpersprachlichen Regeln für den Redner gibt Sabine Chaouche: L'art du comédien, S. 74f.
[306] Allein von der Dominanz der rechten Hand spricht Günther Lohr: Inskription des Szenischen, S. 173.

für Schauspieler postuliert wird, in dieser Ausschließlichkeit nicht zutrifft, sondern in bestimmten Fällen außer Kraft gesetzt wird. Dass die oben zitierten Richtungsangaben aus Goethes *Stella* ausnahmslos aus dem veränderten Schluss der zweiten Fassung für die Weimarer Aufführung von 1806 stammen, ist in diesem Zusammenhang doppelt erwähnenswert: Zum einen, weil die *Regeln für Schauspieler* direkt zuvor von Goethe entwickelt wurden,[307] zum anderen, weil jetzt der bühnentechnische Bezug an Bedeutung gewonnen hat, da diese Schlussversion mit Blick auf die konkrete Aufführung verändert wurde.

Der theaterpraktische Bezug: Goethes Inszenierungshinweise

Dass die Regiebemerkungen in *Stella* so stereotyp ausfallen und die Frauen figurenkonzeptionell – entgegen herkömmlicher Vorstellungen von Gattin und Geliebter – sehr ähnlich gezeichnet sind, während der männliche Protagonist weiterhin den Stürmer und Dränger darstellt, hängt vermutlich ebenfalls mit dem Theaterbezug des Stücks zusammen. Katja Mellmann stellt fest, dass es sich bei Goethes Figuren »um idealtypische oder überkohärente Merkmalsträger [handelt], nicht um ›realistisch‹ entworfene Figuren«,[308] wobei sie einschränkend einwendet, dass dies in gewisser Weise bei jedem Dramentext der Fall sei. Ein Grund für die besonders stereotype Darstellungsweise in *Stella* kann in der Ausrichtung an traditionellen Aufführungsformen liegen, die Goethe verfolgt. Nicht die Liebeskonzeption,[309] sondern bestimmte Vorstellungen von den Figuren als *Theater*figuren und von der Aufführung sind dabei ausschlaggebend. Während die Gesten, den Regiebemerkungen zufolge, einen hohen Stellenwert besitzen, finden sich kaum Angaben zu Mimik und Stimmmodulation,[310] anders als etwa in Lessings *Emilia Galotti* und Schillers *Maria Stuart* (vgl. Kap. 3.2 u. 5.2). Nicht nur die klassischen Stücke Goethes, sondern selbst das Sturm-und-Drang-Stück *Götz von Berlichingen* und die Jugenddramen *Clavigo* und *Stella* berücksichtigen den mimischen Bereich kaum, so dass kein epochenspezifisches, sondern ein autorspezifisches, vermutlich durch Theatererfahrung bedingtes Charakteristikum vorliegt. Auf einigen Gebieten spart Goethe Regiebemerkungen

---

[307] Die 1803 entstandenen *Regeln für Schauspieler* wurden 1824 von Eckermann redigiert, 1832 erstmals gedruckt. Zur Entstehung und Veröffentlichung der kodifizierten Regeln vgl. Wang Jian: Über Goethes *Regeln für Schauspieler*. In: Literaturstraße 1 (2000), S. 83–100.

[308] Katja Mellmann: Güte – Liebe – Gottheit, S. 110. Mellmann weiter: »Das gilt zwar mehr oder minder für alle dramatischen Figuren: sie sind ideale Positionierungen innerhalb eines gewissen Problemzusammenhangs, charakterisiert durch eine individuelle diskursive Strategie, die das Problem je in spezifischer Weise differenziert. In *Stella* gilt dies jedoch in erhöhtem Maße, wie die Szenenabfolge bei Fernandos Rückkehr im dritten Akt deutlich machen kann.«

[309] Vgl. Marianne Willems: Stella, mit Bezug auf Luhmann.

[310] Sengle stellt dem *Faust* die »klassischen Stücke« Goethes gegenüber, »die auffallend arm an mimischem Leben sind«. Friedrich Sengle: Goethes Verhältnis zum Drama. Die theoretischen Bemerkungen im Zusammenhang mit seinem dramatischen Schaffen. Berlin 1936, S. 33.

also ganz aus oder umgekehrt: Er setzt sie nur für bestimmte Bereiche ein. Insofern ist Patrick Taïeb keinesfalls zuzustimmen, der die differenzierten Regiebemerkungen zur Mimik in *Stella* hervorhebt:

> Goethe multiplie les effets visuels par *des indications précises sur la mimique des acteurs,* sur leur déplacement et leur disposition sur scène.[311]

»Ein Stück auf dem Papiere ist gar nichts«, so notiert Eckermann eine Äußerung Goethes vom 4.2.1829.[312] Schon viel früher bedauert Goethe den Mangel einer dritten Möglichkeit zwischen den Vorstellungen des Dramenverfassers und der praktischen Umsetzung auf der Bühne. Diese erkennt er bei den Komponisten, »die mit tausend Hilfsmitteln und Hinweisen die Interpreten ihrer Schöpfung an jeder Stelle des Vortrags *einstimmen* könnten«.[313] Am Schluss seiner Ausführungen zu einer Bühnenrealisierung der *Stella* entschuldigt sich Goethe gewissermaßen dafür, dass er in dieser Form Angaben für einen hypothetischen Direktor äußert, indem er ebenfalls einen Vergleich zur Musik zieht:

> Bedenkt man die unglaublichen Vortheile, die der Componist hat, der alle seine Wünsche und Absichten mit tausend Worten und Zeichen in die Partitur einschließen und sie jedem Kunstausübenden verständlich machen kann, so wird man dem dramatischen Dichter auch verzeihen, wenn er das, was er zum Gelingen seiner Arbeit für unumgänglich nöthig hält, den Directionen und Regien an's Herz zu legen trachtet.[314]

Anders als der Komponist, der die Ausführenden innerhalb des Notationssystems hinreichend informieren kann, gibt Goethe Inszenierungshinweise, indem er einen zusätzlichen Kommentar zum Stück liefert wie hier in den dramaturgischen Bemerkungen zur *Stella*. Diese sollen diejenigen Bühnen erreichen, die nicht in direktem Kontakt mit ihm stehen, denn:

> Gegenwärtig ist das Stück ganz vollkommen besetzt, so daß nichts zu wünschen übrigbleibt [...]. Doch würde eine solche allgemeine Versicherung Schaubühnen, welche dieses Stück aufzuführen gedächten, von weiter keinem Nutzen sein, deßwegen wir über das Einzelne die nöthigen Bemerkungen hinzufügen.[315]

Die stückexternen Anmerkungen hält Goethe für notwendig, als ob die Regiebemerkungen allein keine ›autorisierte‹ Umsetzung ermöglichten. Sie stellen für ihn keine

---

[311] Vgl. Patrick Taïeb: L'adaptation de *Stella* en opéra-comique: *Zélia* (1791). Un aspect de la réception de Goethe en France. In: Herbert Schneider (Hg.): Studien zu den deutsch-französischen Musikbeziehungen im 18. und 19. Jahrhundert. Hildesheim u.a. 2002, S. 240–265, hier S. 246. Hervorhebung A.D.

[312] Johann Peter Eckermann: Gespräche mit Goethe in den letzten Jahren seines Lebens. Hg. von Regine Otto unter Mitarbeit von Peter Wersig. München ³1988, S. 267. Goethe weiter: »Für das Theater zu schreiben, fuhr Goethe fort, ist ein eigenes Ding, und wer es nicht durch und durch kennt, der mag es unterlassen.«

[313] Lothar J. Scheithauer: Zu Goethes Auffassung von der Schauspielkunst. In: Joachim Müller (Hg.): Gestaltung Umgestaltung. FS Hermann August Korff. Leipzig 1957, S. 108–117, hier S. 109.

[314] Johann Wolfgang Goethe: Über das deutsche Theater, S. 96f.

[315] Ebd., S. 95.

direkte Schaltstelle zwischen Dramenautor und Regie[316] bzw. Direktion im Sinne der für die reale Bühnenumsetzung Verantwortlichen dar.[317] Zumindest nimmt er sie bei dieser Frage nicht in den Blick. Hierfür greift er auf andere Äußerungs- und Publikationsmöglichkeiten zurück,[318] die unabhängig vom Dramentext erscheinen, in diesem Fall auf Cottas *Morgenblatt für gebildete Stände*.

Als vorläufiges Fazit ist festzuhalten: ›Regieanweisungen‹ zur Figurencharakterisierung wie auch für die Rollenbesetzung finden sich für *Stella* vorzugsweise in Goethes Schrift *Über das deutsche Theater*. Diese Schrift richtet sich an diejenigen Bühnen, die Goethe nicht direkt, wie das bei Weimar der Fall ist – d.h. mündlich und durch eigene Anwesenheit bei Proben[319] –, in Inszenierungs- und Besetzungsfragen beraten kann.

Ein weiterer Punkt betrifft ebenfalls einen theaterpraktischen Aspekt, und zwar die Beziehung der Figuren zu Rollenfächern. Es mag verwundern, dass die Figuren durch die Regiebemerkungen stereotyp gezeichnet sind, obwohl Goethe die Rollenfächer abschaffen möchte.[320] Wenn man dieses Vorgehen gegen Rollenfächer aber als Aufbrechen typisierter Figuren versteht, übersieht man, dass Goethe damit andere, und zwar wiederum theaterpraktische Ziele verfolgt. In erster Linie geht er so gegen

---

[316] Vgl. Erika Fischer-Lichte: Kurze Geschichte des deutschen Theaters. Tübingen, Basel ²1999, S. 456, Anmerkung 146: »Insofern können wir mit einigem Recht Goethe als den ersten Regisseur auf dem deutschen Theater bezeichnen, während es Spielleiter schon lange gab.«

[317] Goethe zieht auch innerhalb der *Regeln für Schauspieler* Parallelen zur Musik und realisiert die Schauspielerproben im Sinne von Orchesterproben, in denen er als Direktor – mit Taktstock – die Rolle des Dirigenten übernimmt, kommt aber auch dort nirgends auf die Regiebemerkungen zu sprechen. Vgl. Goethe: Regeln für Schauspieler, § 21: »Man könnte die Declamirkunst eine prosaische Tonkunst nennen, wie sie denn überhaupt mit der Musik sehr viel Analoges hat. Nur muß man unterscheiden, daß die Musik, ihren selbsteignen Zwecken gemäß, sich mit mehr Freiheit bewegt, die Declamirkunst aber im Umfang ihrer Töne weit beschränkter und einem fremden Zwecke unterworfen ist. Auf diesen Grundsatz muß der Declamirende immer die strengste Rücksicht nehmen.« Vgl. Julius Wahle: Das Weimarer Hoftheater unter Goethes Leitung. Weimar 1892, S. 166: »In der Art und Weise, wie Goethe die Deklamation einstudirte, lehnte er sich an Formen und Gepflogenheiten der Musik an. [...] Auch Wolff erzählt, daß Goethes Art, eine dramatische Dichtung auf die Bühne zu bringen, ganz die eines Capellmeisters war. ›Er liebte es, bei allen Regeln, die er festsetzte, die Musik zum Vorbild zu nehmen, und gleichnisweise von ihr bei allen seinen Anordnungen zu sprechen. Der Vortrag wurde von ihm auf den Proben ganz in der Art geleitet, wie eine Oper eingeübt wird: die Tempis, die Fortes und Pianos, das Crescendo und Diminuendo usw. wurden von ihm bestimmt und mit der sorgfältigsten Strenge bewacht.‹«

[318] Ähnlich, wenn auch in weit größerem Umfang, greift Diderot auf Texträume zurück, die außerhalb des Dramentextes liegen (vgl. Kap. 3.3).

[319] Fischer-Lichte weist darauf hin, dass Goethes Lese- und Bühnenproben »im Kontext des ihm zeitgenössischen Theaters [...] außergewöhnlich lang« waren. Erika Fischer-Lichte: Kurze Geschichte des deutschen Theaters, S. 152.

[320] Vgl. Peter Huber: Goethes praktische Theaterarbeit. In: Goethe-Handbuch. Band 2: Dramen. Hg. von Theo Buck. Stuttgart, Weimar 1997, S. 21–42, hier S. 33f. Huber beschreibt die Reduzierung des Rollenfachsystems unter Goethe in Weimar.

die Beschränkung der Schauspieler auf bestimmte wichtige Rollen vor, um sie vertraglich zu verpflichten, auch kleinere sowie Statistenrollen zu übernehmen, wenn dies nötig ist.[321] Die Ausführungen zu *Stella* zeigen darüber hinaus, dass Goethe durchaus in Rollenfächern denkt:

> Die Rolle des Fernando wird jeder nicht gar zu junge Mann, der Helden- und Liebhaberrollen zu spielen berufen ist, gern übernehmen und die leidenschaftliche Verlegenheit, in die er sich gesetzt sieht, mit mannichfaltiger Steigerung auszudrücken suchen. [...] Die Postmeisterin ist keine zänkische Alte; sie ist eine junge, heitere, thätige Wittwe, die nur wieder heirathen möchte, um besser gehorcht zu sein.[322]

Dass die Regiebemerkungen weiterhin im Sinne fester Rollenvorstellungen gesetzt werden, auch wenn Goethe sie nirgends ausdrücklich zu diesen ins Verhältnis setzt, verwundert nicht, denn der Bezug zwischen möglichen Schauspielern bzw. deren Rollenqualitäten und der Theaterrealisierung steht in diesen Äußerungen im Vordergrund. Für eine bühnentechnische Umsetzung geben die Regiebemerkungen prägnante Anweisungen, die häufig kodifizierte Gesten benennen, auch wenn ein Normierungs- oder auch nur Verwendungsbewusstsein für diese Texträume fehlt, von den Regiebemerkungen zumindest nie explizit, mit Blick auf ihre textliche Verfasstheit, die Rede ist.

Stella – kein »Männertraum«: Relektüre im Lichte der Regiebemerkungen

Im letzten Abschnitt ging es darum, die Befunde aus dem Stück zu einer generellen Bedeutung der Regiebemerkungen in Beziehung zu setzen. Abschließend ist mit Bezug auf die vieldiskutierte Schlusspassage, in der die zukünftige *ménage à trois* angekündigt wird, erneut zu fragen, ob man die Textbefunde für die Figurenzeichnung produktiv machen kann. Vor allem der Realitätsstatus der Schlussszene wird immer wieder in Frage gestellt. So meint Rochow, Goethe habe gegen Ende des Stückes »die Tonlage gewechselt, er geht über zur Legende: Der Schluss gibt nicht die Lösung des Konfliktes für die Zukunft, sondern stellt die Vereinigung der drei Gestalten dar, unabhängig von Raum und Zeit«.[323] Von Karl Viëtor bis zu Marianne Willems wird der Wahrheitsgehalt der Schlusssequenz angezweifelt, da es sich um einen Kunstgriff handele, der eine Lösung lediglich vortäusche, eine »Art selbstreferentieller Kommentar«.[324] Mellmann setzt sich konstruktiv mit Willems' These auseinander, die poetische Periphrase des Konflikts durch die Legendenerzäh-

---

[321] Vgl. Erika Fischer-Lichte: Kurze Geschichte des deutschen Theaters, S. 151.
[322] Johann Wolfgang Goethe: Über das deutsche Theater, S. 95f.
[323] Christian Erich Rochow: Das bürgerliche Trauerspiel, S. 191. Gegen die Ansicht Rochows spricht auch, dass Goethe den Schluss des Stücks später ändert, um den Bedürfnissen des Publikums zu entsprechen. Weder das Publikum noch die Leser hatten am Realitätsgehalt dieser Passage und der in Aussicht gestellten Dreierkonstellation gezweifelt – anders die Forschung. Utopisch erscheint der Schluss vom Inhalt, nicht von der Struktur des Stückes her.
[324] Marianne Willems: Stella, S. 74.

lung entspreche einem utopischen Adynaton.[325] Auf der Textebene finden sich aber keine Hinweise dafür, dass der Schluss qualitativ eine andere Ebene besetzt als das gesamte Stück. Dass Cäcilie auf die Legende vom Grafen von Gleichen zurückgreift, stellt eine Möglichkeit dar, eine für das bürgerliche Publikum moralisch anfechtbare Lösung des Dilemmas, in dem die drei sich befinden, zu legitimieren.[326] Dramentechnisch gesehen, bleibt die »Legende« auf die Figurenrede beschränkt, so dass der Realitätsgehalt der Gesten, die das Stück beschließen, davon nicht betroffen ist. Den Regiebemerkungen haftet außerdem ein Realitätsstatus an: Im Unterschied zur Figurenrede sind sie hier nicht metaphorisch zu verstehen (vgl. Kap. 4.1).

Ein weiterer, häufig diskutierter Aspekt ist die Rolle Fernandos am Schluss des Stücks. »Was sich hier ausdrückt, ist – wer könnte das leugnen – ein Männertraum.«[327] – Diese weit verbreitete Ansicht wird in der Forschung noch immer vertreten. Pikulik weiter:

> Es ist die Wunschphantasie eines männlichen, seinem männlichen Selbstverständnis nachsinnenden Autors, und es ist dies um so mehr, als der Zusammenschluß ganz von der Position des Mannes aus gedacht ist. Das Schlußtableau zeigt, wie Fernando beide Frauen in Besitz nimmt; er umarmt sie und ruft ›Mein! Mein!‹. Die beiden Frauen ihrerseits, die aufgrund der gemachten Erfahrungen das Recht hätten, Vorbehalte anzumelden und

---

[325] Werkkommentar zu *Stella*. In: Der junge Goethe in seiner Zeit. Band 1, S. 760. Gegen Willems stellt Mellmann fest, dass »die Aussageabsicht der Legendenerzählung nicht, ›niemals‹ lauten müsse«; Katja Mellmann: Güte – Liebe – Gottheit, S. 107. Mellmann nimmt stillschweigend und treffend eine Korrektur vor, indem sie den Begriff »Asyndeton«, den Willems verwendet, in diesem Zusammenhang durch den des Adynatons ersetzt, was allein Sinn macht.

[326] Die Legende vom Grafen von Gleichen ist eine zeitgenössisch geläufige Erzählung, die dem Weimarer Publikum bekannt gewesen sein dürfte und regional in diesem Gebiet angesiedelt ist – der Grabstein von Ernst von Gleichen II. und seinen beiden Frauen befindet sich im Erfurter Dom. Heinrich Detering gibt den konkreten Hinweis auf eine komische Ballade von Johann Friedrich Löwen, die 1771 erschienen ist. Vgl. Heinrich Detering: Die aufgeklärte Unvernunft. *Stella*, Goeze, Lessing und das Drama der Liebe. In: Hans Krah/Claus-Michael Ort (Hg.): Weltentwürfe in Literatur und Medien. Phantastische Wirklichkeiten – realistische Imaginationen. FS Marianne Wünsch. Kiel 2002, S. 35–52, hier S. 48.

[327] Lothar Pikulik: Stella, S. 107. Gail Kathleen Hart: Star-Gazing, S. 49: »Goethe's play has often been described as a male fantasy, featuring the double satisfaction of possessing two women (›Mein! Mein!‹), a mother and a lover, both of whom are exclusively and entirely devoted to a man who need do nothing to sustain this devotion«; Kurt Eissler: »Stella grew out of a fantasy and had the function of a wish-fulfillment«, S. 129; Der junge Goethe. Hg. von Hanna Fischer-Lamberg. Band 5. Berlin, New York 1983, S. 433: Stella ist »ganz Phantasiegestalt Goethes«. Helga Kraft: Idylle mit kleinen Fehlern. Zwei Frauen brauch ich, ach, in meinem Haus. *Luise* von Voß und *Stella* von Goethe. In: Dies./Elke Liebs (Hg.): Mütter – Töchter – Frauen. Weiblichkeitsbilder in der Literatur. Stuttgart, Weimar 1993, S. 73–89. Kraft spricht mit Bezug auf *Stella* von der »klassischen Männerphantasie, eine Frau zur Versorgung und eine Frau für die Erotik zu besitzen«, S. 88. Mit Blick auf aktuelle Inszenierungen stellt Michaelis fest: »Sie [die Regisseure] verweigern sich der Orgie eines Männlichkeitswahns, wie sie Goethe in der Häufung besitzanzeigender Fürwörter inszeniert.« Rolf Michaelis: Stella oder Der Mut zur Utopie. In: Die Zeit. 4 (18.1.1974), S. 15f., hier S. 15.

Bedingungen zu stellen, hängen sich ihm statt dessen an den Hals und erklären sich willig als sein Eigentum: ›Ich bin dein! [...] Wir sind dein!‹[328]

Ähnlich folgert Schulz, »daß diese Liebe der Frauen vor allem gekennzeichnet ist durch das Vermögen, sich selbst einem Geliebten vorbehaltlos zu übereignen. ›Mein! Mein!‹, sagt Fernando am Schluss zu den beiden Frauen, sie beide umarmend. ›Ich bin dein!‹, antwortet Stella und ›Wir sind dein!‹ Cezilie.«[329] Schulz, der das »Sich-Übereignen der Frauen« in der traditionellen weiblichen Rollenprägung begründet sieht, meint zwar einschränkend, dass man »diese wenigen Worte« sicherlich »nicht überinterpretieren« dürfe, die Regiebemerkungen, die am Schluss des Textes die Figurenrede schon rein quantitativ übertreffen, bleiben bei seiner Einschätzung aber unberücksichtigt, so auch bei Luserke:

> Goethe beendet sein Schauspiel für Liebende, so der Untertitel, mit einem realisierten Männerphantasma. [...] Der Text ist eindeutig und läßt nach meinem Verständnis keinen Raum für eine Entkörperlichung der Dreierbeziehung. Nacheinander sprechen Fernando, Stella und Cezilie imperativisch beschwörend: ›Mein! Mein!‹, ›Ich bin dein!‹, ›Wir sind dein!‹[330]

Die Interpreten sind sich einig, dass Fernando hier die Initiative ergreift und dass das Schlusstableau in seinem Sinne zustande kommt. Vor allem die Regiebemerkungen lassen aber einen anderen Eindruck entstehen. Schon die Vorschläge für ein zukünftiges Zusammenleben stammen von Cäcilie. Sie möchte zunächst, dass Fernando mit Stella vereint bleibt, und ihn selbst nur als »einen Freund« ansehen. Auf dessen Vorschlag, das alte Eheleben einfach ohne Stella weiterzuführen, reagiert sie, indem sie die Legende vom Grafen von Gleichen ins Spiel bringt:

> CÄCILIE: Nun denn! – Und Stella?
> FERNANDO *fährt auf und geht wild auf und ab.*
> [...]
> FERNANDO: Laß sie fliehen! Laß sie in ein Kloster!
> CÄCILIE: [...] Nicht wahr, du liebst sie, Fernando?
> FERNANDO: Ha! was soll das? Bist du ein böser Geist, in Gestalt meines Weibes? [...] *Er wirft sich in einen Sessel.*
> CÄCILIE *tritt zu ihm und nimmt ihn bei der Hand.* Es war einmal ein Graf –
> FERNANDO *will aufspringen, sie hält ihn.*
> [...]
> CÄCILIE: [...] »Hier!« – rief der Graf, sie bei der Hand fassend, sie seiner Frau entgegenführend – [...] *Fernando liegt schluchzend mit den Armen übern Tisch gebreitet.*[331] An ihrem Halse rief das treue Weib [...] Nimm alles, was ich dir geben kann! Nimm die Hälfte des, der ganz dein gehört. [...] Und, rief sie an seinem Halse, zu seinen Füßen: »Wir sind dein!« – – Sie faßten seine Hände, hingen an ihm – [...]

---

[328] Lothar Pikulik: Stella, S. 107.
[329] Georg-Michael Schulz: Stella, S. 139f.
[330] Matthias Luserke: Der junge Goethe: »Ich weis nicht warum ich Narr soviel schreibe.« Göttingen 1999, S. 148.
[331] In anderen Ausgaben – etwa in Karl Eibl u.a. (Hg.): Der junge Goethe in seiner Zeit. Band 1, S. 478 – steht diese Regiebemerkung zur Gebärde Fernandos in einer eigenen Zeile, wobei Fernando als Sprecherbezeichnung in Kapitälchen markiert ist.

FERNANDO: Gott im Himmel, der du uns Engel sendest in der Not, schenk uns die Kraft, diese gewaltigen Erscheinungen zu ertragen! – Mein Weib! –
Er fällt wieder zusammen.
CÄCILIE *eröffnet die Türe des Kabinetts und ruft*: Stella!
STELLA, *ihr um den Hals fallend*. Gott! Gott!
FERNANDO *springt auf, in der Bewegung zu fliehen.*
CÄCILIE *faßt ihn*. Stella! nimmt die Hälfte des, der ganz dein ist – du hast ihn gerettet – von ihm selbst gerettet – du gibst mir ihn wieder!
FERNANDO. Stella! *Er neigt sich zu ihr.*
STELLA. Ich faß es nicht!
CÄCILIE. Du fühlst's.
STELLA *an seinem Hals*. Ich darf? – –
CÄCILIE. Dankst du mir's, daß ich dich Flüchtling zurückhielt?
STELLA *an ihrem Hals*. O du! – –
FERNANDO, *beide umarmend*. Mein! Mein!
STELLA, *seine Hand fassend, an ihm hangend.* Ich bin dein!
CÄCILIE, *seine Hand fassend, an seinem Hals.* Wir sind dein! (V, S. 345–347)

Fernando integriert sich nicht freiwillig in das abschließende empfindsame Tableau; noch weniger ist er der Mann, der die Lage beherrscht. Seine Bewegungen zeigen immer wieder, dass er versucht, dieser Situation zu entfliehen,[332] so wenn es heißt »*will aufspringen*«, »*springt auf, in der Bewegung zu fliehen*«. Hier ergreift Cäcilie die Initiative, sie »*tritt zu ihm und nimmt ihn bei der Hand*«, sie »*hält ihn*« und »*faßt ihn*«, als er erneut versucht, sich der Situation zu entziehen. Auch ist sie es, die Stella hinzubittet, während Fernando eine eher traurige Figur abgibt: Er »*wirft sich in einen Sessel*«,[333] »*liegt schluchzend mit den Armen übern Tisch gebreitet*« und »*fällt wieder zusammen*«. Auf das Angebot seiner Frau reagiert er mit Gesten des Rückzugs, nicht in verbaler Auseinandersetzung, während sie den Ton angibt und die Gesprächsführung übernimmt. Dass Cäcilie am Schluss »als eine freie Gemüths-

---

[332] Vedder beschreibt zwar umfassend die verschiedenen Fluchtbewegungen im Text, kommt aber nicht auf die abschließenden Fluchtversuche Fernandos zu sprechen: »So flieht Fernando vor Cäcilie, um später mit Stella aus Stellas Elternhaus zu fliehen. Dann flieht er vor Stella, während Cäcilie mit Lucie aus ihrer Heimatstadt flieht. Als alle am gleichen Ort sind, will erst Cäcilie fliehen; Fernando flieht in die Wiederholung, wenn er Cäcilie zur gemeinsamen Flucht vor Stella auffordert; Stella flieht zunächst in die Ohnmacht und will dann ihr Haus verlassen.« Vgl. Ulrike Vedder: »Alles um Liebe und so nun auch den Tod.« Liebendes Sprechen und tödliches Schweigen in *Stella* von Goethe und in *Wir töten Stella* von Marlen Haushofer. In: Marianne Henn/Britta Hufeisen (Hg.): Frauen. MitSprechen. MitSchreiben. Stuttgart 1997, S. 128–147, hier S. 137.
[333] Béatrice Dumiche: Weiblichkeit im Jugendwerk Goethes, S. 268. Dumiche sieht in Fernandos »sich in einen Sessel Werfen« eine seiner »lächerlich unwirksamen Gesten«. Sie setzt diese nicht in Beziehung zur häufig in dieser Form gebrachten Geste im Sturm und Drang im Sinne eines konventionellen Ausdrucks der Verzweiflung. Dass sie das abschließende Gespräch zwischen Cäcilie und Fernando als »Selbstfindungsprozeß« Fernandos einschätzt, in dem dieser sich »zu einem Gesprächspartner [entwickelt], der an der Klärung der Krise mitwirkt«, leuchtet weder von der Dynamik des Dialogs noch von den Regiebemerkungen her ein.

und Verstandsheldin«[334] erscheinen soll, wie Goethe selbst bemerkt, wird von hier aus begreifbar. Sie, nicht Fernando, ist für die abschließende Szene verantwortlich.[335]

Festzuhalten ist, dass hier keine »Männerphantasien« auf die Bühne gebracht werden, sondern *Ein Schauspiel für Liebende*. Insofern ist der Schluss konsequent, präfiguriert in dem Sich-die-Hand-Geben Stellas und Cäcilies als Zeichen des Zusammengehörigkeitsgefühls, und zwar schon bevor sie wissen, dass sie denselben Mann lieben. Einem heutigen Rezipienten fällt der empfindsame Blick auf die Liebe offensichtlich schwerer als den zeitgenössischen Zuschauern, wie dies schon bei den *Zärtlichen Schwestern* zu beobachten war (vgl. Kap. 3.1). Während im 18. Jahrhundert die Moral gegen ein solches Ende sprach, ist es jetzt die Vorstellung, dass zwei Frauen die Bindung aneinander weit über die Liebe zu einem Mann stellen und diesen deshalb ›selbstlos‹ teilen möchten. Hans-Peter Schwander geht so weit, dass er »Männerphantasien Frauen in den Mund gelegt« sieht, »die das Interesse des Mannes zu ihrem machen, weil sie ihn anders nicht halten können«. Cäcilies Aktivität, mit der sie das Schicksal in die Hand nimmt, bezeichnet er als »unecht«,[336] obwohl das weder von der Gesprächsführung noch von den Gesten her berechtigt erscheint. Dabei machte schon die zeitgenössische Rezeption treffende Beobachtungen zur Figurengestaltung: »Stella redet wie Cäcilie, Cäcilie wie Stella […].«[337] Die ähnliche Zeichnung der weiblichen Figuren wird bereits dort hervorgehoben.

Kodifizierte Gestik in Gebärdenbüchern und in Goethes *Regeln für Schauspieler*

Auch wenn Goethe nicht ausdrücklich auf die Regiebemerkungen Bezug nimmt, verwendet er diese weitgehend einheitlich und in deutlicher Ausrichtung auf die bühnentechnische Umsetzung in Übereinstimmung mit zeitgenössischen Gebärdenbüchern. So vermerkt Joseph Franz von Göz im Zusammenhang mit seiner Umarbeitung von Bürgers Ballade *Lenardo und Blandine* zu einem Melodram den alten Gebrauch des doppelten Händedrucks, dessen konventionellen Zeichengehalt er wie folgt umschreibt:

> Sie [Blandine] begleitet diese Frage überdis mit einem doppelten Händedruck, um ihrem Ausdruke mer Gewicht zu geben. Ein alter Gebrauch, wodurch man Ernst und Tätigkeit zuzusichern gewohnt ist. Ich glaube ihn, nach seinem Ursprung, mit Recht unter die

---

[334] Johann Wolfgang Goethe: Über das deutsche Theater, S. 95.
[335] Allein Henry J. Schmidt bemerkt überzeugend: »[…] what is truly extraordinary in this final scene – and casts an entirely different light on the interpretation of ›Stella‹ as a comedy – are the stage directions Goethe specified for Fernando, commencing just before Cäcilie's narrative«. Henry J. Schmidt: Goethes ›Stella‹. From »Ein Schauspiel für Liebende« to »Ein Trauerspiel«. In: William C. McDonald/Winder McConnell (Hg.): Fide et amore. FS Hugo Bekker. Göppingen 1990, S. 317–328, hier S. 325.
[336] Hans-Peter Schwander: Alles um Liebe? Zur Position Goethes im modernen Liebesdiskurs. Opladen 1997, S. 271.
[337] Freywillige Beyträge zu den Hamburgischen Nachrichten aus dem Reiche der Gelehrsamkeit, 2.4.1776. Abgedruckt in: Julius Braun (Hg.): Goethe im Urtheile seiner Zeitgenossen, S. 260–264, hier S. 263.

unwillkürlichen Bewegungen zälen zu dürfen. Vorausgesezt, das wir dasienige, welches wir hochschäzen oder lieben, sorgfältig und fest halten.[338]

Die Geste der ans Herz gedrückten Hände, die sich auch in *Stella* findet – »*Sie* [Stella] *fällt einen Augenblick in Nachdenken, fährt dann schnell auf und drückt ihre Hände ans Herz.*« (II, S. 318) –, ist bei Göz ebenfalls kodifiziert und mit einer festgelegten Bedeutung versehen. Göz notiert diese Geste und gibt die Erklärung, »mit dem Händedruck die heftigern Herzensschläge zu dämpfen«.[339] Das Hand-aufs-Herz-Legen wird »in dieser Zeit der Leidenschaftsdramatik und des Leidenschaftsspiels zur bezeichnenden Lieblingsgebärde«.[340] Es handelt sich um »Elemente der Gebärdensprache des Sturm- und Drangtheaters«, so Ewert, »Stilelemente, mit denen man im Ausgang des 18. Jahrhunderts bestimmte Emotionen und Affekte darzustellen versuchte«.[341]

Aufschlussreich ist in diesem Zusammenhang die Wiedersehensszene zwischen Fernando und seinem ehemaligen Verwalter, die für die zweite Fassung gerade auch in den Regiebemerkungen verändert wird.[342] Dort heißt es:

VERWALTER, *ihm zu Füssen fallend, und seine Knie umfassend*: Sie sind wieder da?
FERNANDO: Steh auf! Ich bin's.   (1. Fassung)[343]

VERWALTER, *ihm die Hände küssend.* Sie sind wieder da?
FERNANDO, *die Hand wegziehend.* Ich bin's.   (2. Fassung, S. 327)

In der zweiten Fassung wird an dieser Stelle die Gestik verändert, so dass statt des Fußfalls von Händeküssen und Handwegziehen die Rede ist. Hier findet ein Wechsel von der typischen Dienergeste zu einer empfindsamen Geste statt, die Fernando

---

[338] Joseph Franz von Göz: Versuch einer zalreichen Folge leidenschaftlicher Entwürfe für empfindsame Kunst- und Schauspiel-Freunde. Erfunden, gezeichnet, geäzt und mit Anmerkungen begleitet von J. F. von Göz. Augsburg [1783], S. 122 zu Figur 18. Vgl. die entsprechende Abbildung in: Joseph von Göz: Lenardo und Blandine. Ein Melodram nach Bürger. In 160 leidenschaftlichen Entwürfen erfunden und auf Kupfer gezeichnet. Augsburg 1783, o.S.
[339] Joseph Franz von Göz: Versuch, S. 145 zu den Figuren 49 und 50. Eine ähnliche Geste führt Blandine zu ihrer Äußerung »Entsezen ergreift mich!« (Figur 77) aus; auch dort bewegt sie die Hände zum Herzen. Von Göz begründet seinen Entwurf wie folgt: »Das Uebergewicht [...] hat natürlicher Weise so vil Blut durchs Herz gedrängt, das die Blutgefäße solches nicht behend genug abzufüren vermögen; daher entsteht eine schmerzende Stokung [...]«; von Göz: Versuch, S. 166f. Vgl. hierzu Sabine Ewert: Die Gebärde im Melodrama *Lenardo und Blandine* von Joseph Franz von Goetz. Diss. masch. München 1978, S. 116.
[340] Vgl. Sabine Ewert: Gebärde im Melodrama, S. 116.
[341] Sabine Ewert: Gebärde im Melodrama, S. 135.
[342] Die Herausgeber Karl Eibl, Fotis Jannidis und Marianne Willems weisen nicht auf die veränderten Regiebemerkungen, aber auf die andere Gesprächsführung zwischen dem Verwalter und Fernando hin; vgl. Werkkommentar zu »Stella«. In: Der junge Goethe in seiner Zeit. Band 1, S. 462: »Der folgende Dialog zwischen dem Verwalter und Fernando wurde für die ›Schriften‹ (1787) stark verändert. Die Argumentationsmuster der Geniesemantik (die ›Fesselung‹, das ›Schnappen nach Freiheit‹, die ›Notwendigkeit, die Kräfte zu entwickeln‹), die der Verwalter hier als Begründung für das Verlassen Cezilies referiert, entfallen.« Ähnlich Marianne Willems: Stella, S. 74.
[343] Johann Wolfgang Goethe: Stella. In: Karl Eibl u.a. (Hg.): Der junge Goethe in seiner Zeit. Band 1, S. 462. Vgl. Hanna Fischer-Lamberg: Der junge Goethe. Band 5, S. 92f.

allerdings verweigert. Während man Fernandos Hinweis »Steh auf!« noch so verstehen kann, dass er die deutlich unterwürfige Geste seines Verwalters verhindern will, wirkt sein Handwegziehen eher wie die Verweigerung einer gleichberechtigten, liebevollen Geste im Sinne der Empfindsamkeit, wie der aktive Versuch, sich ihr zu entziehen.

Während Ballhausen für das 18. Jahrhundert eine Entwicklung weg von der »rhetorischen Gebärdenkunst« und der typisierenden Menschendarstellung konstatiert, da jetzt mit neuen Mitteln ein genaueres und differenzierteres Bild vom Menschen verlangt werde,[344] findet in Goethes Weimarer Schule und in seinen *Regeln für Schauspieler* ein »Rückgriff auf die alte rhetorische Gebärdenkunst«[345] statt, der ganz konsequent durchgeführt wird. Die »individualistische Struktur der Gebärdenkunst« werde durchbrochen, und – so Ballhausen in geradezu euphorischem Ton – es wird »zum ersten Mal in der neueren deutschen Theatergeschichte eine eigenständige Regie zu einem für alles Darzustellende verbindlichen Stil gefunden«.[346] Für die Regiebemerkungen heißt das, dass sie konventioneller ausfallen als zuvor. Aufschlussreich ist, dass diese Entwicklung schon an Stücken wie *Stella* ablesbar ist, also an Stücken, die gewissermaßen zwischen Sturm und Drang und Klassik stehen, aber vor allem von einem Theaterpraktiker gemacht wurden.[347] Das ist neueren Forschungsansätzen entgegenzustellen, die *Stella* in erster Linie als Ausdruck der Individualität verstehen.[348]

Hier stellt sich die Frage, auf welcher Ebene ein Dramentext die Figurenkonzeption überwiegend gewährleistet. Bisher wurde bei der generell selten untersuchten Frage nach der Konzeption von Figuren in literarischen Texten[349] vor allem Dramentexten wenig Aufmerksamkeit geschenkt.[350] Wenn man die Figurenkonzeption allein

---

[344] Vgl. Günter Ballhausen: Wandel der Gebärde, S. 187–189.
[345] Ebd., S. 192.
[346] Ebd.
[347] Vgl. für die Zeit in Weimar Theo Buck: Goethe als Dramatiker. In: Goethe-Handbuch. Band 2: Dramen, S. 1–20, hier S. 4. »Wie kaum ein anderer war der langjährige Direktor des Weimarer Theaters vertraut mit den Bühnenverhältnissen und theatralischen Möglichkeiten seiner Zeit. […] In Weimar beteiligte er sich aktiv – als Schauspieler, Regisseur, Bearbeiter und Autor am dortigen Liebhabertheater der Herzoginmutter und dann, vor allem in seiner Zeit als Theaterdirektor von 1791 bis 1817, an der Gesamtorganisation des lokalen Theaterlebens.«
[348] So die Arbeiten von Béatrice Dumiche und Heinz Hillmann.
[349] Darauf weist Jannidis hin; vgl. Fotis Jannidis: ›Individuum est ineffabile‹. Zur Veränderung der Individualitätssemantik im 18. Jh. und ihrer Auswirkung auf die Figurenkonzeption im Roman. In: Aufklärung 9/2 (1996), S. 77–110, hier S. 79: »Der Figurbegriff wird meist nur intuitiv verwendet und selten explikativ eingeführt.«
[350] Stückrath geht vor allem der Frage nach, inwieweit die Figur in Geschichten einzelner »Mangelerfahrungen« aufgeht; vgl. Jörn Stückrath: Wovon eigentlich handelt die epische und dramatische Literatur? Kritik und Rekonstruktion der Begriffe ›Figur‹ und ›Geschehen‹. In: Hartmut Eggert/Ulrich Profitlich/Klaus R. Scherpe (Hg.): Geschichte als Literatur. Formen und Grenzen der Repräsentation von Vergangenheit. Stuttgart 1990, S. 284–295. Grabes stellt den »primacy effect« heraus, da die ersten Informationen bei der Bildung der Figurenvorstellung ein stärkeres Gewicht hätten als die folgenden; vgl. Herbert Grabes:

auf die Figurenrede zurückführt, sind Einschätzungen, die den innovativen Charakter von *Stella* betonen, gerechtfertigt. Allerdings spielen bei der Figurencharakterisierung auch und gerade die Regiebemerkungen eine Rolle. Unterschiede der Figurenzeichnung sind nun vor allem dort zu verzeichnen, da in den Extremen entweder Theaterfiguren konzipiert werden – wenn diese etwa mit konventionellen Theatergesten versehen werden – oder – durch Innensichten und Stilisierungen – fiktive Figuren, die sich kaum von denen in Erzähltexten unterscheiden.

Die Ausführungen haben verdeutlicht, dass sich Goethe in den Regiebemerkungen als Theaterpraktiker erweist. Die »besonders radikale Position des bindungslosen Schriftstellers«,[351] die Marianne Willems in *Stella* verwirklicht sieht, wird im Bereich der Regiebemerkungen nicht deutlich, eher die eines auf bühnentechnische Umsetzbarkeit bedachten Dramatikers. Während die Figurenrede als Raum für innovative Figurenzeichnung genutzt wird, wie Willems und Anglet[352] nachweisen, folgen die Regiebemerkungen konventionellen Bühnenzwecken. So überwiegt dort mit Blick auf die Aufführbarkeit auch der geschlechterunterscheidende Gestus, so dass der männliche Protagonist als Stürmer und Dränger erscheint, die Frauen hingebungsvoll, etwa mit ans Herz gedrückten Händen.[353]

Ein Seitenblick auf Goethes *Götz von Berlichingen* kann die Beobachtungen erhärten. Auch dort wird in den Regiebemerkungen die Ausrichtung an der Theaterbühne deutlich, die in der Fassung *Götz von Berlichingen mit der eisernen Hand. Für die Bühne bearbeitet* noch verstärkt wird. In den Regiebemerkungen ist dort die Orientierung an den praktischen Anweisungen der *Regeln für Schauspieler* bis in die Wortwahl greifbar. So heißt es: »*Zwei kommen aus der letzten Coulisse, gehen in der Diagonale, und begegnen sich in der Mitte des Theaters*«, später: »*Die beiden Andern kommen aus den ersten Coulissen, gehen in der Diagonale, und treffen in der Mitte auf die beiden*

Wie aus Sätzen Personen werden…Über die Erforschung literarischer Figuren. In: Poetica 10 (1978), S. 405–428, hier S. 418. Beide Arbeiten kommen nur am Rande auf die Besonderheiten von Dramentexten zu sprechen, auf die Funktion der Regiebemerkungen gar nicht. Jannidis unterscheidet die Figur in Erzähltexten ausdrücklich von der in Dramentexten und lässt die Forschung zum Drama bis auf Ausnahmen unberücksichtigt, da »die gattungsspezifischen Besonderheiten eine Übertragung auf die Erzähltheorie meistens sehr schwer machen«; Fotis Jannidis: Figur und Person, S. 5.

[351] Marianne Willems: Stella, S. 52.

[352] Vgl. Andreas Anglet: Der Schrei. Affektdarstellung, ästhetisches Experiment und Zeichenbewegung in der deutschsprachigen und in der französischsprachigen Literatur und Musik von 1740 bis 1900 – unter Berücksichtigung der bildenden Künste. Heidelberg 2003. Anglet widmet Goethes *Stella* allerdings nur wenige Seiten, auf denen er Bezüge zu der in seiner Arbeit zentralen Frage nach dem »cri de la nature« nachweist: »Wie wohl kein anderes Werk Goethes weist die Sprache von *Stella* jene Stilmittel auf, um die die Diskussion des ›cri de la nature‹ kreiste, wobei sich die physische und die sprachliche Pantomime von Einwort-Interjektionen, Exklamations- und Seufzervokalen sogar einmal zum unartikulierten Schrei, zum bloßen Laut steigert«, S. 244. Anglet bezieht sich hier auf die Szene am Ende des zweiten Aktes, in der Madame Sommer in dem Geliebten Stellas ihren eigenen Mann erkennt, und hat ebenfalls die Figurenrede im Blick.

[353] Auch zeitgenössische Attitüdentafeln weisen geschlechterbedingte Unterschiede der Gesten auf; vgl. Birgit Wiens: ›Grammatik‹ der Schauspielkunst, S. 152–154.

ersten« (V, 9). Dies sind Regiebemerkungen, die den Theaterbezug offensichtlich machen: Die Bewegungslinie wird nicht innerhalb eines zu imaginierenden fiktiven Raumes gesetzt, sondern mit Blick auf den Theaterraum. Dabei wird nicht nur bei Bühnenbild und Dekoration die Theaterbezogenheit durch Bühnenbegriffe manifest (»*Coulissen*«; »*in der Mitte des Theaters*«), sondern auch – und das ist in dem hier untersuchten Zeitraum eher selten der Fall – bei den proxemischen schauspielerbezogenen Regiebemerkungen, so wenn mitgeteilt wird, dass der Weg auf der Bühne »*in der Diagonale*« zurückzulegen sei. Als theaterkodifizierter Begriff wird die »Diagonale« allerdings erst vor dem Hintergrund von Goethes *Regeln für Schauspieler* verständlich.[354] Dort werden genaue Bewegungsangaben erläutert, bei denen Goethe mehrmals die »Diagonale« ins Feld führt, die für ihn bei der bühnentechnischen Umsetzung eine wichtige Rolle spielt. In § 88 heißt es: »Wer aus der hintern Coulisse auf das Theater tritt, thut wohl, wenn er sich in der Diagonale bewegt« und »wie denn überhaupt die Diagonalbewegungen sehr reizend sind«. Hier hat Goethe nicht eine fiktive, zu imaginierende Situation und Figur, sondern den Schauspieler auf der Bühne im Blick.

Zusammenfassend ist festzuhalten, dass die Ausrichtung an der Theaterpraxis in *Stella* gerade nicht zu einem extensiven Gebrauch von Regiebemerkungen führt. Vielmehr sind sie überschaubar im Sinne von wirklichen ›Anweisungen‹, die eine zügige und problemlose Umsetzung ermöglichen. Die wenigen Szenen mit zahlreichen Regiebemerkungen finden sich auch hier an Stellen mit starken Affekten: zum einen, um die Gefühlsverwirrung Stellas zu dokumentieren – so bei der Porträt-Szene –, zum anderen bei der affektreichen Schlussszene, in der es zur Vereinigung der drei dramatis personae kommt. Dass ansonsten wenige, immer gleiche Gesten die Bühne beherrschen, spricht für eine Ausrichtung an bestehenden Theatergebärden. Die fast ausschließliche Beschränkung auf Hand- und Armbewegungen zeigt den Bezug zur Chiromantie,[355] einem dominanten Bereich des klassischen deklamatorischen Theaters. Ein Vergleich mit zeitgenössischen Gebärdenbüchern konnte diese These erhärten.

Nur in der Figurenrede kommt das Geniekonzept zum Ausdruck – in diesem Punkt ist Willems zuzustimmen –, nicht aber in den Regiebemerkungen, anders als etwa bei Lenz, der diese unabhängig von Aufführungskonventionen setzt (vgl. Kap. 4.2). Bei Goethe verlaufen die beiden Texträume insofern nicht konform: Die Figurenrede bringt Innovatives, während die Regiebemerkungen bestehende Thea-

---

[354] Zu Goethes *Regeln für Schauspieler* und seiner Autorisierung dieser Vorschriften vgl. Eckehard Catholy: Bühnenraum und Schauspielkunst. Goethes Theaterkonzeption. In: Rolf Badenhausen/Harald Zielske (Hg.): Bühnenformen – Bühnenräume – Bühnendekorationen. Beiträge zur Entwicklung des Spielorts. FS Herbert A. Frenzel. Berlin 1974, S. 136–147, hier S. 136f.

[355] Zahlreiche Beispiele zu Hand- und Armbewegungen in Goethes Dramen nennt Hans-Joachim Schifferdecker: Das mimische Element in Goethes Dramen. Berlin 1928, S. 89–141. In Lessings Fragment *Der Schauspieler* steht ebenfalls die Chiromantie im Vordergrund, nicht aber in den Regiebemerkungen seiner Stücke; vgl. Kapitel 3.2.

terkonventionen fortschreiben. Selbst dort, wo sie eigene Akzente setzen – so bei der Beschreibung der Bewegungslinien –, dominiert der Bezug zur Theaterbühne. Die Regiebemerkungen erhalten hier gewissermaßen den Status eines Paratextes: Die innerhalb dieses Textraums gewählte Terminologie unterscheidet sich deutlich von den Dialogpartien des Stücks und macht den theaterpraktischen Bezug durch Formulierungen offensichtlich, die Ähnlichkeiten zur Kodifizierung in Gebärdenbüchern aufweisen. So evozieren die Regiebemerkungen eine weitere paratextuelle Ebene, die jenseits des dramaturgischen Bedürfnissen genügenden Textes angesiedelt ist. Über eine implizierte Inszenierung hinaus zielt diese Ebene direkt auf die theatrale Umsetzung.

Ein Theaterstück zum Lesen: *Düval und Charmille*

»Zugespitzt formuliert fängt *Düval und Charmille* da an, wo *Stella* aufhört: Drei liebende Personen versuchen, zusammen zu leben«,[356] so heißt es in einer der wenigen Forschungsarbeiten zu dem Stück von Christiane Karoline Schlegel. Schon 1778 endet *Düval und Charmille*[357] mit zwei Toten – dem Ehemann und der Geliebten –, also mit einer Lösungsvariante, die Goethe in ähnlicher Form erst 1806 wählen wird.

Zur Handlung: Mariane, Ehefrau des Barons Heinrich Düval und Mutter des zwölfjährigen Franz, duldet das schon zu Beginn des Stücks bestehende, wenn auch noch nicht sexuelle Verhältnis des Barons mit Amalie von Charmille, genannt Mally, die als Kammerfräulein der Prinzessin in höfischen Diensten steht. Während Amalies Stiefmutter gegen Amalie intrigiert, nimmt sich die Prinzessin der Angelegenheit an, um Amalie zu schützen. Auch Graf von Sternfeld, selbst in Amalie verliebt, versucht, Düval zu einem vernünftigen Entschluss zu bewegen, dieser aber will nicht von Amalie ablassen. Als Düval die Intrige der Stiefmutter durchschaut, die die beiden zu einer von vornherein zum Scheitern verurteilten Flucht überreden will, sieht er keinen anderen Ausweg als den gemeinsamen Tod. Nach einem längeren Streitgespräch im Nebenzimmer schießt er erst auf seine Geliebte und richtet die Waffe anschließend gegen sich selbst. Das Stück endet mit den Worten der Ehefrau Mariane:

Mariane erwacht von der Ohnmacht.
O Düval! Mally! Wie unglücklich habt ihr mich gemacht! – wie weit unglücklicher euch!
(*Der Vorhang fällt zu.*)   (V, 9, 140)

Da die letzte Begegnung zwischen Amalie und Düval und die anschließenden Schüsse im verschlossenen Nebenzimmer stattfinden – sie werden durch die auf der Bühne anwesenden dramatis personae kommentiert –, bleibt offen, ob Amalie der Tötung zugestimmt hat oder nicht – eine der Hauptfragen, die in der Forschung verhandelt

---

[356] Anne Fleig: Handlungs-Spiel-Räume. Dramen von Autorinnen im Theater des ausgehenden 18. Jahrhunderts. Würzburg 1999, S. 224.
[357] [Christiane Karoline Schlegel]: Düval und Charmille. Leipzig 1778. Im Folgenden zitiert nach dem Neudruck von Karin A. Wurst (Hg.): Frauen und Drama, S. 96–140.

werden.³⁵⁸ Düval gerät erst nach der Katastrophe durch die jetzt geöffneten Türen des Kabinetts in das Blickfeld der Mitspieler und des Publikums – »*Man sieht den Baron Düval sitzend an einem Tische, mit der Brust angelehnt, voll Blut, den Kopf vorwärts, die Arme herabhängend. Die Pistole, womit er sich erschossen, liegt auf dem Boden.*« (S. 140). Amalie erscheint kurz zuvor »*leichenblaß mit einem Schnupftuch ans Herz haltend*« und »*wankend*« auf der Bühne und stirbt in den Armen Marianes, der Ehefrau: »*sie [Amalie] scheint zu sinken*«, Mariane »*greift nach dem Fräulein, das in ihre Armen sinkt*«, »*[Amalie] sinkt in Marianens Armen nieder*« (S. 139). Während Düval allein im Nebenzimmer stirbt, sind die beiden Frauenfiguren im Moment von Amalies Tod vereint und stehen gemeinsam im visuellen Zentrum des Stücks.

Im Folgenden ist in erster Linie der These nachzugehen, dass in Christiane Karoline Schlegels Stück trotz ähnlicher Figurenkonstellation und Grundproblematik wie in Goethes *Stella* die drei Hauptfiguren vor allem durch die Regiebemerkungen unterschiedlich gezeichnet sind. Anders als in den Arbeiten zu Schlegel, die im Kontext der feministischen Literaturwissenschaft entstanden sind, ist in der vorliegenden Arbeit ›Geschlecht‹ zunächst zwar keine erkenntnisleitende Kategorie; im Zusammenhang mit der übergeordneten Leitfrage nach den Regiebemerkungen wird sie aber berücksichtigt werden. Anhand der Analyse von Schlegels Stück und mit einem Seitenblick auf zwei weitere Stücke von Dramenverfasserinnen – Sophie Albrechts *Theresgen* und Eleonore Thons *Adelheit von Rastenberg* – wird zu diskutieren sein, ob Dramentexte sich in ihrer Setzung der Regiebemerkungen qua Geschlecht voneinander unterscheiden, so eine These Dagmar von Hoffs. Das Ergebnis von Hoffs, die in den von ihr untersuchten Dramen von Autorinnen die »Einführung einer spezifisch ›weiblichen Perspektive‹ in die dramatische Konzeption«³⁵⁹ erkennt, wird in diesem Zusammenhang zur Debatte gestellt. Wie sich dieser Aspekt zur Theaternähe bzw. -ferne der Autorinnen verhält, blieb bisher weitgehend unberücksichtigt.³⁶⁰

Der erste ins Auge springende Punkt ist, dass das Stück relativ viele Regiebemerkungen enthält, und zwar nicht nur im Vergleich mit *Stella*, sondern auch mit

---

358 Nahezu übereinstimmend wird in der Forschung die Tötung Amalies durch Düval als Mord interpretiert, so von Susanne Kord: Ein Blick hinter die Kulissen, S. 102; Dagmar von Hoff: Dramen des Weiblichen. Deutsche Dramatikerinnen um 1800. Opladen 1989, S. 51; Ruth P. Dawson: Frauen und Theater, S. 430. Karin Wurst hält dagegen, dass die »auktorialen Hinweise und Lenkungsmanöver [...] nicht deutlich genug« seien, um von einem Mord zu sprechen; vgl. Karin A. Wurst: Christiane Karoline Schlegel. In: Dies. (Hg.): Frauen und Drama im achtzehnten Jahrhundert, S. 58–69, hier S. 64. Isabelle Wentzlaff-Mauderer: Wenn statt des Mundes Augen reden. Sprachlosigkeit und nonverbale Kommunikation in *Miss Sara Sampson* (1755), *Düval und Charmille* (1778), *Kabale und Liebe* (1784) und *Penthesilea* (1808). München 2001, S. 108, beschränkt sich auf die Feststellung, dass Amalie zumindest »keinen Liebestod« sterbe.
359 Dagmar von Hoff: Dramen des Weiblichen, S. 43.
360 Meist werden Texte von Frauen separat untersucht, entweder in Einzelstudien oder im Vergleich mit Texten von weiteren Autorinnen – so in den Arbeiten von Fleig, Wurst, Dawson, Wentzlaff-Mauderer. Goethes *Stella* wird zwar von einigen dieser Arbeiten im Zusammenhang mit *Düval und Charmille* erwähnt, die Bezugnahme erschöpft sich aber immer in einer kurzen Nennung.

bürgerlichen Trauerspielen, zu denen man aufgrund der Gattungsbezeichnung – »ein bürgerlich Trauerspiel« – ebenfalls Bezüge herstellen kann.[361] Während *Stella* und *Emilia Galotti* an einem nicht genauer definierten Ort spielen, ergeben die Regiebemerkungen in *Düval und Charmille* einen realistischen Eindruck des ausschließlich in Privaträumen stattfindenden Geschehens. Die familiäre Atmosphäre, die durch Essen und Trinken zusätzlich hervorgehoben wird, erinnert weniger an die kanonischen bürgerlichen Trauerspiele als an empfindsame Stücke Gellerts (s. Kap. 3.1) und die *drames* von Diderot (s. Kap. 3.3). Allerdings können die Regiebemerkungen in *Düval und Charmille* nicht auf einen Nenner gebracht werden, sie ergeben kein homogenes Bild. Neben deutlich bühnentechnisch ausgerichteten Angaben finden sich ausführliche Regiebemerkungen, die sich nur beim Lesen vollends erschließen.

Funktionalisierung auf der Dienerebene: bühnentechnische Regiebemerkungen

Der weitaus geringere Teil an Regiebemerkungen ist in diesem Stück bühnenbezogen formuliert. Dies ist vor allem bei den relativ umfangreichen Angaben zum Bühnenbild und zum Geschehen auf der Dienerebene der Fall, die in Form von zwischenspielartigen Einschüben die einzelnen Akte miteinander verbinden.[362] Dabei handelt es sich entweder um allgemeine und unspezifisch gefasste Angaben, so im ersten Beispiel, oder es wird ein Freiraum formuliert, der dann auf die eine oder andere Weise gefüllt werden kann, so in der zweiten zitierten Textstelle:

> *Ein Zimmer in Düvals Hause mit drey Thüren. Eine zur Linken ins Vorhaus; die zweyte zur Rechten in Marianens Zimmer; die dritte in der Mitten in Düvals Kabinet. Im Zimmer sind Stühle, Tische, eine Wanduhr.* (I, 97)[363]

> *Ein Dienstmädchen trägt das Frühstück und einige Kleidungsstücke hinweg; bringt das Zimmer in Ordnung, begießt Blumentöpfe, so da stehn u.s.w. Franz nimmt eine Schreibtafel o d e r Reisbret, und arbeitet E t w a s.* (II, 106) (Hervorhebungen hier und im Folgenden A.D.)

Diese Angaben, die Freiräume eröffnen und mehrmals in einem »*u.s.w.*« enden, das noch gefüllt werden kann – etwa »*Anton geht ab und zu, bringt Kaffee, u.s.w.*« (II, 4, 118f.) –, beziehen sich immer auf die Dienerebene, einmal auch auf Requisiten, die allerdings im Stück keine bedeutende Rolle spielen: »*Amalie indem sie Ohrgehenke und Halsband von Juwelen o d e r Perlen abthut, und ihm übergibt*« (V, 3, 136) – hier ein weiteres Beispiel:

---

[361] So auch Cornelia Mönch: Abschrecken und Mitleiden. Das deutsche bürgerliche Trauerspiel im 18. Jahrhundert. Versuch einer Typologie. Tübingen 1993. Sie ordnet *Düval und Charmille* in ihrer Typologie des bürgerlichen Trauerspiels dem Typus Ia zu, also dem linearen Abschreckungstyp mit totaler Erfüllung der poetischen Gerechtigkeit; Mönch, S. 71.

[362] Wentzlaff-Mauderer spricht von »zwischenspielartigen Unterbrechungen«, durch die die Akte voneinander getrennt sind; vgl. Isabelle Wentzlaff-Mauderer: Wenn statt des Mundes, S. 110.

[363] Die Angaben zum Schauplatz sind dem Szenenbeginn vorgeordnet, wie dies häufig der Fall ist, vgl. etwa Diderot (Kap. 3.3).

> Es wird geklingelt. Franz macht auf. Es ist Anton. Er ordnet *allerhand im Zimmer*. *Joseph kömmt, und will nach des Herrn Kabinet*. Anton winkt, daß der Herr verschlossen ist. Franz macht sich mit einem Kräusel oder Ball, *oder dergleichen was zu spielen*. (IV, 125)

Freiräume werden so nicht etwa bei zentralen Figuren oder Geschehnissen eröffnet, sondern hinsichtlich nebensächlicher Tätigkeiten und Gegenstände. Die Behauptung Isabelle Wentzlaff-Mauderers, der »optisch-akustische Kontext« sei in *Düval und Charmille* »mit wenig Liebe zum Detail beschrieben«,[364] erweist sich allerdings im Kontext des 18. Jahrhunderts als nicht haltbar, wie die angeführten Beispiele belegen. Denn sowohl im Vergleich mit *Stella* als auch mit zeitgenössischen bürgerlichen Trauerspielen sind die Angaben durchaus umfangreich, wenn man von Stücken wie denen Diderots und des Sturm und Drang absieht. Von fehlender Liebe zum Detail im Allgemeinen zu sprechen, trifft nicht den Kern. Eher handelt es sich um Bereiche, die nicht im Zentrum des Interesses stehen. Deshalb wird keine genaue Festlegung der Requisiten und des Geschehens auf der Dienerebene angestrebt, oder umgekehrt: Dies ist an der Art der Regiebemerkungen ablesbar. Für eine Aufführung eröffnen sich hier Wahlmöglichkeiten. Bei einer Inszenierung im Kopf, d.h. beim Lesen, kommt es ähnlich wie bei den Dramentexten Kotzebues an diesen Stellen zu Illusionsbrüchen (vgl. Kap. 5.1), da die Perspektive von außen auf die erst zu schaffende Theatersituation durch Formulierungen wie »*so da stehn*« und »*oder dergleichen*« offensichtlich wird.

Differenzierung bei den Hauptfiguren: stilisierte Regiebemerkungen

Die Regiebemerkungen zur Figurencharakterisierung fallen anders aus als die zu Dienerebene und Requisite. Hier entsteht bei den drei Hauptfiguren ein differenziertes Bild ihres Innenlebens. Anstatt der Freiräume finden sich präzise Angaben, die häufig mit mehreren aneinandergereihten Begriffen beschrieben werden, und zwar nicht im Sinne eines ausschließenden ›oder‹ wie auf der Dienerebene, sondern durch ein einschließendes ›und‹ – etwa »*Mally geht bestürzt und ängstlich ab*.« Eine eins zu eins Umsetzung durch die Schauspielerin, die eine Rückübersetzung in die sprachliche Beschreibung ermöglichen würde, ist kaum vorstellbar. Dass Prägnanz und Eindeutigkeit aber gar nicht angestrebt werden, wird daran deutlich, dass für ganz ähnliche Affekte unterschiedliche Formulierungen gewählt werden im Sinne einer stilistischen Nuancierung, nicht einer konkreten Anweisung, wenn etwa einmal »*bestürzt und ängstlich*«, ein anderes Mal »*betäubt und sprachlos*« Amalies Gefühlszustand beschreibt. Hier werden keine prägnanten Verhaltensanweisungen für Schauspieler formuliert, sondern ausführliche Beschreibungen, z.T. mit Nennung von Gründen:

> MARIANE *geht traurig ab, und Mally giebt ihr Mißfallen an Düvals Rauhigkeit zu erkennen*. (I, 6, 101f.)
>
> DÜVAL, *der die letzten Worte gehört hat, stürzt wütend herein*. [...] (II, 6, 112)

---

[364] Isabelle Wentzlaff-Mauderer: Wenn statt des Mundes, S. 119, Anmerkung 79.

Im Unterschied zu den bühnentechnischen Angaben sind diese Regiebemerkungen für den Leser ein weiterer Beleg dafür, dass die Figurencharakterisierung anders funktioniert als Angaben zum Hintergrundgeschehen und zum Bühnenbild. Auch das Hohnlächeln, von dem im Folgenden die Rede ist, erweist sich mit der sprachlichen Bezugnahme einer Regiebemerkung auf die Figurenrede als bühnentechnisch nur schwer umsetzbar, während der Leser die Brisanz der Szene sofort versteht.

> Düval: Ha! war die Laube darum einsam, daß sie mit dir am Putztische der Prinzessinn liebäugeln – mit dir meiner Verzweiflung, meiner suchenden Angst hohnlächeln möchte!
> Graf: H o h n l ä c h e l n? Wie wenig kennen Sie mich! Ich zittre für Ihr und Mally's Schicksal. War ich nicht immer Ihr Freund? und Mally ... ja, ich liebe sie innig und redlich, wenn ich gleich nicht um sie rase und stürme, wie Sie.
> [...] Düval *mit bittern Hohngelächter.* (II, 6, 112f.)[365]

»Hohnlächeln« sowie »rasen« und »stürmen« werden vom Grafen hier als obsolet bewertet und abgelehnt. Das Hohnlächeln, welches Düval dem Grafen unterstellt, sagt in seinem völligen Verkennen der Situation mehr über ihn selbst als über sein Gegenüber aus, wie die nächste Regiebemerkung Düvals, »*mit bittern Hohngelächter*«, deutlich macht. Die sprachliche Korrespondenz zwischen Figurenrede und Regiebemerkung wird als Fortführung bzw. Steigerung der geäußerten Worte in Düvals Reaktion auf den Grafen nur dem Leser offenbar, da das »*bittere Hohngelächter*« in einer Aufführung nicht als Begriff umsetzbar, als Verkörperung dieses einen Begriffs realisierbar ist. Erst beim Lesen wird gänzlich offensichtlich, dass Düval anderen die eigenen Affekte unterstellt.

Hier wird im Gespräch mit dem Grafen Düvals auffahrendes Temperament deutlich von der vernünftigen Liebe unterschieden. Anne Fleig konstatiert die starken Stimmungsschwankungen Düvals »zwischen Ungestüm und Trübsinn«[366] und stuft ihn als konfliktbehafteten Helden des Sturm und Drang ein. Bewegung zeichnet den männlichen Protagonisten aus, der mehrmals den gemeinsamen zentralen Wohnraum betritt und sich dann wieder in sein eigenes Gemach zurückzieht, sich aber neben dem Zur-Tür-Gehen (I, 3) und dem Schleichen (III, 5) auch durch Umhergehen als Ausdruck von innerer Unruhe von den anderen dramatis personae unterscheidet,[367] wobei er immer allein agiert und nicht zu anderen in Beziehung tritt:

> Düval *geht tiefsinnig auf und ab* (S. 105); *springt ungeduldig auf* (S. 113); *geht unruhig auf und ab* (S. 114).

---

[365] Auch Fleig zitiert diese Szene, kommt aber nicht auf die Frage der Realisierung der unterschiedlichen Texträume zu sprechen; vgl. Anne Fleig: Handlungs-Spiel-Räume, S. 211.
[366] Ebd.
[367] Tiefsinnigkeit wird nur Düval zugeschrieben, so auch an folgender Stelle: »[...] (*hält tiefsinnig inne. Mit Affekt*): O es ist eine elende Welt, Mally!« (III, 7, 121); ähnlich wird der männliche Protagonist im *Père de famille* durch Tiefsinnigkeit und Umhergehen charakterisiert (vgl. Kap. 3.3).

Das geht einher mit Regiebemerkungen, die ihn in Art eines Sturm-und-Drang-Helden durch wilde, heftige Bewegungen und Mit-dem-Fuß-Stampfen charakterisieren:

> DÜVAL: *düster*; *schlägt sich vor die Stirne*; *lebhaft*; *sehr unruhig* (S. 117); *stampft mit Füßen* (S. 114); *etwas wild* (S. 122); *umfaßt sie* [Amalie] *brünstig* (S. 122); *hitzig* (S. 127); *etwas bestürzt* (S. 128); *mit hohem Affect* (S. 129); *führt heftig auf* (S. 132).

Die Forschung betont bis hierher zu Recht die »grenzenlose Egozentrik« Düvals und kategorisiert ihn als typischen Stürmer und Dränger.³⁶⁸ Gaby Pailer interpretiert Düval als durchgehend »lasterhaft«, selbst die positiven Eigenschaften eines fehlerhaften Vaters fielen weg.³⁶⁹ Fleig hingegen stellt fest: »Meines Erachtens läßt sich Düvals komplexer Charakter aber nicht allein mit der Tugend-Laster-Opposition des bürgerlichen Trauerspiels erfassen.«³⁷⁰ Wichtig ist in diesem Zusammenhang, dass die eigentliche ›Sturm-und-Drang-Phase‹ Düvals vorbei ist, wie einem Monolog Marianes zu entnehmen ist:

> MARIANE *allein*: [...] der geliebte Verbrecher! – Aber sein Trübsinn, mehr als sein Ungestüm, schreckt mich. Er ist nicht mehr derselbe. – Wie er sonst dräute, tobte, schäumte, schreckte! – Itzt quält er sich in stummer Angst, hat nur selten Worte, am wenigsten heftige! und Mally! Die arme Verführte! [...] Ich sollte dich hassen? – Ich möchte dich lieben [...] du bist nicht Schuld! Es ist nur dein Unglück, daß du ihm – o dem süßen Verführer, in die Hände fallen mußtest! [...] (I, 4, 99)

Das Stürmerisch-Drängerische an Düval – »Wie er sonst dräute, tobte, schäumte, schreckte!« – wird insofern eher zitiert als gelebt und gehört der Vergangenheit an.³⁷¹ Statt heftiger Gefühlsäußerungen im Sinne eines Selbsthelfers beschreibt Mariane jetzt seine Angst und Zurückgezogenheit, die dazu führen, dass er sich kaum noch äußert, so dass die melancholische Seite überwiegt:³⁷²

---

³⁶⁸ Fleig betont die starken Stimmungsschwankungen und das fehlende soziale Verhalten der Familie gegenüber; Anne Fleig: Handlungs-Spiel-Räume, S. 210.

³⁶⁹ Gaby Pailer: Gattungskanon, Gegenkanon und ›weiblicher‹ Subkanon. Zum bürgerlichen Trauerspiel des 18. Jahrhunderts. In: Renate von Heydebrand (Hg.): Kanon Macht Kultur. Theoretische, historische und soziale Aspekte ästhetischer Kanonbildungen. Stuttgart, Weimar 1998 (Germanistische Symposien-Berichtsbände 19), S. 365–382, hier S. 372. Das Laster steigere sich ins Kriminelle (Pailer, S. 370).

³⁷⁰ Anne Fleig: Handlungs-Spiel-Räume, S. 210.

³⁷¹ Vgl. Susanne Kord: Discursive Dissociations: Women Playwrights as Observers of the Sturm und Drang. In: David Hill (Hg.): Literature of the Sturm und Drang. Rochester 2003, S. 241–273, hier S. 245. Kord stellt fest, dass sich Düvals stürmisches Verhalten unter Amalies Einfluss beruhigt habe.

³⁷² Vgl. »DÜVAL: Nun ja! weil wir drey noch Einmal so ruhig und allein beysammen sind. – Gieb! er soll mir herrlich schmecken. (*er setzt sich zwischen Marianen und Amalien*) Nehmt mich zwischen Euch. – (*er faßt jede bey einer Hand, und fährt sie zugleich zum Munde*) [...] Könnt' ich euch in Ein und mich mit euch zu Einem Wesen vereinigen! – (*sehr melankolisch*) Wär es auch nur zu Einem Staube) – In diesem Leben sind doch die zärtlichen, engsten Bande nur ein abgerissenes, verstümmeltes Stück, nur ein Schatten von Vereinigung – (*hält tiefsinnig inne. Mit Affekt*) O es ist eine elende Welt, Mally! MARIANE *sieht ihn traurig an*.

> DÜVAL *geht mit eingesteckten Händen und niedergeschlagenem Gesicht auf und ab, als ob er gar nicht auf den Grafen hörte.* [...]
> DÜVAL *geht tiefsinnig auf und ab. Nach einer Pause ruft er ihm nach*: [...] (*Pause*) [...] (*Pause, wild*) (I, 9 u. 10, 105)

Irmela von der Lühe stellt fest:

> Hier [in *Düval und Charmille*] ist der Vater und Geliebte ein Ausbund an Brutalität und Egoismus, als Gegengewicht agiert eine durchweg positive Mutterfigur.[373]

Diesen stereotypen Zuschreibungen widersprechen aber die differenzierten Regiebemerkungen bei den drei Hauptfiguren. Bei genauerem Hinschauen fällt auf, dass in der Figurenrede Düvals Brutalität und Egoismus zwar betont, in den Regiebemerkungen aber nicht durchgehend bestätigt werden. Die wörtlichen Behauptungen werden durch diese also nicht abgesichert, denn Düval zeigt sich auch mitfühlend. Zwar handelt es sich meist nur um kurze Umschwünge, denen eine heftige Gefühlsregung folgt – so in der im Anschluss zitierten Szene, wenn ihm das Attribut »zärtlich« – ein Zentralwort über Jahrzehnte – zugeschrieben wird. Auf dieses folgt sofort wieder ein »düster«, später ein »stößt sie von sich weg«, als Düval merkt, dass er nicht das erreicht, was er erreichen möchte:

> AMALIE [...] Düval! Haben Sie mir nicht versprochen, ruhig zu seyn?
> DÜVAL [...] (*wild*) [...] (*sich fassend*)
> AMALIE *erschrocken*. [...]
> DÜVAL *hastig*. [...]
> AMALIE *entsetzt sich.*
> DÜVAL [...] (*sehr heftig*) [...]
> AMALIE [...] (*etwas ruhiger*) [...]
> DÜVAL [...] (*Pause*) [...]
> DÜVAL *unwillig* [...] (*zärtlich*) Wenn Mally mir nur nicht den Abschied giebt? – (*düster*) [...]
> DÜVAL *ungeduldig* [...] (*er schließt sie brünstig in seine Arme*) [...] (*er küßt sie*) [...] (*er sieht sie starr und düster an*)
> AMALIE *traurig* [...] (*er drückt sie fester an sich.*)
> AMALIE *mit einem leichten Streben los zu seyn.*
>   Lassen Sie mich! [...]
> DÜVAL Deine Pflicht. – wenn du in meinen Armen bist? (*läßt sie ärgerlich los, und stößt sie ein wenig von sich*) [...] wann du [...] ein Gebet für den verlassenen, verspotteten, verzweifelnden, rasenden Düval mit trocknen Augen und kaltem Herzen gebetet hast.
> AMALIE *weinend* (I, 7 u. 8, 102–104)

> AMALIE *gerührt.* Lieber Baron, reden Sie nicht so melankolisch!« (III, 7, 120) (Hervorhebung A.D.). Ähnlich wie beim »Hohngelächter« steht »melankolisch« hier in der Figurenrede und in einer Regiebemerkung, wobei die Regiebemerkung in diesem Fall durch die Figurenrede bestätigt wird.

[373] Irmela von der Lühe: Das bürgerliche Trauerspiel. In: Werner Frick in Zusammenarbeit mit Gesa von Essen/Fabian Lampart (Hg.): Die Tragödie. Eine Leitgattung der europäischen Literatur. Göttingen 2003, S. 202–217, hier S. 215. Die Frauenfiguren stuft Irmela von der Lühe mit Bezug auf Lessing allerdings als »gemischte Charaktere« ein (ebd.).

Festzuhalten bleibt, dass auch bei Düvals Figurenzeichnung Brüche deutlich werden. Er besetzt nicht nur den Pol des Bösewichts, auf den ein großer Teil der Forschung ihn festlegt.[374] In diesem Punkt ist Anne Fleig zuzustimmen, die meint, dass sich bei Düval empfindsame Elemente und solche des Sturm und Drang mischen; gleichzeitig betont sie den egozentrischen, gegen den Hof gerichteten Impuls des Protagonisten.[375] Zwar überwiegen bei Düval die in Sturm-und-Drang-Stücken üblichen Regiebemerkungen wie »*wild umhergehend*« und »*mit den Zähnen knirschend*«, die hier wiederum der männlichen Figur zugeordnet sind, aber es finden sich auch bei ihm entgegengesetzte, sanfte Gefühlsregungen, etwa »*sehr gerührt und traurig*«, »*zärtlich*«, die sonst empfindsame männliche Protagonisten wie Sir William in *Miß Sara Sampson* oder Damis in Gellerts *Zärtlichen Schwestern* auszeichnen.[376]

Unterschiedliche Figurenzeichnung der weiblichen dramatis personae

Eine der beiden Frauenfiguren, Amalie, ist passiv und als leidendes Opfer gezeichnet; sie weicht vom empfindsamen weiblichen Muster nicht ab. Dass es sich dabei gerade um die Geliebte[377] handelt, hängt mit der Figurenkonstellation zusammen, die sich von den bekannten bürgerlichen Trauerspielen unterscheidet. Die Ehefrau Mariane ist eher den Mätressenfiguren in den bürgerlichen Trauerspielen vergleichbar, denn sie ist gewissermaßen die ältere, ehemalige Geliebte, die jetzt durch eine jüngere abgelöst wird, so dass ihre Zurücksetzung durch den geliebten Mann der Situation der Mätressen im bürgerlichen Trauerspiel ähnelt. Die Geliebte hingegen zeichnet sich durch ein ungebrochen sanftes, fast unterwürfiges Verhalten aus.

Wer heraussticht und sich nicht den für Frauen und Männer gängigen stereotypen Gesten und Affekten zuordnen lässt, ist die Ehefrau Mariane. Denn neben liebevollen Gebärden wie Weinen und Kopf-in-den-Schoß-Legen – sowohl ihr Sohn als auch Amalie suchen bei ihr auf diese Weise Schutz und Geborgenheit – ist sie auch mit Regiebemerkungen versehen, die eine negative, keineswegs ausgleichende Gemütsstimmung beschreiben. So wird sie nicht ausschließlich durch dieselben Regiebemerkungen wie Amalie im Sinne typisch weiblicher Gemütszustände charakterisiert, vielmehr finden sich auch Überschneidungen mit Düval. Wie Düval wird sie als »*verdrüßlich*« beschrieben, zunächst abgeschwächt, als sie ihrem Mann gegenüber »*halb verdrüßlich und kurz*« antwortet im Sinne einer bewussten Verweigerungshaltung – auf seine anschließende Frage reagiert sie nicht (I, 2, 99); später

---

[374] Vgl. Karin A. Wurst: Christiane Karoline Schlegel, S. 65; dagegen Isabelle Wentzlaff-Mauderer: Wenn statt des Mundes, S. 91, die Düval durchaus nuanciert gezeichnet sieht; nach Ruth P. Dawson: Frauen und Theater, S. 430f., geht es um die »zunehmende Verzweiflung und Vereinsamung Düvals«.
[375] Anne Fleig: Handlungs-Spiel-Räume, S. 210–215.
[376] Waitwell bezeichnet Sir William in der Figurenrede als »zärtlichen Vater«, in Gellerts Stück wird zärtlich in einer Regiebemerkung mit Bezug auf den zärtlichen Blick verwendet (vgl. Kap. 3.1 und 3.2).
[377] Deren moralische Integrität wird aber dadurch gewahrt, dass sie noch Jungfrau ist.

geht sie »*verdrüßlich in ihr Zimmer*« (V, 6, 139). Eine solche Übereinstimmung der negativen Gemütsbewegung zwischen einer männlichen und einer weiblichen Dramenfigur ist zu der Zeit ungewöhnlich. Der Einschätzung Dagmar von Hoffs, die die Heldinnen in Dramen von Autorinnen als »phantasmatisch erhöht«[378] beschreibt, muss entschieden widersprochen werden. Bei der Ehefrau Düvals ist dies gerade nicht der Fall. Zärtliche Gefühle zeigt sie nur ihrem Sohn Franz und Amalie gegenüber. Im Gegensatz zu Stella und Cäcilie bei Goethe wie auch zu Amalie äußert sie ihre Gefühle nicht nur mit Blick auf den geliebten Mann.

Neben differenzierten Angaben zur umfassenden Imaginierung der Hauptfiguren finden sich allerdings auch stereotype, vorformulierte Gesten, so im Anfangstableau:

> *Mariane sitzt an einem Tische in einer traurigen Stellung, das Schnupftuch vor den Augen. Franz, auf ihren Schoos gelehnt, sieht ihr ins Gesicht, und ergreift sie bey der Hand.*
> FRANZ: Liebste, beste Mama! Immer weinen Sie! (I, 1, 97)

Das empfindsame Tableau zeigt Mariane mit ihrem zwölfjährigen Sohn. Mariane weint, »was die Szenenanweisung genau beschreibt«.[379] Die generelle Formulierung in Art eines Tableaus wird im Anschluss aber durch differenzierte Gesten und Einblicke in ihre Gefühlswelt vervollständigt. Hier verbindet die Dramenverfasserin theatertypische Formulierungen, etwa schauspielerbezogene Regiebemerkungen in Außenperspektive, mit Präzisierungen, die in der Mischung mit den Theaterformulierungen ungewöhnlich sind. Die Forschung bezieht den Einsatz des konventionellen Gestenrepertoires in diesen Fällen auf die Figurenpsychologie und sieht darin ein vorsätzliches Vorgehen der Figur – so unpassend wirken sie. Wenn Wentzlaff-Mauderer meint, dass an einer solchen Stelle gerade diese Gesten falsch im Sinne von unpassend seien und sie deshalb den jeweiligen dramatis personae eine bestimmte Absicht unterstellt, dann übersieht sie, dass der Bruch auf einer Metaebene stattfindet. Deshalb ist keineswegs an der Echtheit der Gesten zu zweifeln, etwa an folgender Stelle bei Amalie:

> AMALIE *in großer Verwirrung sinkt vor ihm nieder, umfaßt seine Knie u. sieht ihn schmachtend an.*
> DÜVAL *will sich los machen.* (V, 3, 134)

Gebärdenbüchern zufolge sind dies Formulierungen, die konventionelle Theatergesten beschreiben (s. Ballhausen; Göz), so dass Amalie ihre Gestik hier nicht als »Waffe der täuschenden Frauen« anwendet,[380] wie Wentzlaff-Mauderer meint. Das

---

[378] Dagmar von Hoff: Dramen des Weiblichen, S. 43.
[379] Vgl. Anne Fleig: Handlungs-Spiel-Räume, S. 208.
[380] Isabelle Wentzlaff-Mauderer: Wenn statt des Mundes, S. 102. Wentzlaff-Mauderer bemerkt zwar zu Recht, dass an diesen wenigen Stellen eine typische, stereotype Gestik angewandt wird, die zu den restlichen, realistisch anmutenden und differenzierten Figurencharakterisierungen und Gemütsbeschreibungen in diesem Stück nicht passt. Sie deshalb als Täuschung auf der Figurenebene anzusiedeln, trifft allerdings nicht den Punkt, denn der Wechsel betrifft nicht das Figurenbewusstsein. Zum einen ist Amalie im Sinne des Opfers durchgängig als ehrliche, leidende Frau dargestellt. Zum anderen finden sich auch bei den anderen Figuren sporadisch diese Beschreibungen von Gestik und Stellung in Art eines

Umfassen des Knies und ein schmachtender Blick mögen auf den heutigen Leser unglaubwürdig wirken, im 18. Jahrhundert aber sind sie vor antikem Hintergrund ernstzunehmende Gesten.[381]

Aufschlussreich ist in diesem Zusammenhang außerdem, wann das empfindsame Tableau aufgeht und wann nicht: weiterhin zwischen Mutter und Kind, zwischen den beiden Frauenfiguren und zwischen der Geliebten und Düval, nicht aber zwischen Ehefrau und Ehemann. Dort, wo die Tableausituation gestört wird, werden der betreffenden Frauenfigur Affekte zugeordnet, die nicht den typisch weiblichen Gesten und Gemütsäußerungen entsprechen – etwa »*verdrüßlich*«. In anderen Fällen wird die herkömmliche Gestik nur noch angedeutet:

> MARIANE *macht eine Bewegung, als wollte sie ihm um den Hals fallen, zieht sich aber wieder zurück.* (I, 2, 98)

Während Amalie und Düval dem jeweiligen Gegenüber *tatsächlich* um den Hals fallen (I, 5, 101; V, 3, 135), bleibt es bei Mariane bei einem Versuch, den sie nicht zu Ende führt. Anders als in Goethes *Stella* wird diese Geste der Ehefrau hier nur noch angedeutet.

Ein Fazit der Analyse ist, dass die zwischen den Akten auftretenden Dienerfiguren die Theatersituation ins Gedächtnis rufen, sowohl in der Form der Regiebemerkungen als auch in ihrer möglichen Funktion, Umbauzeiten zu überbrücken. Ebenso sprechen das Personenverzeichnis, die Einheit von Ort, Zeit und Handlung und die Einteilung in Akte und Szenen, die die Autorin strenger befolgt als die zeitgleich entstandenen Sturm-und-Drang-Stücke, für Gattungsbewusstsein und Einhaltung bestimmter dramentheoretischer Vorgaben. Die Charakterisierung der Figuren hingegen geht weit über präzise Angaben für Schauspieler hinaus. Die Regiebemerkungen sind nicht auf praktische bühnentechnische Umsetzbarkeit ausgerichtet. Sie informieren eher den Leser als den Schauspieler über die Dramenfiguren, da sie statt prägnanter Angaben zu Gestik, Mimik und Proxemik einen Grad der Stilisierung zeigen, der für Schauspielerangaben zu dieser Zeit untypisch ist. Auch das Druckbild lässt darauf schließen, dass kein Bewusstsein für unterschiedliche Texträume vorhanden ist;[382] zumindest werden sie dem Rezipienten nicht als solche sichtbar

---

Tableaus. Dass gerade diese Stellen von Wentzlaff-Mauderer als wenig authentisch aufgefasst werden, ohne dass Figurenrede und Charakterzeichnung dafür Anlass geben, ist allerdings aufschlussreich. Denn während Tableaus im 18. Jahrhundert – in extremer Form bei Diderot, in gemäßigter Form im bürgerlichen Trauerspiel bei Lessing und Schiller – durchaus üblich sind, fügen sie sich hier nicht in die übrigen im Stück verwendeten Regiebemerkungen ein.

[381] Die »Zentralperspektive«, von der von Hoff spricht und die sie in Dramentexten von Frauen verwirklicht sieht, fehlt hier gerade. Diese könnte dafür sorgen, dass Amalies Gesten als aufgesetzte wirken, was hier aber nicht der Fall ist. Vgl. Dagmar von Hoff: Dramen des Weiblichen, S. 45.

[382] Allerdings sind die Regiebemerkungen in der Originalausgabe deutlicher von der Figurenrede abgesetzt als in dem Neudruck von Karin A. Wurst. Vgl. Christiane Karoline Schlegel: Düval und Charmille. In: Bibliothek der deutschen Literatur. Mikrofiche-Gesamtausgabe

gemacht, denn häufig stehen Figurenrede und Regiebemerkungen typographisch ununterschieden nebeneinander. Dabei werden insgesamt nur selten kodifizierte Gesten beschrieben, häufig hingegen Gefühlszustände, die nuanciert (*sehr, heftig, etwas*) und differenziert (*sehr gerührt und traurig, ernsthaft und feierlich*) benannt werden.

Aufschlussreich ist in diesem Zusammenhang, dass es sich um den einzigen Dramentext der Verfasserin handelt. Christiane Karoline Schlegel ist zwar eine leidenschaftliche Briefschreiberin – sie zählt bis zum Tod Gellerts zu seinen wichtigsten Korrespondentinnen. Trotz der Bekanntschaft mit Christian Felix Weiße, Herausgeber ihres Dramas[383] und selbst theaternaher Dramenverfasser (vgl. Kap. 2.1), hat sie aber keinerlei Theaterkontakte.[384] Die einzigen Hinweise in den Briefen an Gellert zeigen, dass sie an Gesellschaft und Öffentlichkeit generell nicht interessiert ist[385] und ihr Hauptrezeptionsweg von Literatur das Lesen ist;[386] ihr Stück kam vermutlich nie zur Aufführung. Für die Regiebemerkungen bleibt festzuhalten, dass sich kein geschlechtsspezifischer Bezug abzeichnet, sondern die Nähe des Dramenverfassers bzw. der Dramenverfasserin zur Bühnenrealität ausschlaggebend ist.

Exkurs: Sophie Albrechts *Theresgen* und Eleonore Thons *Adelheit von Rastenberg*

Um diesen Befund zu stützen, soll abschließend ein kurzer Blick auf zwei weitere Stücke von Dramenverfasserinnen geworfen werden: *Theresgen* von Sophie Albrecht und *Adelheit von Rastenberg* von Eleonore Thon. Die wenigen Regiebemerkungen in Albrechts Stück ähneln denen in Goethes *Stella*, nicht denen in *Düval und Charmille*: Sie sind ebenfalls kurz und prägnant formuliert und bezeichnen meist bestimmte Gesten, etwa »*kömmt gesprungen und umfaßt Lehngen*«, »*Er küßt sie*«, »*Er läuft zu und küßt ihn*«, »*Theresgen fährt erschrocken zusammen*«, »*Sie geht, die Hände ringend, ab*«, »Franz *küßt dem Grafen die Hand*«, »*Er stampft mit dem Fuß*«, »Theresgen

---

nach den Angaben des Taschengoedeke. 3-598-52566-4. FN 18029/000. Dort heben sich die Regiebemerkungen zwar nicht durch eine andere Type ab, sind aber kleiner gesetzt.
[383] Zu der Verbindung zwischen Christiane Karoline Schlegel und Weiße vgl. Carl Wilhelm Otto August von Schindel: Deutsche Schriftstellerinnen, S. 256.
[384] Neben dem hier untersuchten Dramentext, den Schlegel angeblich in wenigen Tagen verfasste, übersetzte sie einige englische und französische religiöse und erziehungstheoretische Schriften, etwa eine Schrift von Abraham Trembley: Instructions d'un père à ses enfants sur la nature et sur la religion. Unterricht eines Vaters für seine Kinder über die Natur und Religion. 5 Bände. Leipzig 1776–1780. Der dritte und vierte Teil dieser von A.E. Klausing herausgegebenen Übersetzung stammen von ihr. Vgl. Carl Wilhelm Otto August von Schindel: Deutsche Schriftstellerinnen, S. 256 und 259.
[385] Christian Fürchtegott Gellert: Briefwechsel. Hg. von John F. Reynolds. Band 3, S. 216: »[...] das mag wohl daher kommen, weil ich wenig in Gesellschaft gehe«.
[386] Den Briefen an Gellert zufolge hat Schlegel u.a. Richardsons *Clarissa* und *Sir Charles Grandison*, La Bruyères *Les Caractères*, Rousseaus *Emile*, außerdem Texte von Racine, Uz, Wieland sowie Philipp Doddridge und Johann Friedrich von Cronegk sowie den *Zuschauer*, die Übersetzung der englischen moralischen Wochenschrift *Spectator*, gelesen. Vgl. Christian Fürchtegott Gellert: Briefwechsel.

wirft sich ihm zu Füssen«, »Theresgen *fährt erschrocken zusammen*«, »Theresgen *sieht sie und fährt zusammen*«, »Lehngen *fällt ihr um den Hals*«, »Theresgen *fällt ihr um den Hals*«, »Theresgen: Ach Gott! sie sinkt nieder*«, »Theresgen *fällt ihren Vater zu Füßen*«, »*springt auf* «, »*ausser sich*«, »*Sie sinkt Lehngen in die Arme*«, »*sie sinkt ohnmächtig nieder*«, »*Sie wirft sich zitternd in Lehngens Arme*«, »Theresgen *die Hände ringend*«, »Theresgen *Sie springt in Teich, indem die Leute an die Gartenthür treten, und der Vorhang fällt zu*«.[387]

Vermutlich ist es kein Zufall, dass Sophie Albrecht nicht nur mit Bühnen vertraut war, sondern selbst als Schauspielerin direkten Theaterkontakt hatte und die praktische Umsetzbarkeit von Regiebemerkungen eher bedachte als Christiane Karoline Schlegel.[388] Der Bezug auf die Bühnenwirklichkeit spricht dafür, so der weitere Befund, kurze und wenige Regiebemerkungen zu favorisieren. Dieser Textraum wird also *dann* ausgeweitet und innovativ genutzt, wenn er *nicht* in erster Linie auf die Theaterpraxis zugeschnitten ist. Es mag erstaunlich sein, aber gerade dann, wenn der Dramentext vorwiegend als *Lese*text produziert oder imaginiert wird, gewinnt der Textraum der Regiebemerkungen – entsprechend der Hauptthese der vorliegenden Arbeit – an Bedeutung.

Für die Konzeption der Regiebemerkungen ist nicht allein das Geschlecht der Dramenverfasser,[389] sondern vornehmlich die fehlende bzw. vorhandene Theaterpraxis ausschlaggebend, so dass von Hoffs Ansatz zu revidieren ist. Sie bemerkt: »Dramentheoretisch bedeutet das: Die Autorinnen verwenden einen auktorialen Erzähltypus,[390] d.h. sie verwenden die Zentralperspektive, eine Aussagenmatrix also, die um einen Achsenpunkt organisiert ist, der implizit ›ich‹ bzw. ›Urheber‹ heißt«.[391] Dieser »Urheber« werde in Texten von Frauen daran deutlich, dass Dramenverfasser-

---

[387] Vgl. Sophie Albrecht: Theresgen. Ein Schauspiel mit Gesang, in fünf Aufzügen (1781), zitiert nach dem Neudruck von Karin A. Wurst (Hg.): Frauen und Drama, S. 141–187.

[388] Selbst wenn die konkrete eigenständige Arbeit als Schauspielerin erst ab 1782 nachgewiesen ist, sind der schon zuvor vorhandene Kontakt und das Interesse am Theater anzunehmen, auch da Sophie Albrecht seit dem 16. Lebensjahr mit dem theaterinteressierten Mediziner Johann Friedrich Ernst Albrecht verheiratet war; vgl. Irmgard Roebling: Sturm und Drang – weiblich. Eine Untersuchung zu Sophie Albrechts Schauspiel »Theresgen«. In: Der Deutschunterricht 48 (1996). Heft 1, S. 63–77, hier S. 69.

[389] Von Hoff untersucht *Theresgen* unter einem genderspezifischen Aspekt, indem sie die spezifisch weibliche Leidensstruktur herausarbeiten und der männlichen Form der Melancholie im *Engländer* von Lenz gegenüberstellen will; vgl. Dagmar von Hoff: Inszenierung des Leidens. Lektüre von J.M.R. Lenz' »Der Engländer« und Sophie Albrechts »Theresgen«. In: Inge Stephan/Hans-Gerd Winter (Hg.): »Unaufhörlich Lenz gelesen …«. Stuttgart, Weimar 1994, S. 210–224, hier S. 221: »entsprechend neigt der *Engländer* zu einem manisch-depressiven Krankheitsbild, während Sophie Albrecht die Figur des Theresgens mit eher hysterischen Zügen versieht.«; Pailer interpretiert *Theresgen* als »systemkritische Variante des bürgerlichen Trauerspiels«; Gaby Pailer: Literaturbeziehungen und Geschlechterentwürfe um 1800: Autorinnen um Schiller. In: Lenz-Jahrbuch. Sturm-und-Drang-Studien 13/14 (2004/2007), S. 59–87, hier S. 67.

[390] Der Frage, warum hier Begriffe aus der Erzähltheorie auf Dramentexte angewendet werden, geht von Hoff nicht nach.

[391] Dagmar von Hoff: Dramen des Weiblichen, S. 45.

innen weibliche Figuren besonders positiv darstellten; als ein Beispiel nennt von Hoff *Düval und Charmille*. Weder aber erheben sich die Heldinnen hier »selber zu zentralen dramatischen Figuren, die sich in Selbstgesprächen, in Monologketten äußern und auf ihre Gefühlszustände und Konflikte hinweisen«,[392] noch konnten »Formen einer ›subjektiven Dramatisierung«‹[393] nachgewiesen werden, die nach Dagmar von Hoff als Kurzschluss zwischen Schreibender und ihrer literarischen Figur zu verstehen sind;[394] diese Engführung wirft die feministische Forschung sonst außerdem gerade bestimmten traditionellen Interpretationsansätzen vor, die bei Texten von Frauen den »typischen Kurzschluß zwischen der Biographie der Schreibenden und ihrem (literarischen) Text«[395] vornehmen. Selbstgespräche, die von Hoff den weiblichen Protagonisten zuschreibt, finden sich bei Amalie gar nicht, bei Mariane nur einmal, und zwar in Form eines Expositionsmonologs, der vor allem über Düval informiert.[396] Hingegen äußert sich Düval siebenmal über seinen eigenen Seelenzustand.[397] Die Tragfähigkeit der von Dagmar von Hoff unterstellten weiblichen Perspektive in der Dramenproduktion von Frauen muss in Frage gestellt werden.

Ein weiterer von einer Frau geschriebener Dramentext soll die These untermauern, dass von einer »einheitlichen Perspektive« kaum gesprochen werden kann: Bertha von Wildenau, eine Nebenfigur in Eleonore Thons *Adelheit von Rastenberg*,[398] entscheidet sich gegen den für sie vorgesehenen Mann und widersetzt sich so den weiblichen Verhaltensmustern der Zeit. Als ihr Wunsch, Adelbert als Ehemann zu gewinnen, zweimal von ihm zurückgewiesen wird, verwandelt sich ihre Liebe in Hass und Rache. Schon die ihr zugeordneten Regiebemerkungen[399] weisen sie als eine zu allem entschlossene Frau aus. Sie redet »*mit Wut*« von Rache und »*geht mit herum irrenden Blicken auf und ab*« (S. 38). Als der Versuch fehlschlägt, ihre Gegenspielerin durch einen Diener aus dem Weg räumen zu lassen, nimmt sie das Instrument ihrer Rache selbst in die Hand – anders als die vergleichbaren zeitgenössischen Dramenfiguren Orsina und Marwood. Orsina reagiert auf die Zurückweisung durch den Prinzen zwar zunächst »*heftig*«, dann »*minder heftig*«, schließlich »*wehmütig, und eine Träne aus dem Auge wischend*« und »*gelinder, bis zum Tone der Schwermut*« (IV, 3). »*Wie betäubt*« und »*mit Rührung*« (IV, 5) übergibt sie schließlich den mitgeführten Dolch an Odoardo – »*Einen Dolch hervorziehend*« – und delegiert damit gleichsam ihre Rache – »*ihm den Dolch aufdringend*« (IV, 7). Marwood spricht zwar von »süßer

---

[392] Ebd., S. 44.
[393] Ebd., S. 45.
[394] Zwar weist von Hoff darauf hin, dass unter dem Zusammenfall von »Personenkontext« und »Autorenkontext« hier »keine biographische Orientierung« zu verstehen sei, sondern eine »spezifische ästhetische Dramatisierung«, der Einwand sieht aber eher einen möglichen Kritikpunkt voraus, als dass er diesen abwenden könnte. Ebd., S. 45.
[395] Vgl. Karin A. Wurst: Christiane Karoline Schlegel, S. 79.
[396] Vgl. S. 99.
[397] Vgl. S. 105, 118, 124, 126, 129 (2x), 137.
[398] Eleonore Thon: Adelheit von Rastenberg. Hg. und eingeleitet von Karin A. Wurst. Neudruck der Ausgabe von 1788. New York 1996.
[399] Vgl. ebd., S. 38.

Rache« und »*geht mit einem Dolche, den sie aus dem Busen reißt, auf ihn* [*Mellefont*] *los*« (II, 7). Nachdem Mellefont ihr den Dolch entrissen hat, verfällt sie jedoch in die typisch weibliche Geste der »*gerungenen Hände*«.

Bertha von Wildenau in Eleonore Thons Stück hingegen verweigert die weibliche Demutshaltung. Sie wird durch Gemütsäußerungen charakterisiert, die sonst männlichen dramatis personae zugeordnet werden – »*mit Hohngelächter*« (S. 46, 58), »*mit wilder Gebärde*« (S. 46) und »*wütend aus dem Gebüsch hervor*[*tretend*]« (S. 57). Mit den Worten »Ich hab' noch einen Freund, der mir treuer ist, als Ihr alle« zieht sie »*einen kleinen Dolch aus dem Busen*« (S. 46), mit dem sie schließlich eigenständig ihre Rivalin ersticht. Sie überschreitet damit die Grenzen weiblichen Verhaltens und wird deshalb im Stück von der Vertrauten Adelheits als »unnatürliches, abscheuliches Weib« (S. 58) beschimpft[400] – ihr Handeln ähnelt dem eines Sturm-und-Drang-Helden.[401]

Festzuhalten ist, dass sowohl bei Christiane Karoline Schlegel als auch in Eleonore Thons Stück nicht die Männer, sondern weibliche Figuren das strenge Koordinatensystem männlicher und weiblicher Zuordnungen durchbrechen und Grenzen überschreiten. Insofern könnte man *Adelheit von Rastenberg* als Fortführung von *Düval und Charmille* ansehen, da einer der weiblichen Hauptfiguren hier noch weitere, sonst typisch männliche Charaktereigenschaften und Gemütsstimmungen zugeschrieben werden. Als »*wild*«, »*wütend*« und »*mit Hohngelächter*« werden sonst ausschließlich Männer dargestellt. Ansätze wurden schon in Christiane Karoline Schlegels Stück erkennbar. Der Textraum der Regiebemerkungen wird in beiden Fällen von Schriftstellerinnen innovativ genutzt, die nicht mit der Bühnenpraxis vertraut sind, aber schreibend neue Räume besetzen.[402]

Von Hoff weist dem Bereich der Regiebemerkungen besondere Bedeutung bei der Konstituierung eines weiblichen Blicks zu, da das »Urheber-Subjekt« sich auf einer anderen als der dialogischen Ebene äußere, nämlich im »Nebentext«, der als Träger der Bedeutungssynthese spürbar werde. Die hier analysierten Texte machen allerdings nicht ersichtlich, wieso gerade den weiblichen Dramenfiguren keine andere

---

[400] Für die in der Forschung geäußerte Vermutung, dass auch das Publikum dieser Figur ablehnend gegenübersteht, fehlen bisher die nötigen Belege; vgl. Bernadette H. Hyner: Coercion and Confinement in Eleonore Thon's *Adelheit von Rastenberg*. In: Rocky Mountain Review 58 (2004), S. 29–46, hier S. 35.

[401] Vgl. Karin A. Wurst: Introduction. In: Eleonore Thon: Adelheit von Rastenberg, S. XXVII: »in the gender coordinates of the time, her desperate insistence on revenge defeminizes her«; ähnlich Stephanie M. Hilger: Love, lust and language: Eleonore Thon's *Adelheit von Rastenberg*. In: Neophilologus 88 (2004), S. 395–403, hier S. 402: »Bertha the vengeful masculinized murderer«.

[402] Wie bei Christiane Karoline Schlegel handelt es sich auch bei Eleonore Thon um den einzigen von ihr verfassten Dramentext. Als Schriftstellerin hat sie sich aber umfassend betätigt, neben populären Romanen – etwa *Julie von Hirtenthal: Eine Geschichte in Briefen*, *Briefe von Karl Leuckford* und der Erzählung *Marianne von Terville* hat sie Gedichte und Übersetzungen verfasst, außerdem Essays, die etwa in Bertuchs *Journal des Luxus und der Moden* erschienen. Vgl. Karin A. Wurst: Introduction. In: Eleonore Thon: Adelheit von Rastenberg, S. IXf.

als die zentrale Perspektive zukommen soll, in der die Heldinnen in ihrem »Opfer-Dasein phantasmatisch [erhöht]«[403] würden. Eine schichtenweise Erfassung des Helden, die nach Dagmar von Hoff »normalerweise«, nicht aber in Dramen von Frauen realisiert ist, konnte ebenso in Texten von Frauen nachgewiesen werden. Auffällig ist, dass es sich dabei um Dramenverfasserinnen handelt, die Dramen nicht mit Blick auf die konkrete Bühnenumsetzung konzipieren, sondern als Lesetext, den sie jeweils als einzigen Dramentext neben Texten bzw. Gattungen, die sich primär an Leser richten, geschrieben haben: Romane, Briefe, Übersetzungen, Essays. Der Bereich der Schrift ermöglicht gerade unabhängig von einem produktiven Bezug zum Theater Innovationen, so bei der Konzeption der weiblichen Figuren innerhalb der Regiebemerkungen – anders als bei der theaternahen Dramenverfasserin Sophie Albrecht. Die generelle »Einführung einer spezifisch ›weiblichen Perspektive‹ in die dramatische Konzeption«[404] erweist sich zumindest in dieser Hinsicht als nicht haltbar.

---

[403] Dagmar von Hoff: Dramen des Weiblichen, S. 45.
[404] Ebd., S. 43.

5 Regiebemerkungen in niedrig- und hochkanonisierten Texten gegen Ende des 18. Jahrhunderts

5.1 Intertextuelle Verweise in Regiebemerkungen: die ›schöne Seele‹ in Kotzebues *Menschenhaß und Reue*

Aus der Theaterlandschaft am Ende des 18. Jahrhunderts ist Kotzebue nicht wegzudenken. Er bestimmt die deutschsprachigen Spielpläne[1] führender nationaler wie internationaler Theater. Sein Anteil am Repertoire deutscher Bühnen liegt zu jener Zeit bei ungefähr fünfundzwanzig Prozent: »Es führt kein Weg an ihm vorbei.«[2]

Präsenz und Breitenwirkung Kotzebues als Theaterschriftsteller sind kaum zu überbieten,[3] führen heute aber gerade deshalb zu überwiegend abfälligen Pauschalurteilen über seine Stücke. In der Forschung ist er neben Iffland derjenige Bühnenautor, der vor allem auf Erfolgs- und, damit verbunden, Trivialisierungsstrategien hin untersucht wird,[4] denn – so Stock – »Kotzebues Bedeutung liegt nicht in seinem Werk, sondern in seinem Erfolg.«[5] Die Urteile über ihn gleichen sich weitgehend und führen diesen großen Erfolg auf die Verwendung kluger, aber einfacher und

---

[1] Auch in Übersetzungen, neben englischen vor allem russische, wurde Kotzebue häufig aufgeführt; vgl. Herbert Jacob: Kotzebues Werke in Übersetzungen. In: Hans Werner Seiffert (Hg.): Studien zur Neueren Deutschen Literatur. Berlin 1964, S. 175–183. Zur Anpassung kotzebuescher Stücke an lokale Bühnenverhältnisse vgl. Bärbel Fritz: Kotzebue in Wien: eine Erfolgsgeschichte mit Hindernissen. In: Anke Detken/Thorsten Unger/Brigitte Schultze/Horst Turk (Hg.): Theaterinstitution und Kulturtransfer II. Tübingen 1998, S. 135–153.

[2] Rolf Haubl: Zur Trivialität Kotzebues. Polyhistorische Anmerkungen. In: Sprachkunst 13 (1982), S. 50–62, hier S. 56.

[3] Um einen Eindruck zu vermitteln, seien einige Zahlen genannt: Am Mannheimer Nationaltheater wurden zwischen 1781 und 1808 Schillers *Räuber* immerhin 15mal, Kotzebues Stücke aber 1728mal gespielt. In der Zeit, in der Goethe das Theater in Weimar leitete, wurden insgesamt 4809 Vorstellungen gegeben, davon entfielen 667 auf Kotzebues Stücke. Sie stehen damit zahlenmäßig an erster Stelle, gefolgt von Iffland mit 371 und Schiller mit 367 Aufführungen.

[4] Vgl. etwa Rolf Haubl: Zur Trivialität Kotzebues; Leif Ludwig Albertsen: Internationaler Zeitfaktor Kotzebue: Trivialisierung oder sinnvolle Entliterarisierung und Entmoralisierung des strebenden Bürgers im Frühliberalismus? In: Sprachkunst 9 (1978), S. 220–240. Maurer untersucht Formen der Unterhaltungsdramatik, die »indem sie unterhält, tröstet und Wunscherfüllung leistet, ihren Zuschauern einen wichtigen Dienst erweist«. Doris Maurer: August von Kotzebue. Ursachen seines Erfolgs. Konstante Elemente der unterhaltenden Dramatik. Bonn 1979, S. 306.

[5] Frithjof Stock: August von Kotzebue. In: Benno von Wiese (Hg.): Deutsche Dichter des 18. Jahrhunderts. Ihr Leben und Werk. Berlin 1977, S. 958–971, hier S. 967.

bekannter Effekte zurück. So wird an seinen Lust- und Rührstücken konsequent das »Gespür für Effekte«[6] hervorgehoben. Die Einschätzung Benno von Wieses, der Kotzebue als Unterhaltungsschriftsteller, als »Meister des effektvollen Arrangements« und der »klug dosierten Ausnützung der szenischen Möglichkeiten«[7] charakterisiert, herrscht bis heute vor, so wenn er als »der die Theatergesetze genial Beherrschende«[8] umschrieben wird, dessen »einziger Wertmaßstab« die »Stimme des Publikums«[9] ist. Anders setzt sich Simone Winko mit dem ›Phänomen Kotzebue‹ auseinander. Sie führt den Autor als Prototyp für die Form der »Negativkanonisierung«[10] an, durch die sie den etablierten Begriff des positiven Kanons komplettiert. Um Kotzebue als Gegenbild zu den kanonischen Autoren aufzubauen, werde in der Forschung gerade seine Minderwertigkeit betont. Einmal als negatives Muster etabliert, fielen Argumentationsstrategien weg, so dass er sich auch gegen veränderte Maßstäbe in der Literaturgeschichtsschreibung als weitgehend resistent erweise.[11] Kategorisiert wird Kotzebue generell als Schauspielerdichter, dessen Texte nur als Spielvorlagen genutzt werden können und dem »krude Inkohärenzen in der Motivierung der Handlungsteile«[12] unterlaufen. Bemängelt wird die fehlende Entwicklung in seiner schriftstellerischen Tätigkeit, verbunden mit dem Verdikt der ›Vielschreiberei‹.[13] Letzteres trifft

---

[6] Frithjof Stock: Kotzebue im literarischen Leben der Goethezeit. Polemik – Kritik – Publikum. Düsseldorf 1971, S. 114. Vgl. Karl-Heinz Klingenberg: Iffland und Kotzebue als Dramatiker. Weimar 1962, S. 109: »Unzweifelhaft ist es Kotzebue gelungen, mit relativ bescheidenen Mitteln ein spannendes und wirkungsvolles Theaterstück zu schaffen.«

[7] Benno von Wiese: August von Kotzebue. In: Ders.: Perspektiven II. Literarische Porträts. Berlin 1979, S. 53–79, hier S. 58.

[8] So auf dem Klappentext einer neueren Arbeit zu Kotzebue von Armin Gebhardt: August von Kotzebue. Theatergenie zur Goethezeit. Marburg 2003; Gebhardt stuft Kotzebue als den »geborene[n] Theaterpraktiker« ein, S. III. Die Arbeit wird wissenschaftlichen Standards allerdings kaum gerecht, Bezüge auf Quellen und Forschung werden nicht nachgewiesen; auch die Äußerungen zu Kotzebue bringen kaum Neues, sondern schreiben bisherige Einschätzungen seines Schaffens weitgehend fort; zu Pauschalurteilen neigt auch Leif Ludwig Albertsen: Internationaler Zeitfaktor Kotzebue, vgl. etwa S. 225.

[9] Holger Dauer: Mentaler Reflex und affirmatives Manöver. Anmerkungen zum Erfolgsdramatiker August von Kotzebue. In: Ders. (Hg.): »Unverdaute Fragezeichen«: Literaturtheorie und textanalytische Praxis. St. Augustin 1998, S. 75–95, hier S. 83.

[10] Simone Winko: Negativkanonisierung: August v. Kotzebue in der Literaturgeschichtsschreibung des 19. Jahrhunderts. In: Renate von Heydebrand (Hg.): Kanon – Macht – Kultur. Theoretische, historische und soziale Aspekte ästhetischer Kanonbildungen. Stuttgart, Weimar 1998, S. 341–364, hier S. 344. Winko untersucht Beschreibung und Bewertung Kotzebues in Literaturgeschichten des 19. Jahrhunderts.

[11] Ähnlich Meyer, allerdings ohne Bezug auf Winko: »Anstelle einer Bewertung der Texte und ihres analytischen und erkenntnisstiftenden Potentials steht die Künstler*person* im Vordergrund.«, Jörg F. Meyer: Verehrt. Verdammt. Vergessen. August von Kotzebue. Werk und Wirkung. Frankfurt/M. 2005, S. 171.

[12] Vgl. Rolf Haubl: Zur Trivialität Kotzebues, S. 60.

[13] Stellvertretend sei hier auf Mathes verwiesen, der feststellt, Kotzebue habe »zeit seines Lebens keine einschneidende Entwicklung durchlaufen«. Bei dem »unterhaltenden Charakter seiner Werke« könne »kaum von einem künstlerischen Rangunterschied gesprochen werden«. Jürg Mathes: Die Sprache in den frühen Dramen August von Kotzebues. Diss.

auf eine Produktion von über 250 Stücken zwar zu – Klingenberg spricht diesbezüglich von einem »geradezu beängstigenden Umfang«¹⁴ –, es dient aber gleichzeitig als Grund dafür, sich mit der Masse an Stücken nicht weiter auseinanderzusetzen, da sie angeblich alle demselben ›Strickmuster‹ folgen.¹⁵ Dies ist eine Einschätzung, die Kotzebue sogar unterstützt, etwa wenn er feststellt, er könne aus jedem Ding ein Schauspiel machen, sogar aus einer Stricknadel.¹⁶

Die Regiebemerkungen sprechen allerdings gegen die Vorwürfe rein schematisch gebauter Dramen, da diese keineswegs so einfach auf einen gemeinsamen Nenner zu bringen sind. Bisher sieht man Kotzebues Dramentexte generell als Spielvorlagen an;¹⁷ eine Entwicklung oder Differenzierung seiner Schauspiele gestehen ihm selbst diejenigen Arbeiten nicht zu, die sich eingehender mit seinen Stücken beschäftigen. Ein genauerer Blick macht allerdings eine bisher nicht beachtete Variationsbreite an Regiebemerkungen sichtbar, die auf unterschiedliche Funktionen zurückgeführt werden können. Außerdem liegen von einem seiner bekanntesten Stücke – *Menschenhaß und Reue* – zwei Fassungen vor, die gerade auf dem Gebiet der Regiebemerkungen erhebliche Unterschiede aufweisen. Diese können im Zusammenhang mit der Sozialstruktur des Liebhabertheaters erhellt werden, für das die erste Fassung geschrieben wurde.

Dass die veränderte Version von der Forschung bisher übersehen wurde,¹⁸ verwundert kaum bei einem Autor, dem man ein Entwicklungspotential und Diffe-

---

     masch. Heidelberg 1968, S. 8. Auch Minor spricht Kotzebue eine Entwicklung ab; vgl. Jacob Minor: Kotzebue als Lustspieldichter. In: Bühne und Welt. Halbmonatsschrift für Theaterwesen, Literatur und Musik 13 (1911). 2. Halbjahr, S. 104–114, hier S. 106.

¹⁴ Vgl. Karl-Heinz Klingenberg: Iffland und Kotzebue, S. 80. Arntzen nennt die Zahl von 120 Lustspielen und Possen, vgl. Helmut Arntzen: Die Komödie als Ware. Kotzebue und die Spieloper. In: Ders.: Die ernste Komödie. Das deutsche Lustspiel von Lessing bis Kleist. München 1968, S. 169–177, hier S. 171.

¹⁵ Anders Helmut Arntzen: Komödie als Ware, S. 171: »Wir können nur eines [ein Beispiel] wählen, weil es unmöglich ist, die rund 120 Lustspiele und Possen Kotzebues in diesem Rahmen über das äußerlich Technische hinaus zu betrachten, was nur zu nutzlosen Schematisierungen führt.« Arntzen untersucht den *Rehbock oder Die schuldlosen Schuldbewußten* im Vergleich mit Lortzings *Wildschütz*.

¹⁶ Vgl. August von Kotzebue: Die Stricknadeln. Ein Schauspiel in vier Aufzügen. In: Ders.: Theater. Band 18. Leipzig, Wien 1841, S. 259–327, hier S. 260, Anmerkung des Verfassers: »Wir [A.G. Meißner und August von Kotzebue] sprachen über Stoffe zu Schauspielen; er meinte, es müsse schwer sein, immer neue zu finden. In einer Anwandlung von muthwilliger Fröhlichkeit vermaß ich mich, aus jedem Dinge, das er mir nennen werde, ein Schauspiel zu machen. In diesem Augenblick lag eine Stricknadel vor unsern Füßen, er hob sie auf, reichte sie mir hin, und forderte mich auf, mein rasches Versprechen an ihr zu erfüllen. Ich gab mein Wort.« Kotzebue liefert hier selbst die Begründungsstrategien für die Produktion eines Dramentextes, die ihm später von der Forschung vorgehalten werden.

¹⁷ Vgl. Leif Ludwig Albertsen: Internationaler Zeitfaktor Kotzebue, S. 225.

¹⁸ Mathes, der sich umfassend mit Kotzebue beschäftigt hat, erwähnt zwar die überarbeitete Fassung, stellt aber fest, dass »von einer einschneidenden Überarbeitung […] nicht gesprochen werden [kann]« und berücksichtigt sie deshalb nicht weiter; vgl. Jürg Mathes: Sprache, S. 107. Armin Gebhardt: Kotzebue, S. 113, nennt die Zweitfassung, »die fast unbeachtet und ohne Widerhall blieb«, ebenfalls nur flüchtig.

renzierungsmöglichkeiten abspricht[19] – anders als bei Autoren der Hochliteratur wie Schiller, bei dem überarbeitete Fassungen, etwa der *Räuber*, häufig in literaturwissenschaftliche Überlegungen einbezogen werden. Aber auch bei Kotzebue ist der Vergleich lohnend, da unterschiedliche zeitliche und räumliche Kontexte für die Art der Regiebemerkungen produktiv gemacht werden können. Dies ist die eine Leitlinie, unter der die folgenden Beobachtungen stehen. Daneben sollen die verschiedenen Adressaten als wichtige Bezugsgröße seiner Stücke und seiner Regiebemerkungen profiliert werden, wobei in sozialgeschichtlicher Perspektive sich vor allem die Funktion des Revaler Liebhabertheaters als aufschlussreich erweisen wird. Kotzebue hat seine ersten Dramen in diesem Kontext verfasst, der bisher noch nicht zur Konstruktion seiner Theaterstücke ins Verhältnis gesetzt wurde.

Wie Košenina zu Recht feststellt, hat Kotzebue »kaum einen Beitrag zur Theorie der Schauspielkunst«[20] geleistet. In Briefen und Anmerkungen zu seinen Stücken gibt er allerdings sehr wohl Hinweise auf Funktion und Stellenwert des Theaters und seiner eigenen Dramendichtung. Diese bestätigen das Selbstbild von Kotzebue als »Schauspiel-Dichter« – so folgende Worte aus dem *Vorbericht* des *Grafen von Burgund* –, das von der Forschung fortgeschrieben wird:

> Ich weiß selbst besser als irgend ein Recensent, daß ich keine Meisterstücke schreibe, und daß mir als Schauspiel-Dichter nur ein untergeordneter Rang gebührt. Die Wirkung meiner Stücke ist hauptsächlich für die Bühne berechnet […].[21]

Zwar könnte es sich bei der zitierten Vorrede auch um eine Devotionsfloskel handeln,[22] da Kotzebue zu diesem Zeitpunkt um seine noch keineswegs gefestigte Position im literarischen Feld weiß und sich auf dem literarischen Markt zunächst einmal anbieten muss, um konkurrieren zu können. Zumindest aber wird deutlich, dass er selbst den Bühnenbezug und damit auch ein wechselndes Publikum sowie die Anpassungsmöglichkeit seiner Stücke und Stoffe dominant setzt.

---

[19] Mathes stellt in allgemeinem Ton fest: »Bei ›Menschenhaß und Reue‹ handelt es sich um eine Straffung der Handlung und um das Streichen einiger Szenen.« Jürg Mathes: Sprache, S. 107.
[20] Vgl. Alexander Košenina: Anthropologie und Schauspielkunst, S. 268.
[21] August von Kotzebue: Der Graf von Burgund. Vorbericht. In: Ders.: Theater. Band 6. Leipzig, Wien 1840, S. 137. Vgl. Manfred Brauneck: Die Welt als Bühne. Band 2. Stuttgart, Weimar 1996, S. 812.
[22] So folgende Äußerung Kotzebues in einem Brief an den Berliner Intendanten Graf von Brühl vom 15. Oktober 1815 aus Königsberg: »Glauben Sie mir, ich selbst weiß meine Werke recht gut an ihren bescheidenen Platz zu stellen, aber, was Schauspiele betrifft, so hege ich die Ueberzeugung, daß es eben so wenig ein ausschließendes Muster für gute Schauspiele als für Blumen giebt.« Vgl. Johann Valentin Teichmann: Literarischer Nachlaß. Hg. von Franz Dingelstedt. Stuttgart 1863, S. 341f.

Die reale Theatersituation im Dramentext: *Das Liebhaber-Theater vor dem Parlament*

Nicht nur an den Rändern, in Paratexten wie Vorreden und Nachworten, äußert sich Kotzebue zu seinem Selbstverständnis als Stückeschreiber und zu seinem Aufführungsstil. Auch in die Dramentexte selbst spielen reale Theatererfahrungen hinein, so dass die Grenze zwischen Authentischem und Fiktivem verwischt. Das Stück *Das Liebhaber-Theater vor dem Parlament*[23] setzt theaterpraktische Fragestellungen ins Zentrum, indem die Situation des Liebhabertheaters in Reval, an dem Kotzebue beteiligt war, direkt thematisiert wird.[24] In der Parodie *Cleopatra* wird die außerfiktionale Situation der Schauspieler ebenfalls berücksichtigt. Zu den Zeilen »Der Gesandte Gallus, ein Courtisan, Ist der Herr Baron von D***;/Den thu' ich zum letzten Mal verkündigen,/Denn er geht leider bald nach Indien« fügt Kotzebue folgende Erklärung hinzu:

> Anmerkung 1: Diese Art Komödienzettel [der im Stück verlesen wird] kann leicht von jeder Gesellschaft für sich passend abgeändert werden. Die hier bezeichneten Personen spielten das Stück in Weimar. Der Baron D*** war wirklich eben im Begriff, nach Indien abzureisen.[25]

Der authentische Bezug, durch den Kotzebue sein Stück an ein spezifisches Publikum sowie an ganz bestimmte Schauspieler anpasst, wird hier offensichtlich. Die Schauspieler sind nicht auswechselbar bzw. nur, wenn auch der Dramentext verändert wird. Sie spielen keine beliebige Rolle, sondern sind während der Aufführung auch als authentische Person auf der Bühne präsent. Das wiederum ist natürlich nur für ein Publikum von Interesse, das die Schauspieler und deren persönliche Vorhaben kennt. Wenn bei der Äußerung »Bring' mir den neuen Hut von Madam Damerval«[26] in einer Anmerkung verzeichnet ist: »Eine berühmte Putzmacherin in Weimar, deren Namen man leicht mit andern verwechseln und den Reim abändern kann. In Wien z.B. hieß es: ›Geduld, Antonius! Dir mach ich quid pro quo;/Bring' mir den neuen Hut von der Madam Rabaud‹«, ist dies ebenfalls ein Hinweis darauf, dass authentische Bezüge zu den realen Darstellern wichtiger sind als die fiktive Ebene des Bühnengeschehens und eines festgeschriebenen Textes. Diese kann in gewissen Punkten flexibel gehandhabt werden, um der realen Ebene genügend

---

[23] August von Kotzebue: Das Liebhaber-Theater vor dem Parlament. Ein Nachspiel mit Gesang. Aufgeführt auf dem Liebhaber-Theater zu Reval am Stiftungsfeste desselben. In: Ders.: Theater. Band 40. Leipzig, Wien 1841, S. 219–244. Im Folgenden unter Angabe der Seite direkt im Text zitiert.

[24] Mit Blick auf Kotzebues Tätigkeit in Reval weist Heßelmann auf den geringeren finanziellen Aufwand einer Amateurbühne im Verhältnis zu einem permanenten Theater hin; vgl. Peter Heßelmann: Gereinigtes Theater? Dramaturgie und Schaubühne im Spiegel deutschsprachiger Theaterperiodika des 18. Jahrhunderts (1750–1800). Frankfurt/M. 2002, S. 224.

[25] August von Kotzebue: Cleopatra. Eine Tragödie. In: Ders.: Theater. Band 14. Leipzig, Wien 1841, S. 193–208, hier S. 197.

[26] Ebd., S. 200.

Raum zu gewähren. In dem Stück *Das Liebhaber-Theater vor dem Parlament*, das für diese Bühne geschrieben und dort auch uraufgeführt wurde, soll über die Duldung des Theaters entschieden werden.[27] Der Advokat, der vermutlich durch Kotzebue selbst verkörpert wurde,[28] äußert sich eindeutig pro-Liebhaber-Theater. Durch dessen Einnahmen soll Notleidenden geholfen werden, wie es im Stück heißt und auch in der Realität der Fall war. Der Fiscal gibt genaue Auskünfte zum Personal der Liebhaberbühne:[29]

> Was soll man ferner von der Schicklichkeit dieses ganzen Unternehmens sagen und denken? Eine Gesellschaft angesehener Männer, die sämmtlich in ehrbaren Diensten stehen, treten, nachdem sie des Morgens ihre ehrwürdigen Pflichten mit einer Amtsmiene erfüllt, des Abends auf die Bühne und belustigen einen Jeden, der Belieben trägt, einen Rubel, oder einen halben Rubel für sein Billet zu bezahlen. (S. 232)

Im Gegensatz zu den »französischen Friseurs« und »liederlichen Dirnen«, aus denen sich die Wandertruppen zusammensetzen und denen es kontrastiv gegenübergestellt wird,[30] stehen hier »angesehene Männer« auf der Bühne, die tagsüber einem regulären Beruf nachgehen.

Regiebemerkungen zum Kostüm

Bei den Stücken, die im Revaler Kontext entstanden sind, so *Menschenhaß und Reue* wie auch *Das Liebhaber-Theater vor dem Parlament*, fällt zunächst auf, dass in den Regiebemerkungen kaum Bekleidungsangaben vermerkt sind. Der Advokat äußert sich wiederum stückintern dazu, wie mit der Kostümierung verfahren wird:

> ADVOKAT. [...] Unsere Kleidung bestreitet ein Jeder aus seinem eigenen Beutel und nach seiner eigenen Phantasie. (S. 235)

---

[27] Zum Schluss wird zwar kein Urteil gefällt, die Parteinahme des Zuschauers wird durch die Gegenüberstellung von »Vernunft contra Vorurteil«, S. 239, allerdings eindeutig in Richtung Liebhabertheater gelenkt, auf dessen Seite die »Vernunft« steht.

[28] Diese Annahme stützt sich auf die Äußerung des Advokaten: »Gott! du weißt es, daß ich stolzer darauf bin, ein Mitglied dieses Liebhabertheaters zu sein, als ob die petersburger und berliner Akademien der Wissenschaften mich zu ihrem Ehrenmitglied ernannt hätten.« August von Kotzebue: Das Liebhaber-Theater, S. 237. Hier versteckt sich eine Anspielung auf Kotzebue selbst, da dieser tatsächlich Mitglied der Preußischen Akademie der Wissenschaften war.

[29] Vgl. hierzu Elisabet Rosen: Rückblicke auf die Pflege der Schauspielkunst in Reval. Festschrift zur Eröffnung des neuen Theaters in Reval im September 1910. Nachdruck Hannover 1972, S. 98. Hier wird die von Kotzebue veröffentlichte Ankündigung zitiert, nach der die Gesellschaft sich entschloss, »ihre Vorstellungen für Geld zu geben [...], die jedesmalige Einnahme aber unter die Armen zu vertheilen.«

[30] Eine Anmerkung zeigt, dass hier eine reale Schauspielergesellschaft gemeint ist, die aus »zwei französischen Friseurs und einer liederlichen Dirne« (S. 232) bestand. Vgl. auch Elisabet Rosen: Rückblicke, S. 101: »Eine herumziehende Truppe von drei Franzosen kam nach Reval, um Vorstellungen zu geben«.

Vermutlich aus der Notlage heraus, dass eine Liebhaberbühne keinen Fundus besitzt, kann und muss jeder Darsteller sein Kostüm aus eigener Kleidung zusammenstellen. Zur Kostümierung, so könnte man folgern, sind in diesen Stücken prinzipiell keine Regiebemerkungen notwendig, da sie nicht vom Dramenverfasser abhängig ist. Dass Kotzebue sich hinsichtlich der Requisiten und des Kostüms flexibel zeigt, macht auch eine briefliche Äußerung an den Dramenschriftsteller und Theaterdirektor Johann Jakob Engel (vgl. Kap. 1) deutlich:

> Ferner: hatten die Peruaner weder Schwerdter noch Ketten, wenigstens nicht von Eisen. Wird man mir diese poetische Licenz verzeihen? Man kann allenfalls hölzerne, im Feuer gehärtete Schwerdter supponiren und silberne Ketten.[31]

In der Tat finden sich auch in anderen Stücken Kotzebues keine präzisen Regiebemerkungen zum Kostüm, bis auf solche, die gerade diesbezügliche Freiräume für die Schauspieler formulieren:

> DIE KAMMERJUNGFER DER CLEOPATRA. (*E t w a wie ein leipziger Stubenmädchen gekleidet.*)[32]

Neben den Regiebemerkungen finden sich hier sogar zusätzliche Anmerkungen gesetzt, die den in der Regiebemerkung enthaltenen Spielraum erweitern und gleichzeitig präzisieren: »Das Costüm kann nach Gefallen verändert werden: je burlesker, je besser.«[33]

In *Menschenhaß und Reue* gibt es ebenfalls keine Angaben zur Kostümierung. Dennoch löste die Aufführung dieses Stücks in Berlin eine Modewelle von ›Eulalia-Hauben‹ aus,[34] die solche Formen annahm, dass man sie mit der Werther-Mode verglich. Anders als bei Goethes Briefroman mit präzisen Angaben zu Werthers Kleidung[35] ist im Dramentext an keiner Stelle von einer Haube der weiblichen Hauptfigur die Rede, so dass allein die Inszenierung dafür verantwortlich gemacht werden kann. Das zeigt, dass sich in einem Dramentext auch dort Freiräume ergeben, wo diese nicht ausdrücklich formuliert werden, da der Text zwar die Dialoge genau festlegt, gerade zu Kostüm und Bühnenbild aber üblicherweise keine erschöpfenden Informationen gibt und geben kann.

---

[31] Brief von August von Kotzebue an Engel, 28.11.1789. In: Johann Jakob Engel: Briefwechsel aus den Jahren 1765 bis 1802. Hg. von Alexander Košenina. Würzburg 1992, S. 145.
[32] Vgl. August von Kotzebue: Cleopatra, S. 194. Hervorhebung A.D.
[33] Ebd., S. 194.
[34] Vgl. Theodor Scheufele: Übergänge zur Zukunft. Bewußtseinserweiterung und deutsche Literatur um 1800. Frankfurt/M. 1985, S. 89.
[35] Vgl. Werthers Brief am 6. September 1772 zum »blauen einfachen Frack, in dem ich mit Lotten zum erstenmale tanzte« und zu »gelbe[r] Weste und Beinkleider[n] dazu«. Goethe: Die Leiden des jungen Werther. In: Ders.: Hamburger Ausgabe. Band 6: Romane und Novellen 1. Textkritisch durchgesehen von Erich Trunz. Kommentiert von Erich Trunz und Benno von Wiese. München 1981, S. 79.

Ausweitung der Gestik im Rührstück

Wertmaßstab des Theaters in Reval ist das Spiel der Schauspieler, welches zu bekannten Größen wie dem Schauspieler und Theaterdirektor Friedrich Ludwig Schröder ins Verhältnis gesetzt wird, so in den folgenden vom Advokaten geäußerten Worten:

> Daß wir keinen Reinecke, keinen Schröder, keinen Brockmann unter uns haben, wissen wir recht gut; aber daß wir nicht ganz schlecht spielen, wissen wir auch. Ich habe doch schon manches Auge in unserm Schauspielhause naß geseh'n; manche Dame kam mit rothen Augen wieder heraus; manche Thräne floß in den *Mündeln*, in *Verbrechen aus Ehrsucht*, in den *sechs Schüsseln*, in *Julius von Tarent*, im *Fähndrich*. (S. 235f.)

Die eigene Theaterarbeit wird an berühmten Schauspielern führender Bühnen gemessen, wobei die geringere Kunstfertigkeit und Professionalität der Revaler Liebhaberbühne vor allem durch die ebenfalls erzielten und positiv gewerteten rührseligen Effekte aufgewogen wird. Es wird zu untersuchen sein, welche Rolle die Regiebemerkungen unter anderem für die angestrebte Rührseligkeit spielen und ob die Dramentexte auch über die Regiebemerkungen zu dieser Liebhaberbühne ins Verhältnis gesetzt werden können.

Kotzebues erfolgreichstes Stück,[36] *Menschenhaß und Reue*,[37] das weit über Reval hinaus zur Aufführung kam, wurde zunächst ebenfalls für die Bühne in Reval verfasst. Mit dem Ehebruch einer Frau behandelt es ein höchst brisantes Thema, das zu kontroversen Reaktionen und Einschätzungen führte: Für die einen handelt es sich um ein Stück, das »gegen Ehebruch [schützt]«,[38] die anderen sehen darin eine »Aufmunterung für das schöne Geschlecht, die Versöhnlichkeit der Männer auf die Probe zu setzen«.[39] Die Forschung analysiert *Menschenhaß und Reue* bis heute meist über die Figur des Misanthropen und setzt es zur Tradition dieser Figur in der Weltliteratur in Beziehung, gegen die es – natürlich – abfalle, so schon Benno von Wiese:

---

[36] Rudin spricht von einem »Repertoireknüller«; Bärbel Rudin: Kotzebue contra Goethe. Ein militärisches Liebhabertheater in Neisse. In: Dies. (Hg.): Funde und Befunde zur schlesischen Theatergeschichte. Bd 1. Dortmund 1983, S. 78–83, hier S. 81. Das Stück wurde 1788 aufgeführt, 1790 gedruckt. Zu Aufführungen in Wien, Berlin und Weimar vgl. Karl-Heinz Klingenberg: Iffland und Kotzebue, S. 107.

[37] August von Kotzebue: Menschenhaß und Reue. In: Ders.: Schauspiele. Hg. von Jürg Mathes. Frankfurt/M. 1972, S. 43–126. Im Folgenden nach dieser Ausgabe direkt im Text zitiert.

[38] So allerdings vor allem Kotzebue selbst; vgl. August von Kotzebue: Vorbericht zu seinem Stück *Das Kind der Liebe*. In: Ders.: Theater. Band 2. Leipzig, Wien 1840, S. 125: »*Menschenhaß und Reue*, weit entfernt, Schaden zu stiften, hat wirklich eine verirrte Frau zu ihrem Manne zurückgeführt [...]«.

[39] Johann Gottfried Lucas Hagemeister: Menschenhaß und Reue von Kotzebue. In: Dramaturgisches Wochenblatt für Berlin und Deutschland. 9. Stück. 17.3.1792, S. 129–135, hier S. 134: »Wird Eulaliens Beispiel nicht auf andre Weiber Einfluß haben? Werden sie nicht auf den Gedanken kommen, jeder Fehltritt, den sie begehen, müsse ihnen nicht länger angerechnet werden, wenn sie, wie Eulalia, dafür gebüßt? Welch eine Aufmunterung für das schöne Geschlecht, die Versöhnlichkeit der Ehemänner auf die Probe zu setzen!«

Die Figur des Misanthropen gehört zu den kardinalen Typen der europäischen Literatur, von der Antike über Shakespeare und Molière bis zu Schiller und der Romantik. Aber dort interessiert er als psychologisches oder gesellschaftliches Phänomen, nur aus dem Widerstreit zur Gesellschaft zu begreifen; hier bei Kotzebue ist er in erster Linie ein Vorwand, um eine dramaturgisch auf Rührung angelegte Handlung in Gang zu bringen.[40]

Ähnlich wie in Lessings *Miß Sara Sampson* erfährt der Leser/Zuschauer nur aus der Rückschau von der großen Enttäuschung des Barons von Meinau, dessen junge Frau Eulalia sich hatte verführen lassen und die daraufhin von ihrem Mann verstoßen wurde. Die gemeinsamen Kinder gab dieser in Pflege, um, von den Menschen enttäuscht, völlig zurückgezogen zu leben. Von Anfang an aber wird die dazu im Widerspruch stehende Wohltätigkeit des jetzt inkognito auf dem Landgut des Grafen von Winterstein lebenden Barons gezeigt. Er gilt überall als der ›Unbekannte‹ und wird auch im Personenverzeichnis nur unter dieser Bezeichnung geführt, so dass die Spannung aufrechterhalten und – im Sinne der Fiktion ganz konsequent – das Geheimnis erst gegen Ende des Stücks gelüftet wird. Schließlich trifft er – einer der vielen Zufälle des Stücks – auf Madame Müller, die ebenfalls inkognito lebende Eulalia, die als Hausdame der Gräfin mit der Schlossverwaltung betraut ist. Der Leser/Zuschauer erfährt erst nach und nach von der eigentlichen Identität der beiden Figuren und von der Vorgeschichte des Ehebruchs: Er wohnt zwei Gesprächen bei, in denen einmal die Identität Meinaus, einmal die Identität Eulalias offenbart wird.

Dass in dem Rührstück[41] *Menschenhaß und Reue* mehr Regiebemerkungen verwendet werden als in der Komödie *Die deutschen Kleinstädter*,[42] verwundert kaum, wenn man bedenkt, dass gerade rührende Szenen sich häufig nicht durch sprachliche, sondern durch mimische und gestische Kommunikation auszeichnen. Daneben aber gibt es auch in *Menschenhaß und Reue* einige Beiseite und komödientypische Regie-

---

[40] Benno von Wiese: August von Kotzebue, S. 60. Anders akzentuiert Mathes den Aspekt in seiner Ausgabe von Kotzebues Schauspielen, S. 534: »Bei dem Menschenfeind orientiert sich Kotzebue weniger an großen Vorbildern, etwa Shakespeares ›Timon von Athen‹ oder Molières ›Der Misantroph‹, als an Baron von Harrwitz aus Friedrich Ludwig Schröders ›Der Fähndrich oder der falsche Verdacht‹.« Mathes stellt auch die Bezüge zu Zimmermanns Schriften heraus (s.u.).

[41] Zum »großen Rühreffekt« von Kotzebues Stücken, allerdings ohne Erwähnung der Regiebemerkungen, vgl. Horst Albert Glaser: Das bürgerliche Rührstück. Analekten zum Zusammenhang von Sentimentalität mit Autorität in der trivialen Dramatik Schröders, Ifflands, Kotzebues und anderer Autoren am Ende des achtzehnten Jahrhunderts. Stuttgart 1969, S. 59.

[42] Zur Funktion des Komischen in *Die deutschen Kleinstädter* vgl. Peter Pütz: Zwei Krähwinkeliaden 1802/1848. In: Walter Hinck (Hg.): Die deutsche Komödie, S. 175–194. Kraft weist nach, dass Kotzebues Stück sich deutlich von Verlachkomödien der Aufklärung unterscheidet, da keine finale Besserungsszene vorgeführt wird; vgl. Stephan Kraft: Identifikatorisches Verlachen – distanziertes Mitlachen. Tendenzen in der populären Komödie um 1800 (Iffland – Schröder – Kotzebue – von Steigentesch – von Voß). In: Johannes Birgfeld/Claude D. Conter (Hg.): Das Unterhaltungsstück um 1800. Hannover 2007, S. 208–229.

bemerkungen. Insofern handelt es sich nicht um ein reines Rührstück, sondern um eine Mischung aus Rührstück und Lustspiel. Schon anhand der Regiebemerkungen kann man die komischen Figuren erkennen. Vor allem die Nebenfiguren, die Dienerfiguren Peter und Lotte sowie der unsympathisch gezeichnete und deshalb verlachenswerte Herr Bittermann, Peters Vater, erfüllen diese Funktion.[43] Die Regiebemerkungen, die den ersten Auftritten von Peter und dem Unbekannten zugeordnet sind, machen Unterschiede in der Figurencharakterisierung auf den ersten Blick[44] deutlich:

PETER *jagt einem Schmetterling nach, den er endlich mit dem Hute erhascht.* (I, 1, 45)

UNBEKANNTER *mit verschränkten Armen und niederhängendem Kopfe. Als er Peter erblickt, bleibt er stehn und betrachtet ihn mißtrauisch.* (I, 2, 46)

Peter »*sperrt*« daraufhin »*das Maul auf*« und »*macht eine linke Verbeugung*«, zeichnet sich also von Beginn an durch eine für das Volkstheater typische Gestik und Mimik aus. Das kindlich-spielerische Element, verbunden mit einem dem Unernsten, Leichten zuzuordnenden Symbol – dem Schmetterling –, steht den Verschlossenheit und Nachdenklichkeit ausdrückenden Verhaltensweisen der anderen Figur gegenüber: spontane, spielerische Bewegungen dem Insich-Gekehrtsein des Unbekannten.

Wie bei einem Rührstück zu erwarten, ist sowohl in den Regiebemerkungen als auch im Dialog aber vor allem von Tränen die Rede, und zwar in erster Linie bei den positiv besetzten Hauptfiguren; hier zeigt sich eine Gemeinsamkeit mit dem bürgerlichen Trauerspiel (vgl. Kap. 3.2). Wenn Eulalia allein ist, sieht man sie »*bitterlich weinend*« (S. 72), in der Anwesenheit anderer »*wischt* [sie] *sich dann und wann eine Träne aus den Augen*« (S. 70f.), ihr Gesicht ist von »*tiefer Melancholie überschattet*« (S. 69). Wie im bürgerlichen Trauerspiel werden Tränen nicht nur bei weiblichen, sondern auch bei männlichen Figuren thematisiert.[45] Meinau, die männliche Sympathiefigur, wird von seinem Diener in drei Jahren »nicht ein einziges

---

[43] Engel bezieht sich in einem Brief an Kotzebue vom 3.4.1789 ausdrücklich auf die komischen Szenen des Stücks, die abgeändert werden sollten: »Was die komischen Scenen betrifft, so erbitte ich mir von Ew. Hochwolgebohren die Erlaubnis, einige Züge, von denen ich mit Gewisheit vorhersehe, daß sie auffallen würden, etwas mildern zu dürfen. Es sind ohngefähr 2 Stellen von Peter und noch sonst ein paar einzelne Wörter.« Johann Jakob Engel: Briefwechsel, S. 136.

[44] Bedenkt man den »primacy effect«, den Grabes für die Figurenvorstellung im Leser beschreibt (vgl. Kap. 4.3), bekommen diese Gesten, die die ersten Auftritte der beiden Figuren begleiten, noch stärkeres Gewicht; vgl. Herbert Grabes: Wie aus Sätzen Personen werden, S. 418.

[45] Auch im Zuschauerraum wurde – Rezeptionsdokumenten zufolge – geschlechterunabhängig geweint, wobei die männlichen Tränen allerdings besonders vermerkt werden, vgl. Johann Friedrich Schink: Dramaturgische Monate. Band 1. Schwerin 1790, S. 58, zur Hamburger Aufführung von *Menschenhaß und Reue*: »[...] selbst männliche Augenwimpern glänzen von theilnehmenden Thränen. [...] Besonders gewähren die Logen ein sehr angenehmes Schauspiel, wo die dichtgedrängten Reihen schöner Damenköpfe einem reizenden Blumenbeete gleichen, das der Morgenthau getränkt hat.«

Mal lachen[d] [ge]sehen« (S. 51). Stattdessen ertappt er sich selbst beim Weinen, eine Szene, die an Mellefont in *Miß Sara Sampson* erinnert:[46]

UNBEKANNTER [...] *Er wischt sich die Augen.* Siehe da, noch eine Träne; hätt' ichs doch kaum gedacht. Willkommen, ihr alten Freunde! wir haben uns lange nicht gesehen. (IV, 2, 100)

Weinen wird dabei positiv bewertet: »EULALIA. [...] Ruhe wohnt freilich nicht immer in der Brust des Einsamen, denn ach! du nimmst dein Gewissen mit in Klöster und Wüsteneien! Aber ich konnte doch weinen.« (S. 55) Es ist als Signal für echte Gefühlsäußerungen anzusehen,[47] so in der folgenden, kurz nach der Wiedererkennungsszene zwischen den beiden Hauptfiguren situierten Passage, also schon gegen Ende des Stücks, an dem Gefühlsregungen und Tränen insgesamt intensiviert werden. Durch ein Schmuckkästchen, das der Unbekannte seiner Frau zurückgeben will, werden Erinnerungen an die gemeinsame Vergangenheit wachgerufen:

UNBEKANNTER [...] *Er reicht ihr das Schmuckkästchen.*
EULALIA *sehr bewegt, öffnet das Kästchen, und ihre Tränen stürzen darauf.* [...] *Sie reicht ihm den Schmuck, nachdem sie vorher nur die Nadel herausgenommen.*
UNBEKANNTER *in ebenso großer Gemütsbewegung als Eulalia, welche er aber zu verbergen sucht, nimmt den Schmuck mit weggewandtem Gesicht und steckt ihn ein.* [...]
UNBEKANNTER *beiseite.* Nein, länger halte ich's nicht aus. [...]
UNBEKANNTER *den diese ganze Szene sichtbar tief erschüttert, bleibt stumm im Kampf um Ehre und Liebe.* (V, 9, 123f.)

In dieser auf Rührung angelegten Szene wird gleichzeitig ein geschlechtsspezifischer Unterschied deutlich,[48] der sich durch den gesamten Text zieht: Der Unbekannte ist zwar durch das Zusammensein gefühlsmäßig ebenso betroffen wie Eulalia, aber während sie ihrem Gefühl freien Lauf lässt, versucht er trotz seiner Erschütterung Fassung zu bewahren.

Stellenwert familialer Begriffe in Wiedererkennungsszenen

Die Kernszene des Stücks – das unerwartete Aufeinandertreffen der zwei durch eine menschliche Katastrophe Getrennten – wird ausschließlich über Regiebemerkun-

---

[46] Vgl. Kap. 3.2. Mellefont äußert sich ebenfalls über seine wiedergewonnene Fähigkeit zu weinen.
[47] Zum Weinen als vorgespielter Geste vgl. Kap. 3.2 und 5.2.
[48] Zu Recht werden in der Forschung Bezüge zwischen Kotzebues *Menschenhaß und Reue* und dem Melodrama herausgestellt; vgl. Lothar Fietz: Zur Genese des englischen Melodramas aus der Tradition der bürgerlichen Tragödie und des Rührstücks: Lillo – Schröder – Kotzebue – Sheridan – Thompson – Jerrold. In: Deutsche Vierteljahrsschrift für Literaturwissenschaft und Geistesgeschichte 65 (1991), S. 99–116. Die Kontinuität der unterschiedlichen Inszenierung männlicher und weiblicher Körper bis ins 19. Jahrhundert ist ebenfalls belegt; vgl. Gabriele Rippl: Inkarnierte Rhetorik. Zur Eloquenz des weiblichen Körpers in englischen Melodramen des 19. Jahrhunderts. In: Julika Funke/Cornelia Blasberg (Hg.): Körper-Konzepte. Tübingen 1999, S. 191–208.

gen mitgeteilt.[49] Diese wortlose Szene wird als gelungenes Beispiel »Kotzebuescher Effektdramaturgie«[50] häufig zitiert:

> UNBEKANNTER *tritt mit einer ernsthaften Verbeugung in das Zimmer.*
> GRAF *geht mit offenen Armen auf ihn zu.*
> EULALIA *erblickt ihn, stößt einen lauten Schrei aus, und fällt in Ohnmacht.*
> UNBEKANNTER *wirft einen Blick auf sie; Schrecken und Staunen in seinen Gebärden, rennt er schleunig zur Türe hinaus.*
> GRAF *sieht ihm voll Verwunderung nach.*
> GRÄFIN UND DER MAJOR *beschäftigen sich um Eulalien.*[51] (IV, 10, 111)

Es handelt sich um eine stumme Szene[52] – bis auf den Schrei Eulalias, der aber nicht als wörtliche Rede, sondern innerhalb der Regiebemerkungen notiert wird: *»stößt einen lauten Schrei aus«*.[53] Obwohl die Figurenbezeichnungen in der Szene im Grunde nicht als Sprecherbezeichnungen dienen, da ja nicht gesprochen wird, werden sie im Druckbild hervorgehoben und stehen jeweils am Anfang einer Zeile. Drucktechnisch werden also konventionelle Vorgaben befolgt, nach denen Sprecherbezeichnungen, Regiebemerkungen und Dialogpartien in Dramentexten typographisch voneinander unterschieden werden, obgleich diese Szene ohne Rede und Gegenrede auskommt. Statt eines fortlaufenden Textabschnitts werden den einzelnen Figuren jeweils in einer Art Pantomime bestimmte Handlungen – wenn auch keine Sprechhandlungen – zugeordnet. Den hier vorliegenden Sonderfall kann man mit Ingardens Terminologie, die den Dramentext in ›Haupttext‹ und ›Nebentext‹ unterteilt, kaum angemessen beschreiben, da der sogenannte ›Haupttext‹ gänzlich entfällt.[54]

---

[49] Vgl. Alexander Košenina: Anthropologie und Schauspielkunst, S. 270, zur Bedeutung der Körpersprache für die psychologische Fundierung des Stücks.
[50] Vgl. Frithjof Stock: August von Kotzebue, S. 961.
[51] Bei Iffland finden sich zwar ebenfalls Passagen, die ganz ohne Dialogpartien auskommen, allerdings fallen die Regiebemerkungen nicht gleichermaßen ausführlich aus. Dennoch zeichnet sich auch hier eine Zunahme der Regiebemerkungen gegen Ende des Rührstücks und innerhalb der Wiedererkennungs- bzw. Versöhnungsszenen ab, vgl. etwa August Wilhelm Iffland: Die Hagestolzen. Ein Lustspiel in fünf Aufzügen. In: Ders.: Theater. Erste vollständige Ausgabe. Band 11. Wien 1843, S. 1–106, hier S. 51:
»GEHEIMRATH (*gibt Theresen und Linde die Hand*).
CONSULENT (*trocknet die Augen*).
PAUL (*geht zu dem Hofrath*).
BÄRBCHEN (*geht zu Margrethen*).«
[52] Nibbrig stellt mit Blick auf den Zuschauer die Wirkungsintention der stummen Szenen heraus. Der Zuschauer stehe unter »maximalem Identifikationsdruck« und sei dem Geschehen »visuell ausgeliefert«: »Das deutsche Rührstück des späteren 18. Jahrhunderts trifft an seinen stärksten Stellen die Zuschauer an der schwächsten: durch Stummheit.« Christiaan L. Hart Nibbrig: Rhetorik des Schweigens. Versuch über den Schatten literarischer Rede. Frankfurt/M. 1981, S. 51.
[53] Deshalb scheint Košenina den Schrei zu übersehen: Die »rührende Wiedervereinigung« beruhe »ausschließlich auf der Sprache der Gebärden«; vgl. Alexander Košenina: Anthropologie und Schauspielkunst, S. 270.
[54] Zur Terminologie Ingardens vgl. Kap. 1.

Ein vorläufiges, kaum verwunderliches Fazit ist, dass die Regiebemerkungen zum Teil Sprache ersetzen, da Gesten und stummes Spiel bei der Darstellung innerer Gefühlszustände einen höheren Stellenwert haben als die Figurenrede. Man könnte geradezu von einer Umkehrung oder Gegenbewegung zur Rhetorik im klassischen Theater sprechen, das der Deklamation verpflichtet ist, da der Dialog hier nicht mehr als Transportmittel für Gefühle geeignet erscheint. Ähnlich präsentiert sich auch der Schluss des Stücks, der als Tableau mit großer Versöhnungsszene angelegt ist:

> EULALIA. Und wenn ich einst genug gebüßt habe; wenn wir in einer bessern Welt uns wiedersehen –
> UNBEKANNTER Dort herrschen keine Vorurteile; dann bist du wieder mein! *Beider Hände liegen ineinander, beider Blicke begegnen sich wehmütig. Sie stammeln noch ein* Lebewohl! *und trennen sich, aber indem sie gehen wollen, stößt Eulalia auf den kleinen Wilhelm, und Meinau auf Malchen.*
> MALCHEN Vater –
> WILHELM Mutter –
> *Vater und Mutter drücken sprachlos die Kinder in ihre Arme.*
> MALCHEN Lieber Vater –
> WILHELM Liebe Mutter –
> *Vater und Mutter reißen sich los von den Kindern, sehen einander an, breiten die Arme aus, und stürzen sich einer in des andern Arme.*
> UNBEKANNTER Ich verzeihe dir!
> *Die Gräfin und der Major heben die Kinder in die Höhe, welche sich an ihre Eltern anklammern, und:* lieber Vater! liebe Mutter! *rufen.* (V, 9, 125f.)

Hier wird der ›Haupttext‹ an einigen Stellen in den ›Nebentext‹ eingebunden und nicht umgekehrt, wie dies normalerweise im Drama der Fall ist und wie es auch Ingardens Begrifflichkeit nahe legt. Obwohl der Anteil der Figurenrede minimal erscheint, wird die unterschiedliche Typographie, die diesen beiden Texträumen üblicherweise zugeordnet ist, beibehalten. Im Gegensatz zu den weiter vorn im Text befindlichen Beispielen werden die Figurenbezeichnungen hier aber nicht mehr kontinuierlich als Sprecherbezeichnungen markiert. Es fehlen die Kapitälchen, die zuvor konsequent benutzt wurden, auch wenn die Figuren nicht als Sprecher auftraten, sondern in Gestik und Mimik beschrieben wurden. Hier wird so die Illusion eines fortlaufend zu lesenden Textes geschaffen, der sich nicht an bestimmte Personen – die Schauspieler – richtet und diese nicht in spezifischer Weise jeweils ›anspricht‹. Dass am Ende des Stücks die Körpersprache wichtiger ist als die Figurenrede, zeigte sich ebenfalls als Grundtendenz des bürgerlichen Trauerspiels und des *drame bourgeois*. In *Menschenhaß und Reue* allerdings wird die Gewichtung völlig umgekehrt, so dass gewissermaßen ein Übergang von der Dramennotation zu einem Erzähltext ablesbar wird.[55]

---

[55] Der multifunktionale Einsatz der Regiebemerkungen, die neben dramen- auch erzähltechnische Funktionen erhalten, führt in *Die schöne Unbekannte* zu einer Vermischung der Gattungen Drama und Epik. Einen Hinweis darauf gibt schon die Gattungszuordnung als *dramatisierte Erzählung*. Außer dem hohen Umfang an Regiebemerkungen fallen Funktion und Tempuswahl auf. Nach dem ersten Zusammentreffen der männlichen Protagonisten folgt eine ›Regiebemerkung‹ von einer Seite Länge, die die Funktion einer Analepse im

Bekräftigt wird dieser Qualitäts- bzw. Gattungswechsel dadurch, dass »Vater« und »Mutter« aus der Figurenrede übernommen und die üblicherweise und zuvor im Stück verwendeten Sprecherbezeichnungen aufgegeben werden. Erst gegen Ende des Stücks und im Zusammenhang mit dem rührseligen Tableau werden Familienbeziehungen betonende Bezeichnungen[56] auf diese Weise verwendet und zentral gesetzt. Die Abweichung von konventionellen Notationsformen und üblichen Sprecherbezeichnungen hängt hier mit rührenden Szenen zusammen, in denen familialen Begriffen eine wichtige Funktion zukommt.[57] Dass auf diese Weise nicht nur die Figurenrede, sondern auch die Regiebemerkungen emotional aufgeladen werden, ändert ihre Bedeutung beim Lesen des Dramentextes bzw. für einen Leser, für den das Lesen des Textes, nicht die Aufführung Ziel und Zweck darstellen. Eine Emotionalisierung[58] wird so über die Figurenrede hinaus auch durch die Regiebemerkungen bewirkt.

Regiebemerkungsintensive Textstellen finden sich in Kotzebues Rührstücken wie bei Iffland oder Gemmingen[59] am Dramenende und in den Wiedererkennungsszenen, so auch in dem ans Rührende grenzenden Stück *Die Indianer in England*, das Kotzebue kurz nach *Menschenhaß und Reue* schreibt und ebenfalls in Reval uraufführt. Dabei überwiegen die für ein Rührstück typischen Regiebemerkungen zu Mimik und Gestik, spezifischer zu Umarmungen und Weinen (»*sich eine Träne aus dem Auge wischend*«, »*sehr bewegt*«, »*sich in die Arme fallend*« etc.), die in seinen Lustspielen fehlen. Die Regiebemerkungen könnten in diesem Zusammenhang Indizien für eine treffendere Gattungszuordnung geben und die *Indianer in England* als Lustspiel – so der Untertitel – in Frage stellen. Die Wiedererkennungsszene kommt hier zwar nicht ganz ohne Dialogpartien aus, aber auch sie enthält besonders viele Regiebemerkungen sowie eine Bemerkung, die dem Schauspieler einen Freiraum eröffnet und das Stück deutlich als Spielvorlage auszeichnet:

Erzähltext übernimmt. Demgemäß verwendet Kotzebue hier nicht das Präsens, sondern das Präteritum. Vgl. August von Kotzebue: Die schöne Unbekannte. In: Ders.: Theater. Band 40. Leipzig, Wien 1841, S. 245–272, hier S. 249f.
[56] Kurz zuvor wird der Major in einer Regiebemerkung als »*Bruder*« der Gräfin bezeichnet.
[57] Die bei Fietz zitierten Szenen aus der englischen Übersetzung von Benjamin Thompson zeigen, dass hier die familialen Begriffe in den Regiebemerkungen wie im Original gesetzt werden; vgl. Lothar Fietz: Genese des englischen Melodramas, S. 113.
[58] Ein literaturpsychologisches Beschreibungssystem zur Rekonstruktion emotionaler Wirkungen literarischer Texte hat Katja Mellmann vorgelegt; vgl. Katja Mellmann: Emotionalisierung – Von der Nebenstundenpoesie zum Buch als Freund. Eine emotionspsychologische Analyse der Literatur der Aufklärungsepoche. Paderborn 2006.
[59] Vgl. Otto Heinrich von Gemmingen: Der deutsche Hausvater oder die Familie. Berlin 1781. Dort stehen vor allem in den letzten drei Szenen des fünften Akts Regiebemerkungen zu Umarmungen, wobei ähnlich wie bei Kotzebue die neutralen Sprecherbezeichnungen häufig durch die familialen Zuordnungen – Vater, Mutter, Kind – ersetzt werden: »SOPHIE. (*läuft gleich auf das Kind zu*)«, S. 134; »MONHEIM. (*hebt das Kind zärtlich in die Höhe*)«, S. 134; »DAS KIND. Bey dem Vater, und der Mutter. (*Die Eltern sehen weg. Der Hausvater beobachtet sie; eine Pause; dann wieder*) […] (*Beyde wollen das Kind umarmen, sie begegnen sich, sehen sich gerührt an; dann fallen sie sich um den Hals*)«, S. 135.

GURLI *Wirklich? ha! ha! ha! Sie hüpft herum schlägt Schnippchen mit beiden Händen und singt dazu, nach einer selbstbeliebigen Melodie.* (II, 7, 170)[60]

SIR JOHN [...] setze dich an dein Klavier, spiele oder sing mir was vor, dabei entschlummert man so süß.

LIDDY Recht gern. *Sie setzt sich ans Klavier und spielt oder singt so lang, bis sie sieht, daß der Alte eingeschlafen ist, dann steht sie auf.* (I, 1, 133)

Die Freiheiten innerhalb der fiktionalen Rede, die Sir John in einer Replik hier seiner Tochter Liddy zugesteht – die Wahl zwischen dem Klavierspiel und dem Singen mit Begleitung –, führt Kotzebue weiter über das Ende der fiktionalen Dialogpartie hinaus, indem er sie in der Regiebemerkung fortschreibt. Hierdurch wird die Illusion der Fiktion für den Leser gestört, während dem Schauspieler Freiräume eröffnet werden, die in der Aufführung genutzt und für den Zuschauer vereindeutigt werden können bzw. müssen. Dem Leser hingegen wird hier gerade nicht mitgeteilt, was er an dieser Stelle imaginieren soll, da keine Schauspielerin zur Stelle ist, die die Regiebemerkung in der einen oder anderen Weise realisiert, indem sie, als Liddy, hier *entweder* Klavier spielt *oder* singt. Die Mehrdeutigkeiten müssen vom Leser vereindeutigt werden und wirken so einer Fiktionsbildung entgegen; sie stellen gewissermaßen einen Fiktionsbruch dar. In diesem Zusammenhang lohnt ein Blick auf Wolfgang Iser,[61] der gattungsspezifisch vorgeht und sich ausschließlich auf Erzähltexte bezieht. Anders als bei den von Iser im Anschluss an Ingarden entwickelten Unbestimmtheits- bzw. Leerstellen,[62] die vom Leser automatisch gefüllt werden, liegt in Kotzebues Drama eine Textstelle vor, die Alternativangebote macht. Derartige Textstellen finden sich allerdings nicht nur im Hinblick auf die musikalische Realisierung. Diese könnte eine untergeordnete oder spezielle Rolle[63] spielen – so ließe sich vermuten –, weil sie über das normale schauspielerische Können hinausgehende Fähigkeiten wie Klavierspiel und Singen voraussetzt. Gerade auch an Höhepunkten des Stücks aber stehen Regiebemerkungen, die Alternativvorschläge formulieren:

---

[60] August von Kotzebue: Die Indianer in England. In: Ders.: Schauspiele. Hg. von Jürg Mathes, S.127–206. Hier und im Folgenden unter Angabe von Akt, Szene und Seite direkt im Text zitiert.

[61] Vgl. Wolfgang Iser: Der implizite Leser. Kommunikationsformen des Romans von Bunyan bis Beckett. München ³1994. Iser wählt mit dem Roman »jene Gattung« aus, »in der die Sinnkonstitution des Textes zu einer unverkennbaren Aktivität des Lesers wird« (S. 7). Die Äußerung Isers impliziert, dass dies bei Dramentexten nicht der Fall ist.

[62] Iser unterscheidet zwischen Unbestimmtheits- und Leerstellen. Während er die Unbestimmtheitsstelle mit Bezug auf Ingarden als »Bestimmungslücke des intentionalen Gegenstandes« ansieht, versteht er unter Leerstellen die »Besetzbarkeit einer bestimmten Systemstelle im Text durch die Vorstellung des Lesers«, so dass die Leerstellen eine »Kombinationsnotwendigkeit« anzeigen. Wolfgang Iser: Der Akt des Lesens. Theorie ästhetischer Wirkung. München ⁴1994, S. 284.

[63] So kommt der musikalischen Begleitung in barocken Festspielen innerhalb der Regiebemerkungen eine Sonderrolle zu, vgl. Kapitel 2.2. Hedwig Meier weist mit Bezug auf die inszenatorisch gebundene Schauspielmusik darauf hin, dass bei Adolphe Appia die Regiebemerkungen der dramatischen Komposition vorangestellt sind; vgl. Hedwig Meier: Die Schaubühne als musikalische Anstalt. Bielefeld 1999, S. 120.

FAZIR *und* GURLI *zugleich.* Nicht Geister? *Sie nähern sich einander mit ausgebreiteten Armen.*
FAZIR Lebst du würklich Gurli?   }
GURLI Lebst du? mein Fazir?   } *zugleich.*
Sie fallen sich in die Arme.
ROBERT *sehr bewegt.* [...]
JACK *sich eine Träne aus dem Auge wischend.* [...]
FAZIR *und* GURLI *plötzlich in ausgelassene Freude übergehend.* Er lebt! Sie lebt! Schwester Gurli! Bruder Fazir!
Hier kann der Dichter dem Schauspieler nichts vorschreiben. Sie hüpfen, tanzen, springen, singen, lachen und weinen wechselweise. Freude ist immer schwer nachzuahmen, am mehrsten die Freude unverdorbener Naturmenschen. Robert und Jack stehen schweigend und laben sich an dem wonnevollen Schauspiel. (III, 12, 201)

Die Szene, bei der es sich um die Wiedererkennungsszene zwischen Gurli und dem tot geglaubten Bruder Fazir handelt, drückt körperliche Nähe und Tränen, die in Freude übergehen, innerhalb der Regiebemerkungen aus.[64] Speziell die enge Verbindung von Trauer- und Glücksgefühlen, hier im Wechsel von einer zur nächsten Zeile, sind dafür typisch. Aufschlussreich ist aber vor allem die sich an diese Szene anschließende längere Regiebemerkung. Gerade an diesem Höhepunkt des Stücks setzt Kotzebue gewissermaßen den Schauspieler über den Stückeschreiber – »*Hier kann der Dichter dem Schauspieler nichts vorschreiben*«. Der Dichter nimmt sich in seiner Funktion als Spielleiter, der konkrete Anweisungen gibt, explizit zurück und überlässt dem Schauspieler die Entscheidung – wobei es sich auch um eine Form des *understatement* handeln kann, vor allem da im Anschluss auszuführende Bewegungen in einer Aufzählung durchaus benannt werden. Gleichzeitig, sozusagen ex negativo, deutet die Regiebemerkung an, dass Kotzebue diesem Textraum im Normalfall die Funktion zuschreibt, dem Schauspieler spezielle Anweisungen zu geben. Dabei belässt es der Dramenschriftsteller aber nicht, denn er gibt einen zusätzlichen Kommentar, der über eine Spielvorlage weit hinausgeht: »*Freude ist immer schwer nachzuahmen, am mehrsten die Freude unverdorbener Naturmenschen.*« Dieser Satz richtet sich kaum an einen Schauspieler, der hierin weder eine Anweisung noch ein Set von möglichen Alternativen für die Umsetzung sehen kann. Er klingt vielmehr wie der Kommentar eines prononcierten, in der Terminologie der Erzähltextforschung allwissenden Erzählers, der außerhalb der fiktionalen Ebene angesiedelt ist.[65] Da die

---

[64] Obwohl Engel in seinen *Ideen zu einer Mimik* den Wechsel vom Lachen zum Weinen anprangert, hat er an Kotzebues Stück in dieser Hinsicht nichts auszusetzen, vgl. Johann Jakob Engel: Briefwechsel, S. 136f., S. 139–141, S. 142–144. Dies ist ein weiteres Indiz dafür, dass Engels theoretische Äußerungen und seine Bemerkungen zur praktischen Umsetzung von Theaterstücken in keinem direkten Verhältnis zueinander stehen und die konkrete Einwirkung auf die Schauspieler nicht intendiert ist. Heegs Beobachtung, dass die *Ideen zu einer Mimik* wie auch die Regeln von J. F. von Goez nicht auf Schauspieler und Stücke direkt anzuwenden seien, erweist sich in diesem Zusammenhang als treffend (vgl. Kap. 1 und Kap. 4.3).
[65] Vgl. Ursula Jung: L'énonciation au théâtre, S. 19: »Même si l'on trouve [...] quelques commentaires discrets [...] le discours du narrateur doit être défini comme plutôt objectif en comparaison avec le discours des personnages; *grosso modo*, le narrateur s'efforce de gommer

einem Dramendichter verfügbaren Mittel des Dialogs und der Regiebemerkungen den Unsagbarkeitstopos nicht gleichermaßen vermitteln können wie ein Erzähltext, wird hier quasi eine narrative Instanz eingeführt, die bestimmte Vorstellungen zum Ausdruck bringt und an den Schauspieler delegiert.

Zum Verhältnis von Schauspieler und Figur in Kotzebues Dramen

Neben den Regiebemerkungen, die im Zusammenhang mit dem hohen Stellenwert der Gebärden in Rührstücken stehen, und der Funktion dieser Stücke als Spielvorlagen kommt ein Aspekt ins Spiel, der im Gegensatz zu der These steht, diese Stücke seien deutlich auf eine Aufführung ausgerichtet. So gibt es bildhafte, metaphorische Regiebemerkungen, die sich auf der Bühne keineswegs leicht von einem Schauspieler umsetzen lassen, etwa wenn ein Mann Blicke wirft, »*in welchen sein Herz schwimmt*«[66] oder einem anderen »*der Kamm zu schwellen beginnt*«.[67] Sie sind gerade nicht geeignet für eine direkte Umsetzung auf der Bühne im Sinne kurzer, prägnanter Anweisungen an den Schauspieler, sondern wählen metaphorische Ausdrücke, um bestimmte Figuren und deren Gefühlslage näher zu charakterisieren. Sie stellen insofern eine Besonderheit dar, denn der Textstatus der Regiebemerkungen schließt metaphorische Formulierungen im Gegensatz zur Figurenrede normalerweise aus; das haben die Ausführungen zu Gerstenberg gezeigt; eine Sonderstellung nehmen Texte von Lenz und Schiller aus der Zeit des Sturm und Drang ein (vgl. Kap. 4.2).

Die Machart der Stücke Kotzebues steht hier in enger Verbindung zu einem bisher in der Forschung nicht näher berücksichtigten Faktor, dem Adressatenbezug. Denn obwohl Kotzebues Stücke national wie international erfolgreich sind, werden sie zunächst am Revaler Liebhabertheater uraufgeführt und sind auch für eine solche Aufführung verfasst worden. Als Leiter dieser Bühne übernahm Kotzebue sowohl die Funktion des Stückeschreibers als auch die eines Schauspielers.[68] Mit einem Erfolg über die Grenzen Revals hinaus konnte er zunächst nicht rechnen, ganz im

---

les traces renvoyant à lui.« Das ist hier gerade nicht der Fall. Die Erzählfunktion wird nicht zurückgenommen, sondern durch die explizite Rede vom »Dichter« hervorgehoben. Ob »der Nebentext tatsächlich die Funktionen einer Erzählinstanz komplett oder wenigstens zu großen Teilen übernehmen kann oder ob er damit prinzipiell überfordert ist«, untersucht Korthals, wobei er den Blick primär auf Texte des 20. Jahrhunderts lenkt. Vgl. Holger Korthals: Zwischen Drama und Erzählung, S. 108f.

[66] August von Kotzebue: Menschenhaß und Reue. In: Ders.: Schauspiele, S. 68.
[67] August von Kotzebue: Die Indianer in England. In: Ders.: Schauspiele, S. 180.
[68] Wie verbunden Kotzebue der Revaler Liebhaberbühne war, die er 1784 gründete (vgl. Jürg Mathes: Anhang. In: August von Kotzebue: Schauspiele, S. 529) deuten auch Rezensionen an, vgl. etwa [Anonymus]: Rezension zu ›Menschenhaß und Reue‹. In: Theater-Zeitung für Deutschland 24 (13. Juni 1789), S. 185f., hier S. 185. Schon mit 16 Jahren beteiligt sich Kotzebue an einem studentischen Liebhabertheater in Jena; vgl. Heinrich Bosse: Jenaer Liebhabertheater 1775–1800. In: Jahrbuch der Deutschen Schillergesellschaft 51 (2007), S. 101–139, hier S. 106.

Gegenteil. Vor *Menschenhaß und Reue* sind zwei seiner Stücke von allen anderen Bühnen abgelehnt worden: der *Eremit auf Formentera* – ein Lessings *Nathan der Weise* persiflierendes Schauspiel – und das Ritterstück *Adelheid von Wulfingen*.[69] Mit beiden gelingt es Kotzebue nicht, über Reval hinaus bekannt zu werden. Deshalb kann Kotzebue bei *Menschenhaß und Reue* und den *Indianern in England*, die er kurz nacheinander geschrieben hat, ebenso wenig damit rechnen, von anderen größeren Bühnen angenommen zu werden. Gerade nach den vorausgegangenen Misserfolgen produziert er seine Stücke nicht für die große Theaterwelt, sondern mit Blick auf eine bestimmte Bühne, das Liebhabertheater in Reval.

Dieser Aspekt ist in der Forschung bisher kaum zur Form seiner Dramen in Beziehung gesetzt worden. Wimmer und Klingenberg sind, soweit ich sehe, die Einzigen, die im Zusammenhang mit dieser Frage auf die Struktur des Liebhabertheaters zu sprechen kommen.[70] Wimmer greift aber zu kurz, wenn er meint, dass die Stücke deshalb »auf deutliche, einfach zu erzielende Effekte angewiesen sind«.[71] Es geht nicht um die generelle Einschätzung einer Liebhaberbühne im Sinne eines Laien- oder Amateurtheaters, sondern um ein Liebhabertheater der Oberschicht.[72] Dass dieser Aspekt auch für die Form der Regiebemerkungen relevant ist, wird im Folgenden zu zeigen sein.

Wie intensiv Kotzebue sich mit der Bühne in Reval identifiziert, zeigt das schon erwähnte Stück mit dem bezeichnenden Titel *Das Liebhaber-Theater vor dem Parlament*. Gleichzeitig erlaubt das Stück eine Nachzeichnung der damaligen Verhältnisse. Denn hier steht nicht nur die Zielgruppe im Zuschauerraum fest, sondern auch das Personal für die Besetzung der Rollen. Die Regiebemerkungen werden also nicht für Schauspieler im Allgemeinen, sondern mit Blick auf ganz bestimmte Personen formuliert, die der deutschsprachigen Oberschicht in Reval angehören.[73]

---

[69] Vgl. Jürg Mathes: Anhang. In: August von Kotzebue: Schauspiele, S. 530.

[70] Košenina erwähnt zwar, dass der Wirkungskreis Kotzebues zunächst auf Reval beschränkt gewesen ist, ehe er das deutsche Theater erobert hat, stellt aber keine Bezüge zu Art und Entwicklung der Stücke her. Alexander Košenina: Anthropologie und Schauspielkunst, S. 267.

[71] Ruprecht Wimmer: Vehikel des Zufalls oder des Schicksals erkorenes Werkzeug. Zur Dramatik August von Kotzebues. In: Roger Bauer (Hg.): Inevitabilis Vis Fatorum. Der Triumph des Schicksalsdramas auf der europäischen Bühne um 1800. Bern u.a. 1990, S. 236–248, hier S. 240. Auf Karl-Heinz Klingenberg: Iffland und Kotzebue, komme ich weiter unten zu sprechen.

[72] Eine klare Unterscheidung der Begriffe ›Liebhabertheater‹, ›Laienspiel‹ und ›Amateurtheater‹ fehlt. In Lexika werden sie meist unter einem Stichwort zusammengefasst; vgl. Andrea Heinz: Stichwort ›Liebhabertheater‹. In: Metzler Lexikon Literatur. Hg. von Dieter Burdorf/Christoph Fasbender/Burkhard Moennighoff, S. 435. Im Theater-Lexikon. Hg. von Henning Rischbieter, ist das Liebhabertheater als »höfisch-großbürgerliche Variante« vom Amateurtheater unterschieden, Spalte 821, vgl. Spalte 38.

[73] Vgl. Elisabet Rosen: Rückblicke, s. Anhang mit Personal des Liebhabertheaters in Reval, und Jürg Mathes: Anhang. In: August von Kotzebue: Schauspiele, S. 529f. u. S. 535. Kurz nach der Fertigstellung wurde *Menschenhaß und Reue* am 23.11.1788 aufgeführt, *Die Indianer in England* im Februar 1789.

Aufschlussreich ist in diesem Zusammenhang die Widmung, die dem Stück vorausgeht. Kotzebue überspringt hier die Grenze zwischen realer Person und fiktiver Figur, indem er von dem authentischen Anwalt Hueck aus Reval, den er zunächst als Freund anspricht, zur fiktiven Figur »Mäster Strussel« wechselt, die Hueck in der Inszenierung verkörpert, und so beide eng miteinander verknüpft:[74]

> AN MEINEN FREUND HUECK IN REVAL
> Lieber Mäster Strussel!
> Mäster Staff schüttelt Ihm herzlich die Hand, und tut ihm kund und zu wissen, ohne irgendetwas Verdächtiges beiseite zu flüstern, daß er Ihn und Sein liebes Weibchen, und alles was Ihm angehört, liebt und lieben wird, nah und fern, jetzt und immerdar, solange wir zusammen die Komödie spielen, es geschehe das auf unserer kleinen Bühne, oder auf dem großen Theater der Welt. (S. 129)

Wenn Kotzebue in seiner Rolle des »Mäster Staff« in dieser Widmung dem »liebe[n] Weibchen« Grüße ausrichten lässt, wird die reale Ehefrau des Anwalts Hueck ins Spiel gebracht, die in den *Indianern in England* die Rolle der Liddy spielt, während Mäster Strussel im Stück Junggeselle ist.[75]

Hieran kann man das Zusammenspiel zwischen dem Schauspieler und seiner Rolle ablesen, das auf Liebhaberbühnen generell eng verknüpft ist.[76] So wird auch verständlich, dass Kotzebue eine malerische Regiebemerkung wie »MÄSTER STRUSSEL, *dem der Kamm zu schwellen beginnt*« ebenfalls für eine bestimmte Person formuliert hat, in diesem Fall einen guten Freund, der sie nicht einfach umsetzen, sondern zunächst einmal lesen wird. Der Freund, der zwar auch, aber nicht nur Schauspieler ist, rezipiert das Drama zunächst als Lesetext und kann metaphorische Regiebemerkungen dann in Bezug auf die informelle Handlungsanweisung verstehen und umsetzen. Selbst wenn diese Regiebemerkungen mit Blick auf eine intendierte Aufführung gesetzt werden, ist festzuhalten, dass sie sich nicht primär an anonyme Berufsschauspieler, sondern an Angehörige des Liebhabertheaters richten.

---

[74] Die Darsteller der Erstaufführung an der Revaler Liebhaberbühne werden im Personenverzeichnis der gedruckten Version genannt, die dem Erstdruck von 1790 entspricht (vgl. August von Kotzebue: Schauspiele, S. 130). Auf diese Weise werden die Rollen sogar im Druck fest an reale Personen gebunden. Für den, der diese Personen kennt, werden so konkrete Vorstellungen wachgerufen. Leerstellen werden reduziert, ohne dass weitere Regiebemerkungen nötig sind, denn allein die Namensnennung impliziert eine Vereindeutigung im Hinblick auf das Äußere, den Charakter und die schauspielerische Realisierung.

[75] Ersichtlich wird aus der Auflistung auch, dass ausschließlich die Revaler Oberschicht aktiv an den Aufführungen beteiligt war: Anwälte, Sekretäre, Notar, Assessor, ein Rat und einige Ehefrauen sowie Präsident von Kotzebue selbst. Vgl. August von Kotzebue: Schauspiele, S. 130.

[76] Vgl. etwa zur relativ gut erforschten Situation in Weimar Gabriele Busch-Salmen: Das Weimarer »Liebhabertheater« als Forum für Goethes musikdramatische Experimente. In: Andreas Ballstaedt u.a. (Hg.): Musik in Goethes Werk. Goethes Werk in der Musik. Schliengen ²2005, S. 149–167; außerdem immer noch grundlegend: Gisela Sichardt: Das Weimarer Liebhabertheater unter Goethes Leitung. Beiträge zu Bühne, Dekoration und Kostüm unter Berücksichtigung der Entwicklung Goethes zum späteren Theaterdirektor. Weimar 1957.

Wenn das Liebhabertheater bisher von der Forschung berücksichtigt wurde, dann mit ganz anderem Akzent.[77] Meist mündeten die Beobachtungen in ein Pauschalurteil, so bei Wimmer und Klingenberg. Letzterer stellt im Zusammenhang mit den in Reval uraufgeführten Stücken *Menschenhaß und Reue*, *Die Indianer in England* und *Die Sonnenjungfrau* fest:

> Aus der Bestimmung für das genannte Liebhabertheater erklären sich die Eigenheiten dieser Stücke, das Drastische in den gewählten Situationen, das Ausspielen rührender Szenen, das ›Schmierenpathos‹, das für Dilettanten und schlechte Provinzbühnen typisch ist. Erfahrungsgemäß sind es gerade diese Züge, die ein wenig kunstverständiges Publikum besonders nachhaltig beeindrucken.[78]

Das »erfahrungsgemäß« wird nicht näher belegt, und es scheint sich um die Fortschreibung eines Klischees zu handeln, das zu revidieren ist. Dass Kotzebue den festen Bezugspunkt des Revaler Theaters im Auge hatte, kann zwar für die Form der Regiebemerkungen in Anschlag gebracht werden; dabei müssen aber andere Aspekte des Theaters betont werden als von Klingenberg: In erster Linie handelt es sich um ein Liebhabertheater der Oberschicht, die sowohl unter den Schauspielern als auch im Zuschauerraum die Produktionen bestimmt. In der Erstausgabe von Kotzebues ebenfalls in Reval uraufgeführtem Stück[79] *Bruder Moritz, der Sonderling* findet sich folgende mitabgedruckte ironisch formulierte *Nachschrift des Verfassers*:

> Wenn eine Bühne die Rolle des *Grafen Stierenbock* nicht *sehr gut* besetzen kann, so streiche sie lieber den größten Teil der Rolle ganz weg; denn fades Hofgeschwätz ist an und für sich schon langweilig, und kann nur erträglich werden, wenn es *sehr gut* hergeplappert wird.[80]

---

[77] Andrea Heinz untersucht zwar verschiedene Theatertruppen und Organisationsformen, stellt aber nur summarisch fest, dass »1775 bis 1783 [...] verschiedene Liebhaberaufführungen in Weimar statt[fanden]« (S. 247) und sieht die Liebhabertheater in Gotha und Weimar generell als Notlösungen an: »Liebhabertheater konnten zwar zeitweise das Bedürfnis nach Theaterunterhaltung stillen, boten aber keine dauerhafte Bespielung und eigneten sich wenig zu höfisch repräsentativen Zwecken.« Andrea Heinz: Liebhabertheater, Wandertruppe oder Hoftheater? Theater in den Residenzstädten Weimar und Gotha um 1800. In: Werner Greiling u.a. (Hg.): Ernst II. von Sachsen-Gotha-Altenburg. Ein Herrscher im Zeitalter der Aufklärung. Köln u.a. 2005, S. 239–249, hier S. 249. Eine Ausnahme stellt Bosse dar. Er kann für das letzte Drittel des 18. Jahrhunderts nachweisen, dass das Jenaer Liebhabertheater in der ersten Phase mit gebildeten und sozial hoch stehenden Mitgliedern dem Berufstheater überlegen ist. Erst nachdem sich dauerhafte Institutionen gebildet haben, rückt das Liebhabertheater an den Rand des literarischen Lebens: »Es wird zum Laienspiel, wie man so sagt.« Heinrich Bosse: Jenaer Liebhabertheater, S. 135.
[78] Karl-Heinz Klingenberg: Iffland und Kotzebue, S. 88; »Dilettant« hier nicht wie im 18. Jahrhundert einen Kunstliebhaber bezeichnend, sondern in der heutigen negativen Bedeutung.
[79] Vgl. Jürg Mathes: Anhang. In: August von Kotzebue: Schauspiele, S. 558.
[80] August von Kotzebue: Bruder Moritz, der Sonderling. In: Ders.: Schauspiele, S. 207–289, hier S. 289. Mathes weist in diesem Zusammenhang darauf hin, dass der Graf von Stierenbock »in das Rollenfach des Deutsch-Franzosen« gehört, vgl. Jürg Mathes: Anhang. In: August von Kotzebue: Schauspiele, S. 557; allerdings geht die *Nachschrift des Verfassers* mit der Bewertung des Spiels über die Zuordnung zu einem Rollenfach hinaus.

Hier schlägt Kotzebue vor, eine Rolle lieber zu streichen oder zumindest stark zu kürzen als eine schlechte Besetzung zu riskieren. Die Art der Realisierung auf der Bühne ist in diesem Fall wichtiger, als eine Rolle um jeden Preis beizubehalten.[81] Folglich impliziert eine Regiebemerkung in einem Dramentext, der gezielt für eine Aufführung verfasst wurde, einen bestimmten Schauspieler, der in diese eingeschrieben ist und sie problemlos umsetzen kann. Die »kärgliche[n] Regiebemerkung[en]«,[82] durch die manche Auftritte, nach Košenina, in *Menschenhaß und Reue* zum Teil »recht fade« wirken und »nicht plastisch« genug erscheinen,[83] können ihre Funktion sehr wohl erfüllen, wenn an diesen Stellen vom Leser, der die konkrete Theatersituation kennt, bestimmte Schauspieler vorausgesetzt und mitgedacht werden, so vermutlich auch bei der Besetzung von Gurli, der ›naiven Wilden‹.[84] Gurli findet ihren Bruder wieder und darf nach etlichen komödientypischen Verwicklungen und Missverständnissen doch den Mann heiraten, den sie möchte. In Theaterrezensionen wird sie besonders hervorgehoben:

> Es ist fast unmöglich, daß sie irgend einer Schauspielerin ganz verunglükke, aber es ist auch zehn gegen eins zu verwetten, daß nur äusserst selten Gurli das ganz in ihrem Spiele seyn wird, was sie nach dem Dichter seyn soll.[85]

Das, »was sie nach dem Dichter seyn soll«, resultiert nicht allein aus dem Dialog und den Regiebemerkungen. Denn die Rolle ist Frau von Glehn in Reval ›auf den Leib geschrieben‹, da die Besetzung schon während des Schreibprozesses feststeht und der Dramenverfasser mit den potentiellen Darstellern persönlich in Kontakt steht.[86] Hinzu kommt, dass der Autor mündlich einwirken kann. Insofern ist er nicht nur Schauspielerdichter und beteiligter Schauspieler, sondern auch Spielleiter: Er weiß, wer eine bestimmte Rolle verkörpern wird, und kann außerdem den kürzesten Kommunikationsweg wählen. So berichtet Elisabet Rosen, dass Kotzebues Frau die

---

[81] Rein funktional ist die Rolle wichtig, da der Graf ein weiterer Prätendent für Julchen ist; vgl. S. 270.
[82] Alexander Košenina: Anthropologie und Schauspielkunst, S. 276.
[83] Ebd., S. 272.
[84] Zur besonderen Rolle der Gurli als Verbindung zwischen ›Naturkind‹, erotischer Verführerin und selbstbewusster Frau vgl. Kati Röttger: Aufklärung und Orientalismus. Das »andere« bürgerliche Theater des August von Kotzebue. In: Christopher Balme (Hg.): Das Theater der Anderen. Alterität und Theater zwischen Antike und Gegenwart. Tübingen, Basel 2001, S. 95–120, hier S. 107f.
[85] Johann Friedrich Schink: Dramaturgische Monate. Band 2. Schwerin 1790, S. 471f.
[86] Umgekehrt hatte später die Rolle der Gurli Auswirkungen auf die Namensgebung unter den Nachkommen Frau von Glehns. Wistingshausen beschreibt, wie von Frau von Glehns Verkörperung dieser Rolle »eine eigentümliche Fernwirkung« ausgegangen sei: »15 Jahre nach dieser Aufführung gaben der Revaler Kaufmann Gotthard Johann Baroth und seine Frau Amalie geb. Clayhills, die eine leibliche Cousine von Margarete von Glehn war, einer ihrer Töchter den Vornamen Gourly, der sich allein unter den Nachkommen dieses Ehepaares dann später noch zwölfmal nachweisen läßt.« Henning von Wistingshausen: Die Kotzebue-Zeit in Reval im Spiegel des Romans »Dorothee und ihr Dichter« von Theophile von Bodisco. Tallinn 1995, S. 20.

Hauptrolle in *Das Kind der Liebe* spielte, eine Rolle, die Kotzebue »ihr selbst gelehrt hatte«.[87] Die Regiebemerkungen können also reduziert werden, wenn der Spielleiter mit dem Dramenverfasser in eins fällt. In mehrfacher Hinsicht besitzt er die Autorität über Dramentext und Aufführung.

Die ›schöne Seele‹: intertextuelle Verweise in *Menschenhaß und Reue*

Neben den eben beschriebenen Regiebemerkungen finden sich in *Menschenhaß und Reue* intertextuelle Verweise, die im Folgenden im Zentrum stehen sollen, so etwa bei der Figur Eulalias:

> EULALIA *schlägt die Augen nieder und kämpft mit der Verwirrung einer schönen Seele, welche man auf einer guten Tat ertappt hat.* (II, 4, 67)

Wenn man den Begriff der ›schönen Seele‹ hier als intertextuellen Verweis versteht, ruft er zunächst ein ganzes Set an Vorstellungen auf, die über diese Regiebemerkung in die Figur eingeschrieben sind. Im 18. Jahrhundert ist die ›schöne Seele‹ »fast zum terminus technicus geworden«,[88] mit dem man die Vorstellung vom Ideal-Schönen im Sinne einer geistigen und körperlichen Vollkommenheit verbindet. Die prominente Definition Wielands beschränkt die ›schöne Seele‹ geschlechtsspezifisch auf das »Ideal einer an Leib und Seele schönen Frau«.[89] Heute stellt man häufig automatisch die Verbindung zu Schillers philosophisch-ästhetischen Schriften her (vgl. Kap. 5.2), während der Begriff im 18. Jahrhundert schon vor Schillers Ausführungen gewissermaßen ein »Modewort«[90] war. Kotzebue wiederum baut mit dem Begriff der schönen Seele konkrete intertextuelle Verweise in seinen Dramentext ein, die weder durch Schiller noch durch die populäre Bedeutung abgedeckt sind. Er orientiert sich vielmehr an Schriften des Mediziners und Schriftstellers Johann Georg Zimmermann.[91] Im Folgenden sollen diese intertextuellen Verweise in ihrer Funktion und ihren Konsequenzen für die Rezeption untersucht werden, wobei die Anspielungen auch mit Blick auf eine weitere, bisher in der Forschung unberücksichtigte Fassung seines bekanntesten Stücks *Menschenhaß und Reue* aufschlussreich sind. Ein erster Befund ist, dass die genauere Auseinandersetzung mit diesem Verweis in der Forschung zu *Menschenhaß und Reue* weitgehend fehlt.[92] Einem Stückeschreiber, der

---

[87] Vgl. Elisabet Rosen: Rückblicke, S. 112.
[88] Jacob und Wilhelm Grimm: Deutsches Wörterbuch. Band 15, Stichwort ›Seele‹ (II, 18), Spalte 2902; vgl. auch ebd.: Stichwort ›schön‹ c), Spalte 1478f.
[89] Vgl. Diana Schilling: *Über Anmut und Würde* (1793). In: Matthias Luserke-Jaqui (Hg.) unter Mitarbeit von Grit Dommes: Schiller-Handbuch, S. 388–398, hier S. 394.
[90] Vgl. ebd.
[91] Auch im grimmschen Wörterbuch findet sich bei der ›schönen Seele‹ ein Zitat von Zimmermann; vgl. Jacob und Wilhelm Grimm: Deutsches Wörterbuch. Band 15, Stichwort ›Seele‹ (II, 18), Spalte 2902.
[92] Martin weist darauf hin, dass Eulalia auch im »auktorialen Nebentext« als »schöne Seele« charakterisiert werde. Er verfolgt das Bedeutungsspektrum der ›schönen Seele‹ aber nicht weiter, da der Vergleich mit Schillers *Der versöhnte Menschenfeind* im Vordergrund

so eindeutig zur ›Trivialliteratur‹ zählt wie Kotzebue, wird die Produktion ›echter‹ Kunstwerke auch in dieser Hinsicht ganz selbstverständlich abgesprochen:

> [...] nicht das organisch symbolische Kunstwerk, das eigentlich lieber gelesen als aufgeführt werden sollte, sondern eher ein episodisch, kumulativ gestaltetes Textmaterial, dessen Wert auch in der Anregung zum produktiven Weitergestalten liegt. A priori lassen diese alternativen Tendenzen keine eindeutige ästhetische Wertung zu [...].[93]

Die Idee des Dramentextes als *Lese*text wird in diesen Fällen von vornherein verworfen, wobei der Wert des Kunstwerks an der Möglichkeit gemessen wird, es zu lesen und nicht ›nur‹ aufzuführen bzw. anzuschauen. Fragen nach Intertextualitätsphänomenen und Bezüge auf Referenztexte werden bei der Interpretation seiner Stücke somit ebenfalls nicht berücksichtigt. Diese ›intellektuelle‹ Vorgehensweise passt angeblich nicht zu einem ›Trivialautor‹ und seinen Texten.[94] Außerdem wird, da man die Stücke als oberflächliche und rein mechanische Effektdramaturgie einschätzt, kaum versucht, eine kohärente und differenzierte Figurenzeichnung nachzuweisen. Simone Winko stellt fest, dass statt eingehender Analysen bei einem Autor wie Kotzebue Bewertungen im Vordergrund stehen: »Interpretiert werden Kotzebues Texte kaum, bewertet dagegen immer.«[95] Neben Simplifizierungsstrategien – so begnüge sich Kotzebue etwa bei Eulalia, der Hauptfigur des Stücks, mit einer »pauschalen Charakteristik von Eulalias Dasein nach dem Fehltritt«[96] – wird den Stücken höchstens Bühnenwirksamkeit bescheinigt. Die Möglichkeit aber, diese

---

steht. Vgl. Dieter Martin: Über den Umgang mit Menschenfeinden. Zu August von Kotzebues *Menschenhaß und Reue* und Friedrich Schillers *Der versöhnte Menschenfeind*. In: Andrea Heinz/Jutta Heinz/Nikolas Immer (Hg.): Ungesellige Geselligkeit. FS Klaus Manger. Heidelberg 2005, S. 165–176, hier S. 169. Mathes stellt die intertextuellen Verweise auf Zimmermann zwar zusammen, kommt dabei aber nicht auf die ›schöne Seele‹ zu sprechen; vgl. Jürg Mathes: Anhang. In: August von Kotzebue: Schauspiele, S. 531–533.

[93] Vgl. Leif Ludwig Albertsen: Internationaler Zeitfaktor Kotzebue, S. 229f. Lektüre und Aufführung müssen aber keinen Gegensatz bilden, da auch der Schauspieler zunächst Leser ist. Außerdem ist auch hier der Berufsschauspieler vom Darsteller auf einer Liebhaberbühne abzugrenzen. Während der erste zumindest im 18. Jahrhundert nur seine Rolle liest bzw. studiert (vgl. Kap. 1; s. Strichfassungen und Rollenbücher), wird in Liebhabertheatern von gebildeten und an Literatur interessierten Amateurschauspielern wahrscheinlich der Text als Ganzes gelesen, so dass Kontextualisierungen eine viel größere Rolle spielen.

[94] Obwohl Mathes in seiner akribischen Arbeit als Herausgeber einiger Stücke Kotzebues die literarischen Anspielungen und intertextuellen Verweise in den *Deutschen Kleinstädtern* herausstellt, die im Streit mit Goethe um die Aufführung des Stücks in Weimar eine wichtige, wenn nicht die Hauptrolle spielten, werden diese Aspekte von der Forschung ebenfalls kaum berücksichtigt; vgl. Jürg Mathes: Anhang. In: August von Kotzebue: Schauspiele, S. 578–591.

[95] Simone Winko: Negativkanonisierung, S. 349. Winko begründet ihren Befund etwa durch folgende Äußerung, nach der man Kotzebues Stücke »jetzt noch bei guter Darstellung zum Theil nicht ungern sehen [mag]; aber zum Lesen sind sie nicht«; vgl. Eugen Huhn: Geschichte der deutschen Literatur. Von der ältesten bis auf die neueste Zeit. Stuttgart 1852, S. 456. Huhn, S. 455, betont Kotzebues ›Effektmacherei‹, da die »über 200 Stücke [...] so ziemlich in derselben Manier« geschrieben seien.

[96] Ruprecht Wimmer: Vehikel des Zufalls, S. 238.

Dramentexte lesend zu rezipieren, wird ausgeschlossen, so dass sich das genauere Studium der Regiebemerkungen erst recht erübrigt.[97]

In Forschungsarbeiten wurde vermutlich aus diesen Gründen bisher auch übersehen, dass die Regiebemerkung, die den Begriff der ›schönen Seele‹ beinhaltet, zu einer anderen Regiebemerkung in Beziehung gesetzt werden kann. Die Verbindung verschiedener Regiebemerkungen wirft umgekehrt ein neues Licht auf den Begriff der ›schönen Seele‹, so wie Kotzebue ihn verwendet. Zu Beginn des Stücks heißt es:

> UNBEKANNTER Du hast's erraten. Laß mich zufrieden. *Er wirft sich auf eine Bank, zieht einen Teil von Zimmermanns Buche über die Einsamkeit aus der Tasche und liest.* [...]
> UNBEKANNTER *liest.* »Da vergißt man nichts. Da blutet jede alte Wunde, da rostet kein Dolch. Alles was einst die Nerven spannte und mit tiefen Spuren sich einprägte in die Imagination, ist ein Gespenst, das dich mit unermüdeter Wut in deiner Einsamkeit verfolgt.« (I, 5, 51)

Obwohl hier nicht nur eine literarische Anspielung, sondern ein eindeutiger intertextueller Verweis in der Regiebemerkung steht – Autor und Titel werden genannt –, wird dieser in der Forschung nicht weiter verfolgt. Heute weniger bekannt, wird Zimmermanns *Einsamkeit* Ende des 18. Jahrhunderts im deutschen Sprachraum als autoritative Quelle zum Thema Einsamkeit und Melancholie zitiert.[98] Außer Mathes, der im Kommentar seiner Kotzebue-Ausgabe Textzitate Zimmermanns in der Figurenrede des Unbekannten/Meinaus nachweist, ist Košenina, soweit ich sehe, der einzige, der auf Zimmermanns *Einsamkeit* zu sprechen kommt. Dabei weist er der Lektüre Zimmermanns insgesamt aber eine andere Funktion zu, als dies im vorliegenden Zusammenhang erhellend ist, da er Zimmermann nur zu Meinau, nicht zu Eulalia in Beziehung setzt.[99] Die Figurenrede der Protagonistin enthält aber ebenfalls konkrete Zitate Zimmermanns, die Bezüge zur ›schönen Seele‹ ermöglichen. Im Kontext echter und falscher Gefühle sieht Košenina das Lektüreverhalten des Unbekannten als nur vorgespielt an. Es diene ihm als Schutzschild vor der Außenwelt, »Meinau verbirgt sich hinter dem Buch [...] und simuliert Desinteresse und

---

[97] Beschaffenheit und Funktion der Musik für diejenigen Schauspiele Kotzebues, in denen diese eine besondere Rolle spielt, untersucht Axel Schröter: Musik zu den Schauspielen August von Kotzebues. Zur Bühnenpraxis während Goethes Leitung des Weimarer Hoftheaters. Sinzig 2006.

[98] Der Schweizer Johann Georg Zimmermann (1728–1795) studierte in Göttingen u.a. Medizin bei Albrecht Haller und ließ sich später als praktischer Arzt in der Schweiz nieder. Vgl. Martina Wagner-Egelhaaf: Unheilbare Phantasie und heillose Vernunft. Johann Georg Zimmermann, *Über die Einsamkeit* (1784/85). In: Aleida Assmann/Jan Assmann (Hg.): Einsamkeit (Archäologie der literarischen Kommunikation 6). München 2000, S. 265–279. Auf ihn trifft der Begriff des ›philosophischen Arztes‹ zu; vgl. Hans-Jürgen Schings: Melancholie und Aufklärung. Stuttgart 1977, S. 217–225.

[99] Vgl. Alexander Košenina: Anthropologie und Schauspielkunst, S. 272: »Wie sehr Meinaus Misanthropie vom Intellekt bestimmt und lediglich aus der Theorie angeeignet ist, gesteht er selbst zu, indem er – der Regieanweisung folgend – ›*einen Teil von Zimmermanns Buche über die Einsamkeit aus der Tasche* [*zieht*] *und liest.*‹« Košenina hält Zimmermanns Ausführungen wegen der von ihm kritisierten Melancholie und Misanthropie für einschlägig und kommt auf die ›schöne Seele‹ in diesem Zusammenhang nicht zu sprechen.

Weltabgewandtheit.« Diese verkürzte Sicht kommt auch dadurch zustande, dass Košenina nur eine Regiebemerkung aus der regiebemerkungsintensiven Stelle zu Zimmermann herausgreift, und zwar nur die letzte zum gesamten Komplex. Die Kernstelle der Regiebemerkungen hingegen lässt er außer Acht: »UNBEKANNTER *läßt das Buch sinken und wird aufmerksam auf ihn* [den alten Mann]« (S. 52). Der Unbekannte und angebliche Menschenfeind wendet sich hier einem Menschen zu, dem er im Anschluss helfen wird. Hier ist ein Zusammenhang zwischen Zimmermanns theoretischen Überlegungen über die Einsamkeit und der Hilfsbereitschaft den Mitmenschen gegenüber herzustellen, die in Zimmermanns Ausführungen eine zentrale Rolle spielt und mit der Geste des Sich-Abwendens vom Buch und der Hinwendung zu dem alten Mann angedeutet wird.

In dem für einen bekannten Kreis von Schauspielern und für ein homogenes Publikum geschriebenen Stück[100] zeigt sich hier Kotzebues enge Bindung an Zimmermann,[101] der mit dem Begriff der ›schönen Seele‹ abweichend vom gängigen Wortgebrauch Menschen bezeichnet, die »voll Trieb zur Thätigkeit im Stillen und zu grösserer Wirksamkeit und Ausbreitung ihrer Kraft« sind, die »auch etwas für Menschen seyn möchten, die sie nicht kennen, und von denen sie nicht gekannt sind«.[102] Mit der Betonung der guten Tat, bei der man »ertappt« werden kann – »*kämpft mit der Verwirrung einer schönen Seele, welche man auf einer guten Tat ertappt*« –, zeigt der Text eine ganz ähnliche Einschätzung und Bewertung der ›schönen Seele‹ wie Zimmermann.[103] Die Bestimmung der ›schönen Seele‹, die einerseits heimlich Gutes tun möchte und andererseits in der Einsamkeit das »Gegengift zur Misanthropie« findet – so formuliert es Zimmermann[104] –, stellt in ihrer Engführung von Einsamkeit und ›schöner Seele‹ eine besondere Variante der zimmermannschen Begriffsdefinition dar. Und auch bei Kotzebue steht die ›schöne Seele‹ Eulalia der Einsamkeit eindeutig positiv gegenüber.[105]

---

[100] Sowohl die Mitwirkenden als auch die Zuschauer sind gebildete Leser, bei denen Kotzebue ein dem seinen vergleichbares literarisches und kulturelles Hintergrundwissen voraussetzen kann.
[101] Kotzebue stand auch in persönlichem Kontakt mit Zimmermann. In seinem Briefwechsel mit der Kaiserin Katharina II. kommt Zimmermann mehrmals auf Kotzebue zu sprechen; vgl. Eduard Bodemann (Hg.): Der Briefwechsel zwischen der Kaiserin Katharina II. von Russland und Johann Georg Zimmermann. Hannover, Leipzig 1905.
[102] Vgl. Johann Georg Zimmermann: Über die Einsamkeit. Erster Theil. Leipzig 1784, S. 105f.
[103] Die Formulierung erinnert heute an die nur in negativer Form gebräuchliche Redewendung ›jemanden auf frischer Tat ertappen‹.
[104] Vgl. ebd., S. 105: »Für jede schöne Seele ist Einsamkeit das Gegengift der Misanthropie. […] Geist und Herz werden in der Einsamkeit erweitert, belebet, geschärft und gestärkt«.
[105] Im Vordergrund steht nicht der Menschenhaß – so Benno von Wiese –, sondern die Einsamkeit mit ihren Auswirkungen. Vielleicht hat allein das literarische Vorbild des Misanthropen Kotzebue dazu bewogen, »Menschenhaß« in den Titel zu übernehmen. Ein Signal dafür, wie unpassend der Titel erscheint, geben Übersetzungen: Drei der vier im 18. Jahrhundert publizierten englischen Übersetzungen wählen den Titel *The Stranger*, nur eine übersetzt wörtlich: *Misanthropy and Repentance*.

In der Figurenrede finden sich zwar mehrere literarische Anspielungen bzw. Verweise, so auf die Figur des Lovelace aus Richardsons *Clarissa* (S. 93), auf Knigge[106] (S. 96) und Tom Smollets *Peregrine Pickle* (S. 79). Anders als diese generellen Anspielungen auf ein Werk oder einen Autor wird der Komplex ›Zimmermann-schöne Seele‹ aber als direkter intertextueller Bezug in die Regiebemerkungen eingebracht. Die so in den Dramentext eingespielten literarischen Hinweise haben in diesem Kontext also eine besondere Funktion, indem der zimmermannsche Begriff der ›schönen Seele‹ die Hauptfigur Eulalia charakterisiert und ihre Handlungen motiviert. Bei einem Autor, der zwar »unverkennbar technisches Geschick [hat], aber einer Beurteilung, die nach dem literarischen Wert fragt, nicht stand hält«,[107] wird dieser Aspekt von der Forschung allerdings ignoriert.

Ausdrücklich mit Namen wird Zimmermann nur in dieser einen Regiebemerkung genannt. Allerdings scheinen Anspielungen auf sein überaus populäres Werk auch ohne explizite Nennung in der Figurenrede verstanden worden zu sein. Einen Hinweis auf den hohen Bekanntheitsgrad gibt eine zeitgenössische Besprechung Kotzebues. Diese nennt Zimmermann und erkennt in Meinaus Äußerungen Zitate aus dessen Werk:

> Meinau erscheint im ersten Akte mit Zimmermanns Einsamkeit in der Hand. Im vierten Akte kommt er mit einer Tirade angestochen, von der man schwören sollte, sie wäre aus jenem Buche entlehnt. ›Wenn du wüßtest, wie mich jedes fremde Menschengesicht anekelt, wie ich lieber auf Millionen Nadeln sitzen möchte, als auf einem gepolsterten Stuhle in euren eleganten Zirkeln; wie mir das auf den ganzen Tag meine beste Laune verderbt, wenn ich nur von ferne einen Menschen auf mich zukommen sehe, dem ich nicht mehr ausweichen kann, und vor dem ich also den Hut abnehmen muß.‹[108]

Der Rezensent setzt die allgemeine Kenntnis des Buches voraus und zeigt auch selbst, wie gut er die umfangreiche (ca. 6000 Seiten starke) vierbändige Ausgabe von Zimmermanns *Über die Einsamkeit* kennt, da er Bezüge zwischen *Menschenhaß und Reue* und diesem Werk ganz selbstverständlich auch dort herstellt, wo im Stück nicht explizit darauf verwiesen wird, sie sich aber durch einen Vergleich mit Zimmermann als treffend erweisen. Stierles generelle Feststellung zur Intertextualität wird so implizit bestätigt: Intertextuelle Verweise funktionieren oft im Sinne einer Lektüreerinnerung, dann nämlich, wenn der Intertext gar nicht als Text eingespielt

---

[106] Zum Kampf gegen Knigge, den Kotzebue in einer satirischen Schrift persifliert, vgl. Werner Rieck: »Doctor Bahrdt mit der eisernen Stirn …«. Zimmermann und Kotzebue im Kampf gegen die Aufklärung. In: Weimarer Beiträge. Zeitschrift für Literaturwissenschaft 12 (1966), S. 909–935; zu Knigges Reaktionen auf Kotzebues Stück vgl. Dieter Martin: Über den Umgang mit Menschenfeinden, S. 165f.
[107] Frithjof Stock: Kotzebue im literarischen Leben, S. 114.
[108] [Anonymus]: An Herrn M**. ›Ueber Kotzebue's Schauspiele‹. In: Neue Bibliothek der schönen Wissenschaften und der freyen Künste 44.2 (1791), S. 244–268, hier S. 264f.

wird, sondern als Erinnerung an die Lektüre eines Textes, also als angeeigneter, in Imagination überführter Text.[109]

So selbstverständlich die Figur Meinau im Stück mit Zimmermann umgeht, so selbstverständlich ist auch für Kotzebues Zeitgenossen[110] der Bezug auf diese »monumentale Schrift«.[111] Deshalb ist zu vermuten, dass auch die deutschsprachige Oberschicht von Reval zu Lebzeiten Zimmermanns mit dessen Werk über die Einsamkeit bestens vertraut war. Die Regiebemerkung »*er* [...] *zieht einen Teil von Zimmermanns Buche über die Einsamkeit aus der Tasche und liest*« weckt Konnotationen, und zwar sowohl beim Lesen des Dramentextes als auch in einer Aufführung – wobei nicht zu eruieren ist, ob der Verfassername auf dem Einband für das Publikum sichtbar war. Die Analyse hat gezeigt, dass dies zumindest nicht nötig war, denn die von Meinau zitierten Inhalte Zimmermanns waren allgemein bekannt. Diese Assoziationen lösen Meinaus Worte heute nicht mehr aus, da das populärwissenschaftliche Werk zwar synchron breit rezipiert wurde, heute aber kaum noch als bekannt vorausgesetzt werden kann.[112] Von der Forschung sind die intertextuellen Verweise vermutlich auch aus diesem Grund nicht erkannt und untersucht worden.

---

[109] Vgl. Karlheinz Stierle: Werk und Intertextualität. In: Ders./Rainer Warning (Hg.): Das Gespräch (Poetik und Hermeneutik 11). München 1984, S. 139–150, hier S. 142f.

[110] Die russische Zarin Katharina II. bedankt sich bei Zimmermann, da sein Buch ihr beim Tod des Geliebten, des Generals Lanskoy, über Krankheit und Melancholie hinweggeholfen habe; vgl. ihren Brief vom 22.2.1785: »C'est je crois la meilleure antidote pour ou plutôt contre les dispositions hipocondres qu'on puisse imaginer.« Eduard Bodemann (Hg.): Briefwechsel, S. 4. Zimmermann setzt sich gegenüber der Zarin für Kotzebue ein, den er zur Kur nach Bad Pyrmont geschickt hatte (vgl. ebd., S. 118f.).

[111] Vgl. Martina Wagner-Egelhaaf: Unheilbare Phantasie und heillose Vernunft, S. 265. Von heute aus wird dieses Werk übereinstimmend als »überdimensionierte Schreibveranstaltung« beurteilt (ebd, S. 277), nicht aber zu seiner Entstehungszeit. Vgl. Claus Altmayer: Aufklärung als Popularphilosophie. St. Ingbert 1992, S. 262ff. und Hans-Jürgen Schings: Melancholie und Aufklärung, S. 218: »Man kann nicht behaupten, daß die Aufschwellung auf vier Bände [zunächst gab es eine einbändige Ausgabe] dem abschließenden Produkt gut bekommen wäre. Komposition und Gedankenführung leiden unter ermüdender Weitschweifigkeit.« Dass sich Kotzebue auf die umfangreiche vierbändige Ausgabe bezieht, gibt die Regiebemerkung durch die Formulierung »*einen Teil von Zimmermanns Buche* [...]« zu erkennen.

[112] Vgl. Horst Röhling: Katharina II. und J. G. Zimmermann. Bemerkungen zu ihrem Briefwechsel. In: Zeitschrift für slavische Philologie 40 (1978). Heft 2, S. 358–392, hier S. 392: »Nach längerer Vergessenheit hat Zimmermann als philosophischer Schriftsteller, Popularphilosoph oder einfach als für bestimmte Haltungen des 18. Jahrhunderts symptomatischer Geist einen mittleren Rang im geistigen Gefüge des 18. Jahrhunderts eingenommen.« Inzwischen wird Zimmermanns Stellung im 18. Jahrhundert wieder mehr Interesse entgegengebracht; vgl. Markus Zenker: Therapie im literarischen Text. Johann Georg Zimmermanns Werk *Über die Einsamkeit* in seiner Zeit. Tübingen 2007, der Zimmermann als »Prototyp eines philosophischen Arzt-Schriftstellers« einordnet (S. 285). Auf Kotzebue kommt Zenker allerdings nicht zu sprechen.

Von »UNBEKANNTER schweigt« zu »Ich schweige«:
zwei Fassungen von Menschenhaß und Reue

Wie schnell der selbstverständliche Umgang mit populärwissenschaftlichen Schriften sich verändern kann, zeigt die zweite Fassung von *Menschenhaß und Reue*,[113] die Kotzebue kurz vor seinem Tod anfertigte. Hier werden sowohl die Verweise auf Zimmermann als auch auf die ›schöne Seele‹ stark reduziert. Außer von *La Peyrouse* hat Kotzebue nur von diesem Stück 1809 eine veränderte Fassung vorgelegt,[114] die, neben der ersten, bis heute bekannteren, ebenfalls in die *Gesammelten Werke* aufgenommen wurde.[115] Von den Regiebemerkungen her werden auch die Änderungen in der Figurenrede verständlich. Insgesamt sind die Regiebemerkungen in der zweiten Fassung deutlich verändert und reduziert, wie einige Beispiele zeigen sollen:

Die Bühne verwandelt sich wieder in den Platz vor Meinaus Wohnung (1. Fassung, V, 5, 117)
Der Platz vor der Wohnung des Unbekannten (2. Fassung, V, 5, 225)

UNBEKANNTER *den diese ganze Szene sichtbar tief erschüttert* (1. Fassung, V, 9, 124)
UNBEKANNTER. *tief erschüttert* (2. Fassung, V, 9, 234)

EULALIA *immer im nämlichen Ton*[116] (1. Fassung, III, 7, 92)
In der 2. Fassung getilgt

Während in der ersten Fassung von »Bühne« und »Szene« die Rede ist und mit »*die Bühne verwandelt sich*« ein bühnensprachlicher terminus technicus verwendet wird,[117] werden die bühnenbezogenen Regiebemerkungen in der zweiten Fassung

---

[113] August von Kotzebue. Menschenhaß und Reue (umgearbeitet). In: Ders.: Theater. Band 39. Leipzig, Wien 1841, S. 151–236.
[114] Vgl. Jürg Mathes: Sprache, S. 9.
[115] In der Figurenrede wird die Fürstenkritik in der zweiten Fassung zurückgenommen. Alle direkten Äußerungen zu Fürsten fehlen und werden in eine allgemeine Kritik überführt. (vgl. etwa 1. Fassung, S. 55 u. S. 86; 2. Fassung, S. 164 u. S. 199). Ein weiterer Aspekt ist die Reduzierung komischer Passagen, vermutlich da zeitgenössische Reaktionen die »Vermischung des Tragischen und Komischen« bemängelt hatten (vgl. August von Kotzebue: Schauspiele, S. 538), ein weiteres Beispiel dafür, dass Kotzebue deutlich adressatenbezogen arbeitet.
[116] Vgl. zu diesen Formen von fortdauernden und repetitiven Regiebemerkungen Kap. 4.2 zu den *Soldaten* und Weißes *Aerntekranz*. Während Kotzebue wie Weiße in seinem Gesangspiel mehrmals Regiebemerkungen verwendet, die eine sich wiederholende oder anhaltende Gestik bzw. Stimmlage vorschreiben, kommt diese Art von Regiebemerkungen bei Lenz nicht vor.
[117] Seit dem Barock ist eine Verwandlung auf der Bühne möglich, zunächst durch die drehbaren Prismen des Telarisystems, später durch die Erfindung der Kulissen in Form von auf Schienen laufenden, mit bemalter Leinwand bespannten Rahmen. Innerhalb der Regiebemerkungen wird der Begriff weiter verwendet, obwohl die Bühne sich jetzt nicht mehr ›verwandelt‹, sondern hinter geschlossenem Vorhang Umbauten stattfinden. Vgl. Jacob und Wilhelm Grimm: Deutsches Wörterbuch. Band 25, Spalte 2113, mit Beispielen aus Dramentexten von Christian Reuter, Schiller und Klinger. Während die Verwandlung der Bühne bei Reuter noch wörtlich gemeint ist, muss man sie bei Kotzebue und Schiller (vgl. Kap. 5.2) als terminus technicus verstehen, der nicht mehr die bühnentechnischen Gegebenheiten im wörtlichen Sinn wiedergibt.

getilgt bzw. gekürzt. Das dritte Beispiel – »*immer im nämlichen Ton*« – richtet sich wie eine Lautstärkeangabe für Musiker an den Schauspieler und dient ebenfalls weniger der Imaginierung der Szene. Die Umformulierungen in der zweiten Fassung sprechen dafür, dass jetzt eine Lesefassung und keine Spielvorlage mehr angestrebt wird. Gerade die theaterbezogenen Regiebemerkungen werden getilgt; der direkte Bezug auf die Bühne und das Spiel der Schauspieler fällt weg.

Während für die erste Fassung plausibel gemacht werden konnte, dass sie sich zunächst und in erster Linie an den kleinen Revaler Literatur- und Schauspiel-Interessierten-Kreis richtet, ist die zweite für eine viel größere, außerdem anonyme und heterogene Adressatengruppe gedacht. Dies ist wahrscheinlich dafür verantwortlich, dass sie deutlich weniger Regiebemerkungen enthält als die erste. Der veränderte Adressatenkreis spräche aber gleichermaßen für eine Zunahme an Regiebemerkungen, um sicherzustellen, dass eigene Vorstellungen auch dramentechnisch umgesetzt bzw. beim Lesen mitimaginiert würden, die bei Präsenz vor Ort selbstverständlich wären. Unterschiedliche Begründungen bieten sich für verschiedene Fälle an, da einmal mehr die Multifunktionalität der Regiebemerkungen zu berücksichtigen ist:

> DER MAJOR VON DER HORST *hereingeführt von* BITTERMANN *und* PETER, *welcher während dieser ganzen Szene das Echo und der Affe seines Vaters ist* (1. Fassung, II, 2, 61)
> PETER (*den Vater nachäffend.*) [...] (2. Fassung, II, 1, 171)

In der zweiten Fassung steht die Charakterisierung von Peters Verhalten in dieser Szene nicht mehr am Beginn in Form einer allgemeinen Beschreibung. Sie wird nicht vorweggeschickt, sondern gezielt vor die Äußerung Peters gestellt, mit der dieser den Vater imitiert, indem er dessen Worte wiederholt. Die Stilisierungen und bildhaften Umschreibungen – Peter als »*Echo*« und »*Affe seines Vaters*« – fallen weg. Stattdessen steht eine kurze und präzise Formulierung – »*nachäffend*« –, die syntaktisch und grammatikalisch einer konventionellen Regiebemerkung entspricht. So wird etwa häufig das Partizip Präsens verwendet, um Gleichzeitigkeit auszudrücken. Stark verkürzt wird auch folgende Regiebemerkung:

> DER MAJOR *welchem die Unterhaltung herzliche Langeweile macht* (1. Fassung, II, 1, 62)
> DER MAJOR (*ungeduldig*) (2. Fassung, II, 1, 173)

Die in der zweiten Fassung gewählte Variante »*ungeduldig*« wäre für eine Aufführung bzw. den Schauspieler ›sinnvoller‹ im Sinne von leicht umsetzbar. Erklärungen für ein bestimmtes Verhalten, die man der Person auf der Bühne kaum ansehen könnte, werden durch ein einfaches Adjektiv ersetzt. In der ersten Fassung nehmen die Regiebemerkungen zum Teil so großen Raum ein, dass sie die Figurenrede mengenmäßig überbieten; in der zweiten Fassung ist dies nur selten der Fall. Stattdessen stehen jetzt häufig konventionelle Regiebemerkungen, so etwa in folgender Szene:

> PETER *murmelt auch sein* Bereitwilliger Diener *zwischen den Zähnen, macht viele Kratzfüße und geht.* (1. Fassung, II, 1, 63)
> BITTERMANN [...] (*unter vielen Kratzfüßen ab mit Peter*) (2. Fassung, II, 1, 175)

Obwohl die bearbeitete Fassung sich an einen größeren Rezipientenkreis richtet und nicht mehr eine bestimmte Aufführung im Blick hat, sondern gerade auch als Lesefassung gedacht ist, gibt es hier entschieden mehr Regiebemerkungen in Form knapper Handlungsanweisungen. Von zwei Seiten werden die Regiebemerkungen so auf ein konventionelles Maß zurechtgestutzt – deutliche Hinweise auf die Bühne, somit Fiktionsbrüche, ebenso wie die langatmigen, sich Erzähltexten annähernden Regiebemerkungen –, als ob der inzwischen große Bekanntheitsgrad und die Erfahrung im Dramenschreiben mit Normierungsanstrengungen des Autors einhergingen. Verbunden mit einem klaren Gattungsbewusstsein werden die verschiedenen Texträume jetzt so genutzt, wie dies üblich ist.

In Reval ging Kotzebue – gleichzeitig als Dramenverfasser, Schauspieler und Theaterleiter tätig – eigenständiger und eigenwilliger vor und war keinen Normierungen unterworfen.[118] Bildhafte, ausführliche Regiebemerkungen, die sich nicht auf den einzelnen Moment beziehen, sondern länger andauernd gelten sollen (vgl. Kap. 1), werden durch punktuelle bzw. transitorische, konkret umsetzbare Regiebemerkungen ersetzt, so etwa in folgender Szene:

> EULALIA *schlägt die Augen nieder und kämpft mit der Verwirrung einer schönen Seele, welche man auf einer guten Tat ertappt hat.*
> DER MAJOR *steht ihr gegenüber und wirft von Zeit zu Zeit Blicke auf sie, in welchen sein Herz schwimmt.*
> EULALIA *bemüht sich ein anderes Gespräch anzuknüpfen.*
> [...]
> MAJOR [...] Sie w a r e n – *schüchtern* oder s i n d verheuratet?
> EULALIA *plötzlich aus ihrer muntern Laune in traurigen Ernst fallend.* Ich war verheuratet, Herr Major.
> MAJOR *dessen neugierige Äußerungen doch immer in den Grenzen des feinsten Anstandes bleiben.* Witwe also? –
> EULALIA Ich bitte Sie [...]
> MAJOR Ich verstehe. *Er schweigt ehrerbietig.* (1. Fassung, II, 4, 67f.)
>
> EULALIA. (*steht verwirrt mit niedergeschlagenen Augen.*)
> MAJOR. (*sehr bewegt, bei Seite*). Nun, du kalte Vernunft, bist du endlich überwunden?
> EULALIA. (*sich fassend*). [...]
> MAJOR. [...] Sie waren – (*ängstlich*) oder sind verheiratet?
> EULALIA. (*schmerzlich betroffen*). Ich war verheiratet.
> MAJOR. Also Witwe?
> [...]
> MAJOR. (*seufzend*). Ich schweige. (2. Fassung, II, 5, 181)

---

[118] Dabei führe ich andere Aspekte ins Feld als Martin Brunkhorst: Kotzebue und Sheridan: Erfolgsstrategien von 1799. In: Orbis Litterarum 34 (1979), S. 17–32. Brunkhorst untersucht englische Bearbeitungen von Sheridan und weist Veränderungen nach, die – wie so oft bei Kotzebue – ebenfalls durch den Faktor ›Trivialität‹ erklärt werden. Betont wird der gesuchte schnelle Erfolg beim Publikum: »Ein solches Dichtungsverständnis, das auf Stabilisierung und Konformität mit der Publikumserwartung zielt, scheut auch nicht vor Trivialität zurück«, S. 17. Wichtiger ist im vorliegenden Zusammenhang, dass Kotzebue es mit bekannten Zuschauern wie auch Schauspielern zu tun hat, da diese von vornherein feststehen.

Die Figurenrede wird in dieser Szene, in der der Major herausfinden möchte, ob Eulalia, in die er sich verliebt hat, ungebunden ist, nicht reduziert; vielmehr werden Angaben aus dem Textraum der Regiebemerkungen in den Dialog überführt. Kaum umsetzbare Regiebemerkungen über den Blick wie »*in welchen sein Herz schwimmt*« fallen weg, während die Figurenrede deutlich an Umfang gewinnt: dem Major stand in der ersten Fassung hier gar kein Gesprächsanteil zu. Zum einen wird das narrative Element in den Regiebemerkungen zugunsten des dramatisch Umsetzbaren reduziert, zum anderen gewinnt der Dialog an Bedeutung, wenn sogar das Schweigen nicht nur angedeutet bzw. in der Regiebemerkung – »*Er schweigt ehrerbietig*« –, sondern in der Figurenrede mitgeteilt wird, so dass man fast von einer Aufwertung der Figurenrede im Sinne der Rhetorik sprechen kann.

Daneben werden der Komplex ›Zimmermann-schöne Seele‹ wie auch generelle Bemerkungen zur Seele in der zweiten Fassung deutlich gekürzt, während die erste Fassung die unterschiedlichen Auswirkungen der Einsamkeit nach Zimmermann an zahlreichen Stellen illustriert.[119] Die Tilgung der ›schönen Seele‹ könnte zwar auch mit allgemeinen Normierungsbestrebungen im Zusammenhang stehen. Gegen eine generelle Kürzung und für eine gezielte Reduzierung des Komplexes ›Zimmermann-schöne Seele‹ spricht allerdings, dass inhaltliche Bezüge auf Zimmermanns Konzept der Einsamkeit auch in der Figurenrede getilgt werden, so z.B. Zitate des Unbekannten aus Zimmermanns *Von der Einsamkeit*. Begriffe wie ›schöne‹ bzw. ›edle Seele‹ finden sich in der zweiten Fassung außerdem auf das weibliche Geschlecht beschränkt und stehen nicht mehr im Zusammenhang mit dem Unbekannten, so dass die ›schöne Seele‹ im inzwischen etablierten Wortsinn mit weitgehender geschlechtsspezifischer Beschränkung und unabhängig von Zimmermann verwendet wird.[120]

Die Tilgung des zimmermannschen Begriffs der ›schönen Seele‹ kann durch die weniger präsenten Schriften Zimmermanns zu diesem Zeitpunkt erklärt werden.[121] Für ein Publikum, bei dem Kotzebue die Lektüre von Zimmermanns Werk nicht voraussetzen kann, ist der direkte Bezug nicht mehr angebracht.[122]

---

[119] Bei Zimmermann stehen ausführliche Kapitel zu »Nachtheilen der Einsamkeit« neben solchen über ihre »Allgemeinen Vortheile«; vgl. Johann Georg Zimmermann: Über die Einsamkeit. Zweiter Theil. Leipzig 1784, S. 1ff., und Dritter Theil. Leipzig 1785, S. 105ff. Beide Aspekte spielen auch in *Menschenhaß und Reue* eine Rolle, anders als bei generellen Betrachtungen zur Misanthropie.

[120] Seele wird bei männlichen Protagonisten durch Herz ersetzt (S. 97/S. 210), und der Major will nicht mehr »zwei schöne Seelen« vereinigen, sondern andere »glücklich machen« (S. 115/S. 223).

[121] Zwar verweisen auch noch später Texte auf Zimmermann, so etwa Gottfried Keller in *Der grüne Heinrich*, aber es handelt sich jetzt um ein nur einem ausgewählten Kreis bekanntes Werk, nicht mehr um eine verbreitete populärwissenschaftliche Schrift eines Arztes, der allseits bekannt ist.

[122] In der zweiten Fassung wird die enge Bindung an Zimmermann zurückgenommen. Wenn der Major mit Blick auf den Hang zur Einsamkeit feststellt: »Das zeugt entweder von einer sehr rohen oder von einer sehr ausgebildeten Seele« (S. 64), veranschaulicht er Zimmermanns Feststellung, dass »in diesem Triebe entweder die äußerste Wildheit oder die äußerste Erhabenheit« zu finden sei. In der zweiten Fassung wird diese Sequenz gestrichen und nur

Die drastischen Kürzungen der Regiebemerkungen sind auch für diejenigen Anweisungen aufschlussreich, die ungekürzt übernommen werden: die Wiedererkennungsszene, die nur aus Regiebemerkungen besteht, sowie das Schlusstableau.[123] Dort wird die allgemeine Beschreibung des Schreckens – »*Schrecken und Staunen in seinen Gebärden*« – in eine präzise Handlungsanweisung umgeformt, die einen bestimmten Affekt beschreibt – »*entsetzt sich*«[124] – und die konkret benennt, wodurch der Unbekannte sein Entsetzen zum Ausdruck bringen soll, nämlich indem er »*seinen Hut fallen [läßt]*«:

> UNBEKANNTER *wirft einen Blick auf sie; Schrecken und Staunen in seinen Gebärden, rennt er schleunig zur Türe hinaus.* (1. Fassung, V, 10, 111)
> UNBEKANNTER. *wirft einen Blick auf sie, entsetzt sich, läßt seinen Hut fallen und rennt zur Thür hinaus.* (2. Fassung, S. 220)

Festzuhalten ist, dass es keinesfalls ausreicht, von dem ›Vielschreiber‹ Kotzebue zu sprechen, dessen Dramentexte – darin bestand bisher Konsens – alle nach demselben Muster verfasst sind. Ebenso wenig sind seine Stücke mit dem Begriff ›Spielvorlagen‹ ausreichend umschrieben. Neben den Regiebemerkungen eines Schauspielerdichters, der für die Bühne schreibt, stehen zahlreiche Regiebemerkungen in einem besonderen Kontext. Dass es sich dabei auch um intertextuelle Verweise handelt, wird erst deutlich, wenn man bestimmte Textstellen zu anderen in Beziehung setzt. Diese wurden bisher in Interpretationen auch deshalb nicht ausdrücklich berücksichtigt, weil sie bei einem Autor der »Effektdramaturgie«, der auf »flache, gewissermaßen hintergrundlose Handhabung gängiger dramatischer Wirkungen«[125] hinarbeitet, nicht zu erwarten sind.

Kotzebues Gesamtwerk umfasst eine Vielzahl von Stücken, und gerade die Regiebemerkungen erfüllen unterschiedliche Funktionen. Dabei ist ihre Wirkung vor allem auf den jeweiligen Adressatenkreis ausgerichtet. Die zu Unrecht als »fade«[126] kritisierten Regiebemerkungen resultieren in den für das Revaler Liebhabertheater

---

noch »ein unbefangenes Herz« (S. 176) als Grund für die Sehnsucht nach Einsamkeit angeführt. In der zweiten Fassung fehlen Textstellen, die zu Zimmermanns Überlegungen ins Verhältnis gesetzt werden können, so wenn Eulalia den negativen Verhaltensweisen in der Stadt die positiven Seiten des Landlebens gegenüberstellt – ein zentraler Aspekt bei Zimmermann (S. 55).

[123] In der zweiten Fassung des Stücks fehlen die beiden letzten Zeilen, so dass die Rolle der Kinder reduziert wird und die Zusammenführung der Ehepartner im Blick bleibt. Das Stück endet mit den Worten Meinaus: »Ich verzeihe dir!« (Zweite Fassung, S. 236). In der Forschung werden auch Kotzebues Schlusstableaus einer negativen Wertung unterzogen: »Eine einfache Zusammenstellung der Regieanweisungen, mit denen Kotzebue den letzten Auftritt des fünften Aufzugs ausgestattet hat, mag verdeutlichen, zu welch melodramatischem Gemälde hier der Begriff des wahren Bildes, des Tableaus, verkommen ist.« Willy R. Berger: Das Tableau, S. 146.

[124] Vgl. Johann Christoph Adelung: Grammatisch-kritisches Wörterbuch. Band 1, Spalte 1692: »Einen hohen Grad des Schreckens, oder des Abscheues empfinden, als ein Reciprocum. Sich entsetzen.«

[125] Vgl. Ruprecht Wimmer: Vehikel des Zufalls, S. 240.

[126] Alexander Košenina: Anthropologie und Schauspielkunst, S. 272.

geschriebenen Texten aus der vom normalen Theaterbetrieb abweichenden Arbeitsweise. Die Rollen werden gezielt für bestimmte Schauspieler geschrieben, die wissen, was und wie sie spielen sollen, und bei denen der Dramenverfasser außerdem auf direktem Wege über das Gespräch korrigierend eingreifen kann. Die Schauspieler gehören zum Bekannten- und Freundeskreis Kotzebues und erarbeiten eine Art ›Gemeinschaftsproduktion‹, so dass die konsequente Umsetzung der Regiebemerkungen nicht allein von ihrer schriftlichen Fixierung abhängt.

Daneben muss die allgemeine Einschätzung von Liebhabertheatern an dieser Stelle revidiert bzw. korrigiert werden. Diese sind nicht generell auf einfache Effekte festzulegen, vielmehr setzen sie in bestimmten Fällen – das zeigt das Revaler Liebhabertheater – ein hohes und homogenes Bildungsniveau voraus. Sie sind nicht von den Tageseinnahmen abhängig und insofern weniger auf Erfolg angewiesen als öffentliche Bühnen. Hier gilt es, verschiedene Formen des Privattheaters[127] zu unterscheiden und neben der immer gegebenen engeren persönlichen Zusammenarbeit die jeweilige Sozialstruktur der Gruppe zu berücksichtigen. Die Liebhabertheater im 18. Jahrhundert bestehen aus adligen Mitgliedern und aus dem gehobenen Bürgertum, so auch hier.[128] Die Oberschicht in Reval garantiert ambitionierte und bildungsbeflissene Mitspieler.[129] Selbst wenn sich das Liebhabertheater »um keine Bildungsaufträge schert«[130] und Stücke vor allem zur Unterhaltung anbietet, können diese in Anspielungen und Bezugstexten mit gewissen Bildungskontexten rechnen und auf diese zugeschnitten sein, so dass etwa ein Bezug zu Zimmermann ganz selbstverständlich hergestellt werden kann.

Mit dem veränderten Wirkungskreis – weg vom Liebhabertheater Reval hin zu einem größeren, anonymen Publikum – ändern sich auch Art und Funktion der Regiebemerkungen. Finden sich zunächst Freiräume schaffende, daneben aber auch solche, die intertextuelle Verweise herstellen und präzise Zusammenhänge voraussetzen, so später konventionellere Regiebemerkungen, einhergehend mit ihrer Reduktion auf ein in Dramentexten übliches Maß und gängige Formulierungen. Eine originell anmutende Regiebemerkung wie »UNBEKANNTER schweigt« (S. 125),

---

[127] Vgl. Ute Hagel: Stichwort ›Liebhabertheater‹. In: Manfred Brauneck/Gérard Schneilin (Hg.): Theaterlexikon 1: Begriffe und Epochen, Bühnen und Ensembles. Reinbek bei Hamburg ⁴2001, S. 590.

[128] Zwar weist Wistinghausen darauf hin, dass der hohe Adel nicht am Liebhabertheater beteiligt war und vor allem bürgerliche Beamte sowie Beamte und Offiziere aus dem estländischen Adel teilnahmen; das spricht aber keineswegs gegen einen bildungsbürgerlichen Hintergrund der Schauspieler. Henning von Wistinghausen: Kotzebue-Zeit, S. 17.

[129] Insofern sind die Beobachtungen Sichardts zu Goethes Weimarer Liebhaberbühne von der Revaler Bühne nicht weit entfernt. Vgl. Gisela Sichardt: Weimarer Liebhabertheater, S. 115: »[...] das Entscheidende war für Goethes hier begonnene Theaterpraxis, daß er einen Stamm von Spielern besaß, die ausreichend geistig gebildet und künstlerisch beweglich waren, um seine Anregungen aufzunehmen und bis zu einem gewissen Grade zu verwirklichen.«

[130] Heinrich Bosse: Das Liebhabertheater als Pappkamerad. Der Krieg gegen die Halbheit und die »Greuel des Dilettantismus«. In: Stefan Blechschmidt/Andrea Heinz (Hg.): Dilettantismus um 1800. Heidelberg 2007, S. 69–90, hier S. 85.

die in der ersten Fassung von *Menschenhaß und Reue* allein eine Zeile füllt, steht in der zweiten nicht mehr. Dort wird das Schweigen wieder ›beredet‹ und in der Figurenrede benannt.

5.2 Unterschiedliche Rezeptionslenkung durch Regiebemerkungen: Schillers *Maria Stuart* zwischen klassischer Tragödie und Rührstück

»Von einer kohärenten Forschungsgeschichte zum Versdrama lässt sich bislang nicht sprechen«,[131] konstatiert Rüdiger Zymner; noch weniger Aufmerksamkeit galt bisher den Regiebemerkungen in Versdramen, vor allem in Versdramen der Klassik. So bezieht Petersen sich in dem Kapitel zu den »Spielanweisungen« bei Schiller in seiner gerade mit Blick auf die Regiebemerkungen immer noch lesenswerten Arbeit nur selten auf *Maria Stuart*,[132] da die Regiebemerkungen seiner Meinung nach dort keine herausragende Rolle spielen. Er stellt für Schillers Stücke von *Wallenstein* an fest:

> Eine Mässigung in allen Leidenschaftsäusserungen, eine Bevorzugung typischer statt individueller Ausdrucksbewegungen, zusammenhängend mit einem Zurücktreten der symptomatischen Ausdrucksvorschriften, ja mit einer *Abnahme der Bühnenanweisungen* überhaupt, gehören zur Charakteristik dieses neuen Stils. Im grossen tragischen Stil liegt es, dass die Gestalten uns viel ferner bleiben, während das bürgerliche Drama seine Personen in kleinen Äusserlichkeiten unter die Lupe nimmt.[133]

Neben einer generellen Reduktion der Regiebemerkungen beobachtet Petersen eine Abnahme vor allem der »symptomatischen Anweisungen«,[134] die in seiner Terminologie dem Schauspieler die Darstellung der Gemütsbewegungen vorschreiben. Hierfür verantwortlich zu machen sind nach Petersen auch die unterschiedlichen Gattungsvorstellungen der klassischen Tragödie und des bürgerlichen Dramas, da bei

---

[131] Rüdiger Zymner: Artikel ›Versdrama‹. In: Reallexikon der deutschen Literaturwissenschaft. Band 3. Hg. von Jan-Dirk Müller u.a. Berlin, New York ³2003, S. 763–765, hier S. 764.
[132] Julius Petersen. Schiller und die Bühne. Ein Beitrag zur Litteratur- und Theatergeschichte der klassischen Zeit. Berlin 1904. Petersen hat vor allem die frühen Dramen und *Don Karlos* im Blick. Zwar gibt es gerade zu Schillers Gebrauch der Regiebemerkungen auch Studien neueren Datums, diese stellen allerdings ebenfalls die Jugenddramen, vor allem die *Räuber* und *Kabale und Liebe*, in den Mittelpunkt. Vgl. Gerhard Kluge: Über die Notwendigkeit der Kommentierung kleinerer Regie- und Spielanweisungen in Schillers frühen Dramen. In: editio 3 (1989), S. 90–97; Peter Michelsen: Der Bruch mit der Vater-Welt. Studien zu Schillers *Räubern*. Beihefte Euphorion 16 (1979); Alexander Košenina: Anthropologie und Schauspielkunst, S. 247–266.
[133] Julius Petersen: Schiller und die Bühne, S. 324 (Hervorhebung A. D.).
[134] Ähnlich wie Jakob Engel in seinen *Ideen zu einer Mimik* unterscheidet Petersen zwischen »symptomatischen Anweisungen, die dem Schauspieler die äußeren Kennzeichen der Gemütsbewegungen vorschreiben« und »allgemeinen Vorschriften, die den Affekt selbst ins Auge fassen, statt der Mittel und Wege das Ziel zeigen und den Eindruck charakterisieren, den der Zuschauer an den Bewegungen des Schauspielers gewinnen soll.« Julius Petersen: Schiller und die Bühne, S. 321.

Letzterem die »kleinen Äußerlichkeiten« der Figuren relevant seien, in der Tragödie hingegen allein die ›Idee‹ zähle – ein gängiger Topos, der anhand von *Maria Stuart* im Folgenden überprüft werden soll. Petersen führt einen weiteren, rein formalen Grund für die Reduktion der Regiebemerkungen an: die Versform. Für diese seien Regiebemerkungen störend, so dass sie vermieden würden:

> Vor allem aber ist es die Versform, die nunmehr die prosaischen Bühnenanweisungen als etwas Unorganisches auszustossen oder wenigstens einzuschränken sucht.[135]

Eine der beiden Leitfragen des vorliegenden Kapitels wird sich mit diesem Befund auseinandersetzen: Gerade bei einem von Schillers klassischen Dramen – Gustav Freytag zitiert in seinem Standardwerk zur Technik des geschlossenen, klassischen Dramas kaum ein Stück so häufig wie *Maria Stuart*[136] – soll untersucht werden, ob die verallgemeinernde Beobachtung über den geringen Stellenwert der Regiebemerkungen in Versdramen einem genaueren Blick standhält. Dass viele Interpretationen des Stücks, die sich nicht speziell mit Regiebemerkungen beschäftigen, diese dennoch verstärkt berücksichtigen,[137] lässt Zweifel aufkommen. Ohne die wenigen, aber aussagekräftigen Regiebemerkungen kommt eine Interpretation dieses Stücks nicht aus, so könnte man vermuten.

Die zweite Leitfrage ergibt sich aus der Beobachtung, dass hier wie in Kotzebues *Menschenhaß und Reue* das Konzept der ›schönen Seele‹ eine Rolle spielt, die Forschung aber diesbezüglich in beiden Fällen entgegengesetzte Wege geht: Obwohl bei Kotzebue die ›schöne Seele‹ explizit in einer Regiebemerkung vorkommt, wird sie in Interpretationen kaum berücksichtigt (vgl. Kap. 5.1). In *Maria Stuart* ist der Begriff nicht Bestandteil des dramatischen Diskurses,[138] er wird aber von der Forschung immer wieder für die Interpretation des Stücks herangezogen und mit besonderem Augenmerk auf die Regiebemerkungen berücksichtigt. Das führt allerdings zu

---

[135] Julius Petersen: Schiller und die Bühne, S. 324.
[136] Neben Goethes *Tasso*, Lessings *Emilia Galotti* und Schillers *Wilhelm Tell* zitiert Freytag immer wieder *Maria Stuart*, um den Bau des geschlossenen Dramas zu veranschaulichen; vgl. Gustav Freytag: Die Technik des Dramas. 1. Auflage der Neubearbeitung. Berlin 2003.
[137] Karl S. Guthke: Maria Stuart. In: Helmut Koopmann (Hg.): Schiller-Handbuch. Stuttgart 1998, S. 415–441, hier S. 425, bezieht sich auf: »*unentschlossen mit sich selbst kämpfend*«; S. 426: »*mit einem raschen, festen Federzug*«, das Todesurteil als Kurzschluss interpretierend, und S. 433; Guthke bringt eine Zusammenschau von Regiebemerkungen im I. und V. Akt, S. 435. Neben Schäublin äußert sich Loewen relativ differenziert zu den Regiebemerkungen im Schlussakt, durch die Maria ambivalent gezeichnet sei, vgl. Harry Loewen: The End as the Beginning: The Nature of Maria Stuart's Transformation. In: Seminar. A Journal of Germanic Studies 15 (1979), S. 165–180, hier S. 173; Leistner bezieht in seine Interpretation »*von Zorn glühend*«, S. 169f., und »*mit raschem Schritt die Feder ergreifend*«, S. 175, ein; Bernd Leistner: »Ich habe deinen edlern Teil nicht retten können.« Zu Schillers Trauerspiel *Maria Stuart*. In: Zeitschrift für Germanistik 2 (1981), S. 166–181. Generell ist festzuhalten, dass es kaum Interpretationen gibt, die nicht zumindest sporadisch auf Schillers Regiebemerkungen Bezug nehmen.
[138] Vgl. Peter Schäublin: Der moralphilosophische Diskurs in Schillers ›Maria Stuart‹. In: Sprachkunst 16/17 (1985/86), S. 141–187, hier S. 142.

gegensätzlichen Einschätzungen: Für die einen ist Maria eine ›schöne Seele‹ – im Sinne Schillers[139] –, während sie sich für andere zum Erhabenen entwickelt;[140] für wieder andere bleibt Maria eine derartige Entwicklung gerade verwehrt[141] und manche sehen in ihr eine »reine Kunstfigur«.[142] Einige Interpreten meinen sogar, dass »Elisabeth die schöne Seele ist«.[143] Hier herrscht offensichtlich immer noch Klärungsbedarf.[144] Ob diese Frage tatsächlich als »unentscheidbar«[145] angesehen wer-

---

[139] Vgl. Gert Sautermeister: *Maria Stuart*. Ästhetik, Seelenkunde, historisch-gesellschaftlicher Ort. In: Walter Hinderer (Hg.): Schillers Dramen. Neue Interpretationen. Stuttgart 1992, S. 280–335; Bernd Leistner: Schillers Trauerspiel; Claude David: Le personnage de la reine Elisabeth dans la *Marie Stuart* de Schiller. In: Matthijs Jolles (Hg.): Deutsche Beiträge zur geistigen Überlieferung. Bd. 4: Friedrich Schiller 1759–1959. Bern, München 1961, S. 9–22; Matthias Luserke: Kommentar. In: Friedrich Schiller: Dramen. Band 4. Hg. von Matthias Luserke (Schiller. Werke und Briefe in zwölf Bänden. Hg. von Otto Dann u.a. Band 5) Frankfurt/M. 1996, S. 536–597, hier S. 580; Peter-André Alt: Schiller. Leben – Werk – Zeit. Band 2. München 2000, S. 507; Franziska Ehinger: Pathos und Individualität in der Tragödie – Andreas Gryphius' *Catharina von Georgien* (1657) und Friedrich Schillers *Maria Stuart* (1800). In: Jutta Schlich/Sandra Mehrfort (Hg.): Individualität als Herausforderung. Identitätskonstruktionen in der Literatur der Moderne (1770–2006). Heidelberg 2006, S. 35–50, hier S. 49.

[140] Vgl. Benno von Wiese: Friedrich Schiller. Stuttgart 1959; Ilse Graham: Schiller's Drama. Talent and Integrity. London 1974, S. 294; Barbara Neymeyr: Pathos und Ataraxie. Zum stoischen Ethos in Schillers ästhetischen Schriften und in seinem Drama *Maria Stuart*. In: Jahrbuch der Deutschen Schillergesellschaft 52 (2008), S. 262–288, hier S. 282–284.

[141] Vgl. Andreas Siekmann: Drama und sentimentalisches Bewußtsein. Zur klassischen Dramatik Schillers. Frankfurt/M. 1980, S. 79.

[142] Christine Lubkoll: Moralität und Modernität. Schillers Konzept der ›schönen Seele‹ im Lichte der literaturhistorischen Diskussion. In: Walter Hinderer (Hg.): Friedrich Schiller und der Weg in die Moderne. Würzburg 2006, S. 83–99, hier S. 98. Als »ein durch und durch künstliches Modell« sei die ›schöne Seele‹ in *Maria Stuart* keinesfalls mit einer »natürlichen« (weiblichen) Disposition« gleichzusetzen.

[143] Luise Gilde: Friedrich Schillers Geschichtsphilosophie veranschaulicht in seinen Dramen. Zum 200. Geburtstag des Dichters. London 1959. Band 1, S. 210f.: »Nach Schiller aber ist die Königin Elisabeth die ›schöne Seele‹, in welcher Sinnlichkeit und Vernunft, Pflicht und Neigung harmonieren. Sie opfert ihre persönlichen Wünsche in freier Hingabe an das Ideal des Staates, um dessen Wohl sie unaufhörlich in souveränem Gebrauch aller Kräfte tätig ist.«; vgl. Andreas Siekmann: Drama, S. 79f.

[144] Einen weiteren Erklärungsansatz bietet mit Bezug auf Foucault und Hegel Kristina Bonn, nach der sich in der Tragödie des 18. Jahrhunderts zwei Diskursformationen des Schönen überschneiden und Maria als »Verkörperung der Vormoderne«, Elisabeth als »Verkörperung der Moderne« steht. »Auf einer Metaebene entsteht ›die Schönheit des Spiels‹ als eine Synthese von symbolischer Bildlichkeit, Ikonizität und abstrakter, begrifflicher Geistigkeit.« Kristina Bonn: Vom Schönen. Schönheitskonzeptionen bei Lessing, Goethe und Schiller. Bielefeld 2008, S. 195.

[145] So Ulrich Port: »Künste des Affekts«. Die Aporien des Pathetischerhabenen und die Bildrhetorik in Schillers *Maria Stuart*. In: Jahrbuch der Deutschen Schillergesellschaft 46 (2002), S. 134–159, hier S. 150: »Unentscheidbar ist die Frage, weil wir über die Dynamik der Gemütsvermögen, deren Resultat die eine oder andere Handlung wäre, gar nichts erfahren, aber auch, weil die Affektzeichen der Figur in den entscheidenden Szenen nicht eindeutig lesbar sind.« Müller weicht der Frage nach der ›schönen Seele‹ gewissermaßen aus. Bei ihm heißt es, dass Maria »noch in der Erfüllung ihrer Pflicht aus Neigung auf dem Weg zur

den muss, soll im Folgenden mit Blick auf die Regiebemerkungen untersucht werden.

Mit der Diskussion über die ›schöne Seele‹ geht eine generell unterschiedliche Bewertung von Maria und Elisabeth einher. Bis heute wird diskutiert, ob die Zeichnung der beiden im Zentrum stehenden Frauenfiguren schwarz-weiß verläuft oder ob es sich – bei beiden oder einer der Figuren – um gemischte Charaktere handelt, d.h. statt Schwarz und Weiß Grautöne dominieren.[146] Ob überhaupt beiden Königinnen ein ähnliches Interesse gelten sollte oder ob Maria eindeutig im Zentrum des Dramas steht, wie es der Titel vermuten lässt, ist eine weitere Frage, wobei heute – als Gegengewicht zu etablierten Forschungseinschätzungen der beiden Figuren und einhergehend mit feministischen Ansätzen[147] – eine Tendenz zur Höherbewertung Elisabeths ablesbar ist und an Maria zunehmend negative Komponenten betont werden.[148] Für den Figurenaufbau der beiden Königinnen erweist sich die Analyse der Regiebemerkungen als besonders wichtig, denn Maria und Elisabeth werden über diesen Textraum in unterschiedliche Kontexte gestellt, wie ebenfalls zu zeigen sein wird.

Analyse und Bewertung der beiden Königinnen in der Forschung

Dass zu unterschiedlichen Zeiten verschiedene Lesarten dominieren, soll ein kurzer Überblick über die Forschung belegen. Dabei steht meist die Frage nach der Verbindung von Politik und Moral im Zentrum. *Maria Stuart* wurde zunächst als eine nach den klassischen Regeln gebaute Tragödie klassifiziert, bei der das alleinige Interesse der Gestaltung des Stoffes galt.[149] Dieses Urteil ging einher mit einer Tendenz zur ›dualistischen Interpretation‹, d.h. der Läuterung vom Sinnlichen zur Idee der Freiheit. Mit Rückgriff auf Schillers Abhandlung *Über das Erhabene* wurde das Stück als Prozess der Befreiung vom Sinnlich-Physischen im Sinne eines ›Läute-

---

›schönen Seele‹ (wie es die Forschung will) ihre Widersacher in den Staub tritt.« Andreas Müller: »Nur der Schatten der Maria« – Identität und Krise in Schillers »Maria Stuart«. In: Oliver Kohns/Martin Roussel (Hg.): Einschnitte. Identität in der Moderne. Würzburg 2007, S. 263–275, hier S. 271.

[146] Vgl. Karl S. Guthke: Maria Stuart, S. 427: »So darf man, gerade in Erinnerung an Schillers ausgeprägten Sinn für Symmetrie in diesem Drama, wohl auch fragen, ob der komplizierten und changierenden Mischung von Schwarz und Hellgrau im Charakterbild Elisabeths auf Seiten Marias nicht statt der Heiligen ebenfalls ein in Mischtönen gehaltener Charakter entgegensteht.«

[147] Vgl. Todd Kontje: Staging the Sublime: Schiller's Maria Stuart as Ironic Tragedy. In: Modern Language Studies 22/2 (1992), S. 88–101.

[148] Bernd Leistner: Schillers Trauerspiel; Harald Frommer: Lernziel: Leserrolle. Ein Annäherungsversuch an Schillers Königin Elisabeth in Klasse 10. In: Der Deutschunterricht 33 (1981). Heft 2, S. 60–80. Lesley Sharpe: Friedrich Schiller. Drama, Thought and Politics. Cambridge 1991, S. 255–272. Zuvor schon Benjamin Bennett: Modern Drama and German Classicism. Ithaca, London 1979, S. 213.

[149] Vgl. etwa Gerhard Storz: *Maria Stuart*. In: Jost Schillemeit (Hg.): Interpretationen. Band 2: Deutsche Dramen von Gryphius bis Brecht. Frankfurt/M. 1965, S. 172–184.

rungsdramas‹ verstanden, das von der Welt der Notwendigkeit hin zu Marias idealer Freiheit im fünften Akt führe. Maria steht in diesen Interpretationen mit ihrem Prozess der Selbstbefreiung eindeutig im Mittelpunkt. So beschreibt Benno von Wiese die im Text angelegte Bewegung der »Aufhebung der sinnlichen Welt durch den zum Unbedingten sich erhebenden menschlichen Geist. […] Im letzten Akt werden die Vorzeichen vertauscht: das Unabwendbare verwandelt sich in die freie Tat des Menschen«.[150]

Sautermeister wendet sich gegen den Dualismus von Natur und Idee und nuanciert die Interpretation des Schlussaktes in entscheidender Weise. Statt des Gegensatzes erkennt er eine »versöhnende Synthesis-Konzeption«:[151] Die ›schöne Seele‹ vereinige als Symbol der harmonischen Verfassung des Individuums zwanglos seine sinnlich-natürlichen und sittlich-geistigen Kräfte. Hiernach ist die ›schöne Seele‹ nicht Resultat einer kontinuierlichen Verinnerlichung des ›Sittengesetzes‹, sondern sie fällt einem Menschen zu, der sich zu seinem unterdrückten Selbst bekannt und es dadurch überwunden hat. Demzufolge kann Maria freiwillig, aus innerem Antrieb, ihre Rachegefühle in einer Versöhnungsbotschaft aufheben, die dann allerdings gesellschaftlich wirkungslos bleibt: Maria befindet sich auf dem Weg in den Tod. Politisches Handeln, in dem Moral sich zu bewähren hätte, bleibt ihr, im Sinne des Märtyrerinnen-Modells, verwehrt.

Neben der Ansicht, Maria als Gewinnerin und ihren Tod als »Zeichen eines moralischen Sieges«[152] zu verstehen, häufen sich seit einiger Zeit Ansätze, die die positive Zeichnung Marias gänzlich in Frage stellen. Unter politischen Aspekten sieht etwa Lesley Sharpe Elisabeth weniger negativ, Maria – im Gegenzug – weniger ›erhaben‹. Die zentrale Frage ist für Sharpe, welches Opfer an moralischer Integrität erforderlich ist, um den Sachzwängen politischer Macht gerecht zu werden. Während Elisabeth Einsicht habe in die politische Notwendigkeit ihres Tuns, sei Maria nicht unschuldig, sondern habe Teil am für die politische Welt charakteristischen Opportunismus.[153]

Die Untersuchung der Regiebemerkungen wird Klärung bringen bei der Frage, welche der beiden Figuren positiv einzuschätzen ist; sie soll außerdem zeigen, wodurch die eine oder andere Einschätzung hervorgerufen wird. Zu beobachten ist, dass die Interpretationen der beiden Frauenfiguren sich gegenseitig beeinflus-

---

[150] Benno von Wiese: Friedrich Schiller, S. 719.
[151] Gert Sautermeister: *Maria Stuart*, S. 320.
[152] Mathias Mayer: Der Verlierer als Sieger. Schillers Lehre aus der Geschichte. In: Jahrbuch der Deutschen Schillergesellschaft 49 (2005), S. 399–408, hier S. 405.
[153] Vgl. Lesley Sharpe: Friedrich Schiller, S. 263. Zu den positiven Seiten der historischen Elisabeth sowie zu Schillers Charakterisierung der Königin vgl. Liu Xuehui: Zwei Königinnen, zwei Frauenfiguren. Über Schillers Trauerspiel »Maria Stuart«. In: Literaturstraße 7 (2006), S. 155–171, hier S. 169f. Hinderer spricht von der »öffentlichen Biographie« Marias, »die sie auch als Thronanwärterin mit einem zweifelhaften Ruf belegt«, wogegen Schiller sie aufzuwerten versuche. Vgl. Walter Hinderer: Der Geschlechterdiskurs im 18. Jahrhundert und die Frauengestalten in Schillers Dramen. In: Ders. (Hg.): Friedrich Schiller und der Weg in die Moderne. Würzburg 2006, S. 261–285.

sen. Dass Maria und Elisabeth immer zueinander ins Verhältnis gesetzt werden, klingt zunächst banal, wird aber auch im Hinblick auf Funktion, Beschaffenheit und Verschränkung der Regiebemerkungen weiterzuverfolgen sein. Wenn man die beiden konkurrierenden Frauenfiguren einer Konkurrenz unterschiedlicher Formen von Regiebemerkungen zuordnet, wird auch die durchweg positive Wirkung Marias in zeitgenössischen Aufführungen verständlich.

Meist werden dieselben Regiebemerkungen für die Analyse herangezogen, wenn sie überhaupt eingehender berücksichtigt werden, und zwar vorrangig die des dritten Aktes, in dem die beiden Königinnen aufeinandertreffen, und die des Schlussaktes mit dem beeindruckenden Auftritt Marias kurz vor ihrer Hinrichtung. Auffällig ist dabei neben den bisher genannten Aspekten die Frage nach der Epochen- und Gattungszugehörigkeit. Der alleinige Bezug zur Klassik, der durch die Berücksichtigung von Schillers philosophisch-ästhetischen Schriften[154] und das klassische Weimar nahezuliegen scheint und von der Forschung verfolgt wird, erweist sich als problematisch, da im Stück neben klassischen auch rührselige Aspekte und Komponenten des Sturm und Drang eine Rolle spielen. Leistner betont in diesem Zusammenhang Mortimers »ungezügelte sinnliche Leidenschaft«.[155] Diese lässt ihn als Nachkömmling typischer Sturm-und-Drang-Helden erscheinen und manifestiert sich, wie zu zeigen sein wird, vor allem in den Regiebemerkungen. Sautermeister kommt zu dem Schluss, für das Stück die einfache Gattungsbezeichnung *Trauerspiel* im schillerschen Sinne zu wählen, da eine Vermittlung der beiden Sphären Privatheit und Öffentlichkeit stattfinde:

> Ein Etikett wie ›Geschichtstragödie‹ wäre angesichts des beträchtlichen Maßes an Privatheit in diesem Drama nicht angemessen, wie umgekehrt das Kompositum ›*bürgerliches Trauerspiel*‹ seine historisch-öffentliche und höfische Dimension verfehlen würde.[156]

Während Mortimer durch seine ungestüme, schwärmerische Art Ähnlichkeit mit Karl Moor habe,[157] wirke die Struktur des Dramas mit der symmetrischen Verteilung der Akte auf die beiden Frauenfiguren wie auch die Zeichnung Elisabeths

---

[154] So auch Neymeyr, die feststellt, Schiller habe die theoretischen Prinzipien seiner Schriften *Über das Pathetische* und *Über das Erhabene* »geradezu idealtypisch verwirklicht«. Barbara Neymeyr: Macht, Recht und Schuld. Konfliktdramaturgie und Absolutismuskritik in Schillers Trauerspiel *Maria Stuart*. In: Günter Saße (Hg.): Schiller. Werk-Interpretationen. Heidelberg 2005, S. 105–136, hier S. 133.

[155] Vgl. Bernd Leistner: Schillers Trauerspiel, S. 181 über die Figur des Mortimer, der »in bezug auf Maria die Rolle eines letzten Versuchers zu spielen hat; zugleich freilich gibt er sich als eigentümlicher Nachfahre früherer Schillerscher Jünglingsfiguren zu erkennen«.

[156] Vgl. Gert Sautermeister: *Maria Stuart*, S. 331.

[157] Vgl. Körner an Schiller am 9.7.1800. In: Friedrich Schiller: Werke. Nationalausgabe. Band 38/1: Briefwechsel. Briefe an Schiller 1.11.1798–31.12.1800. Hg. von Lieselotte Blumenthal. Weimar 1975, S. 287f., hier S. 287: »In der Darstellung erkenne ich Deine kräftigste Manier – selbst das Jugendliche der Räuber in einigen Scenen Mortimers.«

klassisch.¹⁵⁸ Die Regiebemerkungen sollen im Hinblick auf diese unterschiedlichen Zuordnungen Klärung bringen.

Regiebemerkungen im Versdrama

Schiller richtet sich keineswegs konsequent nach der klassischen französischen Verstragödie, die Regiebemerkungen als störende Zwischenbemerkungen generell ablehnt (s. Kap. 2.1 zu d'Aubignac). Er zeigt für die Regiebemerkungen kein Normierungsbewusstsein, während dem Vers in seinen eigenen Aussagen über *Maria Stuart* Bedeutung zugemessen wird, so wenn er sich Gedanken macht, in welchem Druckformat die Versifizierung angemessen zur Geltung kommt:

> Ich habe, Ihrem Rathe gemäß, noch nichts an der deutschen Maria Stuart drucken lassen, theils der Theater wegen, theils auch weil Gädike keine paßende Schrift für ein so kleines Format hat, als der Almanach erfodert. Denn die lateinische Schrift, welche zum vorigen Almanach genommen worden, ist zu groß und *man würde die Verse zu oft brechen müssen.*¹⁵⁹

Petersens Beobachtung einer deutlichen Reduktion der Regiebemerkungen, die auf andere Versdramen Schillers zutrifft, ist für *Maria Stuart* kaum überzeugend, ebenso wenig folgende blumige Formulierung:

> [I]mmer wird sich am Prosadialog ein grösserer Reichtum von Zwischenbemerkungen emporranken, während sich die geschlossene Versform dieser Schlinggewächse allzugern wie einer Art Unkraut erwehrt.¹⁶⁰

Gegen eine solche Einschätzung spricht schon der Eingangsdialog, in dem Paulet, der Wächter vor Marias Kerker, und Kennedy, ihre Amme, gemeinsam die Unterkunft Marias inspizieren. Über diese Nebenfiguren werden so gleich zu Beginn die unterschiedlichen Perspektiven auf Marias Person und ihr Vergehen anschaulich gemacht. In der folgenden Textpassage charakterisieren die Gegenstände, die Paulet an sich nimmt, um sie aus Marias Umfeld zu entfernen, die Figur Marias bereits vor ihrem ersten Auftritt:

PAULET.
Die überliefr' ich – Sieh! Was schimmert hier?
Er hat einen geheimen Ressort geöffnet, und zieht aus

---

¹⁵⁸ Greiner wertet den symmetrischen Bau anders: Hier werde die Tragödie selbstreflexiv, da sie durch die Symmetrie die geglückte Balance des ästhetischen Zustands leiste, die die Figuren verfehlten; Bernhard Greiner: Negative Ästhetik: Schillers Tragisierung der Kunst und Romantisierung der Tragödie (*Maria Stuart* und *Die Jungfrau von Orleans*). In: Sonderband Text + Kritik 2005: Friedrich Schiller. Hg. von Heinz Ludwig Arnold in Zusammenarbeit mit Mirjam Springer, S. 53–70, hier S. 60.
¹⁵⁹ Schiller an Cotta am 29.8.1800. In: Schillers Briefe. Hg. von Fritz Jonas. Band 6. Stuttgart [1895], S. 191. Hervorhebung A.D.
¹⁶⁰ Julius Petersen: Schiller und die Bühne, S. 332f. Insgesamt aber setzt sich Petersen ausführlich mit den Regiebemerkungen Schillers auseinander und stellt aufschlussreiches Material zusammen.

einem verborgnen Fach Geschmeide hervor
Ein königliches Stirnband, reich an Steinen,
Durchzogen mit den Lilien von Frankreich!
Er gibt es seinem Begleiter
Verwahrts, Drury. Legts zu dem Übrigen!
Drury geht ab. (I, 1, V. 17–20)[161]

Ein gewisses Zugeständnis an den Vers wird daran deutlich, dass die Bewegung Paulets im ersten Fall im Präteritum sozusagen nachgetragen und nicht an der Stelle genannt wird, an der sie auszuführen ist, nämlich innerhalb eines Verses. Als Signal steht an der Stelle, an der sie stattfinden soll, der Gedankenstrich. Allerdings muss der Leser nicht die gesamte Äußerung einer Figur abwarten. Diese kann unterbrochen werden, so dass eine Regiebemerkung zwischen vollständige Verse gesetzt wird. Grundsätzlich anders muss die Behandlung der Regiebemerkungen also keineswegs ausfallen, auch wenn, verbunden mit strengeren Vorstellungen dessen, was unter einem klassischen Drama zu verstehen ist,[162] diese völlig oder weitgehend fehlen können wie etwa in Goethes *Iphigenie*. Im angeführten Beispiel werden sogar unterschiedliche Formen der zeitlichen Beziehung zwischen Regiebemerkungen und Figurenrede manifest, die durch verschiedene Tempora in den Regiebemerkungen gekennzeichnet werden. Diese Art der Differenzierung ist innerhalb der Figurenrede im Hinblick auf ein unmittelbares Geschehen nicht möglich; es erinnert an Zeitverhältnisse in Erzähltexten.

Für die Beschaffenheit der Verse ist die Beobachtung aufschlussreich, dass Regiebemerkungen zwar nicht innerhalb eines Verses, wohl aber in Antilaben gesetzt werden. Die durch die gespaltenen Verse aufgebrochene Struktur wird so zusätzlich betont, und es entsteht ein Freiraum, der genutzt werden kann, indem die Regiebemerkungen jeweils beim Sprecherwechsel eingefügt werden:

MORTIMER. Man sucht Euch, Oheim.
Er entfernt sich auf eben die Weise. Die Königin bemerkt es mit Unwillen und wendet sich zu Paulet, der ihm folgen will
MARIA.   Sir, noch eine Bitte.   (I, 3, V. 251)

MARIA. Wer kommt?
Mortimer zeigt sich an der Türe
KENNEDY.   Es ist der Neffe. Geht hinein.   (I, 4, V. 379)

---

[161] Friedrich Schiller: Maria Stuart. Ein Trauerspiel. Hier und im Folgenden unter Angabe von Akt, Szene und Vers zitiert nach Friedrich Schiller: Werke. Nationalausgabe. Band 9: Maria Stuart. Die Jungfrau von Orleans. Hg. von Benno von Wiese/Lieselotte Blumenthal. Weimar 1948, S. 1–164.

[162] Bezeichnend ist, dass Lebruns französische Bearbeitung von *Maria Stuart* Schillers Drama auch unter diesem Aspekt den französischen Konventionen anpasst: Die Handlungsexposition mit Durchsuchung der Gemächer wird in eine Dialogexposition umgewandelt, die bis auf die an die Sprecherbezeichnung »PAULET« anschließende explizite Regiebemerkungen »*la relevant*« nicht von expliziten Regiebemerkungen unterbrochen wird. Vgl. Pierre Lebrun: Marie Stuart. Bielefeld ²1864, S. 5f.; s. auch Dieter Borchmeyer: Tragödie und Öffentlichkeit. Schillers Dramaturgie im Zusammenhang seiner ästhetisch-politischen Theorie und die rhetorische Tradition. München 1973, S. 59.

Dass nur das gelesene Wort, nicht die bei der Aufführung ausgeführte Bewegung den Vers unterbreche, wie Petersen feststellt,[163] ist nicht zutreffend, denn die beschriebenen Bewegungen und Handlungen müssen zunächst geschehen, ehe die Replik folgen kann, da sie auf den in der Regiebemerkung beschriebenen Vorgang Bezug nimmt. Petersens Feststellung, »dem Vers ist sein Ausdruck immanent, und das einzige, was der Dichter noch immer hinzufügen muss, ist die Angabe, an wen die Worte gerichtet sind«,[164] beschreibt Schillers *Maria Stuart* nur partiell, da in diesem Stück häufig durch Regiebemerkungen Differenzierungen vorgenommen werden. Diese spezifizieren einzelne Äußerungen und legen Tonfall und Sprechweise für eine bestimmte Situation genau fest, z.B. »*lebhaft*«, »*bedeutend*«, »*schnell*«, »*rasch einfallend*« (I, 7 u. 8). So werden Szenen betont, indem spezielle Angaben zur Sprechweise gesetzt werden.

Das Personenverzeichnis im klassischen und im bürgerlichen Drama

Die generellen Beobachtungen zu *Maria Stuart* haben gezeigt, dass ein breites Spektrum an Regiebemerkungen selbst in diesem als klassisch eingestuften Drama genutzt wird. Im Folgenden sollen Funktionsweisen der Regiebemerkungen im Mittelpunkt stehen, die sich speziell auf die beiden Frauenfiguren beziehen. Bereits das Personenverzeichnis gibt Aufschluss über ihre unterschiedliche Behandlung. Dort geht die Machthabende der Gefangenen voraus. Es dominiert die hierarchische Ordnung über die vom Stück favorisierte Perspektive, so dass nicht die Haupt- und Titelfigur an erster Stelle steht. Im Gegensatz zu den *Räubern* oder der *Verschwörung des Fiesco zu Genua* werden die Angaben hier außerdem auf ein Minimum beschränkt. Die für Schillers und andere Sturm-und-Drang-Stücke gängigen Markierungsweisen werden nicht fortgeschrieben, so dass vor diesem Hintergrund das karge Personenverzeichnis im Vergleich mit früheren Stücken Schillers eine markierte Abweichung darstellt, die mit Personenverzeichnissen klassischer Stücke korrespondiert. Diese geben ebenfalls nur Auskunft über Namen und Funktion der Figuren, so als ob man gleich am Eingang[165] erkennen sollte, dass man ein klassisches Stück vor sich hat. Am Beginn, also an prominenter Stelle, setzt Schiller so die für ein klassisches Stück gemäßen Signale.

Dennoch gibt es schon hier signifikante Unterschiede: Im Stück wird Elisabeth von Amtsträgern aus England und Frankreich begleitet. Im Personenverzeichnis stehen diese Amtsträger aber, ohne dass ein Bezug zu Elisabeth deutlich wird. Dagegen sind das private Gefolge und das niedrig gestellte Personal Marias dieser

---

[163] Vgl. Julius Petersen: Schiller und die Bühne, S. 328.
[164] Ebd., S. 332.
[165] Hier lässt sich an Genette anschließen, der mit Bezug auf Borges bei einleitenden Teilen des Paratextes von einem »Vestibül« spricht, »das jedem die Möglichkeit zum Eintreten oder Umkehren bietet«; vgl. Gérard Genette: Paratexte, S. 10. In Verlängerung von Genettes Ausführungen kann man dem Personenverzeichnis beim Lesen eines Dramentextes eine ähnliche Funktion zuschreiben.

durch Possessivpronomen direkt zugeordnet: »ihr Haushofmeister«, »ihr Arzt«, »ihre Amme«, »ihre Kammerfrau« (S. 2). Diese sich sprachlich manifestierenden Beziehungen kennzeichnen den Kreis an Figuren um Maria. Elisabeth hingegen steht isoliert. Persönliche Zuordnungen dieser Art finden sich nur noch bei Mortimer, dem Okelly als »Mortimers Freund« zugeordnet wird, während Mortimer selbst als »sein Neffe« auf rein verwandtschaftlicher Ebene mit Paulet in Verbindung steht. Leicester und Mortimer werden zu keiner der beiden Frauenfiguren ins Verhältnis gesetzt etwa in ihrer Funktion als Liebhaber, wie dies in Komödien häufig der Fall ist. Die Gruppierung um Maria wird auf diese Weise schon im Personenverzeichnis hervorgehoben.

Charakterisierung durch Blicke und Berührungen

Noch auffälliger sind die Unterschiede, die sich aus den Regiebemerkungen im Stück ergeben. Diese charakterisieren die beiden Frauenfiguren in sehr verschiedener Weise. Bisher wurde kaum beachtet, dass in *Maria Stuart* auffallend viel über den Blick geschieht[166] und zahlreiche Regiebemerkungen den Gesichtssinn betreffen: Mortimer schaut »*mit irren Blicken*« (III, 6), er sieht Leicester »*mit einem Blick der tiefsten Verachtung nach*« (IV, 4). Die Amme sieht »*die Königin fragend an*« (I, 5), Maria »*Mortimern mit Erstaunen*« (I, 6), Paulet »*fixiert ihn [Mortimer] mit ernstem Blick*« (II, 7), Leicester »*forschend*« (II, 8), Mortimer »*ebenso*« (II, 8). Der Blick wird dabei meist spezifiziert, so dass man eine Skala von Blickweisen vorfindet, die unterschiedliche Befindlichkeiten ausdrücken und so Akzente setzen: Mortimer blickt »*scheu umher*« (IV, 4), es heißt, dass er Leicester »*während des Lesens scharf beobachtet*« (II, 8), in IV, 4 sieht er Leicester »*mit einem Blick der tiefsten Verachtung nach*«. Es stellt sich heraus, dass das höfische Verhalten – im Gegensatz zu den auf körperliche Nähe ausgerichteten Gesten im bürgerlichem Trauerspiel, im *drame bourgeois* und im Rührstück[167] – über den Distanz und Kontrolle schaffenden Blick in Szene gesetzt wird.

---

[166] Ilse Graham kommt als einzige speziell auf das Wortfeld ›sehen‹ in *Maria Stuart* zu sprechen, bezieht sich dabei aber in erster Linie auf die Begegnungsszene als »face to face and eye to eye meeting« und den »physical act of seeing and being seen« im Allgemeinen; vgl. Ilse Graham: Schiller's Drama, S. 156 und 158. Umfassend, aber mit anderem Impetus, untersucht Utz die Funktion des Blicks in Schillers Dramen. Für ihn dominieren aus Sicht des Zuschauers, der bei ihm im Vordergrund steht, die »Fernsinne«, also Hör- und Gesichtssinn: »Was ihre Distanz nicht einhält, bleibt aus dem Theater verbannt.« Peter Utz: Das Auge und das Ohr im Text. Literarische Sinneswahrnehmung in der Goethezeit. München 1990, S. 59f. Mit Bezug auf Utz interpretiert Immer die »distanzierende Blickregie« der Begegnungsszene der beiden Königinnen, gewichtet den Einsatz des Blickes bei beiden Frauen aber nicht unterschiedlich, sondern kommt zu dem Schluss: »Indem sie sich mit todbringenden Blicken bekämpfen, wird die eine Regentin zum Spiegelbild der anderen.« Nikolas Immer: Der inszenierte Held. Schillers dramenpoetische Anthropologie. Heidelberg 2008, S. 381.
[167] Vgl. die Kapitel 3.2, 3.3 und 5.1 der vorliegenden Arbeit.

Das ist aber nicht alles. Auffällig ist darüber hinaus die unterschiedliche Verteilung der diesbezüglichen Regiebemerkungen auf die beiden im Zentrum stehenden Frauenfiguren. Während Elisabeth dort häufig über den Blick charakterisiert wird, finden sich solche Regiebemerkungen, die den Blick noch dazu im Sinne eines Wahrnehmungs-, nicht eines Ausdrucksorgans beschreiben, bei Maria nur selten. Dieser Befund korreliert mit einer entgegengesetzten Tendenz der Regiebemerkungen, die Gebärden und Nahsinne[168] betreffen. So wenig Maria über den Fernsinn Blick definiert ist, so häufig finden sich bei ihr Regiebemerkungen zum Tastsinn und zu Berührungen, so dass die beiden Frauen zwei Pole einer oder sogar mehrere Bühnenkonventionen bedienen: zum einen die höfische, etwa französische Repräsentationskunst – wobei der Blick nicht wie bei Racine und den Vorgaben für das klassische französische Drama entsprechend allein in impliziten Regiebemerkungen betont wird,[169] sondern auch explizit zum Tragen kommt –, zum anderen dramenästhetische Vorgaben und Praktiken des bürgerlichen Dramas und des Rührstücks. Dem höfisch-politischen Verhalten mit Betonung der Distanz zu anderen Figuren bei Elisabeth steht die auf Vertrautheit und Nähe gründende Gestik Marias gegenüber.

Ein kurzer Seitenblick auf *Kabale und Liebe* zeigt, dass die (bürgerliche) Sympathiefigur Luise dort ebenfalls nur selten über den Blick charakterisiert wird. Wenn dies überhaupt der Fall ist, dann werden das unspezifische, zufällige ›Sehen‹ oder der »*Blick zum Himmel*« (III, 6) gewählt, nicht der gezielt gesetzte Blick, während dem Präsidenten der beobachtend-prüfende Blick zugeschrieben wird: »PRÄSIDENT (*einen laurenden Blick auf ihn* [Ferdinand] *werfend*)« (I, 7). Die Beziehung zwischen Lady Milford und Luise wird zwar in einer Szene bei beiden über den Blick entwickelt, Luise aber wird ein naher Blick zugeschrieben – »LUISE (*fein und scharf ihr in die Augen sehend*)« (IV, 7) –, während bei Lady Milford in Zusammenhang mit

---

[168] Zum »Nahsinn« vgl. Peter Utz: Auge, Ohr und Herz. Schillers Dramaturgie der Sinne. In: Jahrbuch der Deutschen Schillergesellschaft 29 (1985), S. 62–97. Utz baut seine Interpretation auf den sich mit der Aufklärung wandelnden Stellenwert von Nah- und Fernsinn auf und sieht deren historischen Ort im aufklärerischen Diskurs über die Sinne. Schillers Dramaturgie werde »lesbar als ästhetische Antwort auf ein modernes Problem: die Aufspaltung der sinnlichen Wahrnehmung des Menschen in fünf einzelne Sinneskanäle, die nur noch nach ihrer Funktionsleistung beurteilt werden«, S. 62. Utz unterscheidet dabei zwischen Auge und Ohr, wobei der optische Aspekt zur Zuschauerinstanz in Beziehung gesetzt, weniger textintern genutzt wird. Vgl. ähnlich Utz: Das Auge und das Ohr im Text, S. 59–85.

[169] Zur Funktion des Blicks in einem paradigmatisch klassischen Stück – Racines *Phèdre* – vgl. Erika Fischer-Lichte: Geschichte des Dramas. Band 1: Von der Antike bis zur deutschen Klassik. Tübingen 1990, S. 230ff. Fischer-Lichte beschäftigt sich mit der Funktion des Blicks – »Nicht Taten sind es, die in ›Phèdre‹ ihr fatales Potential entfalten, sondern Worte und Blicke«, S. 231 – und den Fehlinterpretationen des Blicks durch andere, »die sich als fatal erweisen«, S. 230. Da Racines Stück fast ganz ohne explizite Regiebemerkungen auskommt, sind dort alle Äußerungen über das Schauen in die Figurenrede eingewoben. Den Blick interpretiert Fischer-Lichte vor allem hinsichtlich der Identitätsbildung: »Die Identität erweist sich als grundsätzlich instabil, weil sie ganz und gar vom anderen abhängt«, S. 233.

Verstellung und Kontrolle die Distanz betont wird, so wenn sie Luise durch einen Spiegel unbemerkt beobachten kann: »*Luise Millerin tritt schüchtern herein und bleibt in einer großen Entfernung von der Lady stehen; Lady hat ihr den Rücken zugewandt und betrachtet sie eine Zeitlang aufmerksam in dem gegenüberstehenden Spiegel*« (IV, 7).

In *Maria Stuart* korreliert das Insistieren auf Elisabeths forschendem Blick mit der fehlenden Zuwendung bzw. Nähe zu anderen Figuren. Elisabeth wird nur einmal in körperlichem Kontakt zu einer Figur beschrieben, und auch hier geht die Berührung nicht von ihr aus und steht nicht für echte Nähe, vielmehr handelt es sich um eine konventionelle, höfische Form der Berührung: Sie betritt die Bühne »*von Leicester geführt*« (II, 2). Die Bewegungen der sie umgebenden Figuren drücken ebenfalls Distanz aus: Die Lords entfernen sich »*ehrfurchtsvoll*« (II, 2) oder gehen, wie Mortimer und später Maria, vor ihr auf die Knie (Mortimer »*läßt sich auf ein Knie nieder*«, II, 4; Maria »*fällt vor ihr nieder*«, III, 4). Schon bei ihrem ersten Auftritt wird Elisabeth über den Blick beschrieben. Das Betrachten ist dabei jeweils in einer Art und Weise spezifiziert, die die Intensität des Blicks betont:

> Sie [...] *betrachtet ihn* [den Ring] *nachdenkend*
> [...] *zum Grafen Leicester, den sie während der letzten Rede unverwandt betrachtet hat* (II, 2)

Als prüfend werden ihre Blicke auch weiterhin charakterisiert:

> *Mortimern forschend ansehend* (II, 4)
> *nachdem sie ihn* [Mortimer] *einige Augenblicke forschend mit den Augen gemessen* (II, 5)

Die anderen Personen, die »forschend« schauen und bei denen die Art des Blickens thematisiert wird, gehören ebenfalls der Welt des Hofes an:

> PAULET *fixiert ihn* [Mortimer] *mit ernstem Blick*
> LEICESTER *ihn* [Mortimer] *forschend ansehend*
> MORTIMER *ebenso*
> MORTIMER *der ihn während des Lesens scharf beobachtet* (II, 7 und 8)

Die typisch höfische Verhaltensweise im Sinne der prüfenden Distanz eines Hofmanns verläuft also über den Blick und die Distanznahme, nicht über körperliche Nähe, die das Verhältnis Marias zu ihren Untergebenen kennzeichnet. Maria ist immer Zielscheibe, Objekt des Blicks, »*der gespannte Blick Elisabeths*« (III, 4) trifft sie, Mortimer betrachtet sie »*mit glühenden Blicken*« (III, 6), sie wird »*mit den Augen fixiert*« (III, 4). Wenn ihr eigenes Schauen überhaupt eine Rolle spielt,[170] dann wird das aktive Blicken weiterhin ihrem Gegenüber zugeschrieben: »*ihr Auge begegnet dem gespannten Blick der Elisabeth*« (III, 4). Bei den Gebärden und der Suche nach

---

[170] Nur einmal, und zwar an einer signifikanten Stelle im fünften Akt, setzt auch Maria den Blick gezielt ein wie sonst nur Elisabeth. Nachdem sie das kurze Schwanken beim Anblick Leicesters überwunden hat, ist sie es, die den Blick aushalten kann, nicht er: »*Sie wendet sich, zu gehen, ihr Auge begegnet dem Auge des Grafen Leicester, der bei ihrem Aufbruch unwillkürlich aufgefahren und nach ihr hingesehen – Bei diesem Anblick zittert Maria, die Knie versagen ihr, sie ist im Begriff hinzusinken, da ergreift sie Graf Leicester und empfängt sie in seinen Armen. Sie sieht ihn eine Zeitlang ernst und schweigend an, er kann ihren Blick nicht aushalten, endlich spricht sie.*« V, 9, nach V. 3818.

Nähe zu anderen Figuren hingegen ist sie es, die die Initiative ergreift, so gegenüber Shrewsbury und ihrer Amme: Sie ergreift Shrewsburys Hand – »MARIA *seine Hand ergreifend*« (III, 4) – und lehnt sich auf ihre Amme – »*Maria [...] auf die Kennedy gelehnt*« (III, 3) – im Sinne einer Frau, die Schutz sucht, denn kurz zuvor heißt es: »*welche zittert und hinzusinken droht*« (III, 2).

Die unterschiedliche Charakterisierung der Frauenfiguren kann zu ihrer Einordnung im Personenverzeichnis ins Verhältnis gesetzt werden: Die über private Bezüge positionierte Maria ist durch ihre Gebärden charakterisiert, die über öffentliche Bezüge positionierte Elisabeth hingegen durch den Blick. Elisabeth, in der Schiller »ein unübertroffenes Porträt des modernen homo politicus gezeichnet [hat]«,[171] behält durchgehend den kontrollierenden und distanzierenden (Über)Blick. Von hier aus muss man auch die Regiebemerkung, die bei Elisabeth an einer Stelle die Rührung betont, in Frage stellen:

> ELISABETH *nachdem sie den Brief gelesen, ihre Tränen trocknend.*
> Was ist der Mensch! Was ist das Glück der Erde! (II, 4, V. 1528)

Hier zeigt sie angeblich Mitleid: »Auch sie [Elisabeth] ist rührbar: sie weint, nachdem sie Marias Brief gelesen hat.«[172] Die Forschung ist wohl immer noch der Vorstellung verhaftet, dass Tränen als Garant einer echten Affektäußerung anzusehen seien, wie dies auch bei der Figur der Marwood zu beobachten war (vgl. Kap. 3.2). Schon das Sentenz- und Floskelhafte, wodurch das Mitleid sprachlich Ausdruck findet, lässt allerdings aufhorchen und wirkt durch die auswendig gelernt wirkende, pauschale Formulierung gerade nicht als Ausdruck echter persönlicher Gefühle. Beschrieben wird nur die mechanische Bewegung des Augenwischens ohne Hinweis darauf, ob der Affekt echt oder geheuchelt ist. Leser wie Zuschauer werden im Unklaren gelassen. Im Gegensatz dazu ist die gleiche Gestik bei Marias Kammerfrau Kurl, die ihrer Herrin vor der Hinrichtung beisteht – »*ihre Tränen trocknend*« (V, 2) – in ihrer Echtheit nicht anzuzweifeln, da die Figurencharakterisierung der Bediensteten dazu keinerlei Anlass gibt. Die Regiebemerkung allein gibt bei den Tränen Elisabeths und Kurls durch die außenperspektivische Beschreibung der rein mechanischen Bewegung ohne Einblick in das Innere der Figur allerdings keinen Aufschluss darüber und kann deshalb zu Fehleinschätzungen bzw. unterschiedlichen Bewertungen der Szene führen, je

---

[171] Gert Ueding: Friedrich Schiller. München 1990, S. 114.
[172] Henkel gehört zu den Interpreten, die Elisabeths Tränen als authentischen Ausdruck des Gefühls bewerten, vgl. Arthur Henkel: Wie Schiller Königinnen reden läßt. Zur Szene III, 4 in der *Maria Stuart*. In: Achim Aurnhammer u.a. (Hg.): Schiller und die höfische Welt. Tübingen 1990, S. 398–406, hier S. 401. David betont bei Elisabeths Äußerungen ebenfalls deren Aufrichtigkeit, vgl. Claude David: Le personnage de la reine Elisabeth, S. 13, Bonn deren Rührung, vgl. Kristina Bonn: Vom Schönen, S. 162. Anders und treffender Lesley Sharpe: Friedrich Schiller, S. 264, und Wittkowski: »Die Tränen, die sie beim Lesen des Bittbriefs II, 4 trocknete, [sind] die gleichen Krokodilstränen, die sie für die Ermordete verfügbar haben wird (V, 12).« Wolfgang Wittkowski: Können Frauen regieren? Schillers *Maria Stuart*: Poesie, Geschichte und Feminismus. In: Orbis Litterarum 52 (1997), S. 387–409, hier S. 390.

nachdem, inwieweit der Figurenaufbau innerhalb des gesamten Stücks berücksichtigt wird.

Die Zweifel an der Echtheit von Elisabeths Tränen werden durch das anschließende Gespräch mit Mortimer über das von ihr geplante Mordkomplott verstärkt. Wenn man außerdem Elisabeths spätere Äußerung berücksichtigt, die zeigt, dass sie den Einsatz von Tränen im Voraus plant und so ihren wahren Charakter deutlich macht, muss man Tränen als Ausdruck eines authentischen Gefühls bei ihr erst recht in Zweifel ziehen; ihre momentane Stimmung äußert sich allein in einer raumgreifenden Bewegung:

> ELISABETH. [...] *Auf und nieder gehend in der höchsten Bewegung* [...]
> Das Grab deckt meine Furcht, und wer darf sagen,
> Ich habs getan! Es soll an Tränen mir
> Nicht fehlen, die Gefallne zu beweinen!
> *Zum Pagen*
> Stehst du noch hier? [...] (V, 12, V. 3898–3901)

In diesem Selbstgespräch – dem anwesenden Pagen wendet sie sich, wie die nachträglich gesetzte Regiebemerkung besagt,[173] erst nach diesen Worten zu – spricht sie ihre Strategie deutlich aus, Tränen zu instrumentalisieren und Maria gegenüber dann einzusetzen, wenn dies ihr Vorteile bringt und sie ihre wahren Beweggründe und Gefühle dadurch verbergen kann.

Der einzige Blick Elisabeths, der nicht höfisch im Sinne von prüfend und abwägend ist und statt Distanz gefühlsmäßige Nähe ausdrückt, ist der Leicester gegenüber. Dass auch für sein Verhalten Kontrolle und Schein bestimmend sind, zeigt sich unter anderem in dieser Szene mit Elisabeth, wobei Leicester als »gewiefter Höfling«[174] in seinem strategischen Doppelspiel Elisabeth noch überlegen ist. Bevor er von ihrer Schönheit spricht, heißt es, er »*faßt sich*« (II, 9), wodurch das Vorgespielte der folgenden Äußerung offensichtlich wird. Bei Elisabeth erreicht er so das Gewünschte. Gegen Ende der Szene, ehe er »*zu ihren Füßen [stürzt]*«, heißt es: »ELISABETH. [...] *Ihn zärtlich ansehend*« (II, 9). Das Epitheton ›zärtlich‹, bezeichnenderweise nicht mit ›blicken‹, sondern mit ›ansehen‹ verbunden, begleitet sonst nie nähere Angaben zu ihrem Blick. Es kennzeichnet hier die Art, wie Elisabeth einen Mann anschaut, der ihre Beobachtungsgabe schwächt und ihre Gefühle, die sie sonst unter Kontrolle hat, anzusprechen weiß. Genau in diesem Moment kann Leicester sie zur Begegnung mit Maria überreden, indem er sie in körperlicher Hinsicht Maria gegenüber aufwertet

---

[173] So verfährt Schiller häufiger. In III, 4 wird Marias Äußerung durch die Regiebemerkung »*Sie wendet sich gegen die Königin*« unterteilt, so dass die erste Sequenz, auch hier nachträglich, als Selbstgespräch kenntlich gemacht, die zweite gleichzeitig einem Adressaten zugeordnet, die dritte – nach dem Kniefall als politischer Pflichtübung – besonders betont wird. Zur Funktion der Regiebemerkungen, die die Rede untergliedern, vgl. Julius Petersen: Schiller und die Bühne, S. 332.
[174] Vgl. Ferdinand von Ingen: Macht und Gewissen: Schillers »Maria Stuart«. In: Wolfgang Wittkowski (Hg.): Verantwortung und Utopie. Zur Literatur der Goethezeit. Ein Symposion. Tübingen 1988, S. 283–309, hier S. 284.

im Sinne einer Frau, die Marias Schönheit gegenüber mithalten kann.[175] Das Politische wird hier in seiner Motivation für Elisabeths Handeln heruntergespielt, und die Beweggründe der Handelnden werden ins Menschlich-Private überführt. Leicester ist es auch, dem gegenüber sie im Anschluss an die missglückte Begegnungsszene den Blick verweigern wird, was doppelt – in Regiebemerkung und Figurenrede – betont wird: »ELISABETH *ohne ihn anzusehen.* Aus meinem Angesicht, Nichtswürdiger!« (IV, 6, V. 2890).

»*Von Zorn glühend*« – »*für Zorn sprachlos*«: die Begegnungsszene der Königinnen

Im zentralen dritten Akt wird die Begegnung Elisabeths mit Maria ebenfalls nicht durch Gebärden und Affektäußerungen, sondern über ihren Blick näher bestimmt. Selbst die wenigen nicht den Blick betreffenden Regiebemerkungen gehören in diesen Kontext und unterstützen die Distanz. So ergänzt das »*kalt und streng*« der Regiebemerkung vom Wortfeld her Elisabeths »Eisesblick«, als den Maria ihn bezeichnet.[176] Die einzige Regiebemerkung zu ihren Bewegungen in III, 4 lautet »*zurücktretend*« (nach V. 2256), betont also wiederum die Distanznahme. Zu Beginn der zentralen Szene, der Begegnung zwischen Maria und Elisabeth, wird zunächst noch einmal Elisabeths Blick thematisiert. Die Regiebemerkung drückt aus, dass Elisabeth zwar mit Paulet spricht, ihre Worte, die ihren Beliebtheitsgrad beim Volk

---

[175] Insofern greifen Interpretationen zu kurz, die Elisabeth als hässlich bezeichnen, so Bernd Leistner: Schillers Trauerspiel, S. 175: »Elisabeth ist – und versäumt nicht, dies akzentuiert ins Spiel zu bringen – häßlich.« Selbst wenn sie sich durch Aussehen und Erziehung gegenüber Maria benachteiligt sieht, könnte das Stück nicht funktionieren und die Begegnungsszene hätte nicht zustande kommen können, wenn sie ihre Chancen bei einer Gegenüberstellung so negativ einschätzen würde – auch wenn Leicester ihr Aussehen, absichtsvoll, gewiss zu positiv darstellt. Wie wichtig Elisabeths Aussehen ist, zeigt die Frage nach der Rollenbesetzung: Damit die Begegnung funktionieren kann, müssten beide Darstellerinnen jung sein und »Ansprüche machen« dürfen; Brief an Iffland vom 22.6.1800. In: Schillers Briefe. Hg. von Fritz Jonas. Band 6, S. 163f. Vgl. auch eine frühere Äußerung Schillers: »[…] die hohe Elisabeth hätte eher eine Verlezung ihrer Majestät, als einen Zweifel gegen ihre Schönheit vergeben.« Friedrich Schiller: Über das gegenwärtige Teutsche Theater (1782). In: Ders.: Werke. Nationalausgabe. Band 20: Philosophische Schriften. 1. Teil. Unter Mitwirkung von Helmut Koopmann hg. von Benno von Wiese. Weimar 1962, S. 79–86, hier S. 81. Zur weiblichen Geschlechterrolle bei Schiller allgemein vgl. Helmut Fuhrmann: Revision des Parisurteils. ›Bild‹ und ›Gestalt‹ der Frau im Werk Friedrich Schillers. In: Jahrbuch der Deutschen Schillergesellschaft 25 (1981), S. 316–366, und speziell mit Blick auf *Maria Stuart* sowie in Abgrenzung von Fuhrmann unter Betonung der sexuellen Komponente Philippe Wellnitz: Die ›weibliche Natur‹ in ›Maria Stuart‹: »ein gebrechlich Wesen ist das Weib«. In: Georg Braungart/Bernhard Greiner (Hg.): Schillers Natur. Leben, Denken und literarisches Schaffen. Hamburg 2005, S. 245–254, hier S. 250: »Beide Frauen geben *privatissime* ihrer Lust freien Ausdruck.«

[176] »MARIA. […] Löst *mir* das Herz, daß ich das Eure rühre! / Wenn Ihr mich anschaut mit dem Eisesblick, / Schließt sich das Herz mir schaudernd zu, der Strom / Der Tränen stockt, und kaltes Grausen fesselt / Die Flehensworte mir im Busen an. ELISABETH (*kalt und streng*). […]«, V. 2274–2278.

betonen, aber eigentlich Maria treffen sollen, die sie währenddessen »*mit den Augen* [*fixiert*]«:

ELISABETH [...] *Talbot entfernt das Gefolge. Sie fixiert mit den Augen die Maria, indem sie zu Paulet weiter spricht*
Mein gutes Volk liebt mich zu sehr. Unmäßig,
Abgöttisch sind die Zeichen seiner Freude,
So ehrt man einen Gott, nicht einen Menschen.
MARIA *welche diese Zeit über halb ohnmächtig auf die Amme gelehnt war, erhebt sich jetzt und ihr Auge begegnet dem gespannten Blick der Elisabeth. Sie schaudert zusammen und wirft sich wieder an der Amme Brust*
O Gott, aus diesen Zügen spricht kein Herz! (III, 4, V 2229–2232)

Marias Elisabeth betreffende Beobachtung »O Gott, aus diesen Zügen spricht kein Herz« ist der einzige Satz, den Maria hier äußert.[177] Elisabeth wird so für Leser und Zuschauer charakterisiert, wobei die Sympathie eindeutig Maria gilt. Die objektiv gewichtigen Argumente Elisabeths treten gegenüber den Gesten Marias zurück – Maria ist ein großer Teil an Regiebemerkungen zugeordnet –, so dass der Leser/ Zuschauer sich gefühlsmäßig auf die Seite Marias stellt. Brisant an der Begegnungsszene ist, neben ihrer ›moralischen Unmöglichkeit‹,[178] dass die Frage der Thronbesetzung und der Vollstreckung des Todesurteils mit einer Art Schönheitswettbewerb vor männlichen Blicken verbunden wird.[179] Marias Bereitschaft zur Unterwerfung und die gesuchte Nähe – »*nähert sich ihr zutraulich und mit schmeichelndem*[180] *Ton*« –

---

[177] Peter Utz: Das Auge und das Ohr im Text, S. 75: »Schon der erste Satz der Maria trifft den Nerv der unmöglichen Versöhnung. Sie sagt, nach dem ersten Blickkontakt mit Elisabeth: ›Oh Gott, aus diesen Zügen spricht kein Herz!‹«
[178] Schiller selbst nennt die Begegnungsszene zwischen den beiden Königinnen »moralisch unmöglich«, da sie nicht der historischen Realität entspricht und auch von der Sache her »höchst unwahrscheinlich« ist (s. Brief an Goethe vom 3.9.1799. In: Schillers Briefe. Hg. von Fritz Jonas. Band 6, S. 84). Zu der aus heutiger Sicht eigentümlichen Wortwahl vgl. Stefan Schultz: »Moralisch unmöglich«. In: Vincent J. Günther u.a. (Hg.): Untersuchungen zur Literatur als Geschichte. FS Benno von Wiese. Berlin 1973, S. 85–91. Ähnlich Ueding, der mit Bezug auf Schillers Briefstelle ausführt, dass es galt, die Begegnung zwischen Elisabeth und Maria »dennoch um einer höheren (nämlich ›unhistorischen‹, poetischen) Gerechtigkeit willen möglich zu machen«; Gert Ueding: Friedrich Schiller, S. 112; s. auch Ferdinand van Ingen: Macht und Gewissen, S. 286, zur Unterscheidung zwischen historischer und poetischer Wahrheit, und Wolfgang Wittkowski: Können Frauen regieren, S. 396: »Dieser [der Skandal] ist, wie die ganze, frei erfundene Situation, ›moralisch unmöglich‹, d.h. nicht zu reimen auf die historischen Sitten – doch um so ergiebiger dramatisch.« Weniger überzeugend argumentiert Sautermeister, der meint, Schiller habe hier das klassische Gebot der Affekt- und Triebkontrolle verletzt; Gert Sautermeister: *Maria Stuart*, S. 312.
[179] Utz formuliert treffend: »Leicester wird so zum männlichen Manager einer politischerotischen ›Miß‹-Wahl.« Peter Utz: Das Auge und das Ohr im Text, S. 75. Schon Ilse Graham spricht von einem »contest of beauty«; vgl. Ilse Graham: Schiller's Drama, S. 158.
[180] Im 18. Jahrhundert ist die positive Bedeutung von »schmeicheln« noch geläufig und vorherrschend, die schmeicheln als »sinnliches Wohlbehagen verursachen [...] unter enger anlehnung an den alten begriff des anschmiegens« auffasst und die von Schiller in seinen Dramen mehrmals in dieser Form verwendet wird. Vgl. Jacob und Wilhelm Grimm: Deutsches Wörterbuch. Band 15, Sp. 980–986, hier Sp. 985. Daran knüpft sich ein »freier

wird von Elisabeth durch bewusste Distanzierung – »*zurücktretend*« – beantwortet. Aufschlussreich ist, dass beiden Figuren in dieser zentralen Szene ausnahmsweise derselbe Affekt zugesprochen wird – der Zorn:

MARIA *von Zorn glühend, doch mit einer edeln Würde* (nach V. 2420)

Elisabeth, für Zorn sprachlos, schießt wütende Blicke auf Marien (nach V. 2444)

Beide Regiebemerkungen folgen dicht aufeinander, so dass der *Leser* sie zueinander in Beziehung setzen kann. Die einzige Regiebemerkung, die innerhalb des Dialogs zwischen diesen beiden steht, lautet: »SHREWSBURY (*tritt zwischen beide Königinnen*)«, wodurch die spiegelbildliche Gegenüberstellung der beiden Figuren noch betont wird, die sich hier gewissermaßen bis in die Regiebemerkungen fortsetzt. Während der Maria zugeschriebene Affekt – »*von Zorn glühend*« – eine der in der Forschung meist beachteten Regiebemerkungen des Stücks darstellt, wurde der Regiebemerkung, die Elisabeths Zorn beschreibt, keine Aufmerksamkeit geschenkt, so dass sie auch nicht zu der Maria betreffenden in Beziehung gesetzt werden konnte.[181] Bei Elisabeth ist der in der Regiebemerkung benannte Zorn die einzige echte Gefühlsregung der Begegnungsszene, die benannt wird. Zu Beginn der Passage wird Elisabeths Verstellungskunst in einer Regiebemerkung, stilistisch verstärkt durch ein Hendiadyoin, beschrieben: Elisabeth »*stellt sich überrascht und erstaunt*«, Leicester gilt ein »*finsterer Blick*«, später – gegen Ende der Auseinandersetzung – ist sie »*höhnisch lachend*« und so durch das Epitheton eindeutig negativ markiert. Bei Maria ist die oben zitierte Regiebemerkung eine neben anderen und bildet gewissermaßen die höchste Stufe ihrer geäußerten Gefühle, denn sie formuliert neben dem Endpunkt ihres »*steigenden Affekts*« auch den Umschlagpunkt, da der Zorn mit »*einer edeln Würde*« verbunden und gebannt erscheint.

Der Zorn äußert sich bei beiden signifikant unterschiedlich, und zwar ihrer jeweiligen Figurencharakterisierung im Stück entsprechend. Während er sich bei Maria durch ein ›Zuviel‹ an Affekt ausdrückt, der nach außen hin sichtbar wird – »*von Zorn glühend*«, wobei »*glühend*« in übertragenem Sinn zu verstehen ist –, führt er bei Elisabeth zum Verstummen: »*für Zorn sprachlos*«. Bis zum Ende der Szene, als sie »*schnell ab[geht]*«, sagt Elisabeth nichts mehr. Die einzige Möglichkeit, dass Elisabeths Zorn nach außen sichtbar werden kann, ist wiederum der Blick, in dem er kanalisiert wird, hier im Sinne einer Steigerung durch die kriegerisch anmutende metaphorische Wendung »*schießt wütende Blicke auf Marien*«.

---

adjectivischer gebrauch des part. präs. im sinne von ›reizend, anmutig‹« an (ebd.), der in der oben zitierten Regiebemerkung »*mit schmeichelndem Ton*« vorliegt.

[181] Soweit ich sehe, ist Peter Utz: Auge, Ohr und Herz, S. 86, der erste, der diese Regiebemerkung erwähnt, allerdings ohne dabei einen Blick auf Marias »*Zorn*« zu werfen, da er sich im Zusammenhang mit seiner Untersuchung der verschiedenen Sinne hier allein für die »Mordblicke« Elisabeths interessiert. Mit Verweis auf Utz zitiert Immer diese Regiebemerkung, allerdings ebenfalls ohne Bezüge zu Marias »*Zorn*« herzustellen; vgl. Nikolas Immer: Die schuldig-unschuldigen Königinnen. Zur kontrastiven Gestaltung von Maria und Elisabeth in Schillers *Maria Stuart*. In: Euphorion 99 (2005), S. 129–152, hier S. 152.

Während die Betonung des Blicks bei Elisabeth bequem in einer Aufführung realisiert werden kann, fällt nur dem Leser auf, dass in diesem Fall die Figurenrede mit der Regiebemerkung in Verbindung gebracht werden kann. Die von Maria gewählte Metapher der »Mordblicke«, mit der sie Elisabeth kennzeichnet, wird sozusagen aus der Figurenrede in die Regiebemerkung übernommen, wenn es heißt:

> MARIA. [...] Und du, der dem gereizten Basilisk
> Den Mordblick gab, leg auf die Zunge mir
> Den giftgen Pfeil – (III, 4, V. 2441–3)

und im Anschluss:

> ELISABETH [...] *schießt wütende Blicke auf Marien* (nach V. 2444).

Dies ist gegen Utz einzuwenden, der den Aufführungsaspekt für Schillers Dramentexte generell dominant setzt: »Schillers Dramen [sind] nur Textpartituren, die erst dann zu leben beginnen, wenn Auge und Ohr des Zuschauers ins Spiel kommen.«[182] Wenn in Figurenrede und Regiebemerkungen eine sprachliche Bezogenheit der Textsegmente aufeinander manifest wird, dann steht die praktische Umsetzung für die Bühne zumindest nicht im Vordergrund. Hierin ist vermutlich auch ein Unterscheidungskriterium für primär aufführungsbestimmte Dramentexte und solche zum Lesen gegeben. Dabei gilt gerade nicht, dass Vorkommen und Anzahl der Regiebemerkungen allein Aufschluss geben über die Frage Aufführung oder Lesen.[183] Vielmehr gibt erst die genaue Verfasstheit der Regiebemerkungen Auskunft darüber, und eine Tendenz ›pro Lesen‹ zeichnet sich dann ab, wenn beide Texträume sich sprachlich einander annähern oder aufeinander Bezug nehmen (vgl. Kap. 4.2),

---

[182] Peter Utz: Auge, Ohr und Herz, S. 62. Ähnlich Gert Sautermeister: *Maria Stuart*, S. 285: »Schiller ist als Theaterdichter immer auch Praktiker, der das Drama bewusst für Bühne und Publikum einrichtet.« Insgesamt erscheint es müßig, bestimmte Äußerungen Schillers für die eine oder die andere Funktion seiner Dramentexte heranzuziehen. Er äußert sich in seinen Briefen nicht nur über mögliche Aufführungen, sondern auch über den Dramentext als Lesetext. So sucht er nach geschichtlichen Motiven, »die den nachdenkenden und instruierten Leser freuen können.« Brief an Goethe vom 16.8.1799. In: Schillers Briefe. Hg. von Fritz Jonas. Band 6, S. 73. Einen seiner größten Theatererfolge, *Die Jungfrau von Orleans*, empfiehlt Schiller sogar eher zu lesen als zu sehen, s. Brief an Göschen vom 15.10.1801. In: Schillers Briefe. Bd. 6, S. 307: »[...] ich darf hoffen, daß das ruhige Lesen des unverstümmelten Werkes selbst um so reiner auf Sie wirken werde; denn durch die Repräsentation ist freilich vieles, sehr vieles entstellt, und alles herabgestimmt worden.« Vgl. Gerhard Sauder: Die Jungfrau von Orleans. In: Walter Hinderer (Hg.): Schillers Dramen. Neue Interpretationen, S. 336–379, hier S. 379. Die Äußerung Schillers hat allerdings eine ganz bestimmte Aufführung zum Anlass, die seiner Meinung nach den Dramentext nicht angemessen umsetzt. Festzuhalten bleibt, dass Schillers Dramentexte, seinen eigenen Äußerungen zufolge, weder der einen noch der anderen Seite eindeutig zugeordnet werden können.

[183] Im Kapitel 4.3 konnte diese Ansicht sogar umgekehrt werden: Wenn überhaupt eine Beziehung zwischen Anzahl der Regiebemerkungen und Theaterumsetzung hergestellt werden kann, dann in dem Sinne, dass viele Regiebemerkungen zum Lesen, wenige Regiebemerkungen zur Aufführung in Beziehung gebracht werden konnten.

so wenn der Äußerung von dem »giftgen Pfeil« eine Regiebemerkung folgt, in der Elisabeth »*wütende Blicke auf Marien [schießt]*«, so dass die Metaphorik durch das »*schießen*« auf die Regiebemerkung ausgedehnt wird.

Bis zum Ende der Szene und des gesamten Aktes sagt Elisabeth nichts mehr, ihre ganze Kraft ist sozusagen in ihren Blicken gebündelt. Die letzte Replik – der »giftge Pfeil«, den Maria »auf die Zunge« gelegt bekommen wollte – trifft: »Der Thron von England ist durch einen Bastard entweiht« (III, 4). Auf diese je unterschiedlich nuancierten Gefühlsausbrüche Marias und Elisabeths folgt bei beiden eine Verhaltensänderung. Dreh- und Angelpunkt dafür ist die in der Regiebemerkung zentral gesetzte »*edele Würde*«, die schon durch die gewählte Begrifflichkeit besonders ins Auge fällt. Fast alle Interpreten des Stücks berücksichtigen sie, häufig allerdings ohne sie genauer zu analysieren.[184]

Aufschlussreich ist in dieser Hinsicht, dass das Leipzig-Dresdner Bühnenmanuskript, das nur geringfügige, aber signifikante Änderungen in den Regiebemerkungen aufweist, die negative Perspektive auf Elisabeth, die im Text schon angelegt ist, gerade in diesem Bereich noch verstärkt. Die unterschiedliche Verteilung der Begriffe »Wut« und »Zorn« auf Elisabeth und Maria wird dabei aus der Figurenrede in die Regiebemerkungen übertragen. Sie finden sich in den an die Begegnungsszene

---

[184] Barone zitiert die betreffende Regiebemerkung, schenkt der »*edeln Würde*« aber keine weitere Aufmerksamkeit. Er spricht nur davon, dass Maria hier »an die äußersten Grenzen ihrer Standhaftigkeit« stoße und dass die »Aura heroischer Erhabenheit« des ersten Aktes sich hier »als Illusion« entpuppe. Paul Barone: Schiller und die Tradition des Erhabenen. Berlin 2004, S. 304. Nach Immer wird an der Regiebemerkung sichtbar, dass sich Marias erhabene Fassung »in ein erhabenes Handeln verkehrt«; Nikolas Immer: Der inszenierte Held, S. 380. Zwar ›geistert‹ die hier im Zentrum stehende Regiebemerkung durch Leistners Interpretation, allerdings in jeweils unterschiedlichen Kontexten und ohne stringent verfolgt zu werden. Zunächst spricht Leistner von Marias »zornglühender Anklage«, mit der sie in I, 7 »ihren ganzen Haß auf die mächtige Kontrahentin« entlade, Bernd Leistner: Schillers Trauerspiel, S. 169, dann von Elisabeth, die »in glühendem Zorn davongegangen« sei, S. 172, und schließlich indem er die Regiebemerkung als unverständlich abtut: »was sich Ausdruck verschafft, ist ein zuhöchst gesteigerter Affekt, bei dem sich auf eine durchaus merkwürdige Weise glühender Zorn mit einer ›edeln Würde‹ verbindet«, S. 183. Ohne näher darauf einzugehen, zitiert etwa Lokke die Regiebemerkung innerhalb einer längeren Textstelle; vgl. Kari Lokke: Schiller's *Maria Stuart*: The Historical Sublime and the Aesthetics of Gender. In: Monatshefte für deutschen Unterricht, deutsche Sprache und Literatur 82 (1990), S. 123–141, hier S. 131. Nicht nur Interpreten, sondern auch Bearbeiter des Stücks schenken dieser Regiebemerkung besondere Aufmerksamkeit. So schreibt Brecht das gesamte Stück um und macht die betreffende Szene zu einem *Streit der Fischweiber*, der sich weder in der Figurenrede noch in den Regiebemerkungen eng an Schiller orientiert. Die hier diskutierte Regiebemerkung aber übernimmt er neben zwei weiteren nur leicht verändert, vermutlich da er ihnen eine zentrale Bedeutung beimisst: »*zornglühend, aber mit Würde*« heißt es bei Brecht, zuvor stehen zwei Regiebemerkungen, die Frau Scheit (alias Elisabeth) negativ charakterisieren: »*nachdem sie sie lang verächtlich betrachtet hat*«; »*höhnisch lachend*«. Vgl. Bertolt Brecht: Übungsstücke für Schauspieler. In: Ders.: Gesammelte Werke in 20 Bänden. Band 7: Stücke. Hg. in Zusammenarbeit mit Elisabeth Hauptmann. Frankfurt/M. 1967, S. 3001–3027, hier S. 3012f. Zur Poissarden-Szene als Gipfelpunkt des Konflikts vgl. Nikolas Immer: Die schuldig-unschuldigen Königinnen, S. 146–152.

anschließenden und als Reaktion auf diese zu verstehenden Passagen als implizite
Regiebemerkungen über Elisabeth:

> KENNEDY. O was habt Ihr getan! Sie geht in Wut!
> Jetzt ist es aus und alle Hoffnung schwindet.
> MARIA *noch ganz außer sich*
> Sie geht in Wut! Sie trägt den Tod im Herzen! (III, 5, V. 2452–2454)

Im darauffolgenden Auftritt wird dem – positiv – Marias Zorn gegenübergestellt:

> MORTIMER *mit glühenden Blicken sie* [Maria] *betrachtend*
> Wie dich der edle königliche Zorn
> Umglänzte, deine Reize mir verklärte!
> Du bist das schönste Weib auf dieser Erde! (III, 6, V. 2476–2478)

Der Zorn, der sprachlich eine höhere Ebene besetzt als die oft blinde Wut, wird in der Figurenrede durch die Epitheta »edel« und »königlich« zusätzlich positiv gekennzeichnet. So wie hier der Zorn Maria, die Wut Elisabeth zugeordnet wird, steht in den Regiebemerkungen des Leipzig-Dresdner Bühnenmanuskripts bei Maria weiterhin Zorn – »*von Zorn glühend, doch mit einer edeln Würde*« –, während bei Elisabeth »*für Zorn sprachlos*« durch »*vor Wut sprachlos*« ersetzt wird.[185] Im Anschluss verstärken sich diese negativen Züge Elisabeths. Man könnte sagen, sie fällt aus der Rolle, wenn sie »*auf den Boden stampft*«, nachdem sie sich zunächst »*zögernd*«, dann »*schnell*«, schließlich »*ungeduldig*« Davison gegenüber geäußert hat (IV, 11). Die Szene steht direkt nach ihrem Monolog und der Unterschrift unter das Todesurteil. Sie weigert sich hier, Davison einen klaren Auftrag zu erteilen, allerdings nicht aus Gewissensnöten – wieso hätte sie sonst Mortimer zuvor einen entsprechenden Mordauftrag erteilt –, sondern um sich der Verantwortung zu entziehen und diese auf Davison abzuschieben. In ihren Gebärden kommen Empfindungen zum Ausdruck, die ihrer kontrollierten Art widersprechen und die andeuten, wie schwer ihr die Entscheidung fällt und dass sie sich im Unrecht weiß. Als Höhepunkt verwehrt sie Davison den Blick, der sie sonst auszeichnet und den sie vielfältig zum Einsatz bringt:

> *Er nähert sich ihr in flehender Stellung, sie kehrt ihm den Rücken zu* […] (IV, 11, nach V. 3320)

Elisabeth erreicht zwar, was sie erreichen möchte, aber nur um den Preis, ihre äußere Erscheinung nicht mehr gleichermaßen unter Kontrolle zu haben.

Maria Stuart – klassische Tragödie oder Rührstück?

Bezeichnenderweise treten im fünften Akt diejenigen Regiebemerkungen zurück, die den Blick als Kommunikationsmittel einsetzen. Schon dies ist ein Signal dafür, dass jetzt wieder Maria im Zentrum steht. Liest man zunächst nur die Regiebemerkungen zu Marias Auftritten und ihrem Gefolge, könnte man durchaus einen Dramentext imaginieren, der nicht einem klassischen Stück entnommen ist, sondern

---

[185] Ebd., S. 349.

einem Rührstück, denn hier ist vor allem von Tränen und Rührung die Rede, so auch an folgender Stelle:

> VORIGE. ZWEI ANDERE KAMMERFRAUEN *der Maria, gleichfalls in Trauerkleidern. Sie brechen bei Melvils Anblick in laute Tränen aus.* [...]
> *Es kommen noch zwei weibliche Bediente, wie die vorigen in Trauer, die mit stummen Gebärden ihren Jammer ausdrücken.* (V, 4)

Die Tableau-Situation,[186] in der die mitleidenden, zu Marias Gefolgschaft gehörenden dramatis personae gemeinsam weinend und sich umarmend auf der Bühne erscheinen, ähnelt der eines Rührstücks.[187]

> KURL *ihre Tränen trocknend* (V, 2, vor V. 3426)
> BURGOYN *erblickt Melvil*
> O Melvil!
> MELVIL *ihn umarmend* Burgoyn! (V, 3, V. 3445)

Das stumme Spiel und der Ausdruck der Trauer stehen zum einen im Verhältnis zu den weltlichen Reichtümern – »*Beim Anblick dieser Reichtümer erneuert sich der Schmerz der Amme, sie versinkt in ein tiefes Trauern* [...]« (V, 1, vor V. 3349) –, zum anderen zu Marias Verhalten, das Hanna Kennedy als »Beispiel edler Fassung« beschreibt.[188]

Die Tränen und Umarmungen der Frauen und Männer unterstreichen die identifikatorische Komponente mit Maria. Sie nehmen gewissermaßen das Mitleid der Zuschauer vorweg[189] und stehen dem distanzierenden Verhalten Elisabeths gegen-

---

[186] Vgl. hierzu Ulrich Port: »Künste des Affekts«, S. 153. Port stellt fest: »Die Szenenanweisungen entwerfen ganze Tableaus«. Er erwähnt mit Bezug auf Aby Warburg, dass sich am Motiv der klagenden Frauen »diverse Austauschprozesse zwischen Tragödienliteratur und Bildkunst, paganen und christlichen Pathosformeln« beobachten lassen.

[187] Das wird in der Leipziger Bühnenfassung an der in den Regiebemerkungen gewählten Terminologie noch deutlicher, indem hier von »*stummer Umarmung*« die Rede ist. Durch die andere Positionierung am Ende der Dialogstelle wird die Umarmung nicht nur verlängert, sondern sie erscheint auch bedeutungsvoller. Vgl. Friedrich Schiller: Werke. Nationalausgabe. Band 9, S. 351.

[188] Vgl. die Textpassage, die oft zu Schillers Schrift *Über das Erhabene* in Beziehung gesetzt wird, so von Klaus Köhnke: Schillers »Maria Stuart« – philosophische Theorie und dramatische Praxis. In: Hans-Jörg Knobloch/Helmut Koopmann (Hg.): Schiller heute. Tübingen 1996. S. 99–113, hier S. 109: »Man löst sich nicht allmählich von dem Leben! / Mit einemmal, schnell augenblicklich muß der Tausch geschehen zwischen Zeitlichem / Und Ewigem.« V, 1, Vers 3402–3405. Zur Königin wird sie hier durch ihr Verhalten, durch ihre Fassung: »KENNEDY. Kein Merkmal bleicher Furcht, kein Wort der Klage / Entehrte meine Königin«, V, 1, Vers 3409f. Claude David hingegen sieht hierin Anklänge an die schöne Seele: »Le classicisme avait cru jadis à une conciliation; cette conciliation s'incarnait dans la figure de la Belle Ame.« Claude David: Le personnage de la reine Elisabeth, S. 20.

[189] Anders Paul Barone: Schiller, der für *Maria Stuart* vor allem die »›klassische‹ Mäßigung« in Anschlag bringt (S. 301), während dem Mitleid eine untergeordnete Funktion zukomme (S. 299). Niefanger hingegen betont wie die vorliegende Arbeit den Stellenwert des Mitleids. Anhand von Leicesters Monolog während der Hinrichtung weist er nach, dass der Zuschauer diese »mitleidend in der Gestalt des angstserfüllten und von Selbstvorwürfen

über, das kein Mitgefühl bei anderen hervorruft und niemanden, weder vor noch auf der Bühne, zu Tränen rührt. Von ihr wenden sich zum Schluss alle ab. Die spiegelbildliche Symmetrie, die im Sinne eines klassischen Aufbaus betont wird, reicht bis in die Regiebemerkungen, so wenn Maria am Schluss – wie zu Beginn – mit den Attributen Kruzifix und Schmuck verbunden wird. Dieser Bezug wird in der Ortsbezeichnung am Beginn des fünften Aktes schon vorbereitet: »*Die Szene ist das Zimmer des ersten Aufzugs*«, also allein durch den Verweis auf den ersten Akt, nicht durch die Nennung des Zimmers, um das es sich handelt. Hier muss man gedanklich zurückkehren bzw. im Dramentext zur Ausgangssituation zurückblättern, um zu wissen, wo dieser Akt stattfindet. Dass jetzt allerdings zwischen den Requisiten eine Verbindung geschaffen worden ist, die zu Beginn noch nicht herrschte, manifestiert sich vor allem in den für ein Versdrama ungewöhnlich langen Regiebemerkungen am Beginn des fünften Aktes und bei Marias Auftritt am Beginn von V,1:

> HANNA KENNEDY *in tiefe Trauer gekleidet, mit verweinten Augen und einem großen, aber stillen Schmerz, ist beschäftigt, Pakete und Briefe zu versiegeln. Oft unterbricht sie der Jammer in ihrem Geschäft, und man sieht sie dazwischen still beten.* PAULET *und* DRURY, *gleichfalls in schwarzen Kleidern, treten ein; ihnen folgen viele* BEDIENTE, *welche goldne und silberne Gefäße, Spiegel, Gemälde und andere Kostbarkeiten tragen, und den Hintergrund des Zimmers damit anfüllen. Paulet überliefert der Amme ein Schmuckkästchen nebst einem Papier, und bedeutet ihr durch Zeichen, daß es ein Verzeichnis der gebrachten Dinge enthalte. Beim Anblick dieser Reichtümer erneuert sich der Schmerz der Amme, sie versinkt in ein tiefes Trauern, indem jene sich still wieder entfernen.* MELVIL *tritt ein.*

Auch hier steht die Trauer von Marias Gefolge im Vordergrund – in Kleidung, Mimik und Gestik. Die »Kostbarkeiten« bilden dazu einen Kontrast. In der Forschung wird auf diese Requisiten, die sowohl im ersten als auch im fünften Akt präsent sind, nur selten Bezug genommen.[190] Wenn dies überhaupt der Fall ist, dann um zu belegen, dass sich Maria nicht geändert habe. So stellt Guthke fest:

> Maria [erscheint] mit dem Kruzifix in der Hand wie schon im ersten Akt, und wenn dieses sprechende Requisit schon dort – der Amme zum Trotz – nicht unmißverständlich auf die Weltabkehr der sich für ›sterbend‹ Haltenden wies, dann vielleicht – der Amme zum Trotz – auch hier nicht, darf man mutmaßen. Die Bühnenanweisung macht zugleich auf das

---

zerrütteten Leicesters« erlebe: »er [Leicester] vertritt den Zuschauer auf der Bühne« und wird »zum Reflexionsmedium des Theaterzuschauers, so dass sein ›Mitleid‹ (3853, 3859) zu unserem werden kann.« Dirk Niefanger: Geschichte als Metadrama. Theatralität in Friedrich Schillers *Maria Stuart* und seiner Bearbeitung von Goethes *Egmont*. In: Walter Hinderer (Hg.): Friedrich Schiller, S. 305–323, hier S. 313 und 315. Nach Foi handelt es sich um ein Mitleid, das man Maria »nicht als Frau entgegenbringt, nicht als Königin, sondern als einem Beliebigen zum Tode Verurteilten.« Maria Carolina Foi: Recht, Macht und Legitimation in Schillers Dramen. Am Beispiel von *Maria Stuart*. In: Walter Hinderer (Hg.): Friedrich Schiller, S. 227–242, hier S. 238.

[190] Alt zieht vor allem mit Bezug auf die Hinrichtungsszene Parallelen zwischen Maria Stuart und Marie-Antoinette und interpretiert Schillers Tragödie als politisches Drama mit verborgenen Bezügen zur Zeitgeschichte des späten 18. Jahrhunderts; vgl. Peter-André Alt: Die teuren Toten. Geopferte Königinnen in Schillers Tragödien. In: Ders.: Klassische Endspiele. Das Theater Goethes und Schillers. München 2008, S. 136–155, vor allem S. 143–145.

>*Diadem in den Haaren*‹ aufmerksam, das auf die weltliche und dank königlicher Macht doch auch allzuweltliche Vergangenheit verweist – nicht anders als die während des ganzen Aktes im Hintergrund aufgehäuften ›Reichtümer‹ der Königin: ›*goldne und silberne Gefäße* [...] *und andere Kostbarkeiten*‹. Erscheint Maria in ihren letzten Momenten auf dieser Bühne, auf dieser Welt, also nicht auch im Zwielicht solcher Attribute [...]?[191]

Guthke erkennt zwar die Spiegelbildlichkeit der Szenen und Requisiten, greift aber bei der Bewertung zu kurz. Wenn er meint, dass diese, da sie am Anfang des Stücks gerade nicht für Marias Weltabkehr stehen, auch am Ende nicht diese Bedeutung haben können, übersieht er signifikante Unterschiede in der Anordnung der Requisiten. Die Attribute, die zu Beginn unvereinbar nebeneinander stehen – Kruzifix und Schmuck –, bilden jetzt eine symbolische Verbindung zwischen religiösen, politischen und weltlichen Elementen.

Bezeichnend ist außerdem, dass die goldenen und silbernen Gefäße sowie weitere Kostbarkeiten sich nicht schon auf der Bühne befinden, sondern Maria zu Ehren auf die Bühne gebracht werden. Auch hier wird nicht einfach ein spiegelbildlicher, sondern ein antithetischer Bezug zur Eingangsszene hergestellt. Zu Beginn wurden diese aus Marias Nähe entfernt, und zwar gerade auch diejenigen Requisiten, die zum Streit zwischen Paulet und der Amme Kennedy führten: der »*Spiegel*« und »*ein Schmuckkästchen nebst einem Papier*«, das »*ein Verzeichnis der gebrachten Dinge*« enthält. Da Maria hier noch gar nicht anwesend ist, ist nicht sie für die Gegenstände verantwortlich, sondern Paulet selbst bringt die Dinge zurück, die er zu Beginn des Stücks aus ihrer Nähe entfernt hatte. In gewissem Sinn wird sie so rehabilitiert, gerade auch in den Augen ihrer potentiellen Gegner, so ihres Wächters.[192]

> DIE VORIGEN. MARIA. *Sie ist weiß und festlich gekleidet, am Halse trägt sie an einer Kette von kleinen Kugeln ein Agnus Dei, ein Rosenkranz hängt am Gürtel herab, sie hat ein Kruzifix in der Hand, und ein Diadem in den Haaren, ihr großer schwarzer Schleier ist zurück geschlagen.* (V, 6)

Anzumerken ist, dass die Beschreibung von Marias Kleidung an das weiße Kleid als Symbol der Unschuld erinnert,[193] wie es in zeitgenössischen Rührstücken verwendet wurde, etwa in Ifflands *Bewußtsein*. In Ifflands Stück ist nur einmal, wenn von der weißen Kleidung Sophies die Rede ist, eine das Kostüm präzisierende Regiebemerkung gesetzt. Diese befindet sich in der letzten Szene des Schauspiels, die nur aus

---

[191] Karl S. Guthke: Maria Stuart, S. 435.
[192] Vgl. ebd., S. 438.
[193] Als »Farbe der Unschuld« bezeichnet Christine Lubkoll das Weiß von Marias Kleid, erkennt darin aber keine Anklänge an das Rührstück. Für sie wird Maria als Heilige präsentiert, die am Schluss in einer »offensichtlichen Himmelfahrtsmetaphorik« auf die Bühne tritt. Christine Lubkoll: Moralität und Modernität, S. 96. Anders Foi, die in dem weißen Kleid das »sogenannte Totenkleid« erkennt, das »die gemeinen zum Tode Verurteilten trugen«. Maria Carolina Foi: Recht, Macht und Legitimation, S. 238. Alt weist darauf hin, dass auch Marie-Antoinette bei ihrer Hinrichtung, die er zu der von Maria Stuart ins Verhältnis setzt, ein weißes Kleid trug; vgl. Peter-André Alt: Ästhetik des Opfers. Versuch über Schillers Königinnen. In: Jahrbuch der Deutschen Schillergesellschaft 50 (2006), S. 176–204, hier S. 198.

Regiebemerkungen besteht.[194] Bei Schiller ist Maria erst nach der Wandlung, die vom Ende des dritten zum fünften Akt stattgefunden hat, die Königliche, wenn auch nur für den kurzen Augenblick bis zu ihrem Tod. Während die anderen Anwesenden »*den heftigsten Schmerz aus[drücken]*«, Margaretha Kurl sich schon vor Marias Auftritt »*bleich und zitternd an einen Stuhl hält*«, die Kammerfrauen »*bei Melvils Anblick in laute Tränen aus[brechen]*«, also Trauer und Verzweiflung in jeder Regiebemerkung betont und in Marias Äußerung zusätzlich beschrieben werden, steht dem bei Maria die Gefasstheit gegenüber:

> MARIA *mit ruhiger Hoheit im ganzen Kreise herumsehend*
> Was klagt ihr? Warum weint ihr? Freuen solltet
> Ihr euch mit mir, daß meiner Leiden Ziel
> Nun endlich naht, daß meine Bande fallen,
> Mein Kerker aufgeht, und die frohe Seele sich
> Auf Engelsflügeln schwingt zur ewgen Freiheit. [...]
> Die Krone fühl ich wieder auf dem Haupt,
> Den würdgen Stolz in meiner edeln Seele! (V, 6, V. 3480–3484; 3493–3494)

Das Königliche gehört jetzt eindeutig zu den Attributen Marias, später kniet Melvil sogar vor ihr nieder.[195] Ihr Blick ist einer, der mit »*ruhiger Hoheit*« die Totalität der anwesenden Figuren umgreift.

---

[194] Die gesamte Schlussszene lautet: »DIE VORIGEN. SOPHIE.
SOPHIE. (*tritt ein, weiß gekleidet, den Schleier und das Tuch vor dem Gesichte. Die* GRÄFIN *führt sie zu dem* GEHEIMENRATH. *Er setzt sich ermattet in einen Stuhl. Sie umfaßt seine Knie; man hört sie schluchzen. Die* GRÄFIN *steht hinter der* GEHEIMENRATHS *Stuhle und weint. Der* BARON *an der andern Seite.* RUHBERG *etwas hinterwärts in der Mitte. Der* GEHEIMERATH *beugt sich nach* SOHPIEN, *sie zu umarmen.* RUHBERG *umarmt den* BARON *heiß, trennt sich gewaltsam von ihm, wirft einen Blick auf* SOPHIEN; *man hört einen wehmüthigen Ton von ihm, da er aus dem Zimmer scheidet. Wie die Thüre hinter* RUHBERG *zufällt – läßt der Vorhang sich sanft herab.*)« August Wilhelm Iffland: Bewußtsein. Ein Schauspiel in fünf Aufzügen. In: Ders.: Theater. Erste vollständige Ausgabe. Band 3. Wien 1843, S. 130. Mit Sophie bezieht sich die Regiebemerkung auf eine Figur, von der zwar häufig die Rede ist – sie wird von drei Männern begehrt –, die aber erst ganz zum Schluss auftritt. Im Personenverzeichnis wird sie nicht aufgeführt. Sie selbst äußert sich im Dramentext nur durch einen Brief (V, 17, 130). Wie bei Schiller trägt Sophie einen Schleier, der sich bei Sophie »*vor dem Gesichte*« befindet, bei Maria »*zurückgeschlagen*« ist. Zur Funktion des Kostüms im Zusammenhang mit dem Malerischen der Ausdrucksbewegung, so etwa zum weißen Seidenkleid, das Charlotte Brandes als Ariadne trägt, vgl. Günther Heeg: Phantasma, S. 368–378. Weder dort noch bei Aufführungen von *Maria Stuart* steht die historische Authentizität des Gewandes im Vordergrund, das belegt auch eine Rezension zu Schillers Stück, die die fehlende historische Kostümierung moniert: »Ungern vermißte man auch bey der zweyten Vorstellung gewisse conventionelle Zeichen des damaligen Königs-Costumes in ihrer Kleidung.« In: Journal des Luxus und der Moden. Juli 1800, S. 359–362, abgedruckt in: Julius W. Braun (Hg.): Schiller und Goethe im Urtheile ihrer Zeitgenossen. Abth. 1. Band 2. Leipzig 1882, S. 384–386, hier S. 385. Durch die Regiebemerkungen wird in beiden Stücken nur die Farbe festgelegt.

[195] Zu den Kniefällen vgl. Peter Utz: Das Auge und das Ohr im Text, S. 297: »Die verschiedenen Kniefälle konstituieren in ›Maria Stuart‹ ein eigenes, optisches Verweisungsnetz, in dem sich

Formen echter und falscher ›Fassung‹

Im fünften Akt, der dem symmetrischen Aufbau entsprechend Maria zuzuordnen ist, tritt auch Elisabeth auf. Der symmetrische Bezug wird hier ebenfalls in den Regiebemerkungen explizit gemacht im Verweis auf »*Das zweite Zimmer des vierten Aufzugs*« (V, 11). Im Leipzig-Dresdner Bühnenmanuskript steht statt dieser Regiebemerkung der Buchfassung »*Zimmer der Königin*«,[196] das als Information für das Aufstellen der richtigen Requisiten und für die Imaginationsleistung ausreicht. Allerdings wird so kein Bezug hergestellt zu einer anderen Regiebemerkung und damit zu einem früheren Zustand, der dem jetzigen kontrastiv gegenübergestellt werden kann. Hier ist Elisabeth nämlich keineswegs die ruhige, überlegene Herrscherin, und sie wird auch nicht mehr über ihren kontrollierenden Blick charakterisiert. Stattdessen betont die Regiebemerkung gleich bei ihrem ersten Auftritt ihre innere Gemütsverfassung:

> ELISABETH *tritt aus einer Seitentüre, ihr Gang und ihre Gebärden drücken die heftigste Unruhe aus* (V, 11, vor V. 3876).

Die *Unruhe* steht in direktem Gegensatz zu der Ruhe, die Maria in diesem Akt mit ihrer »*ruhigen Hoheit*« ausstrahlt. Mit Hilfe von Superlativen und durch Adjektive intensivierte Partizipien werden im Gegenzug Elisabeths fehlende Ruhe und Fassung ausgedrückt.

> Elisabeth: *in der höchsten Spannung*
> *lebhaft ausbrechend*
> *Auf und nieder gehend in der höchsten Bewegung*
> *hastig einfallend* (V, 12–14)

Das Stück endet mit einer Elisabeth betreffenden Regiebemerkung, die im Gegensatz zu diesen ihre Unruhe betonenden Anweisungen steht und ihre »*ruhige Fassung*« hervorhebt. Wenn in der Forschung Elisabeth ein Grad an Tragik zugestanden wird, dann häufig mit Bezug auf diese Regiebemerkung. Die »viel zitierten beiden Schluss-

---

die Anerkennung von Herrschaft optisch problematisiert. So bezieht sich beispielsweise der Kniefall Marias vor Melvil als Kontrastparallele auf ihren Kniefall vor Elisabeth zurück; hier aber entsprechen sich Gestus und Interpretation, in beiden anerkennt Maria die Herrschaft einer göttlichen Ordnung.« Zu beachten ist aber auch, dass gerade zu dieser Zeit Kniefälle auf der Bühne zunehmend die familiäre Unterordnung symbolisieren: Melvil kniet zum Schluss vor Maria – »*Melvil ist mit einer unwillkürlichen Bewegung auf die Knie gesunken*« – dann Maria vor Melvil: »*Sie sinkt vor ihm nieder*«; später heißt es »MELVIL (*indem er das Zeichen des Kreuzes über sie macht*)« und »MELVIL (*macht den Segen über sie*)«, schließlich: »*Maria bleibt in stiller Andacht auf den Knien liegen*«, V, 6 u. 7. Bei diesen Knifällen werden zwar christliche Signale gesetzt, allerdings wird nicht die Unterwerfungsgeste betont wie bei den Kniefällen gegenüber Elisabeth, sondern familiale Nähe (zum Kniefall bei Diderot vgl. Kap. 3.3). Elisabeth bewegt nur andere zum Kniefall im Sinne einer Distanz ausdrückenden und Gehorsam signalisierenden Geste (vgl. II, 2; II, 4; V, 15). Sie lässt sich selbst nie zu dieser symbolischen Form der Unterordnung herab.

[196] Vgl. Friedrich Schiller: Werke. Nationalausgabe. Band 9, S. 354.

zeilen und die ihnen folgende Bühnenanweisung«[197] zeigen demnach, dass Elisabeth zwar moralisch vernichtet ist, sich aber jetzt gefasst der schwierigen Situation stellt:

> ELISABETH *zum Grafen Kent, der hereintritt*
> Graf Leicester komme her!
> KENT. Der Lord läßt sich
> Entschuldigen, er ist zu Schiff nach Frankreich.
> *Sie bezwingt sich und steht mit ruhiger Fassung da.*
> *Der Vorhang fällt.* (V, 15, Vers 4032f.)

An dieser Regiebemerkung, die das Stück beschließt, wird Elisabeths gewandelte Haltung festgemacht. So interpretiert Utz aufgrund der Regiebemerkung Elisabeth als »optisches Gegenbild« zu Leicester.[198] Hier befreie sie sich sichtbar aus der »Eigendynamik der Macht«.[199] Um so mehr muss es verwundern, dass gerade diese Regiebemerkung im Leipzig-Dresdner Bühnenmanuskript getilgt wird,[200] diese Haltung, die »Elisabeth in der Konfiguration des Stücks neben Maria Stuart stellt: Bejahung des eigenen Schicksals, Selbstbezwingung und eine daraus gewonnene ›ruhige Fassung‹.«[201] Ohne die abschließende Regiebemerkung wird Elisabeth umso konsequenter als die widerspruchslos an den eigenen Vorteil denkende Herrscherin dargestellt. Die Elisabeth betreffenden Worte, die Shrewsbury kurz vorher äußert, bleiben dort ungebrochen bestehen:

> SHREWSBURY.
> [...] Ich habe deinen edlern Teil
> Nicht retten können. Lebe, herrsche glücklich!
> Die Gegnerin ist tot. Du hast von nun an
> Nichts mehr zu fürchten, brauchst nichts mehr zu achten.
> *Geht ab* (V, 15, V. 4027ff.)

Sie heben ihren fehlenden »edlern Teil« hervor, da sie nicht durch die an exponierter Stelle befindliche Regiebemerkung relativiert werden. Die Möglichkeit, Rührung zu erregen, ein Aspekt, den Schiller ausdrücklich nur bei Maria betont,[202] wird so für die Figur Elisabeths an der einzigen Stelle, an der sie angedeutet wird, getilgt. Elisabeth ist am Schluss zwar gefasst, hat sich aber moralisch selbst vernichtet und muss sich »*bezwingen*«, um – nach außen – gefasst wirken zu können. Ohne diese Regiebemerkung bleibt der Fokus auf Kent, der die letzten Worte spricht, und den

---

[197] Hans Peter Herrmann/Martina Herrmann: Friedrich Schiller: Maria Stuart. Frankfurt/M. ³1998, S. 88.
[198] Peter Utz: Auge, Ohr und Herz, S. 88.
[199] Ebd. Anders und treffender Gert Vonhoff: *Maria Stuart. Trauerspiel in fünf Aufzügen* (1801). In: Matthias Luserke-Jaqui (Hg.) unter Mitarbeit von Grit Dommes: Schiller-Handbuch. Leben – Werk – Wirkung. Stuttgart 2005, S. 153–168, hier S. 160. Nach Vonhoff kündigt »die abschließende Regieanweisung« für Elisabeth »keine Befreiung an, eher das Gegenteil«.
[200] Friedrich Schiller: Werke. Nationalausgabe. Band 9, S. 354.
[201] Hans Peter Herrmann/Martina Herrmann: Maria Stuart, S. 81.
[202] Schiller bemerkt zwar, dass Maria »keine weiche Stimmung erregen« werde, spricht aber von der beabsichtigten »tiefen Rührung«. Brief an Goethe vom 18.6.1799. In: Schillers Briefe. Hg. von Fritz Jonas. Band 6, S. 46.

abwesenden Leicester gerichtet, um den es in der letzten Äußerung geht. Dabei ist wichtig, dass man bei der exzessiven Betonung von Fassung im Stück zwischen echter und unechter Fassung unterscheiden kann:[203] Elisabeth fingiert eine Haltung – die Fassung wird bei ihr durch ein »*sie bezwingt sich*« eingeleitet –, während Maria echte Fassung bewahrt. Nachdem Mortimer ihr mitgeteilt hat, dass sie schuldig gesprochen wurde, wird bei ihr die Fassung in Figurenrede und Regiebemerkung betont:[204]

> MARIA *mit Fassung* [...] Auf solche Botschaft war ich
> Schon längst gefaßt. (I, 6, V. 586f.)

Anders als bei Elisabeths Fassung am Schluss wird bei ihr die völlige Übereinstimmung zwischen Wort und Geste hervorgehoben.

Bewertung der Regiebemerkungen in Forschung und Theaterpraxis
Die Forschung: Maria – eine ›schöne‹ oder eine ›erhabene Seele‹?

Im Folgenden wird die Figurenzeichnung Marias erneut im Mittelpunkt stehen, da gerade in diesem Punkt eine Diskrepanz zwischen ihrer Einschätzung durch die Forschung und Umsetzungen auf der Bühne zu beobachten ist. Vor allem die Auseinandersetzung mit den Regiebemerkungen verläuft in dieser Hinsicht unterschiedlich. Um die Frage nach der Wandlung Marias beantworten zu können, greift die Forschung häufig auf das Konzept der ›schönen Seele‹ zurück, indem sie sich auf Schillers philosophisch-ästhetische Schriften bezieht,[205] während dieser Aspekt für Aufführungen offensichtlich keine Rolle spielt. In Rezensionen wird darauf zumindest nicht Bezug genommen.[206] Maßgebliche Forschungsarbeiten hingegen setzen

---

[203] Gail K. Hart: The Stage and the State: The Execution of Schiller's Maria Stuart. In: Seminar. A Journal of Germanic Studies 35 (1999), S. 95–106, hier S. 100: »This emphasis is so strong that it actually constitutes a competing plot, namely the story of exemplary ›Fassung‹ that frequently supersedes the unfolding of historical events.« Marias »good composure« stellt Gail Hart treffend »that forced and false composure of political advantage demonstrated by Elisabeth« gegenüber.

[204] Diese Meinung vertritt Harry Loewen: The End as the Beginning, S. 171, Anm. 16. Nach Loewen missversteht Otto Ludwig Schillers Maria Stuart-Bild, wenn er meint, sie sei außer sich. Hier verliere sie die Selbstbeherrschung, obwohl diese die ganze Zeit über ihr eigentlicher Charakter sei.

[205] Vgl. Horst Turk: Pragmatismus und Pragmatik. Zur handlungstheoretischen Interpretation einer dramatischen Szene: In: Günter Saße/Horst Turk (Hg.): Handeln, Sprechen, Erkennen. Zur Theorie und Praxis der Pragmatik. Göttingen 1978, S. 140–184; Peter Schäublin: Der moralphilosophische Diskurs; Karl S. Guthke: Maria Stuart; Bernd Leistner: Schillers Trauerspiel; Gert Sautermeister: *Maria Stuart*.

[206] Einen ersten Eindruck ermöglicht die Zusammenstellung von Zeugnissen zu Uraufführung und weiteren Aufführungen. Während in den Rezeptionsdokumenten von Schillers Schriften und seinem Konzept der ›schönen Seele‹ nicht die Rede ist, stellt der Kommentar fest: »Es ist durchaus legitim, in Schillers *Maria Stuart* [...] einen dramatischen Widerhall von Schillers eigenen philosophischen Arbeiten zu sehen.«; vgl. Matthias Luserke: Kommentar. In: Friedrich Schiller: Dramen IV, S. 580.

die Frage, ob Maria sich wandele und ob sie am Ende als ›schöne‹ oder als ›erhabene‹ Seele‹ zu verstehen sei, ins Zentrum ihrer Ausführungen.

Anders als in Kotzebues *Menschenhaß und Reue* verwendet Schiller den Ausdruck ›schöne Seele‹ in einigen seiner Stücke innerhalb der Figurenrede, nicht aber in einer Regiebemerkung. So werden Eboli und die Königin in *Don Karlos* jeweils als »schöne Seele« bezeichnet, und zwar in der im 18. Jahrhundert geläufigen Bedeutung, die im Zusammenhang mit Empfindsamkeit und Pietismus allgemein verbreitet war,[207] nicht mit philosophischem Impetus.[208] Dort wird der Begriff also nicht in der Definition Schillers – dem »klarsten theoretischen Exponenten«[209] des Konzepts – gebraucht, so dass auch intertextuelle Bezüge zu seinen eigenen Schriften keine Rolle spielen, sondern der allgemeine zeitgenössische Diskurs maßgeblich ist, nach dem unter der ›schönen Seele‹ ein Ideal-Schönes im Sinne einer geistigen und körperlichen Vollkommenheit zu verstehen ist (vgl. Kap. 5.1).[210]

Bei *Maria Stuart* liegt der Fall anders: Dort ist zwar weder innerhalb der Figurenrede noch in den Regiebemerkungen ausdrücklich von der ›schönen Seele‹ die Rede. Die Interpreten beziehen sich aber hier auffällig oft auf die Regiebemerkung

---

[207] Einen Überblick zur ›schönen Seele‹ geben Ralf Konersmann: Artikel ›Seele, schöne; Seelenschönheit‹. In: Historisches Wörterbuch der Philosophie. Hg. von Joachim Ritter/Karlfried Gründer. Band 9. Darmstadt, Basel 1995, Spalte 89–92, und Annabel Falkenhagen: Artikel ›Schöne Seele‹. In: Gert Ueding (Hg.): Historisches Wörterbuch der Rhetorik. Band 8. Darmstadt 2007, Spalte 542–566.

[208] Don Karlos. Infant von Spanien. Ein dramatisches Gedicht. In: Friedrich Schiller: Werke. Nationalausgabe. Band 7/1. Hg. von Paul Böckmann/Gerhard Kluge. Weimar 1974: »KARLOS: [...] – offen / Liegt ihre schöne Seele mir – [...]«, II, 15, Vers 2323f.; »KARLOS [zu Eboli]: Weil du ein sanftes Mädchen bist, weil ich / Auf deine gute, schöne Seele baue«, IV, 15, Vers 4076f.; »MARQUIS [zur Königin]: O, diese Thränen kenn' ich, schöne Seele«, IV, 21, Vers 4307. In *Kabale und Liebe* wird ebenfalls eine weibliche Figur als ›schöne Seele‹ bezeichnet. Friedrich Schiller: Werke. Nationalausgabe. Band 5. Hg. von Heinz Otto Burger/Walter Höllerer. Weimar 1957: »FRAU [Miller]: Da sieht mans ja sonnenklar, wie es ihm pur um ihre schöne Seele zu tun ist«, I, 1, S. 6. Schon diese Einbindung in die Äußerung einer einfachen, von Aufstiegswünschen für ihre Tochter getriebenen Frau macht plausibel, dass der Begriff dort im Sinne der allgemeinen Redewendung zu verstehen ist, nicht mit Bezug auf ein philosophisches Konzept, das außerhalb der Figurenrede anzusetzen wäre und diese reflektierend auf intertextueller Ebene ergänzen würde. Im Gegensatz zu *Maria Stuart* liegen *Kabale und Liebe* und *Don Karlos* außerdem vor der Entwicklung von Schillers Konzept der ›schönen Seele‹ in den moralästhetischen Schriften *Über Anmut und Würde* und *Über das Erhabene*, die 1793 bzw. zwischen 1793 und 1801 entstanden sind; vgl. Diana Schilling: *Über Anmut und Würde* (1793). In: Matthias Luserke-Jaqui (Hg.) unter Mitarbeit von Grit Dommes: Schiller-Handbuch, S. 388–398, und Carsten Zelle: *Über das Erhabene* (1801). In: Ebd., S. 479–490.

[209] Annabel Falkenhagen: Artikel ›Schöne Seele‹, Spalte 557.

[210] Zum »dialektischen Spitzenbegriff« einer Idealschönheit, der vom bloßen Ideal der Schönheit zu unterscheiden ist und der Schiller in *Anmut und Würde* noch gefehlt hat, vgl. Carsten Zelle: Die doppelte Ästhetik der Moderne. Revisionen des Schönen von Boileau bis Nietzsche. Stuttgart, Weimar 1995, S. 175.

zur »*edeln Würde*«,²¹¹ um ihre Äußerungen zu stützen und den Bezug zu Schillers ästhetischen Schriften zu belegen. Wie diese Regiebemerkung zu werten ist, vor allem wie sie zur Figurenperspektivierung in Beziehung gesetzt werden kann, bleibt dabei weitgehend unbeantwortet und wird zu prüfen sein.²¹²

Eine intertextuelle Bezugnahme auf Schillers Schriften ergibt sich gleich zu Beginn des Stücks, wenn von denen, die Maria gegenübertreten, ihre Schönheit betont wird:

> TALBOT: Ihr ward der Schönheit eitles Gut zuteil [...] (II, 3, V. 1395)
> MORTIMER: Raubt Euch
> Des Kerkers Schmach von Eurem Schönheitsglanze?
> Euch mangelt alles, was das Leben schmückt,
> Und doch umfließt Euch ewig Licht und Leben. (I, 6, V. 566–569)

Mortimer und Shrewsbury definieren Maria einhellig über ihre Schönheit, die hier rein äußerlich in der Statik des Bildes beschrieben wird, so dass sich Bezüge zu Schillers Begriff der »architektonischen Schönheit« eröffnen, unter dem die »Schönheit des Baus« zu verstehen ist, also die »nach dem Gesetz der Nothwendigkeit gebildete Schönheit«.²¹³ Aufschlussreich sind in diesem Zusammenhang auch die Reaktionen Mortimers und Leicesters auf Marias Schönheit. Ihr Aussehen löst Rührung bzw. Entzücken aus, wobei Marias sinnliche Schönheit für beide zunächst allein im Medium des Bildes fassbar wird:

> MORTIMER:
> Von rührend wundersamem Reiz, gewaltig
> Ergriff es mich in meiner tiefsten Seele,
> Und des Gefühls nicht mächtig stand ich da.
> Da sagte mir der Bischof: Wohl mit Recht
> Mögt Ihr gerührt bei diesem Bilde weilen.
> Die schönste aller Frauen, welche leben,
> Ist auch die jammernswürdigste von allen²¹⁴ (I, 6, V. 504ff.)

Mortimer verwendet hier gleich zweimal das Wort »Rührung«. Leicester wird ebenfalls in Reaktion auf Marias Bildnis beschrieben, diesmal nicht in Form eines Berichts, sondern unmittelbar in Figurenrede und Regiebemerkung:

---

²¹¹ Vgl. Horst Turk: Pragmatismus und Pragmatik, S. 170 und 176f.; Peter Schäublin: Der moralphilosophische Diskurs, S. 186; Nikolas Immer: Der inszenierte Held, S. 380; Barbara Neymeyr: Pathos und Ataraxie, S. 275, zitiert die Regiebemerkung neben anderen als Beleg für die »Bandbreite psychischer Zustände« Marias und arbeitet Schillers Bezüge zur stoischen Philosophie heraus.
²¹² Eine Ausnahme bildet in dieser Hinsicht Harald Frommer: Lernziel: Leserrolle, der vor allem eine Aufwertung der Figur Elisabeths anstrebt und hierzu die dominierende Perspektive auf Maria durch diejenige auf Elisabeth ablöst.
²¹³ Friedrich Schiller: Über Anmuth und Würde. In: Friedrich Schiller: Werke. Nationalausgabe. Band 20: Philosophische Schriften. Erster Teil. Unter Mitwirkung von Helmut Koopmann hg. von Benno von Wiese. Weimar 1962, S. 251–308, hier S. 255.
²¹⁴ Vgl. Mortimer zu Maria: »Nichts blieb dir als die rührende Gestalt, / Der hohen Schönheit göttliche Gewalt«, V. 2571f.; zur Figur Mortimers und seinem Bezug zum Katholizismus vgl. Roger Ayrault: La figure de Mortimer dans *Marie Stuart* et la conception du drame historique chez Schiller. In: Etudes Germaniques 14 (1959), S. 313–324.

LEICESTER. [...] Ach! Es ist ihr Bild! *Küßt es und betrachtet es mit stummem Entzücken*
(II, 8, V. 1725f.)

Bei beiden Männern, die ihr verfallen sind, löst sie allein durch ein Bild »Rührung« bzw. »*stummes Entzücken*« aus. Über ihre Schönheit wirkt sie so indirekt politisch, da die von ihrem Anblick gefangenen Männer sich für ihre Thronrechte einsetzen, wobei diese politische Wirkung allerdings nicht mit moralischer Integrität einhergeht.[215]

Die Frage ist, wann und wie sich Marias Einstellung und Wirkung ändern. Auch wenn es stimmt, dass die »Besserung« (V. 371) schon zu Beginn des Dramas eingesetzt hat und Maria sich auf dem Weg moralischer Reflexion befindet,[216] wirkt sie auf Männer – sowohl auf Mortimer als auch auf Leicester – vor allem durch ihre äußere Schönheit. Eine Änderung setzt nun gerade auf dem Höhepunkt des Stücks ein, in der Streitszene der beiden Königinnen, die nicht umsonst im Zentrum des Dramas steht.[217] Hier, in der Begegnungsszene, zeigen Maria und Elisabeth ihren Zorn, können also beide, wenn auch auf unterschiedliche Weise, die gesuchte Fassung nicht wahren. Bei beiden wird über die Regiebemerkungen die fehlende Möglichkeit der Gefühlsbeherrschung unterstrichen. Diese gefühlsmäßige Extremsituation führt bei Maria allerdings zu einer Entwicklung, die über die meist beachtete Regie-

---

[215] So auch Andreas Siekmann: Drama, S. 71. Er ist, soweit ich sehe, der Einzige, der bei der Interpretation von *Maria Stuart* auf Schillers »architektonische Schönheit« Bezug nimmt. Dass diese Art von Schönheit sich auf äußere Aspekte beschränkt und mit erotischer Anziehungskraft gleichzusetzen ist, wird an der Fehleinschätzung Leicesters deutlich, der nicht erkennt, wie eine Frau und Konkurrentin auf Maria reagieren wird. Über die vermutete Reaktion Elisabeths stellt er fest: »Das Urteil kann nicht mehr vollzogen werden, wenn sie sie gesehn.« Allein das Äußere, die Wirkung ihrer Schönheit, soll Elisabeth von der Unterschrift unter das Todesurteil abhalten können. Anders argumentiert Immer. Nach gängiger Rechtspraxis und aufgrund eines Privilegs der Könige von England, Verbrecher durch ihren bloßen Anblick zu begnadigen, bringe »die Begegnung der Königinnen notwendig die Begnadigung Marias mit sich«. Vor diesem Hintergrund wertet Immer Elisabeths Verhalten als offenbaren Rechtsbruch, als »tyrannische Geste«. Nikolas Immer: Die schuldig-unschuldigen Königinnen, S. 146f.

[216] Vgl. Ernst Leopold Stahl: Friedrich Schiller's Drama: Theory and Practice. Oxford 1954, S. 111: »When the drama begins, Maria's purification has already commenced: she is no longer possessed by Weltlust«; vgl. Wolfgang Düsing: Schillers Idee des Erhabenen. Köln 1967, S. 231: »[…] schon bei ihrem ersten Auftreten zeigt sich Maria geläutert, freiwillig büßt sie für ihr vergangenes Leben. Sie bekennt sich rückhaltlos zu ihrer Schuld, kirchliche Trostgründe vermögen sie nicht zu beruhigen.« Betrachtet man Marias widersprüchliches Verhalten und ihre Unbeherrschtheit zu Beginn, greift diese Bewertung allerdings zu kurz.

[217] Horst Turk: Pragmatismus und Pragmatik, S. 149, setzt diese Szene ins Zentrum seiner Interpretation und stellt treffend unterschiedliche »Verhaltensregelungen« in der Begegnungsszene einander gegenüber: die »politische Unterwerfung« bei Maria der »moralischen Unterwerfung« bei Elisabeth. Der Ausgangspunkt aber – die Frage, warum Schiller selbst diese Szene als »moralisch unmöglich« ansieht – kann durch die Einbeziehung der Ausführungen von Stefan Schultz anders beantwortet werden. Schultz gelingt unter Berücksichtigung des entsprechenden Begriffs im Englischen und Französischen eine Herleitung des Sprachgebrauchs im 18. Jahrhundert. Er kommt zu dem Schluss: »›Moralisch unmöglich‹ heißt also bei Schiller nichts anderes als ›höchst unwahrscheinlich‹«; Stefan Schultz: »Moralisch unmöglich«, S. 87.

bemerkung des Stücks angedeutet wird: die »*edele Würde*«. Zu dieser gelangt Maria in der unhaltbaren Situation, in die Elisabeth sie versetzt. Die Würde wird dabei dem Zorn adversativ hinzugefügt. Festzuhalten ist, dass die »*edele Würde*« nicht als schauspielerbezogener Hinweis zu verstehen ist und nicht durch eine bestimmte Geste oder Mimik vollständig umgesetzt, d.h. eins zu eins wiedergegeben werden kann.[218] Stattdessen bietet sich die Verbindung zu Schillers ästhetischen Schriften an, da er sich dort mit der Würde[219] theoretisch auseinandersetzt und sie als »Ausdruck einer erhabenen Gesinnung«[220] eine spezifische Bedeutung erlangt. Versteht man die Regiebemerkung als intertextuellen Verweis auf philosophisch-ästhetische Einzeltexte Schillers, ist von hier aus die Verbindung zum Erhabenen herzustellen, zu dem Maria sich entwickelt, nicht aber zur ›schönen Seele‹, die viele Interpreten in ihr erkennen. Die ›schöne Seele‹ setzt weder eine Anstrengung voraus, in der der Held sich im Zustand des Affekts bewähren muss, noch löst sie Bewunderung aus, die am Ende der Tragödie stehen soll. Ueding setzt sich mit dem »so oft mißverstandenen Bildungsideal der schönen Seele« auseinander und bringt für den Zusammenhang zwischen Tragödie und ›schöner Seele‹ Klärung. Er kommt zu dem treffenden Schluss:

> Doch was den schönen Charakter auszeichnet, macht ihn gleichzeitig untauglich für die wirklich tragische Darstellung. Die ihn konstituierende Harmonie von Sinnlichkeit und Sittlichkeit, Leidenschaft und Vernunft, ist der Voraussetzung der Tragödie als der Nachahmung einer Handlung, die das Leiden von Menschen zeigt, entgegengesetzt.[221]

Dieser mit Leiden und Schmerz verknüpfte Zustand ist nach Ueding die Bedingung eines tragischen Charakters. Er bezieht sich dabei auf Schillers eigene Ausführungen:

---

[218] Dachselt betont mit Bezug auf die Regiebemerkung zur ›edlen Würde‹, dass Maria nicht überwältigt wird, »sie ruft das Pathos selbst herauf, der Ausbruch ist als Akt der *Selbsttätigkeit* dargestellt. Nach der Theorie Schillers ist er damit *pathetisch-erhaben*«; Rainer Dachselt: Pathos. Tradition und Aktualität einer vergessenen Kategorie der Poetik. Heidelberg 2003, S. 198.
[219] Zur Frage, ob eine Verbindung zwischen Anmut und Würde bei Schiller möglich ist – eine Kontroverse in der Schillerforschung – vgl. Hans R. Brittnacher: Über Anmut und Würde. In: Helmut Koopmann (Hg.): Schiller-Handbuch, S. 587–609.
[220] Friedrich Schiller: Über Anmuth und Würde. In: Schiller: Werke. Nationalausgabe. Band 20, S. 289. Diesen Hinweis auf die Würde übersieht Guthke, S. 432, auch wenn er zu Recht Mortimers und Kennedys Aussagen über Marias Zustand in ihrer Plausibilität und ihrem Stellenwert einschränkt. Die Ebene der Regiebemerkungen als Alternative zu den jeweils eingeschränkten Figurenperspektiven zieht er dabei nicht in Betracht; anders Turk und Schäublin.
[221] Gert Ueding: Schillers Rhetorik. Idealistische Wirkungsästhetik und rhetorische Tradition. Tübingen 1971, S. 164. Die schöne Seele stellt also nicht die letzte Stufe dar, sondern ist ein mittlerer Zustand, transitorisch auf dem Weg zur erhabenen Seele; vgl. Klaus L. Berghahn: »Das Pathetischerhabene«. Schillers Dramentheorie. In: Ders./Reinhold Grimm (Hg.): Schiller. Zur Theorie und Praxis der Dramen. Darmstadt 1972, S. 485–522, hier S. 492. Berghahn führt aus, dass der Mensch »gerade im ›Zustand des Affekts‹ die Erfahrung einer selbständigen Kraft in sich [macht], die dem Zwang des Leidens zu widerstehen vermag«. Für Berghahn ist der V. Akt von *Maria Stuart* die reinste Darstellung des Erhabenen.

»Die *schöne* Seele muß sich also im Affekt in eine *erhabene* verwandeln.«[222] Tragik setzt also eine erhabene, keine schöne Seele voraus. Schillers Auffassung von der Tragödie und von den Wirkungen, die diese erzielen soll, spricht somit ebenfalls gegen die ›schöne Seele‹ am Schluss von *Maria Stuart*, da der tragische Charakter nicht mehr schön, sondern erhaben ist.[223]

Zu fragen bleibt, wie man die stückinternen Äußerungen zur Entwicklung Marias bewertet. Sie als maßgeblich für die Interpretation anzusehen, erweist sich als problematisch. So ist Mortimers »Du hast gesiegt« die Äußerung eines »erotisch Entflammten«; ebenso wenig ist die Amme, die für Maria Partei ergreift, als »maßgebliche Stimme der Selbstinterpretation des Stücks«[224] anzusehen. Die positiven Einschätzungen Marias auf der Figurenebene auf eine moralische, innere Wandlung der Königin zu beziehen, erweist sich also als fragwürdig, da sie jeweils eingeschränkten Figurenperspektiven zuzurechnen sind. Während bei den aufeinandertreffenden Königinnen ebenso wenig ein »moralphilosophisches Selbstverständnis«[225] vorauszusetzen ist, steht die Regiebemerkung, die die Erhabenheit Marias andeutet,[226] außerhalb der Figurenreden. Sie wird nicht an ein Figurenbewusstsein gebunden, sondern besetzt qualitativ eine andere Ebene und hat einen übergeordneten Status. Der Versuch, innerhalb der Figurenrede direkte Verweise auf die philosophischästhetischen Schriften nachzuweisen, ist insofern nicht stichhaltig. Turk bezieht sich zwar auf die zentrale Regiebemerkung zur ›edlen Würde‹, er ordnet sie aber – vor dem Hintergrund von Kants Moralphilosophie – dem Bewusstsein der Figuren zu und

---

[222] Friedrich Schiller: Über Anmuth und Würde. In: Schiller: Werke. Nationalausgabe. Band 20, S. 294.

[223] Guthke hält einen Gesinnungswandel, einen Ansatz zur Wandlung gerade im Moment des höchsten Affekts, für unmöglich. Gerade hier, in dieser Affektszene, könne die »echte Würde«, die »heilige Freiheit der Geister« nicht zum Durchbruch gelangen: »Von Erhabenheit ist in der Zankszene, die großes Theater ist, nicht die geringste Spur in Wort oder Gebärde eingegangen, wie es bei dem gewieften Bühnenpraktiker denn doch zu erwarten wäre.« Karl S. Guthke: Maria Stuart, S. 433. Auf die Regiebemerkung zur »edeln Würde« kommt Guthke nicht zu sprechen; er zitiert nur Benno von Wieses Einschätzung von Marias »echter Würde«, nicht aber Schiller.

[224] Vgl. Karl S. Guthke: Maria Stuart, S. 433f., der die Interpretation Benno von Wieses: Friedrich Schiller, S. 715, kritisiert, da weder Mortimer noch die Amme Sprachrohre des Stücks sein könnten.

[225] Peter Schäublin: Der moralphilosophische Diskurs, S. 185.

[226] Hofmann setzt in diesem Zusammenhang die Bedeutung der katholischen Kirche dominant. Mit Bezug auf Sautermeister stellt er fest: »Maria steigert sich in den Schlussszenen nicht nur zu einer erhabenen Gesinnung, sie wird auch zu einer schönen Seele, bei der sinnliche Natur und sittlicher Anspruch eine Synthese eingehen […] von einer Auflösung in eine harmonisierende und versöhnende Poetik der Schönheit [kann] nicht die Rede sein […]. Vielmehr zeigt das Drama in seiner distanzierenden Formstrenge, dass Marias sinnliches Begehren in den Symbolen der katholischen Kirche eine Art Ersatzbefriedigung findet, die den Schein von Schönheit zu beschwören vermag.« Michael Hofmann: Schiller. Epoche – Werk – Wirkung. München 2003, S. 165. Zur katholischen Bildrhetorik und zu religiösen Bildmotiven in *Maria Stuart* vgl. Ulrich Port: Pathosformeln. Die Tragödie und die Geschichte exaltierter Affekte (1755–1888). München 2005, S. 233–242.

siedelt sie nicht auf einer außerhalb von Marias Figurenbewusstsein liegenden Ebene an. Turk gesteht nur dem Interpreten »die Position eines dritten Standorts über der möglichen Einsicht der Figuren« zu. Den Textraum der Regiebemerkungen zieht er hier nicht in Betracht.[227] Gänzlich unberücksichtigt bleibt die Ebene der Regiebemerkungen bei Frommer, wenn man von impliziten Äußerungen wie der zum »weißen Kleid« absieht, die keinen konkreten Textbezug herstellt.[228] Die perspektivische Anlage literarischer Texte, die nach Iser im Roman aus mehreren deutlich voneinander unterscheidbaren Perspektivträgern besteht, weitet Frommer auf das Drama aus. Er kommt dabei allerdings nur auf die Figurenebene zu sprechen, da »auf der Hand liegt, dass hier [im Drama] die Figuren die wichtigsten Perspektivträger sind«.[229] Frommer nimmt die Regiebemerkungen nicht in den Blick, obwohl sie eine eigene Ebene besetzen, die außerhalb der eingeschränkten Figurenperspektiven zur Konstituierung der Figuren erheblich beiträgt.[230]

Die Theaterpraxis: Maria als rührende Figur auf der Bühne

Während bisher die philosophisch-ästhetischen Ansätze Schillers und seine rhetorischen Strategien[231] im Vordergrund standen, sollen jetzt zeitgenössische und aktuelle Aufführungsdokumente sowie Schillers eigene Reaktionen auf Aufführungen in den Blick genommen werden, um die andere Gewichtung der Figur Marias in der Bühnenpraxis zu demonstrieren. Weder von ›schöner‹ noch von ›erhabener‹ Seele ist in den Rezensionen und den Äußerungen Schillers die Rede.

Maria Stuart zählt zu den bühnenwirksamsten Dramen Schillers, darin sind sich Forschung und Theaterpraxis einig.[232] Noch heute handelt es sich um das am häufigsten aufgeführte Stück Schillers.[233] Wie groß Schillers eigenes Interesse an einer Bühnenrealisierung war, zeigen seine brieflichen Äußerungen über die Frage nach der Rollenbesetzung. So machte er den Vorschlag, die Darstellerinnen der Maria

---

[227] Vgl. Horst Turk: Pragmatismus und Pragmatik, S. 170.
[228] Harald Frommer: Lernziel: Leserrolle, S. 63.
[229] Vgl. ebd., S. 65.
[230] Neuerdings unterscheidet die Arbeit von Muny genauer zwischen unterschiedlichen Perspektiven im Drama; sie bezieht sich in den Beispielen auf Dramentexte aus dem 20. Jahrhundert; vgl. Eike Muny: Erzählperspektive im Drama, S. 151–186.
[231] Garland setzt die »Würde« in *Maria Stuart* zu Schillers Rhetorik in Beziehung: »The vehicle which Schiller adopts for his forensic tone is a controlled rhetoric.« Henry Burnand Garland: Schiller, the dramatic writer. A study of style in the plays. Oxford 1969, S. 194. Er kommt zu dem Schluss: »Maria maintains control by her steady and deliberate tempo.«, S. 203.
[232] Vgl. Gert Sautermeister: *Maria Stuart*, S. 280f.; Ferdinand Piedmont (Hg.): Schiller spielen. Stimmen der Theaterkritik 1946–1985. Darmstadt 1990; Bernhard Zeller (Hg.): Schau-Bühne. Schillers Dramen 1945–1984. Marbach am Neckar 1984. Zymner weist ebenfalls auf die Bühnenwirksamkeit von *Maria Stuart* hin; vgl. Rüdiger Zymner: Friedrich Schiller. Dramen. Berlin 2002, S. 103.
[233] Vgl. Manfred Brauneck: Die Welt als Bühne. Band 2, S. 863.

und der Elisabeth von Aufführung zu Aufführung die Rollen tauschen zu lassen.[234] Außerdem sollen beide Frauenfiguren gegenüber der historischen Situation verjüngt erscheinen und Elisabeth – »Weil mir alles daran liegt, daß Elisabeth in diesem Stück noch eine junge Frau sey, welche Ansprüche machen darf […]«[235] – durch eine Schauspielerin besetzt werden, »welche Liebhaberinnen zu spielen pflegt«, so dass Schiller ihre Besetzung hier über die Zuordnung zu einem Rollenfach definiert.

In Briefen setzt sich Schiller mit der Umsetzung auf der Bühne auseinander, in den Regiebemerkungen des Stücks finden die eben genannten Aspekte allerdings keinen Niederschlag. In anderen Dramentexten, so in *Die Verschwörung des Fiesco zu Genua*, nutzt Schiller das Personenverzeichnis für figurenspezifische Angaben. Akribisch genau wird dort etwa das Alter Fiescos – »*23 Jahre*« – und Leonores – »*18 Jahre*« – vermerkt.[236] Jetzt verwendet er briefliche Äußerungen dazu, die in den Text eingeschriebenen Angaben zu vervollständigen. Auch die Figur Mortimers verbindet Schiller mit präzisen Altersvorstellungen: er soll »nicht älter als 21 oder 22 Jahre«[237] sein. Diese Notiz findet sich ebenfalls nur in einem Brief und kann auf diese Weise nicht der Imaginationsleistung des Lesers dienen, wohl aber für eine bühnentechnische Umsetzung herangezogen werden. Mit Blick auf die Bühne wurde sie auch geschrieben – wenn man den Adressaten des Briefs, Iffland, berücksichtigt.

So funktionierte de facto das, was Schiller wollte: In zeitgenössischen Aufführungen wurden die Königinnen durch junge Frauen besetzt, Mortimer durch einen jungen Mann. Gleichzeitig zeigt sich im Vergleich zu seinen früheren Stücken schon hier eine veränderte Einstellung zur Funktion der Regiebemerkungen. Schiller reduziert sie und entspricht in diesem Punkt den Ansprüchen, die man an ein klassisches Drama stellt.[238] Seinen Vorstellungen widerspricht auch das zu ›natürliche‹ Spiel von Friederike Unzelmann, das er an der Berliner Aufführung kritisiert:

---

[234] So Caroline Jagemann am 11.5.1800, abgedruckt in: Friedrich Schiller: Werke. Nationalausgabe. Band 42: Schillers Gespräche. Unter Mitwirkung von Lieselotte Blumenthal hg. von Dietrich Germann/Eberhard Haufe. Weimar 1967, S. 295: »Damals wollte der Dichter die beiden Repräsentantinnen der Elisabeth und Maria miteinander in den Rollen wechseln lassen, bis er späterhin von der Unstatthaftigkeit dieses Plans überwiesen wurde, aber nicht gern davon abging.«

[235] Brief Schillers an Iffland vom 22.6.1800. In: Schillers Briefe. Hg. von Fritz Jonas. Band 6, S. 163f., hier S. 163. Dass er sich hier nicht über Maria, sondern über Elisabeth äußert, zeigt auch, dass erotische Ausstrahlung nicht allein von einer der beiden Figuren ausgehen sollte.

[236] Friedrich Schiller: Die Verschwörung des Fiesco zu Genua. In: Ders.: Werke. Nationalausgabe. Band 4, S. 11f. Das ausführliche Personenverzeichnis, das auch Charakterisierungen wie »junger schlanker blühendschöner Mann« (Fiesco) und »sehr anziehend aber weniger blendend« (Leonore) enthält, wird für die Mannheimer Bühnenbearbeitung auf Namen und Berufsbezeichnungen sowie Verwandtschaftsbeziehungen reduziert, vgl. ebd., S. 129.

[237] Brief an Iffland vom 19.11.1800. In: Schillers Briefe. Hg. von Fritz Jonas. Band 6, S. 214–216, hier S. 216.

[238] Als Vorbild einer maßstabgebenden, neuen Dramaturgie und Personengestaltung, die das Weimarer Publikum erziehen sollte, beurteilt Schiller selbst das Stück; vgl. die Briefe an Goethe vom 16.8. und vom 3.9.1799. In: Schillers Briefe. Hg. von Fritz Jonas. Band 6, S. 71–73 und 83f.

Die Unzelmann spielt diese Rolle [der Maria] mit Zartheit und großem Verstand; ihre Deklamation ist schön und sinnvoll, aber man möchte ihr noch etwas mehr Schwung und einen mehr tragischen Stil wünschen. Das Vorurtheil des beliebten Natürlichen beherrscht sie noch zu sehr, ihr Vortrag nähert sich dem Conversationston, und alles wurde mir zu *wirklich* in ihrem Mund; das ist Ifflands Schule und es mag in Berlin allgemeiner Ton seyn.[239]

In Verbindung mit seinem eigenen Ziel, ein klassisches Stück zur Aufführung zu bringen, betont Schiller im Gegensatz zum »Conversationston« die Deklamation und den »tragischen Stil«, durch die das Stück überzeugen müsse. Gleichzeitig äußert er sein Missfallen über Aufführungen, die zu ›natürlich‹ wirken. Für die natürliche Darstellungsart macht er in diesem Fall Ifflands Schule und Berliner Schauspiel-Konventionen verantwortlich, die ihm für Weimar unpassend erscheinen. Dabei können auch die Regiebemerkungen für die Rechtfertigung der natürlichen Darstellungsweise Marias herangezogen werden, während Elisabeth mit qualitativ anderen Regiebemerkungen ausgestattet ist. Die unterschiedliche Wirkungsweise der beiden Frauenfiguren ist somit in Schiller selbst, nämlich in seiner Setzung der Regiebemerkungen, begründet. Dass er selbst diese Möglichkeit nicht in Betracht zieht, verwundert kaum, da er bei seiner Interpretation – ebenso wie die meisten anderen hier behandelten Dramenverfasser und -verfasserinnen – die Regiebemerkungen nicht explizit erwähnt. Diese stellen gewissermaßen Einfallstore für unterschiedliche Rezeptionsweisen des Stücks dar. Während die Zeichnung Elisabeths die Form der klassischen Tragödie aufruft, die Schiller eigenen Äußerungen zufolge auch anstrebt, ist es bei Maria die des bürgerlichen Trauerspiels oder Rührstücks.[240]

Die Beobachtung, dass unterschiedliche Rezeptionsweisen hier innerhalb des Textes vor allem über die Regiebemerkungen ermöglicht werden, kann als Kennzeichen der Übergangsperiode zum klassischen Drama gewertet werden, in der Schiller zwar schon die Versform anwendet, den Aufführungsstil aber weiterhin über die Regiebemerkungen festschreibt bzw. markiert. In bestimmten Gattungen, etwa im bürgerlichen Trauerspiel und im Rührstück sowie in Sturm-und-Drang-Stücken, werden Regiebemerkungen vermehrt verwendet; zu diesen zählen nun klassische Texte gerade nicht. Dadurch, dass Schiller auf die hohe Disponibilität der Regiebemerkungen hier dennoch zurückgreift, können die Figuren, trotz klassischer Sprechweise in Versen und Deklamation, unterschiedlich agieren. Dies belegt auch die Figur Mortimers, dessen Darstellung bei Aufführungen wegen des zu stür-

---

[239] Brief an Körner vom 23.9.1801. In: Schillers Briefe. Hg. von Jonas. Band 6, S. 300f.
[240] Zwar nicht mit Bezug auf Schiller, aber im Zusammenhang mit derselben Schauspielerin – Friederike Unzelmann – weist Heeg auf die Kontaminierung verschiedener Gattungen hin. Er beschreibt, dass die malerische Gebärde »das Reservat des zurückgelassenen Weiblichen, das Melodrama, verlässt und Eingang in die verschiedenen Genres des Theaters findet. Sie ist fortan im trivialen Rührstück Ifflandischer und Kotzebuescher Provenienz ebenso anzutreffen wie in den klassischen Inszenierungen der Weimarer Bühne, prägt die ›dämonische‹ Spielweise von Fleck am Berliner Nationaltheater, erlangt dort in der Gestalt von Friederike Bethmann-Unzelmann für die weibliche Darstellung klassischer Rollen allgemeine Geltung.« Günther Heeg: Phantasma, S. 398f.

mischen, den Körperkontakt forcierenden Auftretens negative Reaktionen hervorrief.[241] Dass für diese Verhaltensweisen auch die Regiebemerkungen ausschlaggebend sind und nicht nur die individuelle Darstellungsart eines Schauspielers, wird dabei ebenso wie bei dem nach Schillers Meinung unpassenden Aufführungsstil Friederike Unzelmanns konsequent übersehen. Wenn man die von ihm selbst gesetzten Regiebemerkungen berücksichtigt, muss das Spiel Marias – im Sinne einer anderen Bühnenästhetik – ›natürlicher‹ ausfallen, da die ihr über die Regiebemerkungen zugeschriebene Gestik sich deutlich von derjenigen Elisabeths unterscheidet. Bei der englischen Königin können die Angaben zum Blick bequem mit der im klassischen Trauerspiel im Vordergrund stehenden Deklamation in Verbindung gebracht werden. Die Regiebemerkungen bei Maria unterstützen hingegen das Rührende und geben kaum Anlass zu einer rein deklamatorischen Umsetzung. In gewissem Sinn leistet Schiller durch die Regiebemerkungen und die Vorgabe der weißen Kleidung der rührenden Rezeption Marias Vorschub, die er selbst der Berliner Aufführung zum Vorwurf macht.

Dass Schiller selbst Aspekte der Aufführung kritisiert, für die er durch seine Regiebemerkungen zumindest mitverantwortlich ist, mag überraschen. Allerdings fällt auf, dass in den Briefen Schillers nie ausdrücklich von den Regiebemerkungen die Rede ist, sie in ihrem Stellenwert für die Aufführung also nicht in Betracht gezogen werden.[242] Er stellt somit auch keinen Bezug zwischen ihnen und der Aufführung her, während er in einem Brief an Iffland präzise Bekleidungsvorschriften macht:

> Im fünften Akt ist alles, was zur Maria kommt, in Trauerkleidern, Burleigh und Shrewsbury sind durch das ganze Stück schwarz gekleidet.[243]

Schillers Bemerkung zeigt, dass er diese Fragen für die Aufführung klären und hier – ähnlich wie Diderot (vgl. Kap. 3.3) – normierend eingreifen will, allerdings nicht über die Regiebemerkungen. Anders als in *Die Verschwörung des Fiesco zu Genua* finden sich weder in den aktinternen Regiebemerkungen noch im übergreifenden Personenverzeichnis genaue Kostümangaben, obwohl beide Texträume spätestens seit dem

---

[241] Vgl. Cäcilie: Erste Aufführung der Maria Stuart in Weimar am 14. Juni 1800. In: Weimar's Album zur vierten Säcularfeier der Buchdruckerkunst am 24. Juni 1840. Weimar [o.J.], S. 149–155, hier S. 154. Der Rezensent weist auf die ungestüme Art Mortimers hin, Maria körperlich nahe zu kommen.

[242] Dass den Regiebemerkungen nicht derselbe Stellenwert zuerkannt wird wie der Figurenrede, die häufig immer noch als der ›eigentliche‹ Dramentext angesehen wird, wird auch in Interpretationen deutlich, die die beiden Texträume unterschiedlich bewerten. Die unterschiedliche Behandlung wird in fremdsprachigen Interpretationen besonders offensichtlich: So zitiert Loewen die Figurenrede immer im Original – sozusagen den Text von Schiller, vor dessen Worten er Ehrfurcht zeigt –, während die Regiebemerkungen fraglos und ohne genauer darauf einzugehen übersetzt in den Fließtext eingebaut werden – vor ihnen scheint Respekt nicht nötig zu sein. Ähnlich David, der die Figurenrede im Original zitiert, die Regiebemerkungen hingegen ganz selbstverständlich und ohne darauf hinzuweisen übersetzt; vgl. Claude David: Le personnage de la reine Elisabeth, S. 20, und Harry Loewen: The End as the Beginning, S. 167 u.ö.

[243] Brief an Iffland vom 22. 6. 1800. In: Schillers Briefe. Hg. von Fritz Jonas. Band 6, S. 163.

Sturm und Drang für diese Angaben genutzt werden. Nur im fünften Akt wird die Kleidung Marias – weiß – durch Angaben in den Regiebemerkungen von der Hanna Kennedys, Paulets und Drurys – schwarz – abgesetzt. Bei der Bühnenrealisierung ist die Frage nach der Kostümierung für das gesamte Stück von Beginn an unumgänglich. Sie kann nicht unbeantwortet bleiben, ebenso wenig wie die Frage nach der Rollenbesetzung durch bestimmte Schauspieler. Hier wird der Unterschied zwischen für die Aufführung relevanten Angaben und zusätzlichen Markierungspunkten, die in den Regiebemerkungen gesetzt werden können, erkennbar.

Beim Drama als Lesetext hingegen müssen diese Aspekte nicht zwingend konkretisiert oder überhaupt benannt werden. Denn für die Fiktionsbildung des Lesers kann der Grad an relevanten Angaben viel stärker variieren, das machten schon die zu Beginn zitierten diesbezüglichen Unterschiede in *Die Verschwörung des Fiesco zu Genua* und *Maria Stuart* deutlich. Dass Drury und Shrewsbury »schwarz gekleidet« erscheinen und alle dramatis personae im fünften Akt in Trauerkleidern, versteht sich in gewissem Maß von selbst. Dass Elisabeth »Mantel« und »Kopfputz« zwischen dem zweiten und dritten Akt ändert und dass Burleigh und Shrewsbury das ganze Stück über schwarz gekleidet sein sollen, wie Schiller im Brief mitteilt, antwortet auf eine praktische Frage.[244] Allerdings gewinnt vor diesem Hintergrund die Angabe zur weißen Kleidung in der Regiebemerkung an Relevanz,[245] da Maria sowohl vom Leser in dieser Form evoziert als auch bei der Aufführung so verkörpert werden soll.

Durch die Kostümvorschriften für Maria und ihr Auftreten im letzten Akt wird auch der Blick auf die Vorstellung einer harmonisierenden Synthese gewissermaßen verstärkt. Dies steht im Gegensatz zu den anderen Regiebemerkungen, die eine solche Interpretation nur bedingt stützen, wie die Analyse gezeigt hat. Für die zeitgenössische Bühnenrezeption von Schillers Stück sind aber Rührstücke von größerem Einfluss als die philosophisch-ästhetischen Konzepte Schillers. Während Eulalia in Kotzebues Stück ohne Widersprüche von allen positiv bewertet und gewissermaßen als ›schöne Seele‹ charakterisiert wird,[246] sind bei Schiller verschiedene Stadien zu unterscheiden; das wird aber vor allem bei der genauen Lektüre offensichtlich. Stellt

---

[244] Die Angabe zu Elisabeths Kostüm bezieht sich auf die Frage, wieviel Zeit der Schauspielerin zwischen ihren Auftritten zur Verfügung steht. Deshalb schreibt Schiller an Iffland: »Noch bitte ich zu verhindern, daß das Stück durch große Zwischenakte nicht verlängert werde. Hier hat es 3 und 1/4 Stunde lang gespielt, aber wenn sich Elisabeth zwischen dem zweiten und dritten Akt ganz umkleiden wollte, so würde das Stück um 20 Minuten unnöthig verlängert. Mein Wunsch ist, daß sie bloß Mantel und Kopfputz ändere.« Brief an Iffland vom 22. 6. 1800. In: Schillers Briefe. Hg. von Fritz Jonas. Band 6, S. 163.

[245] Dass Loewen, der die Regiebemerkungen normalerweise nicht eigens hervorhebt, sondern übersetzt in seine Argumentation einbaut, die Regiebemerkung zu Marias Kostüm als originalen Dramentext, also unübersetzt zitiert wie sonst nur die Figurenrede, zeigt, dass er diese Regiebemerkung für signifikant hält: »When Maria appears on the stage in Scene 6, the stage direction is significant: ›Sie ist weiß und festlich gekleidet‹.« Harry Loewen: The End as the Beginning, S. 173.

[246] Wie bei Kotzebue wird auch Sophie in Ifflands Stück als schöne Seele charakterisiert, und zwar in der Bedeutung, die Johann Georg Zimmermann diesem Begriff gibt (vgl. Kap. 5.1). Diesem widmet Iffland sein Stück, so in der Ausgabe von 1787: »Herrn Hofrath und Leibarzt

man allerdings die durch Kleidung und Schleier gesetzten Zeichen in den Vordergrund – und der visuelle Eindruck prägt in besonderem Maße eine Bühnenumsetzung –, dann verwundert es kaum, dass Schillers Stück im damaligen Aufführungskontext gerade auch durch diese Signale als Rührstück rezipiert wurde.

Vor allem die Figur Marias, die sich etwa in Weimar »nicht genug der Sphäre des bürgerlichen Schauspiels« enthob und »ohne alle tragische Erhebung« spielte, unterstützte eine solche Rezeptionsweise.[247] Für Schauspieler und Zuschauer überwiegen hier Bezüge zu gängigen Aufführungspraktiken von Stücken Ifflands und Kotzebues. Außerdem bekommt der Zuschauer – anders als der Leser – kein intertextuelles Signal an die Hand, da ihm die Regiebemerkung zur »*edeln Würde*« nicht sprachlich, also schwarz auf weiß vermittelt wird. Die optische Erscheinung Marias gewinnt dafür umso mehr an Bedeutung. An Friederike Unzelmann, die unter anderem in Berlin die Maria darstellt, werden das »hochgegürtete, fließende lange Kleid« und die ›malenden Hände‹ betont.[248] Korrespondenzen zum Rührstück und zum Melodrama werden offensichtlich. Im Gegenzug wird die Möglichkeit reduziert, das Stück als klassisches Drama zu rezipieren, als das es in der Forschung eingestuft wird.[249]

Neben den in Briefen und Rezensionen erwähnten zeitgenössischen Aufführungen soll abschließend der Blick auf eine aktuelle Inszenierung, die Sautermeister ins Zentrum eines Aufsatzes stellt, mit zeitgenössichen Dokumenten verglichen werden.[250] Sautermeister begründet die seiner Meinung nach gelungenen Hinzufügun-

---

Zimmermann gewidmet von dem Verfasser.« August Wilhelm Iffland: Bewustseyn! Ein Schauspiel in fünf Aufzügen. Berlin 1787.

[247] Cäcilie: Erste Aufführung der Maria Stuart am 14. Juni 1800. In: Weimar's Album, S. 154: »Gemein wurde die Vohs [Maria] nicht, aber sie wimmerte entweder, oder enthob sich nicht genug der Sphäre des bürgerlichen Schauspiels; sie flüsterte der Elisabeth die argen Schmähungen, worin sich ein in seinen innersten Tiefen verwundetes, zur Leidenschaft gesteigertes Herz ausspricht, halb verstohlen zu, ohne alle tragische Erhebung und großartigen Sinn.«

[248] Vgl. Gertrud Rudloff-Hille: Schiller auf der deutschen Bühne seiner Zeit. Berlin, Weimar 1969, S. 135: »Von der Berliner Schauspielkunst und insbesondere von der Ausdrucksweise der Friederike Unzelmann geben nur die Skizzen Wilhelm Henschels einen lebhaften Begriff. Diese Maria ist rasch beweglich, kaum gehemmt durch das hochgegürtete, fließende lange Kleid, der ganze Köper ist eine einzige Gebärde des Bittens, Drohens oder Anklagens, die Hände ›malen‹ und scheinen überhaupt keine Ruhestellung zu kennen.

[249] Wagner stellt mit Blick auf die zeitgenössische Rezeption fest: »Das Trauerspiel ›Maria Stuart‹ erhält das Prädikat eines Musterbeispiels für ein klassisches historisches Drama.« Jörg Wagner: Die besondere Persönlichkeit der Maria Stuart. Ein Essay zu Schillers Geschichtsdrama »Maria Stuart«. Preetz 2000, S. 20. In der Forschung wird diese Kategorisierung allerdings in Frage gestellt, so meint Pikulik: »Wer indes unter die Oberfläche dieser Bändigungs- und Harmonisierungsbestrebungen schaut, findet hier einen Schiller, der durch ungelöste Widersprüche gekennzeichnet ist und der in das Klischee vom *Klassiker* nicht so recht passen will.« Lothar Pikulik: Schiller und die Konvention. In: Victor Millet (Hg.): Norm und Transgression in deutscher Sprache und Literatur. München 1996, S. 56–74, hier S. 73.

[250] Gert Sautermeister: Aufklärung und Körpersprache. Schillers Drama auf dem Theater heute. In: Karl Richter/Jörg Schönert (Hg.): Klassik und Moderne. FS Walter Müller-Seidel. Stuttgart 1983, S. 618–640.

gen von Bewegungen, Küssen und Umarmungen, die in der Stuttgarter Inszenierung von Günter Krämer die beiden Frauenfiguren[251] in enge Beziehung zueinander bringen, wie folgt:

> Kein Autor, auch nicht ein mit detailversessenen Regie-Anweisungen aufwartender, ist gegen diese komplexe Versinnlichung des Worts durch die theatralische Bilder- und Körperwelt gefeit, denn keiner kann alle Unwägbarkeiten einer Rede mit Vermerken zur stimmlichen und mimischen Modulation absichern, keiner all die Leerräume zwischen seinen Dialogen gänzlich mit Hinweisen zu Schweigepausen, Körperbewegungen, Lichtwirkungen, Raumaufteilungen etc. füllen. Die Füllung ist dem Regisseur und seinen Darstellern als schöpferisches Spiel anheimgestellt – und der Zuschauer kann, durch das Spiel angeregt, provoziert, abgestoßen, es befeuern, zu Akzentsetzungen herausfordern, Einfluß darauf nehmen.[252]

Dass die Regie, deren Rolle im 20. Jahrhundert eine ganz andere ist als zu Schillers Zeiten,[253] das Stück drastisch verändert, indem eigene Regievorstellungen dominant gesetzt werden, stellt im Sinne des Regietheaters kein Problem dar, ganz im Gegenteil. Es entspricht den Erwartungen, die man an einen Regisseur stellt, der ein bestimmtes Profil zeigen und eine eigene Interpretation des Stücks auf die Bühne bringen will. Sautermeister begründet die »Leerräume zwischen den Dialogen«, die gefüllt werden müssen, aber nicht vom Regisseur aus, sondern durch den Text. Hier stellt sich die Frage, ob zusätzliche Gesten und Körperkontakte vom Dramentext aus zu rechtfertigen sind. Zumindest in Inszenierungen des 18. Jahrhunderts kam es nicht zu körperlicher Nähe zwischen den beiden Königinnen – die im Stück auch nicht vorgesehen ist –, sehr wohl aber zwischen Mortimer und Maria Stuart. Mit Blick auf die Weimarer Bühne wurde sie dem Stück zum Vorwurf gemacht, obwohl diese Szene durch die Regiebemerkungen so angelegt ist:

> [...] als der Schauspieler Vohs als Mortimer die Vorschrift (III, 6): *Er presst sie heftig an sich.* im Sinne des Dichters befolgte, erregte er, weil er die Grenze der Mäßigung überschritt, das Missfallen des bereits an den reservierten Stil gewöhnten Publikums.[254]

Houben stellt fest:

> Es kam noch dazu, daß die Scene von Mann und Frau, Herrn und Madame Vohs, dargestellt, und Vohs, der übrigens ein überaus trefflicher Mortimer, sowie sie die schönste Maria Stuart war, wol dadurch noch verführt wurde, weniger ängstlich die schicklichen Schranken zu beobachten; denn er hielt Maria fortwährend in engster Umschlingung und zog sie nach den Coulissen hin – kurz eine bis zur Angst gesteigerte Aufregung theilte sich allen Zuschauern mit, und die Scene wurde dann auch bei den folgenden Vorstellungen sehr gemildert.[255]

---

[251] Darstellerin der Maria Stuart: Elke Lang, Darstellerin der Elisabeth: Sybille Canonica.
[252] Gert Sautermeister: Aufklärung und Körpersprache, S. 619.
[253] Dass Sautermeister hier die Funktion des Regisseurs nicht nur für die moderne Inszenierung rechtfertigt, sondern gewissermaßen auf den aus dem 18. Jahrhundert stammenden Text anwendet, ist ein Anachronismus (zur Funktion des Regisseurs im 18. Jahrhundert vgl. Kap. 1).
[254] Julius Petersen: Schiller und die Bühne, S. 321.
[255] Heinrich H. Houben: Verbotene Literatur von der klassischen Zeit bis zur Gegenwart. Band 1. Nachdruck der Ausgabe Berlin 1924. Hildesheim 1965, S. 554. Nach der zweiten

Es wird beanstandet, dass Herr Vohs es an der nötigen »Bühnen-Decenz« fehlen lasse:

> In seiner glühenden Begeisterung für Maria überschritt er, wenn auch nach dem Willen des Dichters, die Grenzen der Bühnen-Decenz, indem er die Maria oft ungestüm umfaßte.[256]

Petersen stellt in diesem Zusammenhang fest, dass man sich »im weimarer tragischen Stil an Stelle aller Umarmungen drei Schritte vom Leibe blieb«.[257] Während Mortimer also engen Körperkontakt zu Maria sucht – einer Figur gegenüber, die Schiller immer »als ein physisches Wesen halten« will –,[258] ist dies bei Elisabeth gerade nicht der Fall. Küsse und Den-Kopf-in-den-Schoß-Legen der beiden Königinnen – wie sie in der Stuttgarter Inszenierung vorkommen – nivellieren Unterschiede, die durch die von Schiller gesetzten Regiebemerkungen zwischen den beiden Frauenfiguren angelegt sind. Sautermeisters These, die er im Zusammenhang mit Isers Leerstellen-Theorie aufstellt, muss in ihrem Erkenntniswert für Dramentexte insofern angezweifelt werden, als Leerstellen nicht beliebig gefüllt werden können, zumindest dann nicht, wenn die eigenen Hinzufügungen die an anderer Stelle vorhandenen Regiebemerkungen konterkarieren. Dies ist der Fall, wenn nicht beachtet wird, dass Elisabeth sich im Stück gerade durch fehlenden Kontakt zu anderen weiblichen Figuren auszeichnet. Die Figurenkonzeptionen eines Dramentextes verlaufen demnach nicht allein über die Figurenrede, sondern auch über die Regiebemerkungen, gerade wenn diese so unterschiedlich ausfallen wie bei den dramatis personae in Schillers Stück. Hier kann man nicht von der notierten Gestik der einen Figur auf die imaginierte Gestik der anderen Figur schließen. In Stuttgart wird nach Sautermeister hingegen eine »Aura solidarischer Fühlungnahme verfeindeter Frauen« geschaffen:[259]

Vorstellung musste Vohs die Rolle an seinen Kollegen Haide abgeben, vgl. Ernst Christian Wilhelm Weber: Zur Geschichte des Weimarischen Theaters. Weimar 1865, S. 48f.

[256] Ernst Christian Wilhelm Weber: Geschichte des Weimarischen Theaters, S. 48. Ob sich der ›Wille des Dichters‹, von dem hier die Rede ist, auf die Regiebemerkung oder auf briefliche Äußerungen Schillers bezieht, bleibt unklar. In folgender Rezension ist ein impliziter Bezug auf die Regiebemerkungen hingegen deutlich erkennbar, wenn bemerkt wird, dass spätere Schauspielerinnen »der Vorschrift des Dichters« nicht so genau folgten, sie also die Bewegungsvorschriften, die der klassischen Tragödie widersprechen, nicht umsetzten: »[...] diejenigen, welche diese Rolle später spielten, folgten nicht so genau der Vorschrift des Dichters und thaten besser daran.« Cäcilie: Erste Aufführung der Maria Stuart am 14. Juni 1800. In: Weimar's Album, S. 154.

[257] Julius Petersen: Schiller und die Bühne, S. 321. Petersen führt aus, dass im bürgerlichen Rührstück Umarmungen erlaubt gewesen seien, nicht aber in der Tragödie (S. 402).

[258] Zur affektdramaturgischen Konzeption Marias, die Schiller nicht mehr nach der idealistischen Idee des Pathetischerhabenen zeichnen möchte, vgl. Schillers Brief an Goethe vom 18.6.1799. In: Schillers Briefe. Hg. von Fritz Jonas. Band 6, S. 45f., hier S. 46.

[259] Buck beschreibt die beiden weiblichen Hauptfiguren in der Stuttgarter Inszenierung passend als »zärtliche Schwestern« und stellt damit Anklänge an das empfindsame Schauspiel her: »Günter Krämer inszenierte dann 1982 in Stuttgart ganz deutlich diese Utopie [der Solidarität unter Frauen], indem seine beiden Königinnen sich als zärtliche Schwestern umarmen und miteinander tanzen.«, Elmar Buck: ›Maria Stuart‹ – Die staatskluge Aktion durch Frauenphantasien verwickeln. In: Bernhard Zeller (Hg.): Schau-Bühne, S. 141–148,

Die Stuttgarter Aufführung [...] [kontrapunktiert] den hochfahrenden Kaltsinn der Elisabeth-Reden [...] durch ihre mitfühlende Körperlichkeit. Diese Kontrapunktik erinnert daran, daß selbst eine so willensstarke Frau wie die englische Königin stets mehr ist als nur konkurrenzgeleitetes Weib und klügelnde Politikerin: stets auch schwesterlich empfindende Gefährtin, sei's auch sprachlos, unbewußt.[260]

Im Stück ist Maria die Figur der Vertrauten, ihre Amme, zugeordnet, und beim rührenden Schlusstableau sind weitere Frauen präsent, die körperlich zu ihr in Kontakt treten. Elisabeth aber befindet sich nie in körperlicher Nähe zu einer anderen weiblichen Figur; nur in der Begegnungsszene der beiden Königinnen steht sie einer Frau gegenüber.

Wenn man die Regiebemerkungen beim Wort nimmt und zueinander in Beziehung setzt, ergibt sich eine Art von Textur, die palimpsestartig hinter der Figurenrede erscheint und an der Konstituierung der Figur deutlich beteiligt ist. Das, was Sautermeister an der Stuttgarter Aufführung gutheißt, wird so geradezu ausgeschlossen. Sautermeister räumt selbst ein, dass Schillers Regiebemerkungen die in der Stuttgarter Inszenierung zugrunde gelegte Interpretation nicht stützen – »Gewiß, weder Elisabeths Reden noch Schillers Regiebemerkungen geben hier etwas von dieser Menschlichkeit preis« –, suggeriert durch die Wortwahl ›preisgeben‹ aber eine weitere Ebene außerhalb von Figurenrede und Regiebemerkungen. Da er die vorhandenen Regiebemerkungen bei seinen Äußerungen zur Stuttgarter Inszenierung völlig ausblendet,[261] wird auch sein Bezug auf Iser zweifelhaft, denn es werden nicht nur etwaige Leerstellen gefüllt, wie Sautermeister meint, sondern auch die vorhandenen Signale und Charakterisierungen im Stück gestrichen.[262]

Im Zusammenhang mit Sautermeisters Lob der Stuttgarter Aufführung lohnt ein Seitenblick auf eine Bemerkung Schillers zum *Don Karlos*. Dort spricht er sich dezidiert gegen eine prononcierte Gestik und Mimik aus, und zwar ebenfalls bei einer bestimmten dramatischen Figur, nicht generell das gesamte Stück betreffend:

---

hier S. 147. Treffend führt Buck aus, dass die Anrede ›Schwester‹ historisch eine andere Bedeutung hat als die von der Stuttgarter Aufführung dominant gesetzte. Maria reklamiere mit dieser Anrede in erster Linie die Standeszugehörigkeit, während das Wort ›Schwester‹ heute »auf eine Geschlechtssolidarität« verweise, S. 145.

[260] Gert Sautermeister: Aufklärung und Körpersprache, S. 637.
[261] Ebd., S. 636.
[262] Nach Iser müsste außerdem zwischen Unbestimmtheits- und Leerstellen differenziert werden (vgl. Wolfgang Iser: Der Akt des Lesens, S. 280–287), während Sautermeister unterschiedslos alle im Text nicht markierten Stellen als ›intendierte Leerstellen‹ im Sinne Isers versteht, die vom Kontext her erwartbare Reaktionen des Lesers während des Leseprozesses auslösen. Anders als etwa Jauß geht es Iser außerdem um eine textimmanente Methode, die auch deshalb für die Anwendung auf Theateraufführungen ungeeignet erscheint.

Der Grossinquisitor darf fast gar keine Mimik haben, seine ganze Sache ist Declamation, deutliche starke Vorlegung des Textes.[263]

Hier liegt eine figurenbezogene Äußerung zur Aufführungspraxis vor, die in den Regiebemerkungen sozusagen ihren Niederschlag fand, denn in diesem Sinne wurden bis auf eine Anweisung – »*mit unwilligem Kopfschütteln*« (V, 10) – 1801 alle Bewegungsvorschriften aus dieser Rolle gestrichen. Schiller äußert sich hier wiederum brieflich über die von ihm gewünschte Interpretation einer Rolle, ohne selbst Bezüge zu den Regiebemerkungen herzustellen. Die unterschiedlichen Fassungen des *Don Karlos* aber zeigen, dass im Anschluss an seinen Brief Regiebemerkungen gestrichen werden, um eine Figur in einer bestimmten Weise zu charakterisieren. Umgekehrt ist wichtig, dass vor allem die Regiebemerkungen hier die Profilierung einer Figur bewirken. Implizit geben die Änderungen so einen Hinweis auf den wichtigen Stellenwert dieser Textsegmente, da etwaige Setzungen und Streichungen den Dramentext und dessen Figurenzeichnung deutlich ändern.

Zusammenfassend ist festzuhalten, dass bestimmte Gattungen, etwa bürgerliches Trauerspiel und Rührstück, Regiebemerkungen favorisieren, während die klassische Tragödie diese reduziert oder sogar rundweg ausschließt. Schiller aber nutzt in allen seinen Stücken die Disponibilität der Regiebemerkungen.[264] So wendet er sich in seinen klassischen Stücken nicht, etwa im Sinne der französischen Klassik, generell gegen Regiebemerkungen. Zwar stattet er die Personenverzeichnisse unterschiedlich stark mit Angaben zu den Figuren aus. Hier setzt er genretypische Signale, so könnte man sagen; das haben die Personenverzeichnisse des *Fiesco* und der *Räuber* im Vergleich mit *Maria Stuart* gezeigt. Die Stücke hingegen – selbst seine Versdramen[265] – sind durchlässig für Regiebemerkungen, die sich nicht innerhalb genretypischer Grenzen bewegen. So werden die Königinnen über qualitativ verschiedene Formen von Gestik und Mimik als Figuren konstituiert: Nahsinne, etwa Berührungen und Umarmungen, bei Maria – Fernsinne, vor allem der Blick, bei Elisabeth.

Von Interpreten und Regisseuren werden die Regiebemerkungen, wenn auf sie Bezug genommen wird, in signifikant unterschiedlicher Weise dominant gesetzt.[266] Während Interpretationen, die den moralphilosophischen Diskurs Schil-

---

[263] Schillers Brief an Schröder vom 4.7.1787. In: Schillers Briefe. Hg. von Fritz Jonas. Band 1. Stuttgart [1892], S. 348–350, hier S. 348.
[264] Auch in seinen Übersetzungen, etwa in Racines *Phèdre*, fügt Schiller Regiebemerkungen hinzu, die Bewegungen und Gefühlsreaktionen beschreiben (s. Kap. 1).
[265] Nicht nur in *Maria Stuart*, *Don Karlos* und *Wallenstein* setzt Schiller Regiebemerkungen, sondern selbst in der *Braut von Messina*, die mit der Wiedereinführung des Chors auf programmatische Weise klassische Ziele verfolgt.
[266] Auch in der zeitgenössischen Rezeption fällt auf, dass Rezensenten, die sich allein auf eine Aufführung beziehen, die Figuren tendenziell anders bewerten als vermutliche Kenner des Dramentextes. Letztere stellen Züge heraus, die sich vor allem aus den Regiebemerkungen erklären: »Ihr [Madame Eule als Königin Elisabeth] majestätischer Anstand, der *tiefforschende und lauernde Blick* bei den vorkommenden heuchlerischen Scenen; die

lers zu seinem Stück in Beziehung setzen und dabei im Sinne des Erhabenen argumentieren, die Regiebemerkung zur »*edeln Würde*« in den Vordergrund stellen,[267] spielt für andere, die eine harmonisierende Lesart favorisieren, nicht die Würde, sondern ihre »*weiße und festliche*« Kleidung die Hauptrolle: So können sie die »Synthese der menschlich-privaten und geschichtlich-politischen Motive«[268] erklären. Ähnlich wird bei der Figur Elisabeths die Regiebemerkung zur ›Fassung‹ ganz am Ende des Stücks entweder dominant gesetzt oder überlesen, für die Aufführung sogar gestrichen, das zeigte das Leipzig-Dresdner Bühnenmanuskript.

Die Diskrepanz zwischen ›intertextuellen‹ Regiebemerkungen, die nur für den Leser und Kenner[269] von Schillers philosophisch-ästhetischen Schriften verstehbar sind, und dem Kostüm, das die Unschuld Marias betont, ist offensichtlich. Da *Maria Stuart* fraglos als Text der Hochliteratur eingestuft wird, sucht man in der Forschung nach intertextuellen Bezügen, anders als etwa bei Kotzebue. Dort, bei einem negativkanonisierten Autor,[270] werden auch in der Forschung ausschließlich Bezüge zum Rührstück betont. Die Zuschauer aber sind zumindest zeitgenössisch bei beiden Autoren eher an familialen Prozessen interessiert als an historischen. Für diese bietet sich Maria mit weißem Kleid und körperbetonter Gestik als Projektionsfläche an, so dass die entsprechenden Regiebemerkungen in diesen Aufführungen genutzt, umgesetzt und in der Rezeption hervorgehoben werden.

Dass zeitgenössische Rezensionen Maria rührende Aspekte zuschreiben und für die Reaktionen auf das Stück eine Dramenstelle verantwortlich machen, die sich durch viele, dem Rührstück ähnliche Regiebemerkungen auszeichnet, dürfte nach den bisherigen Ausführungen kaum verwundern. Zu Recht stellt Frommer fest, dass die Rezeptionsgeschichte der *Maria Stuart* Schillers Vorhersage, seine Maria werde

---

allmählich steigende, und endlich hochentflammte *Wuth* bey der Zusammenkunft mit Marien.« (Hervorhebungen A.D.) Annalen des Theaters, zur Hamburger Erstaufführung im Oktober 1801 zitiert nach: Johannes Hoffmann: Schillers ›Maria Stuart‹ und ›Jungfrau von Orleans‹ auf der Hamburger Bühne in den Jahren 1801–1848. Greifswald 1906, S. 33.

[267] Vgl. Peter Schäublin: Der moralphilosophische Diskurs; Horst Turk: Pragmatismus und Pragmatik, wenn auch mit unterschiedlichem Impetus.

[268] Vgl. Gert Sautermeister: *Maria Stuart*, S. 331; Sautermeister bezieht sich auf die Regiebemerkung »*sie ist weiß und festlich gekleidet*«, S. 324; die »*edele Würde*« wird von ihm nicht erwähnt.

[269] Vgl. Gerhard Lauer: Klassik als Epoche – revisited. Ein Beitrag zur Systematik des Epochenbegriffs. In: Mitteilungen des Deutschen Germanistenverbandes 49/3 (2002), S. 320–328, hier S. 326: »Wer die katholisierende Darstellung der Maria mit der Diskussion um das Erhabene verknüpft, setzte philologisch gesehen voraus, Schiller habe bei der Konzeption seines Textes diese Debatte als für seine Leser bzw. Zuschauer bekannt vorausgesetzt.«

[270] Vgl. Simone Winko: Negativkanonisierung (s. Kap. 5.1).

»keine weiche Stimmung erregen«, im Wesentlichen widerlegt hat.[271] Dies belegen schon zeitgenössische Rezeptionsdokumente:

> Die traurige Katastrophe, Mariens zärtlicher Abschied von ihrer treuen Amme und von ihren übrigen Bedienten und Hausgenossen, ist so rührend und herzschmelzend dargestellt, daß gewiß wenig Zuschauer seyn werden, deren Augen sich nicht mit Thränen füllen.[272]

Dass Schiller selbst diese Rezeption vor allem durch seine Regiebemerkungen nahe legt, ist bisher hingegen kaum berücksichtigt worden.

---

[271] Harald Frommer: Lernziel: Leserrolle, S. 65.

[272] Janus, eine Zeitschrift auf Ereignisse und Thatsachen gegründet I (1800); abgedruckt in: Herbert Koch: Zwei unbekannte Schiller-Rezensionen. In: Jahrbuch der Deutschen Schillergesellschaft 6 (1962), S. 178–183, hier S. 182f. Ganz ähnlich fallen die Reaktionen auf die Berliner Aufführung im Januar 1801 aus: »Marie ist die Hauptperson des Dramas; für sie will der Dichter gewinnen, ihr Unglück soll uns rühren.« Vgl. Eumonia. Berlin. April 1801, S. 349–353; abgedruckt in Julius W. Braun (Hg.): Schiller und Goethe im Urtheile ihrer Zeitgenossen. Abth. 1. Band 3. Leipzig 1882, S. 84–87, hier S. 86.

6 Schluss

Die vorliegende Arbeit nimmt die weit verbreitete Feststellung auf, dass die Regiebemerkungen in deutschsprachigen Dramen des 18. Jahrhunderts angeblich keine oder nur eine rudimentäre Bedeutung haben. Zwar hat vor allem die französische Forschung, verbunden mit der Einführung der »Didaskalie« (Anne Ubersfeld) als feststehendem Begriff für den Bereich der Regiebemerkungen, methodische Voraussetzungen zur Untersuchung des Gegenstandes geschaffen und gerade in den letzten Jahren Systematisierungsversuche vorgelegt. In der Germanistik aber wurden diese Forschungsergebnisse kaum rezipiert. Man steht hier immer noch vor einem kaum analysierten terminologischen und vor allem interpretatorischen Problem.

Der vorgelegte Versuch, die Regiebemerkungen in überwiegend deutschen Dramentexten vom frühen 18. Jahrhundert bis zu Goethe, Schiller und Kotzebue unter Berücksichtigung Diderots genauer zu analysieren, erweist sich dabei in mehrfacher Hinsicht als überfällig. Im Gegensatz zu den Dialogpartien eines Dramas werden die Regiebemerkungen, obwohl sie in den Dramen der genannten Autoren präsent sind, meist erst ab dem Naturalismus ernst genommen. Wenn sie mit Bezug auf frühere Texte dennoch einen Untersuchungsgegenstand darstellen, dann meist mit Blick auf ihre Transposition in der Theateraufführung, nicht aber als Text, der seine Funktion beim Lesen erfüllt. Als Hauptresultate der Untersuchung haben sich folgende Aspekte ergeben: Bisherige Typologisierungen – soweit diese überhaupt unternommen wurden – greifen schon für Dramen des 18. Jahrhunderts zu kurz. Die Frage nach theaterbezogenen Angaben bzw. Graden ihrer Fiktionalisierung erfordert eine systematische Unterscheidung verschiedener Formen von Regiebemerkungen. Die Berücksichtigung impliziter Regiebemerkungen im Verhältnis zu expliziten erweist sich besonders für die erste Hälfte des 18. Jahrhunderts als unerlässlich. Grundlegende Veränderungen der *eloquentia corporis* auf der Bühne sind nicht mit einer neuen Form der verschriftlichten *eloquentia* in eins zu setzen – der Zusammenhang ist ungleich komplizierter. In historischer Perspektive genügt es nicht, einen einzigen Erklärungsansatz zu veranschlagen, da Regiebemerkungen zu verschiedenen Kontexten in Beziehung gesetzt werden müssen.

Ein wichtiger Aspekt ist dabei zunächst, welche Definitions- und Typisierungsversuche zugrunde gelegt werden können. Schon im 18. Jahrhundert gibt es Phasen, in denen die Regiebemerkungen quantitativ deutlich zunehmen, so dass gängige Minimaldefinitionen für Regiebemerkungen, nach denen es sich um Bemerkungen vor, in, zwischen oder nach den direkten Reden im Drama handelt (Klaus Weimar), in einem wichtigen Punkt erweitert werden müssen. Sie erhalten in der Extremform so großes Eigengewicht, dass sie nicht ausschließlich über den Bezug zur Figurenrede definiert werden können, da z.T. ganze Szenen nur aus Regiebemerkungen bestehen. So nehmen sie in den Wiedererkennungsszenen bei Iffland und Kotzebue – in *Menschenhaß und Reue* ist diese nur aus Regiebemerkungen zusammengesetzt – wie auch bei Diderot in seinen umfangreichen Tableaus breiten Raum ein. Spätestens vor diesem Hintergrund wird offensichtlich, dass Ingardens Bezeichnung ›Nebentext‹ zu kurz greift. Der Begriff des ›Textraums‹ wurde in der vorliegenden Arbeit eingeführt, um die Regiebemerkungen zunächst nicht hierarchisch vom Raum der Figurenrede abzugrenzen, wie dies häufig der Fall ist (Ingarden; Sterz), sondern um beiden Textbereichen ein zunächst gleiches analytisches Interesse entgegenzubringen. Die Regiebemerkungen sind nicht vom Dramentext ablösbar und können diesem nur selten im Sinne eines Paratextes an die Seite gestellt werden; vielmehr sind sie für die Bedeutungsgenerierung konstitutiv. Hier erweist sich der Rückgriff auf erzähltheoretische Termini als erhellend, denn auf diese Weise kann der Bereich der Regiebemerkungen differenziert werden, da er in den hier analysierten Texten das Geschehen unterschiedlich perspektiviert: Die Regiebemerkungen können als gleichsam letzte Instanz jenseits der Figurenrede eine bedeutungsvereinigende Ebene schaffen. Die eingeschränkte Figurenperspektive wird in diesen Fällen durch eine übergeordnete Sicht ergänzt, so dass die Sinnkonstitution des Textes durch die Regiebemerkungen initiiert wird, etwa in Lessings *Jungem Gelehrten*. Dort wird die Gelehrsamkeit der Haupt- und Titelfigur nicht vornehmlich innerhalb der Figurenrede, sondern in den Regiebemerkungen als Attitüde entlarvt.

Außerdem kann in theoretischen Überlegungen (Johann Elias Schlegel), aber auch in der theaterpraktischen Durchführung (August von Kotzebue) sozusagen ein prononcierter ›allwissender Erzähler‹ auftreten, der außerhalb der Erzählfiktion steht und das Geschehen bzw. die Schauspieleraktionen kommentiert. Das andere Extrem besetzen solche Regiebemerkungen, die eine stark eingeschränkte Sichtweise auf die Figuren geben und die Dialogpartien vor allem in Form von Innensichten komplettieren (»*Der Komtur merkt, was hinter ihm vorgeht*«, Diderot). Erst in der zweiten Hälfte des 18. Jahrhunderts finden sich einschränkende Perspektivierungen, während zu Beginn des Jahrhunderts die Regiebemerkungen eine gesicherte Deutungsebene darstellen. Diesem Textraum können somit objektivierende Qualitäten zugeschrieben werden, wenn er ›auktorial‹ – also im Sinne eines allwissenden Erzählers – besetzt wird, aber auch subjektivierende Züge in Form von eingeschränkten Figurenperspektiven. Solche Innensichten, die in gewisser Weise die weitgehend fehlenden Monologe ersetzen, rücken den Dramentext und ausgewählte Figuren in eine besondere Nähe zum Rezipienten. Dieser erhält Einblicke in das Innenleben bestimmter Figuren, etwa bei Stolzius in Lenz' *Die Soldaten*, der als »*kaltblütig*« beschrieben wird und dessen Intentionen dem Leser offenbart werden, wenn er Servietten auflegt, »*um Gelegenheit zu haben, länger im Zimmer zu bleiben*« und dabei seinen Rivalen zu belauschen.

So wie Martinez/Scheffel mit Bezug auf Genette den dramatischen Modus auf Erzähltexte anwenden, kann man für Dramentexte umgekehrt den narrativen Modus produktiv machen, und zwar in den Fällen, in denen Unmittelbarkeit und mimetische Illusion reduziert werden, das reine Erzählen hingegen ausgebaut wird – das zeigt ein Text wie Gerstenbergs *Ugolino*. ›Kannibalisch‹ wirkt in diesem Fall vorzugsweise der Text, da der Imaginierung dort durch Passagen, die metaphorisch, aber auch als implizite Regiebemerkungen aufgefasst werden können, kaum Grenzen gesetzt sind – so wenn der Vater dem Sohn vorwirft: »Du Greuel meiner Augen! der du wie ein bösartiger Krebs deiner Mutter Busen zernagst!« In Ansätzen zeigen hier auch die expliziten Regiebemerkungen eine Tendenz zur Metaphorik, die für diesen Textraum allgemein nur in Ausnahmen, verstärkt jedoch in der zweiten Hälfte des 18. Jahrhunderts (Lenz, Schiller, Kotzebue), festgestellt werden konnte, wenn z.B. ein Protagonist Blicke wirft, »*in welchen sein Herz schwimmt*«, oder einem anderen »*der Kamm zu schwellen beginnt*«. Im Sturm und Drang wird die exaltierte Sprache mit der Verwendung von Neologismen, Oxymora und metaphorischen Ausdrücken auf die Regiebemerkungen ausgedehnt. Besondere Effekte werden so in der geschriebenen Sprache erzielt, wenn es etwa bei Schiller heißt »*mit schrökhafter Beruhigung*«, »*sinkt durchdonnert zu Boden*«, »*viehisch um sich hauend*«, »*mit frechem Zähnblöken gen Himmel*«; hier werden Substantiv und Verb durch denselben Bildbereich miteinander verbunden, wobei das »Zähnblöken« – anders als das zum konventionellen Repertoire zählende Zähneknirschen – nicht als Theatergeste kodifiziert ist.

Die exemplarischen Analysen zeigen, dass nicht nur der Umfang der Regiebemerkungen beachtenswert ist. Statistische Angaben zu den Regiebemerkungen, die in der Forschung als Beleg für deren Stellenwert angeführt werden (Gallèpe), sind allein wenig aufschlussreich: Zum einen wird dabei ihre textliche Verfasstheit kaum berücksichtigt. Zum anderen sind die Regiebemerkungen nur selten gleichmäßig über den Dramentext verteilt. Vielmehr können sie als Indikator für signifikante Szenen dienen, da sie sich gehäuft an Schlüsselstellen in so unterschiedlichen Stücken wie dem *Jungen Gelehrten*, den *Zärtlichen Schwestern*, in Rührstücken wie denen Kotzebues und Ifflands, aber auch in Versdramen wie Schillers *Maria Stuart* finden. Die vorliegende Arbeit macht offensichtlich, dass der heuristische Gewinn einer Untersuchung von Regiebemerkungen erst dann voll zum Tragen kommt, wenn sie in einem synthetischen Ansatz mit der Interpretation der Stücke verbunden wird. Diese Relektüren können zur Fokussierung bisher wenig beachteter Phänomene wie der unterschwelligen gegensätzlichen Figurencharakterisierung führen.

Dass Regiebemerkungen in dramentheoretischen Schriften meist nicht normiert, ja gar nicht berücksichtigt werden, erweitert ihren Verwendungsspielraum. Anders als bei der *liaison des scènes*, dem Monolog oder der Einheit des Ortes fehlen Reglementierungen in Poetiken. Weder in Gottscheds *Critischer Dichtkunst* noch in anderen dramentheoretischen Schriften werden sie thematisiert; eine Ausnahme bilden französische Bezugstexte von Corneille und d'Aubignac, so dass auch von hier aus das verstärkte Interesse an diesem Textraum in Frankreich zu erklären ist, das sich gewissermaßen bis zu Diderots Systematisierungsversuchen fortsetzt. In deutschsprachigen Stücken hingegen stehen die Regiebemerkungen aufgrund der beschriebenen Normierungslücke letztlich immer zur Disposition.

Innerhalb der eingangs aufgestellten Typologie werden unterschiedliche Grundmuster sichtbar. Theaterbezogen werden im 18. Jahrhundert vor allem Regiebemerkungen formuliert, die Bühne und Requisiten betreffen. Diese haben noch keinen eigenen Stellenwert, sondern dienen überwiegend – wie im 16. und 17. Jahrhundert – als Hintergrund und zur Ausschmückung. Hier finden sich in der Mehrzahl der Dramentexte Ausdrücke, die auf nicht-fiktionale Denotate verweisen wie »*Bühne*«, »*Schauplatz*«, »*Coulisse*«. Daneben spielt die Ausrichtung an Vorgaben für bestimmte Bühnen und Aufführungsmodi eine Rolle, so bei aufführungsbezogenen Gattungen wie dem Fest- und Vorspiel, die Friederike Caroline Neuber mit dem elaborierten Charakter des Bühnenbildes und genauen Stellungsangaben der allegorischen Figuren fortschreibt.

Auf dem Gebiet der bühnenbezogenen Regiebemerkungen dürften naturalistische Texte des 19. Jahrhunderts, die Räumen, Einrichtungen und dem Milieu einen höheren Stellenwert beimessen, andere Ergebnisse liefern als Texte des 18. Jahrhunderts. Ansätze finden sich schon in den hier untersuchten Dramen. So wird bei Diderot gewissermaßen eine Vorstufe des Naturalismus mit ausgeprägten Regiebemerkungen – ebenfalls gerade zu Beginn der Dramentexte bzw. Akte – deutlich, die Räume und Figuren zueinander in Beziehung setzen. Diderot wie auch Lenz lassen sich dabei von realen Bühnenformen nicht erkennbar beeinflussen. Sie richten sich nicht nach konkreten Bühnenverhältnissen und Theaterrequisiten, während Goethe diese Gegebenheiten im Blick hat und theaterbezogen formuliert, so wenn in den Regiebemerkungen auf die Bühnenverhältnisse bezogen von der »*Diagonale*« die Rede ist, in der die Schauspieler sich bewegen sollen.

Die Figuren werden schon im 18. Jahrhundert häufig über fiktionsinterne Angaben charakterisiert, so dass der Figurenaufbau sich demjenigen narrativer Texte annähert. Festzuhalten ist, dass Unterschiede der Figurencharakterisierung vor allem innerhalb der Regiebemerkungen zu beobachten sind, da entweder Theaterfiguren konzipiert werden – wenn konventionelle Theatergesten wie »*mit gerungenen Händen*« sie begleiten – oder Figuren, die durch Innensichten und Stilisierungen innerhalb der Erzählfiktion gestaltet werden. Ein Anstieg der Regiebemerkungen zur Proxemik wird schon bei Gellert deutlich – also im Umkreis der Empfindsamkeit. Einen Höhepunkt stellen Stücke von Iffland und Kotzebue dar, deren Wirkungspotential im Sinne von Rührung und Mitleid auf diese Weise verstärkt wird.

Eine wichtige Funktion erfüllen die Regiebemerkungen für die Figurenkonzeption durch typisierte Verteilungen. So sind die Angaben zu Dienerfiguren häufig auf körperliche Aktionen beschränkt, die entweder mit situationskomischen Szenen oder der Beschaffung von Requisiten zusammenhängen, während Gestik und Mimik wie auch differenzierte Gefühlszustände nur bei den Hauptfiguren profiliert werden. Darüber hinaus werden Figuren bzw. Figurengruppen zunächst über Zuordnungen charakterisiert, etwa wenn markiertes/nicht-markiertes Lachen den Gegensatz zwischen lasterhaft/tugendhaft unterstützt (Luise Adelgunde Victorie Gottsched). In diesen Fällen verstärken die Regiebemerkungen die vorgegebenen Typisierungen. Sie haben komplettierende Qualitäten und lenken die Empathie der Rezipienten.

Auf der anderen Seite können sie aber auch die Funktion übernehmen, den in der Figurenrede vorgenommenen Charakterisierungen zu widersprechen. So werden die weiblichen Protagonisten in Gellerts *Die zärtlichen Schwestern* gegenläufig zur Figurenrede charakterisiert: empfindsam (Julchen) bzw. zornig (Lottchen). Sie dienen damit einer unterschwelligen Nuancierung der Charaktere, wie sie nicht im Rahmen der Figurenrede geleistet werden kann.

Diskrepanzen zwischen der Charakterisierung im gesprochenen Text und in den Regiebemerkungen führen zu Neuakzentuierungen der Stücke; so konnten, etwa bei Lenz' *Der neue Menoza*, Revisionen der bislang in der Forschung vorherrschenden Figurencharakterisierung vorgenommen werden. Die Regiebemerkungen eröffnen hier zusätzliche Interpretationsmöglichkeiten, so dass die Protagonisten (Wilhelmine – Tandi) nicht mehr ungebrochen dem Schema der Commedia dell'arte zuzuordnen sind (Walter Hinck), sondern empfindsame Züge aufweisen. Außerdem kann die Charakterisierung über qualitativ verschiedene Gesten verlaufen, so wenn in Schillers *Maria Stuart* der Figur der Elisabeth überwiegend Ferngesten (Blick), Maria Nahgesten (Berührungen und Umarmungen) zugeordnet werden. Auf diese Weise werden die Konkurrentinnen auf einer zweiten, jenseits der Deixis angesiedelten Ebene in unterschiedliche Kontexte eingebunden, die höfische oder die familiale Sphäre. Die Entgegensetzung der beiden Protagonistinnen kann somit verdeutlicht werden und tendenziell verschiedene Rezeptionsweisen des Dramas vorbereiten – als Tragödie oder Rührstück.

Die impliziten Regiebemerkungen stellen die Forschung vor zusätzliche Systematisierungsprobleme. Da sie methodisch nur schwer zu fassen, außerdem nicht trennscharf von der Wortkulisse zu unterscheiden sind, werden sie selbst in Arbeiten zu Regiebemerkungen häufig von vornherein aus der Untersuchung ausgeschlossen (Gallèpe; Calore). Die Tendenz der Entwicklung von einem impliziten hin zu einem expliziten Anmerkungssystem, die in der vorliegenden Arbeit für die erste Hälfte des 18. Jahrhunderts nachgewiesen wurde, kann aber nur vor dem Hintergrund beider Anmerkungssysteme beschrieben werden, was von der Forschung bisher nicht genügend in Rechnung gestellt wurde. Die Umbruchsituation wird besonders augenfällig an Positionen, die in Dramentexten meist markiert werden. So werden die Abgänge von der Antike bis zur französischen Klassik zunächst nur implizit, dann häufig doppelt gekennzeichnet, bis sich im 18. Jahrhundert mit »*geht ab*« eine konventionelle explizite Form etabliert, die schon zuvor konkurrierend gebrauchte lateinische Formen wie »*exit*« ablöst. Auch bei den Bezeichnungen der Auftritte setzt sich eine gewisse Vereinheitlichung durch: So wird meist der Name des jeweiligen Sprechers in Kapitälchen gesetzt – markierte Abweichungen, etwa bei Diderot, sind jetzt von dieser Konvention aus zu beurteilen.

Auch in Bezug auf die Tempuswahl ist eine Normierung eingetreten. Anders als im 16. und 17. Jahrhundert sind Regiebemerkungen jetzt weitgehend einheitlich im Präsens formuliert, so etwa in den Stücken Caroline Neubers im Unterschied zu Texten von Rist und Schottel. Außerdem kann an den Tempusformen die unterschiedliche Funktion der Texte abgelesen werden: Fest*beschreibungen*, die als historisches

Dokument zu verstehen sind und durch die ein einmaliges Geschehen memoriert werden soll (Präteritum), stehen neben Fest*spielen*, die für die Wiederaufführung gedacht sind (Präsens).

Der doppelten Markierung von Gebärden konnte in der zweiten Hälfte des 18. Jahrhunderts – etwa bei Lenz – eine andere Funktion zugeschrieben werden als zuvor. Anders als in Johann Elias Schlegels *Stummer Schönheit* und Lessings *Jungem Gelehrten* ist diese hier nicht als Bekräftigung der Geste oder durch die Umbruchsituation zu erklären, vielmehr stellt sie die beschriebene Geste in Frage. Verantwortlich hierfür ist die freie Verfügbarkeit von Gesten, die sich in einer Art Verselbstständigung der Signifikanten zeigt. Auch hier genügt es nicht, die Regiebemerkungen separat zu erfassen; sie müssen als Komplement zur Figurenrede verstanden und interpretiert werden. Da die implizite inzwischen weitgehend durch eine explizite Markierungsweise abgelöst wurde, erübrigt sich in der Folge gewissermaßen erstere. Wenn dennoch redundante Setzungen zu verzeichnen sind, dienen sie nicht mehr der Bekräftigung, sondern sind Zeichen von Übertreibungen. So ist in Lenzens *Der neue Menoza* zwischen echten Ohnmachten, die nur explizit beschrieben werden, und falschen Ohnmachten zu unterscheiden, die zunächst implizit von den dramatis personae selbst benannt und ins Spiel gebracht, dann zusätzlich in einer expliziten Regiebemerkung als intendiert erwähnt werden und sich so als gewollte ›Umfaller‹ erweisen. Die impliziten Regiebemerkungen haben hier ihre unmittelbar affirmative Funktion eingebüßt und können deshalb auch zur Markierung einer Distanz instrumentalisiert, also ironisch gesetzt werden.

Überraschenderweise ist auch die gegenläufige Bewegung, eine Ablösung expliziter durch implizite Regiebemerkungen, zu beobachten. Allerdings ist dieses Vorgehen auf Fälle der speziellen Bearbeitung von Dramentexten beschränkt. Darin könnte ein Bezug zur deutschen Klassik gesehen werden, indem erneut das ›Bereden‹ und die Figurenrede an Gewicht gewinnen. Die Befunde zu Stücken Goethes und Kotzebues zeigen aber, dass sich die impliziten Regiebemerkungen rein theaterpraktisch gesehen gewissermaßen als brauchbarer erweisen, so wenn statt »*er schweigt*« in der umgearbeiteten Fassung von Kotzebues *Menschenhaß und Reue* »Ich schweige« steht. Das Schweigen wird so auf jeden Fall auch bei einer Bühnenrepräsentation vermittelt, und Umsetzungsprobleme erübrigen sich. In die Dialogpartien eingebaut, gelangen die Informationen garantiert an den Zuschauer bzw. Zuhörer, während sie innerhalb einer expliziten Regiebemerkung im Transformationsprozess verloren gehen könnten – ein Problem, das sich beim Drama als Lesetext nicht stellt.

Die Analyse hat außerdem ergeben, dass zumindest für den Bereich der Regiebemerkungen der mediale Kontext eine größere Rolle spielt als das Geschlecht der Dramenverfasser, eine Kategorie, die in Forschungsarbeiten zu Dramenschriftstellerinnen (Dagmar von Hoff) als zu berücksichtigender Faktor angeführt wird. So ähneln sich die von Goethe in *Stella* und von Sophie Albrecht in *Theresgen* gewählten kodifizierten Formulierungen, während Christiane Karoline Schlegel in ihrem einzigen Dramentext Regiebemerkungen zum Lesen setzt. Diese zeigen in Ansätzen Parallelen zu Lenz, wenn sie sprachlich der Figurenrede angenähert werden, einen hohen Grad der Stilisierung aufweisen und Innensichten auf bestimmte Figuren eröffnen. Hier spielt der Faktor Theaternähe bzw. -ferne eine entschieden größere Rolle als derjenige der Geschlechterzugehörigkeit. Ebenso setzt Luise Adelgunde Victorie Gottsched anders als Friederike Caroline Neuber – zwei Dramenverfasserinnen, die zeitlich und räumlich im selben Kontext anzusiedeln sind – die Regiebemerkungen vorwiegend zur Rezeptionslenkung des Lesers ein, so dass mediale Veröffentlichungs- und Aufführungskontexte einen höheren Stellenwert haben als das Geschlecht: Die eine, Luise Adelgunde Victorie Gottsched, arbeitet als Übersetzerin und für die Veröffentlichung der Dramen in der *Deutschen Schaubühne*, die andere, Friederike Caroline Neuber, als Prinzipalin für die Bühne.

Eine Sonderposition nimmt der ›Schauspielerdichter‹ Kotzebue ein. Mit Blick auf eine bestimmte Bühne – das Liebhabertheater in Reval – ist ebenfalls der mediale Bezug ausschlaggebend, der mit einer festen Adressatengruppe vor der Bühne und mit Schauspielern einhergeht, die dem Dramenverfasser von vornherein bekannt sind. In der zeitgenössischen Rezeption werden intertextuelle Verweise in seinen Dramentexten erkannt, so wenn in den Regiebemerkungen von der schönen Seele im Sinne Johann Georg Zimmermanns die Rede ist: »*kämpft mit der Verwirrung einer schönen Seele, welche man auf einer guten Tat ertappt hat*«. Spätere Forschungsarbeiten aber lassen diese Einzeltextreferenzen unberücksichtigt, da eine solche Form der Textgenerierung – noch dazu im Bereich der Regiebemerkungen – bei einem ›Trivialautor‹ nicht in Betracht gezogen wird. Anders reagiert die Forschung auf Texte eines hochkanonisierten Autors wie Schiller, dessen Regiebemerkungen in *Maria Stuart* ganz selbstverständlich zu seinen philosophisch-ästhetischen Schriften ins Verhältnis gesetzt werden, so wenn von der »*edeln Würde*« aus Bezüge zu Schillers Konzept der schönen bzw. erhabenen Seele hergestellt werden.

Miß Sara Sampson gilt in der Forschung als paradigmatisches Stück für die Herausbildung der ›natürlichen‹ Schauspielkunst (Ziolkowski; Košenina), die im 18. Jahrhundert das rhetorisch ausgerichtete Theaterspiel ablöst. Diese Einschätzung von Lessings erstem bürgerlichen Trauerspiel konnte korrigiert werden, denn vom Textraum der Regiebemerkungen her gesehen sind die Figuren in Lessings bürgerlichem Trauerspiel noch der Deklamation und einer konventionellen Körpersprache verhaftet. Weder finden sich detaillierte Angaben zur Proxemik noch werden Mimik und Affekte – etwa beim Zorn und beim Weinen – in expliziten Regiebemerkungen differenziert beschrieben. Verschiedene Instanzen sind voneinander zu trennen, die in der Forschung bisher in eins gesetzt wurden: Die ›natürliche‹ Schauspielkunst, zu der Lessings Stück gerade auch in jüngster Zeit von Literatur- und Theaterwissenschaft ins Verhältnis gesetzt wird, findet sich nicht in den Regiebemerkungen. Die Analyse konnte vielmehr zeigen, wie konventionell die Regiebemerkungen ausfallen, die hier – anders als später in *Emilia Galotti* – noch einer rhetorischen Schauspielkunst verpflichtet sind. Verantwortlich für die Überbewertung des Natürlichen in der Forschung zu *Miß Sara Sampson* ist die Gleichsetzung von Dramentext und Inszenierung. Zumindest bei Lessing geht das natürliche Spiel der Schauspieler der in den Dramentext eingeschriebenen *eloquentia corporis* voraus. Hier wurde der Tatsache, dass dramatische Kommunikation und Theaterkommunikation versetzt stattfinden können, nicht genügend Rechnung getragen. Das natürliche Spiel einzelner Schauspieler und Schauspielerinnen, etwa Sophie Hensels, überlagert die konventionellen Regiebemerkungen im Dramentext.

Der umgekehrte Fall liegt bei Diderot vor: Seine Stücke, die zum Teil noch in der heutigen Forschung als unspielbar gelten (Pierre Frantz), sind mit einer ganz neuen Form von Regiebemerkungen versehen. Diese stellt Lessing mit seiner Übersetzung des *Père de famille* auch für eine breite Rezeption und erfolgreiche Bühnengeschichte in Deutschland bereit, da er sie minutiös mitübersetzt. Die Kommunikation zwischen Dramentext und Bühne findet allerdings im Vergleich mit *Miß Sara Sampson* in umgekehrter Weise statt: Die innovativen Regiebemerkungen werden in Bühnenexemplaren – etwa der Comédie Française – auf ein übliches Maß reduziert; auf die Bühne gelangen so zunächst konventionelle Versionen der Stücke. Wahrgenommen wurden die Regiebemerkungen hingegen schon immer von Dramen*lesern*, die Diderot nachweislich auch besonders im Blick hat. Da er die Position des Dramendichters und dessen Kommunikation mit dem Leser stärken will, werden zunächst über die Regiebemerkungen neue Bühnenformen evoziert. Auf theaterpraktische Beschränkungen nimmt Diderots imaginäres Theater keine Rücksicht – ebenso wenig wie Lenz –, ein Beleg dafür, dass Regiebemerkungen dann umfangreich und variationsreich formuliert werden, wenn sie nicht zur Bühnenpraxis, sondern zum Leser im Verhältnis stehen.

Explizite Regiebemerkungen haben gerade dann Konjunktur, wenn nicht für die reale Bühne gearbeitet wird. Diderot setzt den Text absolut und arbeitet für ein imaginäres Theater, wobei er dem Leser Regiebemerkungen zur umfassenden Imaginierung von Situationen und Figuren bereitstellt und dem Zuschauer diese als Kontrollmittel nach dem Besuch einer Aufführung an die Hand gibt. In dieser Kommunikation bleibt der Schauspieler – wie die Korrespondenz Diderots mit Madame Riccoboni zeigt – unberücksichtigt, so auch bei Christiane Karoline Schlegel und Lenz, die beide nicht in produktivem Kontakt zur zeitgenössischen Bühnenrealität stehen. Andere Dramentexte hingegen rufen in den Regiebemerkungen einen festen Gebärdenkodex auf, der über externe Bezugstexte für Schauspieler und in den Dramen selbst zugrunde gelegt und festgeschrieben wird. Goethe geht so weit, dass die Regiebemerkungen gewissermaßen den Status eines Paratextes erhalten: Die in *Stella* gewählte Terminologie unterscheidet sich deutlich von den Dialogpartien des Stücks und macht den theaterpraktischen Bezug durch Formulierungen, die Ähnlichkeiten zur Kodifizierung in Gebärdenbüchern aufweisen, offensichtlich. Die spätere Bearbeitung der *Stella* sowie die Bühnenbearbeitung des *Götz von Berlichingen* weisen bis in die Wortwahl hinein Parallelen zu Goethes *Regeln für Schauspieler* auf. Die Regiebemerkungen evozieren hier eine weitere paratextuelle Ebene. Diese ist jenseits des durch die Handlung vorgegebenen und dramaturgischen Aspekten folgenden Textes angesiedelt und bezieht sich ausschließlich auf die theatrale Umsetzung.

Der Anstieg von Regiebemerkungen um die Mitte des 18. Jahrhunderts wird in der Forschung mit der Entwicklung der ›natürlichen‹ Schauspielkunst in eins gesetzt. Die hier vorgelegte Analyse macht hingegen deutlich, dass von einer zeitlichen Koinzidenz nicht gesprochen werden kann. Zwar wird das Arsenal an Regiebemerkungen in dieser Zeit erweitert – so gewinnen sie schon bei Gellert im Sinne des *commovere* eine neue Qualität –, sie haben aber rein quantitativ noch keine Priorität. Hochphasen von Regiebemerkungen stehen nicht im Zusammenhang mit einer neuen Körpersprache auf der Bühne. Eher ist eine gegenläufige Tendenz festzustellen: Regiebemerkungen nehmen mit dem Lesen zu, nicht etwa mit einer neuen, gestenreicheren Bühnenpraxis. Sie können also als narratives Element verstanden werden, das differenzierte Informationen vermittelt. So stellt die fehlende Aufführungspraxis etwa im Sturm und Drang kein Hindernis für umfangreiche Regiebemerkungen dar – im Gegenteil. Eine weitreichende und qualitativ neue Verwendung dieses Textraums wird gerade zu dieser Zeit initiiert, verbunden mit Innensichten und reduzierten Perspektiven. Hier findet zunächst keine Einflussnahme auf das Theater statt, aber auch keine textuelle Analogbildung, wie man vermuten könnte. Vielmehr nähern sich die beiden Texträume unabhängig vom realen Theaterbezug sprachlich einander an, so wenn eine in der Figurenrede gewählte Bildlichkeit in den Regiebemerkungen fortgesetzt wird oder umgekehrt (Christiane Karoline Schlegel, Schiller) oder wenn Umkodierungen allein auf sprachlicher Ebene innerhalb der Regiebemerkungen vorgenommen werden (Lenz). Diese stehen nicht zu einer Veränderung der Requisiten auf der Bühne im Verhältnis, etwa wenn innerhalb der Regiebemerkungen mit Bezug auf dasselbe Requisit zunächst vom »*Lehnstuhl*«, dann bedeutungsgeladen vom »*Sorgstuhl*« die Rede ist, in dem Mariane »*in tiefen Gedanken gesessen*«, nachdem Desportes sie verlassen hat (*Die Soldaten*). Bei diesen sprachlichen Übergängen und Annäherungen beider Texträume steht eindeutig der Textstatus im Vordergrund, da eine Eigendynamik unabhängig von den Signifikaten allein auf der Ebene der Signifikanten nachweisbar ist.

Von hier aus könnte die Frage nach der positiven Bestimmung von Lesedramen neu überdacht werden, für deren Abgrenzung die Forschung bisher keine stabilen Kriterien entwickelt hat. Je nachdem, wie die Regiebemerkungen formuliert sind, wird Unterschiedliches imaginiert: einerseits eine Aufführung – wenn die Regiebemerkungen im Sinne einer ›eingeschriebenen Inszenierung‹ auf eine außerfiktionale Wirklichkeit, ja auf die Bühne allgemein oder eine spezifische Bühnenform verweisen –, andererseits eine innerfiktionale Situation, wenn eine Vorstellung oder Gemütsverfassung evoziert wird und beide Texträume ineinander übergehen. Vor allem verweisen die Regiebemerkungen in diesen Fällen nicht – wie die theaterbezogenen – im Sinne eines Paratextes mit eigener Terminologie auf eine außerhalb der Figurenrede liegende Ebene, sondern sie gehen fließend in die Figurenrede über, von der sie sich sprachlich nicht unterscheiden. Einmal steht die Bühnenpraxis im Vordergrund, das andere Mal überwiegt die Imaginierung beim Leser.

Dass das Unternehmen *Deutsche Schaubühne* auch die Lektüre von Dramentexten befördern will und die Entwicklung des literarischen Dramas im 18. Jahrhundert von einer Leserevolution begleitet wird (Ruedi Graf), ist ein aus historischer Perspektive zu berücksichtigender Faktor. An der veränderten Funktion der Regiebemerkungen lässt sich ablesen, dass die Bindung des Theaters an die textliche Fixierung deutlich zunimmt (Ludwig Stockinger). Das deutsche 18. Jahrhundert ist im europäischen Zusammenhang insofern nicht nur ein Theaterjahrhundert, als das es vor allem in den letzten Jahrzehnten genau erforscht wurde (Fischer-Lichte; Geitner; Heeg), sondern auch ein Dramenjahrhundert, in dem die verschriftlichte *eloquentia corporis* an Bedeutung gewinnt.

Grenzen der vorliegenden Arbeit ergeben sich daraus, dass keine empirische Leserforschung betrieben werden konnte: Ob und wie Regiebemerkungen beim Lesen wirken und das Lektüreergebnis beeinflussen, ist für das 18. Jahrhundert nur schwer zu eruieren, da diese in Briefen und Tagebüchern nur selten explizit erwähnt werden. Dass sie beim Prozess der Semiose von Dramentexten dennoch eine zentrale Bedeutung haben, ist ein Resultat der vorliegenden Analysen. Die Lektüre eines Dramentextes hängt in erheblichem Maß von der Struktur der Regiebemerkungen ab, die nicht nur in ausgewiesenen Bühnentexten, sondern auch in Lesedramen ihren festen Platz haben. Dass Dramentexte sich durch einen direktiven Sprachhandlungscharakter auszeichnen (Searle) – eine noch heute verbreitete Auffassung –, muss insofern grundlegend revidiert werden. Sie trifft schon auf Dramentexte des 18. Jahrhunderts in dieser generellen Form nicht zu. Abgrenzungsmöglichkeiten können gerade über die Regiebemerkungen geleistet werden, denn ob ein Dramentext die Struktur eines direktiven Sprechaktes aufweist oder nicht, hängt in erheblichem Maß von der sprachlichen Struktur der Regiebemerkungen ab. Diese können mit Blick auf die Theaterumsetzung oder aber episierend und allein im Sinne der Erzählfiktion formuliert sein.

Dabei erweist sich die Möglichkeit des Lesens von Dramentexten nicht als defizienter Gattungsmodus, die Lektüre nicht als unangemessene Rezeptionsweise. Auch wird keine Unterscheidung zwischen Lesedramen und Dramen für die Aufführung angestrebt (Martin Ottmers). Von Regiebemerkungen, die im gestisch-optisch orientierten Raum ihre Wirkungsmacht entfalten, lassen sich Textsegmente unterscheiden, die ausschließlich auf textueller Ebene angesiedelt sind und die ihren besonderen Status nur im Bereich des lesend rezipierten Textes erlangen. Die Frage, ob der Zuschauer oder der Leser als primärer Rezipient anzusehen ist, muss von hier aus neu überdacht werden, denn gerade auch beim Lesen von Dramentexten erfüllen die Regiebemerkungen eine konstitutive Funktion.

Schon im 18. Jahrhundert werden die Regiebemerkungen häufig in die Erzählfiktion eingebunden, etwa in Texten von Gerstenberg, Schiller und Lenz. Wenn statt der konkreten, mit dem Personenverzeichnis übereinstimmenden Sprecherbezeichnung von einem »UNBEKANNTEN« oder einer »*dumpfichten Stimme*« die Rede ist, wird der Leser nur eingeschränkt informiert und in derselben Spannung gehalten wie der Zuschauer. Somit ist ein Leser impliziert, der das Stück nicht bühnentechnisch umsetzt wie Schauspieler und Regisseur, die in Nachschlagewerken zum Teil immer noch als alleinige Adressaten der Regiebemerkungen genannt werden. Diese sind zwar zunächst auch ›Leser‹ des Stücks, bei ihnen ist das Lesen aber nicht Ziel- und Endpunkt. Dass die Bezeichnung »L'INCONNU« in der Ausgabe der Comédie

Française von Diderots »*Le Père de famille*« konsequent durch »St. Albin« ersetzt wird, weist auf unterschiedliche Lektüreweisen hin, die Dramentexte ermöglichen. Im Original bleibt bei Diderot ebenso wie bei Schiller und Gerstenberg und anders als in Texten des 17. und frühen 18. Jahrhunderts die Fiktion über die Figurenrede hinaus gewahrt.

Auch bei Kotzebue behält die Regiebemerkung »Unbekannter *schweigt*« den Status des Unidentifizierten bei. Dem Stück ist es eine Zeile wert, dass ein Unbekannter nichts sagt, denn statt eines einfachen »*Pause*« wird der Raum der Regiebemerkungen genutzt, um eine fiktive Situation zu entwerfen. Dramen sind insofern nicht als »fiktionstheoretisch uninteressanter Fall« (Frank Zipfel) abzutun. Da die Regiebemerkungen unterschiedlich zur Erzählfiktion in Beziehung gesetzt werden können und im Extremfall, der schon im 18. Jahrhundert keine Seltenheit darstellt, die fiktive Handlung fortführen, sind diese Forschungspositionen von den Regiebemerkungen her neu zu überdenken.

7 Literaturverzeichnis

Quellen

Albrecht, Sophie: Theresgen. Ein Schauspiel mit Gesang, in fünf Aufzügen (1781). Abgedruckt in: Karin A. Wurst (Hg.): Frauen und Drama im achtzehnten Jahrhundert, S. 141–187.

Allgemeine deutsche Bibliothek. Hg. von Friedrich Nicolai. 118 Bände. Berlin und Stettin 1765–1796; ab 1770 Kiel.

[Anonymus]: Rezension zu Gerstenberg. Ugolino. In: Neue Hallische Gelehrte Zeitungen. 3. Theil 1768. 89. Stück. Montag 7. Nov. 1768.

[Anonymus]: Rezension zu A. v. Kotzebue. Menschenhaß und Reue. In: Theater-Zeitung für Deutschland 24 (13. Juni 1789), S. 185f.

[Anonymus]: An Herrn M**: ›Über Kotzebue's Schauspiele‹. In: Neue Bibliothek der schönen Wissenschaften und der freyen Künste 44.2 (1791), S. 244–268.

Aristoteles: Poetik. Griechisch/Deutsch. Übers. und hg. von Manfred Fuhrmann. Stuttgart 1994.

Aubignac, François Hédelin Abbé d': Sainte Cathérine. Tragédie. Troyes 1695.

– La Pratique du théâtre. Ouvrage très necessaire à ceux qui veulent s'appliquer à la Composition des Poëmes Dramatiques, qui les recitent en public, ou qui prennent plaisir d'en voir les representations. In: Hans-Jörg Neuschäfer (Hg.): La Pratique du théâtre und andere Schriften zur *Doctrine classique*. Nachdruck der dreibändigen Ausgabe Amsterdam 1715. Darmstadt 1971, S. 1–326.

– Gründlicher Unterricht von Ausübung der theatralischen Dichtkunst. Aus dem Französischen übers. durch Wolf Balthasar Adolph von Steinwehr. Hamburg 1737.

– La Pratique du théâtre. Hg. von Hélène Baby. Paris 2001.

Austin, Gilbert: Die Kunst der rednerischen und theatralischen Declamation nach ältern und neuern Grundsätzen über die Stimme, den Gesichtsausdruck und die Gesticulation aufgestellt und durch 152 Figuren erläutert für öffentliche Redner, Schauspieler und Künstler. Mit 25 Kupferplatten. In der deutschen Übertragung von Christian Friedrich Michaelis. Faksimiledruck der Originalausgabe von 1818. Leipzig 1969.

Bertuch, [Friedrich Justin]: Elfride, ein Trauerspiel in drey Aufzügen. Wien 1776.

Biedermann, Woldemar Freiherr von: Goethes Gespräche. 10 Bände. Leipzig 1888–96.

Bock, Johann Christian: Ueber die Hamburgische Bühne. An den Herrn Professor S. in G. Erstes und zweytes Schreiben. Hamburg, Berlin, Leipzig 1771.

Bodemann, Eduard (Hg.): Der Briefwechsel zwischen der Kaiserin Katharina II. von Russland und Johann Georg Zimmermann. Hannover und Leipzig 1905.

Böhme, Hans-Georg (Hg.): Die Weilburger Goethe-Funde. Neues aus Theater und Schauspielkunst. Blätter aus dem Nachlaß von Pius Alexander Wolff. Emsdetten 1950.

Braun, Julius W. (Hg.): Schiller und Goethe im Urtheile ihrer Zeitgenossen. Erste Abtheilung: Schiller. Band 1: 1781–1793; Band 2: 1794–1800; Band 3: 1801–1805. Leipzig 1882.

– (Hg.): Goethe im Urtheile seiner Zeitgenossen. Band 1: 1773–1786. Faksimiledruck der Ausgabe Berlin 1883. Hildesheim 1969.

Brauneck, Manfred (Hg.): Spieltexte der Wanderbühne. Band 1–5. Berlin, New York 1970–1999 (Ausgaben deutscher Literatur des XV. bis XVIII. Jarhhunderts).
Brecht, Bertolt: Übungsstücke für Schauspieler. In: Ders.: Gesammelte Werke in 20 Bänden. Band 7: Stücke. Hg. in Zusammenarbeit mit Elisabeth Hauptmann. Frankfurt/M. 1973, S. 3001–3027.
Corneille, Pierre: Théâtre complet de Corneille. Hg. von Maurice Rat. Paris 1972.
- Trois discours sur le poème dramatique (Texte de 1660). Hg. von Louis Forestier. Paris ^{2}1982.
Dante Alighieri: Göttliche Komödie. Die Hölle. Übersetzt von Karl Witte, durchgesehen und herausgegeben von Berthold Wiese. Leipzig 1944.
Die Deutsche Schaubühne zu Wien, nach alten und neuen Mustern. Band 1–12. Wien 1749–1754.
Diderot, Denis: Correspondance 2 (Décembre 1757 – Novembre 1759). Hg. von Georges Roth. Paris 1956.
- Correspondance 3 (Novembre 1759 – Décembre 1761). Hg. von Georges Roth. Paris 1957.
- Œuvres Esthétiques. Hg. von Paul Vernière. Paris 1968.
- Lettre sur les sourds et muets. A l'usage de ceux qui entendent et qui parlent. Texte établi et présenté par Jacques Chouillet. In: Ders.: Œuvres complètes. Band 4. Hg. von Yvon Belaval u.a. Paris 1978, S. 91–233.
- Œuvres complètes. Edition critique et annotée. Band 10. Hg. von Jacques Chouillet/Anne-Marie Chouillet. Paris 1980.
- Ästhetische Schriften. Band 1 und 2. Hg. von Friedrich Bassenge. Berlin 1984.
- Das Theater des Herrn Diderot. Aus dem Französischen übersetzt von Gotthold Ephraim Lessing. Anmerkungen und Nachwort von Klaus-Detlef Müller. Stuttgart 1986.
- Paradoxe sur le comédien. In: Ders.: Œuvres Complètes. Band 20: Paradoxe sur le comédien. Critique III. Hg. von Jane Marsh Dieckmann u.a. Paris 1995, S. 43–132.
Dufresny, Charles: L'Esprit de Contradiction. Comédie en un acte et en prose. In: Claude Bernard Petitot (Hg.): Répertoire du Théâtre Français. Band 18. Paris 1804, S. 1–57.
- Die Widersprecherinn. Übersetzt von Luise Adelgunde Victorie Gottsched. In: Die Deutsche Schaubühne. Erster Teil. Faksimiledruck der Ausgabe Leipzig 1742. Hg. von Horst Steinmetz. Stuttgart 1972, S. 495–536.
Dusch, Johann Jakob (Hg.): Vermischte kritische und satyrische Schriften, nebst einigen Oden auf gegenwärtige Zeiten. Altona 1758.
Eckermann, Johann Peter: Gespräche mit Goethe in den letzten Jahren seines Lebens. Hg. von Regine Otto unter Mitarbeit von Peter Wersig. München ^{3}1988.
Engel, Johann Jakob: Ideen zu einer Mimik. Erster und zweiter Teil. In: Ders.: Schriften. Band 7 und 8. Berlin 1844.
- Briefwechsel aus den Jahren 1765 bis 1802. Herausgegeben und kommentiert von Alexander Košenina. Würzburg 1992.
Flemming, Willi (Hg.): Das Schauspiel der Wanderbühne. 2. verbesserte Auflage der Ausgabe Leipzig 1931. Darmstadt 1965 (Deutsche Literatur. Reihe Barock. Barockdrama 3).
Gellert, Christian Fürchtegott: Die zärtlichen Schwestern. In: Ders.: Lustspiele. Hg. von Bernd Witte u.a. (Gesammelte Schriften. Kritische, kommentierte Ausgabe. Hg. von Bernd Witte. Band 3). Berlin, New York 1988, S. 195–261.
- Lustspiele. Hg. von Bernd Witte u.a. (Gesammelte Schriften. Kritische, kommentierte Ausgabe. Hg. von Bernd Witte. Band 3). Berlin, New York 1988.
- Briefwechsel. Hg. von John F. Reynolds. Band 1–4. Berlin, New York 1983–96.
Gemmingen, Otto Heinrich von: Der deutsche Hausvater oder die Familie. Berlin 1781.
Genast, Eduard: Aus Weimars klassischer und nachklassischer Zeit. Erinnerungen eines alten Schauspielers. Neu hg. von Robert Kohlrausch. 6. Auflage. Stuttgart o.J.

Gerstenberg, Heinrich Wilhelm von: Briefe über Merkwürdigkeiten der Litteratur. Stuttgart 1890.
- Ugolino. Eine Tragödie in fünf Aufzügen. Mit einem Anhang und einer Auswahl aus den theoretischen und kritischen Schriften. Nachdruck der Erstausgabe Hamburg und Bremen 1768. Hg. von Christoph Siegrist. Bibliographisch ergänzte Ausgabe. Stuttgart 1995.

Der junge Goethe. Hg. von Hanna Fischer-Lamberg. Neu bearbeitete Ausgabe in fünf Bänden. Band 5. Berlin, New York 1983.

Der junge Goethe in seiner Zeit. Texte und Kontexte. In zwei Bänden mit einer CD-ROM. Hg. von Karl Eibl/Fotis Jannidis/Marianne Willems. Frankfurt/M., Leipzig 1998.

Goethe, Johann Wolfgang: Werke. Hg. im Auftrage der Großherzogin Sophie von Sachsen. 143 Bände. Weimar 1887–1919. Nachdruck München 1987.
- Werke. Hamburger Ausgabe in 14. Bänden. Hg. von Erich Trunz. Hamburg 1948–1960. Überarbeitete Neuauflage. München 1986–1990.
- Sämtliche Werke nach Epochen seines Schaffens. Münchener Ausgabe. Hg. von Karl Richter. München, Wien 1985–1998.
- Faust. Texte. Hg. von Albrecht Schöne (Johann Wolfgang Goethe. Sämtliche Werke, Briefe, Tagebücher und Gespräche. Hg. von Friedmar Apel u.a. Band 7/1). Frankfurt/M. 1994 (Bibliothek deutscher Klassiker).

Göz, Joseph Franz von: Lenardo und Blandine. Ein Melodram nach Bürger. In 160 leidenschaftlichen Entwürfen erfunden und auf Kupfer gezeichnet. Augsburg 1783.
- Versuch einer zalreichen Folge leidenschaftlicher Entwürfe für empfindsame Kunst- und Schauspiel-Freunde. Erfunden, gezeichnet, geäzt und mit Anmerkungen begleitet von J.F. von Göz. Augsburg [1783].

Gottsched, Johann Christoph (Hg.): Die Deutsche Schaubühne nach den Regeln der alten Griechen und Römer eingerichtet. Teil 1–6. Leipzig. Faksimiledruck der Ausgabe von 1741–1745. Hg. von Horst Steinmetz. Stuttgart 1972 (Deutsche Neudrucke. Reihe Texte des 18. Jahrhunderts).
- Atalanta oder Die bezwungene Sprödigkeit. Ein Schäferspiel in fünf Aufzügen. In: Johann Christoph Gottsched (Hg.): Die Deutsche Schaubühne. Dritter Teil. Faksimiledruck der Ausgabe Leipzig 1741. Hg. von Horst Steinmetz. Stuttgart 1972, S. 367–442.
- Der sterbende Cato. In: Ders.: Ausgewählte Werke. Hg. von Joachim Birke. Band 2. Berlin 1970, S. 3–114.
- Versuch einer Critischen Dichtkunst darinnen erstlich die allgemeinen Regeln der Poesie, hernach alle besonderen Gattungen der Gedichte, abgehandelt und mit Exempeln erläutert werden überall aber gezeiget wird, daß das inner Wesen der Poesie in einer Nachahmung der Natur besteht. Leipzig 1730.
- Versuch einer Critischen Dichtkunst durchgehends mit den Exempeln unserer besten Dichter erläutert. 5., unveränderte Auflage. Unveränderter photomechanischer Nachdruck der 4., vermehrten Auflage, Leipzig 1751. Darmstadt 1962.

Gottsched, Luise Adelgunde Victorie: Herr Witzling. Ein deutsches Nachspiel in einem Aufzuge. In: Johann Christoph Gottsched (Hg.): Die Deutsche Schaubühne. Sechster Teil. Faksimiledruck der Ausgabe Leipzig 1745. Stuttgart 1972, S. 509–564.
- Der Witzling. Ein deutsches Nachspiel in einem Aufzuge. Johann Elias Schlegel: Die stumme Schönheit. Ein Lustspiel in einem Aufzuge. Texte und Materialien zur Interpretation. Hg. von Wolfgang Hecht. Berlin 1962 (Komedia 1).

Gryphius, Andreas: Lustspiele. Hg. von Hermann Palm (Werke in drei Bänden mit Ergänzungsband). Band 1. Darmstadt 1961.
- Verlibtes Gespenst. Gesangspiel. Text und Materialien zur Interpretation. Hg. von Eberhard Mannack. Berlin 1963.

Hagemeister, Johann Gottfried Lucas: Rezension von Menschenhaß und Reue von Kotzebue. In: Dramaturgisches Wochenblatt für Berlin und Deutschland. 9. Stück. 17.3.1792, S. 129–135.
Hauptmann, Carl: Panspiele. München 1909.
Herder, Johann Gottfried: Rezension des *Ugolino*. In: Allgemeine Deutsche Bibliothek. Band XI (1770). In: Ders.: Sämtliche Werke. Hg. von Bernd Suphan. Berlin 1877–1913. Band 4. Berlin 1878, S. 308–320.
Hill, Aaron: An Essay on the Art of Acting. In: Ders.: The Works of the Late Aaron Hill. Band 4. London 1753, S. 353–414.
Hofmannsthal, Hugo von: Jedermann. In: Ders.: Sämtliche Werke IX. Dramen 7. Hg. von Heinz Rölleke. Frankfurt/M. 1990. S. 31–95.
– Der Schwierige: In: Ders.: Sämtliche Werke XII. Dramen 10. Hg. von Martin Stern. Frankfurt/M. 1993. S. 5–144.
Hulsen, Esaias van [angebl. Verf.]; Matthäus Merian: Repraesentatio der fvrstlichen Avfzvg vnd Ritterspil. d. Kupferstichfolge von 1616. Hg. von Ludwig Krapf/Christian Wagenknecht: Stuttgarter Hoffeste. Texte und Materialien zur höfischen Repräsentation im frühen 17. Jahrhundert. 2. Teil: Neudruck der Ausgabe von 1616. Tübingen 1979.
Iffland, August Wilhelm: Fragmente über Menschendarstellung auf den deutschen Bühnen. Erste Sammlung. Gotha 1785.
– Bewustseyn! Ein Schauspiel in fünf Aufzügen. Für die kurfürstliche Nationalbühne geschrieben, Mannheim 1786. Berlin 1787.
– Bewußtsein. Ein Schauspiel in fünf Aufzügen. In: Ders.: Theater. Erste vollst. Ausgabe. Mit Biographie, Portrait und Facsimile des Verfassers. Band 3. Wien 1843, S. 3–130.
– Die Hagestolzen. Ein Lustspiel in fünf Aufzügen. In: Ders.: Theater. Erste vollständige Ausgabe. Band 11. Wien 1843, S. 3–106.
Kleist, Heinrich von: Penthesilea. Ein Trauerspiel. In: Ders.: Dramen 1808–1811. Unter Mitwirkung von Hans Rudolf Barth hg. von Ilse-Marie Barth/Hinrich C. Seeba. Frankfurt/M. 1987, S. 143–256.
Klinger, Friedrich Maximilian: Die Zwillinge. Paralleldruck der Ausgaben von 1776 und 1794. Hg. von Edward P. Harris/Ekhard Haack/Karl-Heinz Hartmann (Werke. Historisch-kritische Gesamtausgabe. Hg. von Sander L. Gilman u.a.). Band 2. Tübingen 1997.
Klopstock, Friedrich Gottlob: Hermanns Tod. Ein Bardiet für die Schaubühne. Hamburg [1787].
– Der Tod Adams. Ein Trauerspiel. Wien 1817.
– Ausgewählte Werke. Hg. von Karl August Schleiden. München 1962.
Kotzebue, August von: Theater. 40 Bände. Leipzig, Wien 1840/41.
– Schauspiele. Mit einer Einführung von Benno von Wiese. Hg. und kommentiert von Jürg Mathes. Frankfurt/M. 1972.
Lang, Franz: Abhandlung über die Schauspielkunst. Dissertatio de Actione Scenica, cum Figuris eandem Explicantibus, et Observationibus quibusdam de Arte Comica. München 1727. Neudruck mit Übersetzung und Nachwort. Hg. von Alexander Rudin. Bern, München 1975.
Lasker-Schüler, Else: Die Wupper. In: Dies.: Dramen. Bearbeitet von Georg-Michael Schulz (Werke und Briefe. Kritische Ausgabe. Im Auftrag des Franz Rosenzweig-Zentrums der Hebräischen Universität Jerusalem, der Bergischen Universität Wuppertal und des Deutschen Literaturarchivs Marbach am Neckar hg. von Norbert Oellers/Heinz Rölleke/Itta Shedletzky. Band 2). Frankfurt/M. 1997, S. 7–72.
Lebrun, Pierre: Marie Stuart. Bielefeld ²1864.
Lenz, Jakob Michael Reinhold: Werke und Briefe in drei Bänden. Hg. von Sigrid Damm. Band 1–3. München, Wien 1987.

Lessing, Gotthold Ephraim: Sämtliche Schriften. Hg. von Karl Lachmann. Dritte, aufs neue durchgesehene Auflage besorgt durch Franz Muncker. 23 Bände. Stuttgart, später Leipzig, später Berlin und Leipzig 1886–1924.
- Werke und Briefe in zwölf Bänden. Hg. von Wilfried Barner u.a. Frankfurt/M. 1985–2003 (Bibliothek deutscher Klassiker).
- Miss Sara Sampson. Ein bürgerliches Trauerspiel. Hg. von Karl Eibl Frankfurt/M. 1971 (Commentatio. Analysen und Kommentare zur deutschen Literatur 2).
- Der Schauspieler. In: Ders.: Werke. In Zusammenarbeit mit Karl Eibl u.a. hg. von Herbert G. Göpfert. Band 4: Hg. von Karl Eibl. Darmstadt 1973, S. 723–733.

Lillo, George: The London Merchant: or, the History of George Barnwell. In: Ders.: The Plays of George Lillo. Band 1. Hg. von Trudy Drucker. New York, London 1979, S. 99–189.
- Der Kaufmann von London oder Begebenheiten Georg Barnwells. Bürgerliches Trauerspiel. Übers. von Henning Adam Bassewitz. In: Fritz Brüggemann (Hg.): Die Anfänge des bürgerlichen Trauerspiels in den fünfziger Jahren. Leipzig 1934. Reprint Darmstadt 1964 (Deutsche Literatur. Reihe Aufklärung 8), S. 20–89.

Mercier, Louis Sébastien: Mon bonnet de nuit. Suivi de: Du théâtre. Hg. von Jean-Claude Bonnet. Paris 1999.

[Mercier – Wagner]: Neuer Versuch über die Schauspielkunst. Aus dem Französischen mit einem Anhang aus Goethes Brieftasche. Faksimiledruck der Ausgabe von 1776. Mit einem Nachwort von Peter Pfaff. Heidelberg 1967.

Moore, Edward: The Gamester. In: Eighteenth Century Tragedy. Hg. von Michael R. Booth. London, Oxford 1965.

Mylius, Christlob: Vermischte Schriften. Gesammelt von Gotthold Ephraim Lessing. Berlin 1754. Reprint Frankfurt/M. 1971.

Neuber, Friederike Caroline: Die Verehrung der Vollkommenheit durch die gebesserten deutschen Schauspiele [Straßburger Vorspiel]. Hg. von Paul Schlenther. In: Archiv für Litteraturgeschichte 10 (1881), S. 453–476.
- Ein deutsches Vorspiel [Leipziger Vorspiel]. Hg. von Arthur Richter. Leipzig 1897.
- Das Schäferfest oder Die Herbstfreude. In: Fritz Brüggemann (Hg.): Gottscheds Lebens- und Kunstreform in den zwanziger und dreißiger Jahren. Gottsched, Breitinger, die Gottschedin, die Neuberin. Leipzig 1935, S. 216–294.
- Die von der Weisheit wider die Unwissenheit beschützte Schauspielkunst [Lübecker Vorspiel]. In: Bärbel Rudin/Marion Schulz (Hg.): Friederike Caroline Neuber. Das Lebenswerk der Bühnenreformerin. Poetische Urkunden. 1. Teil. Reichenbach i. V. 1997, S. 96–121.

Quintilianus, Marcus Fabius: Ausbildung des Redners. Zwölf Bücher. Hg. und übers. von Helmut Rahn. 2 Bände. Darmstadt 1972/75.

Racine, Jean: Phèdre. In: Ders.: Œuvres complètes. Band 1: Théâtres – Poésies. Hg. von Raymond Picard. Paris 1950, S. 735–803.

Rémond de Sainte-Albine, Pierre: Le Comédien. Paris 1747. Neudruck in: Sabine Chaouche (Hg.): Sept Traités sur le jeu du comédien et autres textes. De l'action oratoire à l'art dramatique (1657–1750). Paris 2001 (Sources classiques 28), S. 541–665.

Riccoboni, Antoine-François [auch: Francesco]: L'Art du Théâtre, à Madame***. Paris 1750. Neudruck in: Sabine Chaouche (Hg.): Sept Traités sur le jeu du comédien et autres textes. De l'action oratoire à l'art dramatique (1657–1750). Paris 2001 (Sources classiques 28), S. 714–757.
- Die Schauspielkunst. Übersetzt von Gotthold Ephraim Lessing. Herausgegeben, eingeleitet und mit Anmerkungen versehen von Gerhard Piens. Berlin 1954.

Rist, Johannes: Irenaromachia. In: Willi Flemming (Hg.): Oratorium. Festspiel. Leipzig 1933 (Deutsche Literatur. Reihe Barock. Barockdrama 6), S. 141–208.
- Sämtliche Werke. Band 1: Dramatische Dichtungen (Irenaromachia, Perseus). Hg. von Eberhard Mannack unter Mitwirkung von Helga Mannack. Berlin 1967.

Rodenberg, Julius: Die Heimkehr (1871). In: Peter Sprengel: Die inszenierte Nation. Deutsche Festspiele 1813–1913 mit ausgewählten Texten. Tübingen 1991, S. 127–133.
Schiller, Friedrich: Werke. Nationalausgabe. Begr. von Julius Petersen. Fortgef. von Lieselotte Blumenthal und Benno von Wiese. Hg. im Auftrag der Stiftung Weimarer Klassik und des Schiller-Nationalmuseums Marbach von Norbert Oellers. Weimar 1943ff.
- Werke und Briefe in zwölf Bänden. Hg. von Otto Dann u.a. Frankfurt/M. 1988–2004 (Bibliothek deutscher Klassiker).
- Briefe. Hg. von Fritz Jonas. Band 1–6. Stuttgart [1892–1895].
Schink, Johann Friedrich: Dramaturgische Fragmente. Band 4. Graz 1782.
- Dramaturgische Monate. Band 1 und 2. Schwerin 1790.
Schlegel, Christiane Karoline: Düval und Charmille. Leipzig 1778.
- Düval und Charmille. Leipzig 1778. Neudruck von Karin A. Wurst (Hg.): Frauen und Drama im 18. Jahrhundert. Köln, Wien 1991, S. 96–140.
- Düval und Charmille. In: Bibliothek der deutschen Literatur. Mikrofiche-Gesamtausgabe nach den Angaben des Taschengoedeke. 3-598-52566-4. FN. 18029/ 000.
Schlegel, Johann Elias: Aesthetische und dramaturgische Schriften. Stuttgart 1887 (Deutsche Litteraturdenkmale des 18. und 19. Jahrhunderts in Neudrucken 26).
- Werke. Hg. von Johann Heinrich Schlegel. Band 2. Kopenhagen, Leipzig 1773. Reprint Frankfurt/M. 1971.
- Der geschäffige Müßiggänger. In: Johann Christoph Gottsched (Hg.): Die deutsche Schaubühne. Vierter Teil. Faksimiledruck der Ausgabe Leipzig 1743. Stuttgart 1972, S. 263–278.
Schmid, Christian Heinrich: Chronologie des deutschen Theaters. [Leipzig] 1775.
Schottelius, Justus Georg: Neu erfundenes Freuden Spiel genandt Friedens Sieg. In gegenwart vieler kur und fürstlicher auch anderer Vornehmen Personen, in dem fürstlichen Burg-Saal zu Braunschweig im Jahr 1642 vor lauter kleinen Knaben vorgestellet. Auf vielfältiges begehren mit Kupferstücken gezieret und verlegt durch Conrad Buno. Wolfenbüttel 1648.
- Friedens Sieg. Wolfenbüttel 1648. Hg. von Friedrich E. Koldewey. Neudruck Halle (Saale) 1900.
Shakespeare, William: Hamlet, Prinz von Dänemark. Übersetzt von August Wilhelm Schlegel, revidiert und eingeleitet von Max Koch. In: Shakespeares dramatische Werke nach der Übersetzung von August Wilhelm Schlegel/Philipp Kaufmann/Heinrich Voß. Herausgegeben von Max Koch. Band 8: Tragödien I. Stuttgart [1883], S. 9–156.
- König Richard II. Übersetzt von August Wilhelm Schlegel, revidiert und eingeleitet von Max Koch. In: Shakespeares dramatische Werke nach der Übersetzung von August Wilhelm Schlegel/Philipp Kaufmann/Heinrich Voß. Herausgegeben von Max Koch. Band 4: Königsdramen I. Stuttgart [1883], S. 109–208.
- King Richard II. Hg. von Andrew Gurr. Cambridge ²1988.
- Titus Andronicus. Hg. von Alan Hughes. Cambridge 1994.
Sulzer, Johann Georg: Allgemeine Theorie der schönen Künste in einzeln, nach alphabetischer Ordnung der Kunstwörter auf einander folgenden Artikeln abgehandelt. Neue vermehrte Auflage. Teil 1–4. Leipzig 1786/1787.
Tasso, Torquato: Das befreite Jerusalem. Nach der Übersetzung von J.D. Gries hg. und neu bearbeitet von Wolfgang Kraus. München 1963.
Teichmann, Johann Valentin: Literarischer Nachlaß. Hg. von Franz Dingelstedt. Stuttgart 1863.
Thon, Eleonore: Adelheit von Rastenberg. Hg. und eingeleitet von Karin A. Wurst. Neudruck der Ausgabe von 1788. New York 1996 (Texts and Translations. Texts 4).
Wahle, Julius: Das Weimarer Hoftheater unter Goethes Leitung. Weimar 1892.
Weimar's Album zur vierten Säcularfeier der Buchdruckerkunst am 24. Juni 1840. Weimar [o.J.].
Weiße, Christian Felix: Komische Opern. Band 3. Karlsruhe 1778.

Wieland, Christoph Martin: Zusaz des Herausgebers. In: Der Teutsche Merkur vom Jahr 1775. Erstes Vierteljahr. Weimar 1775. S. 95f.
Wildgans, Anton: Dies Irae. In: Ders.: Gesammelte Werke. Leipzig 1930, S. 9–204.
Zimmermann, Johann Georg: Über die Einsamkeit. Erster bis vierter Teil. Leipzig 1784/1785.
Zoeppritz, Rudolf (Hg.): Aus F.H. Jacobi's Nachlaß. Ungedruckte Briefe von und an Jacobi und Andere. Nebst ungedruckten Gedichten von Goethe und Lenz. Band 2. Leipzig 1869.

Ausgewählte Nachschlagewerke

Adelung, Johann Christoph: Versuch eines vollständigen grammatisch-kritischen Wörterbuchs der Hochdeutschen Mundart mit beständiger Vergleichung der übrigen Mundarten, besonders aber der oberdeutschen. Band 1–5. Leipzig 1774–1786.
Brauneck, Manfred/Gérard Schneilin (Hg.): Theaterlexikon 1: Begriffe und Epochen, Bühnen und Ensembles. Reinbek bei Hamburg [4]2001.
Corvin, Michel (Hg.): Dictionnaire encyclopédique du théâtre. Band 1 und 2. Paris [2]1995.
Grimm, Jacob und Wilhelm: Deutsches Wörterbuch. Leipzig 1854–1971. Nachdruck der Erstausgabe. München 1984.
Gross, Heinrich: Deutschlands Dichterinnen und Schriftstellerinnen. Eine literarhistorische Skizze. Wien [2]1882.
Historisches Wörterbuch der Rhetorik. Hg. von Gert Ueding. Darmstadt 1992ff.
Lexikon der christlichen Ikonographie. Begründet von Engelbert Kirschbaum. Hg. von Wolfgang Braunfels. Freiburg i. Br. 1968ff.
Metzler Lexikon Literatur. Begriffe und Definitionen. Begr. von Günther und Irmgard Schweikle. Hg. von Dieter Burdorf/Christoph Fasbender/Burkhard Moennighoff. 3., völlig neu bearbeitete Auflage. Stuttgart, Weimar 2007.
Metzer Lexikon Literatur- und Kulturtheorie. Ansätze – Personen – Grundbegriffe. Hg. von Ansgar Nünning. Stuttgart [3]2004.
Metzler Lexikon Theatertheorie. Hg. von Erika Fischer-Lichte/Doris Kolesch/Matthias Warstat. Stuttgart, Weimar 2005.
Mortier, Roland/Raymond Trousson (Hg.): Dictionnaire de Diderot. Paris 1999.
Der neue Pauly. Enzyklopädie der Antike. Hg. von Hubert Cancik/Helmuth Schneider/Manfred Landfester. Band 1–16. Stuttgart, Weimar 1996–2003.
Paulys Realencyclopädie der classischen Altertumswissenschaft. Neue Bearbeitung begonnen von Georg Wissowa. Fortgeführt von Wilhelm Kroll und Karl Mittelhaus. Stuttgart 1893ff.
Reallexikon der deutschen Literaturwissenschaft. Neubearbeitung des Reallexikons der deutschen Literaturgeschichte. Hg. von Klaus Weimar u.a. Band 1–3. Berlin, New York [3]1997–2003.
Theater-Lexikon. Hg. von Henning Rischbieter. Zürich, Schwäbisch Hall 1983.
Zedler, Johann Heinrich: Grosses vollständiges Universal Lexicon Aller Wissenschafften und Künste. 68 Bände. Reprint der Ausgabe Leipzig, Halle 1732–1754. Graz 1964.

Forschungsliteratur

Aasand, Hardin L.: »Pah! Puh!«: Hamlet, Yorick, and the Chopless Stage Direction. In: Ders. (Hg.): Stage Directions in *Hamlet*. New essays and new directions. London, Ontario 2003, S. 214–225.
– (Hg.): Stage Directions in *Hamlet*. New essays and new directions. London, Ontario 2003.

Albert, Claudia: Der melancholische Bürger. Ausbildung bürgerlicher Deutungsmuster im Trauerspiel Diderots und Lessings. Frankfurt/M. u.a. 1983.
- Mit Mätressen streiten? In: Wolfram Mauser/Günter Saße (Hg.): Streitkultur. Strategien des Überzeugens im Werk Lessings. Tübingen 1993, S. 95–102.

Albert, Mechthild: L'Eloquence du Corps – Conversation et sémiotique corporelle au siècle classique. In: Germanisch-Romanische Monatsschrift 39 (1989), S. 156–179.

Albertsen, Leif Ludwig: Internationaler Zeitfaktor Kotzebue: Trivialisierung oder sinnvolle Entliterarisierung und Entmoralisierung des strebenden Bürgers im Frühliberalismus? In: Sprachkunst. Beiträge zur Literaturwissenschaft 9 (1978), S. 220–240.

Alefeld, Yvonne-Patricia: »Der Simplizität der Griechen am nächsten kommen«. Entfesselte Animalität in Heinrich Wilhelm v. Gerstenbergs *Ugolino*. In: Herder-Jahrbuch. Studien zum 18. Jahrhundert 6 (2002), S. 63–82.

Alewyn, Richard: Vorbarocker Klassizismus und griechische Tragödie. Analyse der »Antigone«-Uebersetzung des Martin Opitz. Heidelberg 1926.

Alewyn, Richard/Karl Sälzle: Das große Welttheater. Die Epoche der höfischen Feste in Dokument und Deutung. Hamburg 1959.

Alt, Peter-André: Tragödie der Aufklärung. Eine Einführung. Tübingen, Basel 1994.
- Schiller. Leben – Werk – Zeit. Band 2. München 2000.
- Ästhetik des Opfers. Versuch über Schillers Königinnen. In: Jahrbuch der Deutschen Schillergesellschaft 50 (2006), S. 176–204.
- Aufklärung. Lehrbuch Germanistik. Stuttgart, Weimar ³2007.
- Die teuren Toten. Geopferte Königinnen in Schillers Tragödien. In: Ders.: Klassische Endspiele. Das Theater Goethes und Schillers. München 2008, S. 136–155.

Altmayer, Claus: Aufklärung als Popularphilosophie. Bürgerliches Individuum und Öffentlichkeit bei Christian Garve. St. Ingbert 1992.

Amwald, Andreas: Symbol und Metamorphose in Goethes »Stella«. Stuttgart 1971.

Anglet, Andreas: Der Schrei. Affektdarstellung, ästhetisches Experiment und Zeichenbewegung in der deutschsprachigen und in der französischsprachigen Literatur und Musik von 1740 bis 1900 – unter Berücksichtigung der bildenden Künste. Heidelberg 2003.

Arntzen, Helmut: Die Komödie als Ware. Kotzebue und die Spieloper. In: Ders.: Die ernste Komödie. Das deutsche Lustspiel von Lessing bis Kleist. München 1968, S. 169–177.

Asmuth, Bernhard: Einführung in die Dramenanalyse. Stuttgart, Weimar ⁶2004.

Assmann, Aleida: Artikel ›Fest‹. In: Reallexikon der deutschen Literaturwissenschaft. Band 1. Hg. von Klaus Weimar u.a. Berlin, New York ³1997, S. 579–582.

Aston, Elaine/George Savona: Theatre as sign-system. A semiotics of text and performance. London, New York 1991.

Ayrault, Roger: La figure de Mortimer dans *Marie Stuart* et la conception du drame historique chez Schiller. In: Etudes Germaniques 14 (1959), S. 313–324.

Bachmaier, Helmut: Nachwort. In: Johann Wolfgang Goethe: Stella. Stuttgart 2001, S. 58–64.

Bachmann-Medick, Doris: Mimik und Gebärden als sozial-ästhetische Handlungsweisen in der Popularphilosophie des 18. Jahrhunderts. In: Alain Montandon (Hg.): Über die deutsche Höflichkeit. Entwicklung der Kommunikationsvorstellungen in den Schriften über Umgangsformen in den deutschsprachigen Ländern. Bern, Berlin u.a. 1991, S. 141–157.

Ballhausen, Günter: Der Wandel der Gebärde auf dem deutschen Theater im 18. Jahrhundert dargestellt an den Gebärdenbüchern. Diss. masch. Göttingen 1955.

Balme, Christopher: Pictured Passions – zum Verhältnis von Malerei und Schauspieltheorie im England des 18. Jahrhundert. In: Aktuelle Tendenzen der Theatergeschichtsforschung. Heftredaktion: Miriam Göbel, Andrea Kircher, Gesine Schobert. Berlin 1996 (Kleine Schriften der Gesellschaft für Theatergeschichte 37/38), S. 147–166.
- Einführung in die Theaterwissenschaft. Berlin ⁴2008.

- /Jörg von Brincken: Institutionen der Literaturvermittlung: Theater. In: Thomas Anz (Hg.): Handbuch Literaturwissenschaft. Band 1: Gegenstände und Grundbegriffe. Stuttgart 2007, S. 265–290.

Barbey d'Aurevilly, J[ules]: Goethe et Diderot. Paris 1880.

Barner, Wilfried: Gryphius und die Macht der Rede. Zum ersten Reyen des Trauerspiels ›Leo Armenius‹. In: Deutsche Vierteljahrsschrift für Literaturwissenschaft und Geistesgeschichte 42 (1968), S. 325–358.
- Produktive Rezeption. Lessing und die Tragödien Senecas. München 1973.
- Lessing zwischen Bürgerlichkeit und Gelehrtheit. In: Rudolf Vierhaus (Hg.): Bürger und Bürgerlichkeit im Zeitalter der Aufklärung. Heidelberg 1981 (Wolfenbütteler Studien zur Aufklärung 7), S. 164–204.
- *Zu viel Thränen – nur Keime von Thränen*. Über *Miß Sara Sampson* und *Emilia Galotti* beim zeitgenössischen Publikum. In: Das weinende Saeculum. Hg. von der Arbeitsstelle 18. Jahrhundert (Wuppertal). Heidelberg 1983, S. 89–105.
- Disponible Festlichkeit. Zu Lohensteins *Sophonisbe*. In: Walter Haug/Rainer Warning (Hg.): Das Fest. München 1989 (Poetik und Hermeneutik 14), S. 247–275.
- Der Jurist als Märtyrer. Andreas Gryphius' *Papinianus*. In: Ulrich Mölk (Hg.): Literatur und Recht. Literarische Rechtsfälle von der Antike bis in die Gegenwart. Göttingen 1996, S. 229–242.
- Spielräume. Was Poetik und Rhetorik nicht lehren. In: Hartmut Laufhütte (Hg.): Künste und Natur in Diskursen der Frühen Neuzeit. Teil I. Wiesbaden 2000 (Wolfenbütteler Arbeiten zur Barockforschung 35), S. 33–67.
- Barockrhetorik. Untersuchungen zu ihren geschichtlichen Grundlagen. Tübingen ²2002.
- /Gunter E. Grimm/Helmuth Kiesel/Martin Kramer: Lessing: Epoche – Werk – Wirkung. München ⁶1998 (Arbeitsbücher zur Literaturgeschichte).

Barnett, Dene: La vitesse de la déclamation au théâtre (XVIIe-XVIIIe siècles). In: XVIIe siècle 32 (1980), S. 319–326.

Barnett, Dene with the assistance of Jeanette Massy-Westropp: The Art of Gesture: The practices and principles of 18th century acting. Heidelberg 1987 (Reihe Siegen. Beiträge zur Literatur- und Sprachwissenschaft 64).

Barone, Paul: Schiller und die Tradition des Erhabenen. Berlin 2004 (Philologische Studien und Quellen 186).

Barthes, Roland: Diderot, Brecht, Eisenstein. In: Ders.: L'obvie et l'obtus. Essais critiques III. Paris 1982, S. 86–93

Bartolucci, Giuseppe: La didascalia drammaturgica. Neapel 1973.

Bayerdörfer, Hans-Peter: Nebentexte, groß geschrieben: Zu Marlene Streeruwitz' Drama *New York. New York*. In: Gegenwartsliteratur 1 (2002), S. 289–309.
- Drama/Dramentheorie. In: Erika Fischer-Lichte/Doris Kolesch/Matthias Warstat (Hg.): Metzler Lexikon Theatertheorie. Stuttgart, Weimar 2005, S. 72–82.
- Vom Drama zum Theatertext? Unmaßgebliches zur Einführung. In: Ders. (Hg.): Vom Drama zum Theatertext? Zur Situation der Dramatik in Ländern Mitteleuropas. Tübingen 2007 (Theatron 52), S. 1–25.

Becker-Cantarino, Barbara: Der lange Weg zur Mündigkeit. Frau und Literatur (1500–1800). Stuttgart 1987.
- Von der Prinzipalin zur Künstlerin und Mätresse. Die Schauspielerin im 18. Jahrhundert in Deutschland. In: Renate Möhrmann (Hg.): Die Schauspielerin. Zur Kulturgeschichte der weiblichen Bühnenkunst. Frankfurt/M. 1989, S. 88–113.

Behrens, Rudolf: Diderots »Père de famille«. Oder: Wie läßt sich die Problematisierung gesellschaftlicher Leitwerte erfahrbar machen? In: Romanistische Zeitschrift für Literaturgeschichte 9 (1985), S. 41–77.

Bender, Wolfgang F.: ›Mit Feuer und Kälte‹ und ›Für die Augen symbolisch‹. Zur Ästhetik der Schauspielkunst von Lessing bis Goethe. In: Deutsche Vierteljahrsschrift für Literaturwissenschaft und Geistesgeschichte 62 (1988), S. 60–98.
- »Eloquentia corporis«: Rhetorische Tradition und Aufklärung bei Lessing. In: Lessing Yearbook 21 (1989), S. 45–53.
- Vom »tollen Handwerk« zur Kunstübung. Zur »Gramatik« der Schauspielkunst im 18. Jahrhundert. In: Ders. (Hg.): Schauspielkunst im 18. Jahrhundert. Grundlagen, Praxis, Autoren. Stuttgart 1992, S. 11–50.
- (Hg.): Schauspielkunst im 18. Jahrhundert. Stuttgart 1992.

Benedetti, Jean: David Garrick and the Birth of Modern Theatre. London 2001.

Bennett, Benjamin: Modern Drama and German Classicism. Renaissance from Lessing to Brecht. Ithaca, London 1979.

Benthien, Claudia: Lenz und die ›eloquentia corporis‹ des Sturm und Drang. Der »Neue Menoza« als ›Fallstudie‹. In: Inge Stephan/Hans-Gerd Winter (Hg.): »Die Wunde Lenz«. J.M.R. Lenz. Leben, Werk und Rezeption. Bern u.a. 2003 (Publikationen zur Zeitschrift für Germanistik NF 7), S. 335–371.

Berger, Willy R.: Das Tableau. Rührende Schluß-Szenen im Drama. In: Arcadia 24 (1989), S. 131–147.

Berghahn, Klaus L.: »Das Pathetischerhabene«. Schillers Dramentheorie. In: Ders./Reinhold Grimm (Hg.): Schiller. Zur Theorie und Praxis der Dramen. Darmstadt 1972, S. 485–522.

Bergman, Gösta M.: Der Eintritt des Berufsregisseurs in das französische Theater. In: Maske und Kothurn 10 (1964), S. 431–454.
- Der Eintritt des Berufsregisseurs in die deutschsprachige Bühne. In: Maske und Kothurn 12 (1966), S. 63–91.

Berns, Jörg Jochen: Trionfo-Theater am Hof von Braunschweig-Wolfenbüttel. In: Daphnis 10 (1981), S. 663–710.
- Die Festkultur der deutschen Höfe zwischen 1580 und 1730. Eine Problemskizze in typologischer Absicht. In: Germanisch-Romanische Monatsschrift NF 34 (1984), S. 295–311.

Bertram, Georg W.: Philosophie des Sturm und Drang. Eine Konstitution der Moderne. München 2000.

Birkenhauer, Theresia: »Der Vorhang senkt sich langsam.« – Zu Tschechows *Onkel Vanja*. Zeitstrukturen dramatischer und szenischer Narration. In: Dies./Annette Storr (Hg.): Zeitlichkeiten – Zur Realität der Künste. Theater, Film, Photographie, Malerei, Literatur. Berlin 1998, S. 50–84.

Böckmann, Paul: Formgeschichte der deutschen Dichtung. 1. Band: Von der Sinnbildsprache zur Ausdruckssprache. Hamburg 1949.

Bohnen, Klaus: Leserlenkung und Konsensbildung im Drama. Beobachtungen zu satirischen, parodistischen und parabolischen Textanweisungen bei G. E. Lessing. In: Text und Kontext 6.1/6.2 (1978), S. 60–85.
- H. W. v. Gerstenberg und das Problem der Sinnlichkeit im 18. Jahrhundert. In: Ders. (Hg.): Deutsch-Dänische Literaturbeziehungen im 18. Jahrhundert. Akten des Kolloquiums 9./10. Okt. 1978. München 1979 (Text und Kontext. Sonderreihe 5), S. 150–169.

Bonn, Kristina: Vom Schönen. Schönheitskonzeptionen bei Lessing, Goethe und Schiller. Bielefeld 2008.

Borchmeyer, Dieter: Tragödie und Öffentlichkeit. Schillers Dramaturgie im Zusammenhang seiner ästhetisch-politischen Theorie und die rhetorische Tradition. München 1973.
- »… dem Naturalism in der Kunst offen und ehrlich den Krieg zu erklären…« Zu Goethes und Schillers Bühnenreform. In: Wilfried Barner/Eberhard Lämmert/Norbert Oellers (Hg.): Unser Commercium. Goethes und Schillers Literaturpolitik. Stuttgart 1984, S. 351–370.

- Saat von Göthe gesäet... Die »Regeln für Schauspieler« – Ein theatergeschichtliches Gerücht. In: Wolfgang F. Bender (Hg.): Schauspielkunst im 18. Jahrhundert. Grundlagen, Praxis, Autoren. Stuttgart 1992, S. 261–287.
- Theater (und Literatur). In: Ders./Viktor Žmegač (Hg.): Moderne Literatur in Grundbegriffen. Tübingen ²1994, S. 420–430.
- Schwankung des Herzens und der Liebe im Triangel. Goethe und die Erotik der Empfindsamkeit. In: Walter Hinderer in Verbindung mit Alexander von Bormann (Hg.): Codierungen von Liebe in der Kunstperiode. Würzburg 1997, S. 63–83.

Borden, Charles E.: The Original Model for Lessing's »Der junge Gelehrte«. In: University of California Publications in Modern Philology 36 (1952), S. 113–127.

Bosse, Heinrich: »Wie schreibt man Madam?« Lenz, *Die Soldaten* I/1. In: Martin Stingelin (Hg.): »Mir ekelt vor diesem tintenklecksenden Säkulum«. Schreibszenen im Zeitalter der Manuskripte. München 2004 (Zur Genealogie des Schreibens 1), S. 70–85.
- Das Liebhabertheater als Pappkamerad. Der Krieg gegen die Halbheit und die »Greuel des Dilettantismus«. In: Stefan Blechschmidt/Andrea Heinz (Hg.): Dilettantismus um 1800. Heidelberg 2007, S. 69–90.
- Jenaer Liebhabertheater 1775–1800. In: Jahrbuch der Deutschen Schillergesellschaft 51 (2007), S. 101–139.

Boyle, Nicholas: Das Lesedrama: Versuch einer Ehrenrettung. In: Albrecht Schöne (Hg.): Kontroversen, alte und neue. Akten des VII. Internationalen Germanisten-Kongresses Göttingen 1985. Band 7: Bildungsexklusivität und volkssprachliche Literatur. Hg. von Klaus Grubmüller/Günter Hess. Tübingen 1986, S. 59–68.

Brandstetter, Gabriele: »Die Bilderschrift der Empfindungen« – Jean-Georges Noverres *Lettres sur la Danse, et sur les Ballets* und Friedrich Schillers Abhandlung *Über Anmut und Würde*. In: Achim Aurnhammer/Klaus Manger/Friedrich Strack (Hg.): Schiller und die höfische Welt. Tübingen 1990, S. 77–93.

Brauneck, Manfred: Die Welt als Bühne. Geschichte des europäischen Theaters. Band 2. Stuttgart 1996.

Bretzigheimer, Gerlinde: Johann Elias Schlegels poetische Theorie im Rahmen der Tradition. München 1986.

Brittnacher, Hans R.: Über Anmut und Würde. In: Helmut Koopmann (Hg.): Schiller-Handbuch. Stuttgart 1998, S. 587–609.

Brüggemann, Fritz (Hg.): Die bürgerliche Gemeinschaftskultur der vierziger Jahre. Leipzig 1933. Reprint Darmstadt 1964 (Deutsche Literatur. Reihe Aufklärung 6).
- (Hg.): Die Anfänge des bürgerlichen Trauerspiels in den fünfziger Jahren. Leipzig 1934 (Reihe Aufklärung 8).

Bruford, Walter Horace: Theatre, drama and audience in Goethe's Germany. London 1950.

Brummack, Jürgen: »... daß Handeln die Seele der Welt sei«. Über das Verhältnis des Ethischen und des Ästhetischen in Lenz' *Soldaten*. In: Cornelia Blasberg/Franz-Josef Deiters (Hg.): Geschichtserfahrung im Spiegel der Literatur. FS Jürgen Schröder. Tübingen 2000, S. 44–64.

Brunkhorst, Martin: Kotzebue und Sheridan: Erfolgsstrategien von 1799. In: Orbis Litterarum 34 (1979), S. 17–32.
- Garricks Shakespeare-Rollen. Formen ihrer produktiven Rezeption in England und Deutschland. In: Arcadia 22 (1987), S. 142–163.

Buck, Elmar: ›Maria Stuart‹ – Die staatskluge Aktion durch Frauenphantasien verwickeln. In: Bernhard Zeller (Hg.): Schau-Bühne. Schillers Dramen 1945–1984. Eine Ausstellung des deutschen Literaturarchivs und des Theatermuseums der Universität zu Köln. Marbach am Neckar 1984 (Marbacher Kataloge 39), S. 141–148.
- Lessing und Diderot – die Konditionen des Theaters. In: Wolfgang F. Bender (Hg.): Schauspielkunst im 18. Jahrhundert. Stuttgart 1992, S. 205–219.

Buck, Theo: Goethe als Dramatiker. In: Goethe-Handbuch. 4 Bände in 5 Teilen. Hg. von Bernd Witte u.a. Band 2: Dramen. Hg. von Theo Buck. Stuttgart, Weimar 1997, S. 1–20.

Bühler, Karl: Ausdruckstheorie. Das System an der Geschichte aufgezeigt. Jena 1933.

Busch-Salmen, Gabriele: Das Weimarer »Liebhabertheater« als Forum für Goethes musikdramatische Experimente. In: Andreas Ballstaedt/Ulrike Kienzle/Adolf Nowak (Hg.): Musik in Goethes Werk. Goethes Werk in der Musik. Schliengen [2]2005, S. 149–166.

Calore, Michaela: *Enter out*: Perplexing Signals in Some Elizabethan Stage Directions. In: Medieval & Renaissance Drama in England 13 (2001), S. 117–135.

Campe, Rüdiger: Affekt und Ausdruck. Zur Umwandlung der literarischen Rede im 17. und 18. Jahrhundert. Tübingen 1990 (Studien zur deutschen Literatur 107).

Carlson, Marvin: The Status of Stage Directions. In: Studies in the Literary Imagination 24/2 (1991), S. 37–47.

Cartwright, Michael: Diderot and the Idea of Performance and the Performer. In: John H. Fox u.a. (Hg.): Studies in Eighteenth-Century French Literature. FS Robert Niklaus. Exeter 1975, S. 31–42.

Catholy, Eckehard: Bühnenraum und Schauspielkunst. Goethes Theaterkonzeption. In: Rolf Badenhausen/Harald Zielske (Hg.): Bühnenformen – Bühnenräume – Bühnendekorationen. Beiträge zur Entwicklung des Spielorts. FS Herbert A. Frenzel. Berlin 1974, S. 136–147.

– Das deutsche Lustspiel. Von der Aufklärung bis zur Romantik. Stuttgart u.a. 1982.

Cerf, Steven R.: Miss Sara Sampson and Clarissa. The use of epistolary devices in Lessing's drama. In: Edward R. Haymes (Hg.): Theatrum Mundi. Essays on German Drama and German Literature. München 1980, S. 22–30.

Chaouche, Sabine: L'art du comédien. Déclamation et jeu scénique en France à l'âge classique (1629–1680). Paris 2001.

– (Hg.): Sept Traités sur le jeu du comédien et autres textes. De l'action oratoire à l'art dramatique (1657–1750). Paris 2001 (Sources classiques 28).

Chouillet, Anne-Marie: Dossier du *Fils naturel* et du *Père de famille*. In: Studies on Voltaire and the eighteenth century 208 (1982), S. 73–166.

Connon, Derek F.: Innovation and renewal: a study of the theatrical works of Diderot. Oxford 1989 (Studies on Voltaire and the eighteenth century 258).

Coym, Johannes: Gellerts Lustspiele. Ein Beitrag zur Entwicklungsgeschichte des deutschen Lustspiels. Berlin 1898.

Culler, A. Dwight: Monodrama and the Dramatic Monologue. In: Publications of the Modern Language Association of America 90 (1975), S. 366–385.

Czucka, Eckehard: Begriffswirrwarr. Sprachkritische Momente im Lustspiel der Aufklärung (L.A.V. Gottsched, J. E. Schlegel, Lessing, Gellert). In: Helmut Arntzen (Hg.): Komödiensprache. Beiträge zum deutschen Lustspiel zwischen dem 17. und dem 20. Jahrhundert. Münster 1988, S. 39–66.

Dachselt, Rainer: Pathos. Tradition und Aktualität einer vergessenen Kategorie der Poetik. Heidelberg 2003 (Frankfurter Beiträge zur Germanistik 39).

Daly, Peter M./Claus O. Lappe: Text- und Variantenkonkordanz zu Schillers »Kabale und Liebe«. Berlin, New York 1976.

Dane, Gesa: Gotthold Ephraim Lessing. Emilia Galotti. Erläuterungen und Dokumente. Stuttgart 2002.

Dauer, Holger: Mentaler Reflex und affirmatives Manöver. Anmerkungen zum Erfolgsdramatiker August von Kotzebue. In: Ders. (Hg.): »Unverdaute Fragezeichen«: Literaturtheorie und textanalytische Praxis. St. Augustin 1998, S. 75–95.

David, Claude: Le personnage de la reine Elisabeth dans la *Marie Stuart* de Schiller. In: Matthijs Jolles (Hg.): Deutsche Beiträge zur geistigen Überlieferung. Band 4: Friedrich Schiller 1759–1959. Bern, München 1961, S. 9–22.

- Einige Stufen in der Geschichte des Gefühls. In: Paolo Chiarini (Hg.): Miscellanea di Studi in onore di Bonaventura Tecchi. Band 1. Rom 1969, S. 162–181.

Dawson, Ruth P.: Frauen und Theater. Vom Stegreifspiel zum bürgerlichen Rührstück. In: Gisela Brinker-Gabler (Hg.): Deutsche Literatur von Frauen. Band 1: Vom Mittelalter bis zum Ende des 18. Jahrhunderts. München 1988, S. 421–434.

Delon, Michel: L'Esthétique du tableau et la crise de la représentation classique à la fin du XVIIIe siècle. In: Wolfgang Drost/Géraldi Leroy (Hg.): La Lettre et la Figure. La Littérature et les arts visuels à l'époque moderne. Actes du premier colloque des Universités d'Orléans et de Siegen. Heidelberg 1989, S. 11–29.

Demuth, Volker: Realität als Geschichte. Biographie, Historie und Dichtung bei J.M.R. Lenz. Würzburg 1994.

Dessen, Alan C.: Recovering Shakespeare's Theatrical Vocabulary. Cambridge 1995.

- /Leslie Thomson: A Dictionary of Stage Directions in English Drama, 1580–1642. Cambridge, New York 1999.

Detering, Heinrich: Die aufgeklärte Unvernunft. *Stella*, Goeze, Lessing und das Drama der Liebe. In: Hans Krah/Claus-Michael Ort (Hg.): Weltentwürfe in Literatur und Medien. Phantastische Wirklichkeiten – realistische Imaginationen. FS Marianne Wünsch. Kiel 2002, S. 35–52.

Detken, Anke: Stichwort ›Nebentext‹. In: Dieter Burdorf/Christoph Fasbender/Burkhard Moennighoff (Hg.): Metzler Lexikon Literatur. Begriffe und Definitionen. Begr. von Günther und Irmgard Schweikle. 3. völlig neu bearbeitete Aufl. Stuttgart, Weimar 2007, S. 536f.

- /Thorsten Unger/Brigitte Schultze/Horst Turk (Hg.): Theaterinstitution und Kulturtransfer II. Fremdkulturelles Repertoire am Gothaer Hoftheater und an anderen Bühnen. Tübingen 1998.

- /Claudius Sittig: Le spectacle du texte: *Actes sans paroles* de Peter Handke et Heiner Müller. In: Florence Fix/Frédérique Toudoire-Surlapierre (Hg.): La didascalie dans le théâtre du XXe siècle. Regarder l'impossible. Dijon 2007, S. 129–141.

Diebold, Bernhard: Das Rollenfach im deutschen Theaterbetrieb des 18. Jahrhunderts. Leipzig, Hamburg 1913. Reprint Nendeln/Liechtenstein 1978 (Theatergeschichtliche Forschungen 25).

Diecks, Thomas: »Schuldige Unschuld«: Schillers *Maria Stuart* vor dem Hintergrund barocker Dramatisierungen des Stoffes. In: Achim Aurnhammer/Klaus Manger/Friedrich Strack (Hg.): Schiller und die höfische Welt. Tübingen 1990, S. 233–246.

Diezel, Peter: Narrativik und die Polyphonie des Theaters. In: Eberhard Lämmert (Hg.): Die erzählerische Dimension. Eine Gemeinsamkeit der Künste. Berlin 1999, S. 53–71.

Dingel, Joachim: Requisit und szenisches Bild in der griechischen Tragödie. In: Walter Jens (Hg.): Die Bauformen der griechischen Tragödie. München 1971, S. 347–367.

Dockhorn, Klaus: Die Rhetorik als Quelle des vorromantischen Irrationalismus in der Literatur- und Geistesgeschichte. In: Nachrichten der Akademie der Wissenschaften Göttingen. Göttingen 1949, S. 109–150.

Döring, Wolfgang: G. E. Lessings Lustspiel *Der junge Gelehrte*: Eine typologische Betrachtung auf dem Hintergrund der Komödientheorie Northrop Fryes. In: New German Review 4 (1988), S. 27–40.

Düsing, Wolfgang: Schillers Idee des Erhabenen. Köln 1967.

Dumiche, Béatrice: Weiblichkeit im Jugendwerk Goethes. Die Sprachwerdung der Frau als dichterische Herausforderung. Würzburg 2002.

Duncan, Bruce: »Ich platze!« Gerstenberg's *Ugolino* and the mid-life crisis. In: The Germanic Review 53 (1978), S. 13–19.

Durzak, Manfred: Äußere und innere Handlung in »Miß Sara Sampson«. Zur ästhetischen Geschlossenheit von Lessings Trauerspiel. In: Deutsche Vierteljahrsschrift für Literaturwissenschaft und Geistesgeschichte 44 (1970), S. 47–63.

- Von der Typenkomödie zum ernsten Lustspiel. Zur Interpretation des »Jungen Gelehrten«. In: Ders.: Poesie und Ratio. Vier Lessing-Studien. Bad Homburg 1970, S. 9–43.

Dye, Ellis: Substitution, Self-blame, and Self-deception in Goethe's *Stella: Ein Schauspiel für Liebende*. In: Goethe yearbook 12 (2004), S. 41–57.

Ehinger, Franziska: Pathos und Individualität in der Tragödie – Andreas Gryphius' *Catharina von Georgien* (1657) und Friedrich Schillers *Maria Stuart* (1800). In: Jutta Schlich/Sandra Mehrfort (Hg.): Individualität als Herausforderung. Identitätskonstruktionen in der Literatur der Moderne (1770–2006). Heidelberg 2006, S. 35–50.

Ehlich, Konrad: Interjektionen. Tübingen 1986.

Eibl, Karl: Zur Analyse. In: Ders. (Hg.): Lessing: Miss Sara Sampson. Ein bürgerliches Trauerspiel. Frankfurt/M. 1971, S. 138–161.

- ›Realismus‹ als Widerlegung von Literatur. Dargestellt am Beispiel von Lenz' ›Hofmeister‹. In: Poetica 6 (1974), S. 456–467.

Eichner, Siglinde: Johann Elias Schlegel. In: Benno von Wiese (Hg.): Deutsche Dichter des 18. Jahrhunderts. Ihr Leben und Werk. Berlin 1977, S. 162–175.

Eilert, Heide: »… und allemal ist eine verkehrte Pantomime daran schuld.« Über den Anteil des ›stummen Spiels‹ an der Ausbildung einer ›realistischen‹ Schauspielkunst im 18. Jahrhundert. In: Regina Fasold/Christine Giel/Volker Giel/Michael Masanetz/Michael Thormann (Hg.): Begegnung der Zeiten. FS Helmut Richter. Leipzig 1999, S. 37–48.

Eissler, Kurt: Goethe. A Psychoanalytic Study 1775–1786. Band 1 und 2. Detroit 1963.

Elam, Keir: The Semiotics of Theatre and Drama. London, New York 1980.

Eloesser, Arthur: Das bürgerliche Drama. Seine Geschichte im 18. und 19. Jahrhundert. Reprint der Ausgabe Berlin 1898. Genf 1970.

Engelhardt, Markus: Oper, Festspiel, Ballett. In: Albert Meier (Hg.): Die Literatur des 17. Jahrhunderts. München, Wien 1999, S. 333–346.

Engler, Balz: Text, Theater, Spiel, Fest: Was ist ein Festspiel? In: Ders./Georg Kreis (Hg.): Das Festspiel: Formen, Funktionen, Perspektiven. Willisau (Schweiz) 1988, S. 29–35.

Erne, Lukas: Shakespeare as Literary Dramatist. Cambridge 2003.

Essen, Gesa von: Hermannsschlachten. Germanen- und Römerbilder in der Literatur des 18. und 19. Jahrhunderts. Göttingen 1998.

Ewert, Sabine: Die Gebärde im Melodrama *Lenardo und Blandine* von Joseph Franz von Goetz. Diss. masch. München 1978.

Falkenhagen, Annabel: Artikel ›Schöne Seele‹. In: Gert Ueding (Hg.): Historisches Wörterbuch der Rhetorik. Band 8. Darmstadt 2007, Spalte 542–566.

Fauser, Markus (Hg.): Gotthold Ephraim Lessing. Neue Wege der Forschung. Darmstadt 2008.

Fechner, Jörg-Ulrich: Leidenschafts- und Charakterdarstellung im Drama. (Gerstenberg, Leisewitz, Klinger, Wagner). In: Walter Hinck (Hg.): Sturm und Drang. Ein literaturwissenschaftliches Studienbuch. Frankfurt/M. ²1989, S. 175–191.

Feng, Zongxin/Dan Shen: The play off the stage: the writer-reader relationship in drama. In: Language and Literature 10 (2001), S. 79–93.

Fick, Monika: Rezension von Alexander Košenina: Anthropologie und Schauspielkunst. Studien zur ›eloquentia corporis‹ im 18. Jahrhundert. Tübingen 1995. In: Internationales Archiv für Sozialgeschichte der deutschen Literatur 21 (1996), S. 214–220.

- Lessing-Handbuch. Leben – Werk – Wirkung. Zweite, durchgesehene und ergänzte Auflage. Stuttgart, Weimar 2004.

Fieguth, Rolf: Zur Rezeptionslenkung bei narrativen und dramatischen Werken. In: Sprache im technischen Zeitalter 47 (1973), S. 186–201.

- Die Stimme des dramatischen Autors. Bemerkungen zur sprachlichen Schicht im Drama am Beispiel von M. E. Saltykov-Ščedrins dramatischer Satire *Die Schatten* (1862). In: Herta

Schmid/Kedwig Král (Hg.): Drama und Theater. Theorie, Methode, Geschichte. München 1991, S. 337–361.
Fietz, Lothar: Zur Genese des englischen Melodramas aus der Tradition der bürgerlichen Tragödie und des Rührstücks: Lillo – Schröder – Kotzebue – Sheridan – Thompson – Jerrold. In: Deutsche Vierteljahrsschrift für Literaturwissenschaft und Geistesgeschichte 65 (1991), S. 99–116.
Fischer-Lichte, Erika: Theatergeschichte oder Theatersemiotik – eine echte Alternative? Versuch einer semiotischen Rekonstruktion der Theatergeste auf dem deutschen Theater im 18. Jahrhundert. In: Maske und Kothurn 28 (1982), S. 163–194.
– (Hg.): Das Drama und seine Inszenierung. Tübingen 1985.
– Geschichte des Dramas. Band 1: Von der Antike bis zur deutschen Klassik. Tübingen 1990.
– Die Zeichensprache des Theaters: Zum Problem theatralischer Bedeutungsgenerierung. In: Renate Möhrmann (Hg.): Theaterwissenschaft heute. Eine Einführung. Berlin 1990, S. 233–260.
– Entwicklung einer neuen Schauspielkunst. In: Wolfang F. Bender (Hg.): Schauspielkunst im 18. Jahrhundert. Grundlagen, Praxis, Autoren. Stuttgart 1992, S. 51–70.
– Vom zerstreuten zum umfassenden Blick: Das ästhetische und zivilisatorische Programm in den Vorspielen der Neuberin. In: Winfried Herget/Brigitte Schultze (Hg.): Kurzformen des Dramas. Gattungspoetische, epochenspezifische und funktionale Horizonte. Tübingen 1996 (Mainzer Forschungen zu Drama und Theater 16), S. 59–86.
– Semiotik des Theaters. Eine Einführung. 3 Bände. Tübingen ^{4}1998.
– Kurze Geschichte des deutschen Theaters. Tübingen, Basel ^{2}1999.
– Verkörperung/Embodiment. In: Dies./Christian Horn/Matthias Warstat (Hg.): Verkörperung. Tübingen, Basel 2001, S. 11–25.
– Ästhetische Erfahrung: Das Semiotische und das Performative. Tübingen 2001.
– (Hg.): Theatralität und die Krisen der Repräsentation. Stuttgart, Weimar 2001 (Germanistische Symposien-Berichtsbände 22).
– /Jörg Schönert (Hg.): Theater im Kulturwandel des 18. Jahrhunderts. Inszenierung und Wahrnehmung von Körper – Musik – Sprache. Göttingen 1999.
– /Christian Horn/Sandra Umathum/Matthias Warstat (Hg.): Performativität und Ereignis. Tübingen, Basel 2003 (Theatralität 4).
Fleig, Anne: Handlungs-Spiel-Räume. Dramen von Autorinnen im Theater des ausgehenden 18. Jahrhunderts. Würzburg 1999.
Flemming, Willi (Hg.): Oratorium. Festspiel. Leipzig 1933 (Deutsche Literatur. Reihe Barock. Barockdrama 6).
– Einführung zu ›Festspiel‹. In: Ders. (Hg.): Oratorium. Festspiel. Leipzig 1933, S. 117–140.
– Goethe und das Theater seiner Zeit. Stuttgart u.a. 1968.
Foi, Maria Carolina: Recht, Macht und Legitimation in Schillers Dramen. Am Beispiel von *Maria Stuart*. In: Walter Hinderer (Hg.): Friedrich Schiller und der Weg in die Moderne. Würzburg 2006, S. 227–242.
Frantz, Pierre: L'effet du tableau. In: La comédie française 1984. Heft 125, S. 37–43.
– L'esthétique du tableau dans le théâtre du XVIIIe siècle. Paris 1998.
Freytag, Gustav: Die Technik des Dramas. Erste Auflage der Neubearbeitung. Bearbeitet von Manfred Plinke. Berlin 2003.
Frick, Werner: Klassische Präsenzen: Die Weimarer Dramatik und das Berliner Nationaltheater unter Iffland und Graf Brühl. In: Ernst Osterkamp (Hg.): Wechselwirkungen. Kunst und Wissenschaft in Berlin und Weimar im Zeichen Gottes. Bern u.a. 2002 (Publikationen zur Zeitschrift für Germanistik 5), S. 231–266.
Fricke, Harald/Rüdiger Zymner: Einübung in die Literaturwissenschaft. Parodieren geht über Studieren. Paderborn ^{3}1996.

Friedrich, Hans-Edwin: »Ewig lieben«, zugleich aber »menschlich lieben«? Zur Reflexion der empfindsamen Liebeskonzeption von Gellert und Klopstock zu Goethe und Jacobi. In: Aufklärung 13 (2001), S. 148–189.

Friess, Ursula: Buhlerin und Zauberin. Eine Untersuchung zur deutschen Literatur des 18. Jahrhunderts. München 1970.

Fritz, Bärbel: Kotzebue in Wien: eine Erfolgsgeschichte mit Hindernissen. In: Anke Detken/Thorsten Unger/Brigitte Schultze/Horst Turk (Hg.): Theaterinstitution und Kulturtransfer II. Fremdkulturelles Repertoire am Gothaer Hoftheater und an anderen Bühnen. Tübingen 1998, S. 135–153.

Frommer, Harald: Lernziel: Leserrolle. Ein Annäherungsversuch an Schillers Königin Elisabeth in Klasse 10. In: Der Deutschunterricht 33 (1981). Heft 2, S. 60–80.

Fuhrmann, Helmut: Revision des Parisurteils. ›Bild‹ und ›Gestalt‹ der Frau im Werk Friedrich Schillers. In: Jahrbuch der Deutschen Schillergesellschaft 25 (1981), S. 316–366.

Fulda, Daniel: Einleitung: Unbehagen in der Kultur, Behagen an der Unkultur. Ästhetische und wissenschaftliche Faszination der Anthropophagie. In: Ders./Walter Pape (Hg.): Das andere Essen. Kannibalismus als Motiv und Metapher in der Literatur. Freiburg i. Br. 2001, S. 7–50.

– Kannibalismus. In: Bettina von Jagow/Florian Steger (Hg.): Literatur und Medizin. Ein Lexikon. Göttingen 2005, Spalte 414–419.

– /Walter Pape (Hg.): Das andere Essen. Kannibalismus als Motiv und Metapher in der Literatur. Freiburg i. Br. 2001.

Galle, Roland: Szenarien der Ohnmacht im Jahrhundert der Aufklärung. In: Rudolf Behrens/Roland Galle (Hg.): Leib-Zeichen. Körperbilder, Rhetorik und Anthropologie im 18. Jahrhundert. Würzburg 1993, S. 103–123.

Gallèpe, Thierry: Didascalies. Les mots de la mise en scène. Préface de Blanche-Noëlle Grünig. Paris 1998.

Garber, Klaus: Der locus amoenus und der locus terribilis. Bild und Funktion der Natur in der deutschen Schäfer- und Landlebendichtung des 17. Jahrhunderts. Köln, Wien 1974.

Garland, Henry Burnand: Schiller, the dramatic writer. A study of style in the plays. Oxford 1969.

Gauthier, Laure/Bärbel Rudin: Der alte und der neue Geschmack. Die Neuberin in Hamburg. In: Bärbel Rudin/Marion Schulz (Hg.): Vernunft und Sinnlichkeit. Beiträge zur Theaterepoche der Neuberin. Reichenbach i. V. 1999 (Schriften des Neuberin-Museums 2), S. 164–199.

Gebhardt, Armin: August von Kotzebue. Theatergenie zur Goethezeit. Marburg 2003.

Geitner, Ursula: Die Sprache der Verstellung. Studien zum rhetorischen und anthropologischen Wissen im 17. und 18. Jahrhundert. Tübingen 1992 (Communicatio 1).

Genée, Rudolf: Geschichte der Shakespeare'schen Dramen in Deutschland. Leipzig 1870.

Genette, Gérard: Die Erzählung. Übers. von Andreas Knop. Mit einem Nachwort hg. von Jochen Vogt. München ²1998.

– Paratexte. Das Buch vom Beiwerk des Buches. Übers. von Dieter Hornig. Frankfurt/M. 2001.

Genton, Elisabeth: Jacob Michael Reinhold Lenz et la scène allemande. Paris 1966.

Gerecke, Anne-Bitt: Transkulturalität als literarisches Programm. Heinrich Wilhelm von Gerstenbergs Poetik und Poesie. Göttingen 2002 (Palaestra 317).

Gerth, Klaus: Heinrich Wilhelm von Gerstenberg. In: Benno von Wiese (Hg.): Deutsche Dichter des 18. Jahrhunderts. Ihr Leben und Werk. Berlin 1977, S. 393–411.

– »Vergnügen ohne Geschmack«. J.M.R. Lenz' ›Menoza‹ als parodistisches »Püppelspiel«. In: Jahrbuch des Freien Deutschen Hochstifts 1988, S. 35–56.

Gier, Albert: Das Libretto. Theorie und Geschichte einer musikoliterarischen Gattung. Darmstadt 1998.

Gilde, Luise: Friedrich Schillers Geschichtsphilosophie veranschaulicht in seinen Dramen. Zum 200. Geburtstag des Dichters. Band 1. London 1959.

Glaser, Horst Albert: Das bürgerliche Rührstück. Analekten zum Zusammenhang von Sentimentalität mit Autorität in der trivialen Dramatik Schröders, Ifflands, Kotzebues und anderer Autoren am Ende des achtzehnten Jahrhunderts. Stuttgart 1969.

Göbel, Helmut: Bild und Sprache bei Lessing. München 1971.

Goedeke, Karl: Grundriß zur Geschichte der deutschen Dichtung aus den Quellen. Hannover 1857.

Golawski-Braungart, Jutta: Lessing und Riccoboni. Schauspielkunst und Rollenkonzeption im Trauerspiel ›Miß Sara Sampson‹. In: Sprache und Literatur 26 (1995). Heft 75/76, S. 184–204.

Golopentia, Sanda/Monique Martinez Thomas: Voir les didascalies. Paris 1994 (Ibéricas 3).

Goodden, Angelica: ›Une peinture parlante‹: The tableau and the drame. In: French Studies 38 (1984), S. 397–413.

– Actio and Persuasion. Dramatic Performance in Eighteenth-Century France. Oxford 1986.

Goodman, Nelson: Sprachen der Kunst. Entwurf einer Symboltheorie. Übers. von Bernd Philippi. Frankfurt/M. ²1998.

Grabes, Herbert: Wie aus Sätzen Personen werden ... Über die Erforschung literarischer Figuren. In: Poetica 10 (1978), S. 405–428.

Graczyk, Annette: Das literarische Tableau zwischen Kunst und Wissenschaft. München 2004.

Graf, Ruedi: Das Theater im Literaturstaat. Literarisches Theater auf dem Weg zur Bildungsmacht. Tübingen 1992 (Studien zur deutschen Literatur 117).

– Der Professor und die Komödiantin. Zum Spannungsverhältnis von Gottscheds Theaterreform und Schaubühne. In: Bärbel Rudin/Marion Schulz (Hg.): Vernunft und Sinnlichkeit. Beiträge zur Theaterepoche der Neuberin. Reichenbach 1999 (Schriften des Neuberin-Museums 2), S. 125–144.

Graff, Bernd: Grundlagen szenischer Texte. In: Heinz-Ludwig Arnold/Heinrich Detering (Hg.): Grundzüge der Literaturwissenschaft. München ⁶2003, S. 308–322.

Graham, Ilse: Schiller's Drama. Talent and Integrity. London 1974.

Grawe, Christian: Friedrich Schiller. Maria Stuart. Erläuterungen und Dokumente. Stuttgart 1999.

Greenblatt, Stephen: Verhandlungen mit Shakespeare. Innenansichten der englischen Renaissance. Übers. von Robin Cackett. Frankfurt/M. 1993.

Greiner, Bernhard: Die Komödie. Eine theatralische Sendung: Grundlagen und Interpretationen. Tübingen 1992.

– Negative Ästhetik: Schillers Tragisierung der Kunst und Romantisierung der Tragödie (*Maria Stuart* und *Die Jungfrau von Orleans*). In: Sonderband Text + Kritik 2005: Friedrich Schiller. Hg. von Heinz Ludwig Arnold in Zusammenarbeit mit Mirjam Springer, S. 53–70.

Greis, Jutta: Drama Liebe. Zur Entstehungsgeschichte der modernen Liebe im Drama des 18. Jahrhunderts. Stuttgart 1991.

Grimmer, Dietgard: Die Rezeption von Denis Diderot (1713–1784) in Österreich zwischen 1750 und 1850. Salzburg 1988 (Salzburger Romanistische Schriften 12).

Gross, Heinrich: Deutschlands Dichterinen und Schriftstellerinen. Eine literarhistorische Skizze. Wien ²1882.

Gross, Sabine: Lese-Zeichen: Kognition, Medium und Materialität im Leseprozeß. Darmstadt 1994.

Guerlac, Suzanne: The Tableau and authority in Diderot's aesthetics. In: Studies on Voltaire and the eighteenth century 219 (1983), S. 183–194.

Guthke, Karl S.: Maria Stuart. In: Helmut Koopmann (Hg.): Schiller-Handbuch. Stuttgart 1998, S. 415–441.

Haber, Karin: Die im Dienste der Gelehrsamkeit agierende Schauspielkunst. Friederike K. Neuber und Johann Chr. Gottsched, Leipziger Ostermesse 1727. In: Georg Braungart/Friedrich Harzer/Hans Peter Neureuter/Gertrud M. Rösch (Hg.): Bespiegelungskunst. Begegnungen auf den Seitenwegen der Literaturgeschichte. Tübingen 2004, S. 15–28.

Haberkamm, Klaus: Artikel ›Vorspiel‹. In: Reallexikon der deutschen Literaturwissenschaft. Band 3. Hg. von Jan-Dirk Müller u.a. Berlin, New York ³2003, S. 806–809.

Habermann, Ina: King Richard the Second. In: Ina Schabert (Hg.): Shakespeare-Handbuch. Die Zeit – der Mensch – das Werk – die Nachwelt. Stuttgart ⁴2000, S. 355–359.

Halter, Martin: Turm und Drang. Wir sind so hungrig: Gerstenbergs »Ugolino« in Stuttgart. In: Frankfurter Allgemeine Zeitung vom 17.6.2003, S. 36.

Hänsel, Johann-Richard: Die Geschichte des Theaterzettels und seine Wirkung in der Öffentlichkeit. Diss. masch. Berlin 1962.

Hagel, Ute: Stichwort ›Liebhabertheater‹. In: Manfred Brauneck/Gérard Schneilin (Hg.): Theaterlexikon 1: Begriffe und Epochen, Bühnen und Ensembles. Vollständig überarbeitete und erweiterte Neuausgabe. Reinbek bei Hamburg ⁴2001, S. 590.

Haider-Pregler, Hilde: Die Selbstdarstellung der ›Literarisierung des Theaters‹. In: Dies.: Des sittlichen Bürgers Abendschule. Bildungsanspruch und Bildungsauftrag des Berufstheaters im 18. Jahrhundert. Wien, München 1980, S. 226–247.

Hallensleben, Silvia: »Dies Geschöpf taugt nur zur Hure ...«. Anmerkungen zum Frauenbild in Lenz' »Soldaten«. In: Inge Stephan/Hans-Gerd Winter (Hg.): »Unaufhörlich Lenz gelesen ...«. Studien zu Leben und Werk von J.M.R. Lenz. Stuttgart, Weimar 1994, S. 225–242.

Hamburger, Käte: Zum Strukturproblem der epischen und dramatischen Dichtung. In: Deutsche Vierteljahrsschrift für Literaturwissenschaft und Geistesgeschichte 25 (1951), S. 1–26.

– Die Logik der Dichtung. München ³1977.

Hamel, Richard: Grundsätze und Grundzüge moderner Dramatik bei Heinrich Wilhelm von Gerstenberg. In: Ders.: Hannoversche Dramaturgie. Kritische Studien und Essays. Hannover 1900, S. 278–294.

Harris, Edward P.: Lessing und das Rollenfachsystem. Überlegungen zur praktischen Charakterologie im 18. Jahrhundert. In: Wolfang F. Bender (Hg.): Schauspielkunst im 18. Jahrhundert. Grundlagen, Praxis, Autoren. Stuttgart 1992, S. 221–236.

Hart, Gail Kathleen: Star-Gazing: Authority, Instinct and the Women's World of Goethe's *Stella*. In: Dies.: Tragedy in paradise: family and gender politics in German bourgeois tragedy. Columbia 1996, S. 41–54.

– The Stage an the State: The Execution of Schiller's Maria Stuart. In: Seminar. A Journal of Germanic Studies 35 (1999), S. 95–106.

Hartmann, Horst: Das Mannheimer Theater am Ausgang des 18. Jahrhunderts. In: Anke Detken/Thorsten Unger/Brigitte Schultze/Horst Turk (Hg.): Theaterinstitution und Kulturtransfer II. Fremdkulturelles Repertoire am Gothaer Hoftheater und an anderen Bühnen. Tübingen 1998, S. 123–134.

Haubl, Rolf: Zur Trivialität Kotzebues. Polyhistorische Anmerkungen. In: Sprachkunst. Beiträge zur Literaturwissenschaft 13 (1982), S. 50–62.

Hauck, Johannes: Affektive Resonanz und der disziplinierende Blick des anderen: Zu Diderots Empfindsamkeit. In: Andreas Kablitz/Gerhard Neumann (Hg.): Mimesis und Simulation. Freiburg i. Br. 1998, S. 145–181.

Hausmann, Frank-Rutger: Seufzer, Tränen und Erbleichen – nicht-verbale Aspekte der Liebessprache in der französischen Literatur des 16. und 17. Jahrhunderts. In: Volker Kapp (Hg.): Die Sprache der Zeichen und Bilder. Rhetorik und nonverbale Kommunikation in der frühen Neuzeit. Marburg 1990, S. 102–117.

Hecht, Wolfgang: Materialien zum Verständnis der Texte. In: Ders. (Hg.): Luise Adelgunde Victorie Gottsched: Der Witzling. Johann Elias Schlegel: Die stumme Schönheit. Berlin 1962, S. 71–104.

Heckmann, Hannelore: Theaterkritik als Unterhaltung: Die Vorreden und Vorspiele der Neuberin. In: Lessing Yearbook 18 (1986), S. 111–127.
- »Pfuy! Spiel, Gesang, und Tanz und Fabeln.« Das Lübecker Vorspiel der Neuberin (1736). In: Bärbel Rudin/Marion Schulz (Hg.): Vernunft und Sinnlichkeit. Beiträge zur Theaterepoche der Neuberin. Reichenbach i. V. 1999, S. 145–163.

Heeg, Günther: Szenen. In: Heinrich Bosse/Ursula Renner (Hg.): Literaturwissenschaft. Einführung in ein Sprachspiel. Freiburg i. Br. 1999, S. 251–269.
- Der Faden der »Ariadne«. Ursprung und Bedeutung des Malerischen in der theatralen Darstellung des 18. Jahrhunderts. In: Erika Fischer-Lichte/Jörg Schönert (Hg.): Theater im Kulturwandel des 18. Jahrhunderts. Inszenierung und Wahrnehmung von Körper – Musik – Sprache. Göttingen 1999, S. 361–383.
- Das Phantasma der natürlichen Gestalt. Körper, Sprache und Bild im Theater des 18. Jahrhunderts. Frankfurt/M., Basel 2000.

Heinz, Andrea: Stichwort ›Bühnenanweisung‹. In: Dieter Burdorf/Christoph Fasbender/Burkhard Moennighoff (Hg.): Metzler Lexikon Literatur. Begriffe und Definitionen. Begr. von Günther und Irmgard Schweikle. 3. völlig neu bearbeitete Aufl. Stuttgart, Weimar 2007, S. 108.
- Liebhabertheater, Wandertruppe oder Hoftheater? Theater in den Residenzstädten Weimar und Gotha um 1800. In: Werner Greiling/Andreas Klinger/Christoph Köhler (Hg.): Ernst II. von Sachsen-Gotha-Altenburg. Ein Herrscher im Zeitalter der Aufklärung. Köln u.a. 2005, S. 239–249.
- Stichwort ›Liebhabertheater‹. In: Dieter Burdorf/Christoph Fasbender/Burkhard Moennighoff (Hg.): Metzler Lexikon Literatur. Begriffe und Definitionen. Begr. von Günther und Irmgard Schweikle. 3. völlig neu bearbeitete Aufl. Stuttgart, Weimar 2007, S. 435.

Hempel, Brita: Der gerade Blick in einer schraubenförmigen Welt. Deutungspraxis und Erlösungshoffnung bei J.M.R. Lenz. Heidelberg 2003.
- Sara, Emilia, Luise: drei tugendhafte Töchter. Das empfindsame Patriarchat im bürgerlichen Trauerspiel bei Lessing und Schiller. Heidelberg 2006.

Henkel, Arthur: Wie Schiller Königinnen reden läßt. Zur Szene III, 4 in der *Maria Stuart*. In: Achim Aurnhammer/Klaus Manger/Friedrich Strack (Hg.): Schiller und die höfische Welt. Tübingen 1990, S. 398–406.

Herboth, Franziska: Satiren des Sturm und Drang. Innenansichten des literarischen Feldes zwischen 1770 und 1780. Hannover 2002.

Herman, Vimala: Dramatic Discourse: Dialogue as interaction in plays. London 1995.

Herrmann, Hans Peter/Martina Herrmann: Friedrich Schiller: Maria Stuart. Frankfurt/M. ³1998.

Herrmann, Max: Forschungen zur deutschen Theatergeschichte des Mittelalters und der Renaissance. Berlin 1914.

Hess-Lüttich, Ernest W. B.: Der dramatische und der theatrale Text. In: Erika Fischer-Lichte (Hg.): Das Drama und seine Inszenierung. Tübingen 1985, S. 65–82.
- How does the Writer of a Dramatic Text interact with his Audience? On the Pragmatics of Literary Communication. In: Roger Sell (Hg.): Literary Pragmatics. London, New York 1991, S. 225–241.

Heuser, Magdalene: Louise Adelgunde Victorie Gottsched (1713–1762). In: Kerstin Merkel/Heide Wunder (Hg.): Deutsche Frauen der Frühen Neuzeit. Dichterinnen, Malerinnen, Mäzeninnen. Darmstadt 2000, S. 169–181.

Heydebrand, Renate von: Vergessenes Vergessen. Frauen als Objekt und Subjekt literarischen Gedächtnisses. In: Kati Röttger/Heike Paul (Hg.): Differenzen in der Geschlechterdifferenz/Differences within Gender Studies. Aktuelle Perspektiven der Geschlechterforschung. Berlin 1999, S. 136–155.

Hickethier, Knut: Theatersemiotik: Ihr Ende oder ein Anfang oder etwas ganz Anderes? Zu Erika Fischer-Lichtes »Semiotik des Theaters«. In: TheaterZeitSchrift 12 (1985), S. 123–128.
Hildebrandt, Dieter: Die Dramaturgie der Träne. In: Das weinende Saeculum. Hg. von der Arbeitsstelle 18. Jahrhundert (Wuppertal). Heidelberg 1983, S. 83–88.
Hilger, Stephanie M.: Love, lust and language : Eleonore Thon's *Adelheit von Rastenberg*. In: Neophilologus 88 (2004), S. 395–403.
Hillen, Gerd: Allegorie im Kontext. Zur Bestimmung von Form und Funktion der Allegorie in literarischen Texten des 17. Jahrhunderts. In: Walter Haug (Hg.): Formen und Funktionen der Allegorie. Symposion Wolfenbüttel 1978. Stuttgart 1979 (Germanistische Symposien-Berichtsbände 3), S. 592–604.
Hillmann, Heinz: Goethes Stella. Probleme einer Liebesutopie im 18. Jahrhundert. In: Zagreber Germanistische Beiträge. Beiheft 1 (1993), S. 3–19.
Hinck, Walter: Das deutsche Lustspiel des 17. und 18. Jahrhunderts und die italienische Komödie. Commedia dell'arte und Théâtre italien. Stuttgart 1965.
– Texte und Materialien zur Interpretation. In: Helmut Arntzen/Karl Pestalozzi (Hg.): J.M.R. Lenz: Der neue Menoza. Berlin 1965, S. 73–95.
– Goethe – Mann des Theaters. Göttingen 1982.
– Schillers Zusammenarbeit mit Goethe auf dem Weimarer Hoftheater. In: Achim Aurnhammer/Klaus Manger/Friedrich Strack (Hg.): Schiller und die höfische Welt. Tübingen 1990, S. 271–281.
Hinderer, Walter: Der Geschlechterdiskurs im 18. Jahrhundert und die Frauengestalten in Schillers Dramen. In: Ders. (Hg.): Friedrich Schiller und der Weg in die Moderne. Würzburg 2006, S. 261–285.
Hiß, Guido: Der theatralische Blick. Einführung in die Aufführungsanalyse. Berlin 1993.
Höfele, Andreas: Drama und Theater: Einige Anmerkungen zur Geschichte und gegenwärtigen Diskussion eines umstrittenen Verhältnisses. In: Forum Modernes Theater 6/1 (1991), S. 3–24.
Höllerer, Walter: Lenz: *Die Soldaten*. In: Benno von Wiese (Hg.): Das deutsche Drama vom Barock bis zur Gegenwart. Interpretationen. Band 1. Düsseldorf 1958, S. 127–146.
Hölter, Eva: »Der Dichter der Hölle und des Exils«. Historische und systematische Profile der deutschsprachigen Dante-Rezeption. Würzburg 2002 (Epistemata. Reihe Literaturwissenschaft. Band 382).
Hoff, Dagmar von: Dramen des Weiblichen. Deutsche Dramatikerinnen um 1800. Opladen 1989.
– Inszenierung des Leidens. Lektüre von J.M.R. Lenz' »Der Engländer« und Sophie Albrechts »Theresgen«. In: Inge Stephan/Hans-Gerd Winter (Hg.): »Unaufhörlich Lenz gelesen ...«. Studien zu Leben und Werk von J.M.R. Lenz. Stuttgart, Weimar 1994, S. 210–224.
Hoffmann, Johannes: Schillers ›Maria Stuart‹ und ›Jungfrau von Orleans‹ auf der Hamburger Bühne in den Jahren 1801 – 1848. Greifswald 1906.
Hofmann, Michael: Schiller. Epoche – Werk – Wirkung. München 2003 (Arbeitsbücher zur Literaturgeschichte).
Hollmer, Heide: Anmut und Nutzen. Die Originaltrauerspiele in Gottscheds ›Deutscher Schaubühne‹. Tübingen 1994 (Theatron 10).
Holmström, Kirsten Gram: Monodrama, Attitudes, Tableaux vivants. Studies on some Trends of Theatrical Fashion 1770–1815. Stockholm 1967.
Holtus, Günter (Hg.): Theaterwesen und dramatische Literatur: Beiträge zur Geschichte des Theaters. Tübingen 1987 (Mainzer Forschungen zu Drama und Theater 1).
Honzl, Jindřich: Die Hierarchie der Theatermittel. In: Aloysius van Kesteren/Herta Schmid (Hg.): Moderne Dramentheorie. Kronberg/Ts. 1975, S. 133–142.
Houben, Heinrich H.: Verbotene Literatur von der klassischen Zeit bis zur Gegenwart. Ein kritisch-historisches Lexikon über verbotene Bücher, Zeitschriften und Theaterstücke,

Schriftsteller und Verleger. Band 1 (Nachdruck der Ausgabe Berlin 1924). Hildesheim 1965.
Howald, Ernst: Die Exposition von Diderots »Père de famille«. In: Überlieferung und Gestaltung. Festgabe für Theophil Spoerri. Zürich 1950, S. 51–76.
Huber, Martin: Inszenierte Körper. Theater als Kulturmodell in Goethes Festspiel »Lila«. In: Erika Fischer-Lichte/Jörg Schönert (Hg.): Theater im Kulturwandel des 18. Jahrhunderts. Inszenierung und Wahrnehmung von Körper – Musik – Sprache. Göttingen 1999, S. 133–150.
Huber, Peter: Goethes praktische Theaterarbeit. In: Goethe-Handbuch. 4 Bände in 5 Teilen. Hg. von Bernd Witte u.a. Band 2: Dramen. Hg. von Theo Buck. Stuttgart, Weimar 1997, S. 21–42.
Huhn, Eugen: Geschichte der deutschen Literatur. Von der ältesten bis auf die neueste Zeit. Stuttgart 1852.
Hyner, Bernadette H.: Coercion and Confinement in Eleonore Thon's *Adelheit von Rastenberg*. In: Rocky Mountain Review 58 (2004), S. 29–46.
Immer, Nikolas: Die schuldig-unschuldigen Königinnen. Zur kontrastiven Gestaltung von Maria und Elisabeth in Schillers *Maria Stuart*. In: Euphorion 99 (2005), S. 129–152.
– Der inszenierte Held. Schillers dramenpoetische Anthropologie. Heidelberg 2008 (Jenaer germanistische Forschungen NF 26).
Inbar, Eva Maria: Shakespeare in Deutschland: Der Fall Lenz. Tübingen 1982.
Ingarden, Roman: Das literarische Kunstwerk. Mit einem Anhang: Von den Funktionen der Sprache im Theaterschauspiel. Tübingen [4]1972.
Ingen, Ferdinand van: Macht und Gewissen: Schillers »Maria Stuart«. In: Wolfgang Wittkowski (Hg.): Verantwortung und Utopie. Zur Literatur der Goethezeit. Ein Symposium. Tübingen 1988, S. 283–309.
– *Maria Stuart*: Friedrich von Gentz und Friedrich von Schiller. In: Richard Fisher (Hg.): Ethik und Ästhetik. Werke und Werte in der Literatur vom 18. bis zum 20. Jahrhundert. FS Wolfgang Wittkowski. Frankfurt/M. u.a. 1995 (Forschungen zur Literatur- und Kulturgeschichte 52), S. 247–257.
Iser, Wolfgang: Der Akt des Lesens. Theorie ästhetischer Wirkung. München [4]1994.
– Der implizite Leser. Kommunikationsformen des Romans von Bunyan bis Beckett. München [3]1994.
Issacharoff, Michael: Texte théâtral et didascalecture. In: Ders.: Le spectacle du discours. Paris 1985, S. 25–40.
– How Playscripts Refer. Some Preliminary Considerations. In: Anna Whiteside/Michael Issacharoff (Hg.): On Referring in Literature. Bloomington 1987, S. 84–94
– Stage codes. In: Ders./Robin F. Jones (Hg.): Performing texts. Philadelphia 1988, S. 61–74.
Jackson, Macd. P.: Stage Directions and Speech Headings in Act 1 of *Titus Andronicus* Q (1594): Shakespeare or Peele? In: Studies in Bibliography 49 (1996), S. 134–148.
Jacob, Herbert: Kotzebues Werke in Übersetzungen. In: Hans Werner Seiffert (Hg.): Studien zur Neueren Deutschen Literatur. Berlin 1964, S. 175–183.
Jacobsen, Roswitha: Ordnung und individuelle Selbstbestimmung im bürgerlichen Trauerspiel. Der Fehler der Sara Sampson. In: Richard Fisher (Hg.): Ethik und Ästhetik. Werke und Werte in der Literatur vom 18. bis zum 20. Jahrhundert. FS Wolfgang Wittkowski. Frankfurt/M. u.a. 1995 (Forschungen zur Literatur- und Kulturgeschichte 52), S. 81–92.
Jacobsohn, Siegfried: Gesammelte Schriften 1900–1926. Band 3: Theater – und Revolution? Schriften 1915–1926. Hg. und kommentiert von Gunther Nickel/Alexander Weigel in Zusammenarbeit mit Hanne Knickmann/Johanna Schrön. Göttingen 2005.
Jahn, Manfred: Narrative Voice and Agency in Drama. Aspects of a Narratology of Drama. In: New Literary History 32/3 (2001), S. 659–679.

Jannidis, Fotis: ›Individuum est ineffabile‹. Zur Veränderung der Individualitätssemantik im 18. Jh. und ihrer Auswirkung auf die Figurenkonzeption im Roman. In: Aufklärung 9/2 (1996), S. 77–110.
– Figur und Person. Beitrag zu einer historischen Narratologie. Berlin, New York 2004 (Narratologia 3).
Jens, Walter (Hg.): Die Bauformen der griechischen Tragödie. München 1971.
Jian, Wang: Über Goethes *Regeln für Schauspieler*. In: Literaturstraße 1 (2000), S. 83–100.
John, David G./Stefan Endres/Gabriele Franke: Ein neuer Schluß für Goethes »Stella«. In: Goethe-Jahrbuch 3 (1994), S. 90–101.
Jørgensen, Sven-Aage: Versuch über die »Jungen Gelehrten« um 1750. In: Eva J. Engel/Klaus Ritterhoff (Hg.): Neues zur Lessing-Forschung. FS Ingrid Strohschneider-Kohrs. Tübingen 1998, S. 31–41.
Jung, Ursula: L'énonciation au théâtre. Une approche pragmatique de l'autotexte théâtral. Tübingen 1994 (Forum modernes Theater 13).
Kallweit, Hilmar: Ausdruck: Homogenisierung des Textes ans ›lebendige Princip‹ in Seele und Körper. In: Jan-Dirk Müller (Hg.): »Aufführung« und »Schrift« in Mittelalter und früher Neuzeit. Stuttgart, Weimar 1996 (Germanistische Symposien-Berichtsbände 17), S. 633–653.
Kapp, Volker (Hg.): Die Sprache der Zeichen und Bilder. Rhetorik und nonverbale Kommunikation in der frühen Neuzeit. Marburg 1990.
Keck, Annette/Inka Kording/Anja Prochaska (Hg.): Verschlungene Grenzen. Anthropophagie in Literatur und Kulturwissenschaften. Tübingen 1999.
Keller, Werner: Das Drama Goethes. In: Walter Hinck (Hg.): Handbuch des deutschen Dramas. Düsseldorf 1980, S. 133–156.
Kerbrat-Orecchioni, Catherine: L'énonciation. De la subjectivité dans le langage. Paris 1980.
Kiesel, Helmuth/Paul Münch: Gesellschaft und Literatur im 18. Jahrhundert. Voraussetzungen und Entstehung des literarischen Markts in Deutschland. München 1977.
Kindermann, Heinz: Theatergeschichte der Goethezeit. Wien 1948.
– Der gesprochene Raum. In: Maske und Kothurn 11 (1965), S. 207–232.
Kließ, Werner: Sturm und Drang. Gerstenberg, Lenz, Klinger, Leisewitz, Wagner, Maler Müller. Velber bei Hannover ^{3}1975 (Dramatiker des Weltheaters 25).
Klingenberg, Karl-Heinz: Iffland und Kotzebue als Dramatiker. Weimar 1962.
Klose, Jürgen: Der Prinz aus Kumba – Auch zum Europabild bei Jakob Michael Reinhold Lenz und Christoph Hein. In: Sandra Kersten/Manfred Frank Schenke (Hg.): Spiegelungen. Entwürfe zu Identität und Alterität. FS Elke Mehnert. Berlin 2005, S. 315–340.
Klotz, Volker: Geschlossene und offene Form im Drama (Literatur als Kunst). München ^{11}1985.
– Gegenstand als Gegenspieler. Widersacher auf der Bühne: Dinge, Briefe, aber auch Barbiere. Wien 2000.
Kluge, Gerhard: Über die Notwendigkeit der Kommentierung kleinerer Regie- und Spielanweisungen in Schillers frühen Dramen. In: editio 3 (1989), S. 90–97.
Koch, Herbert: Zwei unbekannte Schiller-Rezensionen. In: Jahrbuch der Deutschen Schillergesellschaft 6 (1962), S. 178–183
Köhnke, Klaus: Schillers »Maria Stuart« – philosophische Theorie und dramatische Praxis. In: Hans-Jörg Knobloch/Helmut Koopmann (Hg.): Schiller heute. Tübingen 1996, S. 99–113.
Kohlschmidt, Werner: Artikel ›Festspiel‹. In: Ders./Wolfgang Mohr (Hg.): Reallexikon der deutschen Literaturgeschichte. Berlin ^{2}1958, S. 458–461.
Komfort-Hein, Susanne: »Sie sei wer sie sei«. Das bürgerliche Trauerspiel um Individualität. Pfaffenweiler 1995.
Koneffke, Marianne: Der »natürliche« Mensch in der Komödie »Der neue Menoza« von Jakob Michael Reinhold Lenz. Frankfurt/M. u.a. 1990.

- Die weiblichen Figuren in den Dramen des J.M.R. Lenz: *Der Hofmeister, Der neue Menoza, Die Soldaten.* Zwischen Aufbegehren und Anpassung. In: Wirkendes Wort 42 (1992), S. 389–405.
Konersmann, Ralf: Artikel ›Seele, schöne; Seelenschönheit‹. In: Historisches Wörterbuch der Philosophie. In Verb. mit Günther Bien u.a. hg. von Joachim Ritter/Karlfried Gründer. Band 9. Darmstadt, Basel 1995, Spalte 89–92.
Kontje, Todd: Staging the Sublime: Schiller's Maria Stuart as Ironic Tragedy. In: Modern Language Studies 22/2 (1992), S. 88–101.
Koopmann, Helmut (Hg.): Schiller-Handbuch. Stuttgart 1998.
Kord, Susanne: Ein Blick hinter die Kulissen. Deutschsprachige Dramatikerinnen im 18. und 19. Jahrhundert. Stuttgart 1992.
- Frühe dramatische Entwürfe – Drei Dramatikerinnen im 18. Jahrhundert. In: Hiltrud Gnüg/Renate Möhrmann (Hg.): Frauen Literatur Geschichte. Schreibende Frauen vom Mittelalter bis zur Gegenwart. Stuttgart ²1999, S. 231–246.
- Little Detours. The Letters and Plays of Luise Gottsched (1713–1762). Rochester 2000.
- Discursive Dissociations: Women Playwrights as Observers of the Sturm und Drang. In: David Hill (Hg.): Literature of the Sturm und Drang. Rochester 2003 (Camden House history of German literature 6), S. 241–273.
Korte, Barbara: Körpersprache in der Literatur: Theorie und Geschichte am Beispiel englischer Erzählprosa. Tübingen 1993.
- Körpertext im Schrifttext: Eine Skizze zur Evolution des nonverbalen semiotischen Systems im englischen Roman des 18. Jahrhunderts. In: Jan-Dirk Müller (Hg.): »Aufführung« und »Schrift« in Mittelalter und früher Neuzeit. Stuttgart, Weimar 1996 (Germanistische Symposien-Berichtsbände 17), S. 617–632.
Korthals, Holger: Zwischen Drama und Erzählung. Ein Beitrag zur Theorie geschehensdarstellender Literatur. Berlin 2003.
Koschorke, Albrecht: Alphabetisation und Empfindsamkeit. In: Hans-Jürgen Schings (Hg.): Der ganze Mensch. Anthropologie und Literatur im 18. Jahrhundert. Stuttgart, Weimar 1994 (Germanistische Symposien-Berichtsbände 15), S. 605–628.
Košenina, Alexander: Anthropologie und Schauspielkunst. Studien zur ›eloquentia corporis‹ im 18. Jahrhundert. Tübingen 1995 (Theatron 11).
- Literarische Anthropologie. Die Neuentdeckung des Menschen. Berlin 2008 (Akademie Studienbücher. Literaturwissenschaft).
Kosok, Heinz: Drama und Theater im 19. Jahrhundert. In: Josefa Nünning (Hg.): Das englische Drama. Darmstadt 1973, S. 349–402.
Kowzan, Tadeusz: ›The Sign of Theatre‹. In: Diogenes 61 (1968), S. 52–80.
Krämer, Herbert: J.M.R. Lenz' ›Die Soldaten‹. Erläuterungen und Dokumente. Stuttgart 1974.
Kraft, Helga: Idylle mit kleinen Fehlern. Zwei Frauen brauch ich, ach, in meinem Haus. *Luise* von Voß und *Stella* von Goethe. In: Dies./Elke Liebs (Hg.): Mütter – Töchter – Frauen. Weiblichkeitsbilder in der Literatur. Stuttgart, Weimar 1993, S. 73–89.
Kraft, Stephan: Identifikatorisches Verlachen – distanziertes Mitlachen. Tendenzen in der populären Komödie um 1800 (Iffland – Schröder – Kotzebue – von Steigentesch – von Voß). In: Johannes Birgfeld/Claude D. Conter (Hg.): Das Unterhaltungsstück um 1800. Literaturhistorische Konfigurationen – Signaturen der Moderne. Zur Geschichte des Theaters als Reflexionsmedium von Gesellschaft, Politik und Ästhetik. Hannover 2007, S. 208–229 (Forum für deutschsprachiges Drama und Theater in Geschichte und Gegenwart 1).
Krapf, Ludwig/Christian Wagenknecht (Hg.): Stuttgarter Hoffeste: Texte und Materialien zur höfischen Repräsentation im frühen 17. Jahrhundert. Tübingen 1979 (Neudrucke deutscher Literaturwerke NF 26).
Krebs, Roland: Modernität und Traditionalität in Gottscheds Theaterreform. In: Wilfried Barner (Hg.): Tradition, Norm, Innovation. Soziales und literarisches Traditionsverhalten

in der Frühzeit der deutschen Aufklärung. München 1989 (Schriften des Historischen Kollegs: Kolloquien 15), S. 125–148.

Kreutzer, Leo: Literatur als Einmischung. Jakob Michael Reinhold Lenz. In: Walter Hinck (Hg.): Sturm und Drang. Ein literaturwissenschaftliches Studienbuch. Frankfurt/M. ²1989, S. 213–229.

Kriessbach, Erich: Die Trauerspiele in Gottscheds »Deutscher Schaubühne« und ihr Verhältnis zur Dramaturgie und zum Theater ihrer Zeit. Halle (Saale) 1928.

Kühn, Ulrich: Sprech-Ton-Kunst. Musikalisches Sprechen und Formen des Melodrams im Schauspiel- und Musiktheater (1770–1933). Tübingen 2001 (Theatron 35).

Kühnel, Jürgen: Stichwort ›Bühnenanweisungen (Szenenanweisungen)‹. In: Günther Schweikle/Irmgard Schweikle (Hg.): Metzler-Literatur-Lexikon. Begriffe und Definitionen. Stuttgart ²1990, S. 69.

Küp, Peter: Bühnenanweisungen im Drama des Sturm und Drang. Diss. masch. München 1956.

Küster, Ulrike: Das Melodrama. Zum ästhetikgeschichtlichen Zusammenhang von Dichtung und Musik im 18. Jahrhundert. Frankfurt/M. u.a. 1994.

Kütner, Karl August: Charaktere teutscher Dichter und Prosaisten. Von Kaiser Karl, dem Großen, bis auf das Jahr 1780. Band 1 und 2. Berlin 1781.

Kuhn, Elisabeth Christine: Die Bühneninszenierung als komplexes Werk. Baden-Baden 2005.

Kurdi, Imre: Aufgeklärte Zärteleien und Spötteleien. Das Testament-Motiv in Gellerts Lustspiel *Die zärtlichen Schwestern*. In: Ernö Kulcsár-Szabó/Karl Manherz/Magdolna Orosz (Hg.): »das rechte Maß getroffen«. FS László Tarnói. Berlin, Budapest 2004, S. 26–34.

Kuttenkeuler, Wolfgang: *Miß Sara Sampson*. »… nichts als ›Fermenta cognitionis‹«. In: Interpretationen. Lessings Dramen. Stuttgart 1994, S. 7–44.

Lacoue-Labarthe, Philippe: Diderot, le paradoxe et la mimésis. In: Poétique 43. Septembre 1980, S. 267–281.

Ladnar, Ulrike: Johann Elias Schlegel: »Die stumme Schönheit«. In: Der Deutschunterricht 36 (1984). Heft 1, S. 75–89.

Lämmert, Eberhard: Bauformen des Erzählens. Stuttgart ⁸1993.

Lancaster, Henry Carrington: The cast and the reception of Diderot's *Père de Famille*. In: Modern Language Notes 69 (1954), S. 416–418.

Langen, August: Attitüde und Tableau in der Goethezeit. In: Jahrbuch der Deutschen Schillergesellschaft 12 (1968), S. 194–258.

Langer, Arne: Zur Aufzeichnungspraxis der Operninszenierung. In: Aktuelle Tendenzen der Theatergeschichtsforschung. Heftredaktion: Miriam Göbel, Andrea Kircher, Gesine Schobert. Berlin 1996 (Kleine Schriften der Gesellschaft für Theatergeschichte 37/38), S. 103–118.

– Der Regisseur und die Aufzeichnungspraxis der Operninszenierung im 19. Jahrhundert. Frankfurt/M. u.a. 1997.

Lanson, Gustave: Nivelle de La Chaussée et la comédie larmoyante. Paris 1887.

Larthomas, Pierre: Le langage dramatique. Sa nature, ses procédés. Paris ²2001.

Lauer, Gerhard: Klassik als Epoche – revisited. Ein Beitrag zur Systematik des Epochenbegriffs. In: Mitteilungen des Deutschen Germanistenverbandes 49/3 (2002), S. 320–328.

Lazarowicz, Klaus/Christopher Balme (Hg.): Texte zur Theorie des Theaters. Stuttgart ²2001.

Lehmann, Hans-Thies: Theater als szenische Darbietungsform. In: Helmut Brackert/Jörn Stückrath (Hg.): Literaturwissenschaft. Ein Grundkurs. Hamburg ⁶2000, S. 347–359.

Lehmann, Johannes: Betrachter und Betrachtete. Überlegungen zu Diderots »Paradoxe sur le comédien«. In: Aktuelle Tendenzen der Theatergeschichtsforschung. Heftredaktion: Miriam Göbel, Andrea Kircher, Gesine Schobert. Berlin 1996 (Kleine Schriften der Gesellschaft für Theatergeschichte 37/38), S. 41–54.

Lehmann, Johannes Friedrich: Der Blick durch die Wand. Zur Geschichte des Theaterzuschauers und des Visuellen bei Diderot und Lessing. Freiburg i. Br. 2000.

Leidner, Alan C.: The Dream of Identity: Lenz and the Problem of Standpunkt. In: German Quarterly 59 (1986), S. 387–400.
Leistner, Bernd: »Ich habe deinen edlern Teil nicht retten können.« Zu Schillers Trauerspiel »Maria Stuart«. In: Zeitschrift für Germanistik 2 (1981), S. 166–181.
Levitt, Paul M.: A Structural Approach to the Analysis of Drama. Den Haag, Paris 1971.
Liewerscheidt, Dieter: J.M.R. Lenz »Der neue Menoza«, eine apokalyptische Farce. In: Wirkendes Wort 33 (1983), S. 144–152.
Link, Jürgen: Literaturwissenschaftliche Grundbegriffe. Eine programmierte Einführung auf strukturalistischer Basis. München ³1985.
Loewen, Harry: The End as the Beginning: The Nature of Maria Stuart's Transformation. In: Seminar. A Journal of Germanic Studies 15 (1979), S. 165–180.
Lohr, Günther: Inskription des Szenischen. Zum Kontext von Goethes »Regeln für Schauspieler«. In: Michel Corvin (Hg.): Goethe et les arts du spectacle. Bron 1985, S. 161–177.
Lokke, Kari: Schiller's *Maria Stuart*: The Historical Sublime and the Aesthetics of Gender. In: Monatshefte für deutschen Unterricht, deutsche Sprache und Literatur 82 (1990), S. 123–141.
Lubkoll, Christine: Moralität und Modernität. Schillers Konzept der ›schönen Seele‹ im Lichte der literaturhistorischen Diskussion. In: Walter Hinderer (Hg.): Friedrich Schiller und der Weg in die Moderne. Würzburg 2006, S. 83–99.
Luc, Jean: Diderot, l'artiste et le philosophe. Paris 1938.
Lühe, Irmela von der: Das bürgerliche Trauerspiel. In: Werner Frick (Hg.) in Zusammenarbeit mit Gesa von Essen/Fabian Lampart: Die Tragödie. Eine Leitgattung der europäischen Literatur. Göttingen 2003, S. 202–217.
Lützeler, Paul Michael: Jakob Michael Reinhold Lenz: *Die Soldaten*. In: Interpretationen. Dramen des Sturm und Drang. Stuttgart 1995, S. 129–159.
Lukas, Wolfgang: Anthropologie und Theodizee. Studien zum Moraldiskurs im deutschsprachigen Drama der Aufklärung (ca. 1730 bis 1770). Göttingen 2005.
Luserke, Matthias: Kommentar. In: Ders. (Hg.): Friedrich Schiller: Dramen. Band 4. Frankfurt/M. 1996 (Werke und Briefe in zwölf Bänden. Hg. von Otto Dann u.a.), S. 536–597.
– Sturm und Drang. Autoren – Texte – Themen. Stuttgart 1997.
– Der junge Goethe: »Ich weis nicht warum ich Narr soviel schreibe.« Göttingen 1999.
– Lenz-Studien. Literaturgeschichte – Werke – Themen. St. Ingbert 2001.
Luserke-Jaqui, Matthias (Hg.) unter Mitarbeit von Grit Dommes: Schiller-Handbuch. Leben – Werk – Wirkung. Stuttgart, Weimar 2005.
Madland, Helga Stipa: Non-Aristotelian Drama in Eighteenth Century Germany and its Modernity: J.M.R. Lenz. Bern, Frankfurt/M. 1982.
– Gesture as Evidence of Language Skepticism in ›Der Hofmeister‹ und ›Die Soldaten‹. In: German Quarterly 57 (1984), S. 306–322.
– Lenzens Sprachwahrnehmung in Theorie und Praxis. In: Karin A. Wurst (Hg.): J.M.R. Lenz als Alternative? Positionsanalysen zum 200. Todestag. Köln, Weimar, Wien 1992, S. 92–111.
– *Der Hofmeister* and *Die Soldaten* in Eighteenth-Century Critical Discourse. In: Dies. (Hg.): Image and Text. J.M.R. Lenz. Amsterdam, Atlanta 1994, S. 63–79.
Maletschek, Erika: Die szenischen Bemerkungen im Konversationsstück unter Laube am Burgtheater. Diss. masch. Wien 1964.
Martin, Dieter: Über den Umgang mit Menschenfeinden. Zu August von Kotzebues *Menschenhaß und Reue* und Friedrich Schillers *Der versöhnte Menschenfeind*. In: Andrea Heinz/Jutta Heinz/Nikolas Immer (Hg.): Ungesellige Geselligkeit. FS Klaus Manger. Heidelberg 2005, S. 165–176.
Martinez, Matias/Michael Scheffel: Einführung in die Erzähltheorie. München ⁷2007.
Martini, Fritz: Lustspiele – und das Lustspiel. Stuttgart 1974.

- Johann Elias Schlegel: Die stumme Schönheit. Spiel und Sprache im Lustspiel. Mit einem Anhang: Einige Überlegungen zur Poetik des Lustspiels (1963/69). In: Reinhold Grimm/ Klaus L. Berghahn (Hg.): Wesen und Formen des Komischen im Drama. Darmstadt 1975, S. 303–365.

Martino, Alberto: Geschichte der dramatischen Theorien in Deutschland im 18. Jahrhundert. Band 1: Die Dramaturgie der Aufklärung (1730–1780). Tübingen 1972.

Mathes, Jürg: Die Sprache in den frühen Dramen August von Kotzebues. Diss. masch. Heidelberg 1968.
- Anhang. In: August von Kotzebue: Schauspiele. Mit einer Einführung von Benno von Wiese. Hg. und kommentiert von Jürg Mathes. Frankfurt/M. 1972, S. 525–606.

Matt, Peter von: »The tongues of dying men . . .« Zur Dramaturgie der Todesszene. In: Ders.: Das Schicksal der Phantasie. Studien zur deutschen Literatur. München, Wien 1994, S. 11–24.
- Verkommene Söhne, mißratene Töchter. Familiendesaster in der Literatur. München 1997.

Mattenklott, Gert: Drama – Gottsched bis Lessing. In: Horst Albert Glaser (Hg.): Deutsche Literatur. Eine Sozialgeschichte. Band 4: Zwischen Absolutismus und Aufklärung: Rationalismus, Empfindsamkeit, Sturm und Drang (1740–1786). Reinbek bei Hamburg 1980, S. 277–298.
- Melancholie in der Dramatik des Sturm und Drang [1968]. Erw. u. durchges. Aufl. Königstein/Ts. 1985.

Mauermann, Siegfried: Die Bühnenanweisungen im deutschen Drama bis 1700. Berlin 1911 (Palaestra 102).

Maurach, Martin: J.M.R. Lenzens ›Guter Wilder‹. Zur Verwandlung eines Topos und zur Kulturdiskussion in den Dialogen des ›Neuen Menoza‹. In: Jahrbuch der Deutschen Schillergesellschaft 40 (1996), S. 123–146.

Maurer, Doris: August von Kotzebue. Ursachen seines Erfolgs. Konstante Elemente der unterhaltenden Dramatik. Bonn 1979 (Bonner Arbeiten zur deutschen Literatur 34).

Maurer-Schmoock, Sybille: Deutsches Theater im 18. Jahrhundert. Tübingen 1982 (Studien zur deutschen Literatur 71).

Mauser, Wolfram: Die ›Misere‹ der Tugendhaftigkeit. Lessings *Miß Sara Sampson*: ein Psychogramm innerbürgerlicher Konflikte. In: Ders.: Konzepte aufgeklärter Lebensführung. Literarische Kultur im frühmodernen Deutschland. Würzburg 2000, S. 183–195.

May, Kurt: Das Weltbild in Gellerts Dichtung. Frankfurt/M. 1928.

Mayer, Mathias: Der Verlierer als Sieger. Schillers Lehre aus der Geschichte. In: Jahrbuch der Deutschen Schillergesellschaft 49 (2005), S. 399–408.

McInnes, Edward: Jacob Michael Reinhold Lenz. *Die Soldaten*. Text, Materialien, Kommentar. München, Wien 1977.

McJannet, Linda: The Voice of Elisabethan Stage Directions: The Evolution of a Theatrical Code. Newark 1999.

Meessen, Hubert J.: *Clavigo* and *Stella* in Goethe's personal and dramatic development. In: Ders. (Hg.): Goethe Bicentennial Studies. Bloomington 1950, S. 153–206.

Meier, Albert: Dramaturgie der Bewunderung. Untersuchungen zur politisch-klassizistischen Tragödie des 18. Jahrhunderts. Frankfurt/M. 1993.

Meier, Hedwig: Die Schaubühne als musikalische Anstalt. Studien zur Geschichte und Theorie der Schauspielmusik im 18. und 19. Jahrhundert sowie zu ausgewählten »Faust«-Kompositionen. Bielefeld 1999.

Meincke, Wilhelm: Die Szenenanweisungen im deutschen naturalistischen Drama. Diss. Rostock 1924.

Mellmann, Katja: Güte – Liebe – Gottheit. Ein Beitrag zur Präzisierung des ›utopischen‹ Gehalts von Goethes *Stella*. In: Aufklärung. Interdisziplinäres Jahrbuch zur Erforschung des 18. Jahrhunderts und seiner Wirkungsgeschichte 13 (2001), S. 103–147.

- Emotionalisierung – Von der Nebenstundenpoesie zum Buch als Freund. Eine emotionspsychologische Analyse der Literatur der Aufklärungsepoche. Paderborn 2006.
Meyer, Jörg F.: Verehrt. Verdammt. Vergessen. August von Kotzebue. Werk und Wirkung. Frankfurt/M. 2005.
Meyer-Kalkus, Reinhart: Wollust und Grausamkeit. Affektenlehre und Affektdarstellung in Lohensteins Dramatik am Beispiel von ›Agrippina‹. Göttingen 1986.
- Die Rückkehr des grausamen Todes. Sterbeszenen im deutschen Drama des 18. Jahrhunderts. In: Zeitschrift für Religions- und Geistesgeschichte 50 (1998). Heft 2, S. 97–114.
Michaelis, Rolf: Stella oder Der Mut zur Utopie. Die Zeit. Nr. 4 vom 18.1.1974, S. 15f.
Michel, Walter: Die Darstellung der Affekte auf der Jesuitenbühne. In: Günter Holtus (Hg.): Theaterwesen und dramatische Literatur. Beiträge zur Geschichte des Theaters. Tübingen 1987, S. 233–251.
Michelsen, Peter: Der Bruch mit der Vater-Welt. Studien zu Schillers »Räubern«. Beihefte zum Euphorion 16 (1979).
- Die Problematik der Empfindungen. Zu Lessings ›Miß Sara Sampson‹. In: Ders.: Der unruhige Bürger. Studien zu Lessing und zur Literatur des achtzehnten Jahrhunderts. Würzburg 1990, S. 163–220.
Minor, Jacob: Kotzebue als Lustspieldichter. Zu seinem 150. Geburtstag am 3. Mai 1911. In: Bühne und Welt. Halbmonatsschrift für Theaterwesen, Literatur und Musik 13 (1911). 2. Halbjahr, S. 104–114.
Möhrmann, Renate (Hg.): Theaterwissenschaft heute. Eine Einführung. Berlin 1990.
Mönch, Cornelia: Abschrecken oder Mitleiden. Das deutsche bürgerliche Trauerspiel im 18. Jahrhundert. Versuch einer Typologie. Tübingen 1993.
Moennighoff, Burkhard: Paratexte. In: Heinz Ludwig Arnold/Heinrich Detering (Hg.): Grundzüge der Literaturwissenschaft. München [6]2003, S. 349–356.
- Die Bibliothek als Schauplatz (Lessing, Mehring, Borges). In: Literatur für Leser 23 (2000). Heft 2, S. 121–131.
Mornet, Daniel: Les Maitres de la sensibilité française au XVIIIe siècle. Band 2. Paris 1952.
Mortier, Roland: Diderot en Allemagne (1750–1850). Réimpression de l'édition de Paris 1954. Avec une mise à jour de l'auteur. Genf, Paris 1986.
- Diderot in Deutschland (1750–1850). Übersetzt von Hans G. Schürmann. Stuttgart 1972.
Müller, Andreas: »Nur der Schatten der Maria« – Identität und Krise in Schillers »Maria Stuart«. In: Oliver Kohns/Martin Roussel (Hg.): Einschnitte. Identität in der Moderne. Würzburg 2007, S. 263–275.
Müller, Peter (Hg.): Jakob Michael Reinhold Lenz im Urteil dreier Jahrhunderte. Texte der Rezeption von Werk und Persönlichkeit. 18.–20. Jahrhundert. Unter Mitarbeit von Jürgen Stötzer. Teil 1–4. Bern u.a. 1995–2005.
Muny, Eike: Erzählperspektive im Drama. Ein Beitrag zur transgenerischen Narratologie. München 2008.
Neuhuber, Christian: Das Lustspiel macht Ernst. Das Ernste in der deutschen Komödie auf dem Weg in die Moderne: von Gottsched bis Lenz. Berlin 2003.
Neumeister, Sebastian: Mythos und Repräsentation. Die mythologischen Festspiele Calderóns. Mit dem bisher unveröffentlichten Text eines Vorspiels von Calderón. München 1978 (Theorie und Geschichte der Literatur und der schönen Künste 41).
Neymeyr, Barbara: Macht, Recht und Schuld. Konfliktdramaturgie und Absolutismuskritik in Schillers Trauerspiel *Maria Stuart*. In: Günter Saße (Hg.): Schiller. Werk-Interpretationen. Heidelberg 2005 (Beiträge zur neueren Literaturgeschichte 216), S. 105–136.
- Pathos und Ataraxie. Zum stoischen Ethos in Schillers ästhetischen Schriften und in seinem Drama *Maria Stuart*. In: Jahrbuch der Deutschen Schillergesellschaft 52 (2008), S. 262–288.
Nibbrig, Christiaan L. Hart: Rhetorik des Schweigens. Versuch über den Schatten literarischer Rede. Frankfurt/M. 1981.

Nicoll, Allardyce: The Garrick Stage. Theatres and Audience in the eighteenth century. Manchester 1980.
Niefanger, Dirk: Rezension von Erika Fischer-Lichte/Jörg Schönert (Hg.): Theater im Kulturwandel des 18. Jahrhunderts. Inszenierung und Wahrnehmung von Körper – Musik – Sprache. Göttingen 1999. In: Arbitrium 19 (2001), S. 68–72.
– Geschichtsdrama der Frühen Neuzeit 1495–1773. Tübingen 2005 (Studien zur deutschen Literatur 174).
– Geschichte als Metadrama. Theatralität in Friedrich Schillers *Maria Stuart* und seiner Bearbeitung von Goethes *Egmont*. In: Walter Hinderer (Hg.): Friedrich Schiller und der Weg in die Moderne. In Verbindung mit Alexander von Bormann und Andrea Breth. Würzburg 2006 (Stiftung für Romantikforschung 40), S. 305–323.
Niggl, Günter: Neue Szenenkunst in Lenzens Komödie »Die Soldaten«. In: Études Germaniques 52 (1997), S. 99–111.
Nischik, Reingard M.: Körpersprache im Drama. Ein Beitrag zur Semiotik des Dramas. In: Germanisch-Romanische Monatsschrift 41 (1991), S. 257–269.
Nünning, Ansgar: Die Funktion der Erzählinstanzen: Analysekategorien und Modelle zur Beschreibung des Erzählerverhaltens. In: Literatur in Wissenschaft und Unterricht 30 (1997), S. 323–349.
– /Roy Sommer: Drama und Narratologie: Die Entwicklung erzähltheoretischer Modelle und Kategorien für die Dramenanalyse. In: Ansgar Nünning/Vera Nünning (Hg.): Erzähltheorie transgenerisch, intermedial, interdisziplinär. Trier 2002, S. 105–128.
Nünning, Vera: Die Kultur der Empfindsamkeit. Eine mentalitätsgeschichtliche Skizze. In: Ansgar Nünning (Hg.): Eine andere Geschichte der englischen Literatur: Epochen, Gattungen und Teilgebiete im Überblick. Trier ³2004 (WVT-Handbücher zum literaturwissenschaftlichen Studium 2), S. 107–126.
– /Ansgar Nünning: Englische Literatur des 18. Jahrhunderts. Stuttgart u.a. 1998.
Nutz, Maximilian: »Nur ein vernünftig Wort«. Lernprozesse des Herzens in Goethes »Stella«. In: Literatur für Leser 1985, S. 197–212.
Oberländer, Hans: Die Theorie der deutschen Schauspielkunst im 18. Jahrhundert. Ihr Ursprung und ihre Entwicklung. Bonn 1896.
Oehlke, Waldemar: Lessing und seine Zeit. Band 1/2. München 1919.
Oelker, Petra: »Nichts als eine Komödiantin.« Die Lebensgeschichte der Friederike Caroline Neuber. Weinheim, Basel 1993.
Orlich, Wolfgang: »Realismus der Illusion – Illusion des Realismus«. Bemerkungen zur Theaterpraxis und Dramentheorie in der Mitte des 18. Jahrhunderts. In: Romanistische Zeitschrift für Literaturgeschichte 8 (1984), S. 431–447.
Osborne, John: Motion Pictures: The Tableau in Lenz's Drama and Dramatic Theory. In: Alan C. Leidner/Helga S. Madland (Hg.): Space to Act: The Theater of J.M.R. Lenz. Columbia S. 1993, S. 91–105.
Ottmers, Martin: Artikel ›Drama‹ In: Reallexikon der deutschen Literaturwissenschaft. Band 1. Hg. von Klaus Weimar u.a. Berlin, New York ³1997, S. 392–396.
– Artikel ›Lesedrama‹. In: Reallexikon der deutschen Literaturwissenschaft. Band 2. Hg. von Harald Fricke u.a. Berlin, New York ³2000, S. 404–406.
Pagliai, Morena: Didascalie teatrali tra otto e novecento. Band 1: Florenz 1994; Band 2: Florenz 1995.
Pailer, Gaby: Gattungskanon, Gegenkanon und ›weiblicher‹ Subkanon. Zum bürgerlichen Trauerspiel des 18. Jahrhunderts. In: Renate von Heydebrand (Hg.): Kanon – Macht – Kultur. Theoretische, historische und soziale Aspekte ästhetischer Kanonbildungen. Stuttgart, Weimar 1998 (Germanistische Symposien-Berichtsbände 19), S. 365–382.
– Luise Adelgunde Victoria Gottsched in der biographischen Konstruktion. In: Studia Germanica Gedanensia. Danzig 5 (1998), S. 45–60.

- Literaturbeziehungen und Geschlechterentwürfe um 1800: Autorinnen um Schiller. In: Lenz-Jahrbuch. Sturm-und-Drang-Studien 13/14 (2004/2007), S. 59–87.
Passow, Wilfried: Probleme der Regiebuchforschung. In: Margret Dietrich (Hg.): Regie in Dokumentation, Forschung und Lehre. FS Heinz Kindermann. Salzburg 1975, S. 149–155.
- Anmerkungen zur Kunst des Theaters und der Regie im deutschen Theater des 18. Jahrhunderts. In: Wolfgang F. Bender (Hg.): Schauspielkunst im 18. Jahrhundert. Grundlagen, Praxis, Autoren. Stuttgart 1992, S. 133–145.
Pastoors-Hagelüken, Marita: Die »übereilte Comödie«. Möglichkeiten und Problematik einer neuen Dramengattung am Beispiel des *Neuen Menoza* von J.M.R. Lenz. Frankfurt/M. 1990.
Paulsen, Wolfgang: Johann Elias Schlegel und die Komödie. Bern 1977.
Pautler, Stefan: Jakob Michael Reinhold Lenz. Pietistische Weltdeutung und bürgerliche Sozialreform im Sturm und Drang. Gütersloh 1999 (Religiöse Kulturen der Moderne 8).
Pavis, Patrice: Du texte à la scène: un enfantement difficile. In: Forum Modernes Theater 1/2 (1986), S. 115–127.
Peters, Julie Stone: Theatre of the Book 1480–1880. Print, Text, and Performance in Europe. Oxford 2000.
Petersen, Julius: Schiller und die Bühne. Ein Beitrag zur Litteratur- und Theatergeschichte der klassischen Zeit. Berlin 1904.
Pfeil, Victoria: Lessing und die Schauspielkunst. Ein Beitrag zur Geschichte der unmittelbaren Bühnenanweisung. Diss. masch. Darmstadt 1924.
Pfister, Manfred: Das Drama. Theorie und Analyse. München ¹¹2001.
Piedmont, Ferdinand (Hg.): Schiller spielen. Stimmen der Theaterkritik 1946–1985. Darmstadt 1990.
Pikulik, Lothar: »Bürgerliches Trauerspiel« und Empfindsamkeit. Köln. Graz 1966.
- Schiller und die Konvention. In: Victor Millet (Hg.): Norm und Transgression in deutscher Sprache und Literatur. München 1996, S. 56–74.
- Stella. Ein Schauspiel für Liebende. In: Walter Hinderer (Hg.): Interpretationen. Goethes Dramen. Stuttgart 1999, S. 88–116.
- Der Dramatiker als Psychologe. Figur und Zuschauer in Schillers Dramen und Dramentheorie. Paderborn 2004.
- Schiller und das Theater. Hildesheim 2007 (Medien und Theater NF 9).
Platz-Waury, Elke: Drama und Theater. Eine Einführung. Tübingen ⁵1999.
- Artikel ›Nebentext‹. In: Reallexikon der deutschen Literaturwissenschaft. Band 2. Hg. von Harald Fricke u.a. Berlin, New York ³2000, S. 693–695.
Port, Ulrich: »Künste des Affekts«. Die Aporien des Pathetischerhabenen und die Bildrhetorik in Schillers *Maria Stuart*. In: Jahrbuch der Deutschen Schillergesellschaft 46 (2002), S. 134–159.
- Pathosformeln. Die Tragödie und die Geschichte exaltierter Affekte (1755–1888). München 2005.
Prang, Helmut: Geschichte des Lustspiels. Von der Antike bis zur Gegenwart. Stuttgart 1968.
Prutti, Brigitte: Bild und Körper. Weibliche Präsenz und Geschlechterbeziehungen in Lessings Dramen *Emilia Galotti* und *Minna von Barnhelm*. Würzburg 1996 (Epistemata. Reihe Literaturwissenschaft. Band 175).
Pütz, Peter: Zwei Krähwinkeliaden 1802/1848. August von Kotzebue: Die deutschen Kleinstädter. Johann Nestroy: Freiheit in Krähwinkel. In: Walter Hinck (Hg.): Die deutsche Komödie. Vom Mittelalter bis zur Gegenwart. Düsseldorf 1977, S. 175–194.
Purkl, Roland: Gestik und Mimik in Lessings bürgerlichen Trauerspielen *Miß Sara Sampson* und *Emilia Galotti*. Diss. masch. Heidelberg 1980.
Raber, Karen: Dramatic Difference. Gender, Class, and Genre in the Early Modern Closet Drama. Newark, London 2001.

Rädle, Fidel: Lessings »Der junge Gelehrte« auf der Folie des religiösen lateinischen Theaters seiner Zeit. In: Lessing Yearbook 30 (1999) (Neue Lessing Lektüren. Hg. von Georg Braungart unter Mitwirkung von Walter Erhart/Dirk Niefanger. Dokumentation eines Symposions in Wolfenbüttel, 6. und 7. Juni 1997, aus Anlaß des 60. Geburtstages von Wilfried Barner), S. 5–10.

Ranke, Wolfgang: Jakob Michael Reinhold Lenz: Die Soldaten. Erläuterungen und Dokumente. Stuttgart 2004.

Rasmussen, Eric: Afterword. In: Hardin L. Aasand (Hg.): Stage Directions in *Hamlet*. New essays and new directions. Madison u.a. 2003, S. 226f.

Rector, Martin: La Mettrie und die Folgen. Zur Ambivalenz der Maschinen-Metapher bei Jakob Michael Reinhold Lenz. In: Erhard Schütz (Hg.): Willkommen und Abschied der Maschinen. Literatur und Technik – Bestandsaufnahme eines Themas. Essen 1988, S. 23–41.

– Götterblick und menschlicher Standpunkt. J.M.R. Lenz' Komödie *Der Neue Menoza* als Inszenierung eines Wahrnehmungsproblems. In: Jahrbuch der Deutschen Schillergesellschaft 33 (1989), S. 185–209.

Reden-Esbeck, Friedrich Johann Freiherr von: Caroline Neuber und ihre Zeitgenossen. Ein Beitrag zur deutschen Kultur- und Theatergeschichte. Leipzig 1881.

Reinhardt, Hartmut: Märtyrerinnen des Empfindens. Lessings *Miß Sara Sampson* als Fall von Richardson-Rezeption. In: Hans-Edwin Friedrich/Fotis Jannidis/Marianne Willems (Hg.): Bürgerlichkeit im 18. Jahrhundert. Tübingen 2006 (Studien und Texte zur Sozialgeschichte der Literatur 105), S. 343–375.

Rentschler, Robert Eric: Lessing's fragmented Norm: a Reexamination of »Der junge Gelehrte«. In: The Germanic Review 50 (1975), S. 165–183.

– Lisette, the Laugher. In: Lessing Yearbook 10 (1978), S. 46–64.

Richardson, Brian: Point of View in Drama. Diegetic Monologue, Unreliable Narrators, and the Author's Voice on Stage. In: Comparative Drama 22/3 (1988), S. 193–214.

– Voice and Narration in Postmodern Drama. In: New Literary History 32/3 (2001), S. 681–694.

Richel, Veronica C.: Luise Gottsched. A Reconsideration. Bern 1973.

– Gotthold Ephraim Lessing. Miß Sara Sampson. Erläuterungen und Dokumente. Stuttgart ²2003.

Rieck, Werner: »Doctor Bahrdt mit der eisernen Stirn …«. Zimmermann und Kotzebue im Kampf gegen die Aufklärung. In: Weimarer Beiträge. Zeitschrift für Literaturwissenschaft 12 (1966), S. 909–935.

Rippl, Gabriele: Inkarnierte Rhetorik. Zur Eloquenz des weiblichen Körpers in englischen Melodramen des 19. Jahrhunderts. In: Julika Funke/Cornelia Blasberg (Hg.): Körper-Konzepte. Tübingen 1999 (Literatur und Anthropologie 5), S. 191–208.

Rochow, Christian Erich: Das bürgerliche Trauerspiel. Stuttgart 1999.

Roebling, Irmgard: Sturm und Drang – weiblich. Eine Untersuchung zu Sophie Albrechts Schauspiel »Theresgen«. In: Der Deutschunterricht 48 (1996). Heft 1, S. 63–77.

Röhling, Horst: Katharina II. und J. G. Zimmermann. Bemerkungen zu ihrem Briefwechsel. In: Zeitschrift für slavische Philologie 40 (1978). Heft 2, S. 358–392.

Röttger, Kati: Aufklärung und Orientalismus. Das »andere« bürgerliche Theater des August von Kotzebue. In: Christopher Balme (Hg.): Das Theater der Anderen. Alterität und Theater zwischen Antike und Gegenwart. Tübingen, Basel 2001 (Mainzer Forschungen zu Drama und Theater 26), S. 95–120.

Rosen, Elisabet: Rückblicke auf die Pflege der Schauspielkunst in Reval. Festschrift zur Eröffnung des neuen Theaters in Reval im September 1910. Hg. vom Revaler Deutschen Theaterverein. Hannover 1972 (Nachdruck).

Roßbach, Nikola: Empfindung zwischen Natur und Kunst. Zu theater- und kulturgeschichtlichen Dynamisierungsprozessen im 18. Jahrhundert am Beispiel von Lessings *Miß Sara Sampson*. In: Lenz-Jahrbuch. Sturm-und-Drang-Studien 12 (2002/2003), S. 155–171.
Rudin, Bärbel/Marion Schulz (Hg.): Vernunft und Sinnlichkeit. Beiträge zur Theaterepoche der Neuberin. Reichenbach 1999 (Schriften des Neuberin-Museums 2).
Rudloff-Hille, Gertrud: Schiller auf der deutschen Bühne seiner Zeit. Berlin, Weimar 1969.
Ruppert, Hans: Die Darstellung der Leidenschaften und Affekte im Drama des Sturmes und Dranges. Berlin 1941.
Rykner, Arnaud: L'envers du théâtre. Dramaturgie du silence de l'âge classique à Maeterlinck. Paris 1996.
Saada, Anne: Diderot dans l'Allemagne de l'*Aufklärung*: Constructions d'un auteur, espaces de réception. 2 Bände. Diss. masch. Paris 2001.
Salzbrunn, Joachim: Johann Elias Schlegel. Seine Dramaturgie und seine Bedeutung für die Entwicklung des deutschen Theaters. Diss. masch. Göttingen 1953.
Sasse, Hannah: Friedericke Caroline Neuber. Versuch einer Neuwertung. Diss. Freiburg i.Br. 1937.
Saße, Günter: Die aufgeklärte Familie. Untersuchungen zur Genese, Funktion und Realitätsbezogenheit des familialen Wertsystems im Drama der Aufklärung. Tübingen 1988.
- Aufrichtigkeit: Von der empfindsamen Programmatik, ihrem Kommunikationsideal, ihrer apologetischen Abgrenzung und ihrer Aporie, dargestellt an Gellerts *Zärtlichen Schwestern*. In: Heinrich Löffler/Karlheinz Jakob/Bernhard Kelle (Hg.): Texttyp, Sprechergruppe, Kommunikationsbereich. Studien zur deutschen Sprache in Geschichte und Gegenwart. FS Hugo Steger. Berlin, New York 1994, S. 105–120.
Sauder, Gerhard: Empfindsamkeit. Band 1: Voraussetzungen und Elemente. Stuttgart 1974.
- Empfindsamkeit. Band 3: Quellen und Dokumente. Stuttgart 1980.
- Die Jungfrau von Orleans. In: Walter Hinderer (Hg.): Schillers Dramen. Neue Interpretationen. Stuttgart 1992, S. 336–379.
- Artikel ›Maskenzüge‹. In: Goethe-Handbuch. 4 Bände in 5 Teilen. Hg. von Bernd Witte u.a. Band 2: Dramen. Hg. von Theo Buck. Stuttgart, Weimar 1997, S. 309–319.
- Artikel ›Theaterreden‹: Pro- und Epiloge, Vor- und Nachspiele‹. In: Goethe-Handbuch. 4 Bände in 5 Teilen. Hg. von Bernd Witte u.a. Band 2: Dramen. Hg. von Theo Buck. Stuttgart, Weimar 1997, S. 320–333.
- (Hg.): Theorie der Empfindsamkeit und des Sturm und Drang. Stuttgart 2003.
Sautermeister, Gert: Aufklärung und Körpersprache. Schillers Drama auf dem Theater heute. In: Karl Richter/Jörg Schönert (Hg.): Klassik und Moderne. Die Weimarer Klassik als historisches Ereignis und Herausforderung im kulturgeschichtlichen Prozeß. FS Walter Müller-Seidel. Stuttgart 1983, S. 618–640.
- »Maria Stuart«. Ästhetik, Seelenkunde, historisch-gesellschaftlicher Ort. In: Walter Hinderer (Hg.): Schillers Dramen. Neue Interpretationen. Stuttgart 1992, S. 280–335.
Savona, Jeannette Laillou: La didascalie comme acte de parole. In: Josette Féral/Jeanette Laillou Savona/Edward A. Walker (Hg.): Théâtralité, écriture et mise en scène. Québec 1985, S. 231–245.
Schäublin, Peter: Der moralphilosophische Diskurs in Schillers ›Maria Stuart‹. In: Sprachkunst. Beiträge zur Literaturwissenschaft 17 (1986), S. 141–187.
Schanze, Helmut: Goethes Dramatik. Theater der Erinnerung. Tübingen 1989 (Theatron 4).
- Festrede und Festspiel. Konstellationen und Widersprüche. In: Josef Kopperschmidt/Helmut Schanze (Hg.): Fest und Festrhetorik. Zu Theorie, Geschichte und Praxis der Epideiktik. München 1999, 345–351.
Schenkel, Martin: Lessings Poetik des Mitleids im bürgerlichen Trauerspiel ›Miß Sara Sampson‹: poetisch-poetologische Reflexionen. Mit Interpretationen zu Pirandello, Brecht und Handke. Bonn 1984.

Scheithauer, Lothar J.: Zu Goethes Auffassung von der Schauspielkunst. In: Joachim Müller (Hg.): Gestaltung, Umgestaltung. FS Hermann August Korff. Leipzig 1957, S. 108–117.
Scheufele, Theodor: Übergänge zur Zukunft. Bewußtseinserweiterung und deutsche Literatur um 1800. Frankfurt/M. 1985.
Schiffer, Gustave: Die szenische Bemerkung in den Dramen Johann Wolfgang von Goethes. Diss. masch. München 1945.
Schifferdecker, Hans-Joachim: Das mimische Element in Goethes Dramen. Berlin 1928.
Schilling, Diana: *Über Anmut und Würde* (1793). In: Matthias Luserke-Jaqui (Hg.) unter Mitarbeit von Grit Dommes: Schiller-Handbuch. Leben – Werk – Wirkung. Stuttgart, Weimar 2005, S. 388–398.
Schindel, Carl Wilhelm Otto August von: Die deutschen Schriftstellerinnen des neunzehnten Jahrhunderts. Band 2. Leipzig 1825.
Schings, Hans-Jürgen: Melancholie und Aufklärung. Melancholiker und ihre Kritiker in Erfahrungsseelenkunde und Literatur des 18. Jahrhunderts. Stuttgart 1977.
– (Hg.): Der ganze Mensch. Anthropologie und Literatur im 18. Jahrhundert. Stuttgart, Weimar 1994 (Germanistische Symposien-Berichtsbände 15).
Schlenther, Paul: Einleitung zu »Ein Strassburger Vorspiel der Neuberin«. In: Archiv für Litteraturgeschichte 10 (1881), S. 450–453.
Schlichtmann, Silke: Geschlechterdifferenz in der Literaturrezeption um 1800? Zu zeitgenössischen Goethe-Lektüren. Tübingen 2001.
Schmeer, Hans: Der Begriff der »schönen Seele« besonders bei Wieland und in der deutschen Literatur des 18. Jahrhunderts. Berlin 1926.
Schmid, Herta: Strukturalistische Dramentheorie. Semantische Analyse von Čechows ›Ivanov‹ und ›Der Kirschgarten‹. Kronberg/Ts. 1973.
Schmidt, Henry J.: The Language of Confinement. Gerstenberg's *Ugolino* and Klinger's *Sturm und Drang*. In: Lessing Yearbook 11 (1979), S. 165–197.
– Goethes ›Stella‹. From »Ein Schauspiel für Liebende« to »Ein Trauerspiel«. In: William C. McDonald/Winder McConnell (Hg.): Fide et amore. FS Hugo Bekker. Göppingen 1990, S. 317–328.
– J.M.R. Lenz' ›Der neue Menoza‹. Die Unmöglichkeit einer Geschlossenheit. In: Karin A. Wurst (Hg.): J.M.R. Lenz als Alternative? Positionsanalysen zum 200. Todestag. Köln u.a. 1992, S. 220–228.
Schmiedt, Helmut: Wie revolutionär ist das Drama des Sturm und Drang? In: Jahrbuch der Deutschen Schillergesellschaft 29 (1985), S. 48–61.
Schmitt-Maass, Christoph: »Unberühmt will ich sterben.« J.M.R. Lenz' Poetologie der Autorschaft. In: Lenz-Jahrbuch. Literatur-Kultur-Medien 1750–1800 15 (2008), S. 121–142.
Schön, Erich: Die Rhetorik der Affekte. Zur historischen Relativität des hermeneutischen Menschenbildes. In: Helmut Bachmaier/Ernst Peter Fischer (Hg.): Glanz und Elend der zwei Kulturen. Über die Verträglichkeit der Natur- und Geisteswissenschaften. Konstanz 1991 (Konstanzer Bibliothek 16), S. 209–236.
Schönborn, Sibylle: Christian Fürchtegott Gellert: *Die zärtlichen Schwestern*. Dramatisierung der Affekte. In: Interpretationen. Dramen vom Barock bis zur Aufklärung. Stuttgart 2000, S. 224–250.
Schöne, Albrecht: Wiederholung der exemplarischen Begebenheit. Jakob Michael Reinhold Lenz. In: Ders.: Säkularisation als sprachbildende Kraft. Studien zur Dichtung deutscher Pfarrerssöhne. Göttingen ²1968, S. 92–138.
Schößler, Franziska: Jakob Michael Reinhold Lenz: *Die Soldaten*. In: Dies.: Einführung in das bürgerliche Trauerspiel und das soziale Drama. Darmstadt 2003, S. 96–109.
Schröder, Jürgen: Gotthold Ephraim Lessing. Sprache und Drama. München 1972.
Schröter, Axel: Musik zu den Schauspielen August von Kotzebues. Zur Bühnenpraxis während Goethes Leitung des Weimarer Hoftheaters. Sinzig 2006 (Musik und Theater 4).

Schüddekopf, Carl: Caroline Neuber in Braunschweig. Sonderabdruck aus dem Braunschweigischen Jahrbuch 1902.
Schütze, Johann Friedrich: Hamburgische Theatergeschichte. Hamburg 1794.
Schultz, Stefan: »Moralisch unmöglich«. In: Vincent J. Günther/Helmut Koopmann/Peter Pütz/Hans Joachim Schrimpf (Hg.): Untersuchungen zur Literatur als Geschichte. FS Benno von Wiese. Berlin 1973, S. 85–91.
Schulz, Georg-Michael: Theater und Affekte in der Dramentheorie des 18. Jahrhunderts. In: Ludwig Jäger (Hg.): Zur historischen Semantik des deutschen Gefühlswortschatzes. Aspekte, Probleme und Beispiele seiner lexikographischen Erfassung. Aachen 1988, S. 204–214.
- »Läuffer läuft fort.« Lenz und die Bühnenanweisung im Drama des 18. Jahrhunderts. In: David Hill (Hg.): Jakob Michael Reinhold Lenz. Studien zum Gesamtwerk. Opladen 1994, S. 190–201.
- Stella. In: Goethe-Handbuch. 4 Bände in 5 Teilen. Hg. von Bernd Witte u.a. Band 2: Dramen. Hg. von Theo Buck. Stuttgart, Weimar 1997, S. 123–141.
- Jacob Michael Reinhold Lenz. Stuttgart 2001.
Schulz, Ursula: Lessing auf der Bühne. Chronik der Theateraufführungen 1748–1789. Bremen, Wolfenbüttel 1977.
Schwander, Hans-Peter: Alles um Liebe? Zur Position Goethes im modernen Liebesdiskurs. Opladen 1997.
Schwarz, Hans-Günther: Dasein und Realität. Theorie und Praxis des Realismus bei J.M.R. Lenz. Bonn 1985.
Schweitzer, Stefanie: Der Stil der Gellertschen Lustspiele. Diss. masch. Gießen 1943.
Schwind, Klaus: »Man lache nicht!« Goethes theatrale Spielverbote. Über die schauspielerischen Unkosten des autonomen Kunstbegriffs. In: Internationales Archiv für Sozialgeschichte der deutschen Literatur 21 (1996). Heft 2, S. 66–112.
Searle, John R.: The logical status of fictional discourse. In: Ders.: Expression and Meaning. Studies in the Theory of Speech Acts. Cambridge 1979, S. 58–75 [zuerst in: New Literary History 16, 2 (1976)].
- Der logische Status fiktionaler Rede. Übers. von Andreas Kemmerling u. Oliver R. Scholz, revidiert von Marie E. Reicher. In: Maria E. Reicher (Hg.): Fiktion, Wahrheit, Wirklichkeit. Philosophische Grundlagen der Literaturtheorie. Paderborn 2007, S. 21–36.
Sengle, Friedrich: Goethes Verhältnis zum Drama. Die theoretischen Bemerkungen im Zusammenhang mit seinem dramatischen Schaffen. Berlin 1936.
Sexau, Richard: Der Tod im deutschen Drama des 17. und 18. Jahrhunderts. Von Gryphius bis zum Sturm und Drang. Ein Beitrag zur Literaturgeschichte. Bern 1906.
Sharpe, Lesley: Friedrich Schiller. Drama, Thought and Politics. Cambridge 1991.
Sichardt, Gisela: Das Weimarer Liebhabertheater unter Goethes Leitung. Beiträge zu Bühne, Dekoration und Kostüm unter Berücksichtigung der Entwicklung Goethes zum späteren Theaterdirektor. Weimar 1957.
Siegel, June Sigler: Grandeur-Intimacy: The Dramatist's Dilemma. In: Diderot Studies 4 (1963), S. 247–260.
Siegrist, Christoph: Nachwort. In: Gerstenberg: Ugolino. Stuttgart 2001, S. 143–157.
Siekmann, Andreas: Drama und sentimentalisches Bewußtsein. Zur klassischen Dramatik Schillers. Frankfurt/M. 1980.
Soboth, Christian: Tränen des Auges, Tränen des Herzens. Anatomie des Weinens in Pietismus, Aufklärung und Empfindsamkeit. In: Jürgen Helm/Karin Stukenbrock (Hg.): Anatomie. Sektionen einer medizinischen Wissenschaft im 18. Jahrhundert. Stuttgart 2003, S. 293–315.
Sørensen, Bengt Algot: (Hg.): Allegorie und Symbol. Texte zur Theorie des dichterischen Bildes im 18. und frühen 19. Jahrhundert. Frankfurt/M. 1972 (Ars poetica. Texte und Studien zur Dichtungslehre und Dichtkunst. Texte, Band 16).

- Herrschaft und Zärtlichkeit. Der Patriarchalismus und das Drama im 18. Jahrhundert. München 1984.
Sosulski, Michael J.: Trained Minds, Disciplined Bodies: Konrad Ekhof and the Reform of the German Actor. In: Lessing Yearbook 31 (1999), S. 131–156.
Späth, Sibylle: Väter und Töchter oder die Lehre von der ehelichen Liebe in Gellerts Lustspielen. In: Bernd Witte (Hg.): »Ein Lehrer der ganzen Nation«. Leben und Werk Christian Fürchtegott Gellerts. München 1990, S. 51–65.
Sprengel, Peter: Die inszenierte Nation. Deutsche Festspiele 1813–1913. Tübingen 1991.
Stackelberg, Jürgen von: Diderot. Eine Einführung. München, Zürich 1983 (Artemis-Einführungen 4).
Stadler, Edmund: Artikel ›Vorspiel‹. In: Werner Kohlschmidt/Wolfgang Mohr (Hg.): Reallexikon der deutschen Literaturgeschichte. Band 4. Berlin, New York ²1984, S. 796–807.
Stähli, Peter Eugen: Gestus und Wort. Sprachtheorie und literarische Praxis bei Diderot. Mit einleitenden Textanalysen zur Sprachtheorie von Condillac und Rousseau. Diss. masch. Zürich 1986.
Stahl, Ernst Leopold: Friedrich Schiller's Drama: Theory and Practice. Oxford 1954.
Staiger, Emil: Rasende Weiber in der deutschen Tragödie des achtzehnten Jahrhunderts. Ein Beitrag zum Problem des Stilwandels. In: Zeitschrift für deutsche Philologie 80 (1961), S. 364–404 [auch in: Emil Staiger: Stilwandel. Studien zur Vorgeschichte der Goethezeit. Zürich 1963, S. 25–74].
- Goethe. Band 1. Zürich, München ³1960.
Stanzel, Franz K.: Theorie des Erzählens. Göttingen ⁸2008.
Stefanek, Paul: Lesedrama? Überlegungen zur szenischen Transformation ›bühnenfremder‹ Dramaturgie. In: Erika Fischer-Lichte (Hg.): Das Drama und seine Inszenierung. Tübingen 1985, S. 133–145.
Stein, Gerd: Genialität als Resignation. In: Gert Mattenklott/Klaus R. Scherpe (Hg.): Literatur der bürgerlichen Emanzipation im 18. Jahrhundert. Ansätze materialistischer Literaturwissenschaft. Analysen, Materialien, Studienmodelle. Kronberg Ts. 1973 (Literatur im historischen Prozeß 1), S. 105–110.
Steiner, Jacob: Die Bühnenanweisung. Göttingen 1969.
Steinmetz, Horst: Nachwort. In: Christian Fürchtegott Gellert: Lustspiele. Faksimiledruck der Ausgabe von 1747. Stuttgart 1966, S. 3*-23*.
- Nachwort. In: Johann Christoph Gottsched (Hg.): Die deutsche Schaubühne. Sechster Teil. Faksimiledruck der Ausgabe Leipzig 1745. Stuttgart 1972 (Deutsche Nachdrucke. Reihe Texte des 18. Jahrhunderts), S. 3*-22*.
- Die Komödie der Aufklärung. Stuttgart ³1978.
- Das deutsche Drama von Gottsched bis Lessing. Ein historischer Überblick. Stuttgart 1987.
- Nachwort. In: Christian Fürchtegott Gellert. Die zärtlichen Schwestern. Stuttgart 1995, S. 139–158.
Stephan, Inge: »So ist die Tugend ein Gespenst«: Frauenbild und Tugendbegriff bei Lessing und Schiller. In: Dies.: Inszenierte Weiblichkeit. Codierung der Geschlechter in der Literatur des 18. Jahrhunderts. Köln u.a. 2004, S. 13–38.
Sterz, Erika: Der Theaterwert der szenischen Bemerkungen im deutschen Drama von Kleist bis zur Gegenwart. Berlin 1963 (Theater und Drama 24).
Stierle, Karlheinz: Werk und Intertextualität. In: Ders./Rainer Warning (Hg.): Das Gespräch. München 1984 (Poetik und Hermeneutik 11), S. 139–150.
Stock, Frithjof: Kotzebue im literarischen Leben der Goethezeit. Polemik – Kritik – Publikum. Düsseldorf 1971.
- August von Kotzebue. In: Benno von Wiese (Hg.): Deutsche Dichter des 18. Jahrhunderts. Ihr Leben und Werk. Berlin 1977, S. 958–971.

Stockhorst, Stefanie: Fürstenpreis und Kunstprogramm. Sozial- und gattungsgeschichtliche Studien zu Goethes Gelegenheitsdichtungen für den Weimarer Hof. Tübingen 2002.

Stockinger, Ludwig: Gottscheds Stellung in der deutschen Literaturgeschichte. In: Kurt Nowak/ Ludwig Stockinger (Hg.): Gottsched-Tag. Wissenschaftliche Veranstaltung zum 300. Geburtstag von Johann Christoph Gottsched am 17. Februar 2000 in der Alten Handelsbörse in Leipzig. Leipzig 2002, S. 15–49.

Storz, Gerhard: »Maria Stuart«. In: Jost Schillemeit (Hg.): Interpretationen. Band 2: Deutsche Dramen von Gryphius bis Brecht. Frankfurt/M. 1965, S. 172–184.

Stückrath, Jörn: Wovon eigentlich handelt die epische und dramatische Literatur? Kritik und Rekonstruktion der Begriffe ›Figur‹ und ›Geschehen‹. In: Hartmut Eggert/Ulrich Profitlich/ Klaus R. Scherpe (Hg.): Geschichte als Literatur. Formen und Grenzen der Repräsentation von Vergangenheit. Stuttgart 1990, S. 284–295.

Sudau, Ralf: Jacob Michael Reinhold Lenz: Der Hofmeister/Die Soldaten. Interpretation. München 2003.

Surkamp, Carola: Perspektivenstruktur. In: Metzer Lexikon Literatur- und Kulturtheorie. Ansätze – Personen – Grundbegriffe. Hg. von Ansgar Nünning. Stuttgart ³2004, S. 521.

Szondi, Peter: Theorie des modernen Dramas: 1880–1950. Frankfurt/M. ⁹1973.

– Die Theorie des bürgerlichen Trauerspiels im 18. Jahrhundert. Der Kaufmann, der Hausvater und der Hofmeister. Hg. von Gert Mattenklott. Frankfurt/M. 1973.

– Tableau und coup de théâtre. Zur Sozialpsychologie des bürgerlichen Trauerspiels bei Diderot. Mit einem Exkurs über Lessing. In: Ders.: Schriften 2. Frankfurt/M. 1978, S. 205–232.

Szyrocki, Marian: Andreas Gryphius. Sein Leben und Werk. Tübingen 1964.

Taïeb, Patrick: L'adaptation de *Stella* en opéra-comique: *Zélia* (1791). Un aspect de la réception de Goethe en France. In: Herbert Schneider (Hg.): Studien zu den deutsch-französischen Musikbeziehungen im 18. und 19. Jahrhundert. Hildesheim u.a. 2002 (Musikwissenschaftliche Publikationen 20), S. 240–265.

Tar, Gabriella-Nóra: Die Verkörperung der Weiblichkeit in »Die zärtlichen Schwestern« von Christian Fürchtegott Gellert. In: Zeitschrift der Germanisten Rumäniens 10 (2001). Heft 1/2, S. 20–32.

Tenbruck, Friedrich H.: Freundschaft. Ein Beitrag zu einer Soziologie der persönlichen Beziehungen. In: Kölner Zeitschrift für Soziologie und Sozialpsychologie 16 (1964), S. 431–456.

Thomasseau, Jean-Marie: Pour une analyse du para-texte théâtral. In: Littérature 53 (1984), S. 79–103.

Titel, Britta: »Nachahmung der Natur« als Prinzip dramatischer Gestaltung bei Jakob Michael Reinhold Lenz. Frankfurt/M. 1963.

Titzmann, Michael: »Empfindung« und »Leidenschaft«: Strukturen, Kontexte, Transformationen der Affektivität/Emotionalität in der deutschen Literatur in der 2. Hälfte des 18. Jahrhunderts. In: Klaus P. Hansen (Hg.): Empfindsamkeiten. Passau 1990, S. 137–165.

Tommek, Heribert: J.M.R. Lenz. Sozioanalyse einer literarischen Laufbahn. Heidelberg 2003.

Totzeva, Sophia: Das theatrale Potential des dramatischen Textes. Tübingen 1995.

– Das theatrale Potential (TP) und andere systematische Konzepte zur Theatralität des dramatischen Textes. In: Andreas Kotte (Hg.): Theater der Region – Theater Europas. Kongress der Gesellschaft für Theaterwissenschaft. Basel 1995, S. 337–354.

Tschauder, Gerhard: Wer »erzählt« das Drama? Versuch einer Typologie des Nebentexts. In: Sprache und Literatur in Wissenschaft und Unterricht 22 (1991). Heft 2, S. 50–67.

Turk, Horst: Pragmatismus und Pragmatik. Zur handlungstheoretischen Interpretation einer dramatischen Szene. In: Günter Saße/Horst Turk (Hg.): Handeln, Sprechen und Erkennen. Zur Theorie und Praxis der Pragmatik. Göttingen 1978, S. 140–194.

– Theater und Drama: Diderot – Artaud – Brecht. In: Forum Modernes Theater 1/2 (1986), S. 128–140.

- Soziale und theatralische Konventionen als Problem des Dramas und der Übersetzung. In: Erika Fischer-Lichte/Fritz Paul/Brigitte Schultze/Horst Turk (Hg.): Soziale und theatralische Konventionen als Problem der Dramenübersetzung. Tübingen 1988 (Forum Modernes Theater. Schriftenreihe 1), S. 9–53.
- Konventionen und Traditionen. Zum Bedingungsrahmen der Übersetzung für das Theater oder für die Literatur. In: Brigitte Schultze/Erika Fischer-Lichte/Fritz Paul/Horst Turk (Hg.): Literatur und Theater. Traditionen und Konventionen als Problem der Dramenübersetzung. Tübingen 1990 (Forum modernes Theater. Schriftenreihe 4), S. 63–93.
- (Hg.): Theater und Drama. Theoretische Konzepte von Corneille bis Dürrenmatt. Tübingen 1992.
- Handlung in Gesprächen oder Gespräch in Handlungen? Zum Problem der Konfliktfähigkeit in Lessings Dramen. In: Wolfram Mauser/Günter Saße (Hg.): Streitkultur. Strategien des Überzeugens im Werk Lessings. Tübingen 1993, S. 520–529.
- Philologische Grenzgänge. Zum Cultural Turn in der Literatur. Würzburg 2003.

Ubersfeld, Anne: Le Roi et le Bouffon. Étude sur le théâtre de Hugo de 1830 à 1839. Paris 1974.
- Lire le théâtre. Paris 1977.
- Der lückenhafte Text und die imaginäre Bühne. In: Klaus Lazarowicz/Christopher Balme (Hg.): Texte zur Theorie des Theaters. Stuttgart ²2000, S. 394–400.

Ueding, Gert: Schillers Rhetorik. Idealistische Wirkungsästhetik und rhetorische Tradition. Tübingen 1971.
- Friedrich Schiller. München 1990.

Unger, Thorsten: Handeln im Drama. Theorie und Praxis bei J. Chr. Gottsched und J.M.R. Lenz. Göttingen 1993 (Palaestra 295).
- Contingent Spheres of Action. The Category of Action in Lenz's Anthropology and Theory of Drama. In: Alan C. Leidner/Helga S. Madland (Hg.): Space to Act: The Theater of J.M.R. Lenz. Columbia 1993, S. 77–90.
- Das Gothaer Hoftheater als Ort des Kulturkontakts. Institutionelle Rahmenbedingungen für Übersetzung und Spielplangestaltung. In: Bärbel Fritz/Brigitte Schultze/Horst Turk (Hg.): Theaterinstitution und Kulturtransfer I. Fremdsprachiges Repertoire am Burgtheater und auf anderen europäischen Bühnen. Tübingen 1997, S. 373–400.

Utz, Peter: Auge, Ohr und Herz. Schillers Dramaturgie der Sinne. In: Jahrbuch der Deutschen Schillergesellschaft 29 (1985), S. 62–97.
- Das Auge und das Ohr im Text. Literarische Sinneswahrnehmung in der Goethezeit. München 1990.

Vedder, Ulrike: »Alles um Liebe und so nun auch den Tod.« Liebendes Sprechen und tödliches Schweigen in *Stella* von Goethe und in *Wir töten Stella* von Marlen Haushofer. In: Marianne Henn/Britta Hufeisen (Hg.): Frauen. MitSprechen. MitSchreiben. Beiträge zur literatur- und sprachwissenschaftlichen Frauenforschung. Stuttgart 1997, S. 128–147.

Veinstein, André: La Mise en scène théâtrale et sa condition esthétique. Paris 1955.

Veltruský, Jiří: Das Drama als literarisches Werk. In: Aloysius van Kesteren/Herta Schmid (Hg.): Moderne Dramentheorie. Kronberg/Ts. 1975, S. 96–132.
- Drama as Literature. Lisse 1977 (Semiotics of Literature 2).

Vestli, Elin Nesje: Zwischen Tugend und Auflehnung. Friederike Caroline Neubers »Das Schäferfest oder die Herbstfreude«, Luise Adelgunde Gottscheds »Das Testament« und »Der Witzling«. In: Bärbel Rudin/Marion Schulz (Hg.): Vernunft und Sinnlichkeit. Beiträge zur Theaterepoche der Neuberin. Reichenbach i.V. 1999, S. 218–242.

Viëtor, Karl: Über Goethes *Stella*. In: Zeitschrift für Deutsche Bildung 5 (1929), S. 475–479.

Viviani, Annalisa: Dramaturgische Elemente im expressionistischen Drama. Bonn 1970.

Vonhoff, Gert: *Maria Stuart. Trauerspiel in fünf Aufzügen* (1801). In: Luserke-Jaqui, Matthias (Hg.) unter Mitarbeit von Grit Dommes: Schiller-Handbuch. Leben – Werk – Wirkung. Stuttgart, Weimar 2005, S. 153–168.

Vulliod, A[médée]: La femme docteur. Mme Gottsched et son modèle français bougeant ou Jansénisme et Piétisme. Lyon, Paris 1912.
Wagenknecht, Christian: Die Beschreibung höfischer Feste. Merkmale einer Gattung. In: August Buck/Georg Kauffmann/Blake Lee Spahr/Conrad Wiedemann (Hg.): Europäische Hofkultur im 16. und 17. Jahrhundert. Band 2. Hamburg 1981, S. 75–79.
- Bühnenanweisung? Privatdruck 1997.
Wagner, Albert Malte: Heinrich Wilhelm von Gerstenberg und der Sturm und Drang. Band 2: Gerstenberg als Typus der Übergangszeit. Heidelberg 1924.
Wagner, Jörg: Die besondere Persönlichkeit der Maria Stuart. Ein Essay zu Schillers Geschichtsdrama »Maria Stuart«. Preetz 2000 (Akademische Abhandlungen 7).
Wagner-Egelhaaf, Martina: Unheilbare Phantasie und heillose Vernunft. Johann Georg Zimmermann, *Über die Einsamkeit* (1784/85). In: Aleida Assmann/Jan Assmann (Hg.): Einsamkeit (Archäologie der literarischen Kommunikation 6). München 2000, S. 265–279.
Watanabe-O'Kelly, Helen: Festival Books in Europe from Renaissance to Rococo. In: The Seventeenth Century 3 (1988), S. 181–201.
- Early Modern European Festivals – Politics and Performance, Event and Record. In: James Ronald Mulryne/Elizabeth Goldring (Hg.): Court Festivals of the European Renaissance. Art, Politics and Performance. Aldershot u.a. 2002, S. 15–25
Weatherford, Homer Jarold: Heinrich Wilhelm von Gerstenberg: Poet and Critic (Diss. Microfilm). Utah 1972.
Weber, Ernst Christian Wilhelm: Zur Geschichte des Weimarischen Theaters. Weimar 1865.
Weber, Heinz-Dieter: Stella oder die Negativität des Happy End. In: Ders. (Hg.): Rezeptionsgeschichte oder Wirkungsästhetik. Konstanzer Diskussionsbeiträge zur Praxis der Literaturgeschichtsschreibung. Stuttgart 1978 (Literaturwissenschaft, Gesellschaftswissenschaft 34), S. 142–167.
Wegmann, Nikolaus: Diskurse der Empfindsamkeit. Zur Geschichte eines Gefühls in der Literatur des 18. Jahrhunderts. Stuttgart 1988.
Weimar, Klaus: Enzyklopädie der Literaturwissenschaft. München 1980.
- Vom Leben in Texten. Zu Schillers »Räubern«. In: Merkur 42 (1988), S. 461–471.
- Artikel ›Regieanweisung‹. In: Reallexikon der deutschen Literaturwissenschaft. Band 3. Hg. von Jan-Dirk Müller u.a. Berlin, New York ^{3} 2003, S. 251–253.
Wellnitz, Philippe: Die ›weibliche Natur‹ in ›Maria Stuart‹: »ein gebrechlich Wesen ist das Weib«. In: Georg Braungart/Bernhard Greiner (Hg.): Schillers Natur. Leben, Denken und literarisches Schaffen. Hamburg 2005, S. 245–254.
Wentzlaff-Mauderer, Isabelle: Wenn statt des Mundes Augen reden. Sprachlosigkeit und nonverbale Kommunikation in *Miss Sara Sampson* (1755), *Düval und Charmille* (1778), *Kabale und Liebe* (1784) und *Penthesilea* (1808). München 2001.
Wesche, Jörg: Literarische Diversität. Abweichungen, Lizenzen und Spielräume in der deutschen Poesie und Poetik der Barockzeit. Tübingen 2004 (Studien zur deutschen Literatur 173).
Westphal, Gundel: Das Verhältnis von Sprechtext und Regieanweisung bei Frisch, Dürrenmatt, Ionesco und Beckett. Diss. Würzburg 1965.
Wicke, Günter: Die Struktur des deutschen Lustspiels der Aufklärung. Versuch einer Typologie. Bonn ^{2}1968.
Wiedemann, Conrad: Polyhistors Glück und Ende. Von Daniel Morhof zum jungen Lessing. In: Heinz Otto Burger/Klaus von See (Hg.): FS Gottfried Weber. Bad Homburg v.d.H. 1967 (Frankfurter Beiträge zur Germanistik 1), S. 215–233.
Wiens, Birgit: ›Grammatik‹ der Schauspielkunst. Die Inszenierung der Geschlechter in Goethes klassischem Theater. Tübingen 2000 (Theatron 31).
Wiese, Benno von: Friedrich Schiller. Stuttgart 1959.
- August von Kotzebue. In: Ders.: Perspektiven II. Literarische Porträts. Berlin 1979, S. 53–79.

Willems, Marianne: Stella. Ein Schauspiel für Liebende. Über den Zusammenhang von Liebe, Individualität und Kunstautonomie. In: Aufklärung 9/2 (1996), S. 39–76.

Wilpert, Gero von: Stichwort ›Bühnenanweisung‹. In: Ders.: Sachwörterbuch der Literatur. Stuttgart [8]2001, S. 113

Wimmer, Ruprecht: Vehikel des Zufalls oder des Schicksals erkorenes Werkzeug. Zur Dramatik August von Kotzebues. In: Roger Bauer (Hg.): Inevitabilis Vis Fatorum. Der Triumph des Schicksalsdramas auf der europäischen Bühne um 1800. Bern u.a. 1990 (Jb. für Internationale Germanistik. Reihe A. Band 27), S. 236–248.

Winko, Simone: Negativkanonisierung: August v. Kotzebue in der Literaturgeschichtsschreibung des 19. Jahrhunderts. In: Renate von Heydebrand (Hg.): Kanon – Macht – Kultur. Theoretische, historische und soziale Aspekte ästhetischer Kanonbildungen. Stuttgart, Weimar 1998 (Germanistische Symposien-Berichtsbände 19), S. 341–364.

– Kodierte Gefühle. Zu einer Poetik der Emotionen in lyrischen und poetologischen Texten um 1900. Berlin 2003 (Allgemeine Literaturwissenschaft – Wuppertaler Schriften 7).

Wirsing, Sibylle: Sturm und Drang im Abwind. »Stella« und die Frauen – Andrea Breth und Amélie Niermeyer inszenieren Goethe in Berlin und Frankfurt. In: Theater heute 40 (1990). Heft 4, S. 23–25.

Wirtz, Thomas: »Halt's Maul«. Anmerkungen zur Sprachlosigkeit bei J.M.R. Lenz. In: Der Deutschunterricht 41 (1989). Heft 6, S. 88–107.

Wistinghausen, Henning von: Die Kotzebue-Zeit in Reval im Spiegel des Romans »Dorothee und ihr Dichter« von Theophile von Bodisco. Tallinn 1995.

Wittkowski, Wolfgang: »Beim Mahomet, wo habe ich meine Augen gehabt!« Zur Charaktergestaltung in Lessings *Miß Sara Sampson*. In: Wolfram Groddeck/Ulrich Stadler (Hg.): Physiognomie und Pathognomie. Zur literarischen Darstellung von Individualität. FS Karl Pestalozzi. Berlin, New York 1994, S. 34–48.

– Können Frauen regieren? Schillers *Maria Stuart*: Poesie, Geschichte und der Feminismus. In: Orbis Litterarum 52 (1997), S. 387–409.

Woesler, Winfried: Lessings *Miss Sara Sampson* und Senecas *Medea*. In: Lessing Yearbook 10 (1978), S. 75–93.

Wolf, Peter: Die Dramen Johann Elias Schlegels. Ein Beitrag zur Geschichte des Dramas im 18. Jahrhundert. Zürich 1964.

Wurst, Karin A.: Familiale Liebe ist die ›wahre Gewalt‹. Die Repräsentation der Familie in G.E. Lessings dramatischem Werk. Amsterdam 1988 (Amsterdamer Publikationen zur Sprache und Literatur 75).

– Christiane Karoline Schlegel. In: Dies. (Hg.): Frauen und Drama im achtzehnten Jahrhundert. Köln, Wien 1991, S. 58–69.

– Introduction. In: Dies. (Hg): Eleonore Thon: Adelheit von Rastenberg. Neudruck der Ausgabe von 1788. New York 1996, S. VII–XXIX.

– (Hg.): Frauen und Drama im achtzehnten Jahrhundert. Köln, Wien 1991.

Xuehui, Liu: Zwei Königinnen, zwei Frauenfiguren. Über Schillers Trauerspiel »Maria Stuart«. In: Literaturstraße 7 (2006), S. 155–171.

Zaiser, Rainer: »Dieses Theater des Herrn Diderot«: Empfindsamer Kulturtransfer im bürgerlichen Drama der Aufklärung – Diderot, Lessing, Goldoni. In: Barbara Schmidt-Haberkamp, Uwe Steiner, Brunhilde Wehinger (Hg.): Europäischer Kulturtransfer im 18. Jahrhundert. Literaturen in Europa – Europäische Literatur? Berlin 2003 (Aufklärung und Europa 13), S. 79–100.

Zelle, Carsten: Ist es eine Komödie? Ist es eine Tragödie? Drei Bemerkungen dazu, was bei Lenz gespielt wird. In: Karin A. Wurst (Hg.): J.M.R. Lenz als Alternative? Positionsanalysen zum 200. Todestag. Köln, Weimar, Wien 1992, S. 138–157.

– Die doppelte Ästhetik der Moderne. Revisionen des Schönen von Boileau bis Nietzsche. Stuttgart, Weimar 1995.

- *Über das Erhabene* (1801). In: Matthias Luserke-Jaqui (Hg.) unter Mitarbeit von Grit Dommes: Schiller-Handbuch. Leben – Werk – Wirkung. Stuttgart, Weimar 2005, S. 479–490.
- *Vom Erhabenen* (1793)/ *Über das Pathetische* (1801). In: Matthias Luserke-Jaqui (Hg.) unter Mitarbeit von Grit Dommes: Schiller-Handbuch. Leben – Werk – Wirkung. Stuttgart, Weimar 2005, S. 398–406.

Zeller, Bernhard (Hg.): Schau-Bühne. Schillers Dramen 1945–1984. Eine Ausstellung des deutschen Literaturarchivs und des Theatermuseums der Universität zu Köln. Marbach am Neckar 1984 (Marbacher Kataloge 39).

Zeller, Rosmarie: Struktur und Wirkung. Zu Konstanz und Wandel literarischer Normen im Drama zwischen 1750 und 1810. Bern, Stuttgart 1988.

Zenker, Markus: Therapie im literarischen Text. Johann Georg Zimmermanns Werk *Über die Einsamkeit* in seiner Zeit. Tübingen 2007 (Hallesche Beiträge zur Europäischen Aufklärung).

Zeuch, Ulrike: Der Affekt: Tyrann des Ichs oder Befreier zum wahren Selbst? Zur Affektenlehre im Drama und in der Dramentheorie nach 1750. In: Erika Fischer-Lichte/Jörg Schönert (Hg.): Theater im Kulturwandel des 18. Jahrhunderts. Inszenierung und Wahrnehmung von Körper – Musik – Sprache. Göttingen 1999, S. 69–89.

Zickel, Martin: Die scenarischen Bemerkungen im Zeitalter Gottscheds und Lessings. Berlin 1900.

Ziegler, Klaus: Zur Raum- und Bühnengestaltung des klassischen Dramentyps. In: Wirkendes Wort 3 (1963), S. 185–194.

Zimmer, Reinhold: Dramatischer Dialog und außersprachlicher Kontext. Dialogformen in deutschen Dramen des 17. bis 20. Jahrhunderts. Göttingen 1982.

Zimmermann, Bernd Alois: Lenz und neue Aspekte der Oper. In: Blätter und Bilder. Zeitschrift für Dichtung, Musik und Malerei 9 (1960), S. 39–44.

Zimmermann, Eva: Die Harmonie der Kräfte. Casimir Ulrich Boehlendorffs dramatische Dichtung. Weimar, Köln, Wien 1997.

Zimmermann, Rolf Christian: Über eine bildungsgeschichtlich bedingte Sichtbehinderung bei der Interpretation von Lessings ›Miß Sara Sampson‹. In: Wolfgang Wittkowski (Hg.): Verlorene Klassik? Ein Symposion. Tübingen 1986, S. 255–285.
- Die Devise der wahren Gelehrsamkeit. Zur satirischen Absicht von Lessings Komödie *Der junge Gelehrte*. In: Deutsche Vierteljahrsschrift für Literaturwissenschaft und Geistesgeschichte 66 (1992), S. 283–299.

Ziolkowski, Theodore: Language and mimetic action in Lessing's *Miss Sara Sampson*. In: Germanic Review 40 (1965), S. 261–276.

Zipfel, Frank: Fiktion, Fiktivität, Fiktionalität. Analysen zur Fiktion in der Literatur und zum Fiktionsbegriff in der Literaturwissenschaft. Berlin 2001.

Zymner, Rüdiger: Friedrich Schiller. Dramen. Berlin 2002 (Klassiker-Lektüren 8).
- Artikel ›Versdrama‹. In: Reallexikon der deutschen Literaturwissenschaft. Band 3. Hg. von Jan-Dirk Müller u.a. Berlin, New York ³2003, S. 763–765.